ROMANOS
COMENTÁRIO BÍBLICO

JOHN MURRAY

ROMANOS
COMENTÁRIO BÍBLICO

M982r   Murray, John, 1898-1975
        Romanos : comentário bíblico / John Murray ; [tradução: João Bentes]. – 3. ed. – São José dos Campos, SP : Fiel, 2018.

        764 p.
        Tradução de: The epistle to the Romans.
        Inclui bibliografia.
        ISBN 9788581325422

        1. Bíblia. N.T. Romanos – Comentários. I. Título.

        CDD: 227.107

Catalogação na publicação: Mariana C. de Melo Pedrosa – CRB07/6477

Romanos
The Epistle to the Romans by John Murray
Publicado em inglês por Eerdmans em 1968.

∎

Copyright© 1985 / 1997 Editora Fiel
1ª Edição em Português: 2003
1ª Reimpressão: 2012
2ª Edição em Português: 2016
3ª Edição em Português: 2018

∎

Todos os direitos em língua portuguesa reservados por Editora Fiel da Missão Evangélica Literária

Proibida a reprodução deste livro por quaisquer meios, sem a permissão escrita dos editores, salvo em breves citações, com indicação da fonte.

∎

Diretor: Tiago J. Santos Filho
Editor: Tiago J. Santos Filho
Coordenação Gráfica: Gisele Lemes
Tradução: João Bentes
Revisão: Marilene Paschoal; James Richard Denham Jr.; Tiago J. Santos Filho; Aline Musselman
Diagramação: Rubner Durais
Capa: Rubner Durais

ISBN: 978-85-8132-542-2

Caixa Postal, 1601
CEP 12230-971
São José dos Campos-SP
PABX.: (12) 3919-9999
www.editorafiel.com.br

ÍNDICE

Prefácio do Editor 7
Prefácio do Autor 11

INTRODUÇÃO

A. O Autor 15
B. A Ocasião 18
C. A Igreja em Roma 19
D. Esboço da Carta aos Romanos 25
E. Propósito dos Capítulos 1 a 8 26
F. Propósito dos Capítulos 12 a 16 30
G. Propósito dos Capítulos 9 a 11 31

TEXTO, EXPOSIÇÃO E NOTAS

I	Saudação — 1.1-7 35
II	Introdução — 1.8-15 53
III	Tema — 1.16-17 63
IV	A Universalidade do Pecado/da Condenação — 1.18 a 3.20 73
	A. No Tocante aos Gentios — 1.18-32 73
	B. No Tocante aos Judeus — 2.1-16 94
	C. O Agravamento da Condenação dos Judeus — 2.17-29 123
	D. A Fidelidade e a Justiça de Deus — 3.1-8 134
	E. Conclusão — 3.9-20 144
V	A Justiça de Deus — 3.21-31 153
VI	A Comprovação Fundamentada no A. T. — 4.1-25 175
VII	Os Frutos da Justificação — 5.1-11 209
VIII	A Analogia — 5.12-21 231
IX	Os Efeitos Santificadores — 6.1-23 267
	A. As Distorções da Doutrina da Graça — 6.1-11 267
	B. Os Imperativos para os Santificados — 6.12-23 284
X	A Morte Relativamente à Lei — 7.1-6 299
XI	A Experiência Transicional — 7.7-13 309
XII	A Contradição no Crente — 7.14-25 319
XIII	A Vida no Espírito — 8.1-39 339

XIV	A Incredulidade de Israel — 9.1-5	407
XV	A Vindicação da Justiça e da Fidelidade de Deus—9.6-33	415
XVI	A Justiça da Fé — 10.1-21	457
XVII	A Restauração de Israel — 11.1-36	477
	A. O Remanescente — 11.1-10	477
	B. A Plenitude de Israel — 11.11-24	488
	C. A Plenitude dos Gentios/Salvação de Israel—11-25-32	506
	D. A Doxologia — 11.33-36	520
XVIII	O Modo Cristão de Viver — 12.1 a 15.13	525
	A. Multiformes Deveres Práticos — 12.1-21	525
	B. As Autoridades Civis — 13.1-7	564
	C. A Primazia do Amor — 13.8-10	577
	D. A Consumação Iminente — 13.11-14	585
	E. Os Fracos e os Fortes — 14.1-23	591
	F. O Exemplo de Cristo — 15.1-6	620
	G. Judeus e Gentios, Um só Povo — 15.7-13	625
XIX	Ministério, Projetos e Plano de Ação de Paulo Quanto aos Gentios — 15.14-33	631
XX	Saudações e Doxologia Final — 16.1-27	651
	A. Saudações do Próprio Paulo — 16.1-16	651
	B. Advertências Contra os Enganadores — 16.17-20	660
	C. Saudações de Amigos — 16.21-23	665
	D. Doxologia — 16.25-27	666

APÊNDICES

Apêndice A - Justificação	671
Apêndice B - De Fé em Fé	701
Apêndice C - Isaías 53.11	715
Apêndice D - Karl Barth e Romanos 5	725
Apêndice E - Romanos 9.5	733
Apêndice F - Levítico 18.5	739
Apêndice G - As Autoridades de Romanos 13	743
Apêndice H - Romanos 14.5 e o Descanso Semanal	749
Apêndice I - O Irmão Fraco	753
Apêndice J - A Integridade da Epístola	757

Prefácio do Editor

Quando o professor Murray consentiu em empreender a exposição da carta aos Romanos, todo o encorajamento possível lhe foi dado, a fim de que prosseguisse, com empenho, na realização da obra inteira. E agora que está sendo publicada, confere-me o distinto prazer de expressar minha gratidão pelo seu término. De fato, se tivesse de manifestar plenamente o quanto valorizo esta obra, meu sentimento de satisfação resultaria no uso de superlativos. Não obstante, é mister que me refreie disso até certo ponto, especialmente considerando minha íntima amizade com o autor, durante quase trinta e cinco anos. Nosso companheirismo, primeiro como colega de classe no *Princeton Theological Seminary* e, depois, como companheiro do corpo docente, tem me levado a uma entusiasta apreciação do autor como exegeta e teólogo, bem como a um caloroso afeto para com ele.

Nenhum esforço será envidado no sentido de avaliar em detalhes o caráter erudito da obra, o evidente conhecimento dos problemas surgidos na antiga e na mais recente literatura, a devoção do autor à responsabilidade primária de expor o texto, a reverente devoção ao Deus da Palavra e o estilo elevado que, de modo geral, caracteriza este comentário. O livro falará por si mesmo, de maneiras variadas, a diferentes leitores. Entretanto, a menos que eu esteja enganado, esta obra será reconhecida, em todos os lugares, como uma distinta contribuição à literatura a respeito desta grande carta.

Considerando o valor intrínseco da carta aos Romanos e seu profundo significado para a compreensão do cristianismo, pareceu ser prudente não impor ao autor quaisquer limitações rígidas, mas, antes, conceder-lhe total liberdade para abordar o texto de uma maneira que fizesse a maior justiça possível às questões exegéticas. Nada é mais desconcertante para o leitor de um comentário do que descobrir estarem sendo tratados de modo superficial e escasso os assuntos mais espinhosos. Embora ninguém possa garantir que cada leitor tributará aos problemas abordados com considerável amplitude o mesmo valor dado pelo autor, a maioria dos leitores, quer concorde, quer não, com as conclusões obtidas, sem dúvida apreciará a profunda consideração sobre muitos pontos.

Para aqueles que não conhecem bem a vida e a carreira do autor, alguns poucos detalhes biográficos poderão ser interessantes. Nascido na Escócia, John Murray recebeu sua educação literária, e parte de sua educação teológica, em sua própria terra natal, nas universidades de Glasgow e Edimburgo. Na América do Norte, estudou teologia em Princeton, por três anos, e após sua formatura foi-lhe galardoada uma cadeira em Teologia Sistemática, como membro da Sociedade Gelston-Winthrop, naquela instituição. Sua carreira de mestre começou em Princeton, onde serviu como instrutor de Teologia Sistemática pelo período de um ano (1929-30). A partir de então, Murray tornou-se membro do corpo docente do Westminster Theological Seminary, servindo a princípio como instrutor e, a partir de 1937, como professor de Teologia Sistemática. Além de suas contribuições a muitos periódicos, suas mais importantes obras são: *Christian Baptism* (1952), *Divorce* (1953), *Redemption, Accomplished and Applied* (1955), *Payton Lectures* (1955), *Principles of Conduct* (1957), *The Imputation of Adam's Sin* (1959).

Estas linhas, apesar de redigidas principalmente como apresentação desta obra e de seu autor ao público leitor, não estariam completas sem falarmos sobre o alvo final do autor neste empreendimento. O seu alvo é estimular os homens de nossa época a se empenharem em um renovado esforço por entender o texto sagrado da carta aos Romanos, que se destaca majestosamente entre os escritos neotestamentários. Que a reverente e meticulosa erudição do autor, expressa nestas páginas, contribua ricamente para que a mensagem do inspirado apóstolo chegue aos homens "na plenitude da bênção de Cristo".

Ned B. Stonehouse

Prefácio do Autor

A fim de que este comentário seja livremente consultado por aqueles que não estão afeitos às línguas originais das Escrituras, com frequência tenho evitado usar vocábulos gregos e hebraicos. Estes foram incluídos nas notas dos capítulos e nos apêndices. Esta prática, em muitas ocasiões, aumenta a dificuldade. É mais fácil para um expositor discutir a exegese de qualquer cláusula, frase ou palavra em particular, se o texto original for citado e se a exposição prosseguir na hipótese de que o leitor o conhece bem. Porém, quando essa hipótese não pode ser mantida, torna-se necessário empregar outros métodos que familiarizem o leitor com os assuntos que estiverem sendo discutidos, exigindo-se, para isso, muitas considerações. No entanto, há compensações. As Escrituras Sagradas devem ser explicadas de modo que, "habitando a Palavra de Deus ricamente em todos, adorem a Deus de maneira aceitável; e, através da paciência e consolação das Escrituras, tenham esperança" (*Confissão de Fé de Westminster*, I, viii). E os comentários, por semelhante modo, deveriam estimular os interesses daqueles que não conhecem as línguas originais.

Quanto à questão das variantes no texto original, acredito que não me tenho feito passar por autoridade na ciência altamente especializada da crítica textual. Em várias ocasiões, mostrei-me indeciso e procurei indicar qual seria o sentido das respectivas passagens. Em muitos casos, seria uma presunção de minha parte tentar ser dogmático a favor de uma variante, em detrimento de qualquer outra.

Todo expositor tem suas preferências quanto aos detalhes sobre os quais concentra sua atenção. Este comentário não é uma exceção. Isto equivale a dizer apenas que reflete as limitações e os interesses particulares do autor. Porém, tentei determinar o que acredito ter sido o pensamento do apóstolo sobre aqueles assuntos centrais em Romanos, procurando fazer isso de modo a aproveitar as contribuições mais significativas de outros, ao explanarem essa carta. O manuscrito deste livro foi completado e preparado antes do surgimento de alguns dos mais recentes comentários sobre a carta aos Romanos ou, pelo menos, antes de terem chegado às minhas mãos. Por isso, não me referi a eles.

Desejo expressar ao Dr. Ned B. Stonehouse, estimado colega, minha profunda gratidão por sua tolerância e encorajamento, bem como pelas correções sugeridas por ele em diversos pontos. Contudo, o Dr. Ned não é responsável, em medida alguma, pelas falhas manifestadas nesta jornada venturosa na ciência da exposição.

Reconheço, agradecido, a minha dívida para com os seguintes publicadores, por sua gentil permissão para que eu citasse suas obras: Muhlenberg Press, Filadélfia — Anders Nygren: *Commentary on Romans* (1949); Harper & Brothers, Nova Iorque — C. K. Barrett: *A Commentary on the Epistle to the Romans* (1957), Karl Barth: *Christ and Adam* (1957); Abingdon-Cokesbury Press, Nova Iorque e Nashville — *The Interpreter's Bible*, vol. IX (1954); B. Herder Book Co., St. Louis — Joseph Pohle, ed. Arthur Press: *Grace Actual and Habitual, Dogmatic Theology* VIII (1934); Wm. B. Eerdmans Publishing Company, Grand Rapids — F. F. Bruce: *The Epistle of Paul to the Romans* (1963), *Commentary on the Epistle to the Colossians* (1957); João Calvino: *The Epistle of Paul to the Romans* (1961); The Westminster Press, Filadélfia — Oscar Cullman: *Christ and Time* (1950); Charles Scribner's Sons, Nova Iorque — Oscar Culmann: *The State in the New Testament* (1957); Lutterworth Press, Londres — Franz J. Leenhardt: *The Epistle to the Romans* (1961).

Seria impossível expressar adequadamente minha dívida às inúmeras fontes de onde obtive estímulo e assistência. O pensamento e a expressão sempre serão moldados pelo contato com os escritos alheios, não sendo possível traçar as várias influências sofridas, conferindo a cada autor o seu devido crédito. Porém, desejo aproveitar a ocasião para apresentar minha gratidão aos autores e publicadores dos livros que não exigiram qualquer permissão para serem citados. Quanto a estes, manifestamos o reconhecimento mediante a identificação e citação apropriadas.

À Wm. B. Eerdmans Publishing Company, por toda a cortesia que me foi prestada quanto à publicação deste volume, estendo minha calorosa gratidão.

Tornar-me-ia extremamente culpado se encerrasse este prefácio sem fazer aquele supremo reconhecimento. A carta aos Romanos é a Palavra de Deus. Seu tema é o evangelho da graça divina, e o evangelho anuncia as maravilhas da condescendência e do amor de Deus. Se não nos deixarmos enlevar pela glória do evangelho e não formos introduzidos no Santo dos Santos da presença de Deus, teremos perdido de vista a finalidade grandiosa desse sagrado depósito. É somente pelo fato de que o Deus da graça insuflou tesouros em vasos de barro que nós, homens, recebemos a incumbência e o privilégio de empreender tal exposição. Se qualquer êxito acompanhar este esforço, tudo será pela graça do Espírito Santo, sob cuja inspiração a carta foi escrita e sob cuja iluminação a igreja tem sido conduzida em interpretá-la. Sempre devemos nos caracterizar por profunda humildade. A excelência do poder pertence a Deus, e não a nós. Exclusivamente a ele seja todo louvor e glória.

John Murray

Introdução

O Autor

É indiscutível que o apóstolo Paulo escreveu a carta aos Romanos, e, por esse motivo, conforme um dos mais recentes comentadores declarou, trata-se de "uma proposição que não precisamos discutir".[1] Todavia, devemos reconhecer a importância da autoria paulina, quando a relacionamos ao conteúdo da carta.

Ao lermos a carta, não podemos escapar à ênfase que recai sobre a graça de Deus e, mais especificamente, sobre a justificação pela graça, mediante a fé. Para este evangelho, Paulo fora separado (1.1). Quando ele diz "separado", dá a entender que todos os interesses e apegos estranhos à promoção do evangelho haviam sido rompidos, arrancados e que o evangelho o tornara cativo. Este amor e dedicação devem ser considerados à luz daquilo que Paulo fora anteriormente. Ele mesmo testificou: "Vivi fariseu conforme a seita mais severa da nossa religião" (At 26.5).[2] O seu farisaísmo o constrangeu a pensar consigo mesmo: "Muitas coisas devia eu praticar contra o nome de Jesus, o

---

[1] C. K. Barrett, *The Epistle to the Romans*, Nova Iorque, 1957, p.1.
[2] O termo "fariseus" vem de palavras semíticas que transmitem a ideia de "os separados". Se há qualquer alusão a isso no uso que Paulo fez do termo "separado", em Romanos 1.1, quão diferente era a abrangência de sua separação e da direção à qual apontava, bem como aquilo para o que fora separado.

Nazareno" (At 26.9). Paulo tornara-se o arquiperseguidor da igreja de Cristo (cf. At 26.10-11, 1 Tm 1.13). Por trás desta oposição, havia o zelo religioso em busca de uma maneira de ser aceito diante de Deus; isto era a antítese da graça e da justificação pela fé. Portanto, ao escrever esta grandiosa e polêmica obra, a respeito da exposição e defesa do evangelho da graça, Paulo o fez como alguém que conhecera plenamente, nas profundezas de sua própria experiência e devoção, o caráter daquela piedade que agora, na qualidade de servo de Jesus Cristo, se via obrigado a caracterizar como religião de pecado e morte. O farisaísmo era uma religião de lei. Seu horizonte era definido e circunscrito pelos recursos da lei e, por conseguinte, pelas obras da lei. O encantamento do farisaísmo foi decisivamente quebrado por ocasião do encontro de Paulo com Jesus, na estrada para Damasco (cf. At 9.3-6; 26.12-18). Por isso, o apóstolo escreveu: "E o mandamento que me fora para vida, verifiquei que este mesmo se me tornou para morte" (Rm 7.10); "Porque eu, mediante a própria lei, morri para a lei, a fim de viver para Deus" (Gl 2.19); "Visto que ninguém será justificado diante dele por obras da lei, em razão de que pela lei vem o pleno conhecimento do pecado" (Rm 3.20). Ao esclarecer a antítese entre a graça e a lei, a fé e as obras, Paulo escreve sobre uma antítese que se refletia no contraste entre os dois períodos da história de sua própria vida, os quais estavam divididos pela sua experiência na estrada de Damasco. Esse contraste torna-se ainda mais significativo no caso de Paulo, pois o zelo que o caracterizou, em ambos os períodos, foi insuperável quanto a seu fervor e intensidade. Ninguém foi capaz de conhecer melhor a autocomplacência da justiça da lei, por um lado, e a glória da justiça de Deus, por outro.

    A importância da autoria paulina não deve ser apreciada somente por pertencer ao tema central da carta; existe outra característica notável vinculada ao fato de que Paulo é o seu autor. Os leitores da carta podem, em algumas ocasiões, indagar a si mesmos qual a relevância dos capítulos 9 a 11. Estes capítulos parecem perturbar a unidade e a sequência lógica do argumento. A inclusão deles, na verdade, tem sua explicação em algo muito mais importante do que na identidade de Paulo. Mas tal fator não pode ser negligenciado. Paulo era judeu. E não apenas isto; era um judeu que se convertera daquela mesma perversão que caracterizava o povo judeu como um todo, na época em que ele escreveu esta carta. Paulo conhecia a mentalidade judaica como nenhuma outra pessoa. Sabia qual a gravidade das questões debatidas na incredulidade de seus compatriotas segundo a carne. Avaliou a desonra que essa incredulidade trazia a Deus e ao seu Cristo. "Porquanto, desconhecendo a justiça de Deus e procurando estabelecer a sua própria, não se sujeitaram à que vem de Deus" (Rm 10.3). "Deus lhes deu espírito de entorpecimento, olhos para não ver e ouvidos para não ouvir, até ao dia de hoje" (Rm 11.8). Em seus labores missionários, Paulo encontrou muito dessa hostilidade judaica contra o evangelho (cf. At 13.45-47; 14.2,19; 17.5-9; 18.6,12 e 19.9). Porém, essa hostilidade e a perseguição por ela engendrada não apagaram a intensidade do amor por seus compatriotas, um amor que o constrangeu a proferir aquelas palavras que dificilmente acham correspondentes no restante das Escrituras: "Porque eu mesmo desejaria ser anátema, separado de Cristo, por amor de meus irmãos, meus compatriotas, segundo a carne" (Rm 9.3). A extensão envolvida no grandioso tema da carta, juntamente com o pecado característico do povo judeu, pecado do qual o apóstolo acusa diretamente os judeus, em Romanos 2.17-29, torna inevitável, por assim dizer, que Paulo tivesse expressado o ardente desejo de seu coração em favor da salvação de seus irmãos — "A boa vontade do meu coração e a minha súplica a Deus a favor deles são para que sejam salvos" (Rm 10.1).

Existe outra consideração relacionada à autoria paulina que nos convém observar. Paulo era, eminentemente, o apóstolo dos gentios (cf. At 13.47,48; 15.12; 18.6,7; 22.21; 26.17; Gl 2.2,8; Ef 3.8 e 1 Tm 2.7). Em Romanos, encontramos não somente referências expressas a isso (11.13; cf. 1.13), mas a própria redação da carta derivou-se do seu sentimento de comissão e dever, associado àquele fato. O apóstolo envidou esforços especiais para assegurar aos cristãos de Roma que por diversas vezes se propusera a ir lá (1.11-13; 15.22-29). Impedido de cumprir o seu desejo, escreveu a carta em cumprimento de sua comissão apostólica. Enquanto a lemos, precisamos levar em conta o zelo missionário e o propósito pelo qual Paulo se deixava animar na posição de apóstolo dos gentios; essa consideração está intimamente ligada às complexidades da igreja de Roma e ao seu lugar naquela região que Paulo reputava preeminente em seus labores apostólicos.

A Ocasião

Quando correlacionada às narrativas sobre as atividades de Paulo, relatadas no livro de Atos, a carta fornece indicações suficientes para determinarmos, com razoável certeza, o lugar e a ocasião em que foi escrita. É evidente que Paulo estava às vésperas de sua partida para Jerusalém, levando a contribuição feita na Macedônia e na Acaia para os pobres dentre os santos de Jerusalém (cf. Rm 15.25-29). Isso deixaria subentendido, para dizermos o mínimo, que ele se encontrava nas proximidades da Macedônia e da Acaia. A referência a Cencreia (Rm 16.1), o porto da cidade de Corinto, e as recomendações sobre Febe, serva da igreja de Cencreia, que aparentemente estava de partida para Roma, constituem outras indicações quanto ao provável lugar em que Paulo estava, quando escreveu a carta. Além disso, ele falou a respeito de Gaio, como seu hospedeiro (Rm 16.23). Em uma de suas cartas, Paulo fala sobre Gaio como um daqueles a quem batizara em Corinto (1 Co 1.14). Não há bons motivos para duvidarmos da identidade de seu hospedeiro, quando escreveu a carta aos Romanos, como o mesmo Gaio de Corinto.

Em Atos 20.2-3, somos informados que o apóstolo, em sua terceira viagem missionária, chegou à Grécia e passou três meses ali. Após esse tempo, partiu em direção a Jerusalém, atravessando a Macedônia. Terminados os dias dos pães asmos, navegou de Filipos (At 20.6), apressando-se para estar em Jerusalém no dia de Pentecostes. Isto significa que ele deixara Corinto não mais tarde do que no mês de março daquele ano. Paulo, em seu discurso na presença de Félix, aludiu a essa viagem a Jerusalém, afirmando que ali chegara a fim de trazer esmolas e ofertas para sua nação (At 24.17). Existem motivos para identificar essas ofertas com a contribuição mencionada em Romanos 15.26, que fora coletada na Macedônia e Acaia. Portanto, as evidências parecem indicar que a carta foi escrita em Corinto ou circunvizinhanças, perto do fim da permanência de três meses de Paulo em Corinto, no término de sua terceira viagem missionária. A referência aos dias dos pães asmos (At 20.6) coloca a partida de Filipos no fim de março ou começo de abril do mesmo ano. Isto significa que a carta deve ter sido escrita no princípio da primavera daquele ano.

Entre os eruditos há diferenças de julgamento quanto ao ano exato em que ocorreu essa viagem a Jerusalém. Recentemente, C. K. Barrett, apesar de admitir que "a cronologia das atividades de Paulo não pode ser estabelecida sem qualquer margem para contestações", pensa que a data de 55 D.C. oferece menos dificuldades do que qualquer outra (*op. cit.*, p. 5). Barrett não se acha sozinho ao reivindicar para a composição da carta uma data tão recuada. No entanto, o ponto de vista mais comum é que a primavera em foco foi a do ano 58 D.C.,[3] embora W. M. Ramsay prefira a data de 57 D.C.[4] O Novo Testamento não se refere a datas; assim, para chegarmos a esta espécie de informação, dependemos de cálculos derivados de outras fontes que dizem respeito a eventos tais como o período de governo do procônsul Gálio (At 18.12), que coincidiu com a permanência de Paulo em Corinto, na oportunidade de sua segunda viagem missionária (At 18.1-18) ou o período da procuradoria de Pórcio Festo, que começou perto do fim da detenção de Paulo em Cesareia (At 24.27-25.12 e 26.30-27.2).

A Igreja em Roma

A igreja de Roma não fora estabelecida através da atividade missionária de Paulo. A única inferência razoável que se pode extrair do testemunho pessoal dele, ao afirmar que não edificava "sobre fundamento alheio" (Rm 15.20), é que aquela igreja não fora estabelecida mediante os labores de qualquer outro apóstolo. Por conseguinte, podemos perguntar: como se originou em Roma uma comunidade cristã? Se levarmos em conta a posição estratégica de Roma, dentro do império romano, e os fatores que atuaram sobre a igreja cristã, após o dia de Pentecostes, então, a resposta é relativamente fácil. Não pode ser desconsiderado o fato de que entre os ouvintes de Pedro, no dia de Pentecostes, e testemunhas daqueles fenômenos miraculosos, havia peregrinos procedentes de Roma. É muito difícil acreditar que nenhum deles regressou a Roma. Temos boas razões

---

3   Cf. Theodor Zahn, *Introduction to the New Testament*, E. T., Edimburgo, 1909, vol. I, p. 434; W. Sanday e A. C. Headlam, *The Epistle to the Romans*, Nova Iorque, 1901, pp. xxxvi, ss.; J. B. Lightfoot, *Saint Paul's Epistle to the Galatians*, Londres, 1905, pp. 40, 43.

4   Ver sua obra, *Pauline and Other Studies*, Nova Iorque, 1906, pp. 352-361.

para supor que, pelo menos alguns, se não muitos dentre eles, se converteram naquela ocasião e mais tarde voltaram a Roma, levando consigo a fé em Jesus. Ora, onde existir a fé, ela buscará a comunhão dos santos. Entretanto, apesar dessa consideração ser suficiente, por si mesma, para explicar a origem daquela comunidade cristã, é apenas um dos fatores, e não precisamos imaginar que tenha sido o principal. O panorama das condições foi tão bem expresso por Sanday e Headlam, que precisamos fazer apenas uma citação da "Introdução" de sua obra: "Nunca, no decurso da história anterior, houvera qualquer coisa similar à liberdade de locomover-se e movimentar-se que, à época dos apóstolos, existia no império romano. Este movimentar-se seguia certas linhas definidas e fixas quanto a determinadas direções. Mostrava-se mais intenso ao longo das praias orientais do Mediterrâneo, e sua tendência geral era de ida e vinda para Roma. O constante ir e vir de oficiais romanos, quando um governador de província sucedia a outro; o deslocamento de tropas de uma localidade para outra, trazendo novos grupos de recrutas e retirando os veteranos; as incessantes demandas tanto por necessidades quanto por artigos de luxo, mediante um comércio sempre crescente; a atração que a gigantesca metrópole naturalmente exerce sobre a imaginação dos argutos jovens orientais, os quais sabiam que as melhores oportunidades para alguma carreira tinham de ser buscadas ali; milhares de motivos, que envolviam ambições, negócios e prazeres, atraíam um fluxo constante de pessoas provenientes das províncias orientais em direção a Roma. Entre as multidões, inevitavelmente haveria alguns cristãos, e estes das mais variadas nacionalidades e antecedentes. O próprio apóstolo Paulo, durante os últimos três anos, estivera residindo em um dos maiores centros comerciais do Oriente Médio. Podemos dizer que as três grandes cidades onde ele estivera por mais tempo — Antioquia, Corinto e Éfeso — eram justamente as três com as quais (assim como Alexandria) o intercâmbio de Roma se mostrava mais intenso. Podemos estar certos de que não poucos dentre os próprios discípulos de Jesus, por fim, encontraram o caminho para Roma... O fato de terem sido Priscila e Áquila incentivados a irem para Roma é justamente o que poderíamos esperar de alguém como o apóstolo Paulo, dotado de visão tão perspicaz, que criou a estratégia adequada para a situação. Enquanto ele mesmo estava estabelecido e em pleno trabalho em Éfeso, manifestando a intenção de visitar Roma, por certo logo lhe ocorreu a ideia de quão valioso trabalho aquele casal realizaria na capital do império e que excelente preparação eles poderiam fornecer para a sua futura visita, ao passo que, permanecendo ali, com o apóstolo, Áquila e Priscila eram quase supérfluos. De forma que, ao invés de apresentar qualquer dificuldade, Paulo os enviou a Roma, onde já eram conhecidos".[5]

Um problema em torno do qual há muita diferença de opinião é o da constituição da igreja de Roma: ela era predominantemente judaica ou gentílica? Não há necessidade de demonstrarmos que havia tanto judeus quanto gentios entre aqueles aos quais o apóstolo se dirigiu. As palavras diretamente enviadas aos judeus, em Romanos 2.17ss., as saudações enviadas, por exemplo, a Priscila e Áquila (cf. Rm 16.3), dos quais pelo menos este último era judeu (cf. At 18.2), as saudações a Andrônico, Júnias e Herodião, aos quais Paulo chama de "meus parentes" (Rm 16.7,11), e o prolongado ensino a respeito de questões do mais profundo interesse para os judeus, nos capítulos 9 a 11, não mencionando outras considerações que se vinculam à mesma conclusão, servem de indicações suficientes acerca da presença, na igreja de Roma, de pessoas de raça judaica. E que ali havia gentios é claramente expresso nestas palavras de Paulo: "Dirijo-me a vós outros, que sois gentios!" (Rm 11.13) O trecho de Romanos 15.8-29 nos conduz à mesma conclusão. Nesta passagem, o apóstolo utiliza o fato de ser "ministro de Cristo Jesus entre os gentios" como o motivo que o encorajava a impor aos seus leitores as exigências do amor e da tolerância cristã (ver vv. 15 e 16).

A questão das relativas proporções numéricas entre esses dois grupos étnicos não deve receber atenção exagerada. Precisamos levar em conta a maneira como o apóstolo se interessou pelos problemas de ambos os grupos. E, na carta, há amplas evidências da maneira como ele reputava os interesses salvíficos tanto dos judeus quanto dos gentios como interesses mutuamente condicionados e capazes de promover um ao outro (cf. especialmente Rm

---

5   *Op. cit.*, pp. xxvi, xxvii.

11.11-15,25-28). Entretanto, a mera questão de proporções numéricas não se reveste de tanta importância que afete radicalmente a interpretação da carta, seja qual for a opinião que sejamos constrangidos a adotar.

Nenhum erudito, entre os que se têm proposto a discutir este assunto, é digno de maior estima do que Theodor Zahn. Ele se mostra decisivo em advogar o ponto de vista de que, "em Roma, os cristãos gentios constituíam uma minoria comparativamente pequena".[6] Os vários argumentos postulados por Zahn estão entre os mais coerentes que poderiam ser evocados em apoio a essa tese. Para mim, entretanto, esses argumentos não são conclusivos. Por exemplo, Zahn afirma: "É perfeitamente claro, em 7.1-6, que Paulo se dirigiu aos leitores como se estes, à semelhança dele mesmo, tivessem vivido debaixo da lei, antes de sua conversão e novo nascimento. Não se poderia dizer tal coisa a respeito de gentios... Por conseguinte, se não houver qualquer outro motivo, o assunto da nacionalidade dos cristãos romanos pode ser considerado resolvido, pois é igualmente claro que Paulo não falava aqui somente a uma parte de seus leitores".[7] A suposição sobre a qual se alicerça este argumento é que as palavras "dabaixo da lei" se referem à economia mosaica ou do Antigo Testamento. É verdade que, às vezes, esta expressão assume tal significado (cf. Gl 3.23; 4.4). Mas a suposição de que a expressão "debaixo da lei" tem esse escopo restrito é um erro que tem prejudicado a interpretação da carta aos Romanos, nas mãos de alguns de seus mais hábeis expositores. Conforme ficará demonstrado reiteradamente no presente comentário, há grande flexibilidade no uso que Paulo faz do termo "lei". E "debaixo da lei" não pode, em certas instâncias, significar "debaixo da economia mosaica"; tampouco a sua significação pode ser limitada àqueles que, na realidade, estavam debaixo da instituição mosaica. Isto se torna particularmente evidente em Romanos 6.14, onde as palavras "debaixo da lei" se aplicam a todos os incrédulos, judeus e gentios. E, quando Paulo disse: "Vós morrestes relativamente à lei, por meio do corpo de Cristo" (Rm 7.4), referia-se a todos que se tornaram participantes da virtude da morte de Cristo. Portanto, o trecho de Romanos 7.1-6 não pode ser evocado em apoio à tese de tratar-se somente de judeus,

---

6 *Op. cit.*, p. 422.
7 *Op. cit.*, p. 375; cf. p. 421.

sem que se admita uma suposição que reflete uma incorreta exegese de um elemento básico no ensinamento de Paulo.

Outrossim, quando Paulo afirmou: "Falo aos que conhecem a lei" (7.1), não devemos supor que estas palavras podem ser aplicadas somente aos judeus convertidos. Conforme escreveu Zahn, é verdade que "Paulo não estabeleceu, dentre os seus leitores, distinção entre os que conheciam a lei e os que não a conheciam".[8] Mas podemos inferir desse fato que os leitores eram judeus e que a igreja de Roma era, predominantemente, judaica. De igual modo, os cristãos gentios poderiam ter o conhecimento da lei e, de maneira ainda mais particular, da ordenança específica à qual o apóstolo se referia aqui. Os gentios, ao se tornarem cristãos, logo se familiarizavam com as Escrituras do Antigo Testamento, e não devemos esquecer que "grande porção dos cristãos gentios ter-se-ia aproximado do cristianismo por meio de uma conexão anterior com o judaísmo".[9] "Deve haver pouca dúvida de que as igrejas da Galácia eram, em sua maior parte, constituídas de gentios."[10] No entanto, em sua carta aos Gálatas, o apóstolo apelou com frequência ao Antigo Testamento, por certo supondo que aqueles cristãos estavam familiarizados com a história do Antigo Testamento.

É verdade, conforme Zahn salienta, que o vocábulo "nações"[11] é algumas vezes usado em sentido abrangente, incluindo tanto judeus como gentios. Sem dúvida, assim ocorre em diversas passagens dos evangelhos (cf. Mt 25.32; 28.19; Mc 11.17; Lc 24.47). Não é ilógico supor que este significado abrangente figure nos trechos de Romanos 1.5,13; 15.18 e 16.26. Mas, visto que esse termo frequentemente é usado nesta carta para indicar os gentios, em distinção aos judeus (Rm 2.14,24; 3.29; 9.24,30; 11.11,13,25; 15.9-12,16,27), o que também se verifica em outras cartas paulinas, há muito a ser dito em favor da ideia de que a palavra "nações", por toda a carta, deve ser entendida como uma referência aos gentios. Não precisamos admitir que a citação de Gênesis 17.5, em Romanos 4.17,18 — "Por pai de muitas nações" — deve ser entendida como que incluindo a nação judaica e as gentílicas. A

---

8   *Op. cit.*, p. 375.
9   Sanday e Headlam, *op. cit.*, p. xxxiv.
10 Cf. Lightfoot, *op. cit.*, p. 26; Zahn, *op. cit.*, p. 421; cf. pp. 173 a 202.
11 O termo aludido está no plural, ἔθνη.

promessa feita a Abraão, evocada por Paulo, bem poderia ser entendida no sentido de que a paternidade de Abraão se estendia além daqueles que eram seus descendentes segundo a carne. Portanto, mesmo esta passagem não pode ser utilizada como uma evidente ocorrência do sentido inclusivo do vocábulo "nações" (cf. Gl 3.8,9). Em Romanos 16.4, a expressão relevante é mais naturalmente traduzida por "todas as igrejas dos gentios", e não por "todas as igrejas das nações", em que "nações" é entendida como palavra inclusiva.

No que concerne ao uso deste termo, a situação é que, em suas cartas, Paulo o emprega frequente e preponderantemente no significado de gentios em distinção a judeus, e que, embora em poucas instâncias o sentido abrangente seja possível e razoável, não há qualquer ocorrência em que o termo indique, de modo claro, todas as nações, incluindo judeus e gentios.[12] É perfeitamente claro que, em Romanos 11.13, Paulo dirigia a palavra a gentios; e assim o fez por ser o apóstolo dos gentios. Também deve ficar evidente que em Romanos 15.9-13 ele se referia às promessas de Deus naquilo em que estavam envolvidas as nações gentílicas. No versículo 15, Paulo fala da graça que lhe fora dada por Deus, lembrando aos seus leitores que a graça lhe fora outorgada, a fim de que ele se tornasse "ministro de Cristo Jesus entre os gentios, no sagrado encargo de anunciar o evangelho de Deus, de modo que a oferta deles seja aceitável" (v. 16). Esse reiterado apelo à graça de Deus, no tocante aos gentios e ao seu próprio apostolado e ministério, preeminentemente dirigido àqueles, conduz-nos a interpretar o propósito expresso em Romanos 1.13 como o de obter Paulo algum fruto em Roma, "como também entre os outros gentios" (uma abordagem que subentende o caráter gentílico daqueles a quem ele endereçava sua carta). Por semelhante modo, o contexto anterior a Romanos 15.18 leva-nos a considerar a obediência ali mencionada como a obediência por parte dos gentios. Até mesmo em Romanos 16.26, embora o pensamento sem dúvida gire em torno da universalidade étnica da revelação do mistério do evangelho, a ênfase recai sobre o fato de que esse mistério foi desvendado às nações gentílicas com a finalidade de produzir, entre elas, a obediência por fé.

---

12   Estas conclusões dizem respeito ao plural, ἔθνη. Paulo fala, realmente, de seu povo judeu como uma ἔθνος (At 24.17; 26.4; 28.19).

No tocante à diferença numérica entre judeus e gentios, é impossível determinar as proporções relativas entre os membros da igreja de Roma. Mas as evidências aparentemente indicam que, por mais importante que fosse, aos olhos do apóstolo, o segmento judaico e por mais empenhado que ele se tivesse mostrado em promover os mais sublimes interesses de seus compatriotas, no relacionamento deles com Deus e em sua unidade e comunhão no corpo de Cristo, Paulo considerava a igreja de Roma, em grande parte, se não a maioria, como um exemplo da graça de Deus manifestada aos gentios e um exemplo daquilo que ele desejava estabelecer, confirmar e promover, em sua capacidade de apóstolo dos gentios.

ESBOÇO DA CARTA AOS ROMANOS

I   Saudação — 1.1-7
II   Introdução — 1.8-15
III Tema — 1.16,17
IV   A Universalidade do Pecado e da Condenação — 1.18 a 3.20
        A. No tocante aos Gentios — 1.18-32
        B. No tocante aos Judeus — 2.1-16
        C. O Agravamento da Condenação dos Judeus — 2.17-29
        D. A Fidelidade e a Justiça de Deus — 3.1-8
        E. Conclusão — 3.9-20
V   A Justiça de Deus — 3.21-31
VI   A Comprovação Fundamentada no Antigo Testamento — 4.1-25
VII Os Frutos da Justificação — 5.1-11
VIII A Analogia — 5.12-21
IX   Os Efeitos Santificadores — 6.1-23
        A. As Distorções da Doutrina da Graça — 6.1-11
        B. Os Imperativos para os Santificados — 6.12-23
X   A Morte Relativamente à Lei — 7.1-6
XI   Uma Experiência Transitória — 7.7-13
XII A Contradição no Crente — 7.14-25

XIII A Vida no Espírito — 8.1-39
XIV A Incredulidade de Israel — 9.1-5
XV A Vindicação da Justiça e da Fidelidade de Deus — 9.6-33
XVI A Justiça da Fé — 10.1-21
XVII A Restauração de Israel — 11.1-36
    A. O Remanescente - 11.1-10
    B. A Plenitude de Israel — 11.11-24
    C. A Plenitude dos Gentios e a Restauração de Israel — 11.25-32
    D. A Doxologia — 11.33-36
XVIII O Modo Cristão de Viver — 12.1 a 15.13
    A. Multiformes Deveres Práticos — 12.1-21
    B. As Autoridades Civis — 13.1-7
    C. A Primazia do Amor — 13.8-10
    D. A Consumação Iminente — 13.11-14
    E. Os Fracos e os Fortes — 14.1-23
    F. O Exemplo de Cristo — 15.1-6
    G. Judeus e Gentios: um só Povo — 15.7-13
XIX Ministério, Projetos e Plano de Ação de Paulo quanto aos Gentios — 15.14-33
XX Saudações e Doxologia Final — 16.1-27
    A. Saudações do Próprio Paulo — 16.1-16
    B. Advertências Contra os Enganadores — 16.17-20
    C. Saudações de Amigos — 16.21-23
    D. Doxologia — 16.25-27

Propósito dos Capítulos Um a Oito

Paulo nunca visitara Roma. Isto justifica o prolongamento da seção intitulada "Introdução". Ele se empenhou por informar a igreja de Roma sobre o seu intenso desejo e determinação de ir até lá (1.10-15; cf. 15.22-29). Porém, o fato de que ainda não visitara Roma também esclarece, em parte, o caráter de sua saudação. Em Romanos 1.3-4, encontramos um sumário do evangelho e não podemos subestimar a importância desta definição — o evangelho diz respeito ao Filho de Deus, Jesus Cristo, nosso Senhor. Por igual modo, o tema, declarado em Romanos 1.16-17, precisa ser devidamente apreciado em relação ao que lhe antecede e ao que lhe segue. Este evangelho, sumariamente definido em Romanos 1.3-4, é o que Paulo estava determinado a pregar em Roma (1.15); e o zelo por este evangelho e seus frutos era a única razão de sua determinação. De uma maneira ou de outra, o tema, de Romanos 1.16-17, inclui o que foi apresentado no restante da carta.

O evangelho, na qualidade de poder de Deus para a salvação, não tem significado à parte do pecado, condenação, miséria e morte. Por esse motivo, o apóstolo passou a demonstrar que o mundo inteiro permanece culpado diante de Deus, estando sujeito à sua ira e maldição (1.18-3.20). Podemos imaginar que Paulo ocultaria a imundície da degradação e iniquidade retratadas em 1.18-32; visto que, na realidade, é vergonhoso falar dessas monstruosidades religiosas e éticas. No entanto, ele era realista e, em vez de ocultar essas coisas, preferiu exibir aos olhos de todos a degeneração da humanidade réproba. Perguntamos: por quê? É sobre essa degradação que a justiça de Deus sobrevém, e a glória do evangelho consiste no fato de que ele torna manifesta a retidão de Deus, a qual satisfaz todas as exigências do nosso pecado, nos aspectos mais negros da iniquidade e da miséria. Ao avaliarmos as exigências decorrentes de nosso pecado, ficamos muito aquém de apreciarmos a gravidade real do caso, se não levarmos em conta a ira de Deus. O apóstolo prefaciou o relato sobre a depravação com as seguintes palavras: "A ira de Deus se revela do céu contra toda impiedade e perversão dos homens que detêm a verdade pela injustiça" (1.18). Estar sujeito à ira de Deus é o resumo da miséria humana. Questionar a realidade dessa ira, como uma "atitude de Deus para conosco", concebendo-a meramente como "algum processo ou efeito, no terreno dos fatos objetivos",[13] é perder inteiramente de vista a significação da santidade de Deus, naquilo em que ele reage contra qualquer coisa oposta a si mesmo. A justiça de Deus, revelada no evangelho, é a provisão de sua graça que satisfaz as exigências de sua ira. E nenhum outro fato demonstra melhor a glória e eficácia do evangelho.

---

13   Cf. C. H. Dodd, *The Epistle of Paul to the Romans*, Londres, 1934, p. 22.

A justiça discutida em Romanos é aquela que procede de Deus. Portanto, trata-se de uma justiça dotada de qualidade divina e possuidora de eficácia e virtude implícitas à Divindade. Não se trata do atributo divino da justiça, mas é uma justiça que envolve atributos e propriedades divinos, contrastada não meramente com a injustiça, mas também com a justiça humana. O grande tema da primeira porção da carta é a justificação pela graça, mediante a fé. E a justiça humana é a própria essência das religiões deste mundo, em distinção ao evangelho de Deus. Somente uma justiça proveniente de Deus pode mostrar-se à altura do desespero de nossa necessidade e fazer o evangelho tornar-se o poder de Deus para a salvação.

Este tema é desdobrado em Romanos 3.21-26, onde Paulo esclarece que essa justiça vem através da redenção que há em Cristo Jesus e da propiciação em seu sangue. Essa justiça assegura a justificação diante de Deus; a propiciação é a providência de Deus em demonstrar a sua justiça, a fim de que ele seja o justo e o justificador dos ímpios. Essa tese é conduzida ao seu ápice em 5.15-21, onde é apresentada como a dádiva gratuita da justiça e consiste no ato de justiça e obediência de Cristo (vv. 17-19). A graça, desse modo, reina por intermédio da justiça para a vida eterna, por meio de Jesus Cristo, nosso Senhor (v. 21).

O apóstolo mantém uma vigorosa ênfase sobre a fé — o evangelho é "o poder de Deus para a salvação de todo aquele que crê" (1.16; cf. v. 17; 3.22). Portanto, não se trata de uma justiça que, de modo incondicional e indiscriminado, se mostra eficaz para a salvação de todos. É uma justiça invariavelmente eficiente, onde quer que haja fé. Não devemos perder de vista a harmonia aqui existente. Se é uma justiça que procede de Deus, por outro lado também é uma justiça que provém da fé; e esses aspectos são interdependentes, por causa de suas respectivas naturezas. Trata-se de uma fé que nos coloca no devido relacionamento com essa justiça, porquanto consiste em receber e descansar; é autorrenunciante, olha para fora de si mesma e encontra em Cristo o seu tudo.

Esta doutrina da graça poderia indicar que há licença para o pecado — continuemos no pecado para que a graça seja abundante (cf. 6.1). O capítulo 6 da carta dedica-se a refutar esta falsa inferência. Tal falsidade é desmascarada pelo simples fato de que, se morremos para o pecado, não mais podemos viver nele (6.2). A nossa morte para o pecado é garantida pela nossa união com Cristo, em sua morte e ressurreição (6.3-5). A força do pecado jaz na lei, e, se tivermos morrido para a lei, por meio do corpo de Cristo (7.4), então, morremos para o pecado. Além disso, mediante a união com Cristo fomos transportados para o reino da graça, e o pecado não pode mais exercer domínio sobre nós (6.14). Este fato é a base e a certeza da santificação. Cristo morreu por nós — isto é a nossa justificação. Entretanto, se Cristo morreu por nós, também morremos juntamente com ele — esta é a garantia da nossa santificação.

A morte para o pecado, a libertação do domínio do pecado, a novidade de vida segundo o padrão da ressurreição de Jesus, que são as ênfases proeminentes no trecho de 6.1 a 7.6, pareceriam ensinar-nos que o crente tornou-se isento do pecado e foi aperfeiçoado em santidade. Qualquer falso conceito a esse respeito é corrigido pelo delineamento do conflito retratado em 7.14-25. Tal conflito possui certa contradição que, por natureza, está ligada ao crente, por causa do pecado que existe no seu íntimo. Todavia, esse conflito não nos leva ao desespero. "Quem me livrará do corpo desta morte? Graças a Deus por Jesus Cristo, nosso Senhor" (7.24,25). Esta é a nota de triunfo na esperança que não nos deixa envergonhados. Contudo, esta nota de certeza triunfante não invalida a realidade do conflito; pois é ela que outorga à nota triunfal o seu autêntico caráter, como vitória de fé e esperança. É precisamente esta certeza que é explicada no capítulo 8. Se, em si mesmo, o crente não está isento do conflito contra o pecado, tampouco está livre das aflições que acompanham sua peregrinação neste mundo ou do conflito contra adversários. O capítulo 8 transborda com a certeza de que todas as coisas contribuem juntamente para o bem daqueles que amam a Deus e de que estes são mais do que vencedores por meio daquele que os amou. O alcance da graça de Deus a favor deles se expande desde a sua fonte, na eleição, antes da fundação do mundo, até à sua consumação, na glória que desfrutarão juntamente com Cristo; foram predestinados para serem conformados à imagem do Filho e serão glorificados juntamente com ele (cf. 8.17,28-30).

Propósito dos Capítulos Doze a Dezesseis

Se os capítulos 12 a 16 sucedessem imediatamente o capítulo 8, nesta carta, a sequência estaria em harmonia com um padrão facilmente compreendido e de acordo com a ordem que poderíamos esperar. Conforme observaremos no comentário, a seção que se estende de 12.1 a 15.13 aborda os deveres concretos e práticos que se impõem aos crentes. Tais deveres dizem respeito, particularmente, às relações mútuas, na comunidade e no companheirismo dos santos. Visto que os crentes mantêm certas relações para com outros homens e instituições, Paulo fala sobre a conduta que convém aos santos no exercício de suas responsabilidades sociais e políticas. Na última parte de capítulo 15, o apóstolo revela suas normas e planos missionários, a fim de cumprir o seu ministério entre os gentios. É muitíssimo apropriado que ele tenha feito isso em uma carta dirigida à igreja (ou igrejas) de Roma.

Visto não ter sido Paulo o agente na fundação da igreja de Roma, pareceria que a reflexão mais expandida sobre o plano de ação que ele seguia, na qualidade de apóstolo dos gentios, era a justificativa para escrever uma carta àqueles santos, bem como para a ousadia com que escrevera (cf. Rm 15.15). A evidência fornecida pela carta não apoia essa interpretação. Logo no início da carta, a sua apologia refere-se à demora em cumprir seu intenso desejo de visitar Roma (cf. Rm 1.11-13). Ele insistiu em que, quanto dependesse de si mesmo, estava pronto a pregar o evangelho também ali (1.15). Paulo aproveita o ensejo para reiniciar o mesmo tema no capítulo 15 e fornece informações adicionais que esclarecem a demora em cumprir seus desejos e intuito (15.22-26). Além disso, conforme indicam as saudações do capítulo 16, Paulo tinha muitos amigos em Roma, entre os quais havia cooperadores íntimos na obra do evangelho. Esses amigos, e particularmente colaboradores como Áquila e Priscila, desejavam ardentemente que Paulo se dirigisse a Roma. E podemos supor, com determinada medida de razão, que esse desejo foi expresso à comunidade cristã da capital do império e compartilhado com ela. Talvez tivesse existido urgente correspondência neste sentido. Por esta razão, a certeza do desejo e do propósito, expressa no primeiro capítulo, é reiterada e expandida no décimo quinto.

Existia outro motivo para o apóstolo delinear sua política e planos missionários. Roma ocupava um importante lugar no itinerário projetado por ele para a expansão de seu ministério entre os gentios. Por conseguinte, era necessário que a sua visita a Roma fosse colocada no contexto dessa mais ampla visão de prosseguir em seus labores até aos limites mais ocidentais da Europa (cf. 15.28). E não somente isso. Era necessário definir, com maior clareza, o caráter de sua visita a Roma, a fim de que os santos não entretessem noções equivocadas concernentes ao propósito ou duração de sua visita. Roma seria apenas um lugar de descanso, em sua rota até à Espanha; e a igreja de Roma haveria de enviá-lo em seu novo empreendimento missionário (15.24,28).

O capítulo 16 é amplamente dedicado a saudações (16.1-16; 16.21-23). Também encontramos as advertências finais acerca dos que estavam corrompendo o evangelho (16.17-20), bem como uma doxologia final que, em relação à extensão e ao conteúdo, está eminentemente de acordo com o escopo e o caráter de toda a carta (cf. 16.25-27).

Propósito dos Capítulos Nove a Onze

Mas, o que dizermos acerca dos capítulos 9 a 11? Parece haver descontinuidade nesta porção da carta; e sua extensão sugere um agravamento do assunto. Somente quando falhamos em discernir ou desconsideramos a relação que estes capítulos mantêm para com a tese da carta, entretemos qualquer ideia de irrelevância ou descontinuidade. No entanto, em uma inspeção mais íntima, esta parte da carta é vista como um elemento que leva à vindicação culminante a tese declarada em 1.16,17, bem como as doutrinas paralelas desdobradas nos capítulos 1 a 8. Se este segmento da carta não existisse, haveria uma lacuna que nos deixaria perplexos e com certas indagações sem resposta. É verdade que não podemos exigir ou esperar respostas para todas as perguntas. Mas, nesta instância, podemos sentir-nos profundamente agradecidos pelo fato de que o supremo Autor das Escrituras inspirou o apóstolo a falar sobre questões tão apropriadas ao grandioso tema desta carta, inculcando-as com urgência nas mentes de leitores inteligentes.

No entanto, os capítulos 9 a 11 respondem as perguntas que emergem desta carta. Tais perguntas são necessariamente provocadas pela perspectiva bíblico-teológica derivada da totalidade das Escrituras. É importante verificar até que ponto o apóstolo recorre ao Antigo Testamento nesta porção da carta. Isto demonstra que os assuntos abordados são aqueles que têm suas raízes no Antigo Testamento; portanto, devem ser entendidos à luz da interpretação e da aplicação feitas pelo apóstolo. Em outras palavras, ao escrever à plena luz do cumprimento produzido pelo advento de Cristo, bem como da inspiração do Espírito do Pentecostes, o apóstolo nos fornece uma interpretação segundo a qual devem ser entendidas as Escrituras proféticas.

Estes capítulos delineiam o desígnio universal de Deus em relação aos judeus e aos gentios. Eles desvendam, de uma maneira sem paralelo no Novo Testamento, a diversidade de modos pelos quais as várias providências de Deus, relativas aos judeus e aos gentios, agem e interagem, umas em relação às outras, visando promover seus desígnios salvíficos. E, quando o apóstolo nos conduz através de seu delineamento e atinge o clímax em 11.32: "Porque Deus a todos encerrou na desobediência, a fim de usar de misericórdia para com todos", juntamente com ele atingimos o clímax da admiração adoradora e exclamamos: "Ó profundidade da riqueza, tanto da sabedoria como do conhecimento de Deus!" O fato de que Paulo, na conclusão desta parte da carta, teve ocasião de explodir em doxologia e exclamação inigualáveis, demonstra, de maneira inequívoca, que os temas destes capítulos são a apropriada sequência à grandiosa tese do evangelho, que é desenvolvida nos capítulos 1 a 8.

O assunto encontrado no começo do capítulo 9 origina-se dos termos nos quais é exposto o tema da carta. O evangelho "é o poder de Deus para a salvação de todo aquele que crê, primeiro do judeu e também do grego" (1.16). "Primeiro do judeu" — esta prioridade parece ser contestada pela incredulidade e pela vasta apostasia de Israel. A prioridade de relevância e aplicação parece não ter qualquer verificação na sequência da História. Disso surgiu a necessidade de abordar a questão apresentada pela incredulidade dos judeus. Esta seria uma razão suficiente para o apóstolo ter escrito os capítulos 9 a 11. No entanto, não é apenas por esse ângulo que podemos demonstrar a coerência. Nos primeiros capítulos, Paulo evocara o exemplo de Abraão, na qualidade de "pai de todos os que creem" (4.11); e, naquele contexto, ele se referiu à promessa feita a Abraão (4.13). Embora todas as implicações desta promessa não estejam refletidas no contexto que a ela se refere, as implicações não podem ser esquecidas, nem podem ser suprimidas as questões a ela pertinentes. Portanto, no capítulo 9, quando o apóstolo declara: "E não pensemos que a palavra de Deus haja falhado" (9.6), ele tinha em vista a palavra da promessa feita a Abraão.

Nos capítulos 9 a 11, Paulo aborda as questões que emergem dos assuntos da porção inicial da carta, assuntos que estavam vinculados à incredulidade de Israel. Em suma, as respostas do apóstolo são que a promessa feita a Abraão e a seu descendente não visava a todos quantos procedessem de Abraão por descendência natural. Estas promessas haviam sido feitas ao *verdadeiro* Israel, e o propósito divino, quanto à eleição, permanece firme (9.6-13); sempre haverá um remanescente segundo a eleição da graça (11.5,7). Neste remanescente cumpre-se a palavra da promessa. Portanto, não devemos imaginar que a palavra de Deus foi anulada. Isso constitui a primeira resposta ao problema da incredulidade na grande maioria do povo de Israel e ao problema de seu afastamento do Senhor; todavia, não é toda a resposta. O apóstolo continua, no capítulo 11, a explicar outro aspecto do conselho divino concernente a Israel. No capítulo 9, foi suficiente demonstrar que a incredulidade e a rejeição de Israel não haviam sido *completas*; ainda existia um remanescente. Em Rm 11.11-32, Paulo esclarece aquilo que, em 11.25, ele chama de "este mistério", ou seja, o mistério de que a rejeição de Israel não é *final*. Existe outra implicação no pacto abraâmico que o futuro cumprirá e vindicará, uma implicação que vai além do ato de preservar um remanescente em cada geração. Resultando do pacto firmado com Abraão, ainda permanecem em exercício o favor e o amor de Deus para Israel, *como um povo*. Os israelitas são amados por causa do amor aos patriarcas; e isto realmente acontece, embora no momento estejam alienados da benção e do favor divino (11.28). Os privilégios do povo de Israel, enumerados em Romanos 9.4-5, são perenemente relevantes porque "os dons e a vocação de Deus são irrevogáveis" (11.29). Em harmonia com essas implicações das promessas da aliança, ocorrerá a restauração de Israel à fé e às bênçãos do evangelho. Paulo a denomina de "a sua plenitude" (11.12), uma plenitude em amplo contraste com a transgressão e perda dos israelitas; e, portanto, uma plenitude caracterizada por uma proporção que será comensurada na direção oposta. Paulo também a chama de "seu restabelecimento", que, por igual modo, contrasta-se com "o fato de terem sido eles rejeitados" (11.15). Isso equivale a serem eles enxertados em sua própria oliveira natural (11.23,24). Finalmente, a restauração é expressa nos seguintes termos: "E, assim, todo o Israel será salvo" (11.26).

Nesta explicação da profecia e da promessa da restauração de Israel, Paulo não somente mostra como se cumprirá e finalmente será vindicado o pacto abraâmico no tocante a Israel, mas também demonstra de que modo o conselho divino atinente aos gentios está entretecido nas várias fases da história de Israel. A transgressão de Israel é "riqueza para o mundo"; sua perda, "riqueza para os gentios"; sua rejeição, "reconciliação ao mundo" (11.12,15). Novamente, a plenitude de Israel e seu restabelecimento servirão de bênção incomparavelmente maior para o mundo gentílico. E não somente isso. A bênção que cabe aos gentios, por causa da rejeição de Israel, por um lado, e por causa da plenitude e restauração de Israel, por outro lado, reage em favor de Israel, visando promover a salvação dos gentios. Portanto, os israelitas são provocados ao ciúme (11.11); e a plenitude dos gentios assinala o término do endurecimento de Israel (11.25). Assim, Paulo delineia, para nós, o desígnio universal de Deus, para a concretização de seus propósitos salvíficos. O capítulo 11 nos fornece o discernimento quanto à divina filosofia da História, no que concerne à salvação de judeus e gentios. Quando obtemos essa perspectiva, temos de exclamar, juntamente com Paulo, com estas palavras de Romanos 11.33: "Ó profundidade da riqueza, tanto da sabedoria como do conhecimento de Deus!"

CAPÍTULO I
SAUDAÇÃO

1.1-7

1 Paulo, servo de Jesus Cristo, chamado para ser apóstolo, separado para o evangelho de Deus,

2 o qual foi por Deus, outrora, prometido por intermédio dos seus profetas nas Sagradas Escrituras,

3 com respeito a seu Filho, o qual, segundo a carne, veio da descendência de Davi

4 e foi designado Filho de Deus com poder, segundo o espírito de santidade pela ressurreição dos mortos, a saber, Jesus Cristo, nosso Senhor,

5 por intermédio de quem viemos a receber graça e apostolado por amor do seu nome, para a obediência por fé, entre todos os gentios,

6 de cujo número sois também vós, chamados para serdes de Jesus Cristo.

7 A todos os amados de Deus, que estais em Roma, chamados para serdes santos, graça a vós outros e paz, da parte de Deus, nosso Pai, e do Senhor Jesus Cristo.

A saudação desta carta é mais longa do que a de qualquer outra das cartas paulinas. A razão disso talvez esteja no fato de que o apóstolo não havia estabelecido nem visitado a igreja de Roma (cf. 1.10,11,13; 15.22). Entretanto, não nos convém desprezar o caráter fortemente polêmico desta carta. Outra saudação, a da carta aos Gálatas, também apresenta considerável extensão. Torna-se evidente que a polêmica existente na carta aos Romanos prescreveu o conteúdo de sua saudação. É fortemente provável que tanto a consideração do fato de não ser Paulo conhecido na igreja de Roma quanto a necessidade de demonstrar o assunto do evangelho desde o começo, ditaram o caráter e o conteúdo da saudação.

1-2 — Paulo inicia a maioria de suas cartas evocando o seu ofício apostólico (1 Co 1.1; 2 Co 1.1; Gl 1.1; Ef 1.1; Cl 1.1; 1 Tm 1.1 e 2 Tm 1.1). Porém, começou Romanos identificando-se como "servo de Jesus Cristo".[1] Não devemos supor que o seu propósito, ao fazer isto, era colocar-se na mesma categoria daqueles a quem estava escrevendo (cf. 1 Co 7.22; Ef 6.6; 1 Pe 2.16). Paulo era homem nitidamente humilde, tendo chamado a si mesmo de "o menor de todos os santos" (Ef 3.8). Mas a sua finalidade em denominar-se "servo de Jesus Cristo" foi afirmar, no princípio de sua carta, a inteireza de sua comissão e de sua dedicação a Cristo Jesus como Senhor. Não surgira de Paulo a iniciativa de escrever esta carta; ele era apenas servo de Cristo. Das páginas do Antigo Testamento, devemos extrair o significado do título "servo". Abraão (Gn 26.24; Sl 105.6,42), Moisés (Nm 12.7,8; Dt 34.5; Js 1.1,2,7; Sl 105.26), Davi (2 Sm 7.5; Is 37.35), Isaías (Is 20.3) e os profetas (Am 3.7; Zc 1.6) eram servos do Senhor. O apóstolo aplica ao serviço prestado ao Senhor Jesus Cristo esse alto conceito de dependência e consagração ao Senhor. Isto revela que ele não hesitava em atribuir a Cristo Jesus a posição dada ao "Senhor" no Antigo Testamento e também mostra a visão de Cristo apresentada aos leitores romanos. Aos crentes de Roma, Paulo recomendava a si mesmo como servo de Cristo Jesus.

---

1 A forma Χριστοῦ Ἰησοῦ, embora apoiada pelo fragmento B e por outro do século IV D.C., contendo Romanos 1.1-7, dificilmente poderia ser utilizada contra o testemunho em prol do texto seguido nesta versão bíblica.

O fato de ter Paulo se identificado como apóstolo, na saudação desta carta, assim como em todas as outras, exceto Filipenses, 1 e 2 Tessalonicenses e Filemom, indica a importância que ele conferia a seu ofício apostólico.[2] Ocasionalmente, quando as circunstâncias o exigiam, Paulo defendia com vigor o seu apostolado (1 Co 9.1,2; 2 Co 12.11-13; Gl 1.1,15-17). Essa consciência de comissão e autoridade, como algo inerente ao ofício apostólico, reflete a posição singular ocupada pelo apostolado na igreja de Cristo (cf. Mt 16.17-19; 19.28; Lc 22.29,30; Jo 16.12-14; 20.21-23; At 1.2-8,15-26; Ef 2.20). É por essa razão que o ensino e a pregação dos apóstolos estavam investidos da autoridade de Cristo e do Espírito Santo.

Havia certas qualificações indispensáveis a um apóstolo (cf. Jo 15.16,27; At 1.21; 2.32; 3.15; 10.39-41; 26.16,17; 1 Co 9.1,2; 15.8; 2 Co 12.11-13; Gl 1.1,12). Ao dizer: "Chamado para ser apóstolo" (cf. 1 Co 1.1), Paulo se referiu à qualificação mais central do apostolado. O chamamento e o apostolado andavam de mãos dadas; mediante o chamamento, ele se tornara um apóstolo. E o chamamento foi a nomeação eficaz por intermédio da qual Paulo fora investido nas funções apostólicas. A única coisa que explica e garante a autoridade com que o apóstolo falava e escrevia é a consciência da autoridade procedente dessa nomeação (cf. 1 Co 5.4,5; 7.8,12,17,40; 14.37,38; 2 Ts 3.10,12,14).

"Separado para o evangelho de Deus" é uma declaração paralela a "chamado para ser apóstolo". A separação aqui aludida não se refere à predestinação de Paulo para o ofício apostólico (como é o caso de Gálatas 1.15), e sim à dedicação eficaz que ocorreu por ocasião do chamamento para o apostolado e indica o que está envolvido neste chamamento. Nenhuma outra linguagem poderia mostrar-se mais eloquente a respeito da decisiva ação de Deus e da totalidade do comprometimento de Paulo com o evangelho. Todos os laços de interesse e apego estranhos ou irrelevantes à propagação do evangelho haviam sido cortados, e Paulo foi separado por meio do investimento de todos os seus interesses e ambições na causa do evangelho. Naturalmente, isto

---

2 Quanto a um amplo estudo a respeito do termo ἀπόστολος, ver o artigo de Karl Heinrich Rengstorf em *Theologisches Wörterbuch zum Neuen Testament*, ed. por Kittel, e a tradução inglesa da mesma obra, por J. R. Coates, com o título de *Apostleship* (Londres, 1952).

implica em que o evangelho, como mensagem, deveria ser proclamado; e, se tivéssemos de compreender o "evangelho" como a verdadeira proclamação, então, dedicar-se a anunciá-lo seria uma atitude inteligível e digna. Entretanto, a palavra "evangelho" não é usada aqui significando o ato de proclamar; antes, é a mensagem proclamada, sendo chamado de "o evangelho de Deus" (cf. Mc 1.14). Talvez esse pensamento fosse melhor expresso, se disséssemos: "Separado para o evangelho *de Deus*", ou seja, a ênfase maior recai sobre a origem e o caráter divinos do evangelho. Trata-se de uma mensagem de boas-novas vinda da parte de Deus, a qual jamais perde o seu caráter de mensagem divina, porquanto nunca deixa de ser a mensagem de Deus para a salvação dos homens perdidos.

No versículo 2, Paulo mostrou seu empenho pela unidade e continuidade da dispensação do evangelho em relação ao Antigo Testamento. O evangelho para o qual fora separado não é uma mensagem que tenha irrompido como *novidade* no mundo, por intermédio do aparecimento de Cristo e do ministério dos apóstolos. Pelo contrário, é aquilo que "Deus, outrora", havia "prometido por intermédio dos seus profetas nas Sagradas Escrituras". Era característico do próprio Senhor Jesus, nos dias de sua carne, apelar ao Antigo Testamento, sendo particularmente significativo, nesta conexão, o trecho de Lucas 24.25-32,44-47. Os apóstolos seguiram o mesmo padrão. Em Romanos, verificamos que considerável parcela dos argumentos de Paulo, em apoio à sua tese principal, fundamenta-se no Antigo Testamento. Neste ponto inicial, quando está prestes a anunciar o assunto de que trata o evangelho para o qual fora separado como apóstolo, Paulo teve o cuidado de relembrar aos seus leitores que a revelação do evangelho tem suas raízes nas "Sagradas Escrituras" existentes.

Ao falar em "outrora prometido", o apóstolo tencionava sugerir que a revelação dada no passado não pertencia exclusivamente àquilo que se cumpriria e se tornaria eficaz na plenitude dos tempos. Esta suposição seria incoerente com aquilo que veremos mais adiante, especialmente no capítulo 4. O evangelho mostra-se eficaz no caso daqueles que o recebem na forma de promessa. Não obstante, a característica de promessa, na revelação do Antigo Testamento, deve ser amplamente apreciada, e, nesta instância, a ênfase recai sobre a distinção entre promessa e cumprimento. As Escrituras existentes continham o evangelho na forma de promessa; o assunto a respeito do qual o apóstolo escreveria é o evangelho em cumprimento daquela promessa.

Não seria possível limitar o termo "profetas", neste versículo, àqueles que eram oficial e restritamente profetas. Todos quantos escreveram a respeito de Cristo são reputados profetas (cf. Lc 24.27; At 2.30). Neste versículo também é possível que seja mais exato traduzir sua última cláusula por "em Sagradas Escrituras", ao invés de "nas Sagradas Escrituras". Ressalta-se as Escrituras como "Sagradas", e estas se distinguem de todas as demais obras escritas por causa de seu caráter de santidade. Também é salientado o fato de que tais promessas existem somente nas Escrituras. Por conseguinte, são duas as conclusões acerca da estimativa do apóstolo quanto às Escrituras: (1) Paulo julgava haver certo conjunto de escritos que possuíam qualidade e autoridade singulares, diferentes de todos os demais escritos por causa de sua natureza sagrada — eram verdadeiramente sacrossantos; (2) ele não fazia distinção entre a promessa, da qual os profetas foram os porta-vozes, e as Sagradas Escrituras. A promessa está incorporada nelas. Por meio de seus profetas, Deus outorgou a promessa do evangelho; mas são as Escrituras que a fornecem para nós — a Palavra registrada em forma escrita é a palavra da promessa. Deve ficar evidente aqui, tal como mais adiante (cf. 3.2), que o conceito paulino da relação entre a Palavra de Deus reveladora e as Escrituras difere radicalmente do conceito da teologia dialética. É significativo que Karl Barth, em sua obra, *The Epistle to the Romans*, deixa de lado essas declarações do apóstolo sem avaliar o conceito de Sagradas Escrituras implícito em tais declarações.

3-4 — Estes dois versículos nos informam a respeito do que tratava a promessa. Porém, visto que a promessa é o evangelho de Deus, cumpre-nos inferir que estes versículos também definem para nós o assunto do evangelho para o qual o apóstolo fora separado; o evangelho se ocupa do Filho de Deus. Quando lemos: "Com respeito a seu Filho", torna-se necessário determinar a que se refere esse título, ao ser aplicado àquele que, no final do versículo, é identificado como "Jesus Cristo, nosso Senhor" (v. 4). Há boas razões para pensarmos que, nesta ocasião, o título se refere a certa relação que o Filho mantém para com o Pai, desde antes e independentemente de sua manifestação na carne. (1) Paulo tinha o mais elevado conceito de Cristo, em sua identidade divina e sua preexistência eterna (cf. 9.5; Fp 2.6; Cl 1.19; 2.9). Ele considerava o título "Filho" como aplicável a Cristo em sua preexistência eterna, como algo que definia seu eterno relacionamento com o Pai (cf. 8.3,32; Gl 4.4). (2) Visto ter sido esta a primeira vez em que o título foi usado na carta, devemos esperar que o mais elevado sentido lhe estivesse vinculado. Além disso, a conexão em que o título é empregado não exigiria outro sentido, senão o que transparece em 8.3,32; o apóstolo estava afirmando aquilo que é o assunto do evangelho, na qualidade de tema da sua carta. (3) A interpretação mais natural do versículo 3 é que o título "Filho" não deve ser entendido como algo que lhe foi atribuído em virtude do processo definido nas cláusulas posteriores; antes, deve ser entendido como algo que O identifica como a Pessoa que se tornou o sujeito desse processo e que, portanto, foi identificado como Filho no evento histórico da encarnação. Por esses motivos, concluímos que Jesus é aqui identificado por aquele título que expressa seu eterno relacionamento com o Pai; e também chegamos à conclusão de que, ao definir o evangelho como aquilo que se refere ao eterno Filho de Deus, o apóstolo, no limiar da carta, estava recomendando o evangelho, ao demonstrar que o mesmo se ocupava com aquele que não possuía uma posição menor do que a de igualdade ao Pai. O assunto do evangelho é aquela Pessoa que se acha no mais sublime nível de realidade. Paulo já havia declarado a sua irrestrita consagração a Cristo Jesus (v. 1), bem como ao ofício apostólico. O título "Filho" explica por que esse serviço requer uma dedicação sem reservas ao evangelho; pois não é apenas "o evangelho de Deus", mas o seu tema é o eterno Filho de Deus.

As cláusulas seguintes obviamente compreendem uma série de paralelos e contrastes. "Veio" (v. 3) corresponde a "designado" (v. 4); "segundo a carne" (v. 3), "segundo o espírito de santidade" (v. 4); e "da descendência de Davi" (v. 3), ao que parece, corresponde a "pela ressurreição dos mortos" (v. 4). Apesar de não podermos negligenciar essas correspondências, paralelos e contrastes implícitos, corremos o risco de emprestar-lhes ênfase tão exagerada, que chegamos a resultados artificiais.

Na história da interpretação, frequentemente esse paralelismo tem sido interpretado como alusões aos diferentes aspectos ou elementos da pessoa do Salvador. Algumas vezes, os aspectos distintos têm sido tomados como sendo algo dentro da natureza humana de Cristo, em que o elemento físico é contrastado com o espiritual.[3] Outros, entretanto, têm considerado os aspectos distintivos como sendo as duas naturezas diferentes na pessoa de Cristo, a humana e a divina, em que "carne" designa a primeira, e "Filho de Deus... segundo o espírito de santidade", a última.[4] Naturalmente, não se pode duvidar que "segundo a carne, veio da descendência de Davi" diz respeito à encarnação do Filho de Deus e, por conseguinte, àquilo em que ele se tornou, no tocante à sua natureza humana. Mas, de forma alguma, é evidente que a outra expressão, "Filho de Deus, segundo o espírito de santidade", tenha em vista simplesmente o outro aspecto da pessoa de nosso Senhor, a saber, aquilo que ele é como ser divino em contraste com a sua humanidade. Existem bons motivos para pensarmos que esse tipo de interpretação, mediante a qual se imagina haver alusão aos aspectos distintos da natureza humana de nosso Senhor ou da sua pessoa divino-humana, não deve ser a linha de

---

3 Cf. Heinrich A. W. Meyer, *Über den Brief des Paulus an die Römer* (Göttingen, 1872), *ad* Romanos 1.4. "Este πνεῦμα ἁγιωσύνης, em contraste com a σάρξ, é o outro lado do ser do Filho de Deus na terra; e, do mesmo modo que a σάρξ era o elemento externo perceptível aos sentidos, assim também o πνεῦμα era o elemento mental interno, o substrato da νοῦς do Filho de Deus (1 Co 2.16), *o princípio e o poder de sua vida* INTERIOR, o 'ego' intelectual e moral que recebia as comunicações do divino — em suma, o ἔσω ἄνθρωπος de Cristo" (E. T., Edimburgo, 1876, I, p. 46). Ver também William Sanday e Arthur C. Headlam, *A Critical and Exegetical Commentary on the Epistle to the Romans* (Nova Iorque, 1926), *ad* Romanos 1.3,4 — "κατὰ σάρκα ... κατὰ πνεῦμα são declarações opostas entre si, não como 'humano' em contraste com 'divino', mas como 'corpo' em contraste com 'espírito', e ambos os elementos, em Cristo, são humanos, embora a santidade que é a virtude constante do seu Espírito seja algo mais do que humano" (p. 7).
4 Cf. João Calvino, *Commentaries on the Epistle of Paul the Apostle to the Romans* (E. T., Grand Rapids, 1947), *ad* Romanos 1.3 — "Duas coisas devem ser encontradas em Cristo, a fim de podermos achar nele a salvação: divindade e humanidade... Por isso, o apóstolo as menciona expressamente no sumário que oferecera acerca do evangelho: que Cristo se manifestara na carne e que, na carne, ele declarou ser o Filho de Deus" (p. 44). Ver também J. A. Bengel, *Gnomon of the New Testament*, *ad* Romanos 1.4; Charles Hodge, *Commentary on the Epistle to the Romans* (Edimburgo, 1864), *ad* Rm 1.3,4; F. A. Philippi, *Commentary on St. Paul's Epistle to the Romans* (E. T., Edimburgo, 1878), *ad* Rm 1.3,4; R. Haldane, *Exposition of the Epistle to the Romans* (Edimburgo, 1874), *ad* Rm 1.4.

pensamento a seguirmos; devemos entender que a distinção traçada nestes versículos é aquela entre os "dois estágios sucessivos" do processo histórico do qual o Filho de Deus tornou-se objeto.⁵ Este ponto de vista concorda plenamente com o propósito do apóstolo ao definir o tema do evangelho. As razões para adotarmos esta interpretação tornar-se-ão evidentes conforme prosseguirmos na exposição.

(1) "Veio da descendência de Davi." Quer sigamos essa tradução, quer adotemos uma tradução mais literal ("feito da semente de Davi"), a cláusula aponta para um começo histórico. O sujeito desse começo, devemos observar criteriosamente, é a Pessoa que acabara de ser identificada, em sua preexistência divina e eterna, como o Filho de Deus; trata-se do Filho de Deus contemplado em sua identidade intradivina como o Filho, aqui declarado ter nascido da descendência de Davi. Portanto, neste versículo 3, o Salvador não é visto meramente como um ser humano, embora seja refletida a suposição de uma natureza humana, ao ser dito que ele veio da descendência de Davi. O argumento em defesa da eterna filiação de Cristo não encobre o argumento do apóstolo em favor do começo histórico do qual o Filho foi o sujeito; e a ênfase sobre o elemento histórico de modo algum prejudica a realidade da filiação eterna. Temos aqui uma inequívoca ênfase sobre os coexistentes aspectos da pessoa de nosso Senhor como o Filho encarnado; de particular significação é o fato de que tal ênfase

---

5   Devo a Geerhardus Vos a abertura desta perspectiva na interpretação do trecho. Ver seu artigo, "The Eschatological Aspect of the Pauline Conception of the Spirit", em *Biblical and Theological Studies* (Nova Iorque, 1912), pp. 228-230. Ele afirma: "A alusão não é a dois lados coexistentes na constituição do Salvador, mas a dois estágios sucessivos em sua vida: houve primeiro um γενέσθαι κατὰ σάρκα e, então, um ὁρισθῆναι κατὰ πνεῦμα. As duas frases preposicionais têm força adverbial; descrevem o modo do processo, a fim de enfatizar mais o resultado do que o ato inicial: Cristo veio à existência, quanto à sua carne, e foi introduzido por ὁρισμός em sua existência pneumática. Esse ὁρίζειν não é uma determinação abstrata, mas uma nomeação efetiva; Paulo obviamente evita a repetição do termo γενομένου não somente por razões retóricas, mas porque repeti-lo, antes mesmo que a leitura da sentença inteira corrigisse a ideia, poderia ter sugerido o mal-entendido de que, por ocasião da ressurreição, a filiação divina de Cristo, *como tal*, foi originada pela própria ressurreição. No entanto, o apóstolo desejava apenas afirmar a origem temporal da filiação divina ἐν δυνάμει, filiação esta que retrocedia até ao estado de preexistência. Mediante o duplo κατά, é contrastado o modo de cada estado de existência; pelo duplo ἐκ, a origem de cada um. Assim, a existência κατὰ σάρκα originou-se 'da descendência de Davi', ao passo que a existência κατὰ πνεῦμα originou-se da 'ressurreição dos mortos'" (p. 229). Essa exegese de Romanos 1.3,4 é reproduzida na obra de Vos, *The Pauline Eschatology* (Princeton, 1930), pp. 155, 156.

encontra-se claramente afirmada no versículo 3, antes de chegarmos ao contraste expresso no versículo 4.[6]

Ao especificar a "descendência de Davi", demonstra-se o interesse adicional de estabelecer a genealogia de nosso Senhor como procedente de Davi. O apóstolo tinha em mira as profecias do Antigo Testamento e sua vindicação, no cumprimento de suas promessas.

(2) "Segundo a carne." No uso neotestamentário, ao ser aplicada a Cristo, esta expressão não pode indicar outra coisa senão a natureza humana em sua inteireza (cf. Jo 1.14; Rm 9.5; Ef 2.14-15; 1 Tm 3.16; Hb 5.7; 10.20; 1 Pe 3.18; 4.1; 1 Jo 4.1-2; 2 Jo 7).[7] Pode haver uma ênfase particular sobre o que é físico e sensitivo, conforme se evidencia em algumas das passagens citadas. Mas é impossível, à luz da evidência fornecida por tal uso desta expressão, considerar que aqui há um contraste entre o que é físico e o que não é. Portanto, a ideia refletida no versículo 3 é a respeito daquilo em que o Filho de Deus se tornou no tocante a natureza humana — ele nasceu da descendência de Davi.

(3) "Foi designado Filho de Deus com poder." A palavra traduzida por "designado" é a mesma que em outros lugares, no Novo Testamento, significa "determinar", "constituir", "fixar" (Lc 22.22; At 2.23; 10.42; 11.29; 17.26,31; Hb 4.7). Em nenhum destes casos, significa "demonstrar". Pode ser possível derivar o sentido de "demonstrar" de seu uso no sentido de "assinalar" ou de "assinalar as fronteiras". Deste modo, poder-se-ia dizer de

---

6 Não há base para a alegação de C. H. Dodd, no sentido de que a teologia enunciada nos versículos 3 e 4 "dificilmente é uma afirmação da própria teologia de Paulo. Ele dizia ser Cristo o Filho de Deus desde toda a eternidade, que na 'plenitude dos tempos' se encarnou como homem e, por sua ressurreição, foi investido de todo o poder e glória de seu estado divino, como Senhor de tudo... Esta declaração, pois, fica aquém do que Paulo reputaria como uma doutrina adequada a respeito da pessoa de Cristo. Relembra a primitiva pregação da igreja, realizada através de Pedro, em Atos 2.22-34" (*The Epistle of Paul to the Romans*, Londres, 1934, pp. 4, 5). É evidente que neste trecho bíblico se faz presente a mais elevada cristologia, como também um devido reconhecimento da importância do significado da ressurreição no processo da obra da redenção, importância igualmente reconhecida por Pedro em seu sermão no Pentecostes, cuja declaração, em Atos 2.33-36, é similar e elucidatória à de Romanos 1.4.

7 A esse respeito, sou compelido a rejeitar a interpretação daqueles que acham em κατὰ σάρκα uma simples referência ao aspecto corpóreo da natureza humana de nosso Senhor; concordo com os que consideram essas palavras uma designação da natureza humana em sua plenitude, embora discorde desses mesmos intérpretes quando afirmam que κατὰ πνεῦμα ἁγιωσύνης se refere à natureza divina de nosso Senhor, em contraste com a natureza humana.

Cristo que ele foi "assinalado como Filho de Deus".⁸ Porém, o processo de pensamento pelo qual chegaríamos a essa conclusão é desnecessário, e há poucas recomendações a seu favor.

Não há necessidade nem base para apelarmos a outra tradução, além daquela fornecida por outras instâncias do Novo Testamento, a saber, que Jesus foi "nomeado" ou "constituído como" Filho de Deus, com poder. Isto, pois, salienta uma investidura que teve um início histórico, mencionado no versículo 3. Parece que tal ideia enfrenta uma objeção insuperável; Jesus não foi *nomeado* Filho de Deus, porquanto, conforme entendemos, ele é o *eterno* Filho, e esta filiação não teve qualquer começo histórico. Tal objeção, entretanto, só é válida quando ignoramos a força da expressão "com poder".⁹ O apóstolo não diz que Jesus foi designado "Filho de Deus", e sim "Filho de Deus com poder". Essa adição faz toda a diferença. Além disso, não devemos esquecer que, desde o versículo 3, o Filho de Deus é visto não apenas como o eterno Filho, mas, antes, como o eterno Filho em carne, o eterno Filho sujeito às condições históricas iniciadas pelo fato de haver nascido da descendência de Davi. Portanto, a ação envolvida no versículo 4 diz respeito ao Filho de Deus encarnado; e não somente é próprio, mas também plena-

---

8   Com frequencia, na Septuaginta, ὅρια significa fronteiras ou limites, e o mesmo uso aparece no Novo Testamento (cf. Mt 2.16; 4.13; 8.34; 15.22,39; 19.1; Mc 5.17; 7.24,31; 10.1; At 13.50). ὁρίζω é termo usado na Septuaginta no sentido de determinar ou definir as fronteiras (cf. Nm 34.6; Js 13.27; 15.12; 18.20; 23.4).

9   A despeito do valor da opinião exegética em favor de ligarmos ἐν δυνάμει com ὁρισθέντος e não com υἱοῦ Θεοῦ (cf. Meyer, Sanday e Headlam, Henry Alford, F. Godet), parece não haver razão que nos leve a essa construção. 2 Coríntios 13.4, evocado como decisivo por Sanday e Headlam, não oferece um paralelo próximo bastante para solucionar a questão. Visto que ἐν δυνάμει encontra-se tão perto de υἱοῦ Θεοῦ e que a construção adotada se adapta admiravelmente a toda a exegese, não há boa razão para adotarmos o outro ponto de vista (cf., em apoio a esta opinião, Philippi, *op. cit.*, *ad loc.*; Vos, *op. cit.*; J. Gresham Machen, *The Virgin Birth of Christ*, Nova Iorque, 1930, p. 261; R. C. H. Lenski, *The Interpretation of St. Paul's Epistle to the Romans*, Columbus, 1936, *ad loc.*; J. P. Lange, *The Epistle of Paul to the Romans*, E. T., Nova Iorque, 1915, *ad loc.*; e, mais recentemente, C. K. Barrett, *A Commentary on the Epistle to the Romans*, Nova Iorque, 1957, *ad loc.*). Contudo, deve ser dito que, embora se fizesse a construção com ὁρισθέντος, isso não anularia a interpretação dada, no comentário, sobre o versículo como um todo. Pois, neste caso, a ênfase recairia sobre o poder exercido no estabelecimento de Jesus nesta nova fase de seu senhorio e não sobre o poder possuído e exercido por Jesus, como Filho de Deus, em seu estado de ressurreição e glória. Enfatizar o poder exercido e demonstrado na ressurreição e na investidura que lhe seguiu, por igual modo, está em harmonia com aquela nova fase em que Jesus entrou, quando, na qualidade de Filho de Deus tornado homem, foi exaltado à mão direita da majestade.

mente razoável, considerar isso como outra fase do processo histórico que proveu o assunto do evangelho. O apóstolo abordava certo evento particular, na história do Filho de Deus em carne, mediante o qual ele foi *colocado* em posição de soberania e investido de poder, evento esse que, no tocante à investidura com poder, ultrapassou tudo quanto previamente lhe pudesse ser atribuído em seu estado encarnado. Qual foi este evento e em que consistiu esta investidura transparecerá à frente. E, ainda que associemos a expressão "com poder" ao verbo "designar", em vez de ao título "Filho de Deus", isso não suscita qualquer obstáculo intransponível à interpretação em foco. O apóstolo poderia também declarar que Jesus foi designado Filho de Deus, aludindo expressamente à nova fase de senhorio e glória, na qual, como Filho encarnado, entrou mediante a ressurreição, sem que isso, sob hipótese alguma, significasse que somente então ele começara a ser o Filho de Deus. Tal afirmação seria análoga àquela de Pedro, anunciando que, por meio da ressurreição, Deus tornara Jesus em "Senhor e Cristo" (At 2.36). Não devemos entender que Pedro tencionava dizer que aquela fora a primeira vez em que Jesus se tornara Senhor e Cristo. Antes, ele estava se referindo à nova fase no senhorio messiânico de Jesus.

(4) "Segundo o espírito de santidade." As várias interpretações desta expressão encontram dificuldades, porquanto ela não ocorre em nenhum outro lugar no Novo Testamento. Visto ser correspondente a "segundo a carne", no versículo 3, e que esta última alude à natureza humana de nosso Senhor, tem-se imaginado que a expressão "segundo o espírito de santidade" deve ter em vista a natureza divina de Jesus. Mas não é verdade. Nestes versículos, há outros contrastes que são relevantes ao tema do apóstolo, e não ficamos limitados a essa única alternativa. "Segundo o espírito de santidade" encontra-se em íntima relação com as palavras "pela ressurreição dos mortos". Esta última, não esqueçamos, refere-se à natureza humana, pois somente no tocante à sua natureza humana é que Jesus foi ressuscitado dentre os mortos. Essa correlação à ressurreição dentre os mortos fornece a mais clara indicação quanto a procurar o significado da expressão que estamos considerando. Assim como "segundo a carne", no versículo 3, define a fase que iniciou-se ao ter ele nascido da descendência de Davi, "segundo o espírito de santidade"

caracteriza a nova fase que surgiu através da ressurreição. E, quando indagamos qual foi esta nova fase em que o Filho de Deus entrou por meio de sua ressurreição, encontramos muitas alusões e elucidações no Novo Testamento a esse respeito (cf. At 2.36; Ef 1.20-23; Fp 2.9-11; 1 Pe 3.21,22).

Mediante sua ressurreição e ascensão, o Filho de Deus encarnado entrou em uma nova fase de soberania, tendo sido revestido de um novo poder, correspondente e com vistas ao exercício do senhorio mediatário que ele, na qualidade de cabeça de todas as coisas, exerce para com o seu corpo, que é a igreja. Neste contexto de ressurreição e referindo-se à investidura advinda da ressurreição de Cristo, o apóstolo disse: "O último Adão, porém, é espírito vivificante" (1 Co 15.45). A isto ele se referiu em outra ocasião, ao afirmar: "Ora, o Senhor é o Espírito" (2 Co 3.17). "Senhor", neste versículo, tal como ocorre com frequência nas cartas de Paulo, é o Senhor Cristo. A única conclusão é que Cristo agora, em razão da ressurreição, foi de tal maneira dotado com o Espírito Santo e passou a controlá-lo que, sem qualquer confusão entre as pessoas distintas, é identificado com o Espírito e chamado de "Senhor, o Espírito" (2 Co 3.18). Assim, pois, quando voltamos a expressão "segundo o espírito de santidade", nossa inferência é que isto se refere àquele estágio no qual Jesus entrou através de sua ressurreição. Além disso, o texto relaciona expressamente o "Filho de Deus, segundo o espírito de santidade" com a "ressurreição dos mortos", e a nomeação não pode ser outra senão aquela que lhe foi outorgada através da ressurreição. O pensamento do versículo 4, portanto, seria que aquele senhorio no qual Cristo foi colocado por meio da ressurreição é plenamente condicionado pelos poderes do Espírito. A relativa fraqueza do estado de pré-ressurreição de Cristo, refletido no versículo 3, é contrastada com o triunfal poder exibido em seu senhorio pós-ressurreição. O que é contrastado não é uma fase na qual Jesus não era Filho de Deus com outra na qual ele já o era. Antes, ele é o Filho encarnado de Deus em ambos os estados, o de humilhação e o de exaltação; e reputá-lo Filho de Deus em ambos os estados pertence à própria essência da mensagem que Paulo pregava como o evangelho de Deus. No entanto, os estados de pré e pós-ressurreição são comparados e contrastados, e o contraste gira em torno da investidura com poder, que caracterizou o último estado.

A importância da progressão histórica nas realizações messiânicas de nosso Senhor e o significado progressivo da investidura messiânica são aqui demonstrados. O que assinala essa progressão é a ressurreição dentre os mortos. Todo antecedente, na vida encarnada de nosso Senhor, se encaminhava em direção à ressurreição, e todo subsequente repousa sobre esta e é por ela condicionado. Esse é o tema do evangelho de Deus, sendo também aquilo com que se ocupava a promessa profética. O apóstolo estabelece e conclui todos os pontos de seu sumário do evangelho utilizando a combinação de títulos com os quais, no fim do versículo 4, ele identifica a pessoa que, em si mesma, é o evangelho, "Jesus Cristo, nosso Senhor". Cada um desses títulos possui suas associações e significados peculiares. "Jesus" determina a identidade histórica e expressa sua capacidade em salvar. "Cristo" aponta para a sua obra oficial na qualidade de Ungido. "Senhor" identifica o senhorio ao qual ele foi exaltado à direita do Pai, em virtude do qual ele exerce toda a autoridade nos céus e na terra. O histórico e o oficial, a dedicação e a realização, o humilhar-se e o ser exaltado, todos são assinalados nesta série de títulos pelos quais o Filho de Deus é designado.

5 — A mediação de Cristo é algo que o apóstolo haverá de considerar, muitas e muitas vezes, ao longo desta carta. Aqui nos deparamos com este assunto pela primeira vez. Cristo é a pessoa por meio da qual a graça e o apostolado recebidos haviam sido mediados. Ao empregar o plural ("viemos a receber"), é provável que Paulo não estivesse se referindo a outros apóstolos e a si mesmo. Tampouco devemos supor que ele estava incluindo outros companheiros de labores, como Timóteo e Silvano (cf. Fp 1.1; 1 Ts 1.1; 2 Ts 1.1). Não se poderia afirmar que eles também receberam o apostolado. O plural "nós" (subentendido) poderia ter sido usado como um *"plural de categoria"*,[10] embora o apóstolo estivesse aludindo apenas a si mesmo. Nesse contexto, ele enfatiza seu apostolado aos gentios, e tal singularidade parece ter sido requerida nesta ocasião. "Graça e apostolado" poderia significar a graça do apostolado. É mais provável, entretanto, que "graça" tenha o significado

---

10   A expressão pertence a F. Godet, *Commentary on St. Paul's Epistle to the Romans* (E. T., Edimburgo, 1880), *ad loc.*

de favor imerecido da parte de Deus. O apóstolo nunca esqueceu a graça e a misericórdia mediante as quais ele fora salvo e chamado à comunhão com Cristo (cf. 1 Co 15.10; Gl 1.15; 1 Tm 1.13-16; 2 Tm 1.9; Tt 3.5-7). Entretanto, no caso de Paulo, a graça, exemplificada na salvação, não deveria ser vista como algo independente do ofício apostólico para o qual ele fora separado. Esses aspectos não foram separados na experiência de conversão de Paulo, na estrada de Damasco (cf. At 26.12-18), fato este que se reflete em suas cartas (cf. 15.15-16; Gl 1.15-16 e 1 Tm 1.12-16). Isto explica por que tanto o genérico quanto o específico foram tão intimamente vinculados nesta instância (cf. 1 Co 15.10).[11]

O propósito para o qual Paulo recebera graça e apostolado é afirmado ser "para a obediência por fé, entre todos os gentios". "Obediência por fé" poderia significar "obediência à fé" (cf. At 6.7; 2 Co 10.5; 1 Pe 1.22). Se o vocábulo "fé" for entendido no sentido objetivo, do conteúdo ou objeto da fé, a verdade crida, então, isso nos forneceria uma interpretação extremamente adequada, tornando-se equivalente a "obedecer ao evangelho" (cf. 10.16; 2 Ts 1.8; 3.14). Porém, é difícil supor que "fé", neste versículo, seja usado no sentido de verdade do evangelho. Pelo contrário, o vocábulo aponta para o ato subjetivo da fé, em resposta ao evangelho. E, apesar de não ser impossível pensar na obediência à fé como um compromisso pessoal ao que está envolvido no ato de fé, é muito mais inteligível e apropriado tomar a palavra "fé" como que em aposição a "obediência", compreendendo-a como a obediência que consiste em fé. A fé, pois, é reputada como um ato de obediência, de comprometimento ao evangelho de Cristo. Por conseguinte, as implicações da expressão "obediência por fé" têm amplo alcance, pois a fé que o apostolado intentava promover não é algum evanescente ato de emoção, e sim

---

11   Há vários expositores, incluindo, por exemplo, Calvino e Philippi, que consideram "graça", neste versículo, como a graça do apostolado e, portanto, como algo mais específico. É verdade que χάρις frequentemente é usada pelo apóstolo no sentido de um dom particular, a graça concedida para o exercício de alguma função ou ofício em particular (cf. 12.6; 1 Co 3.10; 2 Co 1.15; 8.6,7,19; Gl 2.9; Ef 3.8; 4.7; ver também 1 Co 16.3 e, talvez, Rm 15.15 e 2 Co 8.1). O equivalente mais próximo à expressão "graça e apostolado" seria 2 Coríntios 8.4, onde Paulo fala sobre "a graça de participarem da assistência aos santos". Embora o termo "graça", neste versículo, provavelmente e não com toda a certeza, deva ser tomado em sentido específico, precisa ser distinguido da "assistência", não podendo ser devidamente entendido como a graça da assistência na ministração aos santos.

o comprometimento, de todo o coração, à pessoa de Cristo e à verdade do seu evangelho. É para uma fé dessa natureza que todas as nações estão sendo chamadas.

Se "todas as nações" ("todos os gentios") deve ser compreendida como expressão que envolve judeus e gentios ou, mais estritamente, apenas as nações gentílicas, esta é uma questão impossível de ser resolvida. A mesma dificuldade aparece em 16.26 e, talvez, em 15.18. Com maior frequencia, nas cartas de Paulo, o vocábulo "nações" é usado para indicar os gentios em distinção aos judeus (cf. 2.14,24; 3.29; 9.24,30; 11.11,25; 15.9-12,16,27; 1 Co 1.23; 5.1). Paulo pensava aqui em seu próprio apostolado, e, uma vez que era o apóstolo dos gentios e gloriava-se neste fato (ver 11.13; cf. At 26.17,18; Gl 1.16; 2.7-9), há muito mais para ser dito em favor da ideia de que estão aqui em vista as nações gentílicas. Na qualidade de apóstolo dos gentios, o seu ofício visava especificamente promover, entre as nações gentílicas, a fé prevista no evangelho (cf. 1.13).

"Por amor do seu nome." Esta declaração, de preferência, deve ser entendida juntamente com o desígnio declarado nas palavras anteriores — é por amor a Cristo que se deve promover a obediência por fé. Vale a pena observar a orientação provida por esse acréscimo. O que mais importa na promoção do evangelho não é o benefício das nações, e sim a honra e a glória de Cristo. E os embaixadores de Cristo precisam ter o seu próprio alvo, ao promover o evangelho, orientado por essa preocupação suprema, que é antecedente e objetiva, ou seja, o próprio desígnio de Deus.

6 — Os crentes de Roma eram exemplos do fruto proveniente da promoção do evangelho — "de cujo número sois também vós, chamados para serdes de Jesus Cristo". O uso da palavra "chamados", nesta conexão, é significativo. Paulo já havia salientado o fato de que por chamamento ele fora investido no ofício apostólico (v. 1). E agora somos informados que, mediante o mesmo tipo de ação, os crentes de Roma foram constituídos discípulos de Cristo. É provável que "chamados para serdes de Jesus Cristo" não deva indicar que Jesus Cristo é autor dessa chamada. Pois, de maneira uniforme, Deus Pai é representado como seu autor (cf. 8.30; 11.29; 1 Co

1.9; 2 Tm 1.9). Foram chamados no sentido de pertencerem a Jesus Cristo, da mesma maneira que, pelo Pai, foram chamados à comunhão de seu Filho (ver 1 Co 1.9).

7 — No versículo 5, conforme notamos, o apóstolo tinha em mente a promoção da fé no evangelho entre os gentios. Entretanto, em sua saudação aos crentes de Roma,[12] ele não fez qualquer discriminação racial; em Roma, todos, judeus e gentios, foram incluídos. A particularização é definida não em termos de raça, mas em termos da diferença causada pela graça de Deus. Às pessoas endereçadas foram atribuídas as expressões "amados de Deus" e "chamados para serdes santos". Nesta instância, Paulo não se referiu especificamente à *igreja* em Roma (cf. 1 Co 1.2; 2 Co 1.1; Gl 1.2; 1 Ts 1.1; 2 Ts 1.1). Isto não significa que, segundo a estimativa de Paulo, não existisse *igreja* em Roma (cf. 12.5 e 16.5); há omissão do termo e variação textual em outras cartas (cf. Ef 1.1; Fp 1.1; Cl 1.2). A caracterização "amados de Deus" não é utilizada por Paulo em nenhuma outra de suas saudações, e somente aqui ela ocorre nessa forma precisa, no Novo Testamento, embora haja declarações com o mesmo sentido em Colossenses 3.12, 1 Tessalonicenses 1.4 e 2 Tessalonicenses 2.13. O termo "amados" é um dos favoritos utilizados pelo apóstolo, a fim de expressar aquele amor que o prendia a seus irmãos (cf. 12.19; 16.5, 8,9,12; 1 Co 4.14; 2 Co 7.1; 2 Tm 1.2). "Amados de Deus" indica a ternura e a intimidade do amor de Deus Pai, a aceitação daquelas pessoas à intimidade das afeições divinas. A consciência desse vínculo ligava o apóstolo aos santos de Roma. "Chamados para serdes santos" ou "chamados santos" põe a ênfase sobre o caráter eficaz da ação divina mediante a qual aqueles crentes se tornaram santos; tudo sucedera por chamamento divino. Foram eficazmente colocados no *status* de santos. "Amados de Deus" os descreve em termos da atitude de Deus para com eles. Isto era básico na diferenciação entre eles e as demais pessoas. "Chamados" descreve-os em termos da ação determinante de Deus por meio da qual seu amor distinguidor entrou em ação. "Chamados *para serdes santos*" descreve-os em termos da consagração

---

12 A evidência em apoio à utilização do termo ἐν ʽΡώμῃ prevalece em favor de sua retenção. O mesmo se aplica ao versículo 15.

que é o intuito e o resultado da chamada eficaz. Embora, sem dúvida, a ideia de haverem sido separados para Deus seja a que está em evidência no vocábulo "santos", é impossível divorciar desse termo a santidade de caráter que é o complemento de tal consagração. Os crentes são santificados pelo Espírito, e, conforme transparecerá no ensino desta carta, o sinal mais característico de um crente é que ele se mostra santo no coração e em sua maneira de viver.

A forma de saudação adotada pelo apóstolo é essencialmente cristã em seu caráter. "Graça", antes de tudo, é a manifestação de favor da parte de Deus, mas seria arbitrário excluir as maneiras concretas através das quais essa manifestação chega a expressar-se na forma de favor concedido e desfrutado. O conceito paulino de "paz" pode ser entendido apenas contra o pano de fundo da alienação de Deus, envolvida no pecado. Por conseguinte, "paz" é a renovação do favor para com Deus fundamentada na reconciliação consumada por Cristo. O sentido básico de paz é indicado em Romanos 5.1-2. Quando apreciamos o que está implícito no fato de estarmos separados de Deus e na realidade da ira exigida por essa separação, somente então passamos a compreender as riquezas do conceito bíblico de paz, aqui enunciado pelo apóstolo. Paz significa o estabelecimento de uma posição cujo privilégio é o acesso confiante e irrestrito à presença de Deus. E a paz com Deus não pode ser desvinculada da paz de Deus, que guarda o coração e a mente em Cristo Jesus (cf. Fp 4.7). Embora necessariamente distintas, "graça" e "paz" aparecem correlativas na presente saudação e relacionadas, uma para com a outra, até mesmo no que diz respeito aos seus conceitos. Tomados em sua mútua interdependência e relação, vemos a plenitude da bênção que o apóstolo invocava sobre aqueles a quem se dirigia em suas cartas (cf. 1 Co 1.3; 2 Co 1.2; Gl 1.3; Ef 1.2; Fp 1.2; Cl 1.2; 1 Ts 1.1; 2 Ts 1.2; Tt 1.4; Fm 3).

"Da parte de Deus, nosso Pai, e do Senhor Jesus Cristo." As seguintes observações indicarão o rico significado dessa fórmula. (1) Aqui "Deus" é o nome pessoal da primeira pessoa da trindade, o Pai. Isto é característico do uso que Paulo faz do vocábulo e aparecerá reiteradas vezes nesta carta. O emprego do título "Deus" não deve ser interpretado, entretanto, como se de algum modo subtraísse a divindade das demais pessoas. "Senhor", com frequência, é o nome pessoal de Cristo, em distinção ao Pai e ao Espírito.

Mas isto, sob hipótese alguma, diminui o senhorio ou a soberania das demais pessoas da trindade. Esses títulos distinguem-nas umas das outras e, como tal, revestem-se de grande significado. Mas, *teologicamente* falando, não devem ser entendidos como que atribuindo deidade tão somente ao Pai ou o senhorio exclusivamente a Cristo. De acordo com o próprio testemunho de Paulo, Cristo é "Deus bendito para todo o sempre" (Rm 9.5), e nele habita "corporalmente toda a plenitude da Divindade" (Cl 2.9). (2) O Pai, em distinção ao Senhor Jesus Cristo, é o Pai dos crentes. Esta é a posição uniforme do apóstolo.[13] (3) O Pai não é Pai dos crentes e de Cristo, ao mesmo tempo. A singularidade da filiação de Cristo é algo definido. Cristo é o próprio Filho do Pai, e a peculiaridade desse relacionamento fica subentendida (cf. 8.3,32). Isso está de acordo com o testemunho do próprio Jesus; ele jamais se uniu aos discípulos no ato de se dirigirem ao Pai chamando-o de "nosso Pai". Também não lhes recomendou que se aproximassem do Pai alicerçados no reconhecimento de uma comunhão com ele naqueles moldes (cf. Mt 5.45,48; 6.9,14; 7.11; Lc 6.36; 12.30; Jo 5.17,18; 20.17). (4) O Pai e o Senhor Jesus Cristo são, conjuntamente, os autores da graça e da paz invocadas pelo apóstolo. Isso indica a dignidade conferida a Cristo: ele é apresentado, ao lado do Pai, como fonte e doador das bênçãos características da redenção.

---

13 Quanto a um estudo mais completo sobre este assunto, ver minha obra, *Redemption Accomplished and Applied* (Grand Rapids, 1955), pp. 110, ss.

CAPÍTULO II
INTRODUÇÃO

1.8-15

8 *Primeiramente, dou graças a meu Deus, mediante Jesus Cristo, no tocante a todos vós, porque, em todo o mundo, é proclamada a vossa fé.*

9 *Porque Deus, a quem sirvo em meu espírito, no evangelho de seu Filho, é minha testemunha de como incessantemente faço menção de vós*

10 *em todas as minhas orações, suplicando que, nalgum tempo, pela vontade de Deus, se me ofereça boa ocasião de visitar-vos.*

11 *Porque muito desejo ver-vos, a fim de repartir convosco algum dom espiritual, para que sejais confirmados,*

12 *isto é, para que, em vossa companhia, reciprocamente nos confortemos por intermédio da fé mútua, vossa e minha.*

13 *Porque não quero, irmãos, que ignoreis que, muitas vezes, me propus ir ter convosco (no que tenho sido, até agora, impedido), para conseguir igualmente entre vós algum fruto, como também entre os outros gentios.*

14 Pois sou devedor tanto a gregos como a bárbaros, tanto a sábios como a ignorantes;

15 por isso, quanto está em mim, estou pronto a anunciar o evangelho também a vós outros, em Roma.

Em suas cartas a igrejas e a pessoas, era usual do apóstolo passar da saudação para os louvores a Deus, pela graça proporcionada às igrejas ou às pessoas mencionadas nas cartas (cf. 1 Co 1.4; Fp 1.3,4; Cl 1.3; 1 Ts 1.2; 2 Ts 1.3; 2 Tm 1.3; Fm 4,5). 2 Coríntios 1.3 e Efésios 1.3 são exceções raras, porquanto, nestes casos, as ações de graças assumem a forma de doxologia. A exceção notável é Gálatas 1.6, onde encontramos "admira-me", ao invés de "agradeço", mas, a razão é evidente.

8 — Nesta instância, o apóstolo atrai a nossa atenção ao fato de que ele "primeiramente" deu graças. Ao escrever para esta congregação, que ele ainda não vira, o que mais se destacava no pensamento do apóstolo era a fé daqueles santos. Entretanto, sua ação de graças não foi dirigida a eles, e sim a Deus. A fé daqueles santos é a evidência da graça divina, e a primeira reação, portanto, deveria ser a de agradecimento a Deus. A forma usada, "dou graças a meu Deus" (cf. Fp 1.3; Fm 4), salienta o caráter estritamente pessoal do relacionamento com Deus, bem como a mutualidade envolvida neste relacionamento. É como se o apóstolo houvesse dito: "Eu sou dele, e ele é meu" (cf. At 27.23). Paulo agradeceu a Deus motivado pela intimidade desse relacionamento.

A mediação de Cristo (cf. v. 5) transparece nesta ação de graças. É possível que ele seja considerado simplesmente como aquele por meio de quem o apóstolo é compelido a dar graças;[1] Cristo estaria agindo sobre ele, pelo que também Cristo é o agente causal desta ação de graças. Porém, outras passagens do Novo Testamento parecem indicar que a ação de graças é *apresentada* por intermédio de Cristo (cf. Ef 5.20; Cl 3.17; Hb 13.15; 1 Pe

---

1 Nas palavras de Meyer: "Desta forma, Cristo é o *agente causal* medianeiro (vermittelnde Ursächer) da ação de graças. Reputá-lo como o seu *apresentador* medianeiro (*Darbringer*) ... não pode ser justificado com base nos demais escritos de Paulo, nem mesmo com base em Hebreus 13.15" (*op. cit., ad loc.*).

2.5). Por esta razão, é preferível considerar Jesus Cristo como o mediador através de quem a ação de graças é oferecida a Deus.

A fé por parte dos crentes de Roma provocara esta ação de graças — "porque, em todo o mundo, é proclamada a vossa fé". Sem dúvida, o apóstolo agradecia a Deus por essa fé, reconhecendo que aqueles crentes possuíam-na como resultado da graça de Deus. Devemos notar, contudo, que Paulo ofereceu ação de graças *por eles*; a fé é encarada como a característica pela qual o apóstolo agradeceu a Deus *por eles*. A fé existe somente em pessoas e não tem outro propósito senão o relacionamento que elas mantêm para com Deus. O apóstolo deixa transparecer a intensidade de seu interesse por pessoas. O fato de que Paulo agradeceu por *todas* elas demonstra o vínculo que o unia a *todos* os crentes em Roma, embora ele não os conhecesse pessoalmente. O vínculo da comunhão cristã não se limita ao círculo descrito pelo conhecimento pessoal. As palavras "em todo o mundo" têm sido consideradas uma hipérbole. Talvez essa não seja a melhor maneira de expressar o pensamento do apóstolo. Naturalmente, Paulo não queria dar a entender que o mundo inteiro — cada pessoa debaixo dos céus — tinha ouvido falar sobre a fé daqueles crentes romanos. "Em todo o mundo" não pode ser ampliado ao ponto de assumir este significado, ainda que fosse entendido o mais literalmente possível. Contudo, esta expressão testifica a respeito da ampla difusão do evangelho por todo o mundo conhecido, durante a era apostólica (cf. Cl 1.23; At 17.30,31). Este versículo mostra que, juntamente com a difusão do evangelho, propagou-se também a notícia sobre a fé exercida pelos crentes de Roma, o que era uma evidência do senso de comunhão que existia entre as várias igrejas espalhadas pelo mundo e do fiel testemunho, dado pelos crentes romanos, quanto à fé no evangelho.

9-10 — O versículo 9 é uma confirmação do que o apóstolo afirmara no versículo anterior, no tocante à sua gratidão a Deus pela fé dos crentes romanos. "Porque Deus... é minha testemunha" constitui uma forma de juramento; um juramento em sua mais vigorosa forma. O apóstolo emprega juramentos em várias formas e por diversas razões (cf. 2 Co 1.23; 2 Co 11.31; Gl 1.20; 1 Ts 2.5). Isso mostra que jurar não é uma prática errada quando realizada com reverência e santo propósito. O que Deus condena é o jurar de modo falso e profano. Por que Paulo lançou mão de um juramento nesta ocasião? Ele tinha o propósito de assegurar aos crentes romanos a sua intensa preocupação e interesse por eles e, mais especificamente ainda, garantir-lhes, por meio da mais solene modalidade de sanção, que o fato de não ter visitado Roma até aquele momento não se devia a qualquer falta de desejo ou propósito da parte dele, mas às interferências da Providência, as quais ele menciona mais adiante (v. 13 e 15.22-25). Isso revela o quanto Paulo se mostrava solícito em remover todo mal-entendido no tocante à sua demora em visitar Roma e sua preocupação em estabelecer, nas mentes daqueles santos, a plena certeza dos laços de afeição e estima pelos quais estava unido a eles, a fim de que nenhuma suspeita em contrário interferisse na reação que sua carta apostólica deveria receber da parte dos crentes de Roma. O apelo feito a Deus, como testemunha, é reforçado pela cláusula: "A quem sirvo em meu espírito, no evangelho de seu Filho". A profundidade e a sinceridade de seu serviço a Deus são indicadas pela frase "em meu espírito", ao passo que "no evangelho de seu Filho", ou seja, o evangelho do qual o Filho de Deus é o tema (cf. v. 3), é uma expressão que alude à esfera em que esse devotado serviço era realizado. Portanto, a natureza do serviço, um serviço prestado a Deus no evangelho, e a profundidade da devoção do apóstolo a ele sublinham a seriedade de sua evocação a Deus, como aquele que garantia a verdade dita pelo apóstolo. A verdade que ele reforça, com esse apelo ao testemunho de Deus, está contida na última parte do versículo 9: "De como incessantemente faço menção de vós". No versículo 10, a expressão "em todas as minhas orações" poderia ser entendida tanto com o que a antecede quanto com o que a segue. Há duas considerações que favorecem a última alternativa. (1) No caso da primeira alternativa, verificar-se-ia alguma redundância no uso de "incessantemente" e de "em todas", com relação ao mesmo assunto. (2) Se adotarmos a segunda, então, "em todas as minhas orações, suplicando" formaria uma especificação e explanação inteligível daquilo que ele, sem cessar, rogava em prol dos crentes de Roma. "Incessantemente" não deve ser entendido no sentido de constância ininterrupta, como se a mente ficasse ocupada exclusivamente naquilo que fora dito (cf. 1 Ts 1.2; 2.13; 2 Tm

1.3). Paulo definiu o que entendia por menção incessante ou, pelo menos, especificou uma das maneiras em que essa incessante menção era realizada, ou seja, que em suas orações ele suplicava a Deus em relação ao seu desejo particular, diretamente voltado àqueles crentes de Roma.

A súplica era que "nalgum tempo, pela vontade de Deus, se me ofereça boa ocasião de visitar-vos" (v. 10).[2] As seguintes observações são pertinentes: (1) o apóstolo nutria um ardente desejo e o tornara assunto de solicitações específicas a Deus; no entanto, não tinha certeza de que seriam cumpridas pela vontade decretiva e providencial de Deus. (2) A realização deste desejo e solicitação havia sido, por diversas vezes, frustrada pela providência divina (v. 13). (3) Mas nem por essa razão ele deixara de nutrir o desejo e rogar por sua realização. (4) Paulo deve ter-se persuadido de que nutrir tal desejo, tornando-o sempre assunto de seus rogos, estava de acordo com a vontade revelada de Deus e, especificamente, com sua comissão apostólica. (5) Ele se resignava a aceitar totalmente a vontade de Deus sobre a questão; este é o sentido de "pela vontade de Deus". A ênfase recai sobre a vontade providencial de Deus. Todavia, é inconcebível que ele houvesse desejado uma determinação providencial dos eventos, em violação ao que estivesse de acordo com a boa vontade determinadora de Deus. Esta última é pressuposta no desejo e na solicitação. (6) A insistência de seus rogos não era incompatível com a incerteza acerca do resultado final, dentro da providência ordenada por Deus.

11 — Este versículo provê o motivo ou a explicação para a constância das orações mencionadas nos versículos 9 e 10. O intenso desejo do apóstolo de visitar os santos de Roma tinha em mira um alvo particular, isto é, que ele pudesse transmitir-lhes algum dom espiritual que os firmasse. Apesar da confiança que Paulo nutria no tocante à fé dos santos de Roma e de suas ações de graças a Deus, por causa da obra da graça naqueles crentes, ele demonstrou neste versículo até que ponto seus pensamentos e atitudes haviam sido determinados pelas sublimes exigências da vocação cristã. Enquanto Paulo

---

2 Meyer expressou o pensamento de εἴ πως ἤδη ποτέ traduzindo-a por "*se porventura, finalmente, em alguma ocasião*" (*ad loc.*).

se congratulava com seus leitores, por causa daquilo que haviam alcançado mediante a graça divina, ao anelar vê-los, ele não centralizou sua mente na própria congratulação, e sim no progresso e estabelecimento deles. Filipenses 3.12 expressa o sentimento que governava os pensamentos do apóstolo tanto a respeito dos crentes quanto a respeito de si mesmo.

Um "dom espiritual" é algum dom que procede do Espírito Santo, sendo por ele conferido. Entretanto, não se tem certeza sobre que tipo específico de dom espiritual Paulo tinha em vista, se algum dom miraculoso, tal como aquele outorgado e exercido nas igrejas apostólicas (cf. 1 Co 12.9,10,28,30) ou um dom gracioso de caráter mais genérico (cf. 11.29; 12.6-8; 15.29; 1 Co 1.7; 1 Pe 4.10). Não devemos supor que este último não poderia estar em foco. Dons miraculosos foram dados para a confirmação e edificação da igreja (cf. 1 Co 12.9-13,28-30; 14.3-5,26-33; Ef 4.11-14; Hb 2.4). Entretanto, o caráter indefinido da expressão usada, "algum dom espiritual", não nos permite restringir o pensamento a algum dom especial ou miraculoso concedido pelo Espírito. Tudo que podemos dizer é que Paulo anelava ser o canal para comunicar aos santos de Roma algum dom do Espírito Santo, um dom que teria o efeito de confirmação. O apóstolo não disse: "Para que eu vos confirme". Ter dito tal coisa não lhe teria sido antibíblico ou antipaulino (cf. Lc 22.32; At 18.23; 1 Ts 3.2). Porém, talvez a alusão ao Espírito Santo, neste contexto, e também uma atitude de modéstia tenham determinado o uso da voz passiva — "para que sejais confirmados" (cf. 16.25; 2 Ts 2.17).

12 — A delicadeza indicada na voz passiva do versículo anterior reaparece, de maneira mais evidente, neste versículo. Conforme escreveu Godet:[3] "Paulo era sinceramente humilde e, ao mesmo tempo, muito delicado em seus sentimentos, e não permitiria que alguém imaginasse que as vantagens espirituais, resultantes de sua estadia entre eles, seriam desfrutadas apenas por um dos lados". Por isso, tendo em vista esclarecimento ou modificação, ele continuou: "Isto é, para que, em vossa companhia, reciprocamente nos confortemos". O pensamento expresso se aproxima mais do versículo anterior do que a nossa versão parece sugerir. O apóstolo havia expressado seu

---

3 Op. cit., ad loc.

ardente desejo em favor do fortalecimento daqueles crentes (v. 11). Agora ele indica que desejava compartilhar desse fortalecimento, lançando mão de um termo que com propriedade poderia ser traduzido por "encorajemos". Portanto, a ideia é a de que Paulo fosse, juntamente com eles, encorajado e fortalecido. O instrumento usado para tal encorajamento seria a fé mútua, dos santos e do próprio apóstolo. A linguagem utilizada é nitidamente adaptada ao pensamento de que a fé mútua, nos santos e nele mesmo, agia e reagia simultaneamente, visando ao fortalecimento e ao consolo recíprocos.[4]

13 — A fórmula com a qual se inicia este versículo frisa a importância da informação que seria transmitida, bem como o anelo de que os crentes de Roma considerassem tal informação (cf. 11.25; 1 Co 10.1; 12.1; 2 Co 1.8; 1 Ts 4.13). A informação dizia respeito ao seu propósito de ir a Roma. Nos versículos 10 e 11, Paulo expressara seu grande desejo e súplica nesse sentido. Agora ele informa aos seus leitores que não somente havia o desejo e a oração, mas também o propósito constante de ir lá, e que a única razão pela qual essa determinação não se realizara era a frustração de seus planos por meio de outras circunstâncias ou exigências. Essa frustração de seus planos é mencionada de novo em 15.22: "Essa foi a razão por que também, muitas vezes, me senti impedido de visitar-vos". Porém, nem mesmo neste último texto Paulo nos fornece qualquer informação sobre a *natureza* dos impedimentos, a não ser o da jornada para Jerusalém (15.25-27). É fútil e desnecessário especular sobre esses obstáculos, por terem sido de caráter completamente providencial, devido às circunstâncias sobre as quais o apóstolo não exercia controle. Também pode ter ocorrido na forma de revelação, constrangendo-o a agir de modo contrário ao que havia determinado antes (cf. At 16.7). Ou os empecilhos podem ter sido de ambos os tipos. O apóstolo não os esclarece. A razão pela qual com frequência ele tomara o propósito definido de ir a Roma, conforme nos conta, era "conseguir igualmente entre vós algum fruto, como também entre os outros gentios". A humildade

---

4 "Ele desejava ser reanimado entre os romanos (ἐν ὑμῖν), *ao mesmo tempo com eles*, e isso pela fé comum a ambos, deles e do apóstolo, que mutuamente agiria e reagiria de acordo com a simpatia cristã, que se alicerça sobre a harmonia da fé" (Meyer, *op. cit., ad loc.*).

do apóstolo transparece, novamente, no fato de haver se referido ao fruto que ganharia como resultado de sua visita a eles, ao invés de referir-se ao fruto que lhes transmitiria. A ideia expressa é a de colher frutos, e não a de produzi-los. Mas, esta figura salienta também o progresso e o benefício dos santos. Se o apóstolo tivesse de colher algum fruto, isto aconteceria porque aqueles crentes de Roma produziriam fruto que redundasse para o crédito deles (cf. Fp 4.17).

A preponderância dos gentios na igreja de Roma é indicada pelas palavras "entre vós... como também entre os outros gentios".

14 — Este versículo mantém íntima relação lógica com o anterior. E, visto que no versículo anterior a ênfase recai sobre o fruto colhido pelo apóstolo, em seu ministério entre os gentios, poderia haver a sugestão de que a dívida para com gregos e bárbaros, para com sábios e ignorantes, não é a imposição divina em que o apóstolo fora colocado, a fim de pregar o evangelho, e sim a dívida de gratidão que Paulo tinha para com todas as classes de pessoas, por causa do fruto obtido entre eles.[5] Mas o termo "devedor" não serve para comunicar a ideia de dívida, neste sentido restrito. É impossível divorciar do termo a ideia de obrigação que precisa ser cumprida ou satisfeita. Mesmo em 15.27, onde a ideia de dívida que se origina dos benefícios recebidos por certo está presente, a ênfase repousa sobre a *obrigação* proveniente da dívida, e não sobre a dívida de gratidão. Portanto, nesta instância (v. 14), ainda que tenhamos de interpretar o débito em termos do fruto que o apóstolo retirava de seus labores; contudo, "devedor" terá de ser considerado como um reflexo primário da obrigação que o apóstolo tinha para com gregos e bárbaros, sábios e ignorantes (cf. Mt 6.12; 18.24; Rm 8.12). E, posto que a ênfase recai sobre a *obrigação* a ser cumprida, é mais natural que a entendamos, juntamente com a grande maioria dos comentadores, como a obrigação sob a qual o apóstolo fora colocado por Deus — pregar o evangelho a todas as nações e classes (cf. 1 Co

---

5 Aparentemente era assim que Godet pensava: "Todas aquelas pessoas, de qualquer categoria, Paulo considerava *seus credores*. Ele lhes devia a sua vida, a sua pessoa, em virtude da graça que lhe havia sido conferida e do ofício que recebera" (*op. cit., ad loc.*).

9.16,17). A íntima e lógica relação entre os versículos 13 e 14 transparece nisto: o reiterado propósito do apóstolo de ir a Roma, a fim de colher fruto entre eles, visava cumprir os próprios termos de sua comissão apostólica de pregar o evangelho aos gentios, sem qualquer forma de discriminação.

É desnecessário tentar determinar se os romanos, na estimativa de Paulo, pertenciam aos gregos ou aos bárbaros. É mais provável que fossem classificados entre os sábios, e não entre os ignorantes. Mas isso não pode ser demonstrado conclusivamente. Visto que esta última distinção refere-se a desenvolvimento cultural, pessoas de uma mesma nacionalidade caberiam em ambas as classificações; assim, entre os próprios romanos haveria sábios e incultos. O propósito destas classificações é simplesmente mostrar que o evangelho se destina a todos, sem qualquer distinção de nacionalidade ou desenvolvimento cultural, e que ele, Paulo, na qualidade de apóstolo dos gentios, estava sob a obrigação para com Deus de pregar o evangelho a todos.

15 — Tendo estabelecido o fato de que sua obrigação era pregar o evangelho a todos,[6] este versículo é uma declaração que se aplica a Roma. Não era por motivo de qualquer relutância em pregar o evangelho em Roma que Paulo ainda não fizera tal coisa. Em relação a seu pleno desejo, resolução e propósito, ele estava pronto a fazê-lo.

---

6   Como analisar τὸ κατ' ἐμὲ πρόθυμον é uma questão sobre a qual os expositores estão divididos. Alguns consideram-na, em sua inteireza, o sujeito, entendendo a frase desta forma: "Minha prontidão é pregar o evangelho também a vós que estais em Roma". Mas outros reputam τὸ κατ' ἐμὲ o sujeito e πρόθυμον o predicado. Sem dúvida, πρόθυμος pode ser usado predicativamente, como em Mateus 26.41 e Marcos 14.38. τὸ πρόθυμον também poderia ser entendido como substantivo (cf. a Septuaginta, em 3 Macabeus 5.26), significando "prontidão" ou "ansiedade". Neste caso, κατ' ἐμὲ teria força possessiva e equivaleria a "minha", de modo que a frase inteira significaria "minha prontidão" (cf. a força de κατά com um pronome acusativo em Atos 17.28, 18.15, Efésios 1.15 e com 'Ιουδαίους em Atos 26.3). Se adotarmos esse ponto de vista, teremos de acrescentar, em nossa mente, o verbo ἐστιν, traduzindo assim a frase: "Minha prontidão é pregar". Mas τὸ κατ' ἐμὲ pode manter-se sozinha como sujeito, tal como se dá com τὰ κατ' ἐμέ, em Filipenses 1.12, ou com esta mesma expressão como objeto do verbo, em Efésios 6.21 e Colossenses 4.7. Nestes versículos, κατ' ἐμὲ tem ainda uma força possessiva e a expressão significa "meus afazeres", "as coisas que me dizem respeito". Não há razão para não seguirmos a analogia dessas últimas instâncias, sobretudo a de Filipenses 1.12, considerando τὸ κατ' ἐμὲ como sujeito e πρόθυμον como predicado. Então, τὸ κατ' ἐμὲ significaria "aquilo que me pertence". O pensamento seria: "Tudo quanto está dentro de meu poder ou prerrogativa está pronto"; ou: "Até onde me diz respeito, estou pronto". A analogia e a brandura da construção favorecem-no.

CAPÍTULO III
TEMA

1.16-17

16 Pois não me envergonho do evangelho, porque é o poder de Deus para a salvação de todo aquele que crê, primeiro do judeu e também do grego;
17 visto que a justiça de Deus se revela no evangelho, de fé em fé, como está escrito: O justo viverá por fé.

16-17 — No versículo anterior, o apóstolo afirmara que, para alcançar a amplitude máxima de sua resolução e propósito, estava preparado para anunciar o evangelho em Roma. Nos versículos 16 e 17, Paulo apresenta o motivo para essa determinação. Poderíamos imaginar que a maneira negativa de Paulo expressar sua opinião sobre o evangelho — "Pois não me envergonho do evangelho"[1] — dificilmente combina com a ousada confiança que transparece em outras ocasiões (cf. 5.1,3,11; Gl 6.14) ou com a eficácia do evangelho, enunciada posteriormente, nestes mesmos versículos. Porém,

---

1 τοῦ Χριστοῦ é adicionado a τὸ εὐαγγέλιον em D^c, K, L, P e alguns outros manuscritos. Mas a omissão, em ℵ, A, B, C, D*, E, G, em vários cursivos e versões, deveria ser tida como evidência suficiente contra aquela forma. É mais fácil entender a adição do que a omissão, no decorrer da transmissão.

quando recordamos o desprezo nutrido contra o evangelho, pelos sábios deste mundo (cf. 1 Co 1.18,23-25) e o fato de que Roma era a sede do poder mundial, então podemos descobrir a importância desta expressão negativa, bem como o murmúrio de certeza refletido nesta afirmação. O sentimento de vergonha com relação ao evangelho, ao ser confrontado com as pretensões da sabedoria e do poder humanos, deixa transparecer incredulidade na verdade do evangelho; e a ausência de tal vergonha serve de comprovação à fé (cf. Mc 8.38; 2 Tm 1.8).

Há um contínuo e progressivo desdobramento de motivos, neste texto. O apóstolo revela-nos, em primeiro lugar, por que estava pronto a pregar o evangelho em Roma — ele não se envergonhava do evangelho. Em seguida, nos mostra a razão para isto: o evangelho é "o poder de Deus para a salvação". Então, por último, ele nos diz por que o evangelho é o poder de Deus para a salvação — porque nele "a justiça de Deus se revela".

Quando lemos: "É o poder de Deus para a salvação", o sujeito da frase indubitavelmente é o evangelho. O evangelho é a mensagem. Naturalmente, sempre será uma mensagem proclamada, mas o próprio evangelho é esta mensagem. Entretanto, não devemos negligenciar o fato de que o pleno significado dessa proposição é que a mensagem do evangelho é o poder de Deus para a salvação; Deus salva através da mensagem do evangelho (cf. 1 Co 1.21). E a implicação é que o poder de Deus, naquilo em que se mostra operante para salvar, fá-lo exclusivamente por meio do evangelho. O próprio *evangelho* é o poder de Deus para a salvação. A mensagem é a Palavra de Deus, e a Palavra de Deus é viva e poderosa (Hb 4.12).

"O poder de Deus" é o poder que pertence a Deus; portanto, é o poder caracterizado por aquelas qualidades especificamente divinas. A fim de expressar tal pensamento, teríamos de nos referir à onipotência de Deus; por conseguinte, significa que este evangelho é o da onipotência divina, operando para a salvação. E "salvação" precisará ser entendida tanto no conceito negativo quanto no positivo, ou seja, livra da morte e do pecado e introduz na justiça e na vida. Os vários aspectos envolvidos nesta "salvação" são desenvolvidos ao longo da carta.

O poder de Deus para a salvação, poder este que o evangelho incorpora, não opera de forma incondicional e universal para a salvação. Acerca disso somos alertados através das palavras "de todo aquele que crê". Estas nos informam que a salvação nunca se torna realidade à parte da fé.[2] Portanto, a salvação sobre a qual Paulo haverá de falar nesta carta não possui realidade, validade ou significado independente da fé. E já estamos preparados para a ênfase outorgada à fé em toda a carta. Assim, o conceito de salvação desenvolvido aqui é *o poder de Deus que opera visando à salvação, por intermédio da fé*. Esta era a salvação proclamada pelo evangelho, que, na qualidade de mensagem, é a concretização deste poder.

Não devemos minimizar a ênfase de que o evangelho visa à salvação de *todo aquele* que crê. Isso está diretamente vinculado ao caráter do evangelho e ao significado da fé. Não há qualquer discriminação originada de questões como raça ou cultura, e não existe qualquer obstáculo proveniente das degradações do pecado. Onde quer que exista fé, ali também a onipotência de Deus se mostra operante para a salvação. Essa é uma lei que desconhece exceções.

"Primeiro do judeu e também do grego." Uma vez que Paulo era o apóstolo dos gentios e que a igreja de Roma era constituída predominantemente de gentios (cf. v. 13), é muito significativo que ele tenha dado a entender, de maneira tão clara, a prioridade do judeu. Entretanto, na economia divina, o evangelho deveria ser pregado primeiramente aos judeus (cf. Lc 24.47; At 1.4,8; 13.46). Não parece ser suficiente considerarmos essa prioridade como algo apenas cronológico. Neste texto, não há qualquer sugestão no sentido de que a prioridade seja uma questão de tempo. Antes, parece estar implícito que o poder de Deus para a salvação, mediante a fé, tem relevância

---

2   A prioridade da chamada eficaz e da regeneração, na *ordo salutis*, não deve prejudicar esta verdade, quer em nossa maneira de pensar, quer na pregação do evangelho. É verdade que, em sentido causal, a regeneração é anterior à fé. Mas é *causal* apenas como antecedente; e a pessoa que é regenerada sempre exerce fé. Portanto, a salvação que provém do evangelho jamais se torna nossa à parte da fé. Isso se dá também no caso de infantes, pois na regeneração o gérmen da fé é implantado. Há ordem na aplicação da redenção, mas trata-se de uma ordem que constitui uma unidade indissolúvel, envolvendo certa variedade de elementos. É a respeito da salvação em sua unidade integral que o apóstolo está falando, e a salvação nunca se torna nossa possessão sem a fé — somos salvos pela graça, mediante a fé (Ef 2.8). A pessoa que é *meramente* regenerada não está salva, pela simples razão de que não existe tal pessoa. A pessoa salva *também* é chamada, justificada e adotada. Ter o apóstolo colocado tal ênfase sobre a fé não apenas era pertinente à doutrina da salvação ensinada por ele, mas também é apropriado ao tema dominante na primeira porção desta carta — a justificação. É sobretudo relacionada à justificação que a ênfase recai sobre a fé.

primária no caso dos judeus; e a analogia das Escrituras parece indicar que essa relevância acerca dos judeus se fundamenta no fato de que eles haviam sido escolhidos por Deus para serem os beneficiários da promessa do evangelho, tendo-lhes sido entregues os oráculos de Deus. A salvação pertencia aos judeus (Jo 4.22; cf. At 2.39; Rm 3.1,2; 9.4,5). As diretrizes preparatórias para uma revelação mais completa do evangelho foram lançadas em Israel, e, por esse motivo, o evangelho, de maneira preeminente, visa aos judeus. Isso é totalmente contrário à atitude do povo judeu na atualidade, o qual afirma que o cristianismo se destina aos gentios e não aos judeus.

A prioridade de pertencer aos judeus não torna o evangelho menos relevante para os gentios — "e também do grego". Os gentios, tão plenamente quanto os judeus, são beneficiários da salvação; assim, no que se refere ao privilégio desfrutado, não há qualquer discriminação. O termo "grego", nesta conexão, indica todas as outras raças, exceto os judeus, incluindo os gregos e bárbaros do versículo 14.

No versículo 17 temos a razão por que o evangelho é o poder de Deus para a salvação — no evangelho "a justiça de Deus se revela". É mister observar que os conceitos abordados pelo apóstolo são análogos aos do Antigo Testamento e, sem dúvida, se derivam dele. Quatro ideias fundamentais apresentam-se coordenadas nestes versículos — o poder de Deus, a salvação, a revelação e a justiça de Deus. No Antigo Testamento, encontramos esses mesmos conceitos reunidos de tal maneira que os versículos 16 e 17 lhes são claramente reminiscentes. "Cantai ao SENHOR um cântico novo, porque ele tem feito maravilhas; a sua destra e o seu braço santo lhe alcançaram a vitória. O SENHOR fez notória a sua salvação; manifestou a sua justiça perante os olhos das nações" (Sl 98.1,2). "Faço chegar a minha justiça, e não está longe; a minha salvação não tardará; mas estabelecerei em Sião o livramento e em Israel, a minha glória" (Is 46.13). "Perto está a minha justiça, aparece a minha salvação... a minha justiça durará para sempre, e a minha salvação, para todas as gerações" (Is 51.5, 8). "A minha salvação está prestes a vir, e a minha justiça, prestes a manifestar-se" (Is 56.1). "Por amor de Sião, não me calarei e, por amor de Jerusalém, não me aquietarei, até que saia a sua justiça como um resplendor, e a sua salvação, como uma tocha acesa" (Is 62.1 — cf.

Is 54.17; 61.10,11). É evidente que a ideia de tornar conhecida a salvação e a ideia de revelar a justiça são expressões paralelas, transmitindo substancialmente o mesmo pensamento. Portanto, na linguagem do Antigo Testamento, a salvação e a justiça divinas, em contextos dessa natureza, são expressões sinônimas — realizar a salvação e revelar a justiça visam ao mesmo efeito. Trata-se da mesma complementação que encontramos nestes versículos. O motivo por que o apóstolo pôde dizer que o evangelho é o poder de Deus para a salvação é este: "Visto que a justiça de Deus se revela no evangelho".

Em consonância com a força de "manifestar-se" nestas passagens do Antigo Testamento, teremos de dar à palavra "revela" (v.17) um significado dinâmico. Quando o profeta falou sobre a justiça de Deus que seria revelada, desejou indicar mais do que o fato que ela estava para ser desvendada ao entendimento humano. Ele disse que a justiça divina estava para ser revelada na forma de ação e operação; ela deveria ser manifesta com um efeito salvador. Deste modo, quando o apóstolo declarou: "A justiça de Deus se revela", ele deu a entender que, no evangelho, a justiça de Deus age de maneira dinâmica e ativa sobre a situação pecaminosa do homem; o que ocorre não é meramente que a justiça divina torna-se conhecida, quanto ao seu caráter, ao entendimento humano, e sim que ela se manifesta em eficácia salvadora. Eis por que o evangelho é o poder de Deus para a salvação — a justiça de Deus torna-se redentoramente ativa, na esfera do pecado e da ruína dos homens.

Em que consiste esta "justiça de Deus"? Algumas vezes, a "justiça de Deus" denota o atributo da justiça, a retidão de Deus (cf. 3.5,25,26). Entretanto, em Romanos 1.17 (cf. 3.21,22; 10.3; 2 Co 5.21; Fp 3.9), a justiça em foco é aquela que age sobre nós, levando-nos à salvação. Além disso, é uma justiça para com a qual a fé mantém o mesmo relacionamento que mantém para com o poder de Deus que opera para a salvação. Apesar de ser verdade que o atributo divino da justiça não pode ser violado na salvação que desfrutamos, e embora a fé que leva à salvação não possa ser divorciada da crença na retidão de Deus, não é o mero atributo da justiça que opera a nossa salvação (este atributo, por si mesmo, seria o selo de nossa condenação); também não é a retidão divina à qual se dirige a fé salvadora. Por conseguinte, a justiça de Deus, neste versículo, deve ser algo diferente do atributo de justiça. A justificação é o tema desta carta. Em Romanos 1.16,17, o apóstolo nos oferece um sumário introdutório de sua tese principal. A justiça de Deus, portanto, é aquela justiça divina que visa à nossa justificação; é a justiça que, mais adiante, o apóstolo chama de dom da justiça (5.17), "um só ato de justiça" (5.18) e "obediência de um só" (5.19). Todavia, cumpre-nos inquirir mais sobre o significado da expressão "a justiça de Deus".

Alguns intérpretes têm-na aceitado no sentido de origem, a justiça que procede de Deus;[3] outros entendem-na significando a justiça que Deus aprova;[4] e ainda outros compreendem-na como a justiça que tem valor diante de Deus e que, por isso mesmo, mostra-se eficaz na execução do fim a ela designado.[5] Todas essas observações são verdadeiras em si mesmas. Porém, é duvidoso que qualquer delas tenha enfocado a atenção sobre o que, talvez, seja a mais importante consideração — a que se refere a uma justiça que mantém um relacionamento muito mais íntimo com Deus, no tocante a posse e propriedade. Não se trata do atributo de justiça, e isso pelas razões já aduzidas. No entanto, é algo tão intimamente relacionado com Deus, que é uma justiça de propriedade e qualidades divinas. É uma "justiça-de-Deus". Deus é seu autor; é uma justiça que deve trazer à tona a aprovação divina; é uma justiça que satisfaz a todos os requisitos da retidão divina e que, portanto, tem valor diante de Deus. Mas a ênfase particular repousa sobre a propriedade divina, e, por isso mesmo, é contrastada não somente com a injustiça humana, mas até mesmo com a justiça humana. A justiça dos homens, embora fosse perfeita e estivesse à altura de todos os requisitos da perfeição divina, jamais seria adequada à situação criada pelos nossos pecados. Nisto consiste a glória do evangelho: visto que ele é o poder de Deus operante para a salvação, a justiça de Deus ultrapassa o nosso pecado e a nossa ruína. O evangelho é o poder de Deus que opera tendo em vista a salvação, *porque* a justiça divina torna-se dinamicamente manifesta para nossa justificação. Além deste fato — a justiça que leva à justificação se caracteriza pela perfeição que pertence a tudo quanto

---

3 O genitivo θεοῦ seria de origem ou de autoria; cf. Meyer, *ad loc*.
4 Cf. Calvino, *ad loc*.
5 Cf. Philippi, *ad loc*.

Deus é e faz — nenhuma outra coisa serve para salientar o caráter eficaz, completo e irrevogável da justificação, conforme era propósito do apóstolo estabelecer e vindicar. É uma "justiça-de-Deus".

A mediação ou a instrumentalidade da fé é, novamente, colocada em primeiro plano. "De fé em fé", no versículo 17, tem o mesmo efeito de "todo aquele que crê", no versículo 16. Há grande diferença de opinião acerca do intuito exato dessa fórmula. Tem sido interpretada como aludindo ao avanço de um grau de fé ao outro,[6] ou como equivalente à expressão "pela fé somente",[7] ou como se significasse que a justiça de Deus vem pela fé, do princípio ao fim.[8] Parece que a chave da interpretação é dada pelo próprio Paulo, em uma passagem que fornece o paralelo mais próximo possível — Romanos 3.22 (cf. Gl 3.22),[9] onde ele fala sobre a "justiça de Deus mediante a fé em Jesus Cristo, para todos [e sobre todos] os que creem". Poderia parecer que a expressão "para todos [e sobre todos] os que creem" é supérflua neste caso, porquanto tudo o que ela enuncia havia sido afirmado na expressão imediatamente anterior, "mediante a fé em Jesus Cristo". Mas o apóstolo devia ter algum propósito no que parece ser uma redundância. Este propósito era salientar o fato de que a justiça de Deus tem efeitos salvadores não apenas sobre nós, *mediante a fé*, mas também sobre todo aquele que crê. Não é supérfluo ressaltar ambas as verdades. Pois o simples fato de que a justiça de Deus é pela fé não garante, por si mesmo, como uma proposição, que a fé sempre seja acompanhada por tal efeito. Já vimos que o apóstolo enfatizou isso no versículo 16, ao afirmar "de *todo aquele* que crê". A opinião mais razoável parece ser que o apóstolo tencionava apresentar esta mesma ênfase através da fórmula "de fé em fé". "De fé" ressalta a verdade de que somente "pela fé" podemos ser beneficiários dessa justiça, razão por que se trata de uma "justiça-pela-fé", tão verdadeiramente quanto é

---

6   Cf. Calvino, *ad loc.*
7   Cf. Charles Hodge, *op. cit., ad loc.*: "O sentido, entretanto, é perfeitamente claro e bom, se explicarmos a frase como indicativa de fé somente. Assim como 'de morte em morte' e 'de vida em vida' são intensivas, assim também 'de fé em fé' pode significar "inteiramente pela fé" (p. 32); Anders Nygren, *Commentary on Romans* (E. T., Filadélfia, 1949), pp. 78,79.
8   Cf. C. H. Dodd, *op. cit., ad loc.*
9   Cf. Philippi, *ad loc.*

uma "justiça-de-Deus". "Em fé" sublinha a verdade de que todo crente é beneficiário da justiça, não importando sua raça, cultura ou o grau de sua fé. A fé *sempre* traz consigo a justiça justificadora de Deus.[10]

Não é sem motivo que consideramos "de fé em fé" como vinculada à expressão "a justiça de Deus". Pois, visto que essa justiça torna-se operante para a salvação, somente pela fé, ela pode ser apropriadamente designada uma justiça de fé para todos que creem. É mais natural, entretanto, ligar "de fé em fé" às palavras "se revela". A força dinâmica das palavras "se revela" isenta essa construção de certa objeção que poderia ser levantada contra ela, ou seja, que a revelação como tal não depende da fé. Entretanto, conservando em mente este sentido dinâmico de "se revela", o pensamento expresso é que a justiça de Deus é revelada de modo eficiente visando à justificação tão somente pela fé e se mostra invariavelmente operante para alcançar essa finalidade, no caso de todo aquele que crê.

A citação de Habacuque 2.4[11] tem o propósito de confirmar a verdade utilizando o Antigo Testamento.[12] A discussão passa a girar em torno da tradução apropriada, isto é, se "pela fé" deve ser entendido juntamente com o sujeito ou com o predicado da sentença. A proposição deveria ser traduzida "o justo viverá por fé" ou "o justo por fé viverá"?[13] A proposição tem o significado de que o justo viverá ou o sentido de indicar como viverá o justo, ou seja, pela fé? Há boas razões para preferirmos esta última alternativa. (1) Habacuque 2.4 não pode ser naturalmente interpretado de outra maneira, e a pontuação massorética favorece esse ponto de vista. (2) A verdade que o apóstolo desejava estabelecer é que a justiça de Deus realiza-se pela fé — a

---

10 Ultimamente, tem sido apresentado o ponto de vista de que ἐκ πίστεως se refere à fidelidade de Deus, ao passo que εἰς πίστιν alude à fé por parte do homem. Cf. Thomas F. Torrance, "One Aspect of the Biblical Conception of Faith", em *The Expository Times*, janeiro de 1957 (vol. LXVIII, 4), pp. 111-114. Esse ponto de vista é discutido no apêndice B da presente obra. Meyer, *op. cit., ad loc.*, faz menção de Mehring como quem tinha a ideia de que εἰς πίστιν reporta-se à fidelidade de Deus e de que a expressão inteira significa fé na fidelidade de Deus.
11 Quanto a uma discussão sobre esse trecho e o significado de אמונה e πίστις, ver J. B. Lightfoot, *Saint Paul's Epistle to the Galatians* (Londres, 1905), pp. 154-158.
12 "O apóstolo estava tão convicto da unidade prevalecente entre o antigo e o novo pactos, que não podia afirmar uma das grandes verdades do evangelho sem utilizar uma passagem do Antigo Testamento em apoio à sua afirmativa" (Godet, *op. cit., ad loc.*).
13 Quanto a uma defesa mais vigorosa e recente a favor dessa construção, ver Anders Nygren, *op. cit.*, pp. 84, ss.

ênfase recai sobre a maneira pela qual um homem se torna o beneficiário dessa justiça. Devemos esperar que a referência à "fé", na citação, teria força idêntica. (3) A expressão "a justiça pela fé" não pode reivindicar a analogia de seu uso nas Escrituras.[14]

---

14 A observação de J. B. Lightfoot, em *Notes on the Epistles of St. Paul* (Londres, 1895), sumaria de modo admirável os argumentos em prol dessa interpretação. "Não posso duvidar que ἐκ πίστεως deve ser entendido com ζήσεται, e não com ὁ δίκαιος. Pois (1) o original certamente parece assim tencionar... (2) ἐκ πίστεως nesta segunda metade do versículo corresponde a ἐκ πίστεως na primeira metade, onde pertence não ao predicado, mas ao sujeito. Nesta segunda metade, ἐκ πίστεως está separado de ὁ δίκαιος, assim como na primeira encontra-se separado de δικαιοσύνη. (3) ὁ δίκαιος ἐκ πίστεως não é uma frase natural e, penso eu, não tem paralelo nos escritos de Paulo. (4) A outra construção retira a ênfase da palavra 'fé', que o contexto demonstra ser a palavra realmente enfática, e coloca-a sobre o verbo 'viver'. Em Gálatas 3.11, o contexto é ainda mais decisivo" (pp. 250,251).

CAPÍTULO IV
A UNIVERSALIDADE DO PECADO E DA CONDENAÇÃO (1.18-3.20)

A. NO TOCANTE AOS GENTIOS (1.18-32)

1.18-23

18 A ira de Deus se revela do céu contra toda impiedade e perversão dos homens que detêm a verdade pela injustiça;

19 porquanto o que de Deus se pode conhecer é manifesto entre eles, porque Deus lhes manifestou.

20 Porque os atributos invisíveis de Deus, assim o seu eterno poder, como também a sua própria divindade, claramente se reconhecem, desde o princípio do mundo, sendo percebidos por meio das coisas que foram criadas. Tais homens são, por isso, indesculpáveis;

21 porquanto, tendo conhecimento de Deus, não o glorificaram como Deus, nem lhe deram graças; antes, se tornaram nulos em seus próprios raciocínios, obscurecendo-se-lhes o coração insensato.

22 Inculcando-se por sábios, tornaram-se loucos

23 e mudaram a glória do Deus incorruptível em semelhança da imagem de homem corruptível, bem como de aves, quadrúpedes e répteis.

De 1.18 a 3.20, o tema do apóstolo é a universalidade do pecado e da condenação. "Pois todos pecaram e carecem da glória de Deus" (3.23). "Não há justo, nem um sequer" (3.10). A consequência disso é que toda boca se cala, e o mundo inteiro está sujeito ao julgamento de Deus (cf. 3.19). Esta passagem foi escrita para estabelecer essa tese. O desígnio do apóstolo, ao preceituar a tese, aparece claramente em Romanos 3.20, quando afirma que, com base nas obras da lei, nenhuma carne será justificada aos olhos de Deus. Em outras palavras, a finalidade é demonstrar que a salvação providenciada no evangelho é a necessidade de todos e que o poder de Deus é operante para a salvação, tão somente através da revelação da justiça de Deus, apropriada pela fé. Todas as linhas convergentes do argumento do apóstolo unem-se em uma conclusiva demonstração de que todos, judeus e gentios, são culpados perante Deus, estando destituídos inteiramente do bem que os tornaria agradáveis a ele, e, portanto, sujeitos à sua ira. A seção que agora consideramos (1.18-32) aborda as questões do pecado, da apostasia e da degeneração do mundo gentílico.

18 — A expressão "se revela", que inicia este versículo no texto grego, tem, por essa mesma razão, uma ênfase distinta. Corresponde à mesma expressão no versículo 17; mas, visto que seu sujeito é diferente, o que se torna proeminente é o total contraste entre os versículos 17 e 18. "A ira de Deus" apresenta-se como antítese óbvia à "justiça de Deus" (v. 17). Ainda que qualquer confirmação fosse necessária, esta antítese demonstra, inequivocamente, que "a justiça de Deus" (v. 17) não é o atributo de justiça, mas, antes, a retidão providenciada no evangelho para satisfazer a necessidade da qual a ira de Deus é a manifestação. A justiça de Deus, por ser retributiva em relação ao pecado, não poderia ser a provisão para que escapássemos da ira.

É desnecessário — e somente debilita o conceito bíblico da ira de Deus — privá-la de seu caráter emocional e afetivo. A ira de Deus não deve ser concebida em termos de explosões de ódio, com as quais a ira, em nós, está frequentemente associada. Porém, interpretar a ira de Deus como se esta consistisse apenas no propósito divino de punir o pecado, ou de obter a conexão entre o pecado e a condenação,[1] é equiparar a ira com os seus efeitos, eliminando completamente a ira como uma atitude que ocorre dentro da mente de Deus. A ira consiste na santa reação do ser de Deus contra aquilo que é contrário à sua santidade. A realidade da ira de Deus, nesse caráter específico, é demonstrada pelo fato de que ela "se revela do céu contra toda impiedade e perversão dos homens". A mesma característica dinâmica do termo "se revela", que aparece no versículo 17, também precisa ser entendida neste sentido. A ira de Deus opera de maneira eficiente e dinâmica no mundo dos homens, e, por ser procedente dos céus, o trono de Deus, ela é ativa. Por conseguinte, devemos considerar as inflições penais como resultado do exercício da ira de Deus contra os ímpios. Há uma manifestação positiva do desprazer divino.

O argumento de Philippi alegando que o termo "se revela" pode referir-se exclusivamente a "uma revelação extraordinária, através de atos miraculosos" (*ad loc.*), e, portanto, somente àquilo que é sobrenatural tem seu apoio no uso que o Novo Testamento faz dos termos "revelar" e "revelação". Todavia, restringir a revelação desta ira ao juízo final (cf. 2.5) e às extraordinárias "revelações precursoras e preparatórias da ira", como aconteceu no Dilúvio, na dispersão das nações e na multiplicação dos idiomas, conforme o faz Philippi, dificilmente parece possível. O tempo presente ("se revela") pareceria ser paralelo à mesma ideia, no versículo 17; e os julgamentos descritos nos versículos seguintes, infligidos sobre as nações gentílicas por causa de seus pecados, exigiriam ser considerados como as penalidades executadas no cumprimento da ira de Deus. Conforme Meyer salienta, o uso que se vê no Novo Testamento, por semelhante modo, per-

---

1 Parece ser este o conceito defendido por Hodge, por exemplo. "*A ira de Deus* é sua justiça punitiva, sua determinação de punir o pecado... Assim como a ira, no homem, leva à punição do mal sobre o seu objeto, esta expressão, de conformidade com um princípio que permeia as Escrituras, é aplicada ao sereno e invariável propósito da mente divina, que garante a conexão entre o pecado e a miséria, com a mesma uniformidade geral que qualquer outra lei opera no governo físico ou moral de Deus" (*op. cit., ad loc.*). Bem similar a isso é o comentário de Calvino (*op. cit., ad loc.*).

mitiria tal emprego do vocábulo "revelar" (cf. Mt 10.26; 16.17; Lc 2.35; 2 Ts 2.3,6,8). Noutras palavras, estas passagens indicam que o termo "revelar" pode referir-se a diversas manifestações que não se incluem na categoria de atos extraordinários e miraculosos de Deus. Portanto, é possível pensar na ira de Deus como algo que "se revela" em questões que não são sobrenaturais; e considerações do contexto indicariam que isto se faz necessário no presente versículo.

A "impiedade" fala daquela perversão de natureza religiosa, ao passo que a "perversão" se refere àquilo que tem caráter moral; a primeira pode ser ilustrada pela idolatria; a última, pela imoralidade. Essa ordem de apresentação é significativa. Na descrição da degeneração, feita pelo apóstolo, a impiedade é precursora da imoralidade.

A revelação da ira se restringe àquela classe particular ou divisão da humanidade com a qual o apóstolo estava preocupado. Paulo estava lidando, conforme já observamos, com as nações gentílicas. Essa restrição fica subentendida, no versículo 18, pelo fato de que a impiedade e a perversão contra as quais se revela a ira de Deus são especificadas como algo atinente aos "homens que detêm a verdade pela injustiça". O que se deve entender por tal caracterização? O vocábulo traduzido por "detêm" com frequência tem sido interpretado com o sentido de "abafar" ou "suprimir"; e, deste modo, a verdade é considerada como algo que se manifesta entre os homens envolvidos, ao mesmo tempo em que eles a abafam ou suprimem. Este pensamento por si mesmo é verdadeiro. Sem dúvida, há um testemunho em prol da verdade que emana do íntimo, mas que os homens suprimem por sua injustiça. Mas os tradutores parecem ter discernido mais precisamente ainda o pensamento do apóstolo, ao empregar a palavra "detêm". O uso costumeiro do Novo Testamento, no que concerne a esse vocábulo, não supre qualquer apoio para a ideia de "abafar" ou "suprimir". Frequentemente significa "deter", "possuir", "reter". Se tal significação não é apropriada a este caso,[2] então o único outro significado que tal uso garantiria é o sentido de

---

2   É difícil conceber a noção de deter a verdade pela injustiça, porque a verdade coordena-se com a justiça. Além disso, o contexto seguinte apresenta as pessoas em foco como pessoas que trocavam a verdade de Deus por uma mentira (v. 25), recusando-se a admitir Deus em seu conhecimento (v. 28; cf. v. 23).

"restringir" ou "impedir" (cf. 2 Ts 2.6,7 e, talvez, Lc 4.42; Fm 13). Este significado conforma-se admiravelmente ao contexto. Pois, segundo veremos, o apóstolo estava lidando com a verdade que procedia das obras observáveis de Deus, na criação. A noção de "reter" é adequada para expressar a reação que os homens, por causa de sua injustiça, oferecem à verdade assim manifesta. "Pela injustiça" refere-se à prática e denota aquilo através do que se processa essa resistência contra a verdade.

19 — Este versículo é introduzido por uma conjunção que especifica certa relação causal para com aquilo que o antecede; a pergunta que surge é: como devemos entender os versículos 18 e 19? O versículo 19 declara que, por causa de como a ira de Deus se revela ou do que ela faz, podemos dizer que os homens resistem à verdade pela injustiça? De modo contrário a muitas opiniões exegéticas, esta parece ser a interpretação preferível. O versículo 19 explica como podemos afirmar que os homens detêm a verdade pela injustiça; impedem a verdade porque há uma manifestação desta a eles, descrita como "o que de Deus se pode conhecer".[3] O conteúdo desse conhecimento é definido no versículo 20. Por enquanto, é declarado apenas que se manifestou *a eles* e *neles*; e se revela *neles* porque Deus o manifestara *a eles*. É fácil nos deixarmos enganar pela expressão "manifesto entre eles" e pensarmos que o apóstolo estava tratando do mesmo assunto que abordaria mais adiante, em 2.14 e 15, ou seja, o conhecimento que é inerente à mente humana,[4] em distinção ao conhecimento derivado da revelação que é externa ao homem. Não há qualquer garantia para essa interpretação dos termos, no versículo 19. É claro que o apóstolo estava falando daquilo que Deus torna manifesto *aos homens* e que estes podem conhecer através das obras da criação de Deus que podem ser observadas. E a razão pela qual se pode dizer que isso "é manifesto entre eles" é o simples fato de que a manifestação da verdade aos homens sempre pressupõe a existência de consciência e mente no homem. A revelação sempre é dada àqueles que possuem consciência

---

3 Não "aquilo que pode ser conhecido", como em algumas versões.
4 O que tem sido chamado de *notitia Dei insita* ou *sensus divinitatis*.

inteligente. Tratando-se de uma revelação *para nós*, também deve estar *em nós*, porquanto aquilo que a faz ser dada a nós é justamente aquilo que está em nós, ou seja, a mente e o coração.

Este contraste entre "a justiça de Deus se revela" (v. 17) e "o que de Deus se pode conhecer" (v. 19) diz respeito tanto ao modo da revelação quanto ao conteúdo da verdade. A distinção é feita entre a manifestação que é peculiar a todos e seu efeito correspondente, por um lado, e a revelação especial cujo efeito é salvador, por outro. Portanto, a retenção da verdade pela injustiça, contemplada neste caso, não se aplica ao evangelho. Os que estão em vista são considerados como fora do âmbito da revelação do evangelho; e "o que de Deus se pode conhecer" é expressão usada em um sentido específico, a fim de denotar o conteúdo da verdade atinente a Deus, disponível a tais indivíduos.

20 — A relação entre este versículo e o versículo 19 é bem apresentada por E. H. Gifford: "A sentença '*porque os atributos invisíveis de Deus... claramente se reconhecem...*' é uma explicação da frase '*porque Deus lhes manifestou*'; e, visto que o modo pelo qual essa manifestação *foi feita a eles* é também o modo que *é feita* a todos os homens, em todos os tempos, a explicação é apresentada na forma mais geral e abstrata possível (tempo presente e voz passiva), sem qualquer limitação de tempo ou de pessoas..."[5] "Os atributos invisíveis de Deus" são aquelas qualidades especificadas em seguida, no mesmo versículo — "assim o seu eterno poder, como também a sua própria divindade". Ao caracterizar esses atributos como invisíveis, há uma referência ao fato de que eles não são percebidos pelos sentidos. Ao se dizer, ao mesmo tempo, que tais atributos "claramente se reconhecem", trata-se de um paradoxo, para indicar que é claramente apreendido pela concepção mental aquilo que é sensorialmente imperceptível. Esse significado da expressão "claramente se reconhecem" é provido pela cláusula explicativa "sendo percebidos por meio das coisas que foram criadas" — trata-se da percepção por parte do entendimento, percepção por parte do raciocínio inteligente.

---

5 *The Epistle of St. Paul to the Romans* (Londres, 1886), *ad loc.*

Salienta-se a clareza oferecida pelas coisas que foram criadas, em mediar para nós a percepção dos atributos invisíveis de Deus — eles são percebidos com clareza.

As "coisas que foram criadas", como é óbvio, são as obras criadas e observáveis aos nossos sentidos. Por essa razão, parece necessário compreender a frase "desde o princípio do mundo" em sentido temporal. Se tivéssemos de reputá-la como uma frase que subentende a origem de onde essa percepção de atributos invisíveis se deriva, haveria uma repetição da ideia. As "coisas que foram criadas" se referem à origem de onde se deriva a nossa percepção sobre as coisas invisíveis; é desnecessário, portanto, pensarmos em uma virtual repetição. Assim, "o princípio do mundo" não designa apropriadamente a criação visível, enquanto que, se o vocábulo "criação" for tomado em sentido ativo, a força temporal se torna evidente, podendo ser vista como algo pertinente ao pensamento da passagem, para afirmar que a manifestação dos atributos invisíveis de Deus tem sido verificada continuamente na obra visível da criação divina.

Os "atributos invisíveis" aludidos no começo do versículo são agora distintamente especificados como "eterno poder" e "própria divindade". De modo algum é provável que o apóstolo tencionasse que esses termos servissem de completa especificação dos atributos invisíveis de Deus, manifestados na obra de criação. O Antigo Testamento, com o qual o apóstolo estava familiarizado, mencionara outros atributos que são demonstrados na criação visível de Deus, tais como a sabedoria, a bondade e mesmo a justiça divina. Assim, a analogia das Escrituras, que certamente governava os pensamentos de Paulo, exigiria uma enumeração mais extensa do que a que ele apresentou. Porém, não devemos deixar de apreciar a importância do que o apóstolo diz. "Eterno poder" é algo específico e significa que o atributo de eternidade é predicado do poder de Deus. Fica implícito que a eternidade de Deus e a eternidade de seu poder estão em foco. "Divindade" é termo genérico, em distinção a poder, o qual é específico. Esse vocábulo reflete as perfeições divinas e denota, usando as palavras de Meyer, "a totalidade daquilo que Deus é, como um ser que possui atributos divinos" (*ad loc.*). Portanto, divindade não especifica um único atributo invisível, e sim a soma total das perfeições invisíveis que caracterizam a pessoa de Deus. Por conseguinte, em última análise, a afirmação "o seu eterno poder, como também a sua própria divindade" inclui muitos dos grandiosos atributos invisíveis e reflete a riqueza da manifestação do ser, da majestade e da glória de Deus, dada por meio da criação visível.

Não nos convém minimizar o ensino do apóstolo nesta passagem. Ela com clareza expressa o fato de que as obras visíveis da criação de Deus manifestam as perfeições invisíveis dele; afirma que através das coisas perceptíveis aos sentidos podemos ter o reconhecimento dessas perfeições invisíveis e que, deste modo, podemos obter uma evidente apreensão das perfeições de Deus, por meio de suas obras visíveis. Os fenômenos desvendam a mentalidade da transcendental perfeição de Deus e a sua específica divindade. Não é algo finito que a obra da criação manifesta, e sim o poder eterno e a divindade do Criador. Esta é apenas outra maneira de dizer que Deus deixou sobre sua obra criada as "impressões digitais" de sua glória e que esta se torna manifesta a todos — "Porque Deus lhes manifestou" (v. 19).

A cláusula final do versículo 20 pode exigir a seguinte tradução: "Para que tais homens se tornem indesculpáveis", expressando o propósito e não apenas o resultado. Neste caso, ficaria subentendido que o desígnio de Deus, ao desvendar de forma tão evidente o seu eterno poder e a sua divindade, por meio de sua criação visível, era o de deixar todos os homens sem desculpa. Se os homens não o adorassem nem o glorificassem como Deus, não teriam justificativa para tal impiedade; e o desígnio dessa glória manifestada seria que tal *impiedade* fosse inescusável. A objeção a esse ponto de vista não leva em conta a benignidade e a suficiência da revelação que torna os homens indesculpáveis. A outorga de uma revelação *suficiente* para constranger os homens a adorarem e glorificarem o Criador, dada com o desígnio de ficarem sem desculpas, se deixassem de glorificá-lo, não pode ser indigna de Deus. Além disso, mesmo que considerássemos a cláusula em questão como expressão de resultado e não de desígnio, não poderíamos eliminar da abrangente ordenação e da providência de Deus o propósito pressuposto no resultado obtido. Se a inescusabilidade é o resultado, esse resultado é procedente do decreto divino.[6]

21 — A primeira parte do versículo 21 está relacionada à última cláusula do versículo 20 e mostra a razão por que as pessoas envolvidas estão sem desculpas: são indesculpáveis, "porquanto, tendo conhecimento de Deus, não o glorificaram como Deus, nem lhe deram graças". O conhecimento de Deus, neste caso, deve ser aquele conhecimento procedente da manifestação outorgada por meio da criação visível. Era a respeito desta manifestação que o apóstolo estava falando; e esta manifestação, aludida no versículo 20, deixa os homens sem desculpas. Portanto, "tendo conhecimento de Deus" refere-se à percepção cognitiva extraída da manifestação da glória de Deus, na criação visível. A inescusabilidade reside no fato de que, possuindo este conhecimento, eles não renderam a Deus a glória e a gratidão, às quais o conhecimento que possuíam deveria tê-los constrangido. Glorificar a Deus como Deus não é aumentar a glória de Deus[7]; significa meramente atribuir a Deus a glória que lhe pertence como Deus, dar-lhe, nos pensamentos, afetos e devoção, o lugar que lhe pertence, em virtude das perfeições que a própria criação visível torna manifesta. Essa glória os homens não lhe têm dado, estando destituídos daquela gratidão

---

6   O mais forte argumento em favor de tomarmos esta cláusula como expressão de resultado, e não de propósito, é a cláusula explicativa do começo do versículo 21: "Porquanto, tendo conhecimento de Deus, não o glorificaram como Deus, nem lhe deram graças". Parece ser esta a razão por que estão sem desculpas, e, por isso, aquela cláusula pode ser mais convenientemente relacionada a resultado do que a propósito. Este, porém, não parece ser um argumento decisivo. Pois, conforme foi indicado nos comentários anteriores, embora a última cláusula do versículo 20 expresse abertamente um propósito, o pensamento de resultado, em consonância com esse propósito, não é suprimido; e o versículo 21 poderia dar razão à inescusabilidade, sem eliminar a força teológica da cláusula anterior. E. De Witt Burton (*Syntax of the Moods and Tenses in New Testament Greek*, Edimburgo, 1955, § 411) mantém que εἰς com o infinitivo em algumas ocasiões indica resultado. Algumas das instâncias citadas por ele não são conclusivas, mas é difícil encontrar qualquer outra coisa, senão resultado, em Hebreus 11.3 e 2 Coríntios 8.6, embora Meyer tenha argumentado o contrário, em relação a esta última referência. Quanto a uma vigorosa argumentação sobre a força teológica do versículo 20b, ver Meyer, *ad loc*., e Gifford, *op. cit.*, p. 70. Os casos em que εἰς com o infinitivo possui força teológica, citados por Meyer e Gifford, com base nas cartas de Paulo, constituem um formidável apoio à argumentação teológica neste ponto. Contudo, não devemos insistir que essas instâncias solucionam terminantemente a questão.
7   Ver Sanday e Headlam, *op. cit.*, p. 44, quanto a um breve sumário do significado de δοξάζω, em seu uso religioso e bíblico.

que deveria ser provocada pelo conhecimento que possuíam e que deveria ter-se expressado na forma de ação de graças. O apóstolo estabelece a origem da degeneração e degradação da qual a idolatria pagã é o resumo, e aqui encontramos a filosofia bíblica sobre a falsa religião. "Pois o paganismo", conforme Meyer diz, "não é a religião primitiva, da qual o homem, gradualmente, elevou-se para o conhecimento do verdadeiro Deus, mas, pelo contrário, é o resultado de ter caído da conhecida revelação original do verdadeiro Deus, em suas obras".[8]

Tendo afirmado aquilo de que os homens estão destituídos, o apóstolo passa à descrição positiva da perversão religiosa deles. A mente do homem nunca é um vácuo religioso; se houver a ausência do que é verdadeiro, sempre haverá a presença do que é falso — "antes, se tornaram nulos em seus próprios raciocínios, obscurecendo-se-lhes o coração insensato". O vocábulo traduzido "raciocínios" com frequência se reveste de um significado desfavorável, ou seja, maus pensamentos ou imaginações.[9] Este sentido depreciativo provavelmente aparece neste versículo. Em seus raciocínios iníquos ou maus, tais homens ficam destituídos de qualquer pensamento frutífero; a razão, divorciada da fonte de luz, conduziu-os a um delírio de inutilidade. Nossa versão talvez não tenha transmitido com exatidão o pensamento, ao empregar o termo "insensato" em referência aos corações deles. A tradução "sem entendimento" seria mais literal e preferível.[10] A ideia é que, por ser a sede dos sentimentos, do intelecto e da vontade, o coração de tais pessoas, estando destituído de entendimento, obscureceu-se.

22-23 — Estes versículos descrevem em maiores detalhes o estado de degeneração e a degradação religiosa em que o homem caiu. O versículo 22 indica não simplesmente que os homens reivindicaram ser sábios quando, na realidade, eram insensatos, mas também que, ao pretenderem ser sábios, tornaram-se estultos — uma análise exata do que realmente

---

8 Op. cit., ad 1.22.
9 O termo διαλογισμος, por si mesmo, com frequência, alude a pensamentos e raciocínios maus, duvidosos e polêmicos (cf. Fp 2.14; 1 Tm 2.8 e Lc 5.22; 24.38; Rm 14.1; 1 Co 3.20). Ver διαλογισμός em *Theologisches Wörterbuch zum Neuen Testament*, ed. Kittel.
10 Cf. Mateus 15.16; Marcos 7.18; Romanos 10.19.

são as pretensões daqueles cujos corações se alienam de Deus. O versículo 23 descreve a monstruosidade religiosa a que conduz o processo de degeneração. "E mudaram a glória do Deus incorruptível" — isto não significa que a glória do Deus incorruptível seja passível de alteração e, muito menos ainda, por parte de homens. Mas significa apenas que eles *trocaram* a glória divina, como objeto de veneração e adoração, por outra coisa qualquer. A "glória" de Deus é a soma das perfeições referidas no contexto anterior, que foram manifestadas na criação visível de Deus (vv. 19-20). A loucura e perversidade de substituir a adoração a Deus pela adoração às coisas criadas são postas em destaque por meio do contraste entre a *glória* de Deus e a *semelhança* das coisas criadas e do contraste entre o Deus *incorruptível* e o homem *corruptível*. A monstruosidade transparece no fato de que não somente adoraram e serviram a criatura, em lugar do Criador (v. 25), mas também de que substituíram a glória de Deus pela "*semelhança da imagem* de homem corruptível, bem como de aves, quadrúpedes e répteis". Fica evidente que eles tornaram essas semelhanças os objetos de sua adoração; *essas* foram as coisas que trocaram pela glória de Deus.

1.24-27

24 *Por isso, Deus entregou tais homens à imundícia, pelas concupiscências de seu próprio coração, para desonrarem o seu corpo entre si;*

25 *pois eles mudaram a verdade de Deus em mentira, adorando e servindo a criatura em lugar do Criador, o qual é bendito eternamente. Amém!*

26 *Por causa disso, os entregou Deus a paixões infames; porque até as mulheres mudaram o modo natural de suas relações íntimas por outro, contrário à natureza;*

27 *semelhantemente, os homens também, deixando o contato natural da mulher, se inflamaram mutuamente em sua sensualidade, cometendo torpeza, homens com homens, e recebendo, em si mesmos, a merecida punição do seu erro.*

24 — Nos versículos 21-23, temos o delineamento da apostasia dos povos gentílicos; ela é definida em termos religiosos e culmina na grosseira idolatria descrita na última parte do versículo 23. No versículo 24, o apóstolo aborda a retribuição divina contra esta apostasia. "Por isso" indica que a retribuição tem seu fundamento no pecado antecedente, sendo uma justa punição pelos pecados cometidos. Isso nos alerta sobre um princípio invariável, ou seja, que a retribuição sempre opera como julgamento de Deus contra o pecado. Não é insignificante enfatizar este fato, particularmente em face do que agora descobriremos a respeito do caráter específico da retribuição envolvida. Essa retribuição consiste em entregar à imundícia (cf. vv. 26,28). Deve-se observar que a penalidade infligida pertence à esfera *moral* distinta da esfera *religiosa* — a degeneração religiosa é penalizada mediante a entrega à imoralidade; o pecado cometido no terreno religioso é castigado pelo pecado na esfera moral. Não devemos supor, entretanto, que a pecaminosidade antecedente se limitasse exclusivamente à categoria religiosa. A expressão "pelas concupiscências de seu próprio coração" descreve, conforme afirma Meyer, "a condição moral em que os homens se encontravam quando foram entregues por Deus à imundícia" (*ad loc.*). E, na presente instância, "foram entregues" não se refere àquilo ao que eles foram abandonados. Aquilo a que foram entregues é definido como "imundícia" (cf. vv. 26,28). Não obstante, a imundícia a que foram entregues não tem origem no ato judicial divino. Entregá-los à imundícia pressupõe que esta já existia, e a penalidade consiste no fato de que foram *entregues* à imundícia que anteriormente os caracterizava, denominada "concupiscências de seu próprio coração".

As associações do vocábulo "imundícia", nos outros escritos de Paulo, assim como neste contexto, mostram que ele envolve aberração sexual (cf. 2 Co 12.21; Gl 5.19; Ef 5.3; Cl 3.5; 1 Ts 4.7). A forma particular desta aberração é indicada no versículo 27. A tradução da última cláusula do versículo 24, conforme nossa versão, "para desonrarem o seu corpo entre si", é preferível a outras traduções.[11] Não obstante, esta cláusula não precisa

---

11 ἀτιμάζεσθαι é preferivelmente tomado como passivo, e a cláusula como que definindo a imundícia (cf. Meyer, *ad loc.*). ἐν αὐτοῖς é a forma que figura em ℵ, B, C, D*, e outros manuscritos; ἐν ἑαυτοῖς é a forma da grande maioria dos cursivos. O sentido não é alterado por essa variante textual, embora esta última forma ressalte talvez com mais vigor a perversidade.

expressar propósito; pode ser tomada como definição daquilo em que consiste a imundícia (cf. v. 28).

A principal questão, neste versículo, é aquela envolvida no "entregar". As palavras "Deus entregou tais homens" subentendem que foram designados por Deus a essa retribuição. Ao avaliarmos o caráter dessa atitude, algumas observações precisam ser mencionadas: (1) conforme já notamos, essa designação ou entrega não originou a condição moral — foram entregues àquilo que é concebido como uma condição já existente. (2) Sem dúvida, há uma lei natural de consequências operante no pecado; isto se intensifica e se agrava quando nenhuma restrição lhe é imposta. Esse ciclo ou sequência faz parte da retribuição contra o pecado. (3) A entrega, da parte de Deus, não pode ser reduzida à noção de não interferência nas consequências naturais do pecado. Embora a simples ação permissiva de Deus seja, por si mesma, uma retribuição judicial — abandonar os homens a si mesmos resulta em uma situação trágica —, os termos usados aqui e nos versículos 26 e 28 não podem ser entendidos dessa forma. Existe aquele castigo positivo de entregar os homens àquilo que é totalmente estranho e subversivo ao revelado beneplácito de Deus. O desprazer divino é expresso no fato de que Deus abandona tais pessoas a um mais intenso e agravado cultivo das concupiscências de seus próprios corações, resultando em colherem para si mesmas uma maior dose de vingança retributiva.

25 - Este versículo volta ao pensamento do versículo 23. Esta reiteração serve a três propósitos: revela o caráter da ofensa, reafirma a base sobre a qual repousam as penalidades judiciais e vindica a gravidade do castigo, ao enfatizar a perversão religiosa por causa da qual a pena foi imposta. A palavra que introduz o versículo 25 pode expressar uma conexão causal, podendo ser devidamente traduzida "por isso", designando o tipo de pessoas que tais homens eram — aqueles que "mudaram a verdade de Deus em mentira", etc. — merecendo, portanto, o abandono a que foram entregues.[12]

---

12 οἵτινες frisa o tipo ou classe a que pertencem e enfatiza a qualidade pela qual eram caracterizados (cf. Arndt e Gingrich, *A Greek-English Lexicon of the New Testament*, ad ὅστις).

A expressão "a verdade de Deus" pode significar uma dentre três coisas: (1) "A verdade de Deus", a verdade que Deus tornou conhecida e que pertence a ele; (2) a verdade que o próprio Deus é ou (3) a verdade concernente a Deus. Se a cláusula "adorando e servindo a criatura em lugar do Criador" serve de explicação à cláusula antecedente,[13] então "a verdade de Deus" corresponde a "Criador", ao passo que a adoração e serviço prestados à criatura correspondem à "mentira". Neste caso, "a verdade de Deus" seria equivalente ao verdadeiro Deus, ou seja, Deus na realidade de seu ser e de sua glória, e o segundo significado alistado acima poderia ser adotado. Todavia, não parece haver qualquer razão que nos leve a reputar as duas cláusulas como mutuamente explanatórias. Estas podem ser coordenadas, expressando dois pensamentos distintos, embora intimamente relacionados, acerca do modo como a apostasia religiosa se manifesta. Além disso, não seria próprio, mas, pelo contrário, inconveniente, identificar a "mentira" com a adoração e o serviço prestados à criatura. É mais aceitável considerarmos a primeira cláusula como se frisasse a extrema iniquidade de trocar a verdade que já tinham conhecido por aquilo que é a contradição da verdade, isto é, "a mentira". Deste modo, desmascaramos a antítese entre a verdade e a mentira, tornando-se mais evidente a razão para o abandono judicial imposto por Deus. "A verdade de Deus" deveria ser compreendida no primeiro sentido, a verdade que Deus tornou conhecida; isto se adapta à ênfase principal do contexto anterior e concorda com a antítese expressa pelo vocábulo "mentira".

A segunda cláusula pode ser entendida como uma demonstração do modo pelo qual a troca da verdade pela mentira veio a se expressar em atos concretos de adoração e de devoção religiosa. "Em lugar do Criador" é uma tradução correta da frase em discussão. Embora possamos traduzir o original grego por "acima do Criador", apesar disso, quando outra coisa qualquer é adorada e servida acima do Criador, a adoração e o serviço ao Criador ficam eliminados. A noção de troca (vv. 23, 25a) também se aplica a este caso.

A doxologia que encerra o versículo 25 é um impulso espontâneo de adoração, evocado pela menção do nome de Deus como "o Criador", em

---

13 Cf., Meyer, *ad loc.*

reação à desonra descrita nas sentenças anteriores. Estritamente falando, não se trata de uma doxologia, e sim de uma afirmação da bem-aventurança que pertence a Deus. Não é uma bênção de Deus, nem ações de graças oferecidas a ele (cf. Lc. 1.68; 2 Co 1.3; Ef 1.3; 1 Pe 1.3). É uma afirmativa de que a bem-aventurança transcendental pertence a Deus, ficando implícito que a desonra promovida pelos homens em nada diminui essa bem-aventurança intrínseca e imutável — Deus é bendito para sempre. Ao acrescentar a palavra "amém", o apóstolo expressou o assentimento dado por seu coração e sua mente à glória atribuída a Deus pela fórmula anterior. O "amém" é a resposta da adoração.

26 – Novamente o apóstolo determina a razão pela qual Deus entregara as nações gentílicas a essa penalidade judicial. "Por isso", no versículo 24, "pois", no versículo 25, e "por causa disso", no versículo 26, têm o mesmo efeito; o abandono é o castigo por causa da apostasia religiosa. Entretanto, no versículo 26, a natureza do abandono é descrita com maior intensidade — "os entregou Deus a paixões infames"; literalmente, "a paixões de desonra",[14] o que enfatiza o caráter vergonhoso dessas paixões. E agora não se oculta mais o que eram essas paixões infames — "porque até as mulheres[15] mudaram o modo natural de suas relações íntimas por outro, contrário à natureza". Aqui, pela primeira vez, somos informados a respeito do tipo específico de pecado que o apóstolo tinha em mente quando se referiu à "imundícia... para desonrarem o seu corpo entre si" (v. 24) e às "paixões infames" (v. 26a). Pelo menos ele definiu o que tinha em mente quanto às formas mais vergonhosas de imundícia e de paixões infames. É claro que o apóstolo tinha em mente, neste e no versículo 27, a abominação homossexual. Mencionou as mulheres em primeiro lugar, sem dúvida, porque tinha o propósito de acentuar quão grosseiro é esse mal. Nossa versão da Bíblia chama a atenção para uma partícula, presente no texto grego, que destaca melhor o sentido: "Porque *até* as mulheres".

---

14 ἀτιμίας é o genitivo de qualidade ou de caracterização.
15 O apóstolo usa θήλειαι, e não γυναῖκες; e também ἄρσενες, e não ἄνδρες. Sem dúvida, ele usou os termos "fêmea" e "macho" porque a ênfase recai sobre a questão do sexo — "enfoca-se, exclusivamente, a simples alusão física ao sexo" (Philippi, *ad loc.*).

A delicadeza que pertence à feminilidade torna mais evidente a degeneração do homossexualismo. Embora mencione em primeiro lugar a prevalência do que se denomina lesbianismo, o apóstolo evita apresentar uma descrição detalhada como a que figura no versículo 27, onde aborda as práticas homossexuais dos homens. É provável que a delicadeza de sentimentos tenha ditado tal restrição. O "modo natural" que as mulheres trocaram por outro, "contrário à natureza", no grego é o mesmo termo usado no versículo 27, mas aqui é definido como "o modo natural de suas relações íntimas"; e seria razoável supor que, no versículo 26, isso signifique o relacionamento físico natural com o homem. Porém, talvez a observação de Meyer seja relevante, ao dizer que, neste caso, tal pensamento não caberia bem e que está refletido neste texto o uso natural das funções sexuais das mulheres. Embora o uso natural das funções sexuais femininas seja a relação sexual levada a efeito com o homem, o apóstolo pode ter evitado, propositadamente, descrevê-la como a relação natural com o homem. Em qualquer caso, ressalta-se o caráter *não natural* desse pecado; e como também se vê no versículo 27, nisto consiste a peculiar gravidade de tal abominação. O que fica implícito é que, sem importar quão grave seja a fornicação ou o adultério, a contaminação envolvida na homossexualidade ocupa um plano ainda mais baixo de degeneração; é algo contrário à natureza, pelo que também demonstra uma perversão mais desprezível.

27 - A descrição do homossexualismo masculino, no versículo 27, é dada com maiores detalhes. Três expressões são dignas de atenção especial. (1) "Deixando o contato natural da mulher". Assim como em outros lugares, no ensino do apóstolo (cf. 1 Co 7.1-7), fica implícita a natureza honrosa do ato heterossexual, e sua propriedade se alicerça na constituição natural criada por Deus. A ofensa do homossexualismo consiste em ser abandonada a ordem divinamente constituída em relação ao sexo. (2) "Se inflamaram[16] mutuamente em sua sensualidade." A intensidade da paixão

---

16 No grego, o aoristo passivo significa, mais literalmente, "foram inflamados"; foram incendiados pela paixão da concupiscência.

é indicada por "se inflamaram". É um erro equiparar esta paixão àquela mencionada em 1 Coríntios 7.9.[17] Esta última é a ação do impulso sexual natural, e nada de intrinsecamente imoral existe nela; ali, o matrimônio é recomendado como instrumento à sua satisfação. Mas aqui temos o ardor de uma paixão insaciável, que não demonstra desejo natural ou legítimo, e sim a perversão ou distorção do desejo. Ou seja, é um desejo forte dirigido a algo que, essencialmente e sob todas as circunstâncias, é ilegítimo. (3) "Cometendo torpeza, homens com homens." "Torpeza" é boa tradução do grego, que tem o sentido de "algo vergonhoso" (cf. Ef 5.12). "Torpeza" indica, novamente, a força cumulativa da acusação feita contra o pecado em questão.

A parte final do versículo retrocede ao pensamento expresso nos versículos 24 a 26, ou seja, que a entrega à imoralidade é a conseqüência judicial da apostasia. Aqui, entretanto, introduz-se um novo elemento — a entrega é "a merecida punição do seu erro". O juízo divino jamais se caracteriza pela arbitrariedade. Mas, neste ponto, o apóstolo expressa claramente a correspondência entre o pecado e a retribuição infligida. O "erro" retribuído pela entrega a esses pecados contrários à natureza é a apostasia da adoração a Deus, descrita nos versículos 21 a 23, 25; e a recompensa consiste, utilizando as palavras de Shedd, na "própria concupiscência atormentadora e nunca satisfeita, juntamente com as terríveis conseqüências físicas e morais da devassidão".[18] No delineamen-to feito pelo apóstolo a respeito da debilidade moral, devemos descobrir um notável exemplo da ira de Deus revelada dos céus (v. 18). É a de-gradação que acompanha a adoração idólatra. As propriedades ditadas por nossa própria natureza são vergonhosamente profanas e "nos tornamos cegos ao meio-dia".[19]

Nos versículos seguintes, nos preparamos para a análise mais ampla a respeito do abandono judicial imposto por Deus.

---

17 Não se trata apenas da diferença entre palavras — ἐξεκαύθησαν aqui e πυροῦσθαι em 1 Coríntios 7.9 — mas há total diferença de avaliação por parte do apóstolo.
18 William G. T. Shedd, *A Critical and Doctrinal Commentary upon the Epistle of St. Paul to the Romans* (Nova Iorque, 1879), *ad loc*.
19 A expressão pertence a Calvino (*ad loc*). "*Ut caecutiant in meridie*".

1.28-32

28 E, por haverem desprezado o conhecimento de Deus, o próprio Deus os entregou a uma disposição mental reprovável, para praticarem coisas inconvenientes,

29 cheios de toda injustiça, malícia, avareza e maldade; possuídos de inveja, homicídio, contenda, dolo e malignidade; sendo difamadores,

30 caluniadores, aborrecidos de Deus, insolentes, soberbos, presunçosos, inventores de males, desobedientes aos pais,

31 insensatos, pérfidos, sem afeição natural e sem misericórdia.

32 Ora, conhecendo eles a sentença de Deus, de que são passíveis de morte os que tais coisas praticam, não somente as fazem, mas também aprovam os que assim procedem.

28 — Nos versículos anteriores, a descrição da retribuição contra a apostasia se restringe ao pecado sexual. A razão mais provável para isso é que o apóstolo considerava a abominação homossexual como a mais clara das evidências sobre a degeneração a que as nações haviam sido entregues pela ira de Deus. No versículo 28, ele mostrou que o abandono judicial da parte de Deus não se limita àquela forma de degradação, e, nos versículos 29 a 32, o apóstolo nos fornece um sucinto catálogo de outros pecados aos quais as nações haviam sido entregues. "E, por haverem", no início do versículo 28, exprime substancialmente a mesma ideia que se acha no versículo 27, ou seja, a correspondência entre o pecado cometido e o castigo merecido. O pecado, neste caso, é descrito como a recusa dos homens em admitir Deus em seu co-nhecimento. A ideia é que eles não julgam que Deus seja qualificado a ocupar lugar em seu conhecimento. A impiedade do estado mental deles é evidente — não nutrem o conhecimento de Deus porque não O consideram digno de suas cogitações, de sua atenção. A justa retribuição é que "o próprio Deus os entregou a uma disposição mental reprovável", uma mente rejeitada por ser considerada indigna (cf. 1 Co 9.27; 2 Co 13.5,6; 2 Tm 3.8; Tt 1.16; Hb 6.8). Uma mente reprovada, encontra-se, portanto, abandonada ou rejeitada por Deus, tornando-se incapaz de qualquer atividade digna de aprovação ou estima. O julgamento de Deus recai sobre a sede dos pensamentos e da ação. "Para praticarem coisas inconvenientes" explica o que está implícito em uma mente reprovada, demonstrando que "mente", no entendimento do apóstolo, envolvia tanto os pensamentos quanto as ações.

29-31 — Nestes versículos temos o catálogo dos hábitos pecaminosos. Seria artificial tentarmos descobrir um sistema de classificação nesta lista. A mente do apóstolo recordou com facilidade os pecados que observara em seu contato com as diversas raças e condições dos homens. E, sem dúvida, sua mente também vasculhou livremente as muitas fontes de informação de que dispunha, com relação ao estado moral das nações, em sua própria geração e nas anteriores. Ficamos impressionados ante o tamanho da lista e a variedade dos pecados. Em outros lugares, o apóstolo mencionou outras práticas que não foram incluídas na presente enumeração (cf. Gl 5.19-21). A extensão da depravação torna-se evidente desde a cláusula inicial, "cheios de toda injustiça". Injustiça é um termo genérico, sugerindo que esta é a espécie da qual os demais hábitos pecaminosos são especificações. Mas, quer isto seja assim, quer não, a ênfase foi posta sobre a maneira total com que a injustiça viera a exercer controle sobre as suas vítimas — transbordavam com todas as formas de injustiça. E a adição dos termos "malícia, avareza e maldade" acentua a totalidade da depravação envolvida, bem como a intensidade com a qual essa depravação vinha sendo cultivada. É um quadro da mais extrema degeneração.

Embora não tenhamos motivo para tentar descobrir um sistema de classificação, na ordem seguida pelo apóstolo, a mudança de construção, em três pontos diversos, pode indicar que essa lista de pecados obedece a certo agrupamento, em que "injustiça, malícia, avareza e maldade" formam um grupo, enquanto "inveja, homicídio, contenda, dolo e malignidade" constituem outro grupo de caráter similar; e as demais caracterizações, até ao fim do versículo 31, representam pecados de qualidades variadas. De qualquer modo, quando analisamos a lista inteira, não podemos deixar de ficar admirados com o discernimento do apóstolo no que concerne à depravação da natureza humana, ao afastar-se de Deus; com a severidade de sua avaliação sobre essas condições morais e com a amplitude de seu conhecimento acerca das maneiras concretas por meio das quais a depravação humana se expressa.

32 — Este versículo final também pode ser considerado como a acusação culminante contra aqueles que vinham sendo descritos pelo apóstolo. O pronome "eles" chama a atenção ao caráter das pessoas focalizadas — "eles têm um caráter tal que" é a força da construção no original grego, e isso deve ser ligado à última cláusula do versículo. A extrema gravidade de sua ofensa consiste no fato de que "aprovam os que assim procedem"; os que praticam tais pecados oferecem seus aplausos à perpetuação dessas iniquidades. Este é o caráter específico que agora passa a ser contemplado.

"A sentença de Deus", neste caso, é a sentença judicial de Deus, expressamente definida na cláusula seguinte: "De que são passíveis de morte os que tais coisas praticam". As pessoas envolvidas são acusadas de conhecerem essa sentença. A "morte" aludida não pode ser restringida, de maneira razoável, à morte temporal. Os próprios gregos ensinavam uma doutrina de retribuição para os ímpios, após a morte, e o apóstolo deve ter levado em conta esse fato, na declaração de que as nações tinham esse conhecimento. Além disso, ele está definindo a sentença de Deus; e ele não poderia, nos termos de seu próprio ensino em outras passagens, ter confinado isso ao juízo da morte física. Portanto, o conhecimento da sentença penal de Deus — que esta resulta nos tormentos da vida por vir — é reconhecido pelo apóstolo como algo possuído por aqueles a quem ele agora se reportava. Contudo, surge a indagação se esse conhecimento é concebido como pertencente a tais pessoas, no estado de degeneração em que se acham, ou como um conhecimento que outrora possuíam mas que agora perderam (cf. v. 21). Certas considerações poderiam ser evocadas em favor dessa última alternativa. O tempo verbal empregado poderia ser traduzido "tendo conhecido", ficando implícito que não mais reconhecem tal fato. A descrição dada acerca da cegueira judicial que lhes sobreveio (cf. vv. 21-23,28) não parece harmonizar-se com uma consciência ativa da sentença judicial de Deus. Todavia, há razões ponderáveis para pensarmos que o conhecimento a eles creditado não envolve meramente um estágio anterior de suas vidas. (1) O tempo verbal é bastante compatível com a ideia de que o apóstolo tinha em mente um estado atual de conhecimento e pode designar um estado contemporâneo aos atos referidos na última porção do versículo. (2) O conhecimento sobre a sentença judicial de Deus, nesta passagem, obviamente tem o propósito de salientar a agravada perversão da condição de tais homens. Se este conhecimento for relegado ao passado, então, quase desaparece a relevância da alusão. Mas, se o estado presente deste conhecimento estiver sendo afirmado, a sua relevância imediatamente se evidencia, com base na consideração de que, apesar de possuírem o conhecimento da sentença divina contra essas coisas, tais homens continuam a praticá-las, chegando mesmo a aplaudir outros que as praticam. (3) A aparente incompatibilidade entre a atitude de reter esse conhecimento e o degenerado estado de cegueira é amenizada por aquilo que o apóstolo diz no versículo 21. Ali, o conhecimento de Deus é claramente representado como algo coexistente com a perversidade de não o glorificarem e não lhe darem graças. Este conhecimento de Deus referido no versículo 21 é mais inclusivo do que o da sentença judicial de Deus (v. 32); no entanto, coexistia com a perversão que constituía a essência da apostasia deles. (4) Eliminar esse conhecimento da consciência dos povos gentios seria contrário às implicações de Romanos 2.14-15. Além disso, conforme notamos antes, as evidências históricas provam que as nações não estão destituídas desse conhecimento, e sim que possuem arguto senso da sequência determinada por Deus em sua sentença judicial.

Se adotarmos esse ponto de vista, disporemos de um importante informe: a despeito de toda a degradação religiosa, moral e mental, delineada nos versículos anteriores, o apóstolo reconhece que essas mesmas pessoas possuem conhecimento da justa sentença de Deus, no sentido de que os pecados perpetrados por elas merecem o castigo do inferno. Não é supérfluo tirarmos disso as seguintes inferências:

(1) Os homens mais degradados, por haverem sido judicialmente abandonados por Deus, não estão destituídos do conhecimento e dos justos juízos de Deus. Nos termos de Romanos 2.14-15, a consciência se faz ouvir.

(2) Este conhecimento, por si mesmo, não impede que tais pessoas se entreguem aos pecados que, conforme sabem, merecem o julgamento divino e resultam na morte. (3) O conhecimento do justo juízo de Deus não cria qualquer ódio contra o pecado nem fomenta qualquer disposição para os homens se arrependerem do pecado.

Todas as sentenças anteriores deste versículo estão subordinadas à sentença final — "mas também aprovam os que assim procedem". A iniquidade descrita nos versículos anteriores aqui é demonstrada como sendo praticada voluntária e unanimemente. Essa característica mutuamente voluntária da iniquidade praticada requer a acusação final sobre a degeneração dos gentios. Por mais severo que tenha sido o delineamento do apóstolo sobre a depravação dos homens, ele reservou para o fim a caracterização mais condenadora de todas. Trata-se do consenso entre os homens na avidez pela iniquidade. A condição mais digna de condenação não é a prática da iniquidade, por mais que esta evidencie o quanto temos desprezado a Deus e o quanto temos sido abandonados ao pecado; a pior condição é aquela em que, juntamente com a prática, há também o apoio e o encorajamento de outros na prática do mal. Dizendo-o sem rodeios, inclinamo-nos não somente a condenar a nós mesmos, mas também nos congratulamos com os outros por fazerem coisas que sabemos resultam em condenação. Odiamos os outros tanto quanto a nós mesmos e, portanto, aprovamos neles o que sabemos que merece apenas condenação. A iniquidade se torna mais intensa quando não encontra qualquer inibição ou desaprovação da parte de nossos semelhantes e quando há uma aprovação, coletiva e sem discordância, a respeito do mal.

B. No tocante aos Judeus (2.1-16)

2.1-4

1 *Portanto, és indesculpável, ó homem, quando julgas, quem quer que sejas; porque, no que julgas a outro, a ti mesmo te condenas; pois praticas as próprias coisas que condenas.*

2 *Bem sabemos que o juízo de Deus é segundo a verdade contra os que praticam tais coisas.*

> **3** Tu, ó homem, que condenas os que praticam tais coisas e fazes as mesmas, pensas que te livrarás do juízo de Deus?
> **4** Ou desprezas a riqueza da sua bondade, e tolerância, e longanimidade, ignorando que a bondade de Deus é que te conduz ao arrependimento?

Considerável diferença de opinião tem prevalecido entre os intérpretes no que diz respeito à identidade das pessoas a quem o apóstolo se dirige, na primeira porção deste capítulo (vv. 1-16, particularmente vv. 1-8). Alguns afirmam que o apóstolo, tendo descrito a condição dos gentios em Romanos 1.18-32, agora se volta aos judeus e dirige-se a eles de maneira direta, embora não o faça expressamente por nome, senão no versículo 17. Outros afirmam que, nestes versículos, o apóstolo "apresenta somente proposições gerais",[20] aplicáveis tanto aos judeus quanto aos outros. Referindo-se ao relato da degeneração, apresentado no capítulo anterior, E. H. Gifford, por exemplo, diz: "Havia muitos entre os gentios e também entre os judeus contra os quais esse relato não poderia ser aplicado em suas vigorosas características externas de cega idolatria e de pecados vergonhosos. Não haviam perdido todo o conhecimento da verdadeira natureza de Deus; não praticavam, e menos ainda aplaudiam, as formas mais grosseiras de pecado; seu bom senso moral ainda continuava aguçado o bastante para condenarem o pecado em outros; no entanto, eles também precisam ser levados a se sentirem culpados diante de Deus".[21] Não se trata de uma questão que pode ser determinada de modo decisivo. É possível que o apóstolo, embora pensasse particularmente a respeito dos judeus, estivesse moldando o seu discurso em termos mais gerais, atingindo dessa maneira não somente os judeus, mas também outros que não se reputavam nas degeneradas condições morais e religiosas, delineadas nos versículos anteriores. Neste caso, Paulo teria razão ao usar os termos gerais em que a mensagem foi escrita, porquanto seu caráter geral diminuía a óbvia relevância dos

---

20 Moses Stuart, *A Commentary on the Epistle to the Romans* (Andover, 1835), p. 95.
21 *Op. cit.*, p. 71.

judeus, ao mesmo tempo que os outros, igualmente dignos da mesma repreensão, não seriam excluídos. Também poderíamos dizer que o apóstolo buscava obter certa vantagem retórica. Procurando trazer convicção aos judeus, o apóstolo propôs, antes de mais nada, verdades de aplicação mais geral, a fim de poder desfechar suas acusações com efeito mais decisivo, quando as aplicasse diretamente aos judeus, nos versículos 17-29.

Não há, entretanto, qualquer motivo conclusivo para supormos que estas palavras se revestem deste caráter mais geral. Por outro lado, há ponderáveis razões que, se não determinam decisivamente a questão, com certeza apontam na direção contrária. (1) A tendência de julgar os gentios por causa de sua perversão moral e religiosa era característica dos judeus. Os judeus tinham consciência de seus altos privilégios e prerrogativas, um fato que o apóstolo ressalta expressamente nos versículos 17-20. Por isso, a invocação "ó homem, quando julgas, quem quer que sejas" identifica o judeu, por meio de sua característica nacional. (2) A pessoa assim invocada era participante da "riqueza da sua [de Deus] bondade, e tolerância, e longanimidade". Apesar de ser verdade que os gentios também eram participantes da bondade de Deus, a força da expressão "a riqueza da sua bondade" parece indicar as riquezas da graça especial que os judeus desfrutavam como parte do privilégio do pacto. (3) O argumento do apóstolo procura mostrar que privilégios ou vantagens especiais não isentam ninguém do juízo de Deus (vv. 3,6-11). A relevância disso para os judeus é evidente, porquanto se tratava de um notável abuso de privilégio da parte deles, que, na qualidade de filhos de Abraão, esperavam bênçãos que não seriam conferidas a outros (cf. Mt 3.8,9; Lc 3.8; Jo 8.37,39,53; Gl 2.15). Além disso, a prioridade outorgada aos judeus, no juízo (v. 9) e na glória (v. 10), indica que esses privilégios especiais são os que os judeus desfrutam. (4) A evidente invocação aos judeus, no versículo 17, seria bastante abrupta se, somente então, pela primeira vez, os judeus estivessem diretamente em consideração, ao passo que, se os judeus são as pessoas em foco, nos versículos anteriores, a identificação mais expressa, no versículo 17, é natural.

1 — A conexão indicada no versículo 1, através do vocábulo "portanto", não é perfeitamente clara. Pode estar vinculado a toda a seção anterior (1.18-32)[22] ou apenas ao versículo 32.[23] E não se pode eliminar a possibilidade de estar relacionado não ao que o precede, e sim ao que o segue. Nesta última alternativa, "portanto" aponta a uma conclusão extraída da última parte do versículo ou, em outras palavras, indica que a conclusão do silogismo empregado pelo apóstolo é declarada primeiro, e, depois, são declaradas as suas bases.[24] A progressão do pensamento desenvolve-se da seguinte forma: (1) tu julgas a outrem por fazerem certas coisas; (2) tu mesmo praticas essas coisas; (3) portanto, condenas a ti mesmo e não tens justificativa. Se "portanto" é uma conclusão extraída do que vem antes, então, parece necessário levar mais em conta o que vem antes do que o próprio versículo 32. "Indesculpável" retrocede a Romanos 1.20, onde o mesmo termo é aplicado aos gentios. A tendência dos judeus em julgar os outros se refere aos pecados alistados em toda a passagem precedente. As coisas praticadas pelos judeus pertencem a essa mesma categoria geral, porquanto são acusados de praticarem os mesmos pecados. Também é possível que a ideia de conhecer a sentença judicial de Deus, de que aqueles que praticam tais coisas são passíveis de morte (v. 32), seja transportada a Romanos 2.1 como a premissa da qual se deriva a acusação constante neste mesmo versículo. Visto que conheces a sentença judicial de Deus, o que é evidenciado pelo fato de que tu julgas a outros, não tens desculpa, pois, no próprio ato de julgar, condenas a ti mesmo.

Embora, pelas razões estipuladas acima, Paulo estivesse se dirigindo aos judeus, ele usa uma expressão mais geral, "ó homem", não necessariamente com o objetivo de repreender (cf. 9.20), mas apenas como um método de invocação mais intenso e eficaz. No versículo 32, o clímax da degeneração gentílica foi evidenciado pelo fato de não existir qualquer condenação aos pecados praticados por outros. Pelo contrário, havia consentimento e aprovação ativos. Ora, no caso dos judeus, a acusação de Paulo pressupõe aquilo que se fazia ausente no caso dos gentios, ou seja, um juízo condenatório

---

22 Esta é a opinião de Meyer.
23 Cf. Godet, *ad loc.*
24 Cf. Robert Haldane: "Esta partícula introduz uma conclusão, não a partir de qualquer coisa no capítulo anterior, e sim para estabelecer uma verdade a partir daquilo que a segue" (*op. cit., ad loc.*).

contra os outros, por causa de pecados por estes cometidos. Precisamos observar, entretanto, que a acusação feita contra os judeus não é que eles julgavam os outros por causa de pecados cometidos, e sim que julgavam os outros por causa de coisas que eles mesmos, judeus, praticavam. Noutras palavras, havia cegueira e hipocrisia na condenação que proferiam contra os outros; hipocrisia, porque julgavam os outros pelas próprias coisas de que eram culpados, e cegueira, porque não viam sua própria condenação. O estado mental caracterizado pela hipocrisia e pela cegueira não é ressaltado nestes vocábulos, exceto na forma da acusação de inescusabilidade, e, neste aspecto, os judeus são colocados na mesma categoria dos gentios.

2 — O versículo 1 se ocupara do juízo que os judeus emitiram contra os gentios e também do juízo que, inconscientemente, mas por implicação, estabeleciam contra si mesmos. O versículo 2 confronta os judeus com o juízo que Deus determina contra aqueles que praticam tais coisas. O juízo nesta instância não é o ato de julgar, e sim a sentença condenatória (cf. v. 3; 3.8; 5.16; 13.2; 1 Co 11.29,34; 1 Tm 3.6; 5.12; Tg 3.1). A expressão "é segundo a verdade" significa "de acordo com os fatos envolvidos no caso" e aponta para o que é dito no versículo 11: "Porque para com Deus não há acepção de pessoas". "Segundo a verdade", se não significa a mesma coisa que equidade ou imparcialidade, é quase indistinguível daquele conceito (cf. Sl 96.13). Sobre este princípio geral se alicerça o ensino dos versículos seguintes. A verdade e a equidade de Deus governam os seus juízos, não havendo privilégios especiais para ninguém. Quanto a este princípio, o apóstolo afirmou: "Bem sabemos". Com isso ele quis dizer que se trata de uma verdade incontestável, a respeito da qual não permitiria qualquer hesitação. Ele a declara como um axioma de pensamento, à parte do qual não podemos falar acerca do juízo *de Deus*. Porque Deus é a verdade (cf. 3.4).

3 — Neste versículo, o princípio básico enunciado no anterior é aplicado de forma concreta à pessoa a quem o apóstolo se dirige. Isto é evidente porque são repetidas, substancialmente, as mesmas expressões que achamos no versículo 1. A forma de invocação "ó homem" é novamente usada como aquela que melhor se adapta para chamar a atenção dos judeus. A pergunta retórica subentende uma enfática resposta negativa. O pronome pessoal "tu" é enfático, confrontando os judeus com a impiedade de suporem que a divina ordem da justiça e da verdade seria anulada em benefício deles. A impossibilidade de indulgência reside no fato de que o juízo de Deus se manifesta de acordo com a verdade e, portanto, não faz acepção de pessoas. "Juízo de Deus" é a mesma expressão que figura no versículo 2 e se refere à sentença condenatória por parte de Deus.

4 — Neste versículo, temos outra pergunta, introduzida por "ou", e a palavra "desprezas" é correlata a "pensas", no versículo 3. O propósito deste "ou" não é sugerir uma alternativa; mas é termo retórico, como as próprias perguntas. E o efeito disso é premir sobre os judeus, em intensidade *crescente*, a impiedade da qual se mostravam culpados. Em outras palavras, não são formas alternativas de interpretar as atitudes dos judeus, e sim diferentes maneiras de dizer qual é a atitude deles. E o versículo 5 demonstra que o apóstolo não entretinha qualquer dúvida a respeito do desprezo votado pelos judeus às riquezas da bondade de Deus. Paulo estava como que tratando com os judeus empedernidos e, com intensidade crescente de depreciação, mostrou-lhes a perversão de que se fizeram culpados.

"A riqueza" da bondade de Deus alude à abundância e magnitude da bondade proporcionada aos judeus. A força da expressão indica que a benignidade do pacto que os judeus participavam está aqui em foco (cf. 3.2; 9.4,5). E o mesmo pode ser dito com relação a "tolerância" e "longanimidade". O vocábulo "riqueza" governa esses três termos. A abundância da "tolerância e longanimidade" de Deus para com Israel fora exemplificada por diversas vezes na história do Antigo Testamento, mas o apóstolo devia estar pensando particularmente, se não exclusivamente, sobre a tolerância e a longanimidade demonstradas para com os judeus no tempo em que ele escrevia a carta. Pois, ao rejeitarem a graça e a bondade manifestadas em Cristo, os judeus deram o máximo de razão para a execução da ira de Deus e de uma punição no mais alto grau. Somente "a riqueza" da tolerância e da longanimidade poderia explicar a preservação a eles conferida. Não devemos insistir indevidamente, estabelecendo uma distinção artificial entre "tolerância" e "longanimidade". Juntas, essas duas palavras expressam a ideia de que Deus suspende o castigo e reprime a execução de sua ira. Quando ele exerce tolerância e longanimidade, não se vinga do pecado, executando imediatamente a ira. A tolerância e a longanimidade, por conseguinte, atuam sobre a ira e sobre a punição merecida pelo pecado, restringindo Deus na execução do castigo que o pecado merece. É mister notarmos que o apóstolo não pensava nessa restrição como algo exercido à parte da riqueza da bondade, da benignidade e da amabilidade de Deus. Há uma complementação que revela a magnitude da bondade de Deus e da qual os dons se mostram como expressão dos privilégios do pacto.[25] É um conceito errado a respeito da tolerância e da longanimidade de Deus o que separa tais dons da gentileza de disposição e beneficência implícitos na bondade de Deus.

O termo "desprezas" aponta para o ato de subestimar a significação de algo, de pensar com superficialidade a respeito de alguma coisa, deixando assim de prestar-lhe o devido valor. E pode também assumir o significado de zombaria ou menosprezo. Os judeus, a quem Paulo se dirigia, na verdade haviam falhado, não valorizando a riqueza da bondade da qual eram beneficiários; e, sempre que os dons de Deus são subestimados, na verdade, eles são menosprezados. Entretanto, quando meditamos sobre a incredulidade que era o tema do apóstolo, a incre-dulidade dos judeus que haviam rejeitado a revelação da graça na pessoa de Cristo, torna-se necessário atribuir-lhes os mais expressos e diretos menosprezo e zombaria. É nesses termos que teremos de interpretar a indagação de Paulo "Ignorando que a bondade de Deus é que te conduz ao arrependimento?" Não devemos entender tais palavras como uma atenuação da culpa. Paulo não estava justificando a ofensa sob a alegação de ignorância por parte daqueles a quem se dirigia; pelo contrário, estava expandindo a base de sua acusação. De fato, estava dizendo: "Perdestes a grande lição e o propósito da bondade de Deus no que concerne à vossa responsa-

---

25 Ver passagens que ilustram o sentido de χρηστότης — Mt 11.30; Lc 6.35; Rm 11.22; Gl 5.22; Ef 2.7; 4.32; Cl 3.12; 1 Pe 2.3.

bilidade". "Ignorando", neste caso, tem a força de "não considerando",[26] deixando implícito que o propósito da bondade de Deus era tão evidente, que tornaria inescusável o não compreendê-lo.

"Arrependimento" significa mudança de mentalidade e se refere àquela transformação registrada em nossa consciência, através da qual, em nossa mente, sentimentos e vontade, nos voltamos do pecado para Deus. O arrependimento está vinculado à fé, como uma atividade que procede da fonte de vida do crente, sendo para a remissão de pecados e para a vida eterna (cf. At 20.21; Hb 6.1; Mc 1.4; Lc 24.47; At 2.38; 3.19; 11.18). A assertiva de que a bondade de Deus *conduz* ao arrependimento não deve ser enfraquecida, a ponto de significar apenas que ela nos mostra o arrependimento. Ao termo "conduz" devemos outorgar sua verdadeira força, ou seja, a de "transportar" (cf. 8.14; 1 Co 12.2; 1 Ts 4.14; 2 Tm 3.6). O apóstolo não estava dizendo que todos os beneficiários da bondade de Deus são levados ao arrependimento. O que está subentendido em sua acusação contra os judeus incrédulos é o reverso disso; os judeus eram participantes da riqueza da bondade, da tolerância e da longanimidade de Deus e, apesar disso, mantinham-se na impenitência. Tampouco o apóstolo estava falando daquela graça interna e eficaz que produz o fruto do arrependimento. Mas dizia que a bondade de Deus, incluindo, sem dúvida, sua tolerância e longanimidade, tem a finalidade de levar eficazmente a pessoa ao arrependimento (cf. 2 Pe 3.9). E não somente isso. Os presunçosos judeus interpretavam a singular bondade de Deus para com eles como a garantia de imunidade aos critérios pelos quais os outros homens seriam julgados e reivindicavam para si mesmos indulgência da parte de Deus; os gentios necessitavam de arrependimento, eles não. O que o apóstolo estava dizendo é que a bondade de Deus, ao ser devidamente avaliada, conduz ao arrependimento; ela foi planejada para *induzir* ao arrependimento, aquela atitude que os judeus consideravam ser necessária apenas aos gentios. A bondade de Deus tem como intuito e propósito somente isso; quando devidamente compreendida, este é o seu efeito invariável. A condenação dos judeus reside no fato de não compreenderem tão simples lição.

---

26   Cf. Philippi, *ad loc.*

2.5-11

5 Mas, segundo a tua dureza e coração impenitente, acumulas contra ti mesmo ira para o dia da ira e da revelação do justo juízo de Deus,
6 que retribuirá a cada um segundo o seu procedimento:
7 a vida eterna aos que, perseverando em fazer o bem, procuram glória, honra e incorruptibilidade;
8 mas ira e indignação aos facciosos, que desobedecem à verdade e obedecem à injustiça.
9 Tribulação e angústia virão sobre a alma de qualquer homem que faz o mal, ao judeu primeiro e também ao grego;
10 glória, porém, e honra, e paz a todo aquele que pratica o bem, ao judeu primeiro e também ao grego.
11 Porque para com Deus não há acepção de pessoas.

5 — Tendo apresentado no versículo 4 o que poderíamos chamar de aspecto negativo da avaliação sobre os judeus, agora o apóstolo passa a estabelecer a questão em sentido mais positivo. Ele o faz utilizando a figura de um tesouro que os judeus acumulam para si mesmos. Não há mais questões retóricas, e sim uma denúncia direta — "Mas, segundo a tua dureza e coração impenitente". O contraste entre a brandura do arrependimento, que é o alvo do constrangimento pela bondade de Deus, e o estado empedernido e impenitente do coração deve ser aqui observado. A pessoa a quem se dirige o apóstolo, por causa dessa dureza de coração, é apresentada como sendo ela mesma o agente que acumula ira contra si mesmo. Não devemos negligenciar a delicadeza da distinção envolvida. A ira não é outra senão a ira de Deus (cf. 1.18, bem como as cláusulas e versículos subsequentes deste capítulo). A ira, pois, é algo do que Deus, exclusivamente, é o agente e autor. Mas, diz-se que a própria pessoa entesoura essa ira. Somos novamente lembrados do princípio exarado no versículo 2 e aplicado no versículo 3: o juízo de Deus é segundo a verdade. Não existe ira de Deus a não ser como reação de sua justiça e verdade contra o pecado. Por conseguinte, não há aumento dessa ira, nem acréscimo à ira que está sendo acumulada, a não ser quando provocada pelo pecado, da parte do homem. Por isso, somos informados que a entesouramos para nós mesmos.

É melhor entender a expressão "o dia da ira" juntamente com a palavra "ira", que a antecede, e não com "acumulas". O sentido, portanto, é que a ira acumulada será executada no dia da ira. Esse dia, identificado no versículo 16 como o "dia em que Deus, por meio de Cristo Jesus, julgar os segredos dos homens", também é chamado aqui "dia da ira e da revelação do justo juízo de Deus".[27] O justo juízo de Deus explica-se a si mesmo. "Revelação" demonstra o fato de que a manifestação e a execução desse justo juízo estão reservados para um tempo futuro. Visto não podermos supor que nada do justo juízo de Deus se tenha manifestado ao longo da história do mundo e visto que tal ideia não pode ser creditada ao apóstolo, o termo "revelação", nesta instância, precisa ser usado no sentido da mais plena manifestação e execução. O mesmo sentido dinâmico do termo "se revela", em 1.17, reaparece aqui. É o justo juízo de Deus em sua plena atividade e execução.[28] De qualquer maneira, a descrição completa — "o dia da ira e da revelação do justo juízo de Deus" — identifica esse dia como o do julgamento final.[29] E, posto que o dia do juízo é caracterizado como "o dia da ira e da revelação do justo juízo de Deus", podemos inclinar-nos a considerá-lo como se pertencesse, exclusivamente, ao julgamento dos ímpios. Entretanto, não é este o caso. O duplo aspecto da retribuição distributiva acha-se em primeiro plano. O dia da ira, para os ímpios, será também o dia em que se concretizarão as aspirações dos justos, aos quais serão conferidas glória, honra e paz (vv. 7,10).

6 — Este versículo enuncia três características do justo juízo de Deus: (1) a universalidade — "a cada um", reiterada nos versículos 9 e 10; (2) o critério por meio do qual esse juízo será executado — "segundo o seu proce-

---

27 Manuscritos unciais favorecem mais a omissão de καί antes de δικαιοκρισίας.
28 Poder-se-ia argumentar, naturalmente, que δικαιοκρισία tem um sentido restrito aqui, isto é, o juízo final. Neste caso, não seria preciso ressaltar o sentido mais amplo do termo "revelação".
29 Quanto ao uso que Paulo fez do termo "dia" (ἡ ἡμέρα), como sinônimo do juízo, cf. 1 Coríntios 4.3; também, sem outra especificação qualquer, como uma designação escatológica, cf. Rm 13.12, 1 Co 3.13; 1 Ts 5.4; e com o demonstrativo "aquele", cf. 2 Ts 1.10; 2 Tm 4.8.

dimento"; (3) a distribuição indubitável e verdadeira da recompensa — "que retribuirá". O assunto do critério introduz a questão se o apóstolo falava, nesta passagem, sobre o juízo que realmente acontecerá ou se falava de maneira hipotética. Esta última suposição tem atraído alguns intérpretes, porque, se os homens tiverem de ser julgados de acordo com seu "procedimento", isto não seria uma contradição à tese desta carta — de que pelas *obras* nenhum homem será justificado? Poderia Deus julgar alguém merecedor da recompensa da vida eterna (cf. v. 7), se as *obras* fossem o critério? Por isso, tem sido afirmado que o apóstolo "fala apenas de lei, e não do evangelho. Ele descreve a posição legal sob a qual o homem se encontra por força de criação, não levando em conta a apostasia ou a redenção, para demonstrar os princípios com base nos quais são distribuídas as recompensas ou as penas, no governo divino".[30] Nas palavras de Haldane: "Se estes versículos se referem ao evangelho, transmitem uma ideia diferente e perturbam toda a corrente de raciocínio do apóstolo, desde 1.18 a 3.20, onde ele chega à sua conclusão de que por obras da lei ninguém será justificado diante de Deus".[31]

Devemos notar, porém, que os princípios atinentes ao juízo futuro são apresentados nesta passagem de uma forma que não difere daquilo que é expressado em outras passagens do Novo Testamento, em particular nas próprias cartas de Paulo (cf. Mt 16.27; 25.31-46; Jo 5.29; 1 Co 3.11-15; 2 Co 5.10; Gl 6.7-10; Ef 6.8 e Cl 3.23,24; cf. Ec 12.14). Se a solução proposta pelos intérpretes citados anteriormente tivesse de ser aplicada a Romanos 2.6-16, não somente esta, mas também aquelas outras passagens teriam de ser interpretadas segundo esse padrão. Porém, quando examinamos aquelas passagens, fica demonstrada a impossibilidade deste modo de proceder. Além disso, não devemos supor que Paulo estivesse sob a necessidade de pôr de lado as provisões do evangelho, nesta altura da carta. É verdade que seu propósito principal era provar que todos estão debaixo do pecado e que, por meio das obras da lei, nenhuma carne será justificada diante de Deus. Também é verdade que somente a partir de

---

30 Shedd, *ad loc.*
31 *Op. cit., ad* 2.7. Quase com o mesmo sentido é a declaração de Hodge, embora talvez não seja tão vigorosamente argumentada: "Paulo expunha a lei, não o evangelho" (*ad loc.*).

Romanos 3.21 Paulo começa a desdobrar, em detalhes, o tema da justificação pela graça, mediante a fé. Contudo, não devemos esquecer que em Romanos 1.3-4 ele já havia definido qual era o tema do evangelho e, em 1.16-17, declarado qual o grandioso tema da carta.

Nesta passagem (v. 16), o apóstolo apela para aquilo que é, especificamente, a doutrina evangélica do julgamento e, em 2.28-29, afirma aquilo que não tem qualquer relevância à parte do evangelho. Por semelhante modo, conforme já observamos, no versículo 4, há alusão às provisões especiais da bondade de Deus, exibidas no evangelho. Finalmente, a maneira dogmática pela qual Paulo fala, nesta passagem, a respeito do que será revelado no dia de juízo, nos constrange a chegarmos à conclusão de Philippi: "O apóstolo assim fala, não como se fora uma hipótese abstrata, mas como uma assertiva concreta... Ele não diz o que Deus faria, se tivesse de proceder em conformidade com a regra e o padrão primários da lei, mas o que ele realmente fará, procedendo em consonância com essa norma".[32]

Nos versículos 7 a 10, o princípio geral afirmado no versículo 6 é aplicado, alternativamente, às duas classes de homens — os justos (vv. 7,10) e os ímpios (vv. 8,9).

7 — Os justos são caracterizados, antes de tudo, como os que "procuram glória, honra e incorruptibilidade". Esses três vocábulos têm sido interpretados como glória e honra incorruptíveis ou, então, como gloriosa e honrosa imortalidade. Não é necessário, todavia, interpretá-los com este significado. Esses três vocábulos designam os vários aspectos que caracterizam a aspiração dos piedosos ou, melhor ainda, os elementos que estão correlativamente envolvidos na aspiração e expectativa dos crentes. O termo "glória" é usado com frequência por Paulo, nesta carta e em outras, para descrever o alvo da esperança do crente (cf. 5.2; 8.18,21,30; 9.23; 1 Co 2.7; 15.42; 2 Co 4.17; Cl 3.4) e aponta para a transformação que será realizada quando os crentes forem conformados à imagem do Filho de Deus e estiverem refletindo a glória de Deus. "Honra" é palavra que expressa uma ideia bastante próxima à de glória (cf. Hb 2.7; 1 Pe 1.7; 2 Pe 1.17; Ap 4.9,11; 5.13), focalizando a

---

32 *Op. cit., ad loc.*; cf. também Sanday e Headlam, *ad loc.*

aprovação que Deus outorgará aos crentes, em contraste com a reprovação que frequentemente recai sobre os homens e a eterna desgraça executada contra os ímpios. Sempre, no primeiro plano do emprego desses termos, se manifesta o fato de ser Deus quem propicia glória e honra. "Incorruptibilidade", embora seja um termo correlativo à glória e honra, é um ingrediente distinto na aspiração dos justos, aludindo à esperança da ressurreição do povo de Deus. É impossível dissociar o termo "incorruptibilidade", conforme é aqui utilizado, do sentido que ele tem em outras passagens (1 Co 15.42,50,52-54; cf. Rm 8.23; 2 Co 5.4; 1 Pe 1.4). Esses três vocábulos, como é indiscutível, nos escritos de Paulo, possuem significados relacionados à redenção; e esta consideração, por si mesma, impossibilita-nos de pensar que a aspiração escatológica, aqui aludida, é qualquer outra coisa senão o que é provido pela revelação redentora. Os três vocábulos definem a aspiração dos crentes em termos das mais elevadas realizações da esperança cristã. O galardão é, de igual modo, a escatologia do crente, a "vida eterna".

"Perseverando em fazer o bem." Talvez o comentário de Meyer seja tão próximo quanto qualquer outro do pensamento: "Isto contém o padrão, o princípio normativo que guia a busca pela glória".[33] A palavra aqui traduzida por "perseverando", em algumas versões, é traduzida por "paciência". Somos relembrados sobre a verdade de que será salvo aquele que persevera até o fim (Mt 24.13) e de que "nos temos tornado participantes de Cristo, se, de fato, guardarmos firme, até ao fim, a confiança que, desde o princípio, tivemos" (Hb 3.14; cf. Cl 1.22,23). A complementação da perseverança na prática do bem, como também a aspiração da esperança, enfatiza que esses fatores jamais deveriam ser separados. As obras, sem a aspiração redentora, são mortas. A aspiração, sem boas obras, é presunção.

8 — Literalmente traduzida, a primeira caracterização dos ímpios, dada neste versículo, diria: "Aqueles que são de contendas". Esta forma é paralela a outras expressões, como, por exemplo: "os da circuncisão" (cf. 4.12; Tt 1.10), "os da fé" (Gl 3.7), "aqueles que são das obras da lei" (Gl 3.10) e "os da lei" (Rm 4.14). Esta expressão significa meramente "aqueles que são contenciosos

---

33 *Op. cit. ad loc.*; cf. também Philippi, que adota ponto de vista idêntico.

ou facciosos", sendo que a insurreição envolvida é a insurreição ativa contra Deus — eles estão em revolta contra Deus. Isso transparece não somente no sentido da expressão, mas também nas caracterizações a ela coordenadas, ou seja, "desobedecem à verdade e obedecem à injustiça". Essas caracterizações indicam em que consiste este sentimento faccioso.[34] A verdade e a injustiça são opostas entre si (cf. 1.18; 1 Co 13.6; 2 Ts 2.12), assim como a verdade e a justiça são correlatas (cf. Ef 4.24). "A verdade", nesta instância, por causa do contexto (cf. v. 4), deve conter um significado redentor, tendo um escopo mais amplo do que aquele referido em Romanos 1.18. É significativo, entretanto, que a mesma ideia de oposição entre a verdade e a injustiça aparece em ambos os versículos. Em Romanos 2.8, os termos utilizados indicam a maior intensidade dessa oposição, e o apóstolo se concentra em torno do conceito da desobediência ativa que há na incredulidade.

Os termos "ira e indignação" constituem a retribuição dada a essa desobediência. É a mesma ira mencionada no versículo 5 como a ira acumulada que se derramará no dia da ira. Trata-se da implacável e ampla ira de Deus, em contraste com a tolerância e a longanimidade referidas no versículo 4. "Indignação", embora não seja essencialmente diferente de ira, reflete o aspecto da violência da ira, e a coordenação dos termos serve

---

34   C. K. Barrett, em *A Commentary on the Epistle to the Romans* (Nova Iorque, 1957), diz que ἐριθεία significa "aqueles que visam ao proveito rápido e egoísta, por amor a si mesmos" e argumenta que a tradução "aqueles que são contenciosos" supõe uma falsa derivação de ἐριθεία, ou seja, que o termo vem de ἔρις (contenda). Continua ele: "A palavra, na realidade, deriva-se de ἔριθος, um mercenário; ἐριθεύειν significa agir como um mercenário, trabalhar por dinheiro, comportar-se como ou mostrar o espírito de um mercenário. Portanto, ἐριθεία significaria a atividade, a característica ou a mentalidade de um mercenário. Este sentido se adapta a todas as passagens paulinas onde o vocábulo é utilizado (2 Co 12.20; Gl 5.20; Fp 1.17; 2.3). Nos dois primeiros textos, a palavra ocorre em listas juntamente com ἔρις, e, se "facção", a tradução mais comum, for empregada, isto levará Paulo a uma redundância" (p. 47). Muito há para recomendar essa interpretação de ἐριθεία, e vários eruditos a têm defendido. Quanto a um cuidadoso estudo, ver Arndt e Gingrich, *A Greek-English Lexicon of the New Testament*, ad ἐριθεία. É verdade que, se interpretarmos ἐριθεία, em Romanos 2.8, no sentido de "ambição egoísta", teremos uma apropriada caracterização das pessoas envolvidas. Mas o argumento em prol deste significado não é conclusivo. Em Filipenses 1.17, certamente o sentido é aproximado, se não sinônimo, de ἔρις, no versículo 15. E o fato de ambos os termos ocorrerem nas listas de pecados não serve de argumento conclusivo para que façamos nítida diferenciação de significado entre eles. Porquanto nas listas de pecados, elaboradas por Paulo, aparecem termos que são distinguidos entre si apenas por leve sombra de diferença quanto ao significado. E a diferença entre ἔρις e ἐριθεία pode ser somente aquela que existe entre "contenda" e "facção".

para enfatizar a realidade e a intensidade da insatisfação divina que será derramada sobre os ímpios, no dia do justo juízo. Novamente, tal como vimos em 1.18, não podemos interpretar essa ira de Deus como se ela consistisse apenas na vontade de punir; antes, ela expressa a insatisfação de Deus, infligida contra os ímpios, e essa inflição subentende, conforme Gifford observa, que "o senso da ira de Deus será o principal elemento" na eterna perdição dos ímpios.

9 — O pensamento do apóstolo teria sido representado com mais exatidão nas versões, se um ponto ou mesmo ponto e virgula fosse colocado depois da palavra "injustiça". Pois "tribulação e angústia" (v. 9) não devem ser coordenadas com "ira e indignação" (v. 8), como se todos os quatro termos, sem qualquer interrupção no pensamento, formassem uma enumeração dos elementos constantes na penalidade infligida. Os versículos 7 e 8 devem ser considerados juntos e mostram, respectivamente, as consequências da revelação do justo juízo de Deus, para os justos e os injustos. A estrutura dos versículos 9 e 10, conforme diz Godet, mostra que "a antítese dos vv. 7 e 8 é reproduzida na ordem inversa".[35] Por conseguinte, há boas razões para acreditarmos que uma interrupção de pensamento aparece no final do versículo 8. Ira e indignação descrevem a retribuição dada aos ímpios, referindo-se à insatisfação da parte de Deus à qual eles estão sujeitos; ao passo que tribulação e angústia descrevem o castigo dos ímpios, referindo-se à experiência pela qual eles passarão. De fato, entre estas palavras existe a mais íntima relação, conforme será observado. Porém, alguma coisa dessa relação nos escapará, se não apreciarmos a interrupção de pensamento. No versículo 8, a caracterização dos ímpios figura em primeiro lugar, e a consequência penal, em último. No versículo 9, vê-se a inversão desta ordem. "Tribulação e angústia" (v. 9) correspondem a "ira e indignação" (v. 8). Portanto, "tribulação e angústia" devem ser interpretadas como consequências, na experiência humana, da "ira" e "indignação" de Deus. E, sem dúvida, "angústia" expressa, em relação a "tribulação", o mesmo tipo de intensificação que o vocábulo "indignação" apresenta em

---
35 *Op. cit., ad loc.*

relação a "ira". Entretanto, poderia ser uma artificialidade ir mais adiante e dizer, juntamente com Godet, que a tribulação corresponde à ira e a angústia à indignação.

"Sobre a alma de qualquer homem que faz o mal" é uma maneira enfática de afirmar universalidade. "Alma" não deve ser entendida como significando que a "alma" do homem é objeto da tribulação e da angústia. Em seu uso comum nas Escrituras, "alma", com frequência, é sinônimo de "pessoa" (cf. At 2.41,43; 3.23; Rm 13.1). "Ao judeu primeiro e também ao grego" (cf. 1.16). A prioridade dos judeus aplica-se tanto à condenação e perdição quanto à salvação. Assim como o evangelho tem aplicação para o judeu não somente no que concerne à prioridade de tempo, mas também à prioridade de relevância, assim também o realce dos privilégios e responsabilidades dos judeus magnifica, de forma correspondente, o peso de sua retribuição; e isto serve de evidente prova de que a prioridade pertencente aos judeus, por causa da graça que lhes foi dada, será levada em conta e aplicada nas decisões do julgamento final. Essa prioridade conferida aos judeus, na execução da punição final, manifestar-se-á de forma totalmente contrária às presunções nutridas pelos judeus, os quais imaginavam que as retribuições punitivas destinam-se somente aos gentios e não à descendência de Abraão.

10 — Em consonância com a estrutura invertida, aludida nas considerações anteriores, o apóstolo retorna agora à recompensa dos justos (cf. v. 7). Ele repete dois dos vocábulos usados no versículo 7, "glória" e "honra". Porém, ao invés de "incorruptibilidade", ele agora utiliza o termo "paz". A este precisamos atribuir o mais amplo significado, envolvendo os frutos da reconciliação na mais elevada escala de realização, paz com Deus e paz no coração e na mente, no pleno aprazimento de Deus por toda a eternidade. "Ao judeu primeiro e também ao grego." A repetição dessa fórmula indica que a prioridade de relevância que pertence ao evangelho, em relação aos judeus, terá seu papel na administração final da retribuição: os judeus terão prioridade na outorga da própria glória. O juízo final levará em conta a prioridade dos judeus, não somente no infligir a retribuição (v. 9), mas também no conceder a bem-aventurança.

11 — Este versículo está vinculado tanto ao assunto que o antecede quanto ao que o segue, confirmando o primeiro e servindo de transição para o segundo.³⁶ Em relação ao que foi dito antes, este versículo é uma reafirmação da equidade do juízo divino: Deus não conhece qualquer parcialidade.³⁷ O critério do julgamento não será qualquer privilégio ou posição, e sim aquilo que por reiteradas vezes é afirmado nos versículos anteriores, isto é, o caráter das obras dos homens. A prioridade dada aos judeus, nos versículos 9 e 10, poderia mostrar-se incoerente com o princípio de que Deus não faz acepção de pessoas. Devemos lembrar, porém, que a prioridade conferida aos judeus não lhes torna imunes ao critério de julgamento que será aplicado a todos os homens, indiscriminadamente. O fator determinante na distribuição das recompensas, seja a glória, seja a condenação, não será a posição privilegiada dos judeus, e sim a prática do bem ou do mal, respectivamente. E a prioridade dos judeus vincula-se tanto ao juízo retributivo quanto ao galardão da bem-aventurança. Conforme se observará em conexão com o versículo 12, a equidade do julgamento divino e o fato de que Deus não faz acepção de pessoas não interferem na diversidade de situações que existem entre os homens. A equidade do juízo divino levará em conta a diversidade das situações, e, portanto, a prioridade que pertence aos judeus, devido aos seus privilégios, contribuirá para acentuar a sua condenação, no caso de haverem praticado o mal, tal como o justo juízo de Deus também ficará comprovado e será mui relevantemente exemplificado na recompensa de glória, no caso de terem praticado o bem. E precisa ser observado que nenhum maior grau de honra, paz e glória será conferido aos judeus, em razão de sua prioridade.

2.12-16

12 *Assim, pois, todos os que pecaram sem lei também sem lei perecerão; e todos os que com lei pecaram mediante lei serão julgados.*

---

36 "Esta observação serve de transição para o que vem em seguida e não meramente de confirmação ao que fora dito antes" (Henry Alford, *The Greek Testament*, Londres, 1877, *ad loc.*).
37   Quanto a προσωπολημψία, ver 1 Sm 16.7; 2 Cr 19.7; Jó 34.19; At 10.34,35; Gl 2.6; Ef 6.9; Cl 3.25; Tg 2.1 e 1 Pe 1.17.

13 *Porque os simples ouvidores da lei não são justos diante de Deus, mas os que praticam a lei hão de ser justificados.*

14 *Quando, pois, os gentios, que não têm lei, procedem, por natureza, de conformidade com a lei, não tendo lei, servem eles de lei para si mesmos.*

15 *Estes mostram a norma da lei gravada no seu coração, testemunhando-lhes também a consciência e os seus pensamentos, mutuamente acusando-se ou defendendo-se;*

16 *no dia em que Deus, por meio de Cristo Jesus, julgar os segredos dos homens, de conformidade com o meu evangelho.*

12 — Conforme mencionamos antes, o versículo 12 mantém íntima relação com o versículo 11. O fato de que para Deus não há acepção de pessoas é confirmado e ilustrado pela consideração apresentada no versículo 12, ou seja, que, ao executar seu juízo, Deus trata com as pessoas de acordo com a lei que possuem. Em outras palavras, apesar de ser verdade que Deus não faz acepção de *pessoas*, também é verdade que ele respeita as diferentes situações em que os homens estão colocados, no tocante ao conhecimento que têm de sua lei. Isto implica em que o respeito de Deus para com essas diversas situações procede da equidade de seu julgamento e comprova o fato de que ele não faz acepção de pessoas. Essa diversidade de situação é dupla. Quanto ao tipo de discriminação, existem dois grupos distintos na humanidade — aqueles que estão "sem lei" e os que estão "com lei". É a respeito do juízo de Deus, no que concerne a esses dois grupos distintos, que o apóstolo passa agora a ponderar.

Devemos observar, no entanto, que nesta altura o apóstolo se restringe a falar sobre o julgamento de condenação.[38] E isso nos adverte que ele estava abordando a equidade do juízo divino para condenação em referência às pessoas que se enquadram nessas duas categorias. Isto é significativo. Qualquer que seja o sentido das palavras "sem lei", não há sugestão no sentido de que qualquer pessoa que esteja "sem lei" alcançará a recompensa da vida eterna.

---

38 "Somente em alusão ao julgamento de *condenação*, porque a ideia de uma felicidade messiânica dos incrédulos era necessariamente estranha para o apóstolo..." (Meyer, *ad loc.*)

O que o apóstolo pretendia dizer ao utilizar a expressão "sem lei"? Em todo o Novo Testamento, esta forma adverbial ocorre somente neste versículo. As formas nominal e adjetiva ocorrem com maior frequência. A primeira significa iniquidade, maldade e transgressão da lei (cf. 4.7; 6.19; 2 Co 6.14; Tt 2.14; Hb 1.9; 1 Jo 3.4), e a forma adjetiva significa apenas iníquo, transgressor (cf. At 2.23; 2 Ts 2. 8; 1 Tm 1.9; 2 Pe 2.8). A única exceção é 1 Coríntios 9. 21: "Aos sem lei, como se eu mesmo o fosse, não estando sem lei para com Deus, mas debaixo da lei de Cristo, para ganhar os que vivem fora do regime da lei". Neste caso, as palavras "sem lei" não podem significar transgressor ou iníquo, visto que Paulo não poderia ter dito que se tornava iníquo ou transgressor da lei para aqueles que eram ímpios. É óbvio que essas palavras significam "não tendo a lei". Esse deve ser o sentido da forma adverbial em Romanos 2.12. E os dois grupos de homens a respeito dos quais Paulo escrevia e de cujo juízo condenatório falava eram aqueles que possuem e aqueles que não possuem a lei.

Portanto, a questão é: a respeito de que lei estava falando o apóstolo? Ele não pode ter pretendido dizer que aqueles que estão sem a lei encontram-se inteiramente destituídos da lei; nos versículos 14 e 15, Paulo se refere a essas mesmas pessoas afirmando que elas serviam de lei para si mesmas e demonstravam a obra da lei escrita em seus corações. A lei que não possuíam (cf. v. 14), por conseguinte, deve ser a lei especialmente revelada que as pessoas do outro grupo possuíam e debaixo da qual se encontravam (cf. v. 12b). Portanto, o apóstolo faz o contraste entre os que estavam fora e os que estavam dentro do âmbito da revelação especial.

No tocante aos primeiros, o ensino de Paulo manifesta as seguintes conclusões. (1) Uma lei especialmente revelada não é a precondição do pecado — "todos os que pecaram sem lei". (2) Visto que todos esses são pecadores, haverão de perecer. A perdição referida não pode ser outra exceto aquela definida nos versículos anteriores, que consiste na inflição da ira e da indignação de Deus, juntamente com tribulação e angústia, em contraste com a glória, honra, incorruptibilidade e paz conferidas aos herdeiros da vida eterna. (3) Ao sofrerem esta condenação, tais pessoas não serão julgadas de acordo com uma lei que não possuíam, ou seja, a lei especialmente revelada — eles "também *sem lei* perecerão". Portanto, há uma correspondência exata entre o caráter do pecado deles, praticado "sem lei", e a perdição final que lhes será outorgada "sem lei". No contexto deste capítulo, bem como das Escrituras em geral, há uma indubitável alusão ao grau da severidade da condenação (cf. Lc 12.47,48; Mt 11.22,24; Lc 10.14).

Em contraste com isso, aqueles que estão "com lei" são os que possuem a lei especialmente revelada. O caráter do pecado dessas pessoas é determinado de conformidade com a lei que possuem, e seu juízo final será agravado de modo correspondente à intensidade de seu pecado. Neste último caso, o apóstolo não afirmou que eles *perecerão* por intermédio da lei. No mínimo, esta seria uma declaração embaraçosa e infeliz. As palavras "mediante lei serão julgados" referem-se ao julgamento penal pronunciado contra eles e subentendem a condenação que o seguirá; mas a "lei" é devidamente apresentada como critério ou instrumento de juízo e não como instrumento de destruição.

13 — Este versículo está diretamente vinculado às duas cláusulas anteriores e confirma a proposição de que a lei será o instrumento da condenação proferida contra aqueles que tiverem pecado sob a lei. No versículo 13, a ênfase recai sobre a diferença entre "simples ouvidores da lei" e "os que praticam a lei".[39] A mera posse da lei não assegura um julgamento favorável da parte de Deus. A lei é o padrão do julgamento, mas requer conformidade com seus preceitos. Sem dúvida, o apóstolo procurou evitar aquela perversão, tão característica dos judeus, de que a posse da revelação especial de Deus, juntamente com os privilégios correspondentes, conferia imunidade dos rigores do julgamento aplicado a outros que não fossem assim favorecidos. Paulo fala dos "*ouvidores* da lei" porque fora através da leitura da lei que a grande maioria do povo de Israel se familiarizara com ela; e, neste sentido,

---

39 Segundo os manuscritos unciais א, A, B, D e G, o artigo τοῦ é omitido antes de νόμου, em ambos os casos, no versículo 13. Isto não significa que a lei mencionada seja indefinida. Conforme se evidencia nos termos ἀνόμως, ἐν νόμῳ e διὰ νόμου, no versículo 12, a lei em foco é aquela especialmente revelada, sendo, portanto, específica. A omissão do artigo definido nem sempre indica indefinição; a definição pode ser estabelecida a partir de outras considerações. Este é o caso neste versículo, assim como frequentemente em outras passagens.

poder-se-ia dizer que eles *possuíam* a lei (cf. Lc 4.16; Jo 12.34; At 15.21; 2 Co 3.14; Tg 1.22). É desnecessário procurar descobrir, neste versículo, qualquer doutrina de justificação pelas obras, em conflito com o ensino desta carta em seus últimos capítulos. Se alguém será justificado por meio das obras, nesta vida ou por ocasião do julgamento final, isto é algo que estava fora dos interesses e dos desígnios do apóstolo, nesta conjuntura. O principal argumento deste versículo não é mostrar que os ouvintes ou meros possuidores da lei não serão justificados diante de Deus; é mostrar que, em relação à lei, o critério consiste em *praticar* e não em ouvir. O apelo do apóstolo a este princípio satisfaz de modo verdadeiro e eficaz o seu propósito, não havendo necessidade alguma de suscitarmos indagações que não sejam relevantes à totalidade do assunto.[40]

Esta é a primeira vez em que o vocábulo "justificados" é empregado nesta carta. Embora não tenha sido utilizado aqui com referência à justificação, que é o grande tema da carta, o sentido forense desse termo se evidencia até mesmo neste caso. "Hão de ser justificados" é sinônimo de "justos diante de Deus", e esta última expressão se refere à situação ou posição aos olhos de Deus. Justificar, portanto, seria o ato por meio do qual os homens são reconhecidos como justos diante de Deus ou, então, o ato por meio do qual os homens recebem o *status* de serem justos aos olhos de Deus. Quanto a um estudo mais completo sobre a natureza da justificação e o significado dos vocábulos, examine o apêndice que trata desse tema.

14 — A relação exata entre este versículo e o anterior é uma questão que tem suscitado debates.[41] Parece que o ponto de vista mais aceitável é

---

40 A afirmativa de Philippi é digna de ser citada: "Quer existam ou não esses perfeitos ποιηταὶ τοῦ νόμου, o apóstolo não o afirma nesta passagem, mas somente opõe o verdadeiro padrão ao falso padrão dos judeus, o qual dizia que os ἀκροαταὶ τοῦ νόμου são justos diante de Deus. Toda a argumentação da carta aos Romanos tende a esta conclusão: ninguém, por natureza, é, nem mesmo pode ser, um ποιητὴς τοῦ νόμου" (*ad loc.*). Ver também Godet, *ad loc.*, embora não possamos apoiar sua ideia de duas justificações, "uma inicial, baseada exclusivamente na fé, e outra final, fundamentada na fé e *em seus frutos*".

41 A opinião de Philippi e Godet, ensinando que o versículo 14 deve ser relacionado ao versículo 13 e, em particular, à primeira metade deste, sob a alegação de que os gentios também são ἀκροαταὶ τοῦ νόμου, é difícil de ser mantida por três razões: (1) a lei mencionada na primeira metade do versículo 13 é bastante específica; trata-se da lei escrita que era ouvida nas sinagogas todos os sábados.

aquele que liga o versículo 14 ao versículo 12,[42] reputando-o como a resposta à pergunta que dali surge: se os gentios estão sem a lei, como poderíamos imaginar que eles pecaram? Pois "onde não há lei, também não há transgressão" (4.15; cf. 5.13). A resposta é que, embora os gentios estejam "sem lei" e não possuam "lei", no sentido de uma lei revelada de modo especial, não estão inteiramente destituídos da lei, que se lhes torna conhecida e pesa sobre eles de outra maneira. Eles servem de "lei para si mesmos" e "mostram a norma da lei gravada no seu coração" (v. 15). Por conseguinte, em relação à lei, visto que esta pesa sobre eles desta maneira, eles são transgressores da lei e, portanto, caíram em pecado. Em certo sentido, permanecem "sem lei", mas, em outro sentido, estão "com lei" ou "sob a lei". Isto não significa que o versículo 13 deve ser considerado como um parêntese. Os versículos 12 e 13 formam uma unidade, sendo apenas razoável ligar o versículo 14 com aquela parte da unidade que é declarada em primeiro lugar, não supondo que, por esta razão, o versículo 13 se torna subordinado ou parentético.

A omissão do artigo definido, antes de "gentios", no original grego, pode representar o pensamento de Paulo. Todavia, não devemos supor que a razão para a sua omissão seja aquela firmada por Meyer, de que há alguns gentios que não têm a lei, aos quais essa proposição não se aplica. Se o apóstolo quis mostrar-se restritivo e, por esse motivo, omitiu o artigo, a razão é que haveria alguns gentios que possuíam a lei e, por isso, não se incluíam na categoria a respeito da qual Paulo estava falando. Logo, a proposição diz que existem gentios que não têm a lei, mas que, apesar disso, por natureza, praticam os preceitos da lei. E não há uma boa razão para supormos que isso não se aplique coletivamente aos gentios que não possuem a lei, no sentido que anteriormente definimos.[43]

---

(2) Os gentios não poderiam ser tidos como ouvidores dessa lei, porquanto em referência a essa lei foi declarado estarem eles sem lei. (3) O apóstolo não poderia devidamente ter se referido à lei da natureza possuída pelos gentios, no sentido em que fala o versículo 13a, como algo ouvido por eles; seria necessário ocorrer uma completa mudança de termos para expressar a relação entre os gentios e a lei que eles possuíam.

42 Ver Calvino, *ad loc.*, e Hodge, *ad loc.*
43 Meyer chama-nos a atenção para a distinção entre μὴ νόμον ἔχοντα e νόμον μὴ ἔχοντες. "a primeira nega... a *possessão* da lei... a segunda nega a *possessão* da lei, que *faltava* aos gentios, enquanto os judeus *tinham* a lei" (*ad loc.*).

"Por natureza" é uma expressão contrastada com aquilo que se deriva de fontes externas, referindo-se àquilo que faz parte intrínseca de nossa constituição natural. O que é feito "por natureza" é realizado por instinto ou propensão natural, por impulso espontâneo, em distinção ao que é induzido por forças alheias a nós mesmos. As coisas feitas por natureza, neste versículo, são aquelas praticadas "de conformidade com a lei". Deve-se notar que o apóstolo não disse que os gentios praticam ou cumprem a lei, e ele deve ter-se refreado intencionalmente de afirmar isto. "De conformidade com a lei" deve significar certas coisas prescritas pela lei, aludindo àquelas praticadas pelos pagãos e que se acham estipuladas na lei, tais como o seguir uma profissão legítima, o procriar filhos, os afetos filiais e naturais, o cuidado em favor dos pobres e enfermos e numerosas outras virtudes naturais, que também são exigidas pela lei.[44] Ao fazerem essas coisas "por natureza", os gentios servem "de lei para si mesmos". Esta expressão não deve ser compreendida no sentido popular que utilizamos atualmente, ao dizer que um homem qualquer é lei para si mesmo. Ela significa quase o contrário, ou seja, que os gentios, por motivo daquilo que foi implantado em suas naturezas, defrontam-se com a lei de Deus. Eles revelam para si mesmos a lei de Deus — as suas próprias pessoas servem de instrumentos para essa revelação. Nas palavras de Meyer, "a natureza moral deles, com a voz da consciência ordenando e proibindo, supre, para o seu próprio 'ego', a lacuna da lei revelada que os judeus possuíam".[45] Por conseguinte, no que concerne àqueles que não têm uma lei especialmente revelada, três coisas se tornam verdadeiras: (1) a lei de Deus os confronta e fica registrada em suas consciências, devido àquilo que por natureza e constituição eles são; (2) eles praticam coisas que são prescritas por essa lei; (3) fazem isso não por compulsão externa, mas por impulso natural.[46]

---

44 "Paulo não disse apenas τον νόμον; pois ele pensava não sobre os gentios que cumprem a lei *como um todo*, mas sobre aqueles que, *em casos específicos*, por suas ações, agem de acordo com as *porções particulares* da lei *envolvida*" (Meyer, *ad loc.*). Apresentando a mesma ideia, cf. Philippi, *ad loc.*, e Hodge, *ad loc.*
45 *Op. cit., ad loc.*
46 A omissão do artigo definido antes de νόμος, em três ocasiões do versículo 14, é um interessante exemplo da omissão quando o sujeito é específico e definido. Nas duas primeiras ocasiões, a lei em foco é a lei especialmente revelada e exemplificada nas Escrituras. Que ela é definida fica demonstrado

15 — "Estes mostram a norma da lei gravada no seu coração." O pronome com que começa este versículo, no grego (cf. 1.25), foi corretamente traduzido e mostra uma relação de causa. O fato de que os gentios praticam as obras da lei e são uma lei para si mesmos demonstra que a norma da lei se encontra gravada em seus corações. Existem as seguintes observações relevantes a respeito daquilo que demonstramos: (1) a lei mencionada pelo apóstolo é bem definida e não pode ser outra senão a lei de Deus especificada nos versículos anteriores como a lei que os gentios não possuíam, a lei que os judeus possuíam e debaixo da qual estavam, a lei mediante a qual os homens serão condenados no dia do juízo. Portanto, não se trata de uma lei diferente, que confronta os gentios, os quais não têm lei; pelo contrário, trata-se da mesma lei, que se aplica a eles mediante um método diferente de revelação. (2) Paulo não disse que a lei está escrita nos corações deles. Ele evitou essa forma de declaração, aparentemente pela mesma razão que se vê no versículo 14, onde dissera que os gentios "procedem, por natureza, de conformidade com a lei", mas não que praticavam ou cumpriam a lei. Expressões como "a lei escrita no coração" e "cumprimento da lei" são reservadas a um estado de coração, mente e vontade que transcende em muito ao que foi atribuído aos gentios incrédulos. (3) "A norma da lei" deve ser interpretada coletivamente e, na prática, equivale a "de conformidade com a lei" (v. 14). As coisas requeridas e estipuladas pela lei estão escritas no coração. (4) O fato de que essas coisas estão escritas no coração aponta, novamente, ao que é chamado de "por natureza", no versículo anterior. As prescrições da lei estão inscritas e são geradas naquilo que é mais profundo e determinativo no ser moral e espiritual dos gentios. (5) O fato de que elas estão *escritas* no coração se refere à lei de Deus como tendo sido gravada sobre tábuas de pedra ou nas Escrituras, deixando subentendido o contraste entre o modo como aqueles

---

pela expressão τὰ τοῦ νόμου. Por isso, com razão podemos considerar νόμος, na cláusula final, como definida — os gentios não são apenas *uma lei* para si mesmos; são *a lei* mencionada nas demais cláusulas do versículo. Isto é confirmado pelo versículo 15, onde se acha a expressão τὸ ἔργον τοῦ νόμου. O argumento não é que se trata de uma *lei* totalmente diversa daquela com a qual os gentios são confrontados; as coisas da lei que eles praticam não são preceitos de uma lei inteiramente diferente — pertencem, em essência, à mesma lei. A diferença reside no método de serem eles confrontados com a lei e, por implicação, no conhecimento menos detalhado e perspicaz de seu conteúdo.

que possuem a lei são confrontados com suas prescrições e a maneira pelas quais essas prescrições são aplicadas aos gentios, que estão fora do âmbito da revelação especial da lei.

"Testemunhando-lhes também a consciência." A consciência não deve ser identificada com "a norma da lei gravada no seu coração", pelas seguintes razões: (1) a consciência é apresentada como algo que dá testemunho *conjunto*. Isto não poderia ser verdadeiro se a consciência fosse igual àquilo com que ela presta testemunho. (2) A consciência é uma função; é a pessoa funcionando no campo da discriminação e do julgamento moral, é a pessoa encarada pelo aspecto da consciência moral. A norma da lei escrita no coração é algo gerado em nossa natureza, sendo antecedente às atividades da consciência e causando-as.[47] (3) O pensamento exato é que tais atividades prestam testemunho ao fato de que a norma da lei está gravada no coração. Não somente o praticar as obras da lei comprova a norma da lei gravada no coração, mas o testemunho da consciência também o faz. Por isso, a distinção entre a norma da lei e a consciência é apresentada neste versículo.[48]

"E os seus pensamentos, mutuamente acusando-se ou defendendo-se." Esta atividade deve ser coordenada com o testemunho da consciência e ser interpretada como outra prova de que a norma da lei foi escrita no coração. Acusações e desculpas, quer acerca de nós mesmos, quer acerca de outros, são atividades que evidenciam consciência moral e, portanto, indicam a nossa indestrutível natureza moral, cuja única base lógica é a norma da lei de Deus no coração. A tradução parece ambígua em relação à dificuldade exegética que há neste versículo. A questão é se a expressão no original, traduzida "mutuamente", refere-se aos pensamentos expressos em diálogo uns com os outros ou a debates incluindo apenas os gentios, em sua troca mútua de acusações e desculpas. Ambas as ideias são apropriadas ao contexto. Autoacusações e autojustificativas são atividades que evidenciam a obra inerradicável da

---

47 Os teólogos têm distinguido entre *conscientia antecedens* e *conscientia consequens*. Neste versículo, Paulo refere-se à última, ao passo que "a norma da lei" corresponderia à primeira.
48 A consciência serve de prova de nossa indestrutível natureza moral, além de comprovar o fato de que Deus presta testemunho de si mesmo, em nossos corações.

lei no coração e, por esta razão, apresentam desculpas e fazem acusações de outros. No próprio texto, não há muita coisa que nos mostre qual desses pensamentos o apóstolo tinha em mente.[49]

16 — Não há dúvida sobre o que está em foco neste versículo. "O dia em que Deus, por meio de Cristo Jesus, julgar os segredos dos homens" não é outro senão o dia especificado no versículo 5 — "o dia da ira e da revelação do justo juízo de Deus". A única questão que surge, nesta conexão é: de que modo essa referência ao Dia do Juízo está relacionada ao que a antecede? Calvino a vinculou diretamente à cláusula antecedente, pensando que o apóstolo "atribuía este processo de acusações e defesas ao Dia do Senhor; não que este processo começará somente então, porquanto agora mesmo ele é continuamente levado a efeito, mas que no Dia do Juízo também estará em operação; Paulo afirma isso para que ninguém menospreze este processo, como se fosse algo vão e efêmero".[50] Não precisamos, entretanto, lançar mão da incomum extensão e aplicação das acusações e defesas citadas na cláusula anterior. O versículo 16 pode ser facilmente relacionado ao versículo 12, ou ao 13, ou à passagem inteira que fala sobre o julgamento — os versículos 5-14. A natureza e as consequências do Dia do Juízo formam o assunto central dos versículos 5-16, e é razoável que o 16 esteja diretamente relacionado àquilo com o que ele tem mais evidente afinidade, ou seja, o juízo executado por Deus sobre todos.

As duas características específicas do versículos 16 são: (1) a alusão aos *segredos* dos homens e (2) o significado das palavras "de conformidade com o meu evangelho". (1) Não apenas os atos públicos dos homens terão

---

49 O termo μεταξύ tem um sentido adverbial de tempo ou lugar, como em João 4.31, que envolve tempo. Mas ali a fórmula é ἐν τῷ μεταξύ. Aqui, em Romanos 2.15, é uma preposição acompanhada de ἀλλήλων (cf. Mt 18.15; Lc 16.26; At 12.6; 15.9). Portanto, a tradução deveria ser "entre si mesmos" ou "entre um e outro". A única dúvida é se ἀλλήλων refere-se aos gentios entre si mesmos ou aos seus pensamentos entre si mesmos. A este escritor parece que o argumento de Meyer, em favor da primeira ideia, é o mais relevante, visto que ἀλλήλων está em distinção a αὐτῶν, na cláusula anterior, e, portanto, indica os gentios. Segundo esse ponto de vista, as acusações ou vindicações são aquelas realizadas entre gentios e gentios, através de seus juízos morais. "Essa opinião a respeito do significado", diz Meyer, "é requerida pela correlação de αὐτῶν e μεταξὺ ἀλλήλων, postos em ênfase no primeiro plano... de forma que o testemunho *pessoal* e *individual* da consciência (αὐτῶν) e o juízo *mútuo* dos pensamentos (μεταξὺ ἀλλήλων) são mencionados, como atos internos e acompanhantes, em confirmação a ἐνδείκνυνται" (*ad loc.*).
50 *Op. cit., ad loc.*

de ser julgados, mas também os segredos ocultos no coração. Não podemos menosprezar o fato de que, em toda esta passagem, o apóstolo se ocupou em falar dos judeus incrédulos. Por diversas vezes, ele desmascarou a falácia da presunção judaica. Agora, estava mostrando a insensatez do externalismo judaico. "O juízo de Deus é segundo a verdade" (v. 2) e, consequentemente, perscruta os pensamentos e as intenções do coração. "Os segredos dos homens" não devem ser restringidos aos pensamentos, intenções e disposições do coração, mas também incluem os feitos realizados em secreto e oculto aos olhos alheios (cf. 2 Co 4.2; Ef 5.12). (2) "De conformidade com o meu evangelho" não pode ser entendido como a regra universal do juízo. Isto seria contrário ao que o apóstolo acabara de dizer: os que "pecaram sem lei também sem lei perecerão". Se a *lei* especialmente revelada não é o critério em tais casos, muito menos o *evangelho* especialmente revelado poderia ser o critério. Temos de concluir, portanto, que "de conformidade com o meu evangelho" significa ou que o evangelho proclama o fato que Deus julgará os segredos dos homens, ou que Deus julgará os homens *por meio de Jesus Cristo*. Esta última verdade torna-se conhecida somente através do evangelho (cf. Mt 25.31-46; At 17.31; 1 Co 4.5; 2 Co 5.10; 2 Tm 4.1); também é possível, conforme alguns afirmam, que "de conformidade com o meu evangelho" seja uma expressão que alude a esse fato. No entanto, não é necessário restringir a expressão a esse informe particular. Apesar de ser verdade que o conhecimento sobre o juízo se deriva de outras fontes informativas, e não somente do evangelho, a proclamação do justo juízo de Deus, contra todos os homens e acerca do todos os seus atos e segredos, é uma das características mais destacadas do evangelho. E, ao falar em "meu evangelho", Paulo estava relembrando aos seus leitores que o evangelho entregue aos seus cuidados, para o qual também fora separado (1.1) e com o qual estava identificado, embora fosse realmente o evangelho da graça, também era aquele que incorporava em si a proclamação do julgamento de todos, justos e injustos. A graça não invalida o julgamento. E somente no evangelho essa proclamação obtém sua mais plena expressão. Por conseguinte, não era algo supérfluo para o apóstolo evocar o evangelho em apoio à doutrina de que existe um dia em que Deus julgará os segredos dos homens.

No tocante a esta passagem (vv. 5-16), há uma pergunta que exige consideração. Como podemos harmonizar a doutrina da salvação mediante a graça com o ensino apostólico do julgamento segundo as obras? Antes de abordarmos essa questão específica, existem duas observações preliminares acerca do juízo divino, naquilo em que ele afetará os que não serão salvos: (1) o julgamento daqueles que estiverem fora do alcance da revelação especial será de acordo com suas obras, ou seja, em consonância com o critério da lei que possuíam, a lei que eles são para si mesmos, a norma da lei gravada em seus corações (vv. 14,15); o seu julgamento também será de acordo com o conhecimento derivado da revelação da glória de Deus nas obras da criação (1.20). Isto é claramente estabelecido no versículo 12. Tais pessoas não poderão ser julgadas segundo o critério do evangelho, nem segundo o critério de uma lei que lhes tenha sido revelada de modo especial — "sem lei perecerão". (2) O julgamento daqueles que estiverem dentro do alcance da revelação especial, mas que rejeitarem o evangelho, será executado de conformidade com três critérios, todos os quais lhes são aplicáveis: (a) o critério da lei naturalmente revelada, a qual, na realidade, se aplica a todos os homens; (b) o critério da lei especialmente revelada que não se aplica à classe anterior; (c) o critério do evangelho que, por semelhante modo, não se aplica à classe anterior. Esses serão julgados por meio do evangelho porque o rejeitaram, isto é, serão condenados por sua incredulidade quanto ao evangelho. Entretanto, é um grave erro pensar que a incredulidade quanto ao evangelho será a única condenação a ser lançada contra os tais. Ficariam violados todos os cânones da verdade e da equidade, se considerássemos que seriam ignorados os pecados contra a lei naturalmente revelada e contra a lei especialmente revelada. Pela fé na graça do evangelho, os pecados são apagados; mas eles não são removidos, quando há incredulidade no evangelho. Portanto, a lei, no grau máximo de suas exigências e de seu rigor, será aplicada no julgamento daqueles que pertencem a essa categoria — serão julgados de acordo com seus atos. Isso também é ensinado de maneira evidente no versículo 12 — "e todos os que com lei pecaram mediante lei serão julgados". O julgamento de acordo com as obras se aplicará, portanto, a todos quantos forem condenados.

No que concerne à questão do julgamento dos crentes, algumas ideias precisam ser esclarecidas: (1) a distinção entre o julgamento de conformidade com as obras e a salvação que leva em conta as obras precisa ser apreciada de maneira completa. A salvação que leva em conta as obras é inteiramente contrária ao evangelho pregado por Paulo, não está implícita no julgamento de conformidade com as obras, e contra ela se lança toda a argumentação desta carta. No tocante aos crentes, Paulo nem ao menos falou de um julgamento *por causa das obras*. (2) Os crentes são justificados *exclusivamente* pela fé e salvos *tão somente* pela graça. Duas qualificações, no entanto, precisam ser acrescentadas a essas proposições: (a) os crentes jamais são justificados por uma fé isolada de tudo mais; (b) na salvação, não devemos enfatizar tanto a graça, de modo a menosprezar a própria salvação. O conceito da salvação envolve aquilo *para o que* fomos salvos, bem como aquilo *do que* fomos salvos. Fomos salvos para a santidade e as boas obras (cf. Ef 2.10). E a santidade se manifesta na forma de boas obras. (3) O juízo de Deus por certo leva em conta a pessoa na plena extensão de seu relacionamento com ele e, por isso mesmo, deve levar em conta os frutos que resultam da salvação, os quais também constituem a condição da pessoa salva. O juízo divino não atentará para a fé ou a justificação como elementos independentes, mas as avaliará dentro do seu devido relacionamento com a soma total dos elementos que formam o estado da pessoa. (4) O critério das boas obras é a lei de Deus, e a lei de Deus não foi revogada para o crente. Este não vive sem lei para com Deus; pelo contrário, está debaixo da lei de Cristo (cf. 1 Co 9.21; ver os comentários sobre Romanos 6.14). O julgamento de Deus não seria de conformidade com a verdade, se fossem ignoradas as boas obras dos crentes. (5) As boas obras são evidências da fé e da salvação pela graça, e, por isso mesmo, serão o critério do julgamento. Deus "retribuirá a cada um segundo o seu procedimento" (v. 6) — supor que este princípio não tem relevância no caso dos crentes será excluir as boas obras do lugar indispensável que elas ocupam dentro da doutrina bíblica da salvação.[51]

---

[51] É improvável que os diferentes graus de galardões dados aos crentes (cf. 1 Co 3.8-15) estejam em foco neste versículo; antes, é salientado o princípio geral exposto anteriormente.

C. O Agravamento da Condenação dos Judeus (2.17-29)

2.17-29

17 *Se, porém, tu, que tens por sobrenome judeu, e repousas na lei, e te glorias em Deus;*

18 *que conheces a sua vontade e aprovas as coisas excelentes, sendo instruído na lei;*

19 *que estás persuadido de que és guia dos cegos, luz dos que se encontram em trevas,*

20 *instrutor de ignorantes, mestre de crianças, tendo na lei a forma da sabedoria e da verdade;*

21 *tu, pois, que ensinas a outrem, não te ensinas a ti mesmo? Tu, que pregas que não se deve furtar, furtas?*

22 *Dizes que não se deve cometer adultério e o cometes? Abominas os ídolos e lhes roubas os templos?*

23 *Tu, que te glorias na lei, desonras a Deus pela transgressão da lei?*

24 *Pois, como está escrito, o nome de Deus é blasfemado entre os gentios por vossa causa.*

25 *Porque a circuncisão tem valor se praticares a lei; se és, porém, transgressor da lei, a tua circuncisão já se tornou incircuncisão.*

26 *Se, pois, a incircuncisão observa os preceitos da lei, não será ela, porventura, considerada como circuncisão?*

27 *E, se aquele que é incircunciso por natureza cumpre a lei, certamente, ele te julgará a ti, que, não obstante a letra e a circuncisão, és transgressor da lei.*

28 *Porque não é judeu quem o é apenas exteriormente, nem é circuncisão a que é somente na carne.*

29 *Porém judeu é aquele que o é interiormente, e circuncisão, a que é do coração, no espírito, não segundo a letra, e cujo louvor não procede dos homens, mas de Deus.*

O impulso desta passagem flui do princípio enunciado no versículo 13: "Os simples ouvidores da lei não são justos diante de Deus, mas os que praticam a lei hão de ser justificados". O apóstolo, nesta altura, dirige-se direta e incisivamente aos judeus, mostrando-lhes que todos os privilégios e prerrogativas desfrutados por eles tão somente agravariam a sua condenação, se deixassem de praticar os ensinamentos que lhes haviam sido inculcados. É claro que esse é o desafio apresentado nos versículos 21-23. Nos versículos 17-20, encontramos a enumeração dos privilégios e prerrogativas dos quais os judeus se jactavam. Ainda que nesta enumeração possamos detectar a "ironia latente"[52] e os murmúrios de indignação e reprovação, não convém interpretar as palavras do apóstolo como se ele estivesse pondo em dúvida a validade da reivindicação dos judeus quanto à dignidade e à prerrogativa que os distinguiam. As vantagens peculiares dos judeus são plenamente reconhecidas (cf. v. 25; 3.1; 9.3-5; Gl 2.15). O apóstolo não estava censurando a peculiaridade das distinções dos judeus, nem mesmo o reconhecimento apreciativo dessa peculiaridade, por parte dos próprios judeus. O impressionante catálogo dessas vantagens serve de prefácio para o desmascaramento da hipocrisia judaica, nos versículos 21 e 22. Quanto mais elevado o privilégio, mais hediondos se tornam os pecados expostos. Por conseguinte, na enumeração das prerrogativas (vv. 17-20), podemos antecipar o resultado e perceber a onda de zombaria e indignação que recebe expressão nos versículos 21 a 24. A sintaxe dos versículos 17 a 23 presta-se a esse desenvolvimento de pensamento. Os versículos 17 a 20 constituem a prótase, e os versículos 21 a 23 a apódose. Se determinadas coisas são verdadeiras (aquelas mencionadas nos vv. 17-20), então por que tu não as praticas (vv. 21-23)?[53]

17-18 — O nome "judeu" foi utilizado pela primeira vez no Antigo Testamento em 2 Reis 16.6. Nos tempos exílicos e pós-exílicos, foi usado

---

52 Esta expressão pertence a Gifford, *op. cit.*, *ad* 2.18.
53 "Nos versículos 17 a 20, faz-se uma suposição ('*se*'), em que os privilégios dos quais se jactavam os judeus (17,18) e sua hipotética superioridade sobre os outros (19,20) são momentaneamente admitidos; e, então, uma série de perguntas pungentes, alicerçadas sobre essas admissões ('tu, *pois*...', v. 21) e postas em admirável contraste com elas, ressalta a flagrante incoerência entre o que os judeus professavam e o que eles praticavam (21,22)" (Gifford, *op. cit.*, p. 77).

com frequência. O uso que Paulo faz desse nome, aqui e nos versículos 28 e 29, além de outros trechos (Gl 2.15 e Ap 2.9; 3.9; cf. Zc 8.23), indica que, na mente dos judeus, esse nome estava vinculado a tudo aquilo de que eles se ufanavam. Portanto, "tu, que tens por sobrenome judeu" são palavras coordenadas com as demais prerrogativas que seguem. "Repousas na lei" faz referência à mesma distorção que o apóstolo reprovara no versículo 13 — "os simples ouvidores da lei não são justos diante de Deus" (cf. Mq 3.11; Jo 5.45). "E te glorias em Deus" — gloriar-se em Deus era, por si mesmo, o resumo da verdadeira adoração (cf. Is 45.25; Jr 9.24; 1 Co 1.31). O fato de que o apóstolo se referiu a isso como uma acusação talvez demonstre, mais do que qualquer outra das prerrogativas enumeradas, que o pecado mais grosseiro jaz muito próximo do privilégio mais elevado e também revele como o melhor pode ser prostituído a serviço do pior.

"Que conheces a sua vontade." No original grego lê-se apenas "a vontade", indicando que tal vocábulo, quando usado de modo absoluto, explicava-se a si mesmo como designação da vontade de Deus.[54] A posse das Escrituras como vontade revelada de Deus é mencionada (cf. 3.2). "E aprovas as coisas excelentes" é passível de uma tradução diferente: "E aprovas as coisas que diferem". Se adotarmos esta tradução, então há uma referência à capacidade de distinguir entre o certo e o errado, entre o bom e o mau; e, mais preferivelmente ainda, a cláusula faz uma alusão à capacidade de discernir e rejeitar aquelas coisas que diferem da vontade de Deus. Segundo este ponto de vista, poderia haver uma menção ao casuísmo do qual os judeus, particularmente os seus rabinos, eram adeptos. É impossível termos certeza quanto ao pensamento exato do apóstolo. O argumento mais relevante em favor da tradução dada em nossas versões é aquele apresentado por Meyer: outra tradução seria incoerente com a relação de clímax em que os dois elementos do versículo 18 têm de permanecer; além disso, mostrar-se-ia fraca e destrutiva para o clímax que segue "conheces a sua vontade". "Sendo instruído na lei" são palavras que

---

54 Cf. J. B. Lightfoot, *On a Fresh Revision of the English New Testament* (Nova Iorque, 1873): "τὸ θέλημα é a vontade divina... A palavra θέλημα veio a ser apropriada de tal modo para indicar a vontade divina, que, às vezes, é usada neste sentido mesmo sem o artigo definido" (p. 98). Lightfoot evoca passagens nos escritos de Inácio e interpreta desta maneira os trechos de 1 Coríntios 16.12 e Romanos 15.32.

se adaptam bem a qualquer das interpretações acerca da cláusula anterior. Essa instrução, sem dúvida, refere-se à instrução pública recebida mediante o ouvir a leitura da lei e mediante o ensino recebido por parte dos pais, dos sacerdotes e dos levitas (cf. Lv 10.11; Dt 24.8; 33.10; Ne 8.8).

19-20 — No versículo 19, há uma transição da lista de privilégios concernentes a Deus para as prerrogativas exercidas em relação ao próximo.[55] Essas prerrogativas fluem dos privilégios concernentes a Deus e estão vinculadas a eles. Os judeus, como possuidores dos oráculos de Deus, deveriam ter sido, para os que estão fora do alcance dessas vantagens, "guia dos cegos, luz dos que se encontram em trevas, instrutor de ignorantes, mestre de crianças". O fato de terem se convencido de sua responsabilidade seria, por si mesmo, uma virtude e não um pecado. O seu pecado consistia na jactância de serem eles aquilo que não cumpriam coerentemente. "Tendo na lei a forma da sabedoria e da verdade" são palavras que mostram a razão pela qual os judeus nutriam a confiança mencionada — estavam seguros de que possuíam essas funções didáticas e de que eram capazes de realizá-las, porque tinham na lei a concretização do conhecimento a ser transmitido. "Forma", neste versículo, não tem o mesmo significado que figura em 2 Timóteo 3.5. Não há qualquer sugestão de semelhança ou irrealidade. Na lei, os judeus tinham em seu poder a incorporação do conhecimento e da verdade em forma bem definida e estruturada (conforme expressões similares em Romanos 6.17 e 2 Timóteo 1.13).

21-23 — O apóstolo passa agora à franca repreensão para a qual as admissões feitas nos três versículos anteriores serviram de preparação; e, nas palavras de Gifford: "Uma série de perguntas pungentes, alicerçadas sobre essas admissões... e postas em admirável contraste com elas, ressalta a flagrante incoerência entre o que os judeus professavam e o que eles praticavam (21,22)".[56] "Tu, pois" introduz a apódose cuja prótase tivera

---

55 Entretanto, o uso da partícula enclítica τέ, em vez da partícula coordenadora καί, pode indicar que a primeira cláusula do versículo 19 mantém uma relação íntima com a cláusula que a precede.
56 *Op. cit.*, p. 77.

início, com as palavras "se, porém", versículo 17. A primeira pergunta, "tu, pois, que ensinas a outrem, não te ensinas a ti mesmo?", é dita em termos gerais e refere-se não somente a "mestre de crianças" (v. 20), mas a todas as quatro prerrogativas mencionadas nos versículos 19 e 20; no entanto, a forma da indagação provavelmente foi determinada pela prerrogativa que ocupa o último lugar na série antecedente. As demais perguntas são concretas e específicas, ilustrando os ensinamentos transmitidos a outros, mas não postos em prática pelos próprios judeus. Dizem respeito ao furto, ao adultério e à idolatria. O apóstolo vai até ao âmago da lei na qual os judeus se gloriavam (cf. v. 23), e as transgressões por ele selecionadas são particularmente designadas a desmascarar a hipocrisia dos judeus, despertando-os de sua autocomplacência, à qual haviam sido conduzidos por sua distorcida concepção de suas vantagens (cf. Sl 50.16-18). Nada evocava tanto o desprezo dos judeus, para com seus vizinhos pagãos, quanto a idolatria destes. E o que era pior, no âmbito da imoralidade, do que os excessos sexuais das nações pagãs? Os judeus agora são acusados dessas mesmas abominações.

"Abominas os ídolos e lhes roubas os templos?" Tem-se argumentado que essa tradução não é convincente, porque o furtar templos pagãos não proveria a antítese adequada ao ódio dos judeus para com a idolatria; e, além disso, o furtar templos pagãos não era suficientemente preponderante entre os judeus, a ponto de satisfazer o propósito do apóstolo.[57] Portanto, as palavras "lhes roubas os templos" têm sido interpretadas como se indicassem a profanação da majestade de Deus ou o furtar de Deus a sua honra, retendo o que lhe era devido na adoração, no templo (cf. Ml 1.6-14; 3.8). Porém, visto que tomar para si o objeto de adoração idólatra é algo expressamente proibido pela lei (Dt 7.25,26) e visto que o escrivão da cidade de Éfeso defendeu Paulo e seus companheiros da acusação de terem furtado templos (At 19.37), não podemos supor que os judeus estavam

---

57 Hodge, *ad loc*.: "É fato bem conhecido que os judeus, após o cativeiro, abominavam ídolos; mas que eles furtassem os templos idólatras não é conhecido... Aqui os judeus são acusados de algo similar à idolatria, mas não de despojarem templos pagãos, o que seria a expressão natural da abominação aos ídolos".

inteiramente imunes a tal erro.⁵⁸ Não há qualquer razão para nos afastarmos da tradução e da significação literal. Além disso, nenhuma outra coisa poderia provocar tanto o ressentimento dos gentios quanto a profanação de seus templos, o que lhes daria ocasião de blasfemarem contra o nome de Deus (v. 24). Portanto, o versículo 24 provê algum apoio ao fato de ser adequada a tradução literal.

O versículo 23 pode ser tomado como uma pergunta ou uma afirmativa categórica.⁵⁹ Porém, quer aceito como pergunta, quer como afirmativa, é evidente que se trata de um sumário de tudo quanto é dito antes, nos versículos 17 a 22. "A primeira cláusula é um sumário dos vv. 17-20, e a última é uma resposta decisiva"⁶⁰ às quatro indagações dos versículos 21 e 22. Este é expressamente o caso, se o versículo 23 for uma afirmação; e, se for uma pergunta, ficará implícito que este é o caso. A íntima relação que existe entre Deus e a sua lei está subentendida nesta acusação. Transgredir a lei é desonrar a Deus, porquanto priva-o da honra devida ao seu nome, além de ser um insulto à majestade da qual a lei é a expressão.

24 — Temos aqui uma citação de Isaías 52.5, em confirmação da cláusula anterior, no versículo 23. A forma desta citação se parece muito com a tradução da Septuaginta; a única diferença é que Paulo traduz em discurso indireto aquilo que em Isaías é discurso direto. O pensamento, na aplicação apostólica do texto, é que os pecados dos judeus fornecem motivo para os gentios blasfemarem contra o nome de Deus. O raciocínio dos gentios seria o de que um povo se assemelha ao seu Deus, e, se um povo é capaz de perpetrar tais crimes, o seu Deus deve ter o mesmo caráter e ser vituperado de acordo com isso.⁶¹ A trágica ironia torna-se evidente. Os judeus, que afirmavam ser os líderes das nações na adoração ao Deus verdadeiro, haviam-se tornado

---

58   Josefo retrata Moisés dirigindo-se ao povo, perto do Jordão, pouco antes de sua morte e exortando-os, entre outras coisas, a que "ninguém blasfeme dos deuses que outras cidades reverenciam, nem furte templos estrangeiros, nem aproprie-se de tesouros que tenham sido dedicados ao nome de qualquer divindade" (*Antiquities of the Jews*, IV, viii. 10, conforme traduzido na Loeb Classical Library).
59   Cf. Gifford, *op. cit.*, p. 77. Meyer, *ad loc.*, afirma que "o versículo 23 dá a resposta categórica e decisiva às quatro perguntas que manifestam espanto e reprovação".
60   Gifford, *ad loc.*
61   Cf. Meyer, *ad loc.*

instrumentos que provocavam as nações à blasfêmia. Com isto, a acusação atinge seu ponto culminante.

25 — O apóstolo agora "persegue os judeus até seu último esconderijo" (Haldane, *ad loc.*) e "passa a despojá-los do último refúgio onde geralmente se ocultavam, sua ilusória confiança na posse da circuncisão" (Philippi, *ad loc.*). Mas também parece haver aqui uma antecipação do que se lê em Romanos 3.1-2; e, por meio dessa antecipação, o apóstolo tem a cautela de mostrar as vantagens da circuncisão — "Porque a circuncisão tem valor se praticares a lei". A prática da lei contemplada neste versículo não pode ter em vista o perfeito cumprimento da lei, com base no legalismo. A circuncisão era o sinal e o selo do pacto firmado com Abraão, pacto que era uma aliança de promessa e de graça. Por conseguinte, este pacto só tinha relevância no contexto da graça e não no contexto da lei e das boas obras, em oposição à graça. Portanto, o praticar a lei que torna a circuncisão proveitosa é o cumprir as condições de fé e obediência, à parte das quais as promessas, os privilégios e a graça do pacto eram presunção e zombaria. A prática da lei, pois, equivale a guardar o pacto.[62] De igual modo, a transgressão da lei, que faz a circuncisão tornar-se incircuncisão, é a infidelidade às obrigações do pacto, o que, nas palavras do Antigo Testamento, é chamado de quebra da aliança. Em outras palavras, o apóstolo, nesta passagem, não estimulava um sistema legalista, e sim as obrigações daquele pacto gracioso, em relação ao qual a circuncisão tinha significado. Quando essas obrigações são negligenciadas e violadas, a circuncisão torna-se incircuncisão, e o símbolo externo perde seu significado. Naturalmente, à luz de todo o contexto, está implícito o fato de que a circuncisão é uma responsabilidade e aumenta a condenação. Contudo, nesta altura, Paulo não estava ponderando sobre esse aspecto da questão.

26 — "A incircuncisão" significa tão somente aqueles que não tinham recebido a circuncisão — os gentios. "Os preceitos da lei" são as justas exigências da lei. Então, o que devemos entender pela observância dos

---

62 Cf. φυλάσσῃ no versículo 26, e τελοῦσα, no versículo 27.

preceitos da lei, por parte dos gentios? Não podemos supor que observar "os preceitos da lei" significa o mesmo que "procedem... de conformidade com a lei" (v. 14); nem mesmo podemos supor que o cumprir esses preceitos acontece quando "os gentios obedecem à lei moral da natureza", conforme a opinião de Meyer. Os preceitos da lei, segundo já observamos (v. 25), são aquelas ordenanças pertencentes ao contexto da circuncisão e que, por isso mesmo, possuem aquele caráter de pacto.[63] Também não devemos restringir essa indicação aos gentios que eram prosélitos (cf. At 13.26). Temos de considerar que o apóstolo se referia, nas palavras de Godet, "àqueles muitos gentios convertidos ao evangelho que, apesar de serem incircuncisos, cumpriam a lei em virtude do Espírito de Cristo e, deste modo, tornaram-se o *verdadeiro* Israel, *o Israel de Deus* (Gl 6.16)".[64] Observar os preceitos da lei, portanto, deve ser interpretado nos termos daquela fé e obediência que, no versículo 25, entendemos ser o significado do guardar a lei. Quando os incircuncisos se beneficiam do pacto que a circuncisão representa e valorizam as suas obrigações, de forma a apreciar as ordenanças por intermédio das quais essas obrigações se expressam, então, a incircuncisão deles é reputada como circuncisão. E a razão disso é que o rito da circuncisão só tem valor em conjunto com aquilo que ele simboliza, e, se aquilo que ele simboliza estiver presente, a ausência do símbolo não anula esta graça.

27 — O sentido em nada se altera, se considerarmos o versículo 27 como uma pergunta ou como uma afirmação categórica. Todavia, assim como no versículo 23, este versículo pode ser entendido como uma afirmação e ser interpretado em coordenação com a resposta afirmativa que o versículo 26 subentende, além de adicionar outra consideração cujo alvo principal é a presunção e a autocomplacência dos judeus. "Aquele que é incircunciso por natureza" é simplesmente um modo de caracterizar aqueles que permanecem em seu estado natural de incircuncisão, aqui utilizado, sem dúvida, com o propósito de enfatizar a retenção daquilo que, para os

---

63 Meyer não nega este fato; pelo contrário, mantém-no.
64 *Op. cit., ad loc.*

judeus, era um sinal de impureza.⁶⁵ "Cumpre a lei" são palavras que têm o mesmo sentido de "praticares a lei" (v. 25) e "observa os preceitos da lei" (v. 26), mas cada uma destas sentenças tem a sua própria nuança de significado.⁶⁶ "Ele te julgará a ti" não significa que eles se assentarão no tribunal, a fim de julgar; antes, refere-se ao julgamento de comparações e contrastes (cf. Mt 12.41,42). "Que, não obstante a letra e a circuncisão, és transgressor da lei."⁶⁷ A única dúvida aqui é o significado do vocábulo "letra". Não há motivo para nos afastarmos do sentido estabelecido pelo uso costumeiro de Paulo em outros trechos (7.6; 2 Co 3.6,7), onde "letra" alude à lei, sendo assim chamada porque a lei é vista como que escrita em tábuas de pedra ou nas páginas das Escrituras. Neste caso, trata-se da lei conforme ela se acha incorporada nas Escrituras; e os judeus, apesar de a possuírem registrada e, deste modo, estarem circuncidados na carne, são acusados de transgressores da lei. A transgressão da lei refere-se, por sua vez, à violação das obrigações atinentes ao pacto, conforme estas se encontram expressas nos justos preceitos da lei (cf. vv. 25 e 26).

28-29 — O apóstolo passa a mostrar aquilo que verdadeiramente constitui um judeu, bem como aquilo em que, na realidade, consiste a circuncisão; ele mostra quem é o *verdadeiro* judeu e o que é a *verdadeira* circuncisão. Ele o faz de maneira negativa no versículo 28 e de maneira positiva no versículo 29. A relação com o que antecede, indicada pelo vocábulo "porque", no

---

65 Sobre ἡ ἐκ φύσεως ἀκροβυστία, James Denney diz: "Apesar da irregularidade gramatical, que afinal não é muito grave para um escritor como Paulo, prefiro vincular ἐκ φύσεως com τελοῦσα, conforme o faz Burton (*Moods and Tenses*, § 427) e traduzir: 'a incircuncisão que por natureza cumpre a lei'; cf. versículo 14" (*St. Paul's Epistle to the Romans*, em *The Expositor's Greek Testament*, *ad loc.*). Há três razões para rejeitarmos essa opinião: (1) gramaticalmente é difícil ligar ἐκ φύσεως com τελοῦσα e não com ἀκροβυστία. (2) A lei que o apóstolo tinha em mente aqui não era a lei revelada por natureza (cf. v. 14), mas a lei especialmente revelada, pois somente esta se harmoniza com o argumento do apóstolo neste versículo, conforme já demonstramos. (3) Os homens não cumprem, por natureza, a lei. O apóstolo devia estar pensando no cumprimento que se dá mediante o Espírito Santo e que parte do coração (cf. v. 29), e não meramente no realizar, por natureza, as coisas da lei atribuída aos gentios que estavam fora do alcance da revelação especial (vv. 14,15).
66 Cf. Sanday e Headlam, *ad* v. 26.
67 Na expressão διὰ γράμματος καὶ περιτομῆς, o διά é o de circunstância antecedente e "descreve as circunstâncias sob as quais qualquer coisa é feita ou que lhe serve de acompanhamento" (Denney, *op. cit.*, *ad loc.*).

começo do versículo 28, é que o critério de um *verdadeiro* judeu e de uma *verdadeira* circuncisão, mostrado nos versículos 28 e 29, apoia e confirma o que fora dito nos três versículos anteriores. O contraste instituído envolve o que é exterior e o que é interior.

O que é exterior, no caso dos judeus, consiste na descendência natural proveniente de Abraão e na posse dos privilégios vinculados a essa relação. A exterioridade, no caso da circuncisão, é descrita como aquilo que é "somente na carne" (v. 28), referindo-se ao que é fisicamente manifesto. Ao dizer que a verdadeira circuncisão não consiste nisso, o apóstolo não estava negando a existência do rito, nem seu efeito permanente na carne. O pensamento de Paulo é que o ato exterior não tem significado espiritual, exceto como sinal e selo da realidade que ele representa, e que a *verdadeira* circuncisão é aquela obra da graça no coração, a qual o rito externo simboliza.

O que é interior, no que concerne aos judeus, é explicado apenas com o vocábulo "interiormente", ou seja, aquilo que está oculto a toda observação externa (cf. 2.16; 1 Co 4.5; 14.25; 2 Co 4.2; 1 Pe 3.4), o homem interior do coração; e devemos entender isso como aquilo que um homem é no mais íntimo de seu coração, em contraste com tudo que ele professa exteriormente. O que é interior, no que diz respeito à verdadeira circuncisão, é definido como "a que é do coração, no espírito, não segundo a letra". As palavras "a que é do coração" são evidentes e, nos termos do Antigo Testamento, significavam renovar e purificar o coração (Dt 10.16; 30.6; Jr 4.4; 9.25-26). Mas "no espírito, não segundo a letra" não são palavras que explicam a si mesmas. Nossa versão evidentemente interpreta o vocábulo "espírito" como uma alusão ao espírito humano, tornando-se, desta maneira, outra especificação daquela esfera interior onde se realiza a purificação simbolizada pela circuncisão. Essa purificação ocorre no espírito do homem por ser no coração que ela acontece. E "letra", por contraste, indicaria aquilo que é exterior, a circuncisão física, literal. Tudo isso é verdadeiro em si mesmo, porém há duas razões para duvidarmos da exatidão desta interpretação: (1) para o apóstolo teria sido supérfluo especificar a esfera, depois de haver dito que a "circuncisão" é "do coração". (2) Muito mais coerente é a consideração de que o contraste entre letra e Espírito, nos escritos de Paulo, não cabe dentro dessa linha de pensamento (cf. 7.6; 2 Co 3.6-8; cf. vv. 17-18). O contraste é entre o Espírito Santo e a lei exteriormente administrada, um contraste entre o poder transmissor de vida, que o Espírito Santo outorga, e a impotência que pertence à lei na qualidade de lei em si mesma. Teremos de adotar esse contraste. Por conseguinte, o apóstolo estava dizendo que a circuncisão "que é do coração" é operada pelo Espírito Santo e não pela lei.[68] Uma vez mais, ele desmascarou a loucura da presunção e confiança dos judeus na simples posse da lei incorporada nas Escrituras. A palavra "espírito", portanto, deveria ter sido impressa com inicial maiúscula, deixando claro que Paulo se referia ao Espírito Santo. Embora a doutrina da obra do Espírito Santo seja desenvolvida apenas mais adiante, nesta carta, ela é pressuposta e introduzida como relevante a um argumento cujo assunto principal é a universalidade do pecado e da condenação.

Gifford ressaltou, tão bem quanto qualquer outro comentarista, a importância da cláusula final. Ele disse: "À primeira vista, não é evidente por qual razão Paulo adicionou a cláusula '*e cujo louvor não procede dos homens, mas de Deus*'. Todavia, cumpre-nos lembrar que ele começou a dirigir-se aos judeus, no v. 17, utilizando uma referência ao nome no qual eles se gloriavam, '*tu, que tens por sobrenome judeu*'; e não devemos esquecer que Paulo acabara de descrever, neste versículo, o judeu que é digno desse nome. Então, o que poderia ser mais natural, ou mais de acordo com o estilo de Paulo, do que uma nova alusão ao significado do nome judeu? Ao dar à luz o seu quarto filho, Lia disse: '*Esta vez louvarei o* SENHOR. *E por isso lhe chamou Judá*' (Gn 29.35).

"Quando Jacó se encontrava à morte, começou a sua bênção sobre Judá utilizando os seguintes termos: '*Judá, teus irmãos te louvarão*' (Gn 49.8).

"O apóstolo Paulo, de maneira semelhante, referindo-se ao significado do nome, diz acerca do verdadeiro judeu que este é alguém '*cujo louvor não procede dos homens, mas de Deus*'".[69] Entretanto, sem dúvida existe uma combinação de motivos pelos quais o apóstolo se referiu a esta significação original do nome "judeu". Uma vez mais, ele estava insistindo no assunto que,

---

68   Esta é a opinião de Meyer, Philippi, Hodge, Denney e outros.
69   Gifford, porém, não foi o primeiro a ressaltar que existe neste versículo um evidente jogo de palavras com o nome "judeu", conforme Sanday e Headlam acreditam (*cf. op., cit., ad loc.*). Isso também aparece em Robert Haldane, *op. cit., ad loc.*; cf. também W. G. T. Shedd, *op. cit., ad loc.*

por todo este capítulo, estava subjacente em seu pensamento e que também formava a base de sua acusação contra os judeus: a iniquidade de confiar nas aparências e naquilo que satisfaz os requisitos do julgamento humano. Trata-se de uma aplicação do tema contido nestas palavras de nosso Senhor: "Como podeis crer, vós os que aceitais glória uns dos outros e, contudo, não procurais a glória que vem do Deus único?" (Jo 5.44; cf. vv. 41-43)

D. A Fidelidade e a Justiça de Deus (3.1-8)

3.1-8

1 *Qual é, pois, a vantagem do judeu? Ou qual a utilidade da circuncisão?*
2 *Muita, sob todos os aspectos. Principalmente porque aos judeus foram confiados os oráculos de Deus.*
3 *E daí? Se alguns não creram, a incredulidade deles virá desfazer a fidelidade de Deus?*
4 *De maneira nenhuma! Seja Deus verdadeiro, e mentiroso, todo homem, segundo está escrito: Para seres justificado nas tuas palavras e venhas a vencer quando fores julgado.*
5 *Mas, se a nossa injustiça traz a lume a justiça de Deus, que diremos? Porventura, será Deus injusto por aplicar a sua ira? (Falo como homem.)*
6 *Certo que não. Do contrário, como julgará Deus o mundo?*
7 *E, se por causa da minha mentira, fica em relevo a verdade de Deus para a sua glória, por que sou eu ainda condenado como pecador?*
8 *E por que não dizemos, como alguns, caluniosamente, afirmam que o fazemos: Pratiquemos males para que venham bens? A condenação destes é justa.*

1-2 — O argumento anterior de Paulo, alusivo à ineficácia da circuncisão na carne, ou seja, o simples rito da circuncisão, divorciado da circuncisão que é do coração, operada pelo Espírito Santo, poderia dar a impressão de tornar sem valor aquela divina instituição, estabelecida no Antigo Testamento. Esta poderia ser a inferência, extraída da declaração de Paulo, em Romanos 2.27, afirmando que os incircuncisos por natureza, ao cumprirem a lei, julgariam e condenariam os circuncisos que transgrediam a lei. E tal inferência daria a impressão de que a circuncisão criava desvantagens e responsabilidade, em vez de outorgar privilégios. Esse é o tipo de inferência que Paulo antecipa e contesta. E ele faz isso perguntando e respondendo uma indagação incisiva: "Qual é, pois, a vantagem do judeu? Ou qual a utilidade da circuncisão?" A sua resposta é: "Muita, sob todos os aspectos". Paulo jamais permitiria que qualquer reflexo depreciativo fosse projetado sobre aquela divina instituição. Em outra conexão, como veremos, ele insiste sobre o fato de que a incredulidade dos homens não anula a fidelidade de Deus. Assim, neste ponto, seu pensamento é que, embora o rito externo não tenha valor algum quando acompanhado pela transgressão da lei, isso não anula as vantagens e os privilégios atribuídos aos judeus como depositários daquela instituição divina. A direção assumida pelo pensamento do apóstolo, neste caso, é relevante como repreensão de muito da atitude moderna, que é a negligência, se não o menosprezo, para com as instituições que Deus estabeleceu na igreja, sob a alegação plausível de que, em diversos casos, aqueles que observam essas instituições não se mostram fiéis ao seu intuito e propósito e sob a alegação de que muitos daqueles que são indiferentes, e talvez até hostis, a essas instituições exibem aquela fé e fervor evangélicos que deveriam recomendá-las. A mesma resposta do apóstolo deveria ser dada, e com mais ênfase ainda, a essas alegações. Porquanto, se Paulo pôde dizer: "Muita, sob todos os aspectos", em referência às vantagens e proveitos de uma instituição que fora interrompida quanto à sua observância, quanto mais deveríamos nós valorizar as instituições que são permanentes na igreja de Cristo, as quais regulamentam sua vida e devoção até que ele volte!

Seria normal esperar que o apóstolo especificasse diversos aspectos das vantagens e proveitos obtidos por Israel. Paulo faz isso mais adiante nesta carta, ao afirmar que a Israel pertenciam "a adoção e também a glória, as alianças, a legislação, o culto e as promessas" (9.4). Visto que ele começa dizendo: "Principalmente porque", é natural que aguardássemos uma segunda e uma terceira razão. No entanto, não é isso que encontramos. Paulo nos mostra o que ocupa o primeiro lugar — "principalmente" — e contenta-se com isso. Pouca diferença existirá se traduzirmos por "em primeiro lugar" ou "principalmente" a palavra que o apóstolo utilizou. Em qualquer caso, o que Paulo evoca é aquilo que se tornara preeminente entre os privilégios dos judeus — "aos judeus foram confiados os oráculos de Deus". Eles eram os depositários da revelação especial de Deus.

A expressão "os oráculos de Deus" é muito significativa. (1) É indubitável que Paulo estava pensando no Antigo Testamento, em sua inteireza, e não apenas em isoladas declarações oraculares, concedidas aos instrumentos de revelação do Antigo Testamento e neste incorporadas. Paulo se reportava àquilo que fora confiado aos judeus, àquilo do que haviam sido encarregados, e não podemos imaginar que o apóstolo estivesse fazendo discriminação quanto ao conteúdo total daquilo que fora confiado aos judeus. (2) Esses oráculos foram entregues aos cuidados dos judeus na forma de Escritura; somente nesta forma poder-se-ia dizer que aos *judeus* foram *confiados* esses oráculos. (3) O conjunto de revelações, nas Escrituras do Antigo Testamento, é denominado "oráculos de Deus". As Escrituras, portanto, são consideradas pelo apóstolo como palavras oraculares de Deus. As Escrituras são o discurso ou as afirmações da parte de Deus que possuem o mesmo caráter das declarações que os profetas receberam diretamente de Deus. As próprias Escrituras são o "assim diz o SENHOR". Este é o conceito de Paulo a respeito das Escrituras que foram confiadas aos judeus. Para o apóstolo, a *Palavra Escrita* é o discurso de Deus, concebido como algo que existe na forma de um "depósito" confiado a Israel; os oráculos divinos têm uma forma fixa e permanente.

Encarada sob essa luz, podemos apreciar a caracterização que Paulo atribuiu a esse privilégio, descrevendo-o como principal, e também podemos entender por qual motivo ele não precisou enumerar, nesta ocasião, outras possíveis vantagens pertencentes aos judeus. Quando pensamos em qual era o mais elevado privilégio dos judeus, verificamos que era o de ter, como possessão permanente, a Palavra de Deus. E Paulo não teve receio de ser acusado de praticar a bibliolatria, ao avaliar deste modo a Palavra registrada em forma escrita.

3-4 — No começo do versículo 3, Paulo faz uma pergunta que poderia ser traduzida por "E então?" Trata-se de uma pergunta motivada pela consideração de que a incredulidade de Israel, a quem haviam sido confiados os oráculos de Deus, não deveria ser reputada como algo que, de alguma maneira, prejudica ou interfere na realidade do privilégio de possuírem os oráculos divinos. Pois, se o que Paulo diz na última porção do versículo 2 é correto, poderíamos ter a indicação de que Israel havia perdido tal privilégio. Ora, é justamente isso que Paulo está negando. Ele passa a formular uma pergunta cujo intuito, nos termos mais enfáticos possíveis, é frustrar qualquer insinuação ou alegação dessa ordem: "E daí? Se alguns não creram, a incredulidade deles virá desfazer a fidelidade de Deus?" Esperaríamos uma resposta negativa; e Paulo a fornece utilizando uma forma que indica o quanto ele abominava tal sugestão. A fórmula usada por ele poderia ser traduzida, mais literalmente, por "Longe de", porém, é preciso ter a força da expressão "De maneira nenhuma" ou "Deus o proíba".[70]

O ponto de vista mais razoável sobre a incredulidade mencionado nesta pergunta é o da incredulidade que os judeus demonstravam na rejeição de Jesus como o Messias e, portanto, a incredulidade deles quanto aos oráculos de Deus aludidos no versículo 2. Por implicação, Paulo acusa os judeus incrédulos de terem rejeitado os próprios oráculos dos quais se ufanavam. Isto revela a estimativa do apóstolo sobre a relação que o repúdio ao evangelho sustentava para com a instituição do Antigo Testamento como um todo, mais particularmente para com aquela instituição focalizada nas promessas messiânicas. Essa estimativa encontra expressão mais completa na carta de Paulo aos Gálatas. A razão por que a incredulidade dos judeus de seus próprios dias deveria ser considerada como rejeição ao Messias e aos oráculos de Deus não é evidenciada somente pelos termos que Paulo usou, mas também pelo fato de que, no contexto, ele se dirigiu aos judeus incrédulos e desobedientes (cf. 2.17, ss.). Entretanto, o apóstolo teve o cuidado de não incluir todos os judeus nessa categoria; ele diz: "Se alguns não creram..."

---

70 Existe base no Antigo Testamento para a tradução "Deus o proíba". μὴ γένοιτο corresponde ao hebraico חלילה e ocorre como tradução desta palavra na Septuaginta (cf. Gn 44.7,17; Js 22.29; 24.16; 1 Rs 21.3). E חלילה algumas vezes é usada com os nomes de Deus, יהוה, אלהים e אל (1 Sm 24.6; 26.11; 1 Rs 21.3; 1 Cr 11.19; Jó 34.10; cf. 1 Sm 2.30), e com o pronome, quando se refere a Deus (Gn 18.25). Portanto, a expressão "De maneira nenhuma" ("Deus o proíba") tem precedentes bíblicos. A expressão grega μὴ γένοιτο, que indica a rejeição daquilo que odiamos, precisa da força da tradução que se deriva do hebraico. Cf. J. B, Lightfoot, *Commentary*, ad Gl 2.17.

Portanto, o argumento de Paulo é que a incredulidade de alguns judeus não invalida o privilégio de Israel possuir os oráculos de Deus, tampouco nega a vantagem dos judeus sobre os gentios, quanto a esse particular. Porém, ainda de maior importância, e implícito no argumento do apóstolo, é o fato de que a incredulidade dos judeus não inutiliza a verdade e a validade permanente dos oráculos de Deus. A incredulidade de alguns não anula "a fidelidade de Deus". Esta expressão, "a fidelidade de Deus", designa a lealdade de Deus aos seus compromissos. Isto se torna evidente no versículo 4, que se encontra em íntima justaposição ao versículo 3, a ponto de explicar-nos o que se pretende dizer com "a fidelidade de Deus". Trata-se da lealdade de Deus em cumprir seus compromissos contrastada com a infidelidade dos homens; e a fidelidade divina consiste simplesmente na verdade ou veracidade de Deus.

"Seja Deus verdadeiro, e mentiroso, todo homem" é uma maneira impressionante de colocar em primeiro plano a infalível fidelidade de Deus para com sua Palavra; e ilustra o conceito que governa a presente carta: Deus não determina os seus propósitos ou as suas promessas por aquilo que é estranho a si mesmo ou à sua vontade. Essa verdade poderia ser ressaltada pela consideração de que os oráculos atinentes ao evangelho da graça de Deus para com os homens não ficam anulados, nem mesmo em seu aspecto de promessa, por aquela incredulidade que deseja contradizer a verdade e a finalidade destes oráculos! A veracidade de Deus permanece inviolável, ainda que *todos* os homens sejam mentirosos.[71]

O apelo às Escrituras (Sl 51.4), nesta conexão, apresenta alguma dificuldade por causa da diferença entre a relação em que Davi proferiu essas palavras e a relação em que Paulo as mencionou. O salmista dissera: "Pequei contra ti, contra ti somente, e fiz o que é mal perante os teus olhos, de maneira que serás tido por justo no teu falar e puro no teu julgar". O ensino parece ser este: o pecado é uma ofensa dirigida contra Deus, mesmo tendo sido cometido contra as pessoas (tal como o de Davi); o pecado constitui-se numa ofensa contra eles, porque, a princípio e em

---

71 Há uma eloquente progressão aqui. A fidelidade de Deus permanece inviolável não simplesmente por que alguns não creem (v. 3). Ainda que todos os homens fossem mentirosos, a verdade de Deus permaneceria inabalada (cf. Sl 100.5).

última análise, é um pecado contra Deus; por conseguinte, Deus, em seus juízos contra os homens, por causa do pecado, sempre se mostra justo. E não somente isto. O caráter do pecado, como uma ofensa dirigida contra Deus, e justamente por esse motivo, fomenta o propósito de vindicar a retidão do juízo condenatório da parte de Deus. Portanto, ao invés de depreciar a justiça divina, visto que é uma ofensa contra Deus, o pecado promove a vindicação e a demonstração dessa justiça, no julgamento que ele profere contra o pecado. Apesar de parecer um raciocínio grosseiro, isso está de acordo com o tema que o apóstolo estava abordando. Ele vinha protestando energicamente que a incredulidade dos homens não torna ineficiente a fidelidade de Deus. O apelo à confissão de Davi forneceu ao apóstolo a mais forte modalidade de confirmação. Porquanto Davi dissera que o pecado, por ser uma ofensa contra Deus, vindica e estabelece a justiça de Deus. Se o pecado não invalida a *justiça* divina, de igual modo a infidelidade e a mentira do homem não podem tornar ineficazes a *fidelidade* e a *verdade* de Deus, pois ele tem de ser verdadeiro, ainda que todo homem seja mentiroso. O contexto seguinte comprova que esse é o uso e a interpretação dados por Paulo ao trecho de Salmos 51.4. Pois, em seguida, ele passa a abordar as falsas inferências que os seus oponentes poderiam deduzir da proposição de que o pecado exige a justiça e o juízo de Deus — "Mas, se a nossa injustiça traz a lume a justiça de Deus, que diremos?" (v. 5)[72]

---

72   A dificuldade que surge da tradução da Septuaginta, citada pelo apóstolo, não é tão grande, do ponto de vista da interpretação, quanto pareceria ser. No hebraico, as duas porções citadas pelo apóstolo deveriam ser interpretadas como razoavelmente paralelas e, portanto, dotadas substancialmente do mesmo sentido — Deus é justificado quando fala e inocente quando julga. A Septuaginta, citada pelo apóstolo, parece haver introduzido uma clara mudança de pensamento na segunda porção. Pois traduz o termo hebraico יזכה por νιχήσεις e שפטך por κρίνεσθαι; portanto, a tradução poderia ser "para que venças (prevaleças) quando fores julgado", em que κρίνεσθαι é interpretada na voz passiva. Deste modo, Deus é retratado como alguém sujeito a julgamento, mas declarado inocente no litígio. Devemos observar, entretanto, que essa tradução não perturba o pensamento que o apóstolo estava interessado em transmitir: o pecado em coisa alguma detrata a justiça de Deus, antes, contribui ao propósito de vindicá-la e estabelecê-la. Entretanto, não estamos confinados ao ponto de vista de que κρίνεσθαι se encontra na voz passiva; pode estar na voz média (cf. Mt 5.40; 1 Co 6.6 e, talvez, 1 Co 6.1). Nessa conjuntura, não há qualquer mudança substancial em relação à Septuaginta, e o significado é o mesmo que no hebraico, exceto que νικήσεις tem uma nuança de sentido diferente do significado do vocábulo hebraico יזכה.

5-8 — O versículo 5 apresenta duas perguntas que, mui apropriadamente, poderiam ser consideradas como indagações que contemplavam um abuso da doutrina afirmada nos versículos anteriores,[73] um abuso no sentido de que, se a nossa incredulidade nas promessas não anula a fidelidade de Deus, mas, pelo contrário, torna-a mais evidente, ou, conforme os termos do versículo 5, se a injustiça do homem serve para demonstrar com maior clareza a justiça de Deus, então, Deus seria injusto ao executar sua ira contra os ímpios. Porquanto é uma lógica plausível e aparentemente inevitável dizer que Deus não pode, com justiça, infligir a punição contra uma atitude que serve de instrumento para exibir de maneira ainda melhor aquela verdade e justiça que constituem a glória dele. Os termos exatos que Paulo utilizou no versículo 5 acentuam a aparente coerência desse argumento. Como poderia Deus manifestar o seu desprazer e infligir ira contra aquilo que exalta a sua glória em mais notável realce, especialmente se consideramos que a exibição de sua glória deve satisfazer a ele mesmo? "Pratiquemos males para que venham bens" parece ser a inevitável lição moral.

Não parece haver razões para pensarmos que existe qualquer diferença substancial entre a falsa inferência ou o abuso contemplado nas duas perguntas do versículo 5 e as duas indagações dos versículos 7 e 8. A inferência proposta no versículo 8 é esta: se a verdade de Deus (isto é, sua fidelidade em cumprir suas promessas) fosse mais amplamente exemplificada pela incredulidade e contradição da parte do homem, e se, por meio disto, Deus fosse glorificado, então, o agente de tal incredulidade não mais poderia ser considerado um pecador. Ao identificar a si mesmo com a mentira que é apresentada como resposta às promessas de Deus e ao afirmar "por causa da minha mentira", Paulo estava apenas utilizando uma maneira retórica de expressar o pensamento; ele não se referia à sua anterior incredulidade, nem

---

73 Hodge afirma (*ad loc.*) que Paulo não estava respondendo a falsas inferências, e sim às objeções dos judeus quanto à sua doutrina. Assumo a posição de que Paulo estava lidando com uma inferência que facilmente poderia ser extraída da doutrina que ele acabara de estabelecer. Que Paulo fora acusado desta falsa inferência, ou por oponentes, ou por aqueles que professavam defender sua doutrina, é algo evidente no versículo 8 — "como alguns, caluniosamente, afirmam que o fazemos". É possível que os judeus insistiram neste fato como uma objeção ao ensino de Paulo. Em qualquer caso, o apóstolo estava abordando uma falsa inferência baseada em uma errônea aplicação do ensino constante nos versículos anteriores.

à maneira como a graça de Deus se mostrara abundante em seu próprio caso. Isto seria estranho ao tema com o qual lidava; neste ponto, ele não abordava a verdade de que, "onde abundou o pecado, superabundou a graça" (5.20).

O assunto tratado[74] no versículo 7 continua no versículo 8, e a indagação que encontramos neste último está intimamente ligada à porção interrogativa do versículo 7: "Por que sou eu ainda condenado como pecador?" Portanto, a essência do versículo 8 poderia ser parafraseada nestas palavras: "Ao invés de ser julgado como um pecador, devido à mentira com que respondo às promessas de Deus, por que não, antes, praticar males para que colhamos bens?" A imoralidade implícita nesta declaração parece ser a inferência que necessariamente deveríamos extrair do fato apresentado de maneira evidente nos versículos anteriores, o qual também é subentendido em todo o contexto — a glória de Deus torna-se mais notável por meio da incredulidade e do pecado do homem. Esta declaração manifesta nitidamente a suposição implícita que Paulo estava abordando a partir do versículo 5.

A estrutura do versículo 8 pode ser um tanto irregular, mas o pensamento não é obscuro, se reconhecermos que a cláusula "como alguns, caluniosamente, afirmam que o fazemos" é um parêntese no fluxo do pensamento, conforme também foi indicado pela paráfrase anterior. Esse parêntese, entretanto, projeta muita luz sobre a passagem. O apóstolo não abordou uma situação hipotética nestes quatro versículos. Paulo fora acusado de perversão antinomiana. Seu ensinamento fora interpretado como se desse margem à licenciosidade e, de fato, como se a galardoasse.

Aqueles que afirmavam ser esta a posição de Paulo, ou, pelo menos, que tal posição era o efeito prático de seu ensinamento, poderiam ter sido aqueles que apoiavam a doutrina de Paulo, mas acrescentavam esta distorção à sua explicação — talvez fossem supostos amigos do apóstolo. Mais adiante nesta carta (cf. especialmente o capítulo 6), Paulo teve oportunidade de falar a res-

---

74 A variante entre δέ e γάρ, no versículo 7, é de tal natureza, que dificilmente podemos ser decisivos a respeito. Ambas as formas revestem-se de bom sentido e contam com substancial apoio nos manuscritos. Eu me aventuraria a sugerir que, se adotarmos a forma δέ, o versículo 7 seria uma reiterada objeção àquilo que está implícito na enfática negativa μὴ γένοιτο (v. 6). Mas, se adotarmos a forma γάρ, então, o versículo 7 seria um esclarecimento ou uma expansão da objeção levantada no versículo 6; o versículo 7 seria outra forma da mesma objeção, utilizada a fim de apoiar sua aparente coerência.

peito desta distorção da graça. Porém, é mais provável que nestes versículos Paulo tinha em vista seus adversários legalistas, os quais procuravam caluniar seu ensinamento, imputando-lhe esta perversão. Determinar se alegavam ser este o expresso ensinamento do apóstolo ou se afirmavam que este era o seu efeito prático traz pouquíssima consequência à interpretação da passagem; as palavras "como alguns, caluniosamente, afirmam" mais provavelmente subentenderiam esta última possibilidade.

A declaração concludente, "a condenação destes é justa", não deveria ser limitada àqueles que "caluniosamente afirmam", porquanto inclui todos que são vistos como pessoas que davam margem a esse abuso ou que o consideravam uma inferência a ser tirada do ensinamento do apóstolo. A cláusula "como alguns, caluniosamente, afirmam que o fazemos", não devemos esquecer, é um parêntese, e a cláusula final não lhe está imediatamente vinculada, mas está ligada ao falso raciocínio abordado em toda a passagem e sumariado na frase "pratiquemos males para que venham bens". A justa condenação, pois, é aquela executada sobre os que transformam em licenciosidade a verdade e a fidelidade de Deus ou consideram que a doutrina ensinada por Paulo contribui para aquele resultado imoral. Portanto, a distorção que o apóstolo estava desmascarando é condenada nos termos mais enfáticos por essa conclusão final.

Qual, pois, é a resposta de Paulo à distorção com a qual lidou nos versículos 5 a 8? Poderíamos esperar uma longa argumentação que seguiria os moldes da refutação paulina aos preconceitos antinomianos, no capítulo 6. No entanto, não a encontramos. Devemos ter em mente que as distorções em foco, nestas respectivas passagens, não são idênticas, embora sejam similares. No capítulo 6, Paulo considerou o abuso aplicado à doutrina da graça, ao passo que em 3.5-8 ele tratou de uma investida contra a justiça ou retidão de Deus. "A justiça de Deus" (v. 5) designa o atributo da retidão, não sendo a mesma "justiça de Deus" que se revela de fé em fé, na graça da justificação (cf. 1.17; 3.21,22; 10.3). Trata-se da inerente equidade de Deus, devendo ser coordenada com a verdade ou a veracidade de Deus (vv. 5 e 7). Por conseguinte, o abuso de que tratam os versículos 5 a 8 é de caráter diferente, sendo significativo que Paulo não o refuta por meio de uma longa argumentação. A consideração que ele lança contra tal distorção é simplesmente: "Certo que não. Do contrário, como julgará Deus o mundo?" (v. 6)

Talvez pareça que esta consideração foge do assunto. Pois de que adiantaria afirmar que Deus julgará o mundo, se a questão em foco é: como pode ser Deus justo na execução do juízo, se a sua justiça é fomentada pela nossa injustiça? A afirmação categórica acerca daquilo que precisa ser comprovado não serve de argumento! No entanto, é exatamente isso que vemos nesta instância. Paulo insistiu no fato do juízo universal e não se deu ao trabalho de comprová-lo. Ele o admitiu como um informe definitivo da revelação, e com este fato confrontou a objeção do versículo 5. No que concerne à certeza do juízo divino, não há qualquer disputa. Uma vez que esse juízo é aceito como uma certeza, todas as objeções, como as que estão implícitas nos versículos 5, 7 e 8, caem por terra. A resposta do apóstolo, neste caso, ilustra aquilo que sempre tem de ser verdadeiro, quando consideramos os eventos finais da revelação. Tais eventos são conclusivos, e o argumento precisa contentar-se com uma afirmação categórica. A proclamação é a resposta àquelas objeções.

Há outra expressão, nesta passagem, que requer explicação — "Falo como homem" (v. 5). Paulo não deve ser interpretado como se estivesse contrastando o que acabara de afirmar, como um mero homem, com aquilo que, como apóstolo ou cristão, dissera em outras ocasiões.[75] Ele estava escrevendo na qualidade de apóstolo. A ideia é que, ao fazer as perguntas anteriores, acomodava-se às maneiras humanas de interrogar e raciocinar. Na realidade, as perguntas são impertinentes e inapropriadas, pois a justiça de Deus não é algo que pode sujeitar-se às nossas dúvidas. E só podemos proferir tais perguntas se estivermos expressando aquelas indagações que surgem na mente humana, unicamente com o propósito de deixar entendido o quão abominável é a própria sugestão de que Deus pode ser injusto. Ora, foi isto mesmo o que Paulo fez; mas acrescentou de imediato a fórmula (cf. v. 4 e a nota a respeito) da negação enfática: "Certo que não". A santidade e a justiça de Deus não permitem que suspeitemos de sua retidão ou que tenhamos qualquer sugestão de injustiça da parte dele. Esta verdade fundamental é sublinhada pela expressão apologética de Paulo — "Falo como homem". Foi com o propósito de repudiar tal sugestão que o apóstolo ecoou aquelas perguntas.

---

75 Em *oposição*, cf. Hodge, que declarou: "Paulo não estava falando em seu caráter de apóstolo ou cristão, mas como outros o faziam, expressando os pensamentos deles e não os seus próprios" (*ad loc.*).

E. CONCLUSÃO (3.9-20)

3.9-18

9 Que se conclui? Temos nós qualquer vantagem? Não, de forma nenhuma; pois já temos demonstrado que todos, tanto judeus como gregos, estão debaixo do pecado;

10 como está escrito: Não há justo, nem um sequer,

11 não há quem entenda, não há quem busque a Deus;

12 todos se extraviaram, à uma se fizeram inúteis; não há quem faça o bem, não há nem um sequer.

13 A garganta deles é sepulcro aberto; com a língua, urdem engano, veneno de víbora está nos seus lábios,

14 a boca, eles a têm cheia de maldição e de amargura;

15 são os seus pés velozes para derramar sangue,

16 nos seus caminhos, há destruição e miséria;

17 desconheceram o caminho da paz.

18 Não há temor de Deus diante de seus olhos.

9 — No começo deste versículo, há duas breves perguntas. A primeira é adequadamente traduzida "Que se conclui?" No tocante à segunda pergunta, há certa dificuldade em determinar o seu significado exato, e grande diferença de opinião entre os expositores. Parece que a tradução "Temos nós qualquer vantagem?" não é correta.[76] É mais provável que o pensamento

---

[76] Embora haja variantes textuais, não existe apoio suficiente, em outras variantes, para nos afastarmos da forma προεχόμεθα. A dificuldade em determinar o significado reside amplamente no fato de que, em todo o Novo Testamento, este verbo ocorre somente neste versículo, e a utilização em outras obras não indica, com exatidão, o seu significado aqui. "Infelizmente, ainda não encontramos qualquer nova luz, conforme F. B. Westcott... esperava, de 'algum bendito fragmento exumado ou algum fragmento de papiro', para ajudar-nos a explicar o difícil termo προεχόμεθα em Romanos 3.9" (Moulton e Milligan, *The Vocabulary of the Greek Testament, ad* προέχω). J. B. Lightfoot considerou a forma como passiva e adotou a tradução "Somos nós ultrapassados?" Ele prosseguiu, a fim de elucidar essa tradução: "'Que se conclui?', argumenta o judeu. 'Você pretende dizer-me que outros têm vantagem sobre nós?' A resposta de Paulo é: 'Não, de forma nenhuma. Pois já dissemos que judeus e gentios estão igualmente sob o pecado. Mas, se não lhes conferimos qualquer vantagem sobre vocês, também não damos a vocês qualquer vantagem sobre eles. As suas Escrituras mostram que vocês não foram excluídos'" (*Notes on the Epistles of St. Paul*, Londres, 1895, p. 267). Por igual modo, Frederick Field disse que o sentido passivo "Somos nós ultrapassados?" é "a melhor, se não mesmo a única,

do apóstolo fosse este: "Somos nós ultrapassados?" Ou, então, conforme as palavras de Meyer: "*Apresentamos* (qualquer coisa) *em nossa defesa?*" Mas, em qualquer caso, seja a questão da superioridade do judeu sobre o gentio ou vice-versa, seja a da vantagem que se poderia imaginar que os judeus desfrutavam, no tocante ao juízo de Deus, por causa dos privilégios que eles possuíam (cf. vv. 1 e 2), o contexto posterior mostra que a pergunta é introdutória à demonstração de que não há diferença alguma no tocante ao pecado e à condenação. Qualquer que seja o significado exato da pergunta, a resposta é uma negativa de alcance geral — "Não, de forma nenhuma".[77] "Pois já temos demonstrado que todos, tanto judeus como gregos, estão debaixo do pecado." Esta acusação[78] deve ser aquela contida no trecho de Romanos 1.18 a 2.24. O significado da expressão "debaixo do pecado" é esclarecido nas citações posteriores extraídas do Antigo Testamento, a maioria delas do Livro dos Salmos. Estar "debaixo do pecado" é permanecer sob o domínio do pecado; e a abrangência da perversidade que disso resulta é demonstrada pelas diversas maneiras em que ela se manifesta. O apóstolo selecionou uma série de acusações tiradas do Antigo Testamento, as quais cobrem o amplo escopo do caráter e das atividades humanas, a fim de demonstrar que, em qualquer aspecto que encararmos o homem, o veredito das Escrituras é a universal e total depravação humana. A citação nos versículos 10 a 18 não procede de qualquer trecho isolado do Antigo Testamento. O apóstolo reúne várias passagens que, combinadas, formam um sumário unificado do testemunho do Antigo Testamento acerca da abrangente pecaminosidade da raça humana.

10 — Este versículo não é uma citação literal de qualquer passagem isolada, mas talvez seja um resumo, feito por Paulo, do sentido de Salmos 14.3, que, tanto no hebraico quanto na Septuaginta afirma: "Não há nin-

---

solução para esta dificuldade"; e, contra o sentido de "*fazer uso de qualquer coisa como pretexto ou desculpa*", sua alegação é: "Quando προέχεσθαι é usado desta forma, nunca é uma *posição absoluta*, como se vê nesta passagem" (*Notes on the Translation of the New Testament*, Cambridge, 1899, p.153).
77 οὐ πάντως não devem ser entendidas como em 1 Coríntios 5.10, mas como πάντως οὐκ em 1 Coríntios 16.12.
78 προαιτιάομαι é um ἅπαξ λεγόμενον, no Novo Testamento, e não deve ser traduzido por "já temos demonstrado" (cf. Lightfoot, *idem*).

guém que faça o bem; não, nem ao menos um". Esse mesmo texto ele citou literalmente no final do versículo 12. Não precisa haver qualquer dúvida a respeito da conveniência ou do propósito dessa afirmação sumária inicial. Trata-se da conclusão do ensinamento bíblico e é particularmente relevante à acusação apresentada no versículo 9, de que todos estão debaixo do pecado. A confirmação bíblica mais direta é que "não há justo, nem um sequer". A justiça é o critério pelo qual o pecado é submetido a julgamento, e a ausência da justiça significa a presença do pecado.

11 — Este versículo, como é evidente, deriva-se dos Salmos 14.2 e 53.3. Uma vez mais, no entanto, não temos aqui uma citação literal do texto hebraico ou da Septuaginta. Estes salmos afirmam: "O Senhor (Deus, em 53.2) olhou do céu para os filhos dos homens, para ver se havia quem entendesse, quem buscasse a Deus". Fica subentendido que não existe. Paulo faz uma citação do salmo, utilizando as verdades que ele deixa implícitas e os mesmos termos na forma de uma negação direta — "não há quem entenda, não há quem busque a Deus". O versículo 10 havia sido uma declaração em termos gerais; o versículo 11 mostra-se mais específico e particulariza certos aspectos através dos quais se manifesta a pecaminosidade universal. Na esfera do entendimento, não há qualquer compreensão; na esfera do conhecimento, não há qualquer movimento em direção a Deus. Com referência a Deus, todos os homens são cegos de entendimento; no que diz respeito a aspirar por Deus, eles estão mortos.

12 — Temos aqui uma citação literal dos Salmos 14.3 e 53.3, que reflete com exatidão o hebraico.[79] O "extraviar-se" envolve afastamento e apostasia, e dificilmente poderíamos separar tal pensamento daquele exposto em 1.21, onde a apostasia é, pela primeira vez, mencionada e descrita — "tendo conhecimento de Deus, não o glorificaram como Deus, nem lhe deram graças". Extraviar-se, portanto, é uma acusação que o apóstolo apresenta contra

---

79 A pequena variação no texto hebraico de Salmos 53.3, sobretudo da palavra סר, de Salmos 14.3, para סג, de Salmos 53.3, não faz qualquer diferença no significado. Ambos os verbos são bem traduzidos por ἐξέκλιναν, no grego.

todos os homens. De uma maneira ou de outra, todos se tornaram culpados de afastarem-se do caminho da piedade: "À uma se fizeram inúteis" — neste caso, o grego demonstra a inutilidade, e o hebraico, a corrupção. Tal como o sal que perdeu o sabor ou como a fruta podre que não mais serve para qualquer propósito útil, assim também todos os homens são vistos como tendo se estragado; e o fato de que não há qualquer exceção é demonstrado pelas palavras "à uma" — como se fossem um só homem, todos se corromperam. Os termos com os quais se expressa a cláusula final não deixam margem para qualquer exceção — não existe sequer um que faça o bem. O pensamento do versículo 12 expressa, de modo negativo, que, no tocante à prática do bem, não há sequer um; e afirma, de modo positivo, que, no tocante à prática do mal, não há qualquer exceção.

13-17 — As duas primeiras cláusulas do versículo 13 citam, literalmente, Salmos 5.10, de acordo com o hebraico e o grego; e a última cláusula, por semelhante modo, é proveniente do Salmo 139.4, no texto da Septuaginta, do qual o texto hebraico no Salmo 140.3 é praticamente idêntico. O versículo 14 corresponde bem de perto ao texto hebraico do Salmo 10.7 (cf. Septuaginta, no Salmo 9.28). O versículo 15 foi tomado de Isaías 59.7, mas é uma forma abreviada daquilo que encontramos tanto no hebraico quanto no grego, abreviação essa que transmite o pensamento em substância. O versículo 16 também foi extraído de Isaías 59.7, e é tão literal quanto se vê na Septuaginta, com pouquíssima ou nenhuma divergência em relação ao hebraico. O versículo 17 foi extraído de Isaías 59.8, sendo uma tradução exata, com a exceção de um verbo e um tempo verbal diferentes empregados na Septuaginta, no tocante à palavra "conhecer".

Nestes versículos (13 a 17), o apóstolo torna-se mais concreto em sua acusação. Isto é evidente da menção de cinco órgãos físicos distintos, nos versículos 13 a 15; na menção dos primeiros quatro, os órgãos são os da fala, e o quinto são os pés. A concentração sobre os órgãos da fala (vv. 13 e 14) demonstra como a depravação do homem é exemplificada em suas palavras e quão diversos são os modos pelos quais a capacidade de falar denuncia a iniquidade do coração. Nas palavras de Godet, "a *garganta* (*larynx*) é comparada a um sepulcro; isto se refere à linguagem do homem grosseiro e brutal, a respeito de quem dizemos no linguajar comum: 'Parece que ele quer devorar alguém'. A característica seguinte contrasta-se com a anterior; é a *língua* adocicada, que fascina o ouvinte como um instrumento melodioso".[80] Ou pode ser que a garganta, como um sepulcro aberto, simplesmente retrate, de maneira geral, a corrupção da qual a linguagem vil é a expressão.

18 — Aqui temos uma citação literal do texto hebraico do Salmo 36.2 (35.2, na Septuaginta), com a exceção de o apóstolo utilizar o pronome plural a fim de manter a uniformidade com o plural das citações anteriores. No ensino das Escrituras, o temor de Deus é o âmago da piedade, e a sua ausência é o cúmulo da impiedade. Estar destituído do temor de Deus é ser um ímpio; e nenhuma acusação poderia ser mais abrangente e decisiva do que esta. Assim como a garganta, a língua, os lábios, a boca e os pés haviam sido mencionados, em suas devidas relações, nos versículos anteriores, assim também aqui são mencionados os olhos. Os olhos são os órgãos da visão, e o temor de Deus é apropriadamente expresso como se estivesse diante de nossa visão, porquanto o temor de Deus significa que ele está constantemente no centro de nossos pensamentos e de nossa percepção, e a vida se caracteriza pela total e abrangente consciência de que dependemos de Deus e somos responsáveis perante ele. A ausência desse temor significa que Deus é excluído não somente do centro do pensamento e dos raciocínios, mas também de todo o horizonte de nosso reconhecimento; Deus não se acha em todos os nossos pensamentos. Figuradamente, ele não se acha diante de nossos olhos. E isto é impiedade em extremo.

3.19-20

19 *Ora, sabemos que tudo o que a lei diz, aos que vivem na lei o diz para que se cale toda boca, e todo o mundo seja culpável perante Deus,*

20 *visto que ninguém será justificado diante dele por obras da lei, em razão de que pela lei vem o pleno conhecimento do pecado.*

---

80 *Op. cit., ad loc.*

19 — Depois de mencionar estes testemunhos do Antigo Testamento, a fim de apoiar o que havia afirmado na primeira parte da carta (isto é, que todos, judeus e gregos, estavam debaixo do pecado), nos versículos 19 e 20 o apóstolo tira suas conclusões, baseadas no testemunho das Escrituras, no sentido de que todos, sem exceção, estão sujeitos ao julgamento de Deus. Ao lermos, no versículo 19: "Sabemos que tudo o que a lei diz, aos que vivem na lei o diz", precisamos observar algumas coisas: (1) Havendo citado trechos de Salmos e Isaías, Paulo sem dúvida empregou a palavra "lei" em sentido abrangente, sinônimo do Antigo Testamento. Neste versículo, "lei" não se restringe ao conteúdo especificamente legislativo do Antigo Testamento, nem aos livros de Moisés. O apóstolo podia designar o Antigo Testamento como "a lei", quando essa designação estivesse de acordo com o pensamento da ocasião. Ainda que as citações não tenham sido extraídas do que é especificamente a lei, elas têm o sentido e a relevância que pertencem à lei, em sua conotação mais específica. Portanto, não é uma atitude paulina considerar a lei sumariada nos Dez Mandamentos como uma lei que pode ser segregada; o Antigo Testamento, em sua inteireza, está permeado de exigências e juízos sumariados nos Dez Mandamentos. (2) Paulo considerava a lei contida no Antigo Testamento como uma lei que falava — "tudo o que a lei diz, aos que vivem na lei o diz". A Escritura não é uma palavra morta, e sim uma palavra viva. (3) É uma palavra viva que possui relevância para o tempo presente. O apóstolo não estava lidando apenas com o passado; ele escrevia sobre o que era verdadeiro em sua época, assim como em nossa própria. (4) A lei fala aos que estão na lei.

A expressão, "na lei", não deve ser equiparada a "debaixo da lei" (6.14). Neste último caso, "debaixo da lei" é a antítese de "debaixo da graça"; e Paulo, nesta conjuntura da carta, não estava sugerindo que todos os que estão "na lei" encontram-se, por isso mesmo, excluídos das operações da graça. "Na lei" significa a esfera em que a lei era aplicável por meio de preceitos e julgamentos. A respeito desta lei o apóstolo havia falado e citado exemplos. Surge, então, a pergunta: quão ampla é essa esfera de aplicação da lei? Sua relevância aplica-se somente àqueles que possuíam o Antigo Testamento, ou seja, os judeus, a quem esses oráculos haviam sido entregues (v. 2)? É isto que poderíamos esperar e, a partir daí, concluir que, neste versículo, Paulo estava mostrando o juízo que recai sobre os judeus. Não é insensato inferir a existência de tal limitação neste exemplo, porquanto o principal interesse do apóstolo era mostrar aos judeus que eles não eram melhores do que os gentios, no que diz respeito aos juízos envolvidos. A pecaminosidade e, portanto, a condenação dos gentios podiam ser admitidas como certas entre os judeus e não como motivo para debates. Porém, é um fato significativo que tal limitação não é apoiada pelos termos utilizados nesta passagem, visto que Paulo afirma: "Tudo o que a lei diz, aos que vivem na lei o diz *para que se cale toda boca, e todo o mundo seja culpável perante Deus*". Sem dúvida, temos aqui a nota da universalidade que inclui todas as pessoas, em particular nas palavras "todo o mundo". Paulo incluiu os gentios que não possuíam a lei no sentido do Antigo Testamento ou no sentido da lei especialmente revelada (cf. 2.14). Os gentios, pois, são reputados como quem está "na lei", ou seja, naquela esfera em que a lei tinha relevância e da qual Paulo havia citado alguns exemplos. Isso estabelece a importantíssima consideração de que, embora os gentios não tivessem a lei do Antigo Testamento e, neste sentido, estivessem sem lei, não estavam fora da esfera do julgamento que o Antigo Testamento pronunciava. Isto equivale a dizer que as descrições apresentadas nas passagens citadas eram características tanto dos gentios quanto dos judeus e que o julgamento correspondente pairava sobre eles, a fim de que todos ficassem sem desculpa e condenados aos olhos de Deus.[81]

20 — O vocábulo que introduz o versículo 20 é corretamente traduzido por "visto que". Este versículo nos oferece a razão por que toda a boca deve calar-se e por que todo o mundo é condenado; a razão é "ninguém será justificado diante dele por obras da lei". A palavra "dele", é claro, refere-se a Deus. Isto não destrói o princípio exarado em 2.13: "Os que praticam a lei hão de ser justificados". Isto vale como um princípio de equidade, mas na realidade este princípio jamais entra em operação na raça humana devido

---

[81] O termo ὑπόδικος ocorre somente aqui no Novo Testamento. No grego clássico significa "ser passível de" ou "ser levado ao conhecimento de". Cf. Moulton e Milligan, *op. cit.*; J. B. Lightfoot, *Notes, ad loc.*

ao fato de não existirem praticantes da lei; não há entre os homens o cumprimento da lei que servirá de base ou motivo para a justificação — "Não há justo, nem um sequer" (v. 10). Visto que não existe, de fato, justificação pelas obras da lei, a função da lei é convencer-nos do pecado (v. 20b). A lei realiza este serviço necessário e contributivo em conexão com a justificação; ela comunica o conhecimento do pecado e capacita-nos a perceber que, pelas obras da lei, nenhuma carne será justificada, e, por conseguinte, toda boca tem de permanecer calada, e o mundo inteiro jaz sob a condenação divina.

O tempo verbal futuro, "será justificado", e o "seja culpável", que subentende a ideia de "tornar-se responsável perante Deus", não se referem ao julgamento futuro. Pelo contrário, estas expressões salientam a certeza e a universalidade das proposições a que elas se reportam.

CAPÍTULO V
A JUSTIÇA DE DEUS (3.21-31)

3.21-26

21 Mas agora, sem lei, se manifestou a justiça de Deus testemunhada pela lei e pelos profetas;

22 justiça de Deus mediante a fé em Jesus Cristo, para todos [e sobre todos] os que creem; porque não há distinção,

23 pois todos pecaram e carecem da glória de Deus,

24 sendo justificados gratuitamente, por sua graça, mediante a redenção que há em Cristo Jesus,

25 a quem Deus propôs, no seu sangue, como propiciação, mediante a fé, para manifestar a sua justiça, por ter Deus, na sua tolerância, deixado impunes os pecados anteriormente cometidos;

26 tendo em vista a manifestação da sua justiça no tempo presente, para ele mesmo ser justo e o justificador daquele que tem fé em Jesus.

21-23 — Meyer opina que a palavra "agora", no começo do versículo 21, não é um advérbio de tempo que expressa "o contraste entre duas *épocas*", e sim o contraste "entre duas *relações*": "a relação de dependência da lei e a relação de independência da lei" (*ad loc.*). Ele chama a atenção ao contraste primordial instituído entre a justificação "por meio da lei" (que não existe) e a justificação "sem lei" ou "à parte da lei", que é a provisão do evangelho, e a respeito da qual o apóstolo continuou sua exposição. Porém, não é evidente que o termo "agora" deve ser privado de sua força temporal. Paulo não estava frisando somente o contraste entre a justificação por meio das obras da lei e a justificação sem a lei, isto é, sem as obras da lei. Ele também enfatizava a *manifestação* desta última, que veio com a revelação de Jesus Cristo. *Agora*, em contraste com o passado, manifestou-se essa justiça de Deus; ela foi exposta à contemplação de todos, conforme Meyer admiravelmente demonstra em sua exposição. Isto não significa que, no conceito de Paulo, a justificação sem lei fora manifestada agora, pela primeira vez, e que na época anterior todos os homens conheciam apenas a justificação por meio das obras da lei.[1] Significa algo muitíssimo diferente. Para evitar qualquer discrepância entre o passado e o presente, o apóstolo lembra-nos, de modo claro, que essa justiça de Deus, agora manifestada, fora testemunhada pela lei e pelos profetas.[2] Ele se mostrou muito zeloso por manter, com relação a esta e a outras questões, a continuidade entre os dois Testamentos. Entretanto, em harmonia com essa continuidade, pode haver também uma distinta ênfase sobre a notável mudança, verificada no Novo Testamento, no que diz respeito à *manifestação*. Portanto, a força temporal do vocábulo "agora" pode ser reconhecida sem prejudicarmos o contraste entre as relações ou a continuidade dos dois períodos contrastados.

Quando Paulo afirmou "sem lei", o tom absoluto desta negativa não deve ser abrandado. Ele declarou tal coisa sem qualquer reserva ou equívoco

---

[1] Sanday e Headlam, ao contestarem a ideia de Meyer, não expõem o caso acuradamente, quando dizem: "Nestes versículos, os dois estados ou relações correspondem a duas épocas que sucederam uma à outra na ordem do tempo" (*op. cit.*, *ad loc.*). Os textos paralelos que eles citam (Rm 16.25,26; Ef 2.12,13; Cl 1.26,27; 2 Tm 1.9,10; Hb 9.26), ainda que estejam diretamente relacionados ao pensamento de Paulo neste assunto, não confirmam a posição de que as duas relações correspondem a dois períodos de tempo. O que é enfatizado pela expressão temporal νυνὶ δέ e também atestado pelos textos paralelos citados é a diferença no tocante à manifestação. Contudo, Sanday e Headlam são explícitos ao dizerem que, de acordo com Paulo, "a nova ordem de coisas de maneira alguma é contrária à antiga, mas, antes, é um desenvolvimento que fora devidamente previsto e para o qual houve provisão" (*ad loc.* sobre μαρτυρουμένη χ. τ. λ.).

[2] "A lei e os profetas", sem dúvida, é uma fórmula inclusiva, envolvendo todo o Antigo Testamento.

em referência à justiça justificadora, que é o tema desta parte da carta. Isto subentende que, na justificação, não há qualquer contribuição preparatória, acessória ou subsidiária, outorgada pelas obras da lei. Este fato é aqui estabelecido tanto pela própria expressão quanto por sua posição enfática dentro da sentença; e isto é confirmado pela polêmica que se prolonga por toda a carta. Negligenciar esta ênfase é perder de vista a mensagem central. Equivocar-se neste particular é distorcer o que não poderia ter sido mais claro e coerentemente afirmado.[3]

A expressão "sem lei" não deve ser entendida no sentido canônico, nem no sentido de uma dispensação. Não foi dito que a justiça de Deus agora se manifestou à parte do Antigo Testamento, visto como um cânon ou como um período. Paulo afirmou o oposto — "testemunhada pela lei e pelos profetas", no sentido de que a lei e os profetas prestaram testemunho a respeito dela. Na expressão "sem lei", o termo "lei" é empregado no sentido de "obras da lei" (v. 20), e o pensamento envolvido é apenas que a lei, na forma de mandamento ou de um instrumento que constrange às obras e as produz, em nada contribui para a nossa justificação. Temos aqui um instrutivo exemplo da facilidade com que o apóstolo pôde voltar-se de um significado da palavra "lei" para outro. A justiça que, sem reserva alguma, existe independentemente da lei, levando-se em conta um dos significados do vocábulo "lei", essa mesma justiça é testemunhada pela lei e, portanto, proclamada por ela, em outro significado do mesmo vocábulo. Em certo sentido, a lei propõe o contrário da justificação; mas, em outro sentido, a lei prega a justificação. Isso ilustra a necessidade de se determinar, em cada ocasião, o significado exato em que o termo "lei" foi utilizado pelo apóstolo, não devendo supor que tal vocábulo sempre tenha o mesmo sentido e conotação. A exposição dessas verdades tem sofrido por falta de reconhecimento dessa variação. Neste ponto, a variação é exemplificada em duas cláusulas consecutivas.

---

[3] A doutrina romanista da justificação, que consiste na graça santificadora mediante a qual os pecados são remidos e nos tornamos justos, concebe a justificação como um processo, pelo que também a justificação é incrementada pelas boas obras. No tocante à refutação do conceito romanista, o leitor deve examinar o apêndice sobre a "Justificação".

É possível que "sem lei", no versículo 21 deva ser interpretado diretamente com as palavras "se manifestou" e não com "a justiça de Deus". Neste caso, a ênfase recai sobre a manifestação sem lei e não sobre o fato de que é uma justiça independentemente da lei (cf. Meyer, *ad loc.*). Mas, ainda que, do ponto de vista da sintaxe, esta fosse a construção preferida, teríamos de concluir, por inferência, que se trata de uma justiça à parte da lei. Contudo, é possível que "sem lei" deva ser entendido em conjunto com "a justiça de Deus"; e, neste caso, a justiça seria diretamente caracterizada como uma justiça independente da lei.

"A justiça de Deus", a respeito da qual foi dito que seria manifesta, é a mesma encontrada em Romanos 1.17. O leitor deve consultar a exposição deste versículo.

A "justiça de Deus" citada no versículo 22 é a mesma do versículo 21 e de Romanos 1.17, e as palavras "mediante a fé em Jesus Cristo, para todos [e sobre todos] os que creem" têm força idêntica à expressão "de fé em fé", em Romanos 1.17. Novamente, ao leitor é recomendado que examine o comentário deste versículo. É necessário, todavia, observar os elementos adicionais que foram deixados implícitos em 1.17, mas que neste versículo são apresentados com clareza. O apóstolo tem o cuidado de definir a fé como a fé em Jesus Cristo. Dificilmente seria necessário mostrar que Jesus Cristo é o objeto e não o sujeito da fé a respeito da qual ele fala. Seria estranho a todo o ensino do apóstolo supor que ele tinha em mente a fé moldada segundo a fé que o próprio Jesus exemplificou, e muito mais estranho ainda seria pensar que somos justificados pela própria fé da parte de Jesus, isto é, pela fé que ele exerceu. Embora a noção de que a fidelidade de Cristo está em foco não seja, de modo geral, contrária à analogia das Escrituras; contudo, não há qualquer garantia para essa interpretação, neste versículo ou em Romanos 1.17. Recomenda-se ao leitor que examine o apêndice sobre este assunto.

Ao apresentar Jesus Cristo como o objeto da fé, o apóstolo colocou em primeiro plano uma consideração que não fora ainda expressamente declarada até esta altura da carta. A fé que é posta em relação à justificação não é a fé geral em Deus; muito menos ainda é alguma fé sem conteúdo bem definido e inteligível; é a fé dirigida à pessoa de Cristo. E quando ele é chamado de "Jesus Cristo", esses dois títulos sumariam tudo quanto Jesus era e é pessoal, histórica e oficialmente. Nos termos de Romanos 1.3-4, o objeto da fé que justifica é Jesus Cristo. Nos termos dos versículos 21 e 22, esta é a fé que nos coloca em eficaz relação com a justiça de Deus. Nos versículos seguintes, o apóstolo define a realização de Cristo mediante a qual ele foi constituído o objeto apropriado desta fé, uma realização definida como redenção, propiciação e vindicação da justiça. Jesus Cristo, na eficácia que lhe pertence como redentor e propiciador, é o objeto apropriado da fé. Esta se focaliza nele, em seu caráter específico como Salvador, Redentor e Senhor.

Tendo em vista o que fica implícito na expressão "mediante a fé em Jesus Cristo", poderíamos indagar, admirados, por que existiria aqui o acréscimo de "para todos os que creem". Precisamos admitir que é difícil ter certeza do que exatamente o apóstolo tencionava dizer. Porém, a interpretação razoável (cf. os comentários sobre Romanos 1.17) parece ser que a justiça de Deus é trazida a uma relação de eficácia para com os homens, mediante a fé em Cristo, mas também para com *todos* os crentes. A fé não é apenas eficaz para esta finalidade; ela é invariavelmente eficaz no caso da pessoa que crê. Não foi supérfluo para o apóstolo ressaltar esta verdade.[4] Ele havia demonstrado que todos, judeus e gentios, estavam debaixo do pecado. No tocante ao juízo penal de Deus, não há qualquer diferença. A glória do evangelho consiste no fato de que não existe discriminação, no juízo favorável de Deus, quando a fé entra em operação. Não há qualquer discriminação entre os crentes — a justiça de Deus sobrevém a *todos* eles, sem distinção.

Esta interpretação é confirmada pelas cláusulas que vêm logo a seguir: "Porque não há distinção, pois todos pecaram e carecem da glória de Deus". Todos são pecadores, por isso, todos os crentes são justificados gratuitamente pela graça de Deus. Portanto, há duas nuanças de pensamento nos dois elementos da cláusula. As palavras "mediante a fé em Jesus Cristo" salientam o fato de que é somente através da fé em Cristo que a justiça de Deus se torna operante para nossa justificação. E "para todos [e sobre todos] os que creem"

---

4 Isto seria fortalecido se adotássemos o texto dos manuscritos D e G, a maioria dos cursivos e algumas versões, isto é, εἰς πάντας καὶ ἐπὶ πάντας τοὺς πιστεύοντας. Porém, o texto abreviado de ℵ*, A, B, C e de algumas outras versões — εις πάντας τοὺς πιστεύοντας — exibe inequivocamente o mesmo pensamento. As variantes textuais sob hipótese alguma afetam o pensamento do apóstolo.

ressalta a verdade de que esta justiça sempre se mostra operante quando a fé se manifesta.

A cláusula "todos pecaram" (v. 23) encara o pecado de cada ser humano como "um fato histórico do passado" (Meyer, ad loc.). O tempo verbal empregado abrange todo aspecto no qual possa ser contemplada a pecaminosidade da raça humana; e não seríamos capazes de defender a ideia de que tal declaração se restringe ao pecado de Adão e ao envolvimento de sua posteridade (cf. 5.12). O interesse do apóstolo, nesta altura, é afirmar que, sem importar as diferenças que existem entre os membros da raça, no tocante ao agravamento que intensifica a pecaminosidade de cada um, todos eles, sem exceção ou discriminação, encontram-se na categoria de pecadores (cf. vv. 9-10).

O significado da cláusula coordenada "e carecem da glória de Deus" não se torna evidente de imediato; existem diversas possibilidades. O verbo grego significa "faltar", "ter falta de", "estar destituído de" (cf. Mt 19.20; Lc 15.14; 1 Co 1.7; 8.8; 12.24; Fp 4.12). Refere-se a uma condição e não a uma ação, embora, é claro, tal condição possa originar-se da ausência de uma ação que remediaria ou impediria a condição. O pensamento que suscita dificuldade e a respeito do qual os comentadores diferem é este: no que consiste a glória de Deus que nos falta e da qual estamos destituídos? Existem quatro possibilidades: (1) deixar de render glória a Deus, de glorificá-lo ou de fazer aquilo que contribui para o louvor de sua glória (quanto a este uso do termo "glória", cf. Lc 17.18; At 12.23; Rm 4.20; 1 Co 10.31; 2 Co 4.15; 8.19; Fp 1.11; 2.11; 1 Ts 2.6; Ap 4.9,11; 11.13; 14.7; 16.9); (2) deixar de receber a glória, a honra ou a aprovação que são proporcionadas por Deus (cf. Jo 5.41,44; 8.50; 12.43; Rm 2.7,10; Hb 3.3; 1 Pe 1.7; 2 Pe 1.17); (3) ficar aquém do refletir a glória de Deus, ou seja, não conformar-se à sua imagem (cf. 1 Co 11.7; 2 Co 3.18; 8.23); (4) deixar de receber aquela glória final que será dispensada ao povo de Deus, por ocasião da volta de Cristo (cf. Rm 5.2; 8.18,21; 1 Co 2,7; 15.43; 2 Co 4.17; Cl 1.27; 3.4; 2 Ts 2.14; 2 Tm 2.10; Hb 2.10; l Pe 5.1,4).

Esta dificuldade torna-se acentuada pelo fato de não existir qualquer expressão correspondente a esta no Novo Testamento, e uma boa argumentação poderia ser apresentada em favor de cada uma destas quatro interpretações. Poderíamos apenas indicar que as considerações pendem levemente em favor da interpretação 3. (a) Paulo usa o tempo presente de um verbo que descreve um estado ou uma condição. Portanto, deveríamos concluir que ele estava pensando sobre a condição presente de todos os homens, a qual tem origem no pecado; e isso está coordenado com o fato de que todos pecaram. Esta consideração tornaria a interpretação 4 menos sustentável. (b) Se a interpretação 1 fosse a tencionada pelo apóstolo, seria razoável supor que ele teria inserido algum outro vocábulo, tal como "dar" glória a Deus, de acordo com o padrão do uso geral no Novo Testamento ou de acordo com os padrões do próprio apóstolo; ou teria utilizado a preposição "para", adaptando toda a expressão de modo que dissesse "para a glória de Deus", tal como se vê nas passagens citadas na interpretação 1. (c) Embora possamos, conforme o uso costumeiro do Novo Testamento, aplicar a frase "a glória de Deus" ao louvor que vem da parte de Deus (cf. Jo 12.43), a forma mais perspicaz, nesta conjuntura, seria "glória da parte de Deus".[5] (d) É característico de Paulo retratar aquilo que a redenção garante, em contraste com aquilo que fora trazido pelo pecado, como uma transformação segundo a imagem de Deus (cf. 2 Co 3.18). Ao expor em detalhes a nossa presente condição, nada seria mais pertinente ou descritivo do que defini-la em termos de nossa destituição. Estamos destituídos daquela perfeição que reflete a perfeição divina e, por conseguinte, da glória de Deus.

24 — Os comentadores têm encontrado dificuldade acerca da afirmação no começo do versículo 24. O particípio "sendo justificados" não parece estar relacionado ao que o antecede, de maneira facilmente inteligível. O ponto de vista mais convincente é o daqueles intérpretes que levam em conta as afirmações imediatamente anteriores, nos vv. 22b e 23 — "porque não há distinção, pois todos pecaram e carecem da glória de Deus" — como se fosse um parêntese àquilo que é o assunto principal deste parágrafo. Quanto à sua forma e propósito, "sendo justificados" deve ser entendido em sequência direta com "justiça de Deus mediante a fé em Jesus Cristo, para todos [e sobre todos] os que creem" (v. 22a). Talvez não seja irrelevante observar que esta

---

5 Isto é, παρὰ θεοῦ, como em João 5.44 e 2 Pedro 1.17.

é a primeira vez, nesta carta, que Paulo usa este *verbo*, de maneira direta e positiva, em relação ao tema central da carta.⁶Ele acabara de definir que seu tema era a justiça de Deus, que opera pela fé em Cristo; agora, utilizando termos específicos, ele oferece esclarecimentos sobre a justificação gratuita, pela graça de Deus. Estes dois pensamentos, a saber: (1) que esta justiça de Deus é a nossa justificação, em contraste com a impossibilidade das obras da lei (v. 20); e (2) que esta justificação é dádiva gratuita de Deus, por sua graça — servem de base suficiente para o particípio definidor, "sendo justificados". Não há razão para hesitarmos quanto ao que nos pareceria uma construção gramatical incomum. Embora não admitamos que as cláusulas imediatamente anteriores sejam parentéticas em relação ao pensamento central desta passagem — opinião essa que tem muito a recomendá-la — não deveria existir dificuldade nesta construção gramatical. Pois o fato de que não há diferença e de que todos pecaram e carecem da glória de Deus está bem ligado ao pensamento expresso pelo particípio presente "sendo justificados". Conforme já verificamos, a pecaminosidade universal influi diretamente sobre o fato de que não há qualquer discriminação entre os crentes — todos eles são beneficiários da justiça de Deus. Portanto, agora, ao definir este tema nos termos expressos da justificação, a universalidade do pecado torna-se igualmente pertinente à gratuidade e graciosidade da justificação, bem como àquilo que a própria justificação significa. Noutras palavras, os vv. 22b e 23 mantêm uma significativa relação tanto com aquilo que os antecedem quanto com aquilo que os seguem; e o versículo 24 resume o tema do v. 22a, em termos que definem e expandem este último.

A combinação dos termos "gratuitamente" e "por sua graça" tem o efeito de ressaltar o caráter totalmente imerecido do ato justificador da parte de Deus. A graciosidade livre e soberana deste ato é o complemento positivo daquilo que fora asseverado no versículo 20 — "ninguém será justificado diante dele por obras da lei". Nenhum elemento, na doutrina paulina da

---

6 O verbo δικαιόω já havia sido usado em três ocasiões anteriores. Em Romanos 2.13 fora utilizado em referência ao princípio de equidade, afirmando que os praticantes da lei seriam justificados; em 3.4, reportando-se à vindicação de Deus; e em 3.20, onde o uso é negativo, no sentido de que nenhuma carne será justificada pelas obras da lei. Nessas três instâncias, torna-se evidente o mesmo significado forense.

justificação, é mais central do que este: o ato justificador de Deus não é constrangido, em qualquer grau ou extensão, por qualquer coisa que sejamos ou façamos e que poderia ser considerada como algo que predisporia Deus a justificar-nos. E não somente acontece que nada em nós ou feito por nós poderia constrangê-lo a tal ato, mas também é verdade que tudo quanto existe em nós serve para compelir a Deus a um juízo contrário — o mundo inteiro encontra-se debaixo de culpa aos olhos de dele (cf. vv. 9 e 19). Este ato, da parte de Deus, deriva toda a sua motivação, explicação e determinação daquilo que Deus é em si mesmo e daquilo que ele faz, no exercício de sua graça livre e soberana. Qualquer tipo de mérito, por parte do homem, quando relacionado à justificação, seria contrário ao primeiro artigo da doutrina paulina e, portanto, ao seu evangelho. A glória do evangelho de Cristo reside no fato de ser ele o evangelho da graça gratuita.

Nestes versículos, a ênfase sobre o caráter espontâneo e gracioso do ato justificador deve ser considerada em seus próprios méritos. Porém, uma consideração a respeito do contexto e as lições provenientes disso não devem ser menosprezadas. A ênfase sobre a graça gratuita não elimina o meio através do qual ela entra em operação. Esta é a lição que Paulo acrescenta logo em seguida: "Mediante a redenção que há em Cristo Jesus". Esta mediação revela duas verdades concernentes à graça da justificação: (1) o preço imenso por meio do qual a justificação foi conseguida; (2) este preço não nega, mas, pelo contrário, ressalta o caráter gracioso da justificação. Quão eloquente é este argumento sobre a justificação pela graça e a justificação mediante a redenção, para corrigir todo o argumento de que, se a justificação é gratuita, não pode envolver preço e, se envolve preço, não pode ser gratuita. Ela envolve ambas as coisas, e o preço magnifica a maravilha da graça gratuita. A justificação vem mediante a redenção que há em Cristo Jesus; não se concretiza mediante qualquer preço que tenhamos pago; envolve aquele elevadíssimo preço que Cristo pagou, a fim de que a graça gratuita se manifestasse, para a justificação dos ímpios.

O significado da raiz da palavra "redenção" é resgatar mediante o pagamento de um preço. É impossível reduzir o conceito neotestamentário de redenção à mera noção de libertação. A declaração de nosso Senhor (Mt

20.28; Mc 10.45) foi clara em termos de resgate substitutivo e de entrega da sua própria vida, o que, no Novo Testamento, significa o derramamento de seu sangue, o preço desta redenção. Trata-se do mesmo conceito que aparece nos termos utilizados pelo apóstolo Paulo nesta e em outras cartas (cf. Ef 1.7; Tt 2.14 e, em sentido escatológico, Rm 8.23; 1 Co 1.30; Ef 1.14; 4.30; ver também outros escritores do Novo Testamento: Lc 1.68; 2.38; 24.21; Hb 9.12,15; 1 Pe 1.18). Outro vocábulo usado por Paulo (Gl 3.13 e 4.5; cf. 1 Co 6.20; 2 Pe 2.1; Ap 5.9 e 14.3-4) transmite o mesmo pensamento. Portanto, "a redenção que há em Cristo Jesus" não pode ser reduzida a termos menos significativos do que o resgate obtido por Cristo através do derramamento de seu sangue e da entrega de sua vida.[7] Em adição a isso, deveríamos notar que o apóstolo concebe esta redenção como algo que se reveste de constante permanência em Cristo; é "a redenção que há em Cristo Jesus". A redenção não consiste somente naquilo que possuímos em Cristo (Ef 1.7), mas é a redenção da qual Cristo é a incorporação. A redenção não somente foi realizada por Cristo, mas também reside no Redentor em sua plena virtude e eficácia. A redenção concebida desta forma provê o meio pelo qual a justificação, por intermédio da gratuita graça de Deus, é aplicada.

25-26 — No versículo 25 encontramos outro termo caracterizando a provisão feita por Deus para nossa justificação. Trata-se do vocábulo "propiciação". A redenção contempla nossa escravidão, sendo a provisão da graça para libertar-nos desta escravidão. A propiciação contempla o fato de que somos passíveis à ira de Deus, além de ser a provisão da graça mediante a qual podemos ser libertados desta ira. Está totalmente em harmonia com o ensino de Paulo nesta epístola que ele anuncie deste modo a provisão da graça de Deus para nossa justificação. Ele iniciou a sua demonstração de que toda a raça humana está debaixo do pecado, ao afirmar que "a ira de Deus se revela do céu contra toda impiedade e perversão dos homens" (1.18). E, ao invés de tropeçarmos neste conceito da propiciação, deve-

---

7 Os vocábulos mencionados que expressam a redenção são estes: λύτρον, ἀντίλυτρον, λύτρωσις, λυτροῦσθαι, ἀπολύτρωσις, ἐξαγοράζω, ἀγοράζω e περιποιεῖσθαι. Quanto a um completo estudo, cf. "The New Testament Terminology of 'Redemption'", por B. B. Warfield, em *Biblical Doctrines* (Nova Iorque, 1929), pp. 327-372.

ríamos antes esperar que a categoria exata e adequada à necessidade e responsabilidade criada pela ira de Deus fosse aqui evocada para definir a provisão da graça divina.

Embora a palavra usada, neste versículo, pelo apóstolo ocorra somente duas vezes no Novo Testamento e na outra instância (Hb 9.5) designe claramente o propiciatório, a cobertura da arca da aliança no Santo dos Santos, há boas razões para crermos que, neste caso, signifique "oferta propiciatória", devendo ser interpretada segundo a analogia de 1 João 2.2; 4.10 e Hebreus 2.17 (cf. Lc 18.13; Hb 8.12).[8] Por esta razão, diz-se que Cristo foi um sacrifício propiciatório.

A linguagem exata do texto deve ser cuidadosamente observada. O texto não declara que Cristo ofereceu-se a si mesmo como sacrifício propiciatório, ainda que tal linguagem estaria de acordo com o ensinamento das Escrituras. Nossa atenção é atraída para o fato de que *Deus o propôs*[9] como sacrifício propiciatório, e, visto que a pessoa em foco é distinguida de Cristo, Deus Pai é retratado como quem o estava propondo (cf. 5.8,10; 8.3; 1 Co 8.6; 2 Co 5.18,19; Ef 4.4-6; Hb 2.10-13). É bastante estranho ao pensamento bíblico negligenciar a agência de Deus Pai nas provisões da redenção, assim como é uma perversão representar o Pai como quem se ocupa do exercício da graça e da misericórdia pela intervenção propiciatória de Cristo. Neste

---

8   ἱλαστήριον em Romanos 3.25 e Hebreus 9.5, ἱλασμός em 1 João 2.2 e 4.10, e ἱλάσκεσθαι em Hebreus 2.17. Quanto a um estudo completo a respeito do conceito da propiciação, cf. Roger R. Nicole, "C. H. Dodd and the Doctrine of Propitiation", em *The Westminster Theological Journal*, XVII, 2, pp. 117-157; Leon Morris, "The Use of ἱλάσκεσθαι, etc., in Biblical Greek", em *The Expository Times*, LXII, 8, pp. 227-233 e *The Apostolic Preaching of the Cross* (Londres, 1955), pp. 125-185. Quanto à ideia de que ἱλαστήριον significa oferta propiciatória, em Romanos 3.25, cf. Meyer, *op. cit.*, *ad loc.*; J. B. Ligthfoot, *Notes, ad loc.* Quanto à opinião contrária, afirmando que ἱλαστήριον se refere ao propiciatório, cf. Philippi, *op. cit.*, *ad loc.*; Gifford, *op. cit.*, pp. 96-98; Nygren, *op. cit.*, pp. 156, ss.

9   προέθετο está no aoristo médio e, em todo o Novo Testamento, é usado somente aqui, em 1.13 e Efésios 1.9. Nas duas outras instâncias, este termo é usado significando "propósito", tal como o substantivo πρόθεσις (cf. 8.28; 9.11; Ef 1.11; 3.11; 2 Tm 1.9). Este significado ("propósito") não é impossível em 3.25, sendo adotado por J. B. Lightfoot, *Notes, ad loc.*; cf. também *ibid.*, *ad* Efésios 1.9. Moulton e Milligan fornecem exemplos a fim de mostrar que, com frequência, nos papiros, o termo προτίθημι significa "demonstrar publicamente". Conforme Sanday e Headlam salientam, o contexto está repleto de termos que denotam publicidade, e esta consideração, bem como seu uso em outros textos, favorece fortemente essa tradução. J. H. Moulton sugere, com base na analogia de certa inscrição, ser possível o sentido "oferecer" (cf. Moulton e Milligan, *op. cit.*, *ad* προτίθημι). A voz média de προτίθημι, significando "propor", aparece na Septuaginta em Salmos 53.5; 85.14; 100.3.

versículo, Paulo apresenta o Pai como quem tomou a iniciativa nesta ação e fez a provisão pela qual a propiciação foi realizada.

O vocábulo traduzido por "propôs" mui provavelmente tem este significado. Este é o seu significado em 1.13 e Efésios 1.9. Porém, o contexto e o uso em outros textos gregos parecem indicar que o pensamento central é o de manifestação pública. Esta forma sugere que pode haver a ideia reflexiva, e, neste caso, alguma ênfase recairia sobre o fato de que Deus desejou demonstrar para si mesmo uma propiciação. Este pensamento combina admiravelmente com o propósito total da passagem e com o ensinamento do apóstolo noutros trechos; e serviria para recordar que os interesses ou exigências divinos cumpriram-se através da provisão propiciatória. Entretanto, apesar de não podermos insistir em demasia na significação do próprio verbo, o pensamento idêntico é transmitido pelo fato de que Deus Pai propôs a Cristo como propiciação, a fim de demonstrar a sua justiça. A propiciação aponta para Deus. Naturalmente, os interesses dos homens são promovidos no mais elevado grau, mas, na realização desses interesses, são preservadas as exigências divinas. Não somos deixados a conjecturar quais são estas exigências — propor Cristo como propiciação visava demonstrar a justiça de Deus.

Não seria incompatível com o pensamento desta passagem considerar "a justiça de Deus", mencionada no versículo 25, como a justiça de Deus que constitui a nossa justificação, conforme vemos nos versículos 21, 22 e em Romanos 1.17. Pois a verdade é que essa justiça é publicamente demonstrada na propiciação, e poderíamos dizer que a propiciação visava a essa finalidade. A propiciação efetua nossa justiça justificadora e, por isso mesmo, pode ser interpretada como nossa justiça demonstrada. Porém, existem razões que nos constrangem a pensar que a justiça de Deus, neste caso, é o seu atributo de justiça, tal como no versículo 5.

(1) No versículo 26, Paulo retorna a esta mesma consideração e nos informa, especificamente, sobre o alvo para o qual essa demonstração de justiça foi dirigida; tal demonstração tinha como alvo "Ele mesmo ser justo e o justificador daquele que tem fé em Jesus". Isto sugere que a exigência em foco é a justiça de Deus na justificação dos pecadores. Nas provisões

da propiciação, duas coisas se combinam e se fundem: a justiça de Deus e a justificação dos ímpios. Esta justiça de Deus, implícita na expressão "para ele mesmo ser justo", não pode ser a justiça de Deus que realiza e constitui a nossa justificação. A forma da expressão mostra que se trata daquela justiça inerente de Deus, que não pode ser violada sob hipótese alguma, e deve ser vindicada e conservada na justificação dos pecadores. Isso demonstra que a justiça contemplada na manifestação citada no versículo 25, e também no 26, é a justiça inerente de Deus.

(2) Não somos apenas informados sobre a finalidade dessa demonstração de justiça (v. 26), mas também sobre a razão que tornou necessária essa demonstração (v. 25). A razão é "por ter Deus, na sua tolerância, deixado impunes os pecados anteriormente cometidos". Dois trechos dos discursos de Paulo, registrados no Livro de Atos (14.16; 17.30), esclarecem o que ele pretendia dizer com a "tolerância" de Deus; Paulo se referia às gerações passadas, quando Deus "permitiu que todos os povos andassem nos seus próprios caminhos" (At 14.16), e aos "tempos da ignorância", em contraste com a modificação que ocorreu na economia da graça de Deus, quando ele "agora... notifica aos homens que todos, em toda parte, se arrependam" (At 17.30).

Nestas gerações passadas, Deus não visitava os homens com uma ira proporcional aos pecados que eles cometiam. Neste sentido, os pecados deles foram deixados de lado ou esquecidos. Esse deixar de lado, entretanto, não pode ser equiparado à remissão dos pecados. Suspensão de penalidade não equivale a perdão. É esta consideração — nas gerações passadas Deus não executava sobre os homens a plena medida de seu desagrado, mas exercia tolerância — que o apóstolo menciona aqui como o motivo que levou Deus a demonstrar sua justiça em Cristo, como propiciação. A tolerância exercida nas épocas passadas tendia a obscurecer, na compreensão dos homens, a inviolabilidade da justiça de Deus. A tolerância estava sujeita a ser interpretada como indiferença para com as reivindicações da justiça e suspensão do julgamento, implicando na revogação e remissão do julgamento. Portanto, agora, em Cristo e em sua propiciação, Deus demonstrou publicamente que, a fim de serem revogados a sua ira e o seu juízo punitivo, era necessário providenciar a propiciação. "Deixado impunes"¹⁰ não é justificação, pois esta requer uma propiciação que satisfaça e vindique plenamente a justiça de Deus. Portanto, pode-se entender facilmente que o fato de os pecados terem sido deixados de lado, na tolerância de Deus, não tornou necessário que Deus demonstrasse sua justiça justificadora; mas entendemos que esse deixar de lado os pecados exigiu que ele demonstrasse a sua justiça inerente e que, por demonstrá-la (a todos os homens, mediante a proclamação do evangelho em todo o mundo), a justificação requer nada menos do que a propiciação realizada mediante o sangue de Jesus.

Concluímos, pois, que a justiça de Deus, apresentada nos versículos 25 e 26 é a justiça inerente de Deus. Isto se reveste de crucial importância em nossa interpretação sobre o ensino de Paulo. Indica que a vindicação e a satisfação dos ditames da justiça se encontram no âmago de sua doutrina de redenção e propiciação, como provisões da graça de Deus para a justificação dos pecadores. Poderíamos dizer, se o quiséssemos, que essa *demonstração* é governamental. Essa demonstração é necessária ao governo de Deus, que se ocupa com a justificação dos pecadores. Não podemos dizer, entretanto, que a *justiça* demonstrada na propiciação tem caráter meramente governamental; a justiça inerente de Deus é demonstrada em uma propiciação que satisfaz e remove o julgamento da sua ira. Este complexo de pensamento deve ser extraído de Romanos 3.24-26. E esta passagem exemplifica como o apóstolo podia entrelaçar a redenção, a propiciação e a vindicação da justiça, visto que estas são apenas diferentes aspectos pelos quais podemos contemplar as provisões da graça divina para a salvação dos homens; são também diferentes facetas daquele processo pelo qual Deus se mostra justo quando justifica aqueles que têm fé em Jesus.

---

10 πάρεσις ocorre somente aqui no Novo Testamento, mas, com base em outros textos gregos, verifica-se que seu significado é "deixar impune", "passar por cima". Cf. Arndt e Gingrich, *op. cit.*; Moulton e Milligan, *op. cit.* Nas palavras de J. B. Lightfoot: "A distinção entre ἄφεσις, a revogação do castigo, e πάρεσις, a suspensão da punição... é confirmada pelo seu uso nos escritos clássicos... O melhor comentário sobre esta passagem é a própria linguagem de Paulo, em Atos 17.30, onde o vocábulo ὑπεριδῶν expressa com exatidão a ideia (cf. At 14.16). Substituir ἄφεσιν por πάρεσιν, neste texto, destruiria totalmente o sentido. Por haverem sido deixados impunes os pecados, não tendo sido perdoados, tornou-se necessária a manifestação da justiça de Deus, na encarnação e paixão de Cristo" (*Notes, ad loc.*).

Existem algumas poucas questões adicionais e pertinentes, nos versículos 25 e 26, que exigem comentário.

Como poderíamos interpretar a relação que há entre as partes componentes de uma propiciação "no seu sangue... mediante a fé"? É difícil ser dogmático quanto a este assunto. Alguns interpretam "no seu sangue" como objeto da fé; outros vinculam "no seu sangue" diretamente à propiciação, e, então, a fé é reputada como suficientemente definida pelo contexto, sendo esta a fé em Cristo. Se nos deixarmos guiar pela analogia da expressão no versículo 22, "justiça de Deus mediante a fé em Jesus Cristo", esta última alternativa parece preferível. Sem dúvida, a propiciação é realizada no sangue de Cristo Jesus; está de acordo com o pensamento de Paulo considerar o sangue de Cristo como aquilo que define no que consiste o sacrifício propiciatório e também como aquilo que serviu para demonstrar publicamente a propiciação (cf. Gl 3.1). Isso está de acordo com os padrões paulinos de aludir à fé, em tais conexões, sem necessariamente definir seu objeto (cf. vv. 22b; 1.17), como o instrumento pelo qual nos tornamos verdadeiros participantes da dádiva objetiva que é a propiciação no sangue de Jesus. Finalmente, interpretar, nestes versículos, o sangue de Cristo como aquilo em que a fé culmina poderia ser um desvio da precisão de Paulo em apresentar o próprio Cristo como o objeto da fé, sobretudo neste contexto (cf. vv. 22a; 26b).

A clara especificação de tempo, na expressão "no tempo presente" (v. 26), é outro exemplo da importância vinculada à época histórica na qual Deus forneceu essa demonstração da sua justiça. Isso é contrastado com as gerações passadas, quando a tolerância de Deus estava em operação, e também mostra que essas realizações, que têm Deus como seu centro, ocupam um lugar na história. Não devemos relegar ao campo do supra-histórico aquilo que satisfaz os interesses e as exigências de Deus.

A expressão "daquele que tem fé em Jesus", no final do versículo 26, embora tenha paralelos bem próximos (ver Gl 2.16; 3.22; Fp 3.9), não é usada com essa forma exata em nenhum outro trecho bíblico. Em face do que verificamos antes (v. 22), seria totalmente insustentável supor que essa expressão deva ser interpretada segundo a analogia de outra expressão que Paulo utilizou e que lhe é idêntica quanto à forma — "da fé que teve Abraão"

(4.16). Esta, indubitavelmente, significa a fé moldada de acordo com a fé da parte de Abraão. Mas a expressão "fé em Jesus" deve ser interpretada de acordo com a analogia do uso paulino em outros trechos, onde Jesus Cristo, Cristo Jesus ou simplesmente Cristo é o objeto da fé. Entretanto, nesta singular expressão há o toque da ternura, por um lado, e da majestade, por outro. O nome Jesus sugere a intimidade do relacionamento pessoal com o Salvador, naquele caráter evidenciado em sua manifestação histórica, nos dias de sua carne. Contudo, quando Paulo concebe a pessoa de Cristo como o objeto desta fé, subentende a majestade com a qual ele considerava que este mesmo Jesus histórico estava investido.

3.27-31

27 Onde, pois, a jactância? Foi de todo excluída. Por que lei? Das obras? Não; pelo contrário, pela lei da fé.
28 Concluímos, pois, que o homem é justificado pela fé, independentemente das obras da lei.
29 É, porventura, Deus somente dos judeus? Não o é também dos gentios? Sim, também dos gentios,
30 visto que Deus é um só, o qual justificará, por fé, o circunciso e, mediante a fé, o incircunciso.
31 Anulamos, pois, a lei, pela fé? Não, de maneira nenhuma! Antes, confirmamos a lei.

27-31 — Estes versículos poderiam ser considerados um epílogo apresentando os resultados que podem ser extraídos do evangelho da graça, delineado nos versículos 21 a 26. Transparece claramente a nota de inferência decisiva e de confiança. "Onde, pois, a jactância? Foi de todo excluída." A jactância que o apóstolo tinha em mente envolve a exultação ativa e a autocongratulação. É incerto se Paulo estava pensando especificamente nos judeus, como aqueles que se jactavam de seus privilégios peculiares e de suas boas obras, que, segundo pensavam, lhes davam aceitação diante de Deus, em contraste com os gentios; ou se Paulo pensava em termos mais gerais acerca da atitude de autocongratulação por parte de todos os homens. Porém, ainda que esta última alternativa seja a verdadeira, tais palavras se dirigem com muita propriedade aos judeus (cf. 2.17-25, especialmente v. 23). A resposta à pergunta é decisiva. O tempo verbal usado tem a força de "está excluída de uma vez por todas", conforme dizem Sanday e Headlam (*ad loc.*), e seu significado é suficientemente expresso pelas palavras "Foi de todo excluída".

"Por que lei? Das obras? Não; pelo contrário, pela lei da fé." Estas perguntas e suas respostas mostram que a palavra "lei" foi utilizada em sentido diferente daquele apresentado até este ponto da carta. Mas foi empregada mais adiante com este mesmo sentido (7.21,23; 8.2). É óbvio que, ao falar sobre "a lei da fé", Paulo não pretendia que a palavra "lei" tivesse significado contrário ao da fé (cf. vv. 19-21,28). Porquanto, em tal caso, haveria contradição na expressão "a lei da fé". Isto demonstra, uma vez mais, a grande flexibilidade do vocábulo "lei" nesta carta e também revela quão facilmente o apóstolo passava de um significado ou conotação para outro. Aqui, pois, em ambos os casos, a palavra "lei", aplicada a "obras" ou à "fé", deve significar "sistema", "princípio", "método", "ordem" ou "norma". O contraste estabelecido é aquele que existe entre a ordem de coisas na qual as obras são o meio de justificação e aquela outra ordem de coisas em que a justificação se dá exclusivamente pela fé. Esta última é o princípio que o apóstolo assevera triunfantemente como a inferência que deve ser extraída do evangelho apresentado nos versículos 21 a 26. No versículo 28, Paulo manifesta a razão (e não a conclusão) de haver feito essa assertiva sobre a lei da fé: "Concluímos, pois, que o homem é justificado pela fé, independentemente das obras da lei". Existem dois elementos, nesta declaração, que são particularmente apropriados ao pensamento do apóstolo: primeiro, pela fé somos justificados; segundo, por meio da fé *qualquer homem* é justificado, não importando se ele é judeu ou gentio.

Cumpre-nos indagar de que maneira o princípio da fé é tão rigidamente incompatível e contrário às obras da lei, na questão da justificação. A única resposta é a qualidade específica da fé oposta à qualidade das obras. A justificação pelas obras sempre tem sua base naquilo que a pessoa é e faz; sempre é orientada pela consideração das virtudes da pessoa justificada. A qualidade específica da fé é a confiança e o compromisso com outrem. Em essência, a fé volta-se para fora de si mesma e, neste aspecto, é diametralmente contrária às obras. A fé consiste de *auto-renúncia*; as obras são *autocongratulatórias*. A fé olha para o que Deus faz; as obras dizem respeito àquilo que somos. Esta antítese de princípio capacitou o apóstolo a basear a total exclusão das obras em relação ao princípio da fé. Somente a fé tem relevância no evangelho delineado nos versículos 21 a 26. É pela fé e não depende "das obras da lei". Assim, a ideia de "pela fé *somente*" estava implícita no argumento do apóstolo. Lutero nada acrescentou ao significado desta passagem, quando disse: "Pela fé somente".

Nos versículos 29 e 30, invoca-se o fato de que Deus é um só. Este fato é o primeiro artigo da fé judaica (ver Dt 6.4; cf. Is 45.5). Paulo utilizou esse artigo para apoiar a unidade do princípio que opera na questão da justificação — se Deus é um, então ele é Deus tanto dos judeus quanto dos gentios (v. 29), não podendo haver diversidade no *modus operandi* de seu juízo justificador. A identidade de princípio, nas operações salvadoras da parte de Deus, resulta da unidade de seu relacionamento com todos, na qualidade de Deus único de todos (cf. Is. 43.11; 45.21,22). Portanto, ele "justificará, por fé, o circunciso e, mediante a fé, o incircunciso" (v. 30). O tempo futuro, "justificará", não é usado com referência ao julgamento final, mas, citando as palavras de Meyer, "precisa ser entendido, como no versículo 20, *acerca de cada caso de justificação* a ser realizado" (*ad loc.*). A variação das preposições, "por fé" e "mediante a fé", não deve ser interpretada como se indicasse qualquer diferença no tocante à fé pretendida ou às relações da mesma. Isto prejudicaria o argumento da passagem, que afirma não haver qualquer discriminação (cf. também os vv. 22-24). Paulo costumava usar ambas as expressões, embora tivesse decisiva preferência pela primeira. A variação das preposições serve apenas para acentuar a identidade do método.

O interesse do apóstolo, ao argumentar em prol da ausência de qualquer diferença entre judeus e gentios na justificação, geralmente é admitido por nós; e, conforme declarou o Dr. Hodge: "Estamos tão familiarizados com estas verdades, que, em certa medida, elas perderam o seu valor" (*ad loc.*). Porém, se levarmos em conta o que Meyer chama de "o degenerado exclusivismo teocrático" dos judeus ou aquilo que Hodge denomina de "seus estritos preconceitos nacionais e religiosos", descobriremos a necessidade desta insistência do apóstolo. E, para os judeus crentes, esta verdade deve ter se manifestado com "emoções voluntárias de admiração, gratidão e alegria" (Hodge). Não devemos supor, no entanto, que o objetivo de Paulo fosse apenas corrigir os preconceitos dos judeus. Ele também trazia no coração os interesses dos gentios. E este universalismo étnico do evangelho também deve ter resplandecido para os gentios com emoções de júbilo e admiração.

A interpretação do versículo 31 e suas relações exatas com o contexto são questões em torno das quais tem havido considerável diferença de opinião entre os expositores. O versículo 31 pertence ao terceiro ou ao quarto capítulo? Se adotarmos esta última alternativa, a lei referida neste versículo deveria ser entendida como o Pentateuco ou o Antigo Testamento em geral, sentido esse que não está sem apoio nos escritos de Paulo (cf. 2.18,20; 5.13; 7.1; 1 Co 9.8,20; Gl 3.19,21,23; 4.4). Pois, em tal eventualidade, ao citar Abraão e Davi (4.1-8), o apóstolo estaria mostrando que a doutrina da justificação pela fé estava arraigada no próprio Antigo Testamento e que ela se encontrava no âmago da revelação confiada aos judeus, da qual se ufanavam. De acordo com esse ponto de vista sobre o significado da palavra "lei", no versículo 31, Paulo estaria dizendo que o Antigo Testamento (quer considerado apenas como os livros de Moisés, quer considerado em sua inteireza), ao invés de ser eliminado pelo evangelho da graça, foi confirmado por este. Esta interpretação está de acordo com o ponto de vista paulino a respeito do Antigo Testamento e da relação entre esta doutrina e o evangelho que ele estava defendendo (cf. 4.1-25; Gl 3.17-22). Portanto, o versículo 31 seria um vigoroso repúdio da sugestão de que o Antigo Testamento se tornava sem valor, além de ser uma enfática confirmação e uma adequada introdução para o capítulo 4. Esta opinião eliminaria a crítica, algumas vezes manifestada, de que o versículo 31 é abrupto e sumário demais para servir de resposta apropriada à questão levantada e, portanto, está fora do lugar.[11]

---

11 "O novo capítulo deveria começar no versículo 31, porque este contém o tema das discussões posteriores. Se admitíssemos, juntamente com Agostinho, Beza, Calvino, Melancton, Bengel e muitos outros... que em 4.1, uma vez mais, foi introduzido um assunto novo e que Paulo não levou avante o νόμον ἱστῶμεν... encontraríamos um extraordinário fenômeno em Paulo — ele estaria arbitrariamente deixando sem resposta uma objeção tão importante... utilizando apenas uma asserção contrária e, logo em seguida, à semelhança de quem não tem uma argumentação clara, passando a outro assunto" (Meyer, *op. cit., ad loc.*).

Por mais atraente que seja esta opinião, e, embora seja convincente, por estar em consonância com o ponto de vista paulino sobre o Antigo Testamento, há razões para outra interpretação quanto às relações com o seu contexto e quanto aos significados do vocábulo "lei". (1) Este versículo está em relação lógica com aquilo que o antecede. Suscita uma indagação natural e inevitável. Paulo havia argumentado que "por obras da lei" nenhuma carne pode ser justificada (v. 20), que a justiça de Deus se havia manifestado "sem lei" (v. 21), que o princípio do evangelho baseia-se na fé e não em obras (v. 27), que um homem é justificado pela fé, "independentemente das obras da lei" (v. 28). Esta reiterada negação das obras da lei torna irresistível a pergunta: para que serve, então, a lei? É inútil? Foi anulada? De fato, ela deve ser rejeitada? Estas perguntas estão implícitas na pergunta: "Anulamos, pois, a lei pela fé?" (2) No que diz respeito à construção, o versículo 31 possui uma relação íntima com o que antecede e não com o que o segue. A palavra "pois", logo no início, sugere que a inferência suposta procede daquilo que fora dito. Além disso, se o versículo 31 for vinculado a Romanos 4.1, a pergunta que se encontra neste último não parecerá estar em relação apropriada para com a categórica declaração de Romanos 3.31b. E o capítulo 4 pode manter-se perfeitamente bem sem qualquer introdução, que seria suprida pelo versículo 31.

Por estas razões, podemos considerar o versículo 31 como a conclusão do argumento do capítulo 3. Neste versículo, qual é a força da pergunta e da resposta de Paulo? Qual é o significado da palavra "lei"? Estas perguntas já foram potencialmente respondidas nos comentários anteriores. No argumento apresentado nos versículos precedentes, a negação das obras da lei, como que possuindo qualquer instrumentalidade ou eficiência na justificação, tem em vista obras realizadas em obediência ao mandamento divino; portanto, a lei abordada naqueles versículos é a lei dos mandamentos, sem importar sob qual aspecto a consideremos. O que está em vista é uma lei que ordena os homens à submissão e à realização de seus mandamentos. E a insistência do apóstolo é que *quaisquer* obras realizadas em resposta a *qualquer* desses mandamentos não têm valor algum na justificação. Portanto, a pergunta que surge é: isto anula a lei dos mandamentos, tornando-a irrelevante e inoperante em qualquer aspecto? A resposta de Paulo assume a forma de negativa mais enfática. Ele retrocede aterrorizado ante tal sugestão e assegura: "Não, de maneira nenhuma!" E, tendo rejeitado tal suposição, afirma de maneira irrefutável: "Antes, confirmamos a lei".

Paulo tinha plena consciência do perigo da inferência antinomiana, falsamente baseada na doutrina da graça. Ele aborda esta inferência minuciosamente no capítulo 6, onde oferece argumentos que não somente a refutam, mas também a reduzem ao absurdo. No entanto, neste versículo ele antecipou essa objeção e a respondeu de maneira sumária e eloquente. Ele procurou evitar uma distorção à qual não podemos conceder um instante sequer de tolerância. Nas palavras de Philippi: "Este versículo, portanto, contém apenas um pensamento breve interposto como antecipação, um abrupto desvencilhar-se de uma objeção natural... Aqui o apóstolo analisou apenas antecipadamente o argumento que adiante seria apresentado de maneira mais completa" (*op. cit., ad loc.*).[12]

---

12 Cf. também Gifford, *op. cit., ad loc.*, e a excelente nota de rodapé de John Owen, tradutor do comentário de Calvino sobre a carta aos Romanos, *ad loc.*

Capítulo VI
A Comprovação Fundamentada no Antigo Testamento (4.1-25)

4.1-5

1 Que, pois, diremos ter alcançado Abraão, nosso pai segundo a carne?
2 Porque, se Abraão foi justificado por obras, tem de que se gloriar, porém não diante de Deus.
3 Pois que diz a Escritura? Abraão creu em Deus, e isso lhe foi imputado para justiça.
4 Ora, ao que trabalha, o salário não é considerado como favor, e sim como dívida.
5 Mas, ao que não trabalha, porém crê naquele que justifica o ímpio, a sua fé lhe é atribuída como justiça.

No capítulo 4, Paulo começou a demonstrar, pelas Escrituras do Antigo Testamento, o elemento central da doutrina que ele desdobrara no capítulo anterior. Não há dúvida de que o principal interesse do apóstolo, no argumento que apresentara, é a antítese entre a justificação pelas obras e a justificação pela fé (cf. 3.20,22,25-28,30). Este interesse aparece em primeiro plano na série de demonstrações que Paulo extraiu do Antigo Testamento. Ele recorreu, antes de tudo, ao caso de Abraão. Recorrer a Abraão é algo notável, pois conforme alguém já afirmou: "O caso de Abraão era o centro e o baluarte de todo o ponto de vista judaico".[1]

1 — É preferível considerar a conjunção, no início do versículo 1, como transicional e não inferencial.[2] Este versículo não é uma conclusão daquilo que o antecede (ponto de vista advogado por aqueles que julgam Romanos 3.31 como pertencente ao capítulo 4), mas subentende um avanço para a consideração daquilo que é o exemplo estabelecido por Abraão — "Que, pois, diremos ter alcançado Abraão, nosso pai segundo a carne?"[3] Diversos dos mais hábeis comentadores das Escrituras asseguram que as palavras "segundo a carne" devem ser entendidas juntamente com a expressão verbal "ter alcançado".[4] É questionável, entretanto, que possamos nos mostrar assim tão decisivos quanto a isto, pois tal expressão poderia ser interpretada em conjunto

---

1 Sanday e Headlam, *op. cit.*, *ad loc.*
2 Cf. Hodge, *op. cit.*, *ad loc.*
3 A interpretação do versículo 1 torna-se complicada devido às variantes textuais no tocante à posição ou presença de εὑρηκέναι. Em ℵ, A, C, D, E, F e G, apoiados por diversas versões e alguma autoridade patrística, este vocábulo ocorre antes de 'Αβραάμ. Na maioria dos manuscritos cursivos, ele aparece depois de ἡμῶν, e esta forma também é apoiada por alguma autoridade patrística. Em B, 1739 e 1908*, é inteiramente omitido. Não podemos desprezar a opinião de J. B. Lightfoot, que afirmou: "εὑρηκέναι tem de ser considerado, pelo menos, como um termo duvidoso", por causa de suas diferentes posições em outros manuscritos e da tendência dos escribas por suprirem uma expressão elíptica, além da sua omissão em B (*Notes*, p. 276). Deveríamos entender que, se εὑρηκέναι for omitido, o sentido do versículo não se torna complexo. Se mantivermos esse verbo e seguirmos a maioria dos manuscritos cursivos, colocando-o depois de ἡμῶν, provavelmente só poderíamos entender κατὰ σάρκα no significado ético, que diria "no poder da carne". Se adotarmos o texto de ℵ, A, e outros, não haverá razão para que κατὰ σάρκα seja interpretado em qualquer outro sentido, exceto o da paternidade natural; se omitirmos εὑρηκέναι, teremos o mesmo resultado. Portanto, se seguirmos a maioria dos manuscritos cursivos, só poderemos interpretar κατὰ σάρκα no sentido ético. Quanto a esta forma textual, há duas coisas que precisam ser ditas. (1) Havendo tanta autoridade externa contra ela, não podemos admitir sua genuinidade. (2) Em bases exegéticas, há uma forte objeção à hipótese de que o apóstolo sugeriu, mesmo por meio de pergunta, que Abraão conseguira qualquer coisa mediante o poder da carne, isto é, qualquer coisa relevante ao assunto sobre o qual Paulo estava falando. Todas as considerações favorecem o ponto de vista de que neste versículo temos uma pergunta cujo significado é: qual é a situação referente a Abraão, nosso progenitor segundo a carne?
4 Meyer, Godet, Philippi, Hodge, e outros. Se adotássemos o texto em que εὑρηκέναι precede imediatamente a κατὰ σάρκα (ver nota anterior), essa interpretação seria a mais natural.

com "Abraão, nosso pai".⁵Paulo quase possuía o monopólio desta expressão, utilizando-a frequentemente no mesmo sentido depreciativo do nosso vocábulo "carnalidade", ou seja, "de acordo com os impulsos e princípios pecaminosos", onde "carne" é sinônimo de natureza humana dominada pelo pecado (cf. Rm 8.4,5,12,13; 1 Co 1.26; 2 Co 1.17; 10.2; 11.18). Ele também usou esta expressão em um sentido menos pejorativo, embora ainda com tom depreciativo (2 Co 5.16). No entanto, Paulo também a empregou, sem qualquer depreciação subentendida, no que diz respeito a nosso Senhor, em sua identidade humana (Rm 1.3; 9.5), e também no que se refere aos homens (Rm 9.3; 1 Co 10.18; Ef 6.5; Cl. 3.22; cf. Hb 12.9).⁶ Portanto, é evidente que Paulo poderia ter usado esta expressão em Romanos 4.1, acerca da paternidade de Abraão, em termos de geração natural, e não há razão para supormos que, ao ter chamado Abraão de "nosso pai", era desnecessário Paulo adicionar a qualificação de ter sido ele progenitor por geração natural. A conjunção de "segundo a carne" com "Abraão, nosso pai" torna isso mais aceitável; e não encontramos qualquer consideração óbvia exigindo que interpretemos a expressão "segundo a carne" como se esta modificasse ou definisse "ter alcançado". A questão que envolve todo o versículo pode permanecer geral em seus termos — o que Abraão alcançou, no que concerne a questão que está sendo discutida? Qual era o caso em relação à pessoa de Abraão?

Se adotarmos a outra interpretação, a de que "segundo a carne" deve ser ligado a "ter alcançado", o pensamento torna-se este: Abraão alcançou a justificação diante de Deus através do empenho de suas próprias capacidades naturais? "A carne", pois, seria correspondente a "por obras" (v. 2), as obras efetuadas no poder da carne. Talvez o argumento mais decisivo em apoio a essa interpretação seja o de que a primeira cláusula do versículo 2 parece requerer uma expressa alusão à justificação pelas obras. De outra maneira, a suposição hipotética, manifestada no versículo 2, seria abrupta, e a conjunção

---

5   προπάτορα é apoiado por ℵ*, A, B, C* e outros manuscritos. Visto que ele é usado somente aqui no Novo Testamento, este é um forte argumento em seu favor, levando-se em conta as probabilidades de transcrição. A expressão usual é Ἀβραὰμ ὁ πατὴρ ἡμῶν.
6   O significado exato da expressão em Gálatas 4.23,29 parece-me duvidoso.

"porque" não teria o antecedente que esperaríamos. Entretanto, isso não é conclusivo. O apóstolo havia ponderado com suficiência, no capítulo anterior, a respeito da antítese entre as obras e a fé, pelo que a referência à justificação pelas obras, no versículo 2, é totalmente relevante e incisiva, sem qualquer alusão expressa à mesma no versículo 1. Nada mais além da questão franca: o que aconteceu no caso de Abraão? O versículo 2 torna-se necessário como introdução àquilo que o apóstolo passou a demonstrar pelas Escrituras, no tocante a Abraão. Por conseguinte, não há qualquer argumento decisivo, originado do contexto, em apoio a ideia de que "segundo a carne" deve ser interpretado juntamente com "ter alcançado".

2-3 — O pensamento do versículo 2, "Porque, se Abraão foi justificado por obras, tem de que se gloriar", implica em certa suposição. Se admitíssemos que "segundo a carne", no versículo 1, deve ser interpretado com "ter alcançado", esta suposição leva adiante a sugestão do versículo 1, no sentido de que Abraão talvez tivesse atingido a justificação pelas obras, além de inferir que, se isto foi verdade, Abraão teria motivo para gloriar-se.[7] Com base nesta suposição, a inferência é inevitável: Abraão poderia ter-se gloriado de sua realização, obtida por meio de seus próprios esforços. É evidente, porém, que o apóstolo não estava sugerindo ou supondo algo baseado na realidade, nem estava apresentando uma sugestão que nos permita entreter a possibilidade de que Abraão poderia ter sido justificado por obras. Trata-se meramente de uma hipótese, como parte de um argumento, cujo objetivo imediato é refutar tal hipótese. Em suma, o "se" faz parte de uma hipótese totalmente contrária ao fato. A resposta do apóstolo à inevitável consequência da hipótese está contida na última porção do versículo 2 — "porém não diante de Deus". Essa resposta é que, na realidade, não há qualquer jactância nem qualquer base para jactância em relação a Deus. A síntese da expressão apostólica, neste ponto, tende a obscurecer para nós o seu argumento. Tem o sentido deste silogismo: (1) se uma pessoa for justificada pelas obras, terá motivo para gloriar-se; (2)

---

7 "Motivo para gloriar-se" é ideia exigida em pensamento, quer consideremos καύχημα como termo que denota expressamente *materies gloriandi*, segundo a opinião de Meyer, quer o consideremos sinônimo de *gloriatio*. Cf. Lightfoot, *Notes, ad loc.*

Abraão foi justificado por obras; (3) portanto, Abraão tinha motivo para gloriar-se. Paulo confronta e nega de maneira enfática tal conclusão. É como se ele estivesse dizendo: embora o silogismo esteja formalmente correto, não se aplica a Abraão. Como é que Paulo refuta esta conclusão? Mostrando que a premissa menor não é verdadeira. Ele prova que Abraão *não* fora justificado por obras; ao demonstrar isso, Paulo contesta tal conclusão. Este é o sentido da declaração "porém não diante de Deus". E como ele anulou a premissa menor? Simplesmente apelando às Escrituras; ele citou Gênesis 15.6, que com toda a certeza deve ser considerado como extremamente relevante para o caso em foco. Gênesis 15.6 nada diz sobre obras. "Pois que diz a Escritura? Abraão creu em Deus, e isso lhe foi imputado para justiça" (v. 3). Ao evocar este texto, deve ficar evidente para nós que Paulo baseou seu argumento principalmente sobre o fato de que a *fé que Abraão possuía* estava em primeiro plano. Os versículos 4 e 5 mostram que este é o principal interesse de Paulo neste texto. Nestes versículos, o argumento gira novamente em torno da antítese entre a fé e as obras.

No hebraico, o texto de Gênesis 15.6 declara: "Ele creu no Senhor, e isso lhe foi imputado para justiça". Esta linguagem é semelhante àquela usada no caso de Fineias, em referência a seu zelo pelo Senhor: "Isso lhe foi imputado por justiça, de geração em geração, para sempre" (Sl 106.31). Não podemos duvidar que o zeloso ato de Fineias lhe foi imputado como justiça; e a linguagem, em Gênesis 15.6, tanto por seus próprios termos como pela analogia do Salmo 106.31, deve ser interpretada de modo similar, ou seja, que Deus considerou a fé que Abraão possuía como justiça. A citação feita pelo apóstolo neste versículo (cf. Rm 4.9,22,23; Gl 3.6) também deve ser interpretada da mesma maneira. O versículo 9 é claro quanto ao fato de que aquela "fé" lhe foi imputada como justiça. E a palavra "imputado", neste versículo, tal como se vê no hebraico, significa que a fé lhe foi lançada em conta. E a implicação é que os resultados correspondentes seguiram essa imputação.

Entretanto, cumpre-nos reconhecer a diferença entre os dois casos (Gn 15.6 e Sl 106.31). No caso de Fineias, foi um ato de zelosa indignação de sua parte; foi uma obra. Foi-lhe creditada a devoção que sua fé em Deus produzira — justiça no sentido ético e religioso. Porém, aquilo que foi atribuído a Abraão era de natureza bem diversa. Na interpretação e aplicação paulina de

Gênesis 15.6, isto se torna bastante evidente. Paulo não poderia ter invocado o trecho do Salmo 106.31, nesta conexão, sem violar o seu argumento inteiro. Porquanto, se tivesse apelado ao Salmo 106.31 quanto à questão da *justificação*, a justificação dos ímpios (cf. v. 5), o caso de Fineias teria provido uma contradição inerente, demonstrando que a *justificação* é possível mediante um ato justo e cheio de zelo. Portanto, embora a fórmula de Gênesis 15.6 seja similar à do Salmo 106.31, os assuntos abordados são diferentes. O trecho de Gênesis 15.6 trata da *justificação*, conforme Paulo mostra; o Salmo 106.31 trata das boas obras que são fruto da fé. Essa distinção deve ser conservada em mente, na interpretação de Gênesis 15.6, particularmente quando esta passagem é aplicada por Paulo, neste capítulo de Romanos.

Nesta passagem, Paulo se ocupa da justificação pela *fé*, em oposição à justificação pelas *obras*. Por esse motivo, ele apela a Gênesis 15.6; a *fé* por parte de Abraão é o fator acentuado naquela passagem. E a linguagem exata que nos mostra lhe ter sido imputada a fé chama a nossa atenção simplesmente para o fato de ter sido a fé que foi levada em conta. Paulo focaliza a sua atenção sobre aquela consideração e molda seu argumento de acordo com ela; ou seja, em contraste com as obras, a fé entrou no cômputo divino acerca de Abraão, na questão de sua justificação. Nos termos da linguagem de Gênesis 15.6, a fé foi atribuída a Abraão, para a justiça envolvida na justificação. Entretanto, onde se apela a Gênesis 15.6, não precisamos deixar de reconhecer, por razões dogmáticas, que a fé é que lhe foi imputada (vv. 5,9-11,22,23). De que maneira isto se harmoniza com a verdade afirmada tão claramente em outros trechos desta carta — a justiça de Cristo é a base da justificação, a justiça mediante a qual somos justificados — é um assunto que precisa ser estudado em seu devido lugar.[8] Não faz parte do interesse de nossa exegese fugir do significado dos termos aqui usados por Paulo ou deixar de levar em conta a ênfase, tão apropriada a toda a doutrina, de que a *fé* é-nos reputada como justiça na justificação.

4-5 — Ao mostrar, através de Gênesis 15.6, que Abraão foi justificado pela *fé*, Paulo comprovou o argumento do versículo 2, ou seja, Abraão não foi justificado por obras e, por isso, não tinha motivos para gloriar-se. Os

---

8   Ver discussão no Apêndice A.

versículos 4 e 5 expõem o pensamento implícito no versículo 2, mostrando a antítese entre a recompensa resultante das obras realizadas, por um lado, e o método da graça, por outro. É questionável que o apóstolo, ao tratar deste assunto, pudesse ter falado de "recompensa segundo a graça". De fato, ele não o fez; sua menção à graça, no versículo 4, visava negar que a recompensa de quem trabalha ocorre "de acordo com a graça". Portanto, a antítese é entre a ideia de compensação e a ideia de graça — o trabalhador tem em vista a compensação; quem não trabalha pode somente esperar na graça. No versículo 5, não lemos, portanto, na forma de contraste: "Mas àquele que não trabalha o salário não lhe é considerado como dívida, e sim como graça". Neste lado da antítese, os termos são cuidadosamente selecionados para se adaptarem ao interesse principal em foco. A antítese não é simplesmente entre o trabalhador e a pessoa que não trabalha, e sim entre o trabalhador e a pessoa que não trabalha *mas crê*. Não se trata apenas de crer, mas crer com uma específica qualidade e direção — crer "naquele que justifica o ímpio". A questão, pois, é afirmada em linguagem adequada ao assunto em torno do qual tudo gira, ou seja, "a sua fé lhe é atribuída como justiça".

A descrição dada no versículo 5, "naquele que justifica o ímpio", tem por intuito exibir a magnificência do evangelho da graça. A palavra "ímpio" é forte e mostra a magnitude e a extensão da graça divina; seu juízo justificador é exercido em favor de injustos e ímpios. O versículo 5 encerra uma declaração geral acerca do método da graça, não tendo a finalidade de descrever especificamente a Abraão. Pelo contrário, encontramos aqui o governante princípio da graça, que é exemplificado no caso de Abraão, porquanto ele creu de conformidade com este princípio.

4.6-8

6 *E é assim também que Davi declara ser bem-aventurado o homem a quem Deus atribui justiça, independentemente de obras:*

7 *Bem-aventurados aqueles cujas iniquidades são perdoadas, e cujos pecados são cobertos;*

8 *bem-aventurado o homem a quem o Senhor jamais imputará pecado.*

Nestes versículos, o segundo exemplo extraído do Antigo Testamento foi mencionado, a fim de provar que a justificação pela fé está inserida nas Escrituras da antiga aliança. Trata-se do exemplo de Davi. Entretanto, o apelo a Davi e ao salmo a ele atribuído não é independente daquela demonstração extraída do caso de Abraão. Antes, é confirmatório ou, na expressão de Meyer, "acessório". Isto é demonstrado pelo modo como Paulo introduziu a citação de Davi: "E é assim também que Davi...". É demonstrado também pelo fato de que Paulo, no versículo 9, retorna ao exemplo provido pela fé exercida por Abraão, continuando a fazê-lo até o fim do capítulo. É claro, pois, que o pronunciamento de Davi a respeito do homem bem-aventurado, além de confirmar aquilo que fora dito antes, levou o apóstolo à enunciação de outro aspecto da história de Abraão que reforça, de modo igualmente conclusivo, o assunto de sua polêmica.

Davi declarou "bem-aventurados aqueles cujas iniquidades são perdoadas, e cujos pecados são cobertos" (v. 7), e isto é correlato à declaração de bem-aventurança que pertence ao "homem a quem o Senhor jamais imputará pecado" (v. 8). É precisamente esta declaração de bem-aventurança que está em foco no versículo 6, quando Paulo se referiu à afirmativa de Davi declarando ser "bem-aventurado o homem a quem Deus atribui justiça, independentemente de obras". Aquilo que Davi proferiu em termos de não-imputação e perdão de pecados, Paulo interpreta, mais positivamente, como a imputação da justiça. Precisamos fazer algumas observações.

(1) O apelo à declaração de Davi mostra-se muito pertinente ao tema do apóstolo. Ele tratava da justificação pela fé em oposição às obras. Nada poderia ilustrar melhor essa tese do que a declaração de ser bem-aventurado o homem cujas iniquidades são perdoadas e a quem o Senhor não imputa pecado. Porquanto o que se contempla nesta declaração não são as boas obras, e sim o contrário, pecados e iniquidades. E a pessoa bem-aventurada não é aquela que tem as boas obras lançadas em sua conta, mas, pelo contrário, aquela cujos *pecados não são lançados* em sua conta. A religião de Davi, portanto, não estava alicerçada sobre o conceito de boas obras, mas sobre o conceito da graciosa remissão de pecados; e a bem-aventurança, reputada como a síntese do favor divino, não tinha

afinidade com méritos obtidos através de obras boas. A relevância disso para o argumento de Paulo é inequívoca.

(2) Quando Paulo disse: "Deus atribui justiça" (v. 6), sem dúvida ele empregou esta expressão como sinônimo de justificação. Doutro modo, seu argumento seria inválido. Pois a sua tese era a da justificação pela fé, independentemente de obras. Portanto, atribuir "justiça independentemente de obras" é similar à ideia de justificação sem as obras. Isto nos mostra que, na estimativa de Paulo, a fórmula derivada de Gênesis 15.6 — "atribui justiça" — conforme se lê no versículo 6, tem o mesmo significado de "justificar"; e a cláusula que diz ter sido a fé exercida por Abraão "atribuída como justiça" deve equivaler à outra que afirma ser o homem "justificado pela fé" (cf. 3.26,28,30; 5.1).

(3) Quando Paulo derivou a sua doutrina da justificação, em termos de imputação da justiça (v. 6), a partir de uma afirmação de Davi pronunciada em termos de remissão e não de imputação de pecados (vv. 6 e 7) e, portanto, em sentido formalmente negativo, ele deve ter considerado a justificação como correlativa à remissão de pecados, se não mesmo definida em termos de remissão de pecados. Esta inferência serve de argumento conclusivo contra o ponto de vista romanista de que a justificação consiste na infusão da graça. A justificação é necessariamente forense, assim como a própria remissão dos pecados.

(4) Não podemos dizer que Paulo tencionava definir toda a natureza da justificação como se esta consistisse apenas na remissão de pecados. Mas onde estiver a justificação, ali estará também a remissão de pecados, e *vice-versa*. Eis a razão por que ele fez uma virtual equiparação de termos, nestes versículos. Porém, conforme Paulo já havia demonstrado (cf. 1.17; 3.21-26) e conforme o demonstrará mais adiante (cf. 5.17-21 e 10.3-6), a remissão não *define* a justificação, embora a justificação necessariamente envolva a remissão. O interesse mais particular do apóstolo, nesta altura, deve ser apreciado. Ele teve o cuidado de estabelecer, baseado nas Escrituras, particularmente aquelas que dizem respeito a Abraão, a antítese entre a justificação pelas obras e a justificação pela fé. O apelo a Davi e ao Salmo 32.1-2, em adição ao que fora dito sobre Abraão, visava demonstrar isto: o que as Escrituras concebem como a síntese da bem-aventurança e da felicidade não é a re-

compensa conferida por causa de obras, e sim a outorga da graça mediante a fé. A bem-aventurança constitui-se daquilo que é ilustrado pela remissão de pecados, e não daquilo que se enquadra na categoria das recompensas segundo os méritos humanos. Nesta passagem, a correlação entre a remissão e a justificação e a virtual identificação de uma com a outra, por conseguinte, devem ser entendidas à luz do interesse e da ênfase particulares do apóstolo. Não devemos tomar este fato como prova de que a justificação e a remissão de pecados são ideias sinônimas e capazes de se definirem reciprocamente. A justificação envolve a remissão, e, no que concerne à antítese entre as obras e a fé, o caráter específico da justificação é tão nítido, que a remissão de pecados a exemplifica.

4.9-12

9   Vem, pois, esta bem-aventurança exclusivamente sobre os circuncisos ou também sobre os incircuncisos? Visto que dizemos: a fé foi imputada a Abraão para justiça.

10 Como, pois, lhe foi atribuída? Estando ele já circuncidado ou ainda incircunciso? Não no regime da circuncisão, e sim quando incircunciso.

11 E recebeu o sinal da circuncisão como selo da justiça da fé que teve quando ainda incircunciso; para vir a ser o pai de todos os que creem, embora não circuncidados, a fim de que lhes fosse imputada a justiça,

12 e pai da circuncisão, isto é, daqueles que não são apenas circuncisos, mas também andam nas pisadas da fé que teve Abraão, nosso pai, antes de ser circuncidado.

Os versículos 9 a 12 desenvolvem o argumento de que Abraão foi justificado antes de ter sido circuncidado. Paulo recorre a este fato para mostrar que a circuncisão não teve papel na justificação de Abraão e, portanto, que a justificação pela fé se aplica tanto no caso dos circuncisos como no dos incircuncisos. O fato histórico de que Abraão foi justificado muito antes de haver sido circuncidado está registrado nas páginas do livro de Gênesis. A instituição da circuncisão encontra-se em Gênesis 17.10-13, mas a referência à justificação de Abraão, pela fé, aparece em Gênesis 15.6, havendo pelo menos catorze anos entre os eventos associados a estas duas referências. Isto nos parece uma lição tão óbvia a ser extraída da história de Abraão, que não achamos necessário devotar-lhe muitos argumentos. Porém, trata-se de uma lição óbvia que os judeus falharam em aprender. Quando levamos em conta o fato de que a tradição judaica interpretara a preeminência de Abraão e o privilégio do povo judeu, como descendentes de Abraão, em termos quase exclusivos de circuncisão e associara à circuncisão as bênçãos da vida presente e da vindoura, descobrimos quão pertinente é este argumento para a demonstração que o apóstolo estava apresentando. Ele mostrou, pelos registros sagrados, que a bem-aventurança declarada por Davi, contemplada como o resumo da felicidade e do favor divino, pertence tanto aos circuncisos quanto aos incircuncisos. Quando exposta sob essa luz, a lição óbvia da História é percebida como algo que equilibra as distorções judaicas. Disso resulta a relevância e a necessidade da argumentação.

9-10 — No versículo 9: "Visto que dizemos: a fé foi imputada a Abraão para justiça", Paulo aludia de novo a Gênesis 15.6, e a palavra "dizemos" deve ser tida como uma asserção que não será posta em dúvida, ou seja, um fato admitido por todos. A ênfase recai sobre a *fé* que Abraão possuía, e, conforme já pudemos ver, a declaração inteira — "a fé foi imputada a Abraão para justiça" — equivale a "Abraão foi justificado pela fé". Tendo delineado esta premissa admitida por todos, Paulo formulou a pergunta essencial neste ponto: "Como, pois, lhe foi atribuída?" (v. 10.) O assunto implícito é a fé. E o pensamento é: como foi imputada a fé para a justificação de Abraão? A utilização da palavra "como" para formular a pergunta, e não "quando", parece revestir-se de significação. De conformidade com a observação de Meyer, Paulo estava indagando: "Quanto ao *status*, sob quais *circunstâncias*[9] Abraão foi justificado pela fé? Foi no *status* de circuncisão ou no de incircuncisão?" "Estando ele já circuncidado ou ainda incircunciso?" (v. 10.) Paulo fez a pergunta na forma mais incisiva

---

9 *Op. cit., ad loc.*

possível. Pois, se isto ocorreu quando Abraão se encontrava no estado de circuncisão, então o simples fato de ter sido ele justificado pela fé não teria a mesma irrefutabilidade no presente argumento; alguém poderia ainda alegar que a circuncisão era um fator determinante. Para dizer o mínimo, teria sido uma condição, e os legalistas poderiam ainda recorrer à ideia da necessidade dessa condição acompanhante. É sob esta luz que a forma exata da pergunta e da sua resposta outorga vigor ao argumento. A resposta do apóstolo é: "Não no regime da circuncisão, e sim quando incircunciso". Por conseguinte, na questão da justificação e da fé que visava à justificação, a circuncisão não serviu de fator, nem mesmo de circunstância condicionante. Esta é a força da lição que extraímos da ordem dos acontecimentos na história de Abraão. É mais do que uma questão de sequência temporal; a circuncisão não tem qualquer relação com a fé ou com a justificação de Abraão.

11-12 — Entretanto, no versículo 11, Paulo define a relação entre a circuncisão e a fé demonstrada por Abraão. Pelo simples motivo de que a circuncisão ainda não existia, ela em nada contribuíra para o exercício da fé ou para a justificação por meio da fé. Contudo, a circuncisão tinha certa relação com a fé. Paulo insiste em que a circuncisão não era puramente um rito secular nem meramente um sinal de identidade racial. O seu significado estava relacionado à fé. Paulo não incorreu no fundamental equívoco de pensar que, por não ter qualquer eficácia em criar fé ou a bem-aventurança que a acompanha, a circuncisão não tinha qualquer importância ou valor religioso. Paulo demonstra que sua importância procedia de sua relação com a fé e com a justiça da fé. "E recebeu [Abraão] o sinal da circuncisão como selo da justiça da fé que teve quando ainda incircunciso" (v. 11). Numa palavra, a circuncisão simbolizou e selou a fé que Abraão possuía.

Esta relação entre a circuncisão e a fé fortalece o argumento do apóstolo. Pois, se a circuncisão simbolizava a fé, esta devia ser reputada como existente antes de haver sido dado o seu símbolo; e, de maneira ainda mais evidente, um selo ou autenticação pressupõe a existência da coisa selada, embora o selo nada acrescente ao conteúdo desta.

Usualmente verificamos certa distinção entre um símbolo e um selo; um símbolo aponta para a existência da coisa simbolizada, ao passo que um selo autentica, confirma e garante a genuinidade daquilo que é selado. Sem dúvida, essa distinção era algo que o apóstolo tencionava fazer. O selo envolve mais do que o símbolo; o selo adiciona o pensamento de autenticidade. E o selo foi aquilo que o próprio Deus acrescentou, a fim de assegurar a Abraão que a fé exercida por ele na promessa divina fora aceita por Deus, tendo em vista cumprir, para Abraão, a promessa na qual ele havia crido. Em Gênesis 17.10-14 é claramente afirmado que a circuncisão é o símbolo da aliança. Não existe nisso qualquer incompatibilidade. Na qualidade de símbolo e selo da aliança, a circuncisão também serve de selo da fé e da justificação pela fé, sem a qual a aliança não teria qualquer significado. A fé demonstrada por Abraão, mencionada em Gênesis 15.6, tinha como objeto as promessas de Gênesis 15.4-5, as quais ele confiou que Deus cumpriria. Estas promessas eram essencialmente as mesmas que foram concretizadas e confirmadas pela aliança estabelecida em Gênesis 17.12-14 (cf. Gn 15.4-5 com 17.2,4). Precisamos considerar os trechos de Gênesis 12.1-3, 15.4-6,18-21 e 17.1-21 como um pensamento unificado e progressivo que desdobrou, para Abraão, o propósito e a graça da aliança de Deus; e a fé demonstrada por Abraão, registrada em todos estes exemplos, é a mesma fé que responde, com ampla compreensão e devoção, às progressivas revelações do propósito de Deus. Não podemos imaginar que estas revelações da aliança estejam separadas da fé produzida por elas, nem devemos pensar na fé como algo desvinculado das revelações da promessa e do propósito aos quais Abraão dirigia a sua fé. É a impossibilidade de estarem separadas — as revelações da aliança e a fé — que outorga harmonia aos fatos de que a circuncisão era, ao mesmo tempo, o selo da aliança e o selo da fé.

A última parte do versículo 11 e o versículo 12 formam uma unidade que define o objetivo dos fatos mencionados na primeira porção do versículo 11. Estes fatos são: (1) Abraão *efetivamente* recebeu o sinal da circuncisão; e (2) isto serviu de selo da fé que ele tivera antes de ser circuncidado. Estas duas considerações são relevantes. O significado da circuncisão, como selo da fé, não pode ser menosprezado. No entanto, o outro fato, de que a fé que ela selou foi exercida em seu estado de incircuncisão, também precisa ser apreciado. Então, qual é o propósito que se tem em vista? O apóstolo, em primeiro lugar, ponderou sobre o propósito do segundo fato; este propósito foi declarado na parte final do versículo 11 — que Abraão se tornasse o pai de todos que creem, embora incircuncisos, ou seja, de todos os crentes incircuncisos. E posto que Abraão é o pai de todos eles, a justiça atribuída a Abraão também lhes será imputada. Todos esses crentes, apesar de incircuncisos, desfrutarão, perante Deus, de justificação semelhante à proporcionada a Abraão. No versículo 12, Paulo definiu o propósito de Abraão ter recebido o selo da circuncisão: para que ele se tornasse o pai tanto dos circuncisos quanto dos incircuncisos. Se, por um lado, o fato de ser incircunciso não é um obstáculo à fé e à justificação mediante a fé, não servindo como empecilho para sermos filhos de Abraão; por outro lado, não devemos supor que a circuncisão seja uma desvantagem. O apóstolo mostrou-se zeloso em guardar-nos contra tal inferência; o caso dos judeus em nada é prejudicado pela circuncisão. Por isso, ele disse: "O pai da circuncisão" (v. 12). Porém, é igualmente necessário insistir em que não é a circuncisão que faz alguém tornar-se um filho de Abraão, e, por essa razão, Paulo acrescentou: "Daqueles que não são apenas circuncisos, mas também andam nas pisadas da fé que teve Abraão, nosso pai, antes de ser circuncidado" (v. 12). A circuncisão não é um obstáculo. Todavia, não é um fator determinante, uma vez que o fator determinante é a outra característica que tem de estar coordenada com a circuncisão — seguir o exemplo "da *fé* que teve Abraão". As expressões usadas para descrever esse fator devem ser observadas. "Andar nas pisadas" é marchar em fila. Abraão é reputado como o líder do grupo, e não andamos lado a lado, e sim em fila, seguindo as pisadas deixadas por ele. E as pisadas são as da "fé que teve Abraão" no *status* de incircunciso. Porém, essa fé não recebe qualquer condicionamento ou eficácia provenientes da circuncisão. A circuncisão não é um fator que exclui ou contribui para nos tornarmos filhos de Abraão. Todos quantos são da fé, estes "são filhos de Abraão" (Gl 3.7). A identidade de fé está em foco quando se afirma que os crentes são filhos de Abraão, assim como a identidade de modo de habitação está em foco quando Jabal é chamado de "o pai dos que habitam em tendas (Gn 4.20); e uma identidade de ocupação está em destaque quando Jubal é denominado "o pai de todos os que tocam harpa e flauta (Gn 4.21).[10]

4.13-18

13 *Não foi por intermédio da lei que a Abraão ou a sua descendência coube a promessa de ser herdeiro do mundo, e sim mediante a justiça da fé.*
14 *Pois, se os da lei é que são os herdeiros, anula-se a fé e cancela-se a promessa,*
15 *porque a lei suscita a ira; mas onde não há lei, também não há transgressão.*
16 *Essa é a razão por que provém da fé, para que seja segundo a graça, a fim de que seja firme a promessa para toda a descendência, não somente ao que está no regime da lei, mas também ao que é da fé que teve Abraão (porque Abraão é pai de todos nós,*
17 *como está escrito: Por pai de muitas nações te constituí.), perante aquele no qual creu, o Deus que vivifica os mortos e chama à existência as coisas que não existem.*
18 *Abraão, esperando contra a esperança, creu, para vir a ser pai de muitas nações, segundo lhe fora dito: Assim será a tua descendência.*

13 — Neste versículo não há uma interrupção no argumento. Há uma *transição para outra consideração* pertinente à prova derivada do Antigo Testamento, no sentido de que a justificação é pela fé e que Abraão é pai de todos quantos creem, quer sejam da circuncisão, quer sejam da incircuncisão. Mas o interesse fundamental é o mesmo; isto é demonstrado pelo contínuo apelo do apóstolo à antítese entre a fé e as obras da lei (cf. vv. 13,14,16,22-24), bem como ao fato de ser Abraão o pai de todos que creem (cf. vv. 16-18). Entretanto, o *novo* elemento introduzido no versículo 13 é a antítese entre a *lei* e a *promessa*; e considerações pertinentes à promessa são agora desen-

---
10 Cf. Hodge, *op. cit., ad loc.*

volvidas com o mesmo grau de irrefutabilidade, conforme verificamos nos versículos anteriores, que manifestavam o argumento procedente "da fé que teve Abraão" no estado de incircuncisão.

Quando lemos que "não foi por intermédio da lei que a Abraão ou a sua descendência coube a promessa",[11] surgem duas questões em particular. O que significa a palavra "lei"? Em que consiste a descendência de Abraão nessa instância? Quanto à primeira, não há boas razões para entendermos "lei" em qualquer outro sentido além daquele argumentado anteriormente (3.31). O vocábulo "lei" deveria ser considerado como que se referindo à lei na forma de mandamentos que exigem obediência, aplicando-se a toda lei que se inclui nesta categoria. Naturalmente, é verdade que a lei mosaica apresentou a mais articulada e impressionante revelação da lei de Deus, neste aspecto, e que os Dez Mandamentos são a expressão sumária mais concentrada daquilo que a lei é na qualidade de mandamento. No entanto, supor que Paulo tencionava referir-se ao contraste entre a dispensação abraâmica da promessa e a mosaica não nos fornece a antítese entre "lei" e "promessa", nos termos deste argumento. A administração mosaica (conforme Paulo mostra em Gálatas 3.17-22) não anulou ou suspendeu a promessa feita a Abraão — a promessa continuava válida e plenamente em vigor quando a aliança mosaica foi estabelecida, 430 anos depois; e continuou em operação. Portanto, é um erro indefensável dizer-se sumariamente que a lei mencionada neste versículo significa a lei de Moisés, interpretando-a no sentido de administração mosaica. Também não devemos reputar a "lei" como o Antigo Testamento, em sentido canônico, pois isto estaria ainda mais afastado dos termos da antítese. Portanto, temos de considerar que Paulo falava sobre a "lei" dos mandamentos, com alusão às obras da lei exigidas pela lei dos mandamentos. O apóstolo estava afirmando o completo contraste entre "lei" e "promessa". A lei ordena e produz ira quando é violada (cf. v. 15); ela desconhece a graça. A promessa é a garantia de que a graça é outorgada; é um dom gratuito. Aceitando essa antítese entre as provisões da lei e as da

---

11 Há bons motivos para a tradução "não através de lei". A omissão do artigo, neste caso, serve para frisar o que está em foco: não a lei mosaica como uma economia, mas apenas como uma lei que requer obediência.

promessa, Paulo afirmou categoricamente que não foi através da lei que a promessa fora concedida a Abraão. Era um fato indubitável que se tratava de uma promessa. Por conseguinte, em razão do contraste implícito, verifica-se que a promessa não veio através da lei. Isso está de acordo com todo o desenvolvimento do argumento de Paulo apresentado a partir de Romanos 3.20.[12]

A questão concernente à descendência de Abraão pode ser respondida com facilidade. Em Gálatas 3.16, o "descendente" é Cristo. Neste caso, porém, a descendência deve ser a descendência coletiva de Abraão, porquanto, nos versículos 16 e 17, Paulo falou da promessa como algo assegurado "para toda a descendência, não somente ao que está no regime da lei, mas também ao que é da fé que teve Abraão (porque Abraão é pai de todos nós, como está escrito: Por pai de muitas nações te constituí.)" Ele se referia aos "muitos" dos quais Abraão era o pai (cf. vv. 11,12). Estes versículos também deixam claro que não estão em foco os descendentes naturais de Abraão, e sim todos, tanto os da circuncisão como os da incircuncisão, que são "da fé que teve Abraão" (v. 16). Portanto, a "promessa" é aquela concedida a todos os que creem, e todos que creem fazem parte da descendência de Abraão.

A cláusula "de ser herdeiro do mundo" explica a promessa feita a Abraão e à sua descendência; também nos mostra em que consistia a promessa. Nestes termos exatos, não encontramos qualquer promessa no Antigo Testamento. Onde a encontramos? Naturalmente, pensamos na promessa feita a Abraão, de que nele todas as famílias da terra seriam abençoadas (Gn 12.3), bem como nas promessas correlatas outorgadas mais tarde (cf. Gn 13.14-17; 15.4,5,18-21; 17.2-21; 22.15-18). Entretanto, à luz de todo o ensino paulino, não podemos excluir do escopo desta promessa, conforme ela é definida pelo apóstolo, o propósito messiânico mais abrangente. Foi definido, como promessa feita a Abraão, que *ele* seria herdeiro do mundo, mas isso também é uma promessa feita ao seu descendente e, por isso mesmo, dificilmente pode envolver qualquer outra coisa senão o domínio universal prometido a Cristo e à descendência espiritual de Abraão, em Cristo. Trata-se de uma promessa que tem seu cumprimento final na consumada ordem dos novos céus e da nova terra.

---

12 "Mediante a justiça da fé" é a afirmativa contrária a "por intermédio da lei".

14-15 — O versículo 14 é o resumo do argumento de negação do versículo anterior, onde lemos: "Não foi por intermédio da lei que a Abraão ou à sua descendência coube a promessa"; também demonstra a necessidade desta frase negativa, ao analisar a consequência: "Pois, se os da lei é que são os herdeiros, anula-se a fé e cancela-se a promessa". A expressão "da lei" é posta em contraste com a expressão "da fé"; e "lei" deve significar, conforme temos averiguado repetidas vezes, a lei dos mandamentos que exige obediência e realização. "Os da lei" são as pessoas governadas pela lei como princípio orientador e normativo de sua religião, em contraste com os que possuem a fé como o princípio básico de sua religião. "Os da lei" são apenas aqueles que são "das obras da lei". Nestes versículos, lei não é mais a economia mosaica, vista como uma administração, assim como também não o era no versículo 13. E a inferência de que, se os herdeiros são as pessoas que praticam as obras da lei, fica anulada a fé e cancelada a promessa. Esta inferência foi extraída da reconhecida contradição entre a fé e as obras; uma coisa exclui a outra. E o mesmo acontece no caso da lei e da promessa, visto que a promessa é correlata à fé.

Entretanto, nestes versículos encontramos outra razão pela qual podemos extrair a inferência a respeito do cancelamento da fé e da promessa. Essa razão é apresentada no versículo 15: "Porque a lei suscita a ira; mas onde não há lei, também não há transgressão". Em outras palavras, essa é a razão particular, ressaltada nesta instância, por que a lei torna sem efeito tanto a fé quanto a promessa. Em que consiste essa ira provocada pela lei? Já foi proposto que se trata da ira ou da inimizade provocada pela lei no coração humano, uma verdade que Paulo salienta mais adiante (cf. 7.8,11,13). E isto não é irrelevante ao assunto aqui considerado, visto ser lembrado que a lei, por si mesma, somente provoca maior transgressão e nunca obediência ou realização; isto ajusta-se à refutação do legalismo. Porém, há motivos para pensarmos que esta não é a ideia nestes versículos; pelo contrário, essa ira é a ira de Deus. Paulo utilizou a palavra "ira" para referir-se à ira profana à qual o ser humano está sujeito (Ef 4.31; Cl 3.8; 1 Tm 2.8; cf. Tg 1.19,20). Embora, com maior frequência, nas cartas de Paulo, como também, de modo geral, no Novo Testamento, este vocábulo seja usado para indicar a ira de

Deus, nesta carta, com a possível exceção de 13.4,5 (onde também não está em foco a ira *profana* do homem), a menção é sempre à ira de Deus. Deveria haver razões compelidoras para que Paulo, nesta ocasião, se desviasse desse sentido. E, ao tratar da inimizade despertada no coração humano, por causa do pecado que toma ocasião pelo mandamento (Rm 7.8,11,13), Paulo não utilizou esse termo. O vocábulo "ira" não é o mais apropriado para transmitir o pensamento desta reação no coração humano. Segundo a analogia desse vocábulo nesta carta, deveríamos considerar a ira que a lei provoca como a ira de Deus. E, quando indagamos como é que a *lei* provoca a ira de Deus, a cláusula seguinte nos provê a resposta — "onde não há lei, também não há transgressão". Sem lei não haveria pecado, porquanto o pecado consiste na transgressão da lei. Por conseguinte, em nossa condição pecaminosa, sempre ocorre a transgressão da lei, e essa transgressão evoca a ira de Deus. A sequência do pensamento é esta: a lei existe, o homem pecaminoso transgride a lei, a ira de Deus é provocada a manifestar-se por causa dessa transgressão. Paulo enunciou esta sequência de forma condensada; por isso, afirmou: "A lei suscita a ira". Não obstante, ela só provoca a ira por causa da transgressão.

Esta consideração de que a lei suscita a ira é pertinente à hipótese que Paulo apresentara no versículo anterior. Pois, se a lei suscita a *ira* de Deus, o favor divino que a fé e a promessa pressupõem não pode vir *através da lei*; mediante a lei, elimina-se o contexto da fé e da promessa, entrando em operação o que lhe é contrário, e, deste modo, são canceladas a fé e a promessa.

16 — Esta interpretação sobre o versículo 15 lança as bases para o versículo 16: "Essa é a razão por que provém da fé, para que seja segundo a graça". Visto que a lei suscita a ira, por causa da transgressão, a lei desconhece a graça. Portanto, a herança não pode ser proveniente da lei, e aqueles que são da lei não poderão se tornar herdeiros. A única alternativa é o princípio da fé; assim, a herança vem pela fé, a fim de que seja pela graça. A fé e a graça são coerentes entre si, mas a lei e a herança prometidas são contraditórias.

A última parte do versículo 16 expressa o desígnio promovido pelo fato de que a herança provém da fé e, por conseguinte, da graça — "a fim de que seja firme a promessa para toda a descendência, não somente ao que está no regime da lei, mas também ao que é da fé que teve Abraão". O paralelismo com o desígnio apresentado na segunda metade do versículo 11 e no versículo 12 é tão nítido, que não pode ser questionado. Porém, no versículo 16, esse desígnio é apresentado em relação à promessa, ao passo que nos versículos 11 e 12 é apresentado em relação ao significado e ao propósito da circuncisão. Aqui (v. 16), o princípio da fé e da graça é ressaltado como a garantia de que a promessa envolve toda a descendência, isto é, todos os que creem, não se levando em conta serem judeus ou gentios (cf. v. 13).

A designação "da lei", no versículo 16, deve revestir-se de um significado diferente das expressões "por intermédio da lei" (v. 13) e "da lei" (v. 14). Pois nestes dois casos, "por intermédio da lei" e "da lei" são antitéticos e excluem-na; a promessa não vem "por intermédio da lei" (v. 13), e aqueles que são "da lei" não são herdeiros da promessa (v. 14); a fé e a promessa tornam-se nulas quando a lei entra em operação. Porém, no versículo 16, a descendência "da lei" não é excluída; pelo contrário, afirma-se que a promessa é assegurada a eles, contanto que tenham fé. Consequentemente, o fato de serem "da lei" não os exclui da categoria da fé, ao passo que, nos versículos 13 e 14, "por intermédio da lei" e "da lei" se encontram em violenta oposição à fé. Teremos de concluir, pois, que as palavras "da lei" (v. 16) são equivalentes, quanto ao sentido, a "da circuncisão", no versículo 12. São evidentes o paralelismo e o propósito idêntico de "pai da circuncisão, isto é, daqueles que não são apenas circuncisos, mas também andam nas pisadas da fé que teve Abraão, nosso pai, antes de ser circuncidado" (v. 12) e de "não somente ao que está no regime da lei, mas também ao que é da fé que teve Abraão" (v. 16). Portanto, a expressão "da lei" (v. 16) deve significar "da lei mosaica", referindo-se àqueles que tinham a vantagem de estar sob a economia mosaica. Isso ilustra, novamente, a flexibilidade com que Paulo usou a palavra "lei", bem como as diferentes nuanças de significado que devem ser descobertas, se tivermos de fazer justiça ao pensamento dele. Aqueles que são "da lei" são excluídos da descendência; aqueles que são da lei mosaica, considerada como uma economia, não são excluídos. Todavia, Paulo insistiu que estes últimos também devem ser "da fé que teve Abraão", se tiverem de ser descendência dele.

17 — O apelo às Escrituras, no começo do versículo 17, ("Como está escrito: Por pai de muitas nações te constituí.), deve ser considerado como um parêntese, na sintaxe da sentença. Entretanto, não devemos pensar que se trata de uma digressão no argumento de Paulo. Este apelo às Escrituras é feito em confirmação à cláusula anterior: "Porque Abraão é pai de todos nós". E ambas as cláusulas, consideradas juntas, reiteram o pensamento dos versículos 11 e 12. Entretanto, neste versículo (v. 17) a ênfase recai sobre os direitos e privilégios que *todos* os crentes possuem na paternidade de Abraão — "Porque Abraão é pai de todos nós"; e também sobre a universalidade étnica deste relacionamento — "Por pai de muitas nações te constituí". A ênfase é apresentada de uma maneira que ultrapassa as formas de expressões dos versículos 11 e 12. Na instância anterior, os termos do argumento exigiram que Paulo dissesse: "Pai de todos os que creem, embora não circuncidados" e "pai da circuncisão", indicando, deste modo, esta espécie de distinção. Contudo, agora Paulo descarta até mesmo esta distinção, afirmando expressamente, sem qualquer discriminação: "Abraão é pai de todos nós"; "Por pai de muitas nações te constituí".

O parêntese no apelo às Escrituras ajuda-nos a compreender a conexão da parte final do versículo 17: "Perante aquele no qual creu..." Esta afirmação deve ser entendida com a cláusula que diz: "Porque Abraão é pai de todos nós", cujo significado é que Abraão é o pai de todos nós, diante de Deus. A paternidade de Abraão participa de toda a validade e sanção resultante do reconhecimento e da instituição divina. Ou pode refletir o fato de que a fé exercida por Abraão, na qual residia essa paternidade, era uma fé exercida e mantida na presença de Deus (cf. Gn 17.1; 2 Co 2.17).

As cláusulas seguintes — "o Deus que vivifica os mortos e chama à existência as coisas que não existem" — descrevem os aspectos do caráter de Deus que são peculiarmente apropriados àquela fé exercida; também indicam aqueles atributos de Deus que serviram de base específica para a fé que teve Abraão ou, pelo menos, aqueles atributos que se destacavam em primeiro plano, na apreensão de Abraão, quando ele creu nas promessas e depositou sua confiança no Senhor. A primeira destas cláusulas, "o Deus que vivifica os mortos", tem em vista o poder que Deus possui para dar vida, pelo qual ele é capaz de trazer os mortos de volta à vida. Nas Escrituras, isto é reputado como uma peculiar indicação da onipotência divina; e Paulo, em outras passagens denota isto (cf. Ef 1.19-20). Somente se Abraão acreditasse em tal atributo divino, ou seja, no poder de Deus para ressuscitar os mortos, poderia ele ter fé na promessa de que seria pai de muitas nações. E a razão para isto (conforme fica demonstrado nos versículos seguintes) é que o cumprimento desta promessa era natural e humanamente impossível, assim como o ressuscitar os mortos. A segunda cláusula, "e chama à existência as coisas que não existem", apresenta mais dificuldade. Ela tem sido interpretada de várias maneiras. Tem sido considerada como uma alusão à atividade criadora da parte de Deus, pela qual ele chama à existência coisas que não tinham existência anterior à ordem divina; este aspecto do caráter de Deus é mui apropriado à fé que teve Abraão, mas dificilmente é o aspecto expresso pela cláusula utilizada por Paulo. No original grego, o apóstolo não disse: "E chama à existência as coisas que não existem", mas, antes: "E chama as coisas que não existem *como se existissem*". E as coisas em vista são aquelas que não existem, e não coisas que estão sendo trazidas à existência. Um ponto de vista que tem recebido larga aceitação é que esta cláusula alude ao decreto e ao controle de Deus em dispor todas as coisas reais e possíveis, sendo que as "coisas que não existem" são as possíveis, e as "coisas que existem" são as reais. Entretanto, novamente a cláusula usada não se adapta a tal interpretação. É ilógico supor que "as coisas que não existem" são as coisas *possíveis*. E, além disso, as coisas possíveis, e meramente possíveis, nem mesmo por Deus poderiam ser tidas como existentes. No entanto, o sentido da afirmação é que as coisas não-existentes são consideradas como existentes. A interpretação que parece ser coerente com esta cláusula e eminentemente apropriada à fé que Abraão possuía é aquela que reputa "as coisas que não existem" como uma alusão às coisas que Deus determinou que aconteceriam, mas que ainda não se cumpriram. Estas coisas ainda não existem, mas, posto haverem sido determinadas por Deus, são "chamadas" por ele como se já tivessem existência. A certeza de sua realização no futuro é tão garantida, que são reputadas como se já tivessem ocorrido. E o verbo "chamar" é usado para indicar a palavra e a determinação eficaz de Deus. As promessas feitas a Abraão pertenciam a essa categoria; as coisas prometidas ainda não tinham vindo à existência, eram inexistentes no que concerne à sua concretização. Entretanto, visto que Deus as prometera e, portanto, determinara que aconteceriam, estava garantida a certeza da sua concretização. A fé que Abraão possuía focalizava-se nessa verdade, ou seja, aquilo que Deus havia determinado e prometido, embora ainda não tivesse acontecido, é mencionado como se já tivesse ocorrido e, por conseguinte, como *algo existente* no propósito determinado de Deus; e Abraão descansou em Deus como alguém que possui este caráter. Para Abraão, a promessa divina equivalia ao seu próprio cumprimento. As coisas ainda inexistentes não pertenciam tão somente à categoria do possível, e sim à categoria da certeza absoluta e determinada; e Abraão dependia de Deus quanto a essas promessas (cf. Hb 11.1).

18 — Este versículo é uma ampliação do caráter e do desígnio da fé que Abraão possuía. Os termos "esperando" e "contra a esperança" apontam para direções opostas. O segundo contempla as circunstâncias mencionadas no versículo 19, as quais contribuiriam para destruir toda e qualquer esperança. Em termos de recursos humanos, não havia a menor possibilidade de cumprimento da promessa. Entretanto, isso põe em relevo o termo "esperando", bem como as cogitações da fé para a qual "esperando" aponta. Em face das cogitações que eram induzidas pelas aparências, Abraão nutriu esperança, por haver crido, e as cogitações da sua fé levaram em conta a onipotência e a fidelidade de Deus (cf. v. 17). É difícil determinar as relações e interrelações exatas entre a fé e a esperança, no presente texto. "Esperando contra a esperança" não significa que ele tivesse fé na sua própria esperança. É evidente que Deus, na onipotência do seu caráter, na determinação do seu propósito e na segurança de suas promessas, é o objeto da fé. Aparentemente, devemos entender que "esperando contra a esperança" significa que a fé que Abraão possuía era exercida na confiante esperança engendrada pela promessa de Deus. A fé e a esperança são mutuamente complementares e interativas. Ambas repousam sobre o mesmo fundamento, as promessas de Deus, sendo que a qualidade específica da fé consiste no comprometer-se sem reservas com Deus e suas promessas, e a qualidade da esperança consiste na expectativa que se volta para o cumprimento da promessa.

A segunda parte do versículo 18 revela o desígnio da fé que Abraão possuía — "vir a ser pai de muitas nações, segundo lhe fora dito: Assim será a tua descendência". Provavelmente o intuito dessa afirmação era definir o alvo conscientemente nutrido por Abraão e, portanto, mostrar que a sua fé voltava-se para o cumprimento das promessas mencionadas nesta parte do texto. Em outras palavras, Abraão tinha plena confiança na certeza da esperança, a fim de que não deixassem de se concretizar as promessas de que ele seria pai de muitas nações e de que sua descendência seria como as estrelas do céu. Ambas as promessas declaradas no texto, "pai de muitas nações" e "assim será a tua descendência", haviam sido feitas a Abraão (Gn 15.5; 17.5) e, portanto, estavam dentro dos horizontes de sua fé. Por conseguinte, é um grave erro desconsiderar sumariamente o ponto de vista de que isso define o alvo de Abraão, ao crer.[13] Mas, em qualquer caso, este é o objetivo no plano de Deus. A mais forte consideração que nos impele a restringir o alvo ao plano e à intenção de Deus é o paralelo existente no versículo 11, onde, sem dúvida, está em foco este objetivo divino.[14] Contudo, o argumento extraído do versículo 11 não é conclusivo quanto a isso. Neste, o desígnio evidenciado é o das próprias ações de Deus, ao passo que no versículo 18, o desígnio está diretamente relacionado ao ato de crer por parte de Abraão. Naturalmente, a ordem de Deus é indicada, embora o desígnio de Abraão tenha sido expressamente afirmado. Parece não haver bons motivos para excluirmos o desígnio de Abraão.

4.19-25

> **19** *E, sem enfraquecer na fé, embora levasse em conta o seu próprio corpo amortecido, sendo já de cem anos, e a idade avançada de Sara,*
> **20** *não duvidou, por incredulidade, da promessa de Deus; mas, pela fé, se fortaleceu, dando glória a Deus,*
> **21** *estando plenamente convicto de que ele era poderoso para cumprir o que prometera.*

---

13 Cf. Meyer, *op. cit., ad loc.*
14 Cf. Meyer, *idem.*

22 *Pelo que isso lhe foi também imputado para justiça.*
23 *E não somente por causa dele está escrito que lhe foi levado em conta,*
24 *mas também por nossa causa, posto que a nós igualmente nos será imputado, a saber, a nós que cremos naquele que ressuscitou dentre os mortos a Jesus, nosso Senhor,*
25 *o qual foi entregue por causa das nossas transgressões e ressuscitou por causa da nossa justificação.*

19 — Neste versículo, há uma dúvida acerca do texto grego correto. Há uma significativa variante nos manuscritos.[15] Devemos ler: "Embora *não* levasse em conta o seu próprio corpo amortecido", ou: "Embora levasse em conta o seu próprio corpo amortecido"? A forma negativa aparece em alguns manuscritos, mas não em outros. Isto parece oferecer interpretações inteiramente diferentes entre si. Entretanto, no presente contexto, por estranho que pareça, a diferença de pensamento não é tão grande, e ambas as formas são compatíveis com o contexto e com aquilo que sabemos a respeito de Abraão.

Na primeira forma, a negativa seria que Abraão não levou em conta seu próprio corpo amortecido, nem a idade avançada de Sara. Isto equivale a dizer que ele não se preocupou com a impotência procriativa de seu próprio corpo ou com o fato de que Sara já havia passado da idade para conceber e dar à luz filhos (cf. Gn 18.11); estes fatos teriam servido para enfraquecer-lhe a fé. Isto subentende que seu corpo já era incapaz de procriar, e a razão é apresentada — ele já tinha cerca de cem anos de idade. E também fica implícito que Sara já havia passado da idade de ser mãe, conforme Gênesis 18.11. Abraão sabia desses fatos (cf. Gn 17.17). Todavia, não permitiu que eles se avolumassem em seus pensamentos, de tal modo que abalassem a sua fé na promessa de Deus. Conforme diz o versículo 20, Abraão "não duvidou, por incredulidade, da promessa de Deus". Embora não tenha ignorado os fatos

---

15 A afirmativa κατενόησεν aparece em ℵ, A, B, C, 424**, 1739, em várias versões e em alguns pais da igreja, ao passo que a forma negativa, οὐ κατενόησεν aparece em D, G, na grande maioria dos manuscritos cursivos, em algumas versões e em diversos pais da igreja. As nossas considerações demonstram que ambas as formas se adaptam bem ao pensamento.

sobre a sua própria idade e a de Sara, ele estava tão absorvido pela promessa de Deus, que sua fé não vacilou.[16]

Na forma positiva, o pensamento é que Abraão levou em conta o seu próprio corpo amortecido, bem como a idade avançada de Sara. Neste caso, há uma ênfase sobre o que está implícito na forma negativa, mas as palavras "levou em conta" assumem uma conotação diferente. Na forma negativa, significariam "ficar absorvido com", "fixar a atenção sobre", ao passo que na forma positiva, o significado é, de fato, "levar em conta". O pensamento seria que, embora Abraão estivesse plenamente cônscio de sua própria incapacidade de procriar e da idade avançada de Sara (cf. Gn 17.17; 18.11), ele não enfraqueceu na fé. O motivo por que Abraão não enfraqueceu na fé encontra-se no fato de que ele fixou a atenção sobre a promessa de Deus e não duvidou por causa de incredulidade. Portanto, a diferença de significação, nestas duas formas, é apenas uma questão de ênfase; pois, ambas estão de acordo com os fatos a respeito de Abraão. A forma positiva, no entanto, parece ter o apoio mais forte e deve, por isso, ser seguida.

20-21 — O versículo 20 explica a cláusula do começo do versículo 19 — "Sem enfraquecer na fé" — além de descrever a fé que Abraão possuía, tanto no aspecto negativo quanto no positivo. A conjunção adversativa "mas", no meio do versículo 20, reforça essa descrição. Abraão não ficou perplexo, não cultivou pensamentos duvidosos, no tocante *à promessa de Deus*. A promessa de Deus ocupa posição de ênfase na sentença, a fim de ressaltar aquilo sobre o que repousava a fé do patriarca. Se, porventura, Abraão tivesse vacilado ante a promessa, ele o teria feito por *incredulidade*. As dúvidas sobre as promessas divinas não têm afinidade alguma com a fé, e o apóstolo não confere a isso crédito algum. A caracterização positiva da fé do patriarca Abraão é que ele, "pela fé, se fortaleceu". É usual consi-

---

16 Talvez seja adequado sugerir que, admitida a forma οὐ κατενόησεν, a ideia poderia ser: de acordo com todas as suas especulações naturais, Abraão teria considerado seu próprio corpo e o ventre de Sara como incapazes de procriar; contudo, por causa da promessa de Deus, ele se recusou a reconhecer esta incapacidade e, assim, resistiu ao pensamento que, à parte da promessa de Deus, teria sido inevitável. De maneira alguma, isto censuraria a fé exercida por Abraão; pois, de fato, ele gerou, e Sara realmente concebeu e deu à luz Isaque.

derar "a fé", aqui referida, como se tivesse o sentido de *no tocante* à sua fé, conforme a analogia do versículo 19a, cujo sentido é que Abraão não se deixou enfraquecer quanto à fé. Deste modo, acredita-se que o sentido é que Abraão ficou fortalecido na sua fé. É ilógico, portanto, considerar que a fé aqui mencionada serve de instrumento, nos moldes da cláusula "por incredulidade", e, assim, entendê-la como se ensinasse que Abraão foi fortalecido, ou seja, recebeu poder, por intermédio de sua fé. O sentido, então, seria que a força pela qual Abraão foi capacitado a realizar o ato procriativo de gerar Isaque lhe foi ministrada pela instrumentalidade da fé. Por conseguinte, a fé estaria em relação direta com o ato procriador.[17] Não devemos esquecer que Isaque foi gerado por Abraão e concebido por Sara. Este ponto de vista sobre as palavras "pela fé, se fortaleceu" indicaria que Abraão gerou Isaque mediante a força exercida na fé e por esta ministrada (cf. Hb 11.11, no caso de Sara — "Pela fé... recebeu poder para ser mãe"). É um estranho preconceito aquele que levou Meyer a dizer que "dificilmente isso deixaria de transmitir uma ideia bastante indelicada" (*ad loc.*).

Existem duas razões, entretanto, pelas quais esta interpretação não deveria ser adotada: (1) não há qualquer evidência de que Paulo tinha em vista somente o período posterior da vida de Abraão, quando este realmente gerou Isaque. As promessas citadas neste capítulo dizem respeito a um período anterior (cf. v. 22). (2) A ideia de que "pela fé, se fortaleceu" ressalta a força pela qual Abraão gerou Isaque não concorda muito bem com as cláusulas que seguem. "Dando glória a Deus" e "estando plenamente convicto", etc. definem em que consistiu o fortalecimento da fé ou, pelo menos, as maneiras pelas quais se expressou tal fortalecimento; estas palavras indicam o que ocorreu simultaneamente ao fortalecimento da fé e, provavelmente, o que esteve envolvido nele. O versículo afirma que o conteúdo da convicção de Abraão consistia no fato de que Deus era capaz de cumprir o que havia prometido.

"Dando glória a Deus" e "estando plenamente convicto de que ele era poderoso para cumprir o que prometera" são cláusulas coordenadas e descrevem os exercícios ou estados mentais envolvidos na fé do patriarca. Dar glória a Deus significa reconhecer que Deus é aquilo que ele é, significa

---

17 Isto concordaria com a interpretação sugerida na nota anterior.

também depender de seu poder e fidelidade. Estar plenamente convicto denota a plena certeza e a eflorescência da convicção (cf. 14.5; Cl 4.12). Afirma-se o objetivo desta convicção —"Ele era poderoso para cumprir o que prometera". Ambas as cláusulas assinalam a plenitude de expressão que indica a força e o vigor da fé exercida por Abraão.

22 — Neste versículo temos outro apelo à passagem de Gênesis 15.6 (cf. vv. 3, 9): "Pelo que isso lhe foi também imputado para justiça". Tal como naquelas outras instâncias e conforme é exigido pelo contexto anterior, a ênfase, neste caso, recai sobre a palavra *fé*. Gênesis 15.6, conforme já observamos, refere-se à justificação, mas a lição central que Paulo extrai daquela passagem é que Abraão foi justificado pela fé. Então, há uma boa razão pela qual Paulo, mediante o apelo ao texto de Gênesis, concluiu sua elucidação sobre o verdadeiro caráter da fé demonstrada por Abraão. Esta análise sobre a fé exercida por Abraão, apresentada nos versículos anteriores, explica as palavras "Pelo que... também", com as quais começa este versículo. A grandiosidade da fé demonstrada por Abraão torna ainda mais evidente a razão pela qual ela lhe foi imputada para justiça. Deste modo, o leitor se acha em melhor posição para avaliar o verdadeiro caráter desta fé, apreciando com maior inteligência o fato de que ela foi imputada para justiça. Porém, se deixarmos de perceber certa ênfase correlata neste contexto, perderemos de vista aquilo que é central em nossa avaliação e definição da fé. Paulo acabara de afirmar que Abraão, "pela fé, se fortaleceu, dando glória a Deus". As palavras "Pelo que... também" estabelecem um conjunto com as outras cláusulas. A grandiosidade da fé consiste no fato de que ela atribui toda a glória a Deus e descansa no poder e na fidelidade dele. A eficácia da instrumentalidade da fé reside no fato de que ela atribui toda a glória a Deus e descansa nele, na plenitude da perfeição que exige atribuição de glória a Deus.[18]

---

18   Embora Paulo, nos vv. 19-21, traga ao seu texto a fé demonstrada por Abraão, exemplificada em um período muito posterior àquele referido em Gênesis 15.6, não existe qualquer discrepância. Em Gênesis 15.6, a fé que Abraão possuía foi dirigida, especificamente, à promessa de uma descendência (Cf. Gn 15.2-5), e a fé exemplificada no período posterior era idêntica à fé dirigida à mesma promessa. O trecho de Gênesis 15.6, portanto, pode ser invocado como aquilo que foi ilustrado em todos os estágios da história de Abraão e de sua fé.

23-25 — Estes versículos finais do capítulo abordam a relevância da fé exercida por Abraão. Paulo agora aplica ao assunto da justificação o princípio que enunciara em outra carta: "Estas coisas lhes sobrevieram como exemplos e foram escritas para advertência nossa, de nós outros sobre quem os fins dos séculos têm chegado" (1 Co 10.11). Nesta passagem, Paulo disse: "E não somente por causa dele está escrito que lhe foi levado em conta, mas também por nossa causa" (vv. 23-24). Em termos de doutrina, a verdade extraída do exemplo de Abraão é aplicada ao assunto que Paulo abordava — a justificação pela fé. A fé não somente foi imputada a Abraão, para justiça, mas também será imputada no caso de todos quantos crerem. Isto equivale a dizer que não somente o próprio Abraão foi justificado pela fé, mas todos quantos crerem de acordo com o exemplo de Abraão serão igualmente justificados pela fé. E, em seguida, o apóstolo passou a declarar especificamente a quem e ao que nossa fé deve ser dirigida.

Se tivermos de ser justificados pela fé, é óbvio que as circunstâncias de nossa fé não poderão ser idênticas às de Abraão. Pois não nos encontramos agora no mesmo contexto histórico, e a nossa fé não pode ser exemplificada da mesma maneira que a dele (cf. especialmente vv. 19-21). Poderíamos ir mais adiante, asseverando que nossa fé tem conteúdo e objeto diferentes? É precisamente em relação a essas considerações que os versículos 24 e 25 são significativos. O objeto da fé é cuidadosamente especificado pelo apóstolo — a fé é imputada "a nós que cremos naquele que ressuscitou dentre os mortos a Jesus, nosso Senhor" (v. 24). Certas observações demonstrarão o que está implícito nessa afirmação. (1) Foi Deus quem ressuscitou a Jesus dentre os mortos. Por conseguinte, existe esta semelhança entre a fé exercida por Abraão e a nossa fé. Confiamos em Deus, e a consideração central, em tudo quanto Paulo dissera a respeito de Abraão, é que ele crera em Deus. (2) O Deus em quem confiamos é identificado como aquele que ressuscitou dentre os mortos a Jesus, nosso Senhor. Ele é visto sob esse caráter específico. Isso estabelece outro ponto de conexão entre a nossa fé e a de Abraão. Paulo tem o cuidado de informar-nos que a fé demonstrada por Abraão voltava-se para Deus como aquele que vivifica os mortos (v. 17). Conforme observamos, a fé exercida por Abraão estava focalizada em Deus, em seu caráter de onipotente, uma onipotência exemplificada no fato de que ele vivificava os mortos. A nossa fé, por semelhante modo, focaliza-se em Deus nos moldes demonstrados pelo milagre da ressurreição de Jesus dentre os mortos. A semelhança torna-se evidente no que concerne à característica essencial. (3) A nossa fé em Deus como aquele que ressuscitou a Jesus dentre os mortos, por essa mesma razão, está condicionada à pessoa de Cristo; não pode ser abstraída daquilo que Deus fez no tocante à concretização da promessa. Uma vez mais, destaca-se o princípio de identidade. A fé praticada por Abraão referia-se à promessa, conforme Paulo demonstrara nos versículos anteriores. Aquela fé, visto que se ocupava da promessa, não conhecia hesitações, porquanto dependia de Deus, como aquele que "chama à existência as coisas que não existem" (v. 17; cf. exposição deste versículo). Abraão se apropriou da promessa na certeza do propósito e da fidelidade de Deus. Nós fazemos a mesma coisa, em relação à ressurreição de Jesus.

Outras evidências de similaridade e identidade poderiam ser prontamente encontradas, mas estas são suficientes para demonstrar a unidade essencial entre a fé daquele patriarca e a nossa, bem como a continuidade implícita na declaração de Paulo: "E não somente por causa dele está escrito que lhe foi levado em conta, mas também por nossa causa" (vv. 23-24a). Entretanto, não precisamos menosprezar as diferenças criadas pela revelação progressiva e pelos eventos históricos envolvidos no plano de redenção. Esta passagem também mostra essa distinção com eloquência. E Paulo não suprimiu a importância, para nossa fé, da concretização da promessa. Para Abraão, no seu horizonte de fé, resplandecia a promessa; e, no alcance de nossa percepção, o cumprimento da promessa é o elemento central. O panorama completo e concretizado do plano da redenção descortina-se à nossa frente, a fim de outorgar o conteúdo específico à nossa fé. Por isso, o apóstolo nos fornece uma afirmativa, sem paralelo em sua brevidade, acerca daquilo que está compreendido no evangelho e daquilo que constitui o âmbito de nossa fé — "a nós que cremos naquele que ressuscitou dentre os mortos a Jesus, nosso Senhor, o qual foi entregue por causa das nossas transgressões e ressuscitou por causa da nossa justificação" (vv. 24,25). Ele não havia esquecido o fato de que sobre nós "os fins dos séculos têm chegado" (1 Co 10.11) e de que "agora, porém, ao se cumprirem os tempos, se manifestou [Cristo] uma vez por todas, para aniquilar, pelo sacrifício de si mesmo, o pecado" (Hb 9.26).

O versículo 25 oferece duas possibilidades de interpretação. A questão gira em torno do sentido exato das expressões que são paralelas entre si, além de serem idênticas quanto à forma de sua construção — "por causa das nossas transgressões" e "por causa da nossa justificação". A primeira delas está vinculada à traição e entrega de Cristo, à sua crucificação, fornecendo a razão para ela. A última está relacionada à ressurreição de Cristo, fornecendo também a razão para a mesma. Posto que estas cláusulas são paralelas, temos de considerar que "nossas transgressões" mantêm, com a crucificação de Cristo, o mesmo tipo de relacionamento que "nossa justificação" mantém com a sua ressurreição. Se uma delas é retrospectiva, a outra também deve ser; se uma delas olha para o futuro, sem dúvida a outra também.

No caso da primeira alternativa, o pensamento seria que Jesus foi entregue porque nossas transgressões haviam sido postas sobre ele e que ele fora ressuscitado dentre os mortos porque havíamos sido justificados. De acordo com esse ponto de vista, a ressurreição de Jesus é considerada como consequência de nossa justificação, e a justificação é concebida como algo consumado antes mesmo da ressurreição. Essa interpretação exige que compreendamos a justificação, neste caso, como equivalente à reconciliação e à propiciação, também como algo pertencente à esfera das realizações objetivas, históricas, consumadas de uma vez por todas. Não é impossível entendermos a justificação nesse sentido. Pode ter sido usada nesse sentido em Romanos 5.9 — existe certo paralelismo entre os versículos 9 e 10, e, no versículo 10, está em foco o objetivo da reconciliação. E, se a justificação for interpretada deste modo, será perfeitamente compatível com o pensamento neotestamentário consi--derarmos a ressurreição de Jesus como a sequência inevitável da obra aperfeiçoada por sua morte e como o selo deste aperfeiçoamento. Outrossim, a cláusula paralela, afirmando que Jesus "foi entregue por causa das nossas transgressões", bem pode significar que Jesus foi entregue porque os nossos pecados foram lançados em sua conta e que a morte de Jesus foi a consequência inevitável de terem sido os nossos pecados imputados a ele. Esta interpretação não viola o ensino bíblico nem a doutrina de Paulo, em geral.

A outra alternativa é que Jesus foi entregue para fazer expiação por nossos pecados, tendo ressuscitado para que fôssemos justificados. As duas expressões, "por causa das nossas transgressões" e "por causa da nossa justificação", seriam uma referência ao futuro. E a ressurreição é encarada como aquilo que lança as bases de nossa justificação. Há razões para adotarmos esta última alternativa. No contexto anterior, Paulo estivera abordando a questão da justificação, ou seja, nossa aceitação diante de Deus como justos. A expressão "foi imputado para justiça", que é o eixo em torno do qual gira o argumento de todo este capítulo, refere-se à nossa aceitação diante de Deus, em outras palavras, àquilo que se enquadra na aplicação da redenção. A justificação é algo inseparável da fé. E, visto que em todos os casos anteriores desta carta o verbo "justificar" é usado com este sentido (2.13; 3.20,24,26,28,30; 4.2,5) e que Paulo estava abordando a justificação no contexto imediatamente anterior, devemos concluir que utilizar aqui a palavra justificação em sentido diferente do que aparece no contexto seria afastar-se do tema. Podemos inferir, por conseguinte, que "justificação", nestes versículos, alude à justificação pela fé, propriamente dita, e que a ressurreição de Jesus é encarada como o fator que lançou as bases da nossa justificação. Teremos de interpretar a outra cláusula em uniformidade com esta e dizer que Jesus foi entregue para expiar os nossos pecados.

A eficácia da morte de Cristo e de sua ressurreição manifesta-se com clareza no próprio texto. Assim como Jesus ressuscitou para garantir nossa justificação, assim também foi entregue para resolver eficazmente o problema de nossas transgressões. Naturalmente, não nos compete interpretar o texto de maneira artificial, imaginando que a morte de Cristo não tem relação alguma com nossa justificação ou que sua ressurreição não tem vínculo algum com os nossos pecados. A justificação está diretamente vinculada ao sangue de Cristo (3.24-25; cf. Ef 1.7; Rm 5.9; 6.7; 8.33,34); consequentemente, a expiação lançou os alicerces de nossa justificação. Mas o apóstolo, de maneira apropriada ao seu tema e, particularmente, ao seu argumento anterior a respeito da fé exercida por Abraão, concentra sua atenção sobre os relacionamentos mais salientes e pertinentes aos dois fatos centrais e inseparáveis da obra de redenção, ou seja, a morte e a ressurreição de Cristo.

A mudança na expressão utilizada neste versículo deveria ser notada. Jesus foi "entregue" e "ressuscitou". A obra de redenção é vista pelo prisma daquilo a que Jesus estava sujeito, e, deste modo, o pensamento focaliza-se sobre o ato de Deus em relação a Jesus. Visto que se faz aqui distinção entre a ação de Deus, como aquele que age, e a de Jesus, nosso Senhor, como aquele que sofreu esta ação, a pessoa que atua ativamente tem de ser Deus Pai. Ele entregou Jesus (cf. 8.32) e o ressuscitou dentre os mortos (At 3.15; 4.10; 10.40; 13.30,37; Rm 6.4; 8.11; Gl 1.1; Ef 1.19,20; Cl 2.12; 1 Ts 1.10; 1 Pe 1.21). Isto em nada prejudica as próprias atitudes de Jesus em sua morte e ressurreição. Porém, é importante observar, aqui e em outros trechos, como o apóstolo ressalta de maneira proeminente as ações de Deus Pai, na obra de redenção. No que concerne ao interesse principal do apóstolo, neste capítulo, é importante observar isto: a fé, que repousa sobre aquele que ressuscitou a Jesus dentre os mortos (v. 24), é dirigida ao próprio Deus Pai.

São diversos os aspectos nos quais a ressurreição de Cristo pode ser concebida como um ato cuja finalidade é a justificação. Nos termos do próprio ensino de Paulo, poderíamos mencionar alguns. (1) Somos justificados pela fé, e esta deve centralizar-se na pessoa de Jesus (3.22,26). Somente ele, na qualidade de Senhor redivivo, pode ser o objeto de nossa fé. (2) É através de nossa união com Cristo que somos justificados (cf. 8.1; 2 Co 5.21). E qualquer virtude procede de Cristo somente se for ativada pela ressurreição, e só tem eficácia a união com um Cristo vivo. (3) A justiça de Cristo, mediante a qual somos justificados (5.17-19), tem sua permanente concretização nele mesmo; jamais pode ser entendida como que separada dele, como um reservatório de méritos. Pois é somente na posição de Cristo vivo que ele pode ser a concretização da justiça, tornando-se para nós justiça da parte de Deus (1 Co 1.30). (4) A morte e a ressurreição de Cristo são inseparáveis. Portanto, nem a morte nem o sangue de Cristo, no que concerne à nossa justificação (3.24,25; 5.9; 8.33,34), teriam qualquer eficácia em alcançar essa finalidade, à parte da ressurreição dele. (5) É através da mediação de Cristo que permanecemos firmes na graça da justificação (5.2). Porém, a mediação de Cristo não poderia se mostrar operante se ainda estivéssemos sob o poder da morte.

CAPÍTULO VII
OS FRUTOS DA JUSTIFICAÇÃO
(5.1-11)

5.1-5

1 *Justificados, pois, mediante a fé, temos paz com Deus por meio de nosso Senhor Jesus Cristo;*
2 *por intermédio de quem obtivemos igualmente acesso, pela fé, a esta graça na qual estamos firmes; e gloriamo-nos na esperança da glória de Deus.*
3 *E não somente isto, mas também nos gloriamos nas próprias tribulações, sabendo que a tribulação produz perseverança;*
4 *e a perseverança, experiência; e a experiência, esperança.*
5 *Ora, a esperança não confunde, porque o amor de Deus é derramado em nosso coração pelo Espírito Santo, que nos foi outorgado.*

No começo deste capítulo, há indícios de uma conclusão triunfal e culminante. O termo "pois" indica que uma inferência fora extraída da doutrina que acabara de ser exposta e demonstrada nos capítulos anteriores (3.21 - 4.25). Nos versículos 1 a 11, o apóstolo mostra os privilégios que emanam da justificação e pertencem aos justificados. Não podemos evitar declarações de certeza e exultação — "gloriamo-nos na esperança da glória de Deus" (v. 2); "também nos gloriamos nas próprias tribulações" (v. 3); "a esperança não confunde, porque o amor de Deus é derramado em nosso coração" (v. 5); "muito mais agora, sendo justificados pelo seu sangue, seremos por ele salvos da ira" (v. 9); "mas também nos gloriamos em Deus por nosso Senhor Jesus Cristo" (v. 11). Quais as consequências da justificação que evocam tão irrefreável regozijo e certeza? O exame do texto nos mostrará.

1 — O apóstolo ressalta as palavras "paz com Deus, por meio de nosso Senhor Jesus Cristo".[1] A paz com Deus é uma bênção coordenada à justificação, que se realiza sobre circunstâncias de condenação e de sujeição à ira de Deus; e a justificação contempla nossa aceitação diante de Deus, como justos. E o pano de fundo é a nossa alienação de Deus; a paz com Deus contempla nossa restauração ao favor e à luz do rosto divino. O fato de que a paz com Deus recebeu a preeminência dentre as bênçãos provenientes da justificação é coerente com o *status* que a justificação nos assegura. "Paz com Deus" denota relacionamento com Deus. Não se trata apenas da serenidade e tranquilidade de nossas mentes e corações; mas refere-se ao estado de paz que flui da reconciliação (vv. 10,11) e reflete-se, primariamente, sobre nossa alienação de Deus e nossa restauração ao favor divino. A paz do coração e da mente procedem da "paz com Deus", sendo o reflexo, em nossa consciência, do relacionamento estabelecido pela justificação. Porém, ao falar sobre a "paz

---

1 A forma ἔχωμεν é apoiada pelos manuscritos ℵ*, A, B*, C, D, E, K, L e outros unciais, bem como por diversas versões e pais da igreja. A autoridade externa em prol desta forma textual é tão formidável, que não pode ser sumariamente rejeitada, embora com bases internas ἔχομεν pareça mais coerente ao contexto. Esta última forma se acha em ℵ^c, B^c, F, G, P, na maioria dos cursivos, em algumas versões e nos escritos de pequeno número de pais da igreja. O argumento em favor de ἔχομεν, com bases internas, talvez tenha sido defendido com maior vigor por Meyer, que disse: "Agora o escritor entra em um novo e importante *tópico doutrinário*, e uma exortação, logo no começo, especialmente em relação a um assunto que ainda não fora expressamente afirmado, seria incoerente" (*op. cit., ad loc.*). Entretanto, se adotássemos a forma exortativa, não precisaríamos supor que o modo indicativo, expresso pela outra forma, ἔχομεν, seria assim eliminado. Porventura, a exortação neste caso, tal como em outros, não pressuporia o indicativo? (Cf. 6.12 com 6.14.) O pensamento seria: "Visto que temos paz com Deus, beneficiemo-nos plenamente desse *status*". Asseverado de modo paradoxal, isto significaria: "Uma vez que o possuímos, possuamo-lo". "A paz com Deus" é um dom gracioso que se origina na justificação e desta é inseparável, mas a exortação torna-se relevante e necessária para o cultivo desse privilégio.

com Deus", o apóstolo tinha em vista o relacionamento objetivo. "Por meio de nosso Senhor Jesus Cristo" temos esta paz. A mediação de Cristo não é dispensada na outorga dos privilégios que procedem da justificação, e isto nos faz lembrar que a nossa dependência em relação à mediação de Cristo jamais é suspensa. Todas as bênçãos espirituais encontram-se *em* Cristo, mas são usufruídas através de sua contínua atividade mediatária.

2 — A ênfase sobre a mediação de Cristo, no versículo 1, prossegue neste versículo — "por intermédio de quem obtivemos igualmente acesso, pela fé,[2] a esta graça na qual estamos firmes". Quaisquer que sejam as dificuldades de interpretação deste versículo, não obscurecem o fato de que o pensamento fundamental é a mediação de Cristo. As palavras "por intermédio de quem" deixam isso bem claro. A primeira questão que surge diz respeito à graça aqui mencionada. Devem existir poucas dúvidas de que a graça em foco é alguma graça referida no versículo anterior. Visto que a ênfase recai sobre a mediação de Cristo e que a especificação "a esta graça" deveria ser entendida como algo que se refere àquilo que fora especificado, não devemos procurar algum outro privilégio além daquele que já fora declarado. Portanto, a qual das graças especificadas no versículo 1 se refere o versículo 2? Se fosse à "paz com Deus", haveria uma repetição desnecessária. O versículo 1 expressamente afirma que "paz com Deus" vem por intermédio de Cristo, e em referência a essa mediação não demonstraria bom senso dizer: "Por intermédio de quem", se a mesma graça ou o mesmo benefício estivesse em foco. Por conseguinte, a expressão "por intermédio de quem" compele-nos a pensar sobre a outra graça mencionada no versículo 1, ou seja, a justificação. Por esta razão, o objetivo primordial do versículo 2 é ressaltar o fato de que através da mediação de Cristo fomos restaurados à graça da justificação, uma graça representada como algo em que estamos firmados — trata-se de uma condição permanente e inabalável, que se origina de uma ação realizada no passado.

---

2 τῇ πίστει são omitidas nos manuscritos B, D, G e em algumas versões. A autoridade externa prepondera em favor de sua retenção; é mais fácil entendermos como poderiam ter sido omitidas e não adicionadas no decurso da transcrição.

Surge uma indagação a respeito do significado da palavra "acesso". Significa introdução ou acesso ? No primeiro caso, salienta-se a ação de Cristo como mediador, que nos conduz a Deus e nos restaura a esta graça.³ No segundo caso, a ênfase recai sobre a nossa aproximação a Deus. O uso deste vocábulo por Paulo, em outros trechos bíblicos (Ef 2.18, 3.12), favorece o segundo significado, e, neste caso, enfatiza o privilégio de livre acesso a Deus propiciado aos crentes. Deste modo, a mediação de Cristo na outorga da justificação é o pensamento central do versículo; contudo, em conexão com a graça da justificação, a ênfase particular recai sobre o fato de que o livre acesso ou aproximação a Deus, proporcionado pela graça da justificação, é mediado por Cristo. Mesmo em nossa aproximação confiante a Deus, dependemos da mediação de Cristo; por intermédio dele chegamos a ter acesso, e este acesso é um privilégio permanente, que resulta daquela ação envolvida na justificação.⁴ O elemento de aceitação diante de Deus, como algo implícito na justificação, sem dúvida ocupa posição de destaque, porquanto esse aspecto da justificação é particularmente apropriado à ideia de acesso.

É difícil indicar com exatidão a qual das afirmações anteriores deveríamos vincular a última cláusula do versículo 2. O ponto de vista mais justificável é aquele que advoga que essa cláusula deve ser coordenada ao pensamento fundamental do versículo anterior, ou seja, "temos paz com Deus". Tudo quanto se acha entre estas duas cláusulas subordina-se àquela consideração, e, além disso, o versículo 3 deve ser coordenado à última cláusula do versículo 2, como um aspecto adicional da ufania especificada pela última cláusula deste. A cláusula em foco — "e gloriamo-nos na esperança da glória de Deus"⁵ — refere-se a regozijar-se e a gloriar-se no mais alto nível.

---

3 Nos escritores gregos, προσαγωγή tem o sentido de "aproximar" ou "conduzir na direção de". No Novo Testamento, este significado aparece no verbo προσάγω (cf. Mt 18.24; Lc 9.41; 1 Pe 3.18). Em Efésios 2.18, não há certeza se a ideia é a de acesso ou a de introdução à presença. No que se refere a Romanos 5.2, não é possível sermos decisivos sobre a nuança exata de sentido transmitida pelo termo. Qualquer dos significados está de pleno acordo com a ideia do contexto, e dificilmente cabe aqui o dogmatismo em favor de um contra o outro.
4 A seguinte tradução ajuda a ressaltar a força dos tempos verbais do versículo 2: "Por meio de quem também chegamos a ter acesso, pela fé, a esta graça em que nos firmamos".
5 καὶ καυχώμεθα, etc. poderiam ser entendidas como correlatas a ἐσχήκαμεν (cf., por exemplo, Lightfoot, *Notes, ad loc.*). Com base nesta suposição, o verbo envolvido está no modo indicativo. Se estiverem coordenadas a ἔχομεν ou ἔχωμεν (v.1), então podem ser entendidas como exortativas

Trata-se de um exultante regozijo e de um confiante gloriar-se (cf. vv. 3,11; 1 Co 1.31; Fp 3.3), cujo objetivo, afirmou Paulo, é a "esperança da glória de Deus". Este gloriar-se é um estado mental no presente, mas evoca algo que se concretizará no futuro; esta futura realização é colocada em conexão com o presente através da esperança, projetando-nos ao futuro. Esta expectativa é chamada de "a glória de Deus". Sem dúvida, esta expressão denota aquilo de que Paulo fala mais adiante nesta epístola — "a glória a ser revelada em nós" (8.18) e "a liberdade da glória dos filhos de Deus" (8.21; cf. vv. 23,24). Mas, por que ele chama esta expectativa de "a glória de Deus"? Não é suficiente dizer que se intitula "a glória de Deus" por ser Deus o autor da glória proporcionada a seus filhos. Perderíamos de vista um importante elemento do ensino neotestamentário e paulino, se não levássemos esta expressão a uma relação direta com a glória que pertence ao próprio Deus. A consumação da redenção, no ensino do Novo Testamento, coincide com a manifestação da glória de Deus (cf. Mt 16.27; 25.31; 24.30; Tt 2.13; 1 Pe 4.13; Jd 24). E isto é mais do que coincidência; devido ao fato de que a glória de Deus se tornará manifesta, a redenção será consumada e a esperança dos santos, concretizada. Portanto, "a glória de Deus", neste caso, deve ser entendida como reflexo daquela manifestação que pertence ao próprio Deus. Quando indagamos como o alvo da esperança do crente pode ser chamado de "a glória de Deus", outro elemento da doutrina do Novo Testamento tem de ser levado em conta, ou seja, o crente será conformado à imagem daquela glória que será revelada — "seremos semelhantes a ele, porque haveremos de vê-lo como ele é" (1 Jo 3.2). Frequentemente, essa conformidade é postulada em termos da semelhança de Cristo, na imagem de sua glória (cf. Jo 17.22,24; Rm 8.29; 2 Co 3.18; Fp 3.21; Cl 3.4; 2 Ts 2.14).

"A glória de Deus" é a manifestação da própria glória divina. Isto é entendido como a glória dos filhos de Deus, porque, naquela manifestação, a glória de Deus se refletirá neles, e esse reflexo constituirá a glória deles

---

— "regozijemo-nos". Se adotarmos ἔχωμεν como a forma textual genuína do versículo 1 e ligarmos καυχώμεθα com o versículo 1, então, sem dúvida alguma, καυχώμεθα teria de ser considerada exortativa, em harmonia com ἔχωμεν. Aceitando-se esta construção gramatical, não haveria interferência radical na nota de exultação que o modo indicativo transmite. A exortação implica no direito de exultarmos na esperança da glória de Deus e, portanto, na possessão da esperança.

(cf. 8.17; 9.23; 1 Co 2.7; 2 Co 4.17; Cl 1.27; 1 Ts 2.12; 2 Tm 2.10; Hb 2.10; 1 Pe 5.1,4,10). A revelação da glória, por ocasião da volta de Cristo, será consumada na redenção dos filhos de Deus. O âmago da bênção redentora consiste na certeza de que "Eu serei o vosso Deus", e a expectativa escatológica resume-se no fato de que os crentes são "herdeiros de Deus e co-herdeiros com Cristo" (Rm 8.17).

Quando for revelada a glória de Deus, essa posse atingirá a plena realização de seu significado. A revelação da glória de Deus, na consumação, também envolve outro ponto de esperança para os crentes. Eles estão interessados na manifestação da glória de Deus, por amor a ela mesma. A glória de Deus é o principal objetivo deles, que anelam por e apressam aquele dia em que, com visão desobstruída, contemplarão a glória de Deus em sua mais ampla exibição e vindicação.

3-4 — Paulo prossegue no tema do alegrar-se e gloriar-se, que introduzira no fim do versículo 2 — "E não somente isto, mas também nos gloriamos nas próprias tribulações" (v. 3).[6] Não somente nos gloriamos em nossa esperança, mas chegamos a gloriar-nos até mesmo no presente. Paulo era realista; não estava tão absorvido pela glória futura, que fechava os olhos para as realidades do presente. Estava cônscio das tribulações que circundavam sua própria vida e a dos demais crentes. E a alegria exultante, evocada pela esperança, não poderia abafar o realismo das aflições e agonias existentes na peregrinação até à concretização daquela esperança. A mais notável característica da atitude ante as tribulações é que a alegria nutrida em relação à glória futura também é nutrida no tocante às tribulações. Paulo não ficava a lamentar, por si mesmo ou por outros crentes, a respeito de sofrimentos pelos quais eles passavam. O apóstolo não se submetia passivamente a essas

---

6   Em lugar de καυχώμεθα, no versículo 3, os manuscritos B e C apresentam καυχώμενοι, e isto é apoiado por alguma autoridade patrística. Muito poderia ser dito em prol desta forma, com base em considerações de transcrição (cf. Lightfoot, *Notes, ad loc.*). Porém, é difícil adotá-la, em face das autoridades externas que apoiam καυχώμεθα. Se esta última forma estiver correta, poderá ser considerada exortativa: "E não somente isto, mas também nos gloriemos nas tribulações". As cláusulas que seguem fornecem a razão pelas quais podemos regozijar-nos. Conforme já mencionamos, em conexão com ἔχωμεν e καυχώμεθα (v. 2), essa interpretação não perturba a exultante confiança refletida na passagem.

tribulações como testes que ele reconhecia serem necessidades convenientes ao intervalo de tempo que separa o presente da glória futura. Paulo *se gloriava* nessas tribulações e supunha que outros crentes participavam, juntamente com ele, desse gloriar-se. Encontramos aqui uma atitude completamente oposta àquela que, em geral, mantemos diante das tribulações da igreja de Cristo. Temos compaixão de nós mesmos e dos outros. O apóstolo não reagia deste modo.

Não somos deixados na dúvida quanto ao que seriam essas tribulações (cf. 8.35-39; 1 Co 4.9-13; 2 Co 1.4-10; 11.23-30; 12.7-10; Fp 4.12; 2 Tm 3.11,12; 4.14-16). Neste pensamento há a suprema consideração de que essas aflições são suportadas por amor a Cristo (cf. 2 Co 12.10); que elas ocasionam a exibição do poder e da graça de Cristo (cf. 2 Co 12.9) e que, deste modo, são promovidos os interesses da igreja como corpo de Cristo (cf. 2 Co 1.4-6; Cl 1.24; 1 Pe 4.13). Entretanto, nesta passagem, encontramos delineado o ministério realizado pelas tribulações no desenvolvimento das graças cristãs, bem como o progresso que flui desta ministração — "a tribulação produz perseverança; e a perseverança, experiência; e a experiência, esperança" (vv. 4,5).

Quando Paulo afiança que a tribulação produz perseverança, ele tem em mente a tribulação que pertence ao contexto da fé cristã; ele não fazia uma afirmação geral de que este é o efeito de todos os problemas que atingem os homens. Essas tribulações são específicas — são aquelas sofridas em Cristo e por amor a Cristo. Todas as aflições dos crentes enquadram-se nesta categoria. Essas tribulações produzem o fruto da perseverança. Algumas versões dizem "paciência". Entretanto, não está em foco aquela qualidade passiva que, com frequência, está associada a essa palavra; antes, trata-se do conceito de constância e perseverança (cf. Mt 10.22; Rm 2.7; 2 Co 1.6; 2 Ts 1.4; Hb 10.36; Tg 1.3; 2 Pe 1.6). A perseverança, por sua vez, produz a experiência, daquela espécie aprovada em meio a testes (cf. 2 Co 2.9; 8.2; 13.3; Fp 2.22), e a experiência, finalmente, produz a esperança.

Ao delinear esta progressão, o apóstolo afirma que ela se inicia na tribulação e tem seu ponto final na esperança. Gloriamo-nos, diz ele, na esperança (v. 2) e nas tribulações, porque estas iniciam um processo santificador que termina por produzir a esperança (vv. 3, 4). O apóstolo descreveu um círculo que começou com a esperança e que, *portanto*, terminou na esperança. Isto ressalta, de maneira impressionante, a lição de que o gloriar-se nas tribulações não é algo dissociado do regozijar-se na esperança da glória de Deus; nem ao menos é coordenado a esse regozijo ou complementar a ele. O gloriar-se nas tribulações é algo subordinado a esse regozijo. Gloriamo-nos nas tribulações porque elas têm uma orientação escatológica; elas servem aos interesses da esperança. Em 1 Coríntios 15.19, somos relembrados e aconselhados no sentido de que as complexidades que ocorrem nas perplexidades desta vida, apesar de serem contrárias à glória a ser revelada, constituem um complexo determinado pelo destino escatológico do povo de Deus. O tempo presente da peregrinação do crente jamais deve ser desvinculado de sua relação com a sequência final, a glória de Deus.

5 — Neste versículo, somos informados das razões por que a esperança é firme e segura. Não se trata de uma esperança que nos envergonhará, tampouco é uma esperança a respeito da qual precisemos nutrir qualquer vergonha. Pelo contrário, é uma esperança na qual podemos nos gloriar e protestar contra todos os adversários. Ela jamais nos desapontará ou se mostrará ilusória. Por quê? "Porque o amor de Deus é derramado em nosso coração pelo Espírito Santo, que nos foi outorgado" (v. 5). Esta é uma das mais condensadas declarações desta carta. Trata-se de notável exemplo de combinação, em poucas palavras, das bases objetivas e da certeza subjetiva da esperança do crente.

O "amor de Deus" não é nosso amor para com Deus; pelo contrário, é o amor de Deus para conosco (cf. v. 8; 8.35,39). Se presumíssemos o primeiro — nosso amor para com Deus — seriam destruídas a certeza e a segurança das quais falam este versículo. Que elemento outorga solidez a esta esperança e garante a sua validade? É o amor de Deus pelos crentes, amor esse que não sofre qualquer variação ou reversão. Por conseguinte, a esperança que esse amor assegura é tão irreversível quanto o próprio amor de Deus. Entretanto, o amor de Deus deve ser apreendido e apropriado por nós, se tiver de servir de alicerce da certeza e evocar essa ufania confiante (v. 2). Esta é a importância do derramamento desse amor em nossos corações. A expressão "é derramado" indica a abundante difusão desse amor. Os corações dos crentes são vistos como que inundados pelo amor de Deus; esse amor controla e cativa seus corações. E o Espírito Santo, por ser o Espírito de Deus e de Cristo (cf. 8.9), o Espírito que "a todas as coisas perscruta, até mesmo as profundezas de Deus" (1 Co 2.10), é a pessoa que derrama esse amor, sendo ele mesmo o selo de sua eficácia e genuinidade. Aquele que propicia a certeza proveniente desse amor é o Espírito Santo, que nos foi dado e, por essa razão, habita em nós e nos governa. Ele testemunha aos espíritos dos crentes que estes são filhos de Deus (cf. 8.16). O imutável amor de Deus, a eficaz atividade do Espírito Santo, que nos foi proporcionado, e também o coração, o centro determinador do pensamento e da vida, que é a esfera de operações do Espírito — todos os elementos deste versículo contribuem e convergem para garantir a certeza evocada pelo texto. Estes fatores tornariam incoerente qualquer outra atitude, exceto a de regozijar-se com exultação. Contestar tal confiança é anular a veracidade de Deus.

5.6-11

6 *Porque Cristo, quando nós ainda éramos fracos, morreu a seu tempo pelos ímpios.*

7 *Dificilmente, alguém morreria por um justo; pois poderá ser que pelo bom alguém se anime a morrer.*

8 *Mas Deus prova o seu próprio amor para conosco pelo fato de ter Cristo morrido por nós, sendo nós ainda pecadores.*

9 *Logo, muito mais agora, sendo justificados pelo seu sangue, seremos por ele salvos da ira.*

10 *Porque, se nós, quando inimigos, fomos reconciliados com Deus mediante a morte do seu Filho, muito mais, estando já reconciliados, seremos salvos pela sua vida;*

11 *e não apenas isto, mas também nos gloriamos em Deus por nosso Senhor Jesus Cristo, por intermédio de quem recebemos, agora, a reconciliação.*

6 — Mediante quais considerações identificamos o amor de Deus, mencionado no versículo 5 como derramado em nossos corações pelo Espírito Santo? Esta não é uma indagação irrelevante ou irreverente; é uma indagação a respeito do processo de revelação e realização redentora pelo qual tem sido demonstrado o amor de Deus. No versículo 6 encontramos a resposta para essa pergunta. A demonstração exigida é a morte de Cristo — "Porque Cristo, quando nós ainda éramos fracos, morreu a seu tempo pelos ímpios". Esta é a força da conjunção "porque", com a qual começa o versículo; é uma conjunção que explica ou confirma.[7]

Se entendermos o amor de Deus como algo automático, não apreciaremos a sequência do pensamento do apóstolo. Porém, quando sondamos nossa fraqueza e, particularmente, nossa impiedade, então, descobrimos tanto a necessidade quanto a maravilha da prova que nos foi dada por Deus. Quando nossa impiedade é devidamente aquilatada, o que vem a lume em nossa convicção é o nosso caráter detestável e a profunda ira de Deus, sendo impossível aceitarmos o amor de Deus como algo que se manifesta automaticamente. O fato de que Deus poderia amar os ímpios e, acima de tudo, de que ele realmente os amasse jamais teria penetrado no coração humano (cf. 1 Co 2.9-10). O texto deve ser entendido com base nesse pano de fundo. A maravilha do amor de Deus consiste em que se tratava de amor pelos ímpios. E eis a prova: "Cristo... morreu... pelos ímpios". E não somente isso. Quando Cristo morreu pelos ímpios, estes eram ainda fracos, o que equivale a dizer que ainda eram ímpios e vistos como tais. Portanto, o amor do qual a morte de Cristo é a expressão e a provisão é um amor exercido para com pessoas ímpias. Não se trata de um amor provocado por qualidades recomendáveis nestas pessoas, nem mesmo pelas qualidades que um dia haveriam de exibir

---

7 As variantes de versículo 6 exigem alguma atenção. Em face do peso das evidências externas em seu favor, temos de reter ἔτι depois de ἀσθενῶν. As outras variantes, no começo do versículo, causam maiores dificuldades. Os manuscritos ℵ, A, C, D* e alguns outros unciais trazem a forma ἔτι γάρ; Dᶜ e a maioria dos cursivos apresentam somente ἔτι; Dᵇ e G aparecem com εἰς τί γάρ; em B, lemos εἴ γε. Há outras variantes com pouca sustentação. As evidências externas em favor de ἔτι γάρ levam-nos à conclusão de que essa é a forma correta, não sendo difícil perceber como essa forma poderia ter sido corrompida no decurso da transcrição, a fim de evitar a reiteração de ἔτι. As duas ocorrências de ἔτι, em tão próxima intimidade, favorecem a retenção de ambas, e, neste caso, a forma mais fortemente atestada, no começo do versículo, seria ἔτι γάρ.

mediante o poder da graça de Deus. É um amor antecedente, por ser o amor pressuposto na morte de Cristo em favor de tais pessoas, quando ainda se achavam em miséria e pecado. Não é um amor complacente, e sim um amor que acha toda a sua motivação e incentivo na bondade de Deus. Esse é o tipo de amor demonstrado pela morte de Cristo, sendo eficiente quanto ao propósito de salvação, porquanto a morte de Cristo ocorreu em favor dos ímpios e visava garantir o sublime destino que o contexto tem em mira.

Esta morte teve lugar "a seu tempo", que não pode significar menos do que o tempo determinado. Porém, é mais provável que seu intuito seja expressar mais do que isso, ou seja, o tempo apropriado. Foi o tempo conveniente e adequado, por ter sido o tempo de nosso desamparo. Talvez haja nessa afirmativa de tempo o fortalecimento da ideia expressa em "morreu... pelos ímpios", isto é, o fortalecimento do conceito de eficácia. O tempo da miséria do homem foi o tempo da obra eficaz de Deus, na realização consumada pela morte de seu Filho. Entretanto, é difícil excluir destas palavras do apóstolo a referência à plenitude do tempo (Gl 4.4) como aquela época na qual Deus enviou seu Filho para morrer em favor dos ímpios. A plenitude do tempo é a época consumadora, "a dispensação coroadora",[8] o cumprimento dos "tempos" (Hb 9.26), a época para a qual convergem todos os outros tempos e na qual o propósito divino para todas as eras alcança sua realização (cf. At 2.17; 1 Co 10.11; 1 Tm 2.6; Tt 1.3; Hb 1.2). A morte de Cristo pertence à época consumadora da história deste mundo. O tempo adequado para nós, a exibição da sabedoria e do amor de Deus e a eficácia da realização divina estão todos vinculados a este acontecimento.

7-8 — Estes versículos ampliam o que está apenas implícito no versículo 6. O versículo 7 mostra o inaudito espetáculo de alguém ter se aventurado a morrer pelos ímpios; e o versículo 8 exalta o amor divino pelo fato de ter Cristo morrido pelos pecadores. O versículo 7, com frequência, se não mesmo de forma usual, é interpretado como um texto que retrata a distinção entre o homem "justo" e o homem "bom". O homem justo é aquele que tem consideração para com a justiça e não se desvia do caminho reto;

---

8   A expressão pertence a Lightfoot (*Notes*, ad Ef. 1.10, p. 321).

este homem, por esta mesma razão, merece nossa admiração e respeito. O homem bom, por outro lado, é o homem não apenas justo, mas igualmente benevolente e bondoso, o qual merece o nosso afeto. Então, o pensamento seria que "dificilmente alguém morreria por um justo", mas, em contraste com isso, alguém estaria disposto a morrer por um homem bom.[9] O respeito pela justiça raramente constrangeria alguém a morrer por um homem justo, mas a afeição nos constrangeria a morrer por um homem bom. É difícil extrair tal interpretação do nosso texto, e, também, quase impossível estabelecer esta distinção entre o homem justo e o homem bom. As palavras do texto bíblico parecem indicar que não há qualquer contraste entre o homem justo e o bom e que esses dois atributos são usados para designar a mesma pessoa, que seria, ao mesmo tempo, justa e boa.[10] E o pensamento do texto seria que, entre os homens, raramente alguém morreria por um homem justo e bom, quanto menos por um ímpio e pervertido. Todavia, talvez seja possível que alguém queira morrer por um homem bom. O respeito e a estima poderiam compelir um homem a morrer em favor de outrem. É neste pano de fundo de concessão que transparece o pleno contraste entre o que é humano e o que é divino; este é o sentido do versículo 8: "Mas Deus prova o seu próprio amor para conosco pelo fato de ter Cristo morrido por nós, sendo nós ainda pecadores". Na esfera humana, dificilmente alguém morreria por um homem *justo* e *bom*, mas Deus exibe e recomenda o *seu* amor através do fato que Cristo morreu em favor dos *pecadores*.

Existe particular ênfase sobre o fato de que esse amor pertence ao próprio Deus. Literalmente, a expressão significa "o amor dele mesmo", não o amor para consigo mesmo, do qual ele mesmo era o objeto, mas o amor que é peculiar a ele mesmo, sendo confirmado (cf. 3.5) pelo fato de Cristo morrer pelos pecadores. Neste ponto, o amor de Deus é colocado em relação direta com a morte de Cristo. No versículo 6, essa relação encontra-se implícita,

---

9   Cf. Alford, Philippi, Gifford, Hodge, Sanday e Headlam, *ad loc.*
10 O argumento não é que, falando de maneira conotativa, não há qualquer distinção entre os termos δίκαιος e ἀγαθός. Naturalmente, conforme é indicado, estas palavras refletem características distintas (cf. Lighfoot, *Notes, ad loc.*). O ponto ressaltado é apenas que, denotativamente, não se contempla duas pessoas distintas, a ponto de contrastar o que alguém faria em prol de uma pessoa *justa* com aquilo que faria em prol de uma pessoa *boa*. Quanto a essa interpretação, ver Calvino, Meyer, *ad loc.*

por causa da íntima conexão entre os versículos 5 e 6. Agora, porém, ela é afirmada claramente, consistindo no fato de que a morte de Cristo manifesta e expressa o amor de Deus. A morte de Cristo não constrange ou provoca o amor de Deus; no entanto, o amor de Deus foi o elemento que ocasionou a morte de Cristo, como a única provisão adequada desse amor. O amor de Deus é a força impulsionadora, e seu caráter distintivo é demonstrado por meio daquilo que dele emana. A cláusula "sendo nós ainda pecadores" corresponde a "quando nós ainda éramos fracos", no versículo 6; elas se explicam mutuamente. Assim como no versículo 6, a nossa atenção é atraída para o fato de que o amor de Deus é demonstrado em favor de homens pecadores, quando ainda são pecadores; esse amor não é compelido por qualidades nos homens que pudessem evocar a complacência divina. E, por semelhante modo, o desígnio da morte de Cristo se refere a homens ainda pecadores, além de contemplar um benefício do qual os homens, na qualidade de *pecadores*, seriam os favorecidos.

9-10 — Estes versículos contêm um argumento *a fortiori* no sentido de que, se uma coisa é verdadeira, quanto mais verdadeira será a outra. No versículo 9, a premissa estabelecida é que agora somos "justificados pelo seu [de Jesus] sangue", e a inferência disso é que, com maior certeza, seremos salvos da ira por intermédio dele. A premissa do versículo 10 é que fomos reconciliados com Deus, por meio da morte de Cristo, quando ainda éramos inimigos; e a inferência é que, com maior certeza, seremos salvos pela vida de Cristo. Estes dois versículos são análogos quanto à sua construção e enunciam a mesma verdade. Porém, esta analogia e identidade, no que diz respeito à verdade revelada, não deve obscurecer as características distintivas do pensamento que há em cada versículo.

Nos versículos 6 e 8, o apóstolo não havia definido ainda, de modo específico, a natureza da morte de Cristo em nosso favor. Ele simplesmente havia declarado que se tratava de uma morte em favor dos ímpios (v. 6) e em nosso próprio favor (v. 8). Até certo ponto fica subentendido o intuito e o tipo de benefício contemplados na consideração de que essa morte aconteceu em favor dos ímpios e de pecadores, mas não há qualquer esclarecimento posterior sobre o caráter específico da obra realizada pela morte de Jesus ou sobre o tipo de benefício que essa realização traria aos ímpios. O apóstolo falara sobre isso em Romanos 3.21-26 e 4.25. Este delineamento estava subentendido nos versículos 6 e 8. Mas, agora, os versículos 9 e 10 nos fornecem uma definição adicional a respeito do caráter específico da morte de Cristo e dos benefícios por ela assegurados. Não podemos esquecer, naturalmente, que o apóstolo introduziu estas especificações sobre o caráter e o intuito da morte de Jesus nas premissas de um argumento *a fortiori*. Também não podemos esquecer que, a este respeito, estas premissas são suposições sobre as quais Paulo fundamenta outras conclusões que constituem o seu principal interesse. Porém, na qualidade de premissas, mostram-se eloquentes a respeito do que pensamos sobre o que significa a morte de Cristo e o que ela realizou.

No versículo 9, a morte de Cristo, que neste caso é mencionada em termos de "seu sangue", é contemplada no que realizou referindo-se à justificação — "Logo, muito mais agora, sendo justificados pelo seu sangue". Com frequência, nos deparamos com o tema da justificação, nas porções anteriores desta carta. Este tema vinha sendo uniformemente apresentado como aquele ato de Deus pelo qual somos declarados justos e aceitáveis diante dele — a justificação inseparável da fé por parte dos beneficiários. Todavia, é possível que, nesta instância, o vocábulo traduzido por "sendo justificados" seja utilizado em um sentido coordenado com a reconciliação apresentada nos versículos 10 e 11 e que, neste caso, não tenha aplicação à justificação pela fé, mas ao fundamento objetivo lançado pela morte de Cristo. Paulo emprega o substantivo derivado deste mesmo vocábulo com esse sentido no versículo 18 deste capítulo, conforme verificaremos.

Em Isaías 53.11 é perfeitamente possível que a palavra "justificará" seja usada com este mesmo sentido (cf. Apêndice C). E o paralelismo dos versículos 9 e 10 forneceria alguma suposição em favor de considerarmos a justificação, no versículo 9, como algo similar à reconciliação mencionada no versículo 10. Segundo essa interpretação, o sangue de Cristo seria entendido como algo dotado de efeito justificador, objetivamente falando, e a justificação em mira consistiria da obediência e da retidão de Cristo, que servem de alicerce para a nossa verdadeira justificação, mediante a fé. Se, por um lado, a justificação, neste caso, for interpretada naquele sentido em que Paulo uniformemente a emprega, então o que o apóstolo tinha em mente era a nossa verdadeira justificação, vista como algo que aconteceu por meio do sangue de Cristo; ela nos seria dada por intermédio do sangue de Cristo, e este sangue é a base de nossa justificação. É o sangue de Jesus que assegura a nossa justificação, que chega até nós por meio da aspersão do sangue dele. Levando-se em conta essas alternativas, o texto afirma que o sangue de Cristo possui eficácia e virtude no tocante àquilo que é a doutrina principal desta carta.

A justificação é um ato estritamente forense em sua natureza, e, por conseguinte, o sangue de Cristo, quer visto como aquilo em que consiste a justificação, quer visto como aquilo que lança os alicerces de nossa justificação, deve ser interpretado como possuidor de eficácia forense. Portanto, é impossível não definirmos a eficácia e a virtude do sangue de Cristo em categorias forenses. Porquanto, neste versículo, ele está relacionado ao que é específica e exclusivamente forense. Não se trata de uma categoria subitamente apresentada pelo apóstolo; isto já era algo que se encontrava implícito em Romanos 3.25-26.

Entretanto, o pensamento central do versículo 9 está na conclusão que deve ser extraída do que o segue — "Logo, muito mais... seremos por ele salvos da ira". Isto se refere ao que ocorrerá no futuro, em comparação com o que se verifica no presente. *Agora* somos justificados — aceitos por Deus como justos e, portanto, em paz com Deus. Isso garante a salvação futura. Qual é a salvação em vista? A expressão "a ira" nos indica a resposta. A ira é aquela que será descarregada sobre os ímpios no Dia do Juízo, a ira escatológica (2.5,8; 1 Ts 1.10; 5.9; cf. Mt 3.7; Ap 6.16,17; 11.18). E a certeza que devemos extrair de uma justificação presente — vista como a justificação assegurada pelo sangue de Cristo ou como a justificação que consiste no sangue se Cristo — é que nenhuma ira está reservada para os justificados, quando for instaurado o tribunal do juízo. A justificação é o contrário da condenação, e, posto que a justificação é completa e irrevogável, não há qualquer condenação reservada para aqueles que estão em Cristo Jesus (cf. 8.1). Está de acordo com a confiança expressa nos versículos 2 e 5, em referência à esperança da glória de Deus, que o apóstolo a esta altura explique outro aspecto desta esperança, ou seja, a certeza do livramento daquilo que sintetiza o desprazer de Deus e a nossa alienação dele. Não era irrelevante ao apóstolo falar em termos negativos, assim como em positivos. A esperança da glória tem aspectos negativos e também positivos. A fim de ser positiva, ela deve ser negativa em relação a tudo quanto o pecado envolve. A fim de ser salvação *para*, precisa ser salvação *de*. E nada sumaria tão bem a salvação "*de*" quanto o conceito da ira divina. O apóstolo tinha um conceito sublime de Deus e, por isso, levava em conta o terror da ira de Deus. A salvação que nos livra da futura exibição desse terror é um ingrediente na esperança da glória.

O versículo 10 introduz novos elementos de verdade para reforçar esta confiança ou, pelo menos, introduz novos aspectos desta mesma verdade, a fim de informar e fortalecer nossa confiança. "Porque, se nós, quando inimigos, fomos reconciliados com Deus mediante a morte do seu Filho, muito mais, estando já reconciliados, seremos salvos pela sua vida". A análise deste versículo exige que observemos o significado de várias expressões.

(1) "Porque, se nós, quando inimigos" — a palavra "inimigos" deveria ser entendida passiva e não ativamente.[11] Isto equivale a dizer que não se refere à nossa inimizade ativa contra Deus, e sim à santa hostilidade divina contra nós e sua alienação de nós. O vocábulo é usado com este significado em Romanos 11.28 para denotar a alienação do favor de Deus à qual Israel fora sujeitado. Nesta última instância, contrasta-se com "amados", e, naturalmente, "amados" significa amados de Deus e não o amor de Israel para com Deus. Portanto, "inimigos" se refere a hostilidade da qual Deus é o agente e significa

---

11 A observação de Lightfoot dizendo que o sentido ativo de ἐχθρός "é o uso comum no Novo Testamento" (*Notes, ad loc.*) certamente não é exata. Quanto a uma correção à ideia de Lightfoot, cf. Sanday e Headlam, *op. cit.*, pp. 129, 130; Meyer, *op. cit., ad loc.*; Denney, *op. cit., ad loc.*; Gerhard Kittel, *Theologisches Wörterbuch zum Neuen Testament*, II, p. 814; Arndt e Gingrich, *op. cit., ad* ἐχθρός. A contenção de Lightfoot está de acordo com sua falha em não apreciar o significado do ensino neotestamentário no tocante à reconciliação (cf. suas observações em Cl 1.21 e seu comentário sobre esta carta). Ele está com razão ao observar que, na linguagem do Novo Testamento, Deus não é mencionado como quem foi reconciliado conosco, mas, antes, que nós fomos reconciliados com ele. Porém, quando o ensino neotestamentário é considerado, pode se ver que na reconciliação o que se destaca não é a nossa inimizade contra Deus e a sua remoção desta inimizade, e sim o fato de que Deus está alienado de nós e os meios que ele proveu para remoção dessa alienação. (Cf. *Redemption Accomplished and Applied*, Grand Rapids, 1955, p. 39, ss.)

a alienação a que Israel fora sujeitada, no juízo divino. Assim, em 11.28, o sentido de hostilidade ativa contra Deus não é apropriado ao contexto, pois este fala das dispensações de Deus para com Israel. Por igual modo, em 5.10, este é o sentido apropriado ao contexto. O versículo tem em vista o fato de que estávamos alienados de Deus e de que a reconciliação ocorreu quando nos encontrávamos naquele estado.

(2) "Fomos reconciliados com Deus." Estas palavras poderiam sugerir que na reconciliação focaliza-se a remoção de nossa inimizade contra Deus. Isto não é verdade; pelo contrário, estas palavras salientam o fato de que Deus removeu de nós a alienação que havia da parte dele para conosco. Se desvincularmos da palavra "inimizade" tudo que é maligno e perverso, isto significará a remoção da inimizade de Deus contra nós. Somente esta interpretação satisfará o pensamento. (a) "Reconciliados com Deus mediante a morte do seu Filho" é uma declaração paralela a "sendo justificados pelo seu sangue", no versículo 9. Esta última declaração, como já tivemos ocasião de notar, é estritamente forense. Portanto, "reconciliados" também deve ter caráter forense. Mas a remoção da nossa inimizade, quer vista como um ato divino, quer vista como um ato de nossa parte, não possui natureza forense e sim ética, contrastando com aquilo que é forense. Esta consideração, por si mesma, é suficiente para mostrar que a reconciliação deve ser interpretada em sentido forense. Doutro modo, o paralelismo desapareceria. (b) A reconciliação é vista como algo realizado de uma vez por todas, na morte do Filho de Deus. Todavia, a remoção de nossa inimizade para com Deus não pode ser reputada como algo realizado de uma vez por todas no passado histórico. (c) No versículo 11, somos informados que recebemos a reconciliação. Esta forma de declaração não se ajusta à ideia de remoção da nossa inimizade. Esta remoção, sem importar como a entendemos, refere-se a uma transformação subjetiva, ao passo que o receber a reconciliação implica, conforme observam Sanday e Headlam, em "que a reconciliação chega ao homem por iniciativa de Deus".[12] Trata-se de um dom recebido, e esse conceito é inteiramente apropriado ao pensamento de que a reconciliação é um *status* estabelecido, uma posição garantida por uma graciosa dádiva da parte de Deus. (d) Este

---

12   *Op. cit.*, p. 130.

conceito de reconciliação está de acordo com aquilo que é ressaltado no começo desta passagem — a paz com Deus, como a graça na qual fomos introduzidos e permanecemos firmes. Paz com Deus é a posição de favor resultante da remoção de nossa alienação para com ele. A reconciliação, vista como a remoção da alienação de Deus para conosco, é correlata à paz com Deus; é a base sobre a qual repousa esta última. (e) A ênfase do contexto imediato sobre o amor de Deus e a prova conferida pela morte de Cristo fornecem a toda esta passagem uma orientação que, conforme interpretada anteriormente, a reconciliação leva avante e consuma, ao passo que uma interpretação subjetiva interfere na direção do pensamento e não concorda com o pensamento normativo da passagem.

(3) "A morte do seu Filho" — o título "Filho", que aparece agora pela primeira vez, desde a introdução (1.3,9), chama a nossa atenção para algumas considerações muitíssimo relevantes. (a) A pessoa da Deidade especificamente focalizada, como aquele com quem somos reconciliados, é o Pai. Deduzimos isto do fato que o título "Deus", neste versículo, refere-se à pessoa acerca de quem Cristo pode ser chamado "seu Filho"; somente do Pai é que Cristo pode ser chamado "Filho". (b) O título "Deus", portanto, no versículo 8, também se reportava especificamente ao Pai. Por conseguinte, é o Pai quem atesta seu amor para conosco. O mesmo é verdade quanto ao versículo 5 — é o amor do Pai que é derramado em nossos corações. (c) A nossa reconciliação com o Pai e o amor do Pai evidenciado para conosco resguardam-nos de qualquer suposição no sentido de que o amor do Pai foi constrangido pela reconciliação, como também de qualquer pensamento de incompatibilidade entre o amor, como antecedente, e a reconciliação, como consequente. A lição simples é esta: o Pai ama e também é reconciliado. E a reconciliação é uma das maneiras pelas quais o intuito e o efeito da morte de Cristo, na qualidade de suprema prova de amor do Pai, devem ser interpretados — a reconciliação demonstra o amor do Pai. (d) O fato de que a morte de Cristo foi a morte do próprio Filho de Deus revela a maneira pela qual esta morte pode servir de demonstração do amor de Deus — a intimidade de relacionamento expressada pelo título "Filho" exibe a maravilha do amor do Pai para com os pecadores. Quão indizível

deve ser este amor, uma vez que o próprio Filho morreu para realizar o impulso e o propósito deste amor! E que exigências estavam envolvidas quando o Pai deu o seu Filho para morrer!

(4) "Reconciliados... mediante a morte do seu Filho" — a morte de Cristo é apresentada como a ação reconciliadora e o ato que removeu a alienação e garantiu nossa restauração ao favor divino. A morte de Cristo é um sinônimo do sangue de Cristo. Portanto, o apóstolo proveu-nos uma nova categoria, em termos da qual cumpre-nos interpretar a significação do derramamento do sangue de Jesus. Estas várias categorias têm suas próprias características distintivas, porquanto levam em conta os multiformes aspectos de nossa necessidade e a multiplicidade da provisão divina para satisfazer tais necessidades. A reconciliação tem como pano de fundo a nossa alienação para com Deus e deve ser interpretada segundo a perspectiva dessa alienação.

(5) "Seremos salvos pela sua vida." A vida de Cristo, aqui mencionada, não é aquilo ao que frequentemente nos referimos como sua peregrinação por este mundo, nos dias da sua carne. Mas é a vida ressurreta de Cristo. Esta expressão subtende um contraste entre a morte e a ressurreição de Cristo (cf. 4.25). Entretanto, não é simplesmente o evento da ressurreição que está em foco. Paulo não disse que seremos salvos por sua ressurreição, mas "pela sua vida", e, portanto, a intenção é destacar a vida exaltada do Redentor. A ressurreição acha-se no segundo plano, como um elemento que condiciona a vida de exaltação. Posto que a cláusula em questão é paralela à do versículo 9 — "seremos por ele salvos da ira" — e que esta última tem alusões escatológicas, é provável que a salvação aqui contemplada também seja escatológica. Com base nesta suposição, a garantia da salvação final e consumada é a vida de exaltação de Cristo. Esta é a maneira mais abrangente de expressar a verdade de que a garantia da ressurreição do crente é a ressurreição de Cristo (cf. 1 Co 15.20-24).

Assim, torna-se evidente o argumento *a fortiori* do apóstolo. Seu significado é que, quando vivíamos no estado de alienação para com Deus, ele demonstrou de tal maneira o seu amor, que nos reconciliou consigo mesmo e nos colocou sob o seu favor, mediante a morte de seu próprio

Filho. E muito mais agora, depois que essa alienação foi removida e fomos instaurados no favor divino, a vida de Cristo assegura-nos que seremos completamente salvos. Seria uma violação da sabedoria, da bondade e da fidelidade de Deus supor que ele poderia ter realizado o maior e agora falharia quanto ao menor. Esse argumento também mostra a indissolúvel conexão existente entre a morte e a ressurreição de Cristo; e também nos revela que, em vista desses fatos jamais poderem ser divorciados um do outro, por igual modo os benefícios advindos de um desses fatos jamais poderão ser separados dos benefícios provenientes do outro. Isto é algo frequentemente enfatizado por Paulo (cf. 6.3-5; 2 Co 5.14,15; Ef 2.4-7; Cl 3.3-4). Portanto, aqueles que são os beneficiários da morte de Jesus também o serão, necessariamente, de tudo o que está envolvido em sua vida ressurreta. Nesta passagem, isto é encarado do aspecto da reconciliação por intermédio da morte de Cristo e da correspondente garantia quanto ao futuro.

11 — Existe uma dúvida a respeito da conexão entre os versículos 10 e 11. A dúvida se evidenciará ao leitor se apresentarmos uma tradução literal do versículo: "E não apenas isto, mas também regozijando em Deus por nosso Senhor Jesus Cristo, por intermédio de quem agora recebemos a reconciliação".[13] A dúvida gira em torno do vocábulo "regozijando", que no grego é um particípio. Ao que este particípio deve ser vinculado? Poderia ser interpretado juntamente com outro particípio, no versículo anterior — "estando já reconciliados".[14] E o pensamento seria que não somente a reconciliação, mas também o fato de que agora nos regozijamos em Deus por meio de nosso Senhor Jesus Cristo, nos asseguram a salvação futura — nosso presente regozijo em Deus é uma garantia adicional de nossa futura salvação. Ou então o particípio presente poderia ser entendido em conexão com a cláusula "seremos salvos por

---
13 καυχώμενοι é a forma apoiada pela evidência externa, nos manuscritos ℵ, B, C, D e pela maioria dos cursivos; καυχώμεθα surgiu, sem dúvida, da assimilação nos versículos 2 e 3.
14 Cf. Meyer, ad loc., o qual pensa que o particípio καταλλάγεντες deve ser suprido à expressão οὐ μόνον δέ. Deste modo, o significado seria "e não somente sendo reconciliados, mas também regozijando-nos".

sua vida", e o pensamento seria que de nossa reconciliação não somente procede a certeza de que teremos a salvação, no futuro, mas também o exultante gloriarmo-nos, no presente.[15]

Em qualquer caso, parece necessário considerarmos o regozijo exultante, aqui mencionado, como algo que ocorre no presente. A última cláusula do versículo enfatiza o presente *status* da reconciliação, "por intermédio de quem recebemos, agora, a reconciliação". Assim como nos versículos 1 e 2 a mediação de Cristo é ressaltada em conexão com a outorga da paz e da justificação, assim também neste versículo o recebimento da reconciliação é representado como algo que aconteceu através da mesma mediação. Porém, uma ênfase particular recai sobre o gozo desse privilégio no tempo presente; a reconciliação é um estado recebido de uma vez por todas. E, visto que a recebemos, cumpre-nos reconhecer as implicações dessa posição diante de Deus. Esta consideração a respeito de nosso privilégio atual explica a exultante alegria em Deus, aludida no cláusula anterior, sendo quase impossível relegá-la ao futuro. Se tivermos em mente que o gloriar-se cheio de exultação é uma proeminente característica desta passagem — "e gloriamo-nos na esperança da glória de Deus" (v. 2); "mas também nos gloriamos nas próprias tribulações" (v. 3) — devemos esperar que, após ter exposto o relacionamento com Deus constituído pela reconciliação e após haver sintetizado a nota de alegria exultante, o apóstolo haveria de expressar nosso confiante regozijo em Deus, ao qual somos constrangidos pelo privilégio que atualmente possuímos. Este gloriar-se desconhece limites e é impossível exagerá-lo, visto que se manifesta em Deus, por intermédio de nosso Senhor Jesus Cristo (cf. 1 Co 1.30,31). Não significa apenas que Deus é o objeto desse gloriar-se ou que ele é o seu fundamento, mas é em união e companheirismo com ele, como nosso próprio Deus, que o gloriar-se se manifesta.

Quando Paulo disse: "Por intermédio de quem recebemos, agora, a reconciliação", sem dúvida ele estava pensando na aplicação da reconciliação a nós mesmos como algo distinto de sua realização objetiva. Era caracte-

---

15 O exultante gloriarmo-nos (καυχώμενοι) poderia ser interpretado como uma caracterização da salvação que desfrutaremos no futuro; tratar-se-ia do tipo de salvação que trará consigo a mais jubilosa exultação em Deus. Porém, essa projeção do regozijo para o futuro dificilmente se ajusta ao gloriarmo-nos no presente, do qual a passagem como um todo é repleta.

rístico de Paulo representar nosso acesso à *posse* e ao *gozo* dessa condição como algo mediado por Cristo. A mediação de Cristo não é interrompida no ponto de aplicação, assim como não o fora no ponto de sua realização. E o gloriarmo-nos que é fruto de nossa recepção no favor e na comunhão divina, por semelhante modo, manifesta-se "por nosso Senhor Jesus Cristo". Nossa exultação experimental jamais deveria ser dissociada de nossa conscientização sobre a mediação perenemente ativa e eficaz de nosso Senhor e Salvador.

CAPÍTULO VIII
A ANALOGIA
(5.12-21)

5.12-21

12 Portanto, assim como por um só homem entrou o pecado no mundo, e pelo pecado, a morte, assim também a morte passou a todos os homens, porque todos pecaram.

13 Porque até ao regime da lei havia pecado no mundo, mas o pecado não é levado em conta quando não há lei.

14 Entretanto, reinou a morte desde Adão até Moisés, mesmo sobre aqueles que não pecaram à semelhança da transgressão de Adão, o qual prefigurava aquele que havia de vir.

15 Todavia, não é assim o dom gratuito como a ofensa; porque, se, pela ofensa de um só, morreram muitos, muito mais a graça de Deus e o dom pela graça de um só homem, Jesus Cristo, foram abundantes sobre muitos.

16 O dom, entretanto, não é como no caso em que somente um pecou; porque o julgamento derivou de uma só ofensa, para a condenação; mas a graça transcorre de muitas ofensas, para a justificação.

> **17** Se, pela ofensa de um e por meio de um só, reinou a morte, muito mais os que recebem a abundância da graça e o dom da justiça reinarão em vida por meio de um só, a saber, Jesus Cristo.
> **18** Pois assim como, por uma só ofensa, veio o juízo sobre todos os homens para condenação, assim também, por um só ato de justiça, veio a graça sobre todos os homens para a justificação que dá vida.
> **19** Porque, como, pela desobediência de um só homem, muitos se tornaram pecadores, assim também, por meio da obediência de um só, muitos se tornarão justos.
> **20** Sobreveio a lei para que avultasse a ofensa; mas onde abundou o pecado, superabundou a graça,
> **21** a fim de que, como o pecado reinou pela morte, assim também reinasse a graça pela justiça para a vida eterna, mediante Jesus Cristo, nosso Senhor.

Nos versículos 12 a 21, o apóstolo desenvolve a analogia entre Adão e Cristo: Adão na qualidade de cabeça de toda a raça humana e Cristo na qualidade de cabeça da nova humanidade.[1] Neste texto existe uma analogia demonstrada pela declaração do versículo 14: "Adão... prefigurava aquele que havia de vir". No entanto, isso também é demonstrado pelas comparações, explícitas ou implícitas, apresentadas em toda a passagem (vv. 12,15-19). Quando afirmamos que há paralelos e comparações, não devemos negligenciar o fato de que, desde o começo, há um contraste permanente entre o processo iniciado por Adão e o processo colocado em funcionamento por Cristo. Há uma analogia, mas uma analogia referente ao que é completamente antitético. Não podemos assimilar as verdades de significação universal, afirmadas nesta passagem, se não reconhecermos que dois complexos antitéticos são contrastados. O primeiro é o complexo do pecado-condenação-morte; o segundo, o da justiça-justificação-vida. Estas são combinações invariáveis. O pecado desencadeia as inevitáveis consequências de condenação e morte, e a

---
1 Sobre a opinião de Karl Barth quanto a esta passagem, ver o apêndice sobre o assunto.

justiça, as consequências de justificação e vida; e, como é óbvio, estes são fatores antitéticos em cada ponto da analogia.

Entretanto, o fato de suprema importância nesta passagem é que a operação desses complexos, na raça humana, não é considerada apenas quanto a seus componentes. A solidariedade entre eles entra em cena. O pecado não põe em atividade as suas consequências à parte do relacionamento corporativo entre Adão e a raça humana, e vice-versa. E a justiça não tem efeito algum sobre o complexo do pecado-condenação-morte, iniciado por Adão, à parte do relacionamento solidário que Cristo mantém para com homens perdidos, e vice-versa. Esta passagem será destituída de seu princípio normativo, se estes dois relacionamentos solidários não forem apreciados; e será inútil procurarmos interpretar a passagem, exceto segundo essas condições.

Não devemos esquecer que o apóstolo continuava abordando o seu grandioso tema, a justificação pela fé. Nos versículos 1 a 11, ele falara sobre algumas das consequências da justificação e sobre as certezas, em relação a Deus, evocadas por essas consequências. Qual é o propósito desta passagem (vv. 12-21), em relação ao tema do apóstolo? Várias respostas poderiam ser adequadamente apresentadas. Mas talvez nenhuma seja tão relevante quanto a que o apóstolo agora demonstra — o método divino da justificação dos ímpios procede daqueles princípios através dos quais Deus governa a raça humana. Deus governa os homens e se relaciona com eles em termos de relacionamento solidário. E, assim como o pecado, a condenação e a morte em que estão mergulhados todos os membros da raça humana, jamais podem ser entendidos ou avaliados em termos puramente individuais, assim também, a menos que a solidariedade constituída pela graça passe a atuar sobre nossa condição humana, jamais veremos em operação a justiça, a justificação e a vida. Existe certa identidade de *modus operandi*, e esse *modus operandi* na maneira de Deus lidar com os homens pertence à integridade do seu governo estabelecido. É a ampla perspectiva da filosofia divina acerca do relacionamento divino-humano que se destaca nesta passagem. E asseverar que esta passagem é estranha à doutrina do apóstolo ou que ela constitui uma digressão feita segundo o estilo das alegorias rabínicas é perder de vista o que serve de âmago à tese central desta epístola.[2]

12 — O termo "portanto", que inicia este versículo demonstra a íntima conexão lógica entre esta passagem e a precedente. Há considerável diferença de opinião acerca do quanto do contexto anterior deve ser reputado como elemento que supre o fundamento para as conclusões enunciadas nos versículos 12 e seguintes, ou seja, se apenas o versículo 11, ou os versículos 1 a 11, ou o trecho de 3.21-5.11, ou toda a porção anterior da carta (1.18-5.11). Não podemos ser dogmáticos, pois esta é uma questão irrelevante. Basta-nos saber que temos aqui uma conclusão intimamente apropriada à doutrina exposta antes.

O versículo 12 inicia uma comparação, mas não a termina. No meio do versículo, encontramos as palavras "assim também", que encerram a comparação, mas aqui levam avante o que fora asseverado e são coordenativas ou continuativas. A maioria dos intérpretes reconhece isso e não argumenta sobre a questão. O versículo 12 é uma comparação não-terminada; tem prótase, mas não apódose. Por conseguinte, é uma sentença não terminada. Por quê? Não é difícil descobrirmos o motivo. No versículo 12, particularmente em seu final, o apóstolo havia afirmado algo que exigia um parêntese, que encontramos nos versículos 13 e 14. Em outras palavras, os fatos declarados no versículo 12 ditam a necessidade de serem acrescentados, sem demora, os informes apresentados nos versículos 13 e 14. Portanto, o pensamento particular do versículo 13 é interrompido; e o apóstolo não voltou a completar a comparação nos termos do versículo 12. Isso não deve nos causar perplexidade. Paulo não seguia padrões estilísticos estereotipados, e, conforme veremos, o parêntese que interrompeu a comparação é eloquente. A comparação está incompleta, mas o pensamento não é interrompido. O desenvolver do pensamento exigiu a construção sintática que encontramos nesta passagem.

"Por um só homem entrou o pecado no mundo." A expressão "um só homem" certamente se refere a Adão (v. 14). O relato de Gênesis 3 é a base

---

[2] Quanto a um estudo mais completo sobre esta passagem, do ponto de vista teológico, ver a série "The Imputation of Adam's Sin", em *The Westminster Theological Journal*, XVIII, 2, XIX, 1 e 2, escrita por este autor.

desta declaração, e o apóstolo coloca sua aprovação sobre a autenticidade desse relato. A importância que ele vinculou ao incidente de Gênesis 3 é atestada pelo fato de que o subsequente desenvolvimento de seu argumento gira em torno desta passagem bíblica.[3] A entrada do pecado no mundo, por intermédio de um só homem, é um elemento essencial da comparação ou da analogia sobre a qual deve ser construída a doutrina paulina da justificação. Isto confirma o lugar crucial que este fato sobre o pecado ocupava nas considerações do apóstolo. Supor que isto é apenas incidental torna vazia a exegese. Quando Paulo afirma: "Entrou... no mundo", ele se refere ao início da existência do pecado na raça humana; e "mundo" significa a esfera da existência humana. Paulo não está falando aqui sobre o primeiro ato de pecado.[4]

"E pelo pecado, a morte" — novamente Paulo se reporta a Gênesis 2.17 e 3.19. A justaposição entre o pecado e a morte transmite ênfase. Quanto à questão de se os aspectos moral e espiritual da morte e suas consequências eternas estão incluídos na palavra "morte", uma coisa deve ser apreciada: no uso das Escrituras e na ideologia paulina, a dissolução que consiste na separação entre o corpo e o espírito e no retorno do corpo ao pó tinha maior significado, como resumo do salário do pecado, do que estamos dispostos a atribuir-lhe. A catástrofe da miséria que sobreveio à humanidade, por causa do pecado, é sumariada nessa dissolução e exemplifica o princípio de separação que se expressa em todos os aspectos da morte. No versículo 14, essa morte está em foco, não havendo necessidade de introduzirmos outros aspectos da morte nas subsequentes referências ao reino universal da morte (vv. 15,17). É este aspecto da morte que se destaca em Gênesis 2.17 e 3.19; e, embora seja verdade que a morte, em todos os seus aspectos, é o salário do pecado, não há evidências suficientes para mostrar que o apóstolo estava incluindo em sua discussão todos estes aspectos, ao afirmar: "E pelo pecado, a morte".

---

3   É uma monstruosidade exegética dizer, juntamente com C.H. Dodd: "Portanto, a doutrina paulina a respeito de Cristo como o 'segundo Adão' não está tão vinculada à história da Queda, como um acontecimento literal, que deixa de ter significado quando não aceitamos a história como tal. De fato, não deveríamos supor prontamente que Paulo a aceitava deste modo" (*op. cit.*, p. 80). Aquela transgressão única de Adão é tão básica à doutrina paulina, que qualquer interferência com esse informe destrói todo o argumento de Paulo. Deixamos de ser exegetas quando tentamos ajustar o ensino de Paulo a outros moldes que não sejam os dele mesmo.

4   Em outras epístolas, Paulo se refere à atividade satânica (cf. 2 Co. 11.3; 1 Tm 2.14).

Na segunda metade do versículo 12, temos uma comparação continuativa introduzida por "assim também". A fim de assimilarmos a força destas palavras, devemos observar o pensamento específico das duas partes do versículo. Na primeira, a ênfase recai sobre a *entrada* do pecado e da morte por meio de *um só homem*. Na segunda, a ênfase recai sobre a *penetração* universal da morte e do pecado de *todos*. E subentende-se uma correspondência entre a maneira pela qual a morte *entrou* no mundo e o modo pelo qual o pecado *permeou* completamente a raça humana. A morte *entrou* através do pecado de *um só homem*; e permeou a raça humana através do pecado de *todos*. Declarando mais plenamente a questão: assim como o pecado e a morte *entraram* no mundo através do pecado de um só homem, assim também a morte *permeou* todos os homens, porquanto todos pecaram. Portanto, embora o versículo 12 apresente uma comparação incompleta, pois contém a prótase mas não a apódose, a comparação implícita nas duas porções da prótase pode ser expressa na forma de prótase e apódose, conforme se verifica na sentença anterior. Por conseguinte, o pensamento do apóstolo é que a entrada do pecado e da morte foi causada pelo pecado de Adão, ao passo que o reino universal da morte veio através do pecado de todos os homens. E não devemos supor que a interpretação de Pelágio sobre este versículo, mediante a qual o pecado de todos é interpretado como os verdadeiros pecados de todos os homens, seja refutada pela consideração de que o versículo 12 constitui uma comparação não-terminada. O versículo 12 é, por si mesmo, compatível com a interpretação pelagiana; e, se Paulo tivesse o ponto de vista de Pelágio, poderia tê-lo declarado admiravelmente bem nesses termos. A questão inteira gira em torno do significado da última cláusula do versículo 12 — "porque todos pecaram". Sem dúvida, "todos pecaram" são palavras afirmadas da maneira mais explícita possível, servindo de base para a declaração de que a morte atingiu a todos os homens, assim como o pecado de Adão é a razão pela qual a morte penetrou no mundo.

A pergunta crucial é: o que devemos entender através da cláusula "porque todos pecaram"? É desnecessário argumentar sobre quão exata é esta tradução. A cláusula não deveria ser traduzida por "em quem todos pecaram". Os vocábulos empregados têm o significado da conjunção "porque" ou da expressão "com base no fato de que" e especificam a razão pela qual a morte propagou-se a todos os homens. Se Paulo tencionava dizer que a morte passou a todos os homens, porque todos eles se tornaram culpados de transgressão, esta é justamente a maneira pela qual ele deveria tê-lo dito. Pelo menos, não podemos imaginar um modo mais apropriado para fazê-lo. É isto que o apóstolo quis dizer? Os seguidores de Pelágio, dizem que sim.[5] Há objeções conclusivas contra esta opinião, fundamentadas em motivos relacionados à prática e à teologia.

(1) Não é historicamente verdadeira esta opinião. Nem todos morrem por terem pecado de maneira concreta e voluntária. Os infantes morrem, mas não pecam voluntariamente.

(2) Nos versículos 13 e 14, Paulo diz o contrário — a morte reina sobre aqueles que não pecaram à semelhança da transgressão de Adão. É fútil tentarmos escapar da relação direta entre este fato e o ponto de vista em questão. Se todos morrem por serem culpados de transgressão, então, morrem porque pecam tal como Adão o fez. Mas Paulo ensina o contrário: alguns morrem, embora não tenham pecado de conformidade com a transgressão de Adão.

(3) A refutação mais conclusiva quanto ao ponto de vista em questão é a afirmação, explícita e reiterada no contexto, de que a condenação e a morte reinam sobre todos os homens por causa do *pecado único* do *único homem*, Adão. Pelo menos em cinco ocasiões, nos versículos 15-19, isto é afirmado: "Pela ofensa de um só, morreram muitos" (v. 15); "O julgamento derivou de

---

[5] Quando nos referimos aos seguidores de Pelágio, temos em mente não apenas a ideia do próprio Pelágio, mas a de todos quantos interpretam πάντες ἥμαρτον como uma alusão aos pecados pessoais e voluntários dos homens. Mais recentemente, em *The Interpreter's Bible* (Nova Iorque, 1954), tanto John Knox quanto Gerald R. Cragg, em sua exegese e exposição desta passagem, revelam a evidente tendência em favor dessa interpretação, se realmente não chegam a adotá-la. Citando Gerald R. Cragg: "*Todos os homens pecaram*, o apóstolo diz concisamente; e está apenas repetindo o que já dissera antes, 'todos pecaram e carecem da glória de Deus'... Por sua própria experiência, Paulo sabia o quanto isso impressionava um judeu sensível; a observação mostrara-lhe quão urgentemente o mundo gentílico precisava da regeneração moral. Ele apresenta sua conclusão baseado em fatos que considerava incontestáveis" (vol. IX., p. 463). Por semelhante modo, James Denney afirmou: "Visto que todos os homens são, na realidade, pecadores, a morte, que é inseparável do pecado, propagou-se a todos. Recorrer ao caso dos infantes, para refutar isso... é compreender erroneamente a situação. Para o apóstolo Paulo, o mundo consiste de pecadores capazes de pecar e serem salvos" (*op. cit., ad loc.*). Mais recentemente ainda, cf. C.K. Barrett, *A Commentary on the Epistle to the Romans* (Nova Iorque, 1957), p. 111.

uma só ofensa, para a condenação" (v. 16); "Pela ofensa de um e por meio de um só, reinou a morte" (v. 17); "Por uma só ofensa, veio o juízo sobre todos os homens para condenação" (v. 18) e "Pela desobediência de um só homem, muitos se tornaram pecadores" (v. 19). Sem dúvida, essa reiteração demonstra que o apóstolo considerava haverem a condenação e a morte passado a todos os homens por causa da única transgressão daquele único homem, Adão. Esse contínuo apelo ao único pecado de um único homem elimina a possibilidade de entendermos isso como equivalente às transgressões pessoais de um incontável número de pessoas.

(4) Este ponto de vista é incoerente com a analogia que supre a estrutura de toda esta passagem. A polêmica desta carta dirige-se contra a tese de que somos justificados por obras; e a doutrina que nela está sendo estabelecida é que os homens são justificados e alcançam a vida eterna mediante a justiça de um só, Jesus Cristo. Quão contraditório seria o apelo ao paralelo relacionado à condenação e à morte, se Paulo tivesse achado nas transgressões pessoais de cada indivíduo a base da condenação e da morte de todos. Se este fosse o ensino de Paulo nesta passagem, o paralelo que se tornaria necessário seria a justificação pelas obras, ou seja, cada indivíduo seria justificado por suas próprias ações e, sob esta condição, obteriam a vida eterna. Porém, sabemos que isto é o oposto do ensinamento de Paulo.

Com base nestas razões, precisamos rejeitar a suposição de que, ao dizer: "Porque todos pecaram", Paulo estava pensando sobre os pecados voluntários de todos os homens.

Na tradição agostiniana, com frequência se tem afirmado que a cláusula em questão alude ao pecado original, ou seja, em Adão toda a sua posteridade tornou-se depravada.[6] Por conseguinte, o pensamento seria que a morte passou a todos porque todos adquiriram de Adão uma natureza corrupta; e o motivo pelo qual a condenação e a morte exercem seu domínio universal é que todos, incluindo os infantes, são afligidos por essa mácula hereditária. Esse ponto de vista fundamenta-se em alicerces bíblicos mais claros do que o anterior. É verdade que, por natureza, todos são contaminados e depravados

---

6   Quanto a uma exposição e refutação mais detalhadas, ver a série mencionada anteriormente (nota 2), em especial XVIII, 2, pp. 153-159.

pelo pecado; e isto, por si mesmo, impõe condenação e morte universais. Entretanto, também existem bons motivos para pensarmos que este não é o pecado que o apóstolo tinha em mente, quando disse: "Porque todos pecaram". Contra esta ideia, há duas objeções conclusivas.

(1) Tal opinião é incoerente com as reiteradas afirmações dos versículos 15 a 19, no sentido de que a condenação e a morte vieram a reinar sobre todos por causa do pecado único do único homem, Adão. A contínua ênfase sobre a transgressão de um só homem não se harmoniza com a noção do pecado original ou da depravação hereditária, que, sob hipótese alguma, pode ser caracterizada como o pecado único de um só homem.

(2) Tal opinião é incoerente com a analogia estabelecida em toda a passagem. Não somos justificados pelo motivo de ter Deus nos tornado inerentemente justos. Porém, se somos condenados e sofremos a morte por sermos criaturas inerentemente depravadas e pecaminosas, a única analogia para isso seria que a nossa justificação acontece por que nos tornamos inerentemente santos. É claro que isto não corresponde à doutrina de Paulo. Somos justificados e alcançamos a vida mediante a obediência e a justiça de um único homem, Jesus Cristo.

Se nem as transgressões dos homens nem a depravação que aflige a todos se harmonizam com o ensinamento desta passagem, permanece a indagação: que pecado estava em foco, quando Paulo disse: "Porque todos pecaram"? As seguintes considerações levam a uma única conclusão: por alguma razão, o pecado único de um só homem, Adão, é reputado como o pecado de todos os homens.

(1) É inquestionável que o versículo 12 apresenta o domínio universal da morte, com base no fato de que "todos pecaram" — "a morte passou a todos os homens com base no fato de que todos pecaram".

(2) Nos versículos 15 a 19, Paulo afirma, com idêntica clareza, que o domínio universal da morte está fundamentado sobre a transgressão única de um só homem, Adão; e, por semelhante modo, a condenação universal se baseia sobre o pecado único daquele único homem.

(3) Não podemos supor que o apóstolo estivesse abordando dois fatos diferentes, quando, no versículo 12, a morte de todos está alicerçada sobre o

pecado de todos e quando, nos versículos subsequentes, a morte de todos fundamenta-se sobre um só ato de pecado cometido por um único homem. A passagem inteira constitui uma unidade. O elemento central é a analogia existente entre o argumento de que a condenação e a morte passaram a todos os homens, por causa do pecado de um só, e o argumento de que a justificação e a vida dos justificados procedem da retidão de Cristo. Outrossim, o versículo 12 é uma comparação incompleta. Seria incoerente supor que o apóstolo, ao abordar o reino universal da morte, afirmasse, de maneira tão explícita e repetida, nos versículos imediatamente subsequentes, algo muitíssimo diferente daquilo que ele declarou na introdução inacabada de seu argumento. Se o versículo 12 estivesse em um contexto exclusivamente seu e houvesse uma transição óbvia de um assunto para outro, poderíamos dizer que, no versículo 12, o apóstolo falou sobre determinado fato, ao passo que nos versículos 15 a 19, sobre outro. Não podemos postular uma transição desse tipo pela simples razão de que o versículo 12 depende dos versículos posteriores, para completar o assunto que Paulo havia introduzido. E, finalmente, conforme observamos antes, o versículo 14 torna impossível interpretar o "todos pecaram" (v. 12) no sentido em que nos inclinaríamos a interpretar, se o mesmo não estivesse vinculado ao que o segue. As palavras "todos pecaram" não podem indicar as transgressões pessoais e voluntárias dos homens, porquanto, se este fosse o caso, Paulo estaria contradizendo a si mesmo.

Por essas razões, devemos concluir que "todos pecaram" (v. 12) e uma só transgressão de um único homem (vv. 15 a 19) devem referir-se ao mesmo fato ou acontecimento; e precisamos deduzir que este fato único pode ser expresso em termos de singularidade ou de pluralidade, como o pecado de um só homem ou de todos. E a única solução é que tem de haver alguma espécie de solidariedade entre "um só homem" e "todos", resultando em que o pecado de um só homem, ao mesmo tempo e com igual relevância, pode ser considerado o pecado de todos. Em que consiste esta solidariedade não é nosso propósito determinar no momento. Porém, quando apreciamos esta solidariedade, compreendemos a razão pela qual o apóstolo pôde falar de um só pecado e do pecado de todos. Não devemos menosprezar a singularidade ou a universalidade do pecado.

Agora estamos em condição de apreender o significado da comparação ou correspondência implícita no continuativo "assim também", no versículo 12. Institui-se certa comparação entre a maneira como *entraram* o pecado e a morte e a maneira como estes se tornaram universais. Adão pecou, e juntamente com o pecado, veio a morte. Houve uma sequência inevitável. Contudo, esta sequência se aplica a todos os homens. Visto que o pecado de Adão é o pecado de todos, a morte se propagou a todos, tão inevitavelmente quanto se tornara o destino de Adão, e, deste modo, entrou no mundo. A sequência imediata, exemplificada em Adão e na entrada da morte, também se aplica ao reino universal da morte. A solidariedade existente entre Adão e sua posteridade estabelece certa correspondência entre aquilo que é exemplificado no caso do próprio Adão e aquilo que acontece a toda raça humana. Adão pecou, e a morte entrou; em Adão todos pecaram, e, por conseguinte, a morte estendeu-se a todos. Esta é a força das palavras "assim também". Há um paralelo exato entre o que ocorreu no caso do próprio Adão e aquilo que ocorreu no caso de todos os homens. E o paralelo, neste caso, só pode ser devidamente compreendido quando verificamos a solidariedade no pecado. Paulo diz em outra carta: "Em Adão, todos morrem" (1 Co 15.22). A única explicação adequada é aquela fornecida por Romanos 5.12: em Adão, todos pecam.

13-14 — O versículo 13 inicia o parêntese que interrompe a comparação apresentada no versículo 12. Por ser uma interrupção, ele deve estar intimamente vinculado a algo declarado no versículo anterior, e isto é indicado pela conjunção "porque". "Porque até ao regime da lei havia pecado no mundo, mas o pecado não é levado em conta quando não há lei." Este versículo mantém uma relação íntima com o versículo 14; e o vigoroso adversativo com que começa este último indica que o pensamento do versículo 13 serve de preparação e prossegue para o versículo 14, expressando aquilo que se reveste de relevância particular ao assunto. Não devemos permitir que a nossa atenção seja desviada desta ênfase, deixando que nos escape o objetivo primário destes dois versículos. O pensamento fundamental é que "reinou a morte... mesmo sobre aqueles que não pecaram à semelhança da transgressão de Adão" (v. 14). Se isto for logo reconhecido, então podemos indagar: que ligação há entre essa observação e o pensamento do versículo 12? Esta pergunta não deveria ser considerada difícil. No versículo 12, a doutrina que se reveste de significação particular ao argumento desenvolvido é esta: a morte sobreveio a todos os homens não por causa de suas próprias transgressões pessoais ou do pecado de cada pessoa, e sim por estarem todos envolvidos no pecado de Adão; em outras palavras, por causa da solidariedade no pecado. Essa tese, na avaliação do apóstolo, exigia alguma demonstração ou, pelo menos, alguma exemplificação, para torná-la mais evidente. Por isso, ele inseriu um parêntese que tornou óbvia a necessidade da interpretação sobre a universalidade da morte. E o que poderia ser mais pertinente a isso do que o fato de que a morte reinou sobre todos aqueles que não pecaram à semelhança da transgressão de Adão, ou seja, sobre aqueles que não violaram, de maneira voluntária e ousada, alguma ordenança expressamente revelada por Deus? É claro que havia, por trás do pensamento do apóstolo, a outra alternativa, que seria a única plausível com a alternativa rival à doutrina que ele propusera, isto é, a alternativa de que todos os homens morrem porque transgridem conforme Adão o fez. Era suficiente, para satisfazer o propósito do apóstolo, recorrer ao fato de que muitos morrem dentre aqueles que não pecam à semelhança de Adão, deixando repousar sobre esta verdade o caso da rejeição daquela única outra alternativa. Descobrimos, portanto, a relevância direta da proposição existente no versículo 14 em relação ao assunto principal do versículo 12, o assunto em torno do qual haverá de girar todo o argumento de Paulo.

Há uma observação mais profunda a ser feita no tocante ao versículo 14, antes de nos volvermos para as outras características deste parêntese. Trata-se do significado da cláusula final do versículo — "o qual prefigurava aquele que havia de vir". É óbvio que isto se refere a Adão como tipo de Cristo. A conexão entre esta cláusula e o que imediatamente a precede não deve ser esquecida. Paulo acabara de mencionar a transgressão de Adão. Ter o apóstolo se referido à significação simbólica de Adão sugere que a transgressão de Adão fornece uma analogia, em termos da qual a atitude contrária, por parte de Cristo, tem de ser interpretada. A atitude contrária, no caso de Cristo, é a sua obediência; e, conforme veremos mais adiante, isto é colocado em antítese à transgressão ou pecado de Adão. A alusão de Paulo a esse fato, nesta altura, destaca a relevância da porção anterior do versículo 14 em relação ao tema que fora introduzido no versículo 12; é eminentemente adequado a todo o argumento desta passagem afirmar que a morte reinou sobre aqueles que não pecaram à semelhança da transgressão de Adão. Porquanto o interesse principal do apóstolo era demonstrar que são justificadas as pessoas que não agem rigorosamente de acordo com a semelhança da obediência de Cristo. Por conseguinte, evocar o fato de que a morte reinou sobre aqueles que não pecaram à semelhança da transgressão de Adão se reveste de grande significação dentro do argumento do apóstolo; contribui para provar a assertiva de que a morte veio a todos porque todos estavam envolvidos no pecado de Adão, tendo pecado nele e juntamente com ele. Deste modo, a cláusula final do versículo 14 confirma e demonstra quão apropriada é esta doutrina em relação à da justificação — Adão é o tipo daquele que viria.

Tendo descoberto o principal interesse dos versículos 13 e 14, podemos agora considerar as demais características deste parêntese.

(1) A declaração "o pecado não é levado em conta quando não há lei" (v. 13) enuncia um princípio geral sobre o qual Paulo se mostrou insistente. "Mas onde não há lei, também não há transgressão" (4.15). Visto que o pecado é a transgressão da lei, torna-se evidente que não pode haver pecado onde não houver lei. Não se harmoniza com o ensinamento de Paulo ou com as Escrituras em geral a suposição de que o apóstolo tencionava dizer, neste versículo, que, embora possa existir pecado, este *não é imputado* como pecado quando não há lei.[7] Isto seria contrário a Romanos 4.15. À parte das

---

[7] Esta é a opinião de muitos dos mais hábeis comentadores. O pensamento de tais intérpretes é que, embora haja pecado, na ausência da lei não há qualquer imputação do mesmo, ou, pelo menos, o pecado não é imputado como transgressão que mereça a inflição de morte (cf. Philippi, Meyer, Godet, Gifford, *ad loc.*; e Lightfoot, *Notes, ad loc.*). O ponto de vista adotado por Calvino e outros — que a imputação se refere à auto-imputação — é bastante insustentável. A imputação alude claramente ao juízo divino. Se a interpretação de Meyer e outros fosse adotada, ela se harmonizaria perfeitamente bem com o pensamento da passagem, pois, neste caso, o período de tempo anterior ao Sinai seria uma demonstração conclusiva de que foi por causa do pecado de Adão que os homens morreram naquela época. Se o pecado não era imputado durante aquele tempo, a sentença de morte não poderia ser infligida; mas ela o foi. Logo, deve ter sido aplicada com base no pecado imputado, ou seja, o pecado de Adão, um pecado que podia ser imputado por ser a violação de uma lei expressamente revelada. A razão pela qual não sou capaz de adotar esse ponto de vista é que, nos termos de Romanos 4.15, o pecado só existe como transgressão da lei, e, onde se manifesta o pecado, deve ser imputado por aquilo que ele é.

provisões da graça justificadora, as quais não estão em foco neste versículo, quando o pecado *não é imputado* é porque não existe tal pecado.

(2) "Até ao regime da lei" (v. 13) são palavras que significam até à época em que a lei foi dada, por Moisés. Isto é demonstrado pelo versículo 14, onde o período de tempo é esclarecido como "desde Adão até Moisés" (cf. Gl 3.19). Durante esse tempo, informou-nos o apóstolo, "havia pecado no mundo" (v. 13). Em consonância com o princípio afirmado anteriormente, isso implica em que também teria de existir lei. E o pensamento é que, embora a lei ainda não houvesse sido promulgada, conforme o foi por Moisés, no Sinai, ela existia; e isto é demonstrado pelo fato de que havia pecado — se não houvesse lei, também não haveria pecado. Não existe dificuldade alguma para descobrirmos em quais sentidos a lei esteve em vigor durante esse período, nem há dificuldade para descobrirmos exemplos do pecado a que se referiu o apóstolo.

(3) As observações anteriores, extraídas do versículo 13, não proporcionam, por si mesmas, qualquer apoio à tese de que a morte passou a toda a raça humana por causa do pecado de Adão. De fato, parecem mesmo apontar na direção contrária. É por esse motivo que devemos entender a força da conjunção adversativa, no começo do versículo 14, bem como a ênfase que recai sobre a consideração de que a morte reinou sobre aqueles que não pecaram à semelhança da transgressão de Adão. Tal pensamento poderia ser expresso na seguinte paráfrase: embora seja verdade que desde Adão até Moisés o pecado estava no mundo e, portanto, havia lei; embora o pecado estivesse no mundo (o que explicaria a presença da morte), naquela época a morte reinou não somente sobre aqueles que se tornaram violadores da lei expressamente revelada, como foi o caso de Adão, mas também sobre aqueles que não pecaram daquela maneira, isto é, segundo o exemplo de Adão. Este é o informe que tanto influencia a tese do apóstolo.

(4) Por qual razão Paulo selecionou este segmento da história — desde Adão até Moisés — para apoiar sua tese? Pois esta mesma verdade não é exemplificada em todas as eras da história humana, ou seja, que a morte reinou sobre aqueles que não pecam à semelhança da transgressão de Adão? Isto é verdade. Porém, a escolha desse período histórico é muito apropriada.

A época posterior a Moisés, por causa da mais abundante revelação da lei e das ordenanças, não oferecia ao apóstolo um exemplo tão apropriado daquilo que agora era seu interesse particular — a morte reinou sobre aqueles que não pecaram à semelhança de Adão. Isso se tornava tanto mais verdadeiro quando ele tinha em mente seus leitores judeus. Estes apreciavam a significação da revelação mosaica e, em relação ao que é concreto e definido na mesma, poderiam compará-la à revelação dada a Adão. O período pré-mosaico fornecia um exemplo melhor sobre aqueles que não tinham pecado à semelhança de Adão. Contudo, ao selecionar esse período histórico, Paulo não declara nem admite que se tratava de uma época durante a qual nenhuma lei estava em operação e não havia pecado ou imputação de pecado.

(5) Nos termos da interpretação anterior sobre os versículos 13 e 14, a cláusula "mesmo sobre aqueles que não pecaram à semelhança da transgressão de Adão" teria de ser entendida de modo restritivo, ou seja, sem envolver toda a humanidade, desde Adão até Moisés, mas tão somente certos segmentos da raça humana — aqueles que não violaram qualquer mandamento expressamente revelado. Muitos comentadores têm opinado que esta classe se compõe de crianças que morreram na infância. Sem dúvida, tais crianças se enquadram nesta categoria, sendo elas o exemplo mais óbvio de tal segmento da raça humana. Se o apóstolo estivesse pensando exclusivamente nos infantes, a relevância e a coerência do apelo à morte deles, em apoio à sua tese, precisariam ser plenamente estudados. Porquanto a morte de criancinhas evidencia, melhor do que qualquer outro fato, o pecado e a morte de todos, devido à transgressão de Adão. Entretanto, não temos absoluta certeza de que o versículo enfoca apenas os infantes. Aqueles que estavam fora do alcance da revelação especial também poderiam ser considerados como pertencentes a esta categoria — eles não transgrediram um mandamento explícito e especialmente revelado, tal como Adão o fez. E, apesar de que os adultos pertencentes a esta classe tivessem pecado contra a lei da natureza (cf. 2.14,15), o *domínio* da morte sobre todos estes poderia ser alegado, pelo apóstolo, como algo que aponta para o pecado de Adão e requer a premissa sobre a qual o interesse de Paulo se focalizava, isto é, o pecado de todos os homens no pecado de Adão. Em outras palavras, quando

todos os fatos da época pré-mosaica são levados em consideração, a única explicação para o domínio universal da morte é a solidariedade de todos os homens no pecado de Adão.[8]

15 — Neste versículo, Paulo reinicia o tipo de construção introduzida no versículo 12, mas interrompida pelo parêntese dos versículos 13 e 14. Em outras palavras, temos agora os dois elementos de uma comparação terminada, o que é indicado por "assim" e por "como" — "não é assim o dom gratuito como a ofensa". É importante observar que a forma é negativa, e não positiva; a atenção é focalizada sobre a diferença e não sobre a similaridade. Poderíamos ter esperado que o apóstolo prosseguisse em sua analogia iniciada no versículo 12, à qual ele retorna nos versículos 18 e 19. E poderíamos ter antecipado isso, visto que, ao final do versículo 14, ele havia dito que Adão era tipo daquele que viria. No entanto, Paulo não fez isso; portanto, encontramos aqui uma negação e não uma afirmação. Esse fato revela um interesse a respeito do qual o apóstolo se mostrava zeloso. A negação, no começo do versículo 15, é a introdução de um tema que

---

[8] Tenho plena consciência da objeção que poderia ser evocada contra esta interpretação. Acerca dos princípios que seguimos em nossa interpretação, poder-se-ia objetar que a violação da lei da natureza (cf. 2.14-15) seria suficiente para justificar a infligão da morte sobre todos quantos estavam fora do alcance da revelação especial. Consequentemente, os únicos casos que poderiam fornecer um exemplo relevante à tese do apóstolo seriam os infantes e os débeis mentais. Se isto for convincente, é bem possível que o apóstolo tinha em vista os infantes. Porém, poder-se-ia objetar que, se os infantes estão em foco, por que o apóstolo selecionou esse período da história? Pois, no que diz respeito aos infantes, o mesmo é verdade em qualquer época, e nenhum período em particular serve de melhor exemplo.

A resposta a esta objeção ou série de objeções é que o apóstolo pensava sobre o domínio universal da morte e sobre a solidariedade de toda a raça humana nesse castigo. Ele não pensava sobre os membros da raça como indivíduos e, em consequência disso, estava sob a necessidade de encontrar uma explicação para a universalidade do pecado. Ele apresentou o caso daqueles que não haviam pecado segundo o exemplo de Adão, como peculiarmente apropriado ao seu intuito. Talvez não sejamos capazes de determinar o escopo preciso dessa classificação. Entretanto, a relevância de tal recurso é evidente. Pois a suposição que subjaz ao seu pensamento é que o reinado *universal* da morte não pode ser explicado exceto em termos da violação de um mandamento divino expressamente revelado, uma violação que não pode ser predicada a cada e a todos os membros da raça humana, em sua própria individualidade e particularidade. O único pecado que provê tal explicação é o pecado de Adão e a participação de todos os homens nesse pecado.

Se tivéssemos de omitir a palavra μή antes de ἁμαρτήσαντες, assim como alguns manuscritos cursivos e alguns dos pais da igreja, inclusive Orígenes, então a exegese do versículo 14 teria de ser completamente modificada. Porém, as evidências externas preponderantes, em apoio de μή, não favorecem a omissão. Quanto à retenção de μή, cf. Lightfoot, *Notes, ad loc.*

continua e se desdobra até ao fim do versículo 17. Os principais elementos desse tema são prontamente descobertos; aparecem na última porção do versículo 15 — "muito mais" e "foram abundantes".

Não devemos supor que a negação com a qual se iniciou o versículo 15 e que reaparece no versículo 16 seja uma negação da analogia entre Cristo e Adão ou da semelhança que há entre esses dois cabeças que representam a humanidade. Isto seria contrário à implicação do versículo 12, à expressa declaração da última cláusula do versículo 14 e às afirmações dos versículos 18 e 19. E não somente isto, mas as negações e contrastes dos versículos 15 a 17 são exaradas sobre a suposição da analogia. É pelo fato de haver semelhança que a superabundância da graça pode ser mostrada. Esse conceito de graça superabundante explica para nós a força da negação que começa o versículo 15. A última porção deste versículo mostra que esse foi o caso; ela expressa a razão pela qual o dom gratuito não é como a ofensa — "porque, se, pela ofensa de um só, morreram muitos, muito mais a graça de Deus e o dom pela graça de um só homem, Jesus Cristo, foram abundantes sobre muitos".

Encontramos aqui um argumento *a fortiori*, ilustrado anteriormente nos versículos 9 e 10. No entanto, a premissa da qual se extrai a conclusão é muito diferente. Nas instâncias anteriores, o argumento se fundamenta na manifestação de uma graça para outra. Neste versículo, o argumento vai da operação de julgamento judicial para as concessões da graça de Deus.

A "ofensa de um só" pode referir-se apenas à queda de Adão, pela qual o pecado entrou no mundo (v. 12; cf. a referência a Adão e à sua transgressão, no v. 14). A transgressão foi expressa e especificamente identificada como o ato de um só homem e, com igual definição, declarada ser o motivo que levou muitos à morte. Nenhuma dúvida pode ser razoavelmente alimentada no que concerne a essa relação causal entre o pecado de Adão e a morte de muitos, quando levamos em conta as expressões correspondentes nos versículos 16 e 17: "O julgamento derivou de uma só ofensa, para a condenação"; "Pela ofensa de um e por meio de um só, reinou a morte". O pecado de Adão serviu de base ou razão judicial para a morte de muitos. Quando Paulo empregou a expressão "sobre muitos", ele não tencionava delimitar o seu significado.

O escopo das palavras "sobre muitos" deve ser o mesmo que o das palavras "todos os homens". Nos versículos 12 a 18, Paulo empregou a expressão "sobre muitos", assim como no versículo 19, com o propósito de contrastar, com maior eficácia, os termos "um só" e "muitos" (singularidade e pluralidade) — foi a transgressão de "um só" ou, melhor ainda, "uma só ofensa" (v. 18) do único indivíduo; mas, como resultado, morreram "muitos". Além disso, Paulo estava prestes a estabelecer outro contraste, conforme veremos, mediante o uso do vocábulo "muitos". Se ele tivesse simplesmente dito "todos", o pensamento não teria sido expressado em termos tão vigorosos, embora, no mesmo contexto, o pensamento exija uma referência explícita ao fato de que "todos" morreram.

Qual é, pois, o efeito do argumento anterior? "Muito mais a graça de Deus." O pensamento não envolve apenas uma grande certeza[9] que podemos entreter a respeito dos dons da graça. Temos de admitir essa certeza. O apóstolo, porém, falava a respeito do fundamento objetivo da certeza subjetiva, aquela superabundância que emana da graça de Deus. Também seria fútil supor que a abundância da graça demonstrada se deve ao fato de que Deus tem mais prazer em proporcionar graça do que em executar julgamento.[10] A superabundância da graça, aqui asseverada, é simplesmente aquilo que o apóstolo descobriu estar de acordo com o que é afirmado mais adiante: "Onde abundou o pecado, superabundou a graça" (v. 20). Ele reconhece o fato do juízo, e não há qualquer sugestão no sentido de que este é ineficaz; antes, o juízo se realiza de modo incansável — "pela ofensa de um só, morreram muitos". Paulo, entretanto, também reconhece que a graça entra em operação e a superabundância se evidencia, porque a graça de Deus não somente anula a realização do juízo, mas também é abundante quanto ao que é contrário ao juízo, ou seja, quanto à justificação e à vida. O pecado reinou para a morte, mas a graça tem reinado mediante a justiça, para a vida eterna (v. 21). Não há nisso qualquer depreciação da eficácia do julgamento divino, mas a ênfase recai sobre as grandes realizações da graça.

---

9   Cf. Sanday e Headlam (*op. cit.*, *ad loc.*), que interpretam desta maneira πολλῷ μᾶλλον.
10 Cf. Ez 18.23; 33.11.

Não podemos deixar de notar o acúmulo de expressões que têm o objetivo de ressaltar a graça de Deus. "A graça de Deus" significa a outorga do favor divino; e o "dom pela graça" é o presente que recebemos e deve ser identificado com o "dom da justiça" (v. 17); "o dom pela graça" indica que se baseia inteiramente na graça divina aquilo que nos foi outorgado. Esta ênfase sobre a graça não é mera redundância, pois, de maneira característica ao apóstolo, ele usou grande eloquência e variedade de expressão, a fim de, por todos os ângulos do pensamento, manifestar a gratuidade. Além disso, há uma característica distintiva em cada expressão usada. Isto se torna evidente na expressão "a graça de um só homem, Jesus Cristo". A graça pela qual recebemos o dom gratuito da justiça é definida como aquela que pertence a Jesus Cristo. A construção sintática do versículo indica que a graça é aquela *exercida* por Jesus Cristo, e não a graça de Deus que é mediada ou que nos alcança por meio de Jesus Cristo. A graça do próprio Cristo se mostra operante em nossa justificação (cf. At 15.11; 2 Co 8.9; 1 Tm 1.14). Entretanto, não podemos identificar qual manifestação particular da graça exercida por Cristo está em foco aqui, se aquela por intermédio da qual ele obteve a nossa justificação ou aquela continuamente revelada na outorga da justificação. O contexto e ensino do apóstolo parecem favorecer a primeira possibilidade.[11] Todavia, a lição mais significativa é que a graça de Cristo, na qualidade de "um só homem", é demonstrada naquele dom gratuito de graça e justiça que abunda em favor de muitos.

16 — A cláusula introdutória deste versículo se reveste de sentido idêntico à do versículo 15. Trata-se de uma declaração abreviada indicando que o paralelo entre Adão e Cristo não implica em uniformidade. Esta é a ênfase permanente dos versículos 15 a 17, e Paulo não considera supérfluo reiterá-la. A reiteração, entretanto, não consiste em mera repetição. (Existem características distintivas para a reiteração). Em primeiro lugar, a expressão "no caso em que somente um pecou" coloca Adão em íntima conexão com

---

11 Meyer, Gifford, e outros interpretam ἐν χάριτι τῇ τοῦ ἑνὸς ἀντρώπου Ἰησοῦ Χριστοῦ juntamente com o verbo ἐπερίσσευσεν, e não com δωρεά. Ver, expressando-se contra esta ideia, Godet, Sanday e Headlam.

o pecado; nas palavras de Meyer, isso "indica a unidade da pessoa e do ato pecaminoso realizado" (*ad loc.*). Em segundo, a cláusula é introdutória, e a forma é adaptada às características distintivas da superabundância das operações da graça refletidas no versículo 16. A última parte deste nos informa em que aspectos o dom gratuito é diferente: "Porque o julgamento derivou de uma só ofensa, para a condenação; mas a graça transcorre de muitas ofensas, para a justificação". Existem vários detalhes que demandam consideração, antes de podermos apreciar o contraste aqui enunciado.

(1) "O julgamento" é a sentença judicial, e o caráter desta é definido pelo termo "condenação". Até aqui, o julgamento derivado do pecado de Adão havia sido mencionado em termos de morte (vv. 12,14,15). Mas agora é introduzido um novo conceito — o de condenação. Logo, há progressão no pensamento. E torna-se evidente quão apropriada e necessária é a introdução deste conceito — a condenação é o contrário da justificação e projeta os marcos para interpretarmos o caráter da justificação. Conforme observamos anteriormente, a condenação é uma sentença judicial que nos pronuncia injustos. A morte é a consequência penal do pecado, mas a condenação é a sentença divina proferida sobre o pecado.

(2) Esta sentença derivou-se de "uma só ofensa". No original grego, é difícil determinar se Paulo quis dizer "uma ofensa" ou "um homem". Na porção anterior do versículo, a expressão similar, "somente um", significa um homem; mas a expressão "de muitas ofensas" é posta em contraste com o termo "um só" desta parte do versículo. Se fôssemos influenciados, em nossa maneira de pensar, pelas afirmações precedentes, diríamos que o intuito do apóstolo era afirmar "de um só homem"; mas, se nos deixássemos influenciar pelas declarações posteriores, diríamos que o intuito era afirmar "de uma só ofensa". Não parece haver qualquer consideração conclusiva que favoreça um ponto de vista em detrimento do outro. Porém, se conservarmos em mente o que observamos antes, isto é, a unidade da pessoa e do ato pecaminoso, a questão não possui nenhuma relevância. De qualquer maneira, o que está em foco é a única ofensa (cf. v. 18) de um só homem. Por conseguinte, Paulo afirmou que a sentença condenatória da parte de Deus (implícitos nela todos os homens — cf. vv. 12,15,18) procedeu do pecado único de um só homem.

O que já descobrimos no tocante à relação entre essa ofensa e a morte de todos (vv. 12,15) também é verdadeiro no caso da condenação de todos os homens. Todos eles estão debaixo da condenação da parte de Deus, por causa do único pecado de um só homem.

(3) O "dom gratuito", citado por duas vezes no versículo 15, assim como na primeira parte deste e do versículo 17, refere-se ao dom outorgado, em distinção à disposição da graça, da qual procede este dom.[12] "O dom gratuito" é antitético ao "julgamento"; o julgamento visa à condenação, e o dom gratuito, à justificação. E, assim como a condenação define o caráter da sentença do julgamento, assim também a justificação define o caráter do dom gratuito.

(4) "Transcorre de muitas ofensas" é antitético a "uma só ofensa", a ofensa de Adão. Um notável paralelo é aqui subentendido. É evidente que o julgamento de condenação procede de uma só ofensa — esta é o alicerce daquele. Poderíamos dizer, porém, que o dom gratuito da justificação procede de muitas ofensas e está fundamentado sobre elas? O paralelo que subjaz a esse contraste requer certa identidade de operação. Entretanto, seria inviável insistir em que o dom gratuito está alicerçado sobre muitas ofensas. Qual, pois, é a similaridade? Pode ser apresentada da seguinte maneira: o julgamento para a condenação levou em conta simplesmente a única ofensa; a sentença exigia apenas uma ofensa para dar-lhe validade e sanção; efetivamente, a única ofensa requeria nada menos do que a condenação de todos. Porém, o dom gratuito para a justificação possui tal natureza que precisa levar em conta as muitas ofensas; não poderia ser o dom gratuito da justificação, a menos que apagasse as muitas ofensas. Em consequência, o dom gratuito é condicionado, quanto à sua natureza e efeito, pelas muitas ofensas, assim como o julgamento estava condicionado, quanto à sua natureza e efeito, por aquela única ofensa de Adão. Deste modo, podemos perceber a identidade que o apóstolo tem em vista e observar como a magnitude da graça é exibida pelas múltiplas transgressões que a graça leva em conta.

(5) "Para a justificação" faz contraste com a condenação e deve significar a sentença justificadora; envolve o ato justificador.

---

12 Qualquer distinção que se possa traçar entre χάρισμα, δωρεά e δώρημα não afeta a conclusão de que, em cada caso, há referência à dádiva outorgada

Com esses detalhes em mente, podemos notar que a cláusula introdutória indica a ênfase que caracteriza o versículo 16; é o *contraste* entre "uma" e "muitas". No versículo 15, o pensamento é que, *tanto no julgamento quanto na graça*, o movimento procede de "um" para "muitos" — no *julgamento*, "muitos" morreram devido à ofensa de "um só"; na *graça*, o dom gratuito superabunda em favor de "muitos", mediante "um só" homem, Jesus Cristo. Porém, no versículo 16 o pensamento gira em torno da antítese entre "uma" e "muitas". O juízo e a condenação levam em conta apenas um pecado de um único homem, e raça humana inteira é condenada. Mas o dom gratuito e a justificação consideram os muitos pecados, o inconcebível número de pecados de uma grandíssima multidão. Quão grave deve ser o pecado, e quão indizível, a graça!

17 — Este versículo apresenta construção sintática e sentido similares aos do versículo 15. Foi redigido na forma de um argumento *a fortiori*, e as provisões da graça são contrastadas com as devastações provenientes da morte. O versículo 17, entretanto, enfatiza particularmente o contraste entre o *reino* da morte, por causa e através da única ofensa do único homem, e o *reino* da vida, por meio de um só homem, Jesus Cristo. No versículo 15, a abundância da graça é ressaltada; e no versículo 16 é acentuado o caráter inclusivo e definido do ato justificador; no versículo 17 enfatiza-se o domínio abundante da vida como algo provido pela graça e estabelecido pela justificação. "Se, pela ofensa de um e por meio de um só, reinou a morte, muito mais os que recebem a abundância da graça e o dom da justiça reinarão em vida por meio de um só, a saber, Jesus Cristo."

(1) "Por meio de um só, reinou a morte." A expressão "por meio de um só", por causa de sua analogia com "por meio de um só, a saber, Jesus Cristo", no final do versículo, deve ser entendida como uma referência a Adão.[13] E, assim, o apóstolo assevera que não somente a morte reinou por causa da "ofensa de um só", mas também pela mediação de um só. Adão mantinha um

---

13 Por igual modo, τοῦ ἑνός, na cláusula precedente, refere-se a Adão, assim como também o fazem estas mesmas palavras na primeira cláusula do versículo 15, e δι' ἑνός na primeira cláusula do versículo 16, e τοῦ ἑνός na primeira cláusula do versículo 19.

relacionamento tal com a raça humana, que *por meio* dele a morte exerceu seu domínio universal sobre os homens. Este relacionamento explica a razão pela qual a transgressão única de Adão produz este resultado para toda a sua posteridade. E a consequência é indicada pelo poder que a morte declaradamente exerce — "reinou a morte"; ela demonstrou seu indisputável domínio.

(2) *A fortiori* "muito mais", é aplicado, neste caso, ao superabundante reinado da vida que emana da graça.

(3) "Os que recebem a abundância da graça e o dom da justiça reinarão em vida." Sem dúvida alguma, os contrastantes modos de expressão são significativos. Reinou a *morte*; não se diz que os súditos da morte reinaram na morte. A morte exerce seu domínio sobre eles. Entretanto, por outro lado, não é dito expressamente que a vida reina. Tal declaração não seria necessariamente apropriada. Mas afirma-se que os súditos da vida "reinam em vida"; estes são apresentados como quem exerce domínio na vida. A razão pela qual eles reinam em vida é que recebem "a abundância da graça e o dom da justiça". A distinção entre "graça" e "o dom gratuito" já foi considerada. E deveríamos notar que as palavras "a abundância" governam tanto a graça quanto o dom gratuito; trata-se da abundância, do transbordamento pleno da graça, quer seja esta uma disposição, quer seja uma concessão. A palavra "recebem" enaltece o pensamento expresso pelo "dom gratuito"; não alude à nossa aceitação confiante[14] do dom, e sim ao fato de que Deus nos tornou recipientes, e somos considerados os beneficiários passivos tanto da graça quanto do dom gratuito, em sua plenitude transbordante.

O "dom gratuito" é definido nesta instância para nós; trata-se do dom da justiça e, por conseguinte, consiste em justiça. O que é esta justiça? Não estaria fora do fluxo do pensamento afirmar que é a justificação, o ato justificador da parte de Deus. Há boas razões para pensarmos que não é, especificamente, o ato justificador, e sim a justiça que recebemos no ato justificador. É a "justiça de Deus" (1.17; 3.21,22; 10.3; Fp 3.9) que se torna nossa; e, embora a nossa justificação seja constituída desta justiça que nos foi outorgada e da qual nos tornamos recipientes, nisso está implícito muito

---

14 "οἱ λαμβάνοντες não se refere aos que *aceitam* confiantemente... mas apenas aos *beneficiários*" (Meyer, *ad loc.*).

mais do que apenas o ato justificador. Conforme veremos mais adiante, em conexão com os versículos 18, 19 e 21, neste ponto é introduzida a justiça justificadora. E somos notificados do fato de que a justificação consiste na doação, para nós, de uma justiça que é mais claramente definida nos versículos seguintes. Por enquanto, basta observarmos que na justificação recebemos o dom da justiça.

(4) "Reinarão em vida por meio de um só, a saber, Jesus Cristo" — isso demonstra que o apóstolo supõe existir entre Cristo e aqueles que reinam em vida o mesmo tipo de relacionamento que existe entre Adão e aqueles sobre quem a morte reina. A permanência da mediação de Cristo, em virtude de determinado relacionamento, é declarada como a condição do reinar em vida. É provável que o reinar em vida tenha, em seu escopo, a ordem das coisas consumadas. Porém, o tempo futuro ("reinarão") não precisa confinar este reino ao futuro. O tempo verbal pode ser interpretado como que expressando a certeza e a segurança do reinar em vida, ao invés de expressar sua futuridade. Porém, a implicação desta certeza e segurança é que este reinar em vida continuará para sempre e, de acordo com o ensinamento do apóstolo, chegará à sua mais plena realização no futuro.

18 — Quer consideremos o versículo 18 como um reinício de argumento ou como uma recapitulação,[15] sem dúvida alguma trata-se de um resumo da doutrina apresentada em toda esta passagem (v. 12, ss.). O exame demonstrará que cada elemento do versículo 18 já se acha presente, explícita ou implicitamente, nos versículos anteriores. Isto explica o "portanto" ou o "consequentemente" (conforme o texto grego) com que começa este versículo. A analogia entre Adão e Cristo é agora expressa nos termos mais

---

15 Se for um reinício de argumento, o versículo retoma o pensamento interrompido no versículo 12. Se for uma recapitulação, a analogia iniciada, mas não completada no versículo 12, é desenvolvida nos versículos 15 a 17, embora não precisamente na forma iniciada no 12 ou levada à conclusão nos versículos 18 e 19. Não é viável imaginar que a analogia esteja ausente nos versículos 15-17, pois, como vimos, ela sublinha os contrastes existentes nesses versículos. Portanto, não é apropriado considerar a analogia adiada desde o versículo 12 até ao versículo 18. A ideia de "reinício", entretanto, poderia ser corretamente usada, se este se referisse ao reinício do tipo exato de construção sintática iniciada no versículo 12, mas que não fora completada. Em termos de conteúdo, o versículo 18 é realmente uma recapitulação do que achamos nos versículos anteriores.

claros possíveis, e a comparação se completa em termos de uma construção sintática positiva. "Pois assim como, por uma só ofensa, veio o juízo sobre todos os homens para condenação, assim também, por um só ato de justiça veio a graça sobre todos os homens para a justificação que dá vida."[16] A construção sintática iniciada no versículo 12, mas interrompida pela inserção de um trecho parentético, é agora reiniciada e levada, de modo regular, à sua conclusão. Deste modo, ficamos na dúvida sobre qual teria sido a forma do versículo 12, se a comparação houvesse sido completada. Teria sido esta: "Portanto, assim como por um homem entrou o pecado no mundo, e pelo pecado, a morte; e, assim como a morte passou a todos os homens, porquanto todos pecaram, assim também por meio de um só homem entrou a justiça no mundo, e por meio da justiça, a vida; por conseguinte, a vida passou a todos os homens, pelo que foram reputados como justos". O versículo 18, todavia, expressa de modo mais sucinto a analogia e não nos confronta com as dificuldades de interpretação ou de construção que encontramos no versículo 12. Os detalhes do versículo 18, entretanto, exigem comentário.

(1) "Por uma só ofensa" — esta tradução é mais correta do que "por meio da ofensa de um só". Esta é a primeira vez em que o pecado de Adão é categoricamente denominado "uma só ofensa", embora isso estivesse implícito desde antes (v. 16). A nossa atenção é atraída para o fato de que o pecado em vista, através do qual morreram todos os homens e caíram sob condenação, é a transgressão única de Adão. Não podemos admitir dúvidas de que isso aponta para o seu primeiro pecado — ter comido do fruto proibido. O apóstolo não pensaria neste pecado como algo separado do complexo de disposições íntimas que concebeu e deu expressão ao primeiro pecado. Porém, à semelhança do próprio trecho de Gênesis 3, Paulo focaliza sua atenção sobre o pecado particular ao qual foi direcionado o complexo de disposições íntimas e através do qual estas se manifestaram. O ato de comer o fruto interpreta todo o movimento da apostasia, dando-lhe unidade,

---

16   A elipse existente neste versículo não poderia ser mais relevantemente preenchida do que pela inserção das palavras "veio o juízo". Ou, se adotarmos a terminologia do versículo 16, poderíamos mui apropriadamente inserir "veio o juízo (κρίμα)", na prótase, e "veio a graça (χάρισμα)", na apódose. Em apoio a esta última possibilidade, Lightfoot (*Notes, ad loc.*) recorre a Romanos 10.17, Gálatas 2.9, 1 Coríntios 6.13 e Apocalipse 6.6 como exemplos desta forma elíptica em duas cláusulas antitéticas.

como um ato pecaminoso. Aqui é afirmado uma vez mais aquilo que temos visto reiteradamente — esta única transgressão de Adão foi o motivo para a condenação de todos os homens; ela serviu de instrumento para o juízo condenatório de Deus sobre todos.

(2) "Por um só ato de justiça." Em que consiste esse ato de justiça? Na verdade, muitos comentadores supõem que se trata do ato de justificação[17] e com facilidade poderíamos apelar ao versículo 16 em apoio a tal ponto de vista. Este sem dúvida refere-se à justificação, por ser contrastado com a condenação, não havendo razão para qualquer outro conceito naquele ponto. Todavia, quanto a esta passagem, não há objeções decisivas. (a) É fútil supor que o apóstolo deve ter usado o vocábulo com o mesmo sentido nestes dois versículos. Já notamos quão rapidamente o apóstolo era capaz de passar de um para outro significado da mesma palavra. Apreciar esta flexibilidade é indispensável à exegese. (b) Determinamos o sentido em que o vocábulo é usado, antes de tudo, pelo contexto imediato. No versículo 16, o sentido é determinado pelo contraste com a condenação. Mas, no versículo 18, existe um contraste diferente, e este vocábulo é colocado em antítese à ofensa e não à condenação. E o contraste estabelece o significado neste caso. (c) No versículo 18, a palavra "condenação" reaparece, e seu contraste é estabelecido, não através do termo em questão, e sim através do outro, ou seja, "a justificação que dá vida", que, sem dúvida alguma, significa a justificação. (d) Se o termo em questão significa justificação, o pensamento do versículo 18 é complicado por meio de uma redundância. Pois, neste caso, a apódose diria: assim também um juízo justificador veio sobre todos os homens visando a justificação que dá vida. (e) Nesta passagem, do princípio ao fim, a expressão "de um só" alude sempre a Adão ou a Cristo, ao passo que "um só" ou "uma só", sem a

---

17 Cf. Calvino, Meyer, Godet, Gifford, Shedd, Sanday e Headlam; e, expressando opinião contrária, cf. Philippi, Haldane, Hodge e, aparentemente, Ligthfoot. Este (*Notes, ad* 5.16) menciona os trechos de Apocalipse 15.4 e 19.8 como exemplos do uso de δικαίωμα com o sentido de "ato de justiça". Não há valor algum na argumentação de Godet em favor do significado "sentença de justificação", dizendo que, na "terminologia de Paulo, é Deus, e não Jesus Cristo, *o justificador*" (*op. cit., ad loc.*). "O ato de justiça" de Cristo não alude à sentença que, conforme Godet corretamente observa, é o ato de Deus, em distinção ao de Cristo; mas se refere à justiça da obediência de Cristo, sendo correspondente ao termo ὑπακοή, no versículo 19. Quanto ao significado de δικαίωμα, cf. o excelente estudo de G. Schrenk em *Theologisches Wörterbuch zum Neuen Testament, ad loc.*

preposição "de", se referem a Adão ou à sua transgressão. Este uso contínuo da expressão nos faria esperar que, ao mencionar "um ato de justiça", Paulo tinha em vista a justiça que pertence exclusivamente a Cristo, em distinção àquela transgressão que, de modo peculiar, pertence a Adão.

Por esses motivos, concluímos que o "um só ato de justiça", neste versículo, é contrastado com a "uma só ofensa" de Adão, conforme também se torna evidente da construção sintática. E, assim como a transgressão de Adão é a base da condenação de todos, assim também este "um só ato de justiça" serve de fundamento pelo qual a justificação é conferida a todos. E, visto que, nos termos desta passagem, isto deve significar o ato de justiça do homem Jesus Cristo como a única coisa capaz de prover-nos a analogia e o contraste, a referência deve ser à retidão de Cristo como o alicerce sobre o qual se decreta, em relação a todos os homens, o juízo para a justificação que dá vida.[18] Se indagamos: como é que a justiça de Cristo poderia ser definida em termos de "um só ato de justiça"?, respondemos que a justiça de Cristo é considerada em sua unidade compacta, formando um paralelismo com a única ofensa. E há bons motivos para nos referirmos a isso como o único ato de justiça, porquanto, assim como a única transgressão foi a transgressão de um só homem, por igual modo o único ato de justiça é a justiça de um só homem; a unidade da pessoa e de sua respectiva realização é algo que sempre devemos levar em conta.

---

18 Se alguém objetar que, se δικαίωμα, neste versículo, significasse a justiça de Cristo, o apóstolo teria usado o vocábulo δικαιοσύνη, a resposta é que δικαίωμα satisfaz melhor o pensamento do apóstolo, como um contraste mais evidente com παράπτωμα.

Tem sido argumentado que, pelo fato de ἑνός, em outras instâncias desta passagem, ter uma conotação pessoal, aludindo ou a Adão ou a Cristo, também neste versículo ἑνός, tanto na prótase quanto na apódose, deve ter sentido pessoal — "a transgressão de um só" e o "ato de justiça de um só". Este argumento não é conclusivo. Em cada instância em que ἑνός possui um significado claramente pessoal, usa-se o artigo definido (vv. 15, 17, 19), exceto nos versículos 12a e 16a. Nestas duas passagens, por razões óbvias, não há necessidade do uso do artigo para se demonstrar a alusão pessoal. No versículo 16b, ἐξ ἑνός, devido ao contraste com ἐκ πολλῶν παραπτωμάτων, deveriam, com mais razão, ser entendidas como "de uma só ofensa", e não como "de um só homem". Portanto, não há uma boa razão pela qual ἑνός, em ambas as instâncias no versículo 18, não possa ser considerado qualificativo de παράπτωμα e de δικαίωμα. Se Paulo tencionava que ἑνός tivesse uma conotação pessoal, deveríamos esperar que ele inserisse o artigo definido, de acordo com o padrão da construção sintática dos versículos 15 e 17 ou segundo os moldes do versículo 19, embora, naquele primeiro caso, a ambiguidade não viesse a ser inteiramente removida, por causa do genitivo tanto em ἑνός quanto nos substantivos.

(3) "Justificação que dá vida." Estas palavras não podem significar que a justificação consiste em vida. No versículo 17, vemos o mesmo modelo de construção sintática, "o dom da justiça", e a justiça define o dom, que consiste em retidão. Nesta instância, porém, a justificação não poderia ser definida como algo que consiste em vida. Pelo contrário, esta expressão aponta para a justificação que transmite vida, que resulta em vida. Neste versículo, pois, temos claramente descortinada, diante de nós, a combinação da justiça, justificação e vida.

(4) É possível que a extensão da apódose seja a questão mais crucial que surge em conexão com este versículo — "por um só ato de justiça, veio a graça sobre todos os homens para a justificação que dá vida". Estas palavras devem ser interpretadas tão abrangentemente quanto os termos usados parecem indicar? Na prótase devemos concluir que a extensão é universal, pois o juízo condenatório veio sobre todos os homens, sem qualquer exceção (cf. vv. 12, 14, 15, 17). Devemos supor que o mesmo se aplica à apódose? Não podemos deixar de concluir que, se o apóstolo tencionava dizer que a apódose é tão abrangente em seu escopo quanto a prótase, a raça humana inteira, eventualmente, alcançará a vida eterna. Não escaparemos dessa conclusão por fazermos distinção entre a provisão objetiva e a apropriação subjetiva.[19] Também não podemos evitar essa inferência por atribuirmos à justificação que dá vida uma interpretação atenuada, como algo que seria compatível com a perdição eterna. A justificação que o apóstolo abordou neste versículo é aquela sobre a qual ele falou nesta passagem em particular e em toda a carta. Trata-se da justificação que leva em conta um incalculável número de transgressões daqueles que são seus recipientes (v. 16), a justificação na qual a graça é abundante (v. 15), a justificação pela qual os beneficiários reinam em vida por meio de Jesus Cristo (v. 17), a justificação pela qual os justificados são declarados "justos" (v. 19), a justificação que resulta na permanente condição de paz com Deus (vv. 1 e 2). A fim de não termos qualquer disputa a respeito do resultado desta justificação, é suficiente recorrer ao versículo 21. Sem dúvida, este é o sumário de todo o argumento do apóstolo — "A fim de

---

19 Esta é a suposição de Meyer. Porém, ele insiste em que, desta passagem, nada pode ser deduzido em favor de uma ἀποκατάστασις final (*op. cit., ad loc.*).

que, como o pecado reinou pela morte, assim também reinasse a graça pela justiça para a vida eterna, mediante Jesus Cristo, nosso Senhor". A justiça e a justificação de que trata este versículo não podem ser nada menos do que a justiça e a justificação que resultam na vida eterna, e a expressão "justificação que dá vida" é incapaz de oferecer qualquer outra interpretação.

Quando perguntamos: é característico do apóstolo Paulo afirmar uma salvação universal?, a resposta precisa ser decisivamente negativa (cf. 2 Ts 1.8,9). Portanto, não podemos interpretar a apódose do versículo 18 no sentido de um universalismo inclusivo, visto que supor uma implicação restritiva está em harmonia com as mais corretas normas de interpretação. Em 1 Coríntios 15.22, afirmou Paulo: "Porque, assim como, em Adão, todos morrem, assim também todos serão vivificados em Cristo". Conforme o contexto demonstra, o apóstolo estava falando da ressurreição para a vida, referindo-se àqueles que pertencem a Cristo e serão ressuscitados quando ele voltar. Por isso mesmo, o vocábulo "todos", da segunda cláusula, é restritivo de um modo que o "todos" da primeira cláusula não pode ser. Por igual modo, em Romanos 5.18 podemos e devemos reconhecer que a expressão "todos os homens", encontrada na apódose, manifesta certa restrição; mas isto não ocorre com a mesma expressão na prótase. O apóstolo não estava interessado em mostrar a extensão numérica daqueles que são justificados, como se isto equivalesse à extensão numérica dos que são condenados; mas o que o interessava era demonstrar a analogia existente entre o caminho da condenação e o da justificação. Ele tinha em vista o *modus operandi*. Todos quantos estão condenados, e isto inclui a raça humana inteira, estão condenados por causa daquela única ofensa de Adão; e todos quantos estão justificados, estão nesta condição por causa da justiça de Cristo. Todavia, não convém atribuir à justificação a mesma amplitude denotativa da condenação, visto que a própria analogia não exige isso.

19 — Este versículo confirma e esclarece o anterior. Isto se evidencia não somente pela construção sintática e pelo conteúdo do versículo 19, mas também pelo modo como eles estão vinculados entre si; o versículo 19 começa com a palavra "porque" — "Porque, como, pela desobediência de um só homem, muitos se tornaram pecadores, assim também, por meio da obediência de um só, muitos se tornarão justos". Aqui, novamente, temos uma comparação terminada, segundo os moldes do versículo 18. Embora a doutrina seja substancialmente a mesma, o versículo expõe novas facetas desta doutrina.

(1) "Pela desobediência de um só homem." O pecado de Adão é caracterizado pelos termos "transgressão" (v. 14), "ofensa" (vv. 15,17,18) e, agora, "desobediência". Cada um desses vocábulos possui ênfase própria e indica que a queda de Adão era reputada, pelo apóstolo, como pecado, em todos os aspectos pelos quais poderíamos definir o pecado.

(2) "Muitos se tornaram pecadores." Nos versículos anteriores, vimos que a morte passou a todos os homens por causa do pecado de Adão (vv. 12,14,15,17). Também vimos que a condenação foi pronunciada sobre todos os homens por meio do pecado de Adão (vv. 16,18). Está implícita, nestas declarações, a solidariedade existente entre Adão e sua posteridade. Teria sido uma inferência necessária, com base na solidariedade na morte e na condenação, apresentar também a solidariedade no pecado, porquanto a morte e a condenação pressupõem o pecado. Porém, não ficamos entregues a meras inferências. O apóstolo mostra-se explícito no tocante ao fato de que a solidariedade envolveu o próprio pecado. Já aprendemos antes que a única maneira lógica de interpretarmos a cláusula do versículo 12, "porque todos pecaram", é que esta se refere ao envolvimento de todos os homens no pecado de Adão. Porém, uma vez mais, a propriedade desta interpretação é demonstrada pelo que agora é dito expressamente no versículo 19 — "pela desobediência de um só homem, muitos se tornaram pecadores". A expressão "se tornaram pecadores" não admite dúvidas sobre o fato de que esses muitos foram incluídos na categoria de pecadores. Não somente a morte passou a dominá-los, não somente ficaram sob a sentença condenatória, mas a pecaminosidade se tornou intrinsecamente deles, em virtude do pecado de Adão. A variedade de termos usados pelo apóstolo para caracterizar o pecado se mostra eloquente a respeito do que significa alguém haver se tornado pecador. O pecado é transgressão, ofensa e desobediência; por conseguinte, a solidariedade no *pecado* é o envolvimento na desobediência,

na ofensa e na transgressão de Adão. Semelhantemente, a última cláusula do versículo 12 não pode significar outra coisa, pois assevera: "Todos pecaram". Por meio de uma confluência de considerações inerentes a esta passagem, somos informados que o pecado de Adão tornou-se o pecado de todos os seres humanos e que a solidariedade na condenação e na morte pode ser rastreada até à sua origem, a solidariedade no pecado. Tentar escapar desta conclusão arruína a exegese.

(3) "Por meio da obediência de um só, muitos se tornarão justos." Estas palavras correspondem a "por um só ato de justiça", no versículo 18, não podendo haver dúvida de que se referem à obediência de Cristo. Ainda que persistisse a dúvida quanto ao significado de "ato de justiça", no versículo 18, não poderia haver qualquer dúvida quanto a isso no versículo 19. A obediência de Cristo é aquela por meio da qual muitos foram declarados justos. O conceito da obediência, no que diz respeito à obra de Cristo em favor dos crentes, é mais abrangente do que qualquer outro (cf. Is 42.1; 52.13-53.12; Jo 6.38,39; 10.17,18; 17.4,5; Gl 4.4; Fp 2.7,8; Hb 2.10; 5.8,9). É significativo que este conceito foi utilizado aqui. Isto indica a ampla perspectiva através da qual devemos contemplar aquela realização de Cristo que constitui a base do ato justificador da parte de Deus. É indubitável que foi na cruz de Cristo e no verter do seu sangue que essa obediência atingiu o seu ápice, mas essa obediência compreende a totalidade da vontade do Pai consumada por Cristo. E isso enfoca, de maneira precisa, o que estava subentendido nas palavras "o dom pela graça de um só homem, Jesus Cristo" (v. 15), "por meio de um só, a saber, Jesus Cristo" (v. 17) e "assim também, por um só ato de justiça" (v. 18).

(4) "Muitos se tornarão justos." O conceito de ser tornado justo não pode ser diferente da noção de "justificação", no versículo 16, ou de "o dom da justiça", no versículo 17 (cf. vv. 15,16), ou de "a justificação que dá vida", no versículo 18. Não podemos supor que neste ponto culminante de seu argumento o apóstolo tivesse introduzido um conceito estranho ao contexto anterior ou à sua tese principal. Isto equivale a dizer que "se tornarão justos" tem o mesmo caráter forense da ideia de justificação, sendo meramente uma variação na maneira do apóstolo expressar-se. Esta consideração nos fornece

a direção em que devemos interpretar a expressão antitética "se tornaram pecadores". Ainda que não devemos abrandar o significado desta última, a ponto de eliminar nosso envolvimento no pecado, transgressão, ofensa e desobediência de Adão, nosso envolvimento deve ser interpretado em termos forenses; não pode ser o de mera transgressão voluntária e pessoal de nossa parte; tem de ser apenas o de imputação, isto é, que, por causa da unidade representativa, o pecado de Adão é lançado em nossa conta e, portanto, reputado como nossa dívida, com todas as implicações subentendidas e consequências trazidas pelo pecado. No julgamento judicial da parte de Deus, o pecado de Adão é o pecado de todos.

Embora a expressão "se tornarão justos" tenha um significado estritamente forense, não devemos esquecer o aspecto distintivo pelo qual a justificação é encarada, quando se utiliza esta expressão. A justificação é um ato constitutivo, e não meramente declarativo, que consiste do fato de termos sido colocados no *status* de pessoas justas, devido ao nosso relacionamento com Cristo. O mesmo princípio de solidariedade que se destaca em nosso relacionamento com Adão, pelo qual somos envolvidos no pecado dele, também opera em nosso relacionamento com Cristo. E assim como o relacionamento com Adão significa a imputação a nós de sua desobediência, assim também o relacionamento com Cristo significa a imputação a nós de sua obediência. A justificação significa nosso envolvimento na obediência de Cristo, em termos do princípio básico pelo qual fomos envolvidos no pecado de Adão. Nada menos do que isto é exigido pela analogia instituída neste versículo. Novamente, o envolvimento na obediência de Cristo não significa a nossa obediência pessoal e voluntária ou nossa santidade subjetiva, porque isso violaria o caráter forense da justificação sobre a qual o apóstolo estava falando. Não devemos, pois, abrandar o significado de "se tornarão justos", entendendo-a em termos inferiores ao do gracioso juízo da parte de Deus, mediante o qual a obediência de Cristo é lançada em nossa conta e, portanto, reputada como nossa, juntamente com todas as suas consequências. Isso interpreta para nós "o dom da justiça" (v. 17), do qual os crentes se tornam recipientes, e também explica como "por um só ato de justiça" o juízo é pronunciado sobre eles, "para a justificação que dá vida" (v. 18).

O tempo futuro, em "muitos se tornarão justos", não deve ser entendido como alusão a um ato reservado para a época da consumação.[20] Isso violaria a natureza da justificação como um dom gratuito recebido pelos crentes, agora mesmo, em seu estado completo e perfeito. O tempo futuro pode ter sido empregado para indicar que esse ato da graça de Deus está sendo constantemente realizado e continuará a ser realizado durante todas as futuras gerações da humanidade.[21] Neste aspecto, esse ato da graça de Deus difere do julgamento pelo qual os homens foram constituídos pecadores, um julgamento que foi imposto a todos os homens, de uma vez para sempre, na identificação de toda a raça humana com Adão, em seu pecado. A mudança de tempo verbal ensina a concretização progressiva dos frutos da obediência de Cristo, mediante atos perenes da graça, na justificação dos ímpios.

20-21 — Nos versículos 12 a 19, o apóstolo abordara a analogia existente entre Cristo e Adão, que mantêm relacionamentos singulares para com a raça humana. Nada destaca isso mais incisivamente do que o fato de que Adão é figura daquele que viria (v. 14). A entrada e o domínio do pecado neste mundo, a condenação e a morte estão vinculados a Adão. A entrada da justiça e o domínio da graça, da retidão, da justificação e da vida estão vinculados a Cristo. Estes dois cabeças da humanidade e os dois complexos análogos, mas opostos, vinculados a eles são os eixos em torno dos quais gira a história da humanidade. O governo divino sobre a raça humana pode ser interpretado somente em termos destes dois cabeças e dos respectivos complexos que eles colocam em operação. Eles são os pivôs da revelação redentora: o primeiro torna a redenção necessária; o segundo a concretiza e a assegura.

O fato de ter sido a entrega da lei por Moisés tão expressamente referida pelo apóstolo, no âmago de seu desenvolvimento deste assunto (vv. 13,14), mostra que a revelação mosaica teve uma significação temporária. É sob essa luz que devemos compreender o versículo 20: "Sobreveio a lei

---

20 Meyer revelou uma tendência para interpretar escatologicamente esses tempos futuros (cf. *ad* vv. 17 e 19). Ele afirmou: "O *futuro* refere-se à vindoura revelação da glória, após a ressurreição e corresponde ao βασιλεύουσι do versículo 17".
21 Cf. Sanday e Headlam, *op. cit.*, *ad loc.*

para que avultasse a ofensa". A "lei", neste caso, não pode ser razoavelmente entendida como qualquer outra coisa, exceto a lei revelada por Moisés. A economia mosaica não era legal e contrária à graça. Mas a promulgação da lei e de suas sanções foi uma característica notável da revelação mosaica, e é sobre essa característica que se põe ênfase no versículo 20. O que se afirma é que a lei "veio paralelamente".[22] É verdade que ela veio "entre"[23] Adão e a manifestação de Cristo, e isso deveria ser entendido como algo implícito. Mas o pensamento exato é que a lei veio paralelamente; foi algo complementar (cf. Gl 3.19), não com o propósito de mudar ou suspender, mas de servir a um objetivo coordenado tanto com o pecado quanto com a graça. E que propósito é este? O propósito de avultar a ofensa, isto é, para que o pecado se multiplicasse. Poderíamos esperar o contrário, ou seja, que o pecado fosse diminuído ou restringido. Mas a linguagem do apóstolo é explícita.

Há dúvidas quanto ao que significa "a ofensa", no versículo 20. Nos versículos anteriores, este termo se refere à ofensa de Adão (vv. 15,17,18; cf. vv. 14,16,19). E pareceria necessário adotar esta especificação aqui. No entanto, é difícil entender como a ofensa de Adão se tornaria maior mediante a chegada da lei. A resposta seria que há uma alusão à ofensa de Adão, que supriu o modelo daquilo que aumentaria mediante a chegada da lei. A ofensa de Adão foi a desobediência a um mandamento expressamente revelado. Quando a lei chegou, por intermédio de Moisés, teve início a multiplicação daquele tipo de transgressão exemplificada no pecado de Adão, isto é, a transgressão de mandamentos expressamente revelados. Quanto mais evidente for a revelação de uma lei, mais hediondas e graves serão as violações desta lei. Sem dúvida, o apóstolo estava aqui ponderando sobre o efeito acerca do qual ele falou, com mais detalhes, em Romanos 7.8,11,13 — quanto mais dispositivos legais forem impostos ao coração do homem pecaminoso, tanto mais se despertará a inimizade do coração para transgredir. Esta multiplicação das ofensas é o propósito pelo qual a lei veio paralelamente ao que já fora revelado. Isto não é uma definição de todo o propósito da outorga da lei por intermédio de Moisés. Outros propósitos são declarados em diversas

---

22   Esta é a tradução de Meyer.
23   Cf. Calvino e outros.

passagens bíblicas,[24] mas este é o propósito mais relevante à doutrina que o apóstolo passa a explicar.

A segunda parte do versículo 20, "mas onde abundou o pecado, superabundou a graça", nos instrui que jamais devemos fazer separação entre o propósito anterior da lei e as provisões mais abundantes da graça. O apóstolo interpretou a multiplicação das ofensas, provocada pela outorga da lei, como algo que magnifica e demonstra as superabundantes riquezas da graça divina. Quanto mais a transgressão se multiplica e agrava, tanto maior se torna a graça que transborda para a justificação, e mais intenso se torna o resplendor da graça manifestada. A eficácia extraordinária e a glória da graça de Deus são ressaltadas pelo superlativo "superabundou".

A parte final do versículo 20 deve ser entendida em íntima conexão com o versículo 21, que define o propósito pelo qual a graça superabundou. Este propósito é declarado: "A fim de que, como o pecado reinou pela morte, assim também reinasse a graça pela justiça para a vida eterna, mediante Jesus Cristo, nosso Senhor". Isto é um sumário final do apóstolo acerca da analogia e da antítese instituídas nos versículos precedentes. Há certa analogia entre o reino do pecado e da morte, por um lado, e o reino da justiça e da vida, por outro. Mas essa analogia tem o propósito de exibir o contraste total em cada ponto particular da analogia. A graça superabundou para que *reinasse* através da justiça que leva à vida eterna.

A similaridade entre os versículos 21 e 17 é evidente; a ideia predominante em ambos é o *reino* esperado. Mas as diferenças são dignas de observação. No versículo 17, faz-se referência ao reino da morte; no versículo 21, ao reino do pecado e da morte. No versículo 17, os beneficiários do dom da graça reinam em vida; no versículo 21, a graça reina para a vida eterna.

"O pecado reinou pela morte." A afirmação de que o pecado é algo que reina é antecipada pelo fato mencionado no versículo anterior — que a ofensa e o pecado abundaram. Portanto, o reino do pecado, por si mesmo, é enfatizado e reina "pela morte". Uma única transgressão foi suficiente para causar o domínio da morte (v. 17), mas, quando a transgressão é abundante, muito mais acentuada se torna a morte que a acompanha de perto! E isto,

---

24 Cf. Gl 3.17-25; 2 Co 3.6-11; 1 Tm 1.8-11.

por sua vez, põe em relevo o reinado da graça, que entra em operação por intermédio da justiça que conduz à vida eterna.

A "justiça" contemplada neste caso não pode ser outra senão a "justiça" outorgada, da qual os justificados se tornam os recipientes (v. 17); é o único "ato de justiça", através do qual o julgamento é pronunciado sobre eles para a justificação (v. 18); é a "obediência de um só", mediante a qual eles são tornados justos (v. 19); é a justiça de Deus revelada (1.17; 3.21,22; 10.3). Este versículo continua desdobrando a antítese existente entre o complexo que se originou da transgressão de Adão e que foi intensificado pelo avultamento da ofensa, ou seja, o complexo de pecado-condenação-morte e aquele outro complexo que procede da graça de Deus e foi posto em operação pela justiça de Cristo, ou seja, o complexo de justiça-justificação-vida. E o que provê a antítese do pecado é a justiça e a obediência de Cristo. Portanto, o desenvolvimento inteiro do pensamento do apóstolo, bem como as claras insinuações apresentadas no contexto imediatamente anterior, indicam definidamente a conclusão de que a "justiça" é aquela contemplada no ato justificador e não o próprio ato justificador.

A superabundância da graça é exemplificada no resultado que emana desta justiça ou na finalidade para a qual está direcionada — a "vida eterna". Naturalmente, esta vida é a antítese da morte, mas é uma vida que a morte não pode invadir e que não pode ser perdida — é a vida eterna.

Notamos que a mediação de Cristo está implícita no conceito de "justiça", por meio da qual a graça reina, para a vida eterna. Mas o apóstolo esforça-se por deixar evidente essa mediação. Ele não permitiria que a ideia da graça reinando pela justiça para a vida eterna fosse divorciada, por um momento sequer, da mediação de "Jesus Cristo, nosso Senhor". E Paulo, sem dúvida, estava pensando sobre o Senhor exaltado e glorificado, de tal maneira que não somente a graça foi concebida como um elemento que reina através da justiça de Cristo, mas também que a vida eterna, resultante desse reinado da graça, não pode ser definida ou entendida exceto em termos da mediação do Senhor glorificado.

CAPÍTULO IX
OS EFEITOS SANTIFICADORES
(6.1-23)

A. AS DISTORÇÕES DA DOUTRINA DA GRAÇA
(6.1-11)

6.1-4

1 Que diremos, pois? Permaneceremos no pecado, para que seja a graça mais abundante?

2 De modo nenhum! Como viveremos ainda no pecado, nós os que para ele morremos?

3 Ou, porventura, ignorais que todos nós que fomos batizados em Cristo Jesus fomos batizados na sua morte?

4 Fomos, pois, sepultados com ele na morte pelo batismo; para que, como Cristo foi ressuscitado dentre os mortos pela glória do Pai, assim também andemos nós em novidade de vida.

A transição de uma fase do ensino para outra, no início deste capítulo, é notável. Nos versículos 12 a 21 do capítulo anterior, o argumento a respeito da justificação fora levado a uma conclusão culminante, ao ser instituído o paralelo entre Adão e Cristo e, com base nesse paralelo, ao serem demonstrados os contrastes que a superabundância da graça coloca em operação eficaz e dominante. A invariável combinação de pecado, condenação e morte introduzida pelo pecado de Adão, por um lado, e a combinação de justiça, justificação e vida que emana da graça de Deus e se concretiza através da mediação de Cristo, por outro lado, foram apresentadas, por meio de analogia e contraste, como conceitos dominantes, em termos dos quais devemos interpretar a maneira de Deus lidar com os homens. Tendo levado a tese fundamental da carta a esta conclusão culminante, o apóstolo estava agora preparado para desdobrar outros elementos daquele evangelho que é o poder de Deus para a salvação. Falando em termos mais gerais, o capítulo 6 aborda a questão da santificação, tal como os capítulos anteriores haviam falado sobre a justificação. Entretanto, não devemos supor que essa transição significa que a santificação, no desenvolvimento de seu significado, pode ser separada da justificação, sobre a qual ela repousa e está inseparavelmente ligada. Isto se evidencia nas reiteradas referências à justificação, nos capítulos subsequentes, bem como no modo como a santificação, não menos do que a justificação, resulta da eficácia da morte de Cristo e da virtude de sua ressurreição. Se a mediação de Cristo sempre ocupa lugar proeminente na justificação, o mesmo ocorre com a santificação.

A intimidade de relacionamentos entre a justificação e a santificação se torna evidente pela maneira como estão ligados entre si os capítulos 5 e 6. Não há transição abrupta. A pergunta com que se inicia o capítulo 6 procede da ênfase que há no final do capítulo 5. Se a graça é superabundante onde o pecado é abundante, se a multiplicação das transgressões serve para demonstrar o esplendor da graça e se a lei administrada por Moisés foi dada paralelamente, a fim de maximizar a ofensa, a inferência lógica parece ser: pequemos mais, para que Deus seja glorificado na magnificência de sua graça. Isto corresponde à distorção antinomiana da doutrina da graça, além de ser, também, a objeção dos legalistas à doutrina da justificação pela graça gratuita, por meio da fé, independentemente de obras. O apóstolo responde, neste capítulo, tanto a distorção quanto a objeção. E, na resposta, ele explica as implicações da morte e ressurreição de Cristo.

1,2 — "Que diremos, pois? Permaneceremos no pecado, para que seja a graça mais abundante? De modo nenhum!"¹ O apóstolo expressa a inferência na forma de uma pergunta e, então, mediante a sua fórmula característica, indica a repugnância com que abominava tal sugestão. No versículo 2, ele declara a razão pela qual esta pergunta deveria ser respondida com uma negação tão enfática e decisiva. A razão não aparece na forma de um argumento elaborado, mas na forma de uma pergunta que mostra a inerente contradição e, de fato, o absurdo da suposta inferência. "Como viveremos ainda no pecado, nós os que para ele morremos?" (v. 2.)² O pronome relativo, nesta instância, no começo da cláusula, é qualitativo e significa "nós que somos da espécie" ou "tantos dentre nós que". Nesta conexão, ele é apropriado, porquanto aponta para um tipo particular de relacionamento ou caráter, isto é, aqueles que são da espécie de quem morreu para o pecado. A primeira cláusula deste versículo está em posição enfática; coloca em proeminência a consideração que encerra, em si mesma, a resposta para aquela falsa inferência. Se morremos para o pecado, como podemos continuar vivendo nele? A morte e a vida não podem coexistir; não podemos estar mortos e vivos ao mesmo tempo, com relação a qualquer coisa.

No início da exposição deste capítulo, precisamos salientar que o fato de havermos morrido para o pecado é a premissa fundamental do pensamento do apóstolo. Esta é a identidade do crente — ele morreu para o pecado. Não é estritamente apropriado traduzir a cláusula como "nós os que estamos mortos para o pecado". Apesar de ser verdade que a pessoa que morreu está morta, o tempo verbal usado nesta ocasião aponta para um ato definido no passado, e qualquer tradução que sugere um estado de existência corresponde ao pensamento do apóstolo. O que Paulo tinha em mente é o rompimento com o pecado, ocorrido de uma vez por todas, o que

---

1   ἐπιμένωμεν é a forma textual apoiada por A, B, C, D, G e outros manuscritos; ἐπιμένομεν, por ℵ; e ἐπιμενοῦμεν, pela maioria dos cursivos. O sentido não é afetado por essas variantes. Somente a primeira forma, como subjuntivo, empresta força à objeção implícita de que há alguma obrigação de continuarmos no pecado, porque ele magnifica a graça divina. E a forma favorecida pelos editores do texto da Bíblia é a mais vigorosa maneira em que a pergunta poderia ser formulada; e a resposta, "De modo nenhum", recebe a maior veemência possível.
2   Neste versículo, ζήσομεν, apoiada por ℵ, A, B, D e a maioria dos cursivos, certamente deve ser adotada, em vez de ζήσωμεν, que não é atestada tão fortemente.

constitui a identidade do crente. Este, portanto, não pode viver no pecado; se um homem estiver vivendo no pecado, ele não é crente. Se encararmos o pecado como um reino ou esfera, então teremos de afirmar que o crente não mais vive neste reino ou esfera. E, assim como é verdade que, no tocante à vida física neste mundo, a pessoa morta desapareceu — "...procurei-o, e já não foi encontrado" (Sl 37.36; cf. 103.16) — assim também acontece no tocante ao âmbito do pecado; o crente não se acha mais ali, porquanto morreu para o pecado. Se deixarmos de apreciar esta premissa, sobre a qual se fundamenta o argumento subsequente e da qual este argumento é uma ampliação, o nosso entendimento sobre este capítulo ficará distorcido. O crente morreu para o pecado de uma vez por todas e foi transferido para outro reino.

3 — Neste versículo, o apóstolo passa a *vindicar* e *esclarecer* sua premissa. Certamente a declaração da apódose asseverando que o crente morreu para o pecado precisa ser validada e explanada. Como foi que ele morreu para o pecado? Quais são as implicações? Qual é a nova esfera de vida para onde o crente foi transportado?

A vindicação da premissa consiste no apelo feito ao *significado* do batismo: "Ou, porventura, ignorais que todos nós que fomos batizados em Cristo Jesus fomos batizados na sua morte?" (v. 3). O apelo é feito ao conhecimento da identificação envolvida no batismo. Mesmo supondo que o apóstolo estivesse repreendendo seus leitores por não terem reconhecido e apreciado o que está implícito no batismo, o intuito de seu apelo não é alterado. É claro que ele estava extraindo do batismo o argumento que se mostra particularmente relevante à proposição de que o crente morreu para o pecado; e o apóstolo visava ensinar que a ordenança do batismo simboliza a nossa união com Cristo, em sua morte.

Diversas observações são necessárias. (1) Recorrer ao batismo certifica que os leitores da carta estavam cônscios do lugar e da importância do batismo na profissão de fé cristã. Era o sinal e o selo de membresia no corpo de Cristo; e Paulo supôs que os crentes de Roma não duvidavam da necessidade e do privilégio deste selo de seu *status* como cristãos; isto revela que o batismo era considerado um sinal da igreja cristã. Era um ponto doutrinário inquestionável. (2) O batismo "em Cristo Jesus" significa batismo na união com Cristo. Ser batizado com "respeito a Moisés" (1 Co 10.2) era ser batizado como discípulo de Moisés ou como participante dos privilégios atinentes à economia mosaica. Ser alguém batizado "em nome de Paulo" (1 Co 1.13) era ser batizado como discípulo de Paulo, uma sugestão que ele repeliu violentamente. Ser batizado "em nome do Pai, e do Filho, e do Espírito Santo" (Mt 28.19) equivale a ser batizado na comunhão das três pessoas da Deidade. Portanto, o batismo em Cristo significa apenas a união com ele e a participação em todos os privilégios que ele representa. (3) Se o batismo expressa a união com Cristo, deve apontar para a união com ele em tudo quanto ele é e em todas as fases de sua obra como o Mediador. Cristo Jesus não pode ser contemplado à parte de sua obra, nem sua obra à parte dele mesmo. Tampouco uma fase de sua realização redentora pode ser divorciada de outra fase qualquer. Por conseguinte, a união com Cristo, significada pelo batismo, expressa união com ele em sua morte. Este é o sentido das palavras do apóstolo, ao dizer: "Todos os que fomos batizados em Cristo Jesus fomos batizados na sua morte"; o batismo em Cristo necessariamente envolve essa implicação. E Paulo vindica a sua premissa ao expor as implicações do batismo, que os crentes de Roma valorizavam e prezavam. Pois, se o batismo significa a união com Cristo em sua morte, então, os crentes morreram juntamente com Cristo, quando ele morreu. Isto não é apenas uma vindicação, mas também um esclarecimento da proposição de que os crentes morreram para o pecado. No entanto, isto é somente o primeiro passo nessa elucidação; os versículos seguintes constituem uma mais ampla explicação. (4) Não devemos imputar ao apóstolo um ponto de vista romanista quanto à eficácia do batismo. Em um apelo dessa natureza, é suficiente dizer que ele extraíra do significado do batismo, como símbolo e selo, aquela ideia que aponta para a vindicação de sua tese de que os crentes morreram para o pecado. Isto se mantém como uma verdade, tanto na opinião evangélica sobre a eficácia do batismo quanto na opinião do catolicismo. E precisamos inferir de outros informes qual foi o ponto de vista do apóstolo.

4 — Este versículo assume a forma de uma consequência extraída daquilo que fora dito antes — "Fomos, pois, sepultados com ele na morte pelo batismo". A sequência de inferências parece ser que, se fomos unidos com Cristo Jesus, em sua morte, por isso mesmo devemos ter sido sepultados juntamente com ele.[3] A inseparável conjunção da morte e sepultamento, no caso do próprio Jesus, evoca, por necessidade, uma conjunção similar no caso daqueles que são unidos a ele, em sua morte. O propósito de ter sido evocado este aspecto da união com Cristo aparentemente é duplo. Salienta a plenitude de nossa identificação com Cristo, em sua morte — o sepultamento de Jesus foi a prova da realidade de seu falecimento — e prepara o caminho para aquilo que será mencionado na porção final deste versículo, ou seja, a união com Cristo, em sua ressurreição — o sepultamento outorga significado à ressurreição.

Apesar de ser possível entendermos "na morte" como paralelo de "fomos... sepultados com ele" (cf. 3.25) e, assim, chegarmos a pensar que fomos sepultados na morte, em que morte seria fortalecida pelo que está envolvido no sepultamento, ou o sepultamento pelo que está envolvido na morte, é mais natural vincular as palavras "na morte" à ideia de batismo, lendo: "Fomos, pois, sepultados com ele na morte pelo batismo..." Este é o pensamento exato da cláusula anterior do versículo: "Fomos batizados na sua morte". E a repetição da ideia não é supérflua, visto que o versículo 4 enuncia que, ao sermos batizados na morte de Jesus, também fomos batizados no sepultamento, juntamente com ele; e, neste caso, o sepultamento envolve as ênfases antes mencionadas.

---

3 A suposição de tantos comentadores, batistas ou não, de que o apóstolo tinha em mente o modo de imersão como algo que retrata vividamente nosso sepultamento com Cristo e o nosso ressurgimento com ele, em sua ressurreição, não tem fundamento. Cf. *A Catholic Commentary on Holy Scripture* (Londres, 1953), pp. 1058, 1059. Quanto a um estudo sobre essa questão, escrito pelo autor desta obra, ver *Christian Baptism* (Filadélfia, 1952), pp. 9-33 e, particularmente, pp. 29-33. Por enquanto, basta lembrar que não há mais fundamento para acharmos alusão ao modo de batismo em συνετάφημεν, no versículo 4, do que em σύμφυτοι, no versículo 5, συνεσταυρώθη, no versículo 6, e ἐνεδύσασθε, em Gálatas 3.27; tudo isto não tem qualquer ligação com o modo do batismo por imersão. É inadequada a contenção de Lightfoot, ao sugerir que Χριστὸν ἐνεδύσασθε, em Gálatas 3.27, "pode ser uma imagem tirada de outra parte da cerimônia batismal" (*Notes, ad loc.*); da mesma forma que não tem coerência a sua citação de Colossenses 2.12, Efésios 5.14 e 1 Coríntios 10.2 como passagens que ilustram mais claramente a ideia de imersão.

A parte final do versículo 4 declara o propósito contemplado em nosso sepultamento com Cristo — "para que, como Cristo foi ressuscitado dentre os mortos pela glória do Pai, assim também andemos nós em novidade de vida". Necessariamente, o pensamento do apóstolo move-se para a novidade de vida que segue à morte em relação ao pecado; e isto, por dois motivos. A morte para o pecado não é, por si mesma, uma caracterização adequada da identidade do crente; é uma premissa básica, fundamental do argumento. A morte para o pecado é tão somente a condição prévia para aquela vida que é o resultado final da graça (cf. 5.15,17,18,21). E o batismo, significando a nossa união com Cristo (v. 3), tem de expressar igualmente a nossa união com Cristo em sua ressurreição e, portanto, em sua vida ressurreta. Isto explica o propósito de ter sido o nosso sepultamento com Cristo apresentado como algo consumado. Não podemos ser participantes da vida ressurreta de Cristo, a menos que sejamos participantes de sua morte; e a morte é atestada e confirmada pelo sepultamento.

As cláusulas foram lavradas na forma de uma comparação, na qual a novidade de vida em que o crente passa a andar é comparada com a ressurreição de Cristo. Entretanto, é mais do que mera comparação. Cristo ressuscitou dentre os mortos, e, visto que a ressurreição dele é análoga à dos crentes, a novidade de vida para o crente é o resultado inevitável. Tão certamente quanto Cristo ressuscitou dentre os mortos, assim também, com igual certeza, andaremos em novidade de vida. E o versículo 5 confirma que esta certeza acha-se implícita no paralelo, por estar intimamente ligado ao versículo 4 e dotado de força confirmatória.

Paulo declara que Cristo foi ressuscitado dentre os mortos "pela glória do Pai". O apóstolo já havia apresentado a Deus Pai como agente ativo da ressurreição de Cristo (4.24,25). Aqui, entretanto, encontramos uma expressão singular. É possível que a "glória" refere-se à glória *na* qual Cristo foi ressuscitado dentre os mortos. Porém, está mais de conformidade com o uso costumeiro pensarmos nessa glória como aquela *através* da qual Cristo foi ressuscitado. A glória de Deus é a majestade de Deus, a síntese de suas perfeições. Se este é o significado nesta instância, então, a majestade ou a perfeição de Deus Pai, em sua plenitude, é concebida como algo atuante na ressurreição de Cristo; e, neste caso, a expressão, mais do que qualquer outra no Novo Testamento, simbolizaria a significação redentora, vindicatória e reveladora do ato de Deus Pai em ressuscitar a Cristo dentre os mortos — a plenitude da glória do Pai manifestou-se na ressurreição de seu próprio Filho. Entretanto, é possível que o poder de Deus Pai esteja aqui especificamente em foco (cf. 2 Co 13.4; Ef 1.19); então, aqui é ressaltada a glória da onipotência divina. Em qualquer dos casos, o emprego do vocábulo "glória" tem por finalidade destacar a agência de Deus Pai e a certeza implícita nesta agência.

"Novidade de vida" é a novidade que consiste em vida. Dificilmente poderíamos suprimir o pensamento de que "a glória do Pai", refletida na ressurreição de Cristo, tem vínculo com a novidade de vida, como a garantia de sua certeza e a dinâmica de sua realização.

O andar dos crentes em novidade de vida indica que a vida não é concebida como uma possessão ociosa, e sim como algo que envolve as atividades do crente.

6. 5-11

5 *Porque, se fomos unidos com ele na semelhança da sua morte, certamente, o seremos também na semelhança da sua ressurreição,*

6 *sabendo isto: que foi crucificado com ele o nosso velho homem, para que o corpo do pecado seja destruído, e não sirvamos o pecado como escravos;*

7 *porquanto quem morreu está justificado do pecado.*

8 *Ora, se já morremos com Cristo, cremos que também com ele viveremos,*

9 *sabedores de que, havendo Cristo ressuscitado dentre os mortos, já não morre; a morte já não tem domínio sobre ele.*

10 *Pois, quanto a ter morrido, de uma vez para sempre morreu para o pecado; mas, quanto a viver, vive para Deus.*

11 *Assim também vós considerai-vos mortos para o pecado, mas vivos para Deus, em Cristo Jesus.*

5 — Este versículo confirma o anterior, e o pensamento é que andaremos em novidade de vida, *porque*, tendo sido identificados com Cristo, na semelhança da sua morte, também o seremos na semelhança da sua ressurreição. (1) O pensamento subjacente é, novamente, a inseparável união entre a morte e a ressurreição de Cristo, e a inferência extraída dessa união é que, se estamos unidos com Cristo em sua morte, também devemos estar unidos com ele em sua ressurreição. A separação, em nosso caso, é tão impossível quanto no caso dele. (2) O vocábulo usado para expressar nossa união com Cristo, em sua morte e ressureição, significa, estritamente falando, "crescidos juntos"[4] — "se temos crescido juntos na semelhança da sua morte". Nenhuma expressão poderia comunicar com maior eficácia a intimidade da união envolvida. Mas este relacionamento não é concebido em termos de crescimento progressivamente efetuado. Os termos da cláusula em questão e o próprio contexto não permitem tal noção. A morte de Cristo não foi um processo; tampouco o foi a nossa conformidade com ela. Estamos na condição de termos sido conformados à sua morte. Entretanto, "crescidos juntos" aponta para a *intimidade* de nossa relação com Cristo, em sua morte. (3) Não devemos esquecer que "fomos crescidos juntos" segundo a semelhança de Cristo.[5] Se "crescidos juntos" indica a intimidade de nossa relação para com a morte de Cristo, "semelhança" estabelece uma importante distinção. Semelhança não é identidade. O apóstolo não falava sobre nossa morte física e ressurreição; mas referia-se à nossa morte para o pecado e à nossa ressurreição para a vida espiritual; isto se comprova do contexto anterior e tornar-se-á ainda mais evidente nos versículos seguintes. Portanto, é mister introduzir o princípio de analogia. Nossa união com Cristo, em sua morte e ressurreição, não deve ser destituída de sua intimidade, mas, com idêntico empenho, deve ser interpretada em termos de relacionamento espiritual e místico. E a morte e a ressurreição de Cristo, no que elas nos concernem,

---

4   σύμφυτος ocorre somente aqui no Novo Testamento; mas compare συνφύομαι, em Lucas 8.7.
5   No tocante a esta atitude de interpretar σύμφυτοι juntamente com τῷ ὁμοιώματι, Lightfoot diz que este último "deve ser entendido em associação íntima com σύμφυτοι, 'termo cognato de semelhança'; pois a conexão é imediatamente sugerida por συν-, sendo exigida pela elipse" (*Notes, ad loc.*). Cf. também Field (*op. cit., ad loc.*), o qual diz que "σύμφυτος tem uma afinidade natural com o caso dativo; e ... se o apóstolo não tivesse em mente qualquer conexão dessa ordem, provavelmente teria evitado mal-entendidos, ao escrever ἐν ὁμοιώματι, conforme fizera em Romanos 8.3 e Filipenses 2.7".

por igual modo devem ser interpretadas nesses termos. A isto se refere "na semelhança da sua morte". (4) Embora as palavras "fomos unidos com ele na semelhança" não sejam repetidas na segunda cláusula, temos de supor que elas estejam implícitas ali e lermos: "Também seremos unidos com ele na semelhança da ressurreição", isto é, na semelhança da ressurreição de Cristo.[6] O tempo futuro, "seremos", indica certeza (cf. 5.17,19).[7]

Portanto, a súmula do versículo 5 é que, se fomos identificados com Cristo em sua morte, e se nos pertence a eficácia ética e espiritual proveniente de sua morte, também devemos extrair de sua ressurreição a virtude ética e espiritual subentendida no fato de estarmos identificados com ele em sua ressurreição. Essas implicações sobre a união com Cristo torna impossível a inferência de continuarmos no pecado, a fim de que a graça abunde. A graça reina exclusivamente através da mediação de Cristo, e essa mediação opera em nosso favor através da união com ele, na eficácia da sua morte e na virtude da sua ressurreição.

6 — Neste versículo, Paulo fez um apelo à transformação realizada por meio do relacionamento entre o crente e Cristo, para demonstrar que a verdade dita no versículo anterior é apenas uma explicação sobre essa mudança radical. Os comentadores interpretam as palavras "sabendo isto", que iniciam o versículo, como um apelo à confirmação proveniente da experiência do crente.[8] É duvidoso, contudo, se esse foi o intuito exato do apóstolo. Pelo contrário, parece que esse foi o modo pelo qual Paulo introduziu outro elemento de verdade (cf. v. 9) diretamente relevante para o seu argumento, elemento este que os seus leitores deveriam conhecer e reconhecer como verdadeiro, embora as implicações não lhes parecessem evidentes, necessitando, pois de explicação. A verdade em questão é: "Foi crucificado com ele o nosso velho homem, para que o corpo do pecado seja

---

6 Quanto a ἀλλὰ καὶ, cf. Lightfoot, *Notes, ad loc*. A cláusula é um argumento fortíssimo; nas palavras de Lightfoot, ἀλλά "é usado para mostrar que há uma distinção em favor da proposição afirmada na apódose"; ou então, segundo diz Alford (*op. cit., ad loc.*), "ἀλλά, após uma cláusula hipotética, serve para fortalecer a inferência".
7 Cf. Gifford, *op. cit., ad loc*.
8 Cf. Meyer, que afirma: "A relação *objetiva* é confirmada pelo correspondente *conhecimento experimental e consciente*" (*op. cit., ad loc.*); Hodge, *op. cit., ad loc*.

destruído, e não sirvamos o pecado como escravos". Estas palavras definem para nós o conteúdo daquilo que Paulo declara ser conhecido.

(1) "O nosso velho homem" é o velho "eu" ou ego, o homem não-regenerado, em sua inteireza, em contraste com o novo homem, regenerado em sua inteireza. É um erro pensar que o crente se compõe de velho e de novo homem, como se isto significasse que ele possui tanto o novo homem, em seu estado de regeneração, quanto o velho homem, devido à corrupção que permanece no crente. Que isso não representa o conceito de Paulo torna-se evidente aqui, pelo fato de que o "velho homem" é representado como quem foi crucificado com Cristo, e o tempo verbal indica o ato definido, acontecido de uma vez por todas, conforme o modelo da crucificação de Cristo. O "velho homem" não pode mais ser reputado como quem está no processo de ser crucificado, assim como Jesus também não pode ser considerado desta maneira. Conforme já foi observado, Paulo estava insistindo, neste contexto, no rompimento definitivo com o pecado, através da união com Cristo, em sua morte; e o apelo feito à crucificação do velho homem é coordenado com esta insistência, servindo de ilustração ou prova desta insistência. Efésios 4.22-24 e Colossenses 3.9,10 não apoiam o outro ponto de vista, mas confirmam o conceito declarado anteriormente.[9]

(2) "O corpo do pecado" tem sido interpretado de maneira figurada por muitos comentadores, e o pecado é visto como um organismo com muitos membros. Substancialmente, a mesma ideia é apresentada por aqueles que tomam a palavra "corpo" no sentido de "conjunto", os quais interpretam Paulo como se ele aludisse ao conjunto de pecado e corrupção.[10] Entretanto, não há necessidade de recorrermos a qualquer interpretação figurada dessa natureza. Neste versículo, o vocábulo "corpo" pode refe-

---

9 Quanto a um estudo mais completo sobre essa questão, elaborado pelo autor desta obra, ver *Principles of Conduct* (Londres e Grand Rapids, 1957), pp. 211-219.

10 "Evidentemente, a expressão 'velho homem', assim como 'o corpo do pecado', é figurativa e não indica o corpo humano, mas todo aquele sistema de princípios corruptos, propensões, concupiscências e paixões que, desde a queda, tomou conta da natureza humana, sendo coextensivo e comensurável a todos os poderes e faculdades humanos" (James Fraser, *A Treatise on Sanctification*, Londres, 1897, p. 61). Calvino diz algo semelhante, ao afirmar que não está em foco a ideia de "carne e ossos, mas a de conjunto de corrupção; pois o homem, abandonado à sua sorte, é um conjunto constituído de pecado" (*op. cit., ad loc.*). Hodge favorece o ponto de vista de que o pecado é personificado e apresentado como um organismo dotado de membros. Cf. também Philippi, que aceita essa expressão como figurativa.

rir-se ao organismo. O termo "corpo" é usado neste sentido no versículo 12, na expressão "vosso corpo mortal". O mesmo acontece em Romanos 8.10,11,13,23; 12.1 (cf. 1 Co 6.13,15,16,20; 2 Co 4.10; Fp 1.20; 3.21; Cl 2.11; 1 Ts 5.23). Essas referências são suficientes para mostrar a extensão em que o pensamento do apóstolo a respeito do pecado e da santificação estava associado ao corpo. A expressão "o corpo do pecado" significaria o corpo condicionado e governado pelo pecado, o corpo pecaminoso. Se este é o significado, como pode ele ter falado de "o corpo do pecado" como algo que deve ser destruído? O fato de que o rompimento definitivo com o pecado seja concebido como algo que envolve, em seu escopo, tanto o corpo quanto o espírito do crente está inteiramente de acordo com o pensamento de toda esta passagem e também de seus diversos elementos. O corpo faz parte integral da personalidade, e, visto que o velho homem foi crucificado, a destruição do corpo do pecado é um aspecto indispensável daquela transformação radical da pessoa inteira; isto é subentendido da crucificação do velho homem. O corpo do crente não é mais um corpo condicionado e governado pelo pecado; agora ele é condicionado e governado pelo que veio a tornar-se aquele princípio dominante de todo o crente, ou seja, a "obediência para a justiça" (v. 16). Neste versículo, a destruição do corpo do pecado é declarada como o *propósito* da crucificação do velho homem, pois a cláusula em foco expressa propósito. Isto não requer nem serve de base à redução do conceito manifesto por "velho homem", tampouco exige a ampliação do significado de "corpo do pecado". O propósito da crucificação do velho homem, neste caso, foi definido como a destruição do corpo pecaminoso, e isto indica até que ponto a pecaminosidade está associada ao corpo, no escopo da visão do apóstolo. As porções subsequentes desta e de suas demais cartas corroboram essa preocupação prática.[11]

---

11   Não há fundamento em qualquer alegação no sentido de que essa interpretação tende por apresentar o corpo como fonte ou sede da pecaminosidade. Em suas cartas, Paulo deixa transparecer que não reputava o corpo como fonte ou sede do pecado. Entretanto, o apóstolo mostrou-se concreto e prático, e ele sabia muito bem, por experiência própria e observação (o que é indicado pelas referências citadas), até que ponto o pecado está associado ao corpo e se reflete no mesmo. Não existe qualquer subestimação dos pecados do espírito humano, e sim uma honesta avaliação da pecaminosidade que caracteriza o corpo e dos pecados associados particularmente ao corpo. Este interesse concreto recebe expressão aqui, na ênfase colocada sobre o *corpo* como pecaminoso.

(3) A cláusula final do versículo 6 também expressa propósito, "e não sirvamos o pecado como escravos". É incerto se deveríamos entender isso somente com a cláusula anterior ou com as duas cláusulas anteriores. Seu sentido, porém, não é afetado por essa incerteza. Em qualquer caso, o propósito da cláusula antecedente é que a servidão ao pecado seja finalizada. Essa noção de servidão ao pecado e de libertação deste permeia os versículos subsequentes. Mas neste ponto essa noção é introduzida pela primeira vez. O rompimento definitivo com o pecado, que é a premissa fundamental deste capítulo, é definido em termos do livramento da servidão ao pecado, que caracterizava nosso estado antes de nos tornarmos cristãos. Esta servidão, devemos notar, é concebida como algo que praticamos voluntariamente — nós servimos ao pecado. Não se trata de um serviço ao qual sejamos completamente consignados de modo involuntário e compulsório. Isso transparece por toda a passagem e deve ser levado em conta.

7 — Muitos comentadores reputam este versículo como uma proposição geral.[12] Apesar de não podermos ser terminantemente dogmáticos, o contexto favoreceria, antes, o ponto de vista de que o apóstolo se referia, uma vez mais, à morte do crente, juntamente com Cristo, por meio do batismo na morte de Cristo. Pelo menos esse pensamento fora suficientemente frisado nos versículos anteriores (cf. vv. 2,3 e 5), não havendo mais necessidade de considerar o versículo 7 senão como um sumário sucinto do que vinha sendo explicado nos versículos anteriores, sendo aqui apresentado para confirmar a doutrina afirmada no versículo 6. Além disso, a próxima cláusula, "Ora, se já morremos com Cristo", sugeriria que o versículo 7 deve ser interpretado com esse sentido. "Justificado está do pecado" tem de refletir o sentido forense, por causa do significado forense da palavra "justificar". Porém, visto que o contexto aborda o livramento do poder do pecado, sem dúvida o pensamento é o de havermos "interrompido" o pecado. O rompimento decisivo com o dominante poder do pecado é encarado segundo a analogia do tipo de exoneração de culpa,

---

12 Por exemplo, o criminoso que morreu não é mais passível de pena capital por seu crime — já satisfez as exigências da justiça.

determinada por algum juiz, quando o réu é justificado. O pecado não tem mais reivindicações sobre a pessoa justificada. Esse aspecto judicial, que é o ângulo pelo qual deve ser vista a libertação do poder do pecado, precisa ser apreciado por nós. Ele mostra que o sentido forense está presente não apenas no caso da justificação, mas também naquilo que serve de base para a santificação. Na morte de Cristo, foi proferido o juízo sobre o poder do pecado (cf. Jo 12.31), e o crente é libertado desse poder devido à eficácia desse juízo. Ora, isso também nos prepara para a interpretação dos termos forenses que Paulo emprega mais adiante, em Romanos 8.1,3 — "condenação" e "condenou"; e demonstra que tais vocábulos, por igual modo, podem designar aquilo que Cristo realizou, de uma vez por todas, em referência ao *poder* do pecado (8.3) e à nossa libertação desse *poder*, em virtude do juízo contra ele, na cruz de Cristo (8.1).

8 — O ensino deste versículo é essencialmente idêntico ao dos versículos 3 e 5. O pensamento central desta passagem é que os crentes "morreram para o pecado" (v. 2), e os versículos seguintes constituem a explicação desse fato. Agora, no versículo 8, a razão pela qual os crentes morreram para o pecado é apresentada em termos de haverem morrido juntamente com Cristo; e os versículos seguintes mostram por que o morrer com Cristo envolve a morte para o pecado. Todavia, nesta instância, não é o fato de haverem morrido com Cristo que recebe a ênfase, e sim o de viverem juntamente com ele. O morrer juntamente com Cristo está subentendido, e disto tiramos a inferência de que também viveremos com ele. Dois aspectos dessa inferência são dignos de nota. (1) A certeza da fé nesse resultado é indicada nas palavras "cremos que". Trata-se de um artigo de fé (e não de uma conjectura), afirmando que a vida ressurreta de Cristo pertence àqueles que foram unidos com ele, na sua morte. (2) O tempo futuro do verbo, "viveremos", não se refere exclusivamente ao futuro estado de ressurreição, mas, conforme vimos antes (cf. v. 5), designa a certeza de nossa participação na vida ressurreta de Cristo, nesta existência terrena; é a vida da união mística, espiritual. Sem dúvida, a ressurreição do corpo será o desfrute final dessa união. Porém, não devemos restringir o pensamento a essa esperança.

OS EFEITOS SANTIFICADORES 281

9 — Este versículo revela a base sobre a qual repousa a certeza de vivermos juntamente com Cristo. Não pode ser suspensa ou interrompida nossa participação na vida ressurreta de Cristo, nem ocorrer nossa reversão à morte no pecado, assim como não pode ser negada ou reiterada a ressurreição de Jesus. "Havendo Cristo ressuscitado dentre os mortos já não morre." E, por causa de nossa união com Cristo, em sua ressurreição, a novidade de vida que faz parte dessa união torna-se para o crente uma realidade tão definitivamente permanente quanto a ressurreição de Cristo. A irreversibilidade da ressurreição de Jesus é interpretada na cláusula final do versículo 9 com o sentido de que "a morte já não tem domínio sobre ele". Isto subentende que a morte, antes, dominou sobre ele. Visto que ele estava vicariamente identificado com o pecado, por igual modo estava identificado com o salário do pecado, que é a morte. Portanto, ele estava sujeito ao poder da morte. A ressurreição de entre os mortos é a garantia de que ele venceu o poder da morte; e esta vitória sobre a morte é uma finalidade irrevogável. A morte jamais poderá exercer domínio sobre ele. A finalidade da ressurreição de Cristo, aqui enfatizada em termos vigorosos, assegura-nos novamente quão decisivo foi o rompimento com o poder do pecado, sendo este o assunto principal desta passagem. O crente é considerado como alguém que morre e ressuscita com Cristo por muitas e muitas vezes. Com certeza, há um processo e uma progressão na vida do crente, e isto poderia ser corretamente entendido como uma concretização progressiva das implicações e reivindicações de havermos morrido e ressuscitado juntamente com Cristo. Todavia, o morrer e o ressuscitar com Cristo não são vistos como um processo, e sim como um evento definido e decisivo; por essa razão, não podem ser interpretados como um processo contínuo, assim como a morte e a ressurreição do próprio Cristo não podem receber tal interpretação.

10 — Este versículo é uma confirmação[13] e acentua a ideia de que a morte de Cristo ocorreu de uma vez por todas. O apóstolo não se cansa de

---

13 O neutro ő mui provavelmente deve ser entendido no sentido de "no tocante a". "O neutro ő, antes de uma cláusula inteira, no sentido de *quanto a* (tal como *quod*, em latim) ocorre em Romanos 6.10... Gálatas 2.20... Em ambas as passagens, porém, ő também pode ser entendido como um caso objetivo: *quod vivit, vita, quam vivit*"(G.B. Winer, *A Grammar of the Idiom of the New Testament*, Andover, 1892, § 24, 4, nota 3).

reiterar quão final e decisivo foi este acontecimento, pois, conforme já vimos, a implicação deste "uma vez para sempre" é o interesse supremo do apóstolo nesta parte da epístola. No entanto, ele não nos oferece uma repetição monótona. Agora Paulo apresenta uma das mais significativas declarações atinentes ao significado da morte de Cristo — Ele "morreu para o pecado". Admitimos ser difícil determinar a força desta expressão. No versículo 2, Paulo utiliza a mesma fórmula, ao se referir à nossa morte para o pecado, e no versículo 11 ele afirma que devemos nos considerar "mortos para o pecado". Seria possível aplicar o mesmo significado à morte de Cristo? Pareceria arbitrário interpretar essa fórmula, naquilo em que ela se aplica a Cristo, de maneira inteiramente diferente do sentido dos versículos 2 e 11. Além disso, há certo paralelismo entre os versículos 10 e 11, apresentando a morte de Cristo para o pecado, de uma vez por todas (v. 10), como um paralelo à nossa morte para o pecado (v. 11). E o viver de Cristo para Deus (v. 10) é um paralelo ao nosso viver para Deus, em Cristo Jesus (v. 11). Estes paralelos indicam similaridade; e, se a morte de Cristo não tem analogia alguma em relação à nossa morte para o pecado, a similaridade desaparece. Portanto, teremos de prosseguir com base na suposição de que esta fórmula, no que se aplica a nós, provê a direção que devemos seguir em buscar o significado, naquilo em que ela se aplica a Cristo.[14]

No que concerne aos crentes, o pensamento dos versículos 2 e 11 é que eles morreram para o poder do pecado. E poderíamos dizer a mesma coisa acerca de Cristo? Não se pode dizer a respeito de Cristo que o pecado exerça sobre ele o seu poder, no mesmo sentido com que nos domina. Éramos servos do pecado, em sua contaminação e poder; mas nunca o pecado exerceu tal domínio sobre Cristo. Entretanto, Cristo se identificou de tal maneira com o pecado que vicariamente o tomou sobre si; Ele lidou não somente com a culpa mas também com o poder do pecado. A morte exerceu poder sobre Cristo até que ele quebrou o poder dela (v. 9). Por conseguinte,

---

14   Quanto a esta interpretação, cf. Meyer, Philippi, Gifford e outros. A interpretação sobre a qual Haldane insistiu (*op. cit., ad loc.*), afirmando que isso fala exclusivamente do morrer para a culpa do pecado, não leva em conta o pensamento central dos versículos 1-11. E também perde de vista o todo importante aspecto da identificação vicária de nosso Senhor com o pecado e da eficácia, resultante para nós, da sua vitória sobre o pecado.

pode-se dizer que a morte exerceu domínio sobre ele no sentido de que o seu estado de humilhação foi condicionado pelo pecado com o qual ele se identificou vicariamente. Ele foi feito pecado (2 Co 5.21), e o pecado, como um poder, deve ser levado em conta nesse relacionamento. Por meio de sua própria morte, Cristo destruiu o poder do pecado, e, em sua ressurreição, ele entrou em um estado não-condicionado pelo pecado. Há bons motivos para acreditarmos que, ao dizer que Cristo "de uma vez para sempre morreu para o pecado", o apóstolo tinha em mente a vitória sobre o pecado, operando como um poder. E, por ter Cristo triunfado sobre o pecado, em sua morte, aqueles que estão unidos com ele, em sua morte, morreram para o poder do pecado e se tornaram mortos para o pecado (vv. 2, 11).

A última parte do versículo 10 refere-se à própria vida ressurreta de Cristo, sendo descrita como o viver para Deus. Isto não é um reflexo adverso à total devoção de Cristo a Deus Pai, em seu estado de humilhação. A significação deve ser extraída do contraste entre seus estados antes e depois da ressurreição. O primeiro destes estava condicionado pelo pecado que ele tomou sobre si mesmo vicariamente, e o pecado é a contradição daquilo que Deus é. No entanto, visto que Cristo pôs fim ao pecado, em sua morte, a sua vida ressurreta em sentido algum está condicionada por aquilo que é contrário a Deus — nessa vida não entra qualquer fator que seja estranho à perfeição e à glória de Deus.

11 — Este versículo contém uma exortação. "Considerai-vos" está no imperativo.[15] Aquilo que Deus nos recomenda aqui merece ser observado cuidadosamente. Não somos recomendados a morrer para o pecado e viver para Deus; isso está pressuposto. E não é por considerarmos essas coisas como fatos que elas se transformam em realidade. A força do imperativo é que devemos reconhecer e apreciar os fatos que já obtivemos por causa de nossa união com Cristo. A expressão "mortos para o pecado" subentende um estado ou condição permanente que resulta daquele evento decisivo,

---

15 O termo λογίζεσθε é preferivelmente entendido como um imperativo. E a exortação flui com naturalidade daquilo que precede e também concorda com os imperativos que aparecem nos versículos 12 e 13.

que ocorreu "de uma vez para sempre", de havermos morrido para o pecado devido à união com Cristo na eficácia de sua morte. E a complementação de "mortos para o pecado" e de "vivos para Deus", como um paralelo da morte de Cristo para o pecado e da vida para Deus (v. 10), subentende que a vida de Deus é de permanência contínua, assim como é de permanência contínua a condição de estar morto para o pecado. A segurança e a constância dessa vida para Deus são asseguradas pelo fato de que essa vida é mantida "em Cristo Jesus".[16]

B. OS IMPERATIVOS PARA OS SANTIFICADOS (6.12-23)

6.12-14

12 Não reine, portanto, o pecado em vosso corpo mortal, de maneira que obedeçais às suas paixões;

13 nem ofereçais cada um os membros de seu corpo ao pecado, como instrumentos de iniquidade; mas oferecei-vos a Deus, como ressurretos dentre os mortos, e os vossos membros, a Deus, como instrumentos de justiça.

14 Porque o pecado não terá domínio sobre vós; pois não estais debaixo da lei, e sim da graça.

12 — Neste versículo, temos novamente a linguagem de exortação, introduzida na forma de inferência extraída daquilo que antecede: "Não reine, portanto, o pecado em vosso corpo mortal, de maneira que obedeçais às suas paixões". Não devemos supor que o pecado seja concebido como algo que reina sobre o crente e que este é exortado a terminar esse reino do pecado. Isto seria contrário a tudo quanto foi afirmado, nos versículos precedentes, a respeito da posição do crente como alguém que está morto para o pecado e vivo para Deus. E, além

---

[16] A adição de τῷ κυρίῳ ἡμῶν, no final do versículo 11, não pode ser excluída, como se não fosse genuína, visto que é apoiada por ℵ, C e pela maioria dos cursivos, bem como por algumas versões antigas. Von Soden adota esta forma. Seria bastante fútil argumentar que esta inserção se originou da assimilação ao versículo 23.

disso, nesta passagem temos a certeza de que o pecado não terá domínio sobre o crente, por não estar este debaixo da lei, e sim da graça (v. 14). A força do imperativo pode ser entendida somente à luz da relação entre o modo indicativo e o imperativo. O pecado não terá domínio — este é o indicativo. Este indicativo é asseverado não apenas expressamente no versículo 14, mas também está implícito em tudo quanto o apóstolo argumentara nos versículos anteriores ao 12. Não reine o pecado — este é o imperativo e flui do indicativo. Somente porque o pecado não tem domínio sobre o crente, pode-se dizer: "Não reine, portanto, o pecado". Em outras palavras, a pressuposição da advertência não é que o pecado está reinando, mas é exatamente o contrário — ele não reina; e, por isso, a advertência tem validade e força de apelo. Dizer a um escravo que ainda não foi emancipado: "Não se comporte como um escravo" é zombar de sua escravidão. Porém, dizer a mesma coisa ao escravo que foi liberto é o apelo necessário para que ele ponha em ação os privilégios e direitos de sua libertação. Por conseguinte, neste caso, a sequência é esta: o pecado não exerce o domínio; portanto, não permitamos que ele reine. O livramento do domínio do pecado serve de base e de incentivo para o cumprimento da exortação "não reine, portanto, o pecado".

Sem dúvida, o corpo mortal é o organismo físico sujeito à dissolução (cf. v. 6, 8.10,11), e as "paixões" são aquelas particularmente associadas ao corpo. O interesse concreto e prático do apóstolo é demonstrado na proeminência atribuída neste versículo, assim como no versículo 6, às concupiscências associadas ao corpo e por meio deste manifestadas. As paixões do corpo são concebidas como algo que requer nossa obediência. Uma espiritualidade espúria é aquela que pode se mostrar indiferente para com as reivindicações da santidade que dizem respeito à santificação de nosso ser físico. A morte para o pecado, a vida para Deus e o livramento do domínio do pecado demonstrarão a sua realidade no que é tangível e visível, ao negarem às concupiscências do corpo a satisfação que elas demandam. E a mortalidade do corpo enfatiza a insensatez de nos entregarmos às suas concupiscências; a vida do crente é incorruptível e imortal.

13 — A interpretação deste versículo deve ser governada pela interpretação do versículo 12, apresentada anteriormente. Se "corpo mortal" significa o organismo físico, os "membros" aludidos neste versículo têm de significar os membros do corpo, tal como os olhos, as mãos, os pés, etc. O pecado é concebido como um dono de escravos a cuja disposição colocamos esses membros, a fim de que sejam instrumentos[17] que promovam a injustiça. A exortação tem o propósito de aconselhar-nos a não oferecer nossos órgãos físicos à disposição do pecado, para o fomento da injustiça. O reverso positivo disso é que devemos apresentar-nos a Deus como aqueles que estão vivos dentre os mortos, oferecendo nossos membros a Deus como instrumentos de justiça. Esta declaração mais completa mostra que, embora o pensamento tenha sido concentrado sobre o que é físico (vv. 12, 13a), o apóstolo não considerava a porção física como se compreendesse a totalidade de nossa devoção. Os crentes devem apresentar a *si mesmos* a Deus como aqueles que estão vivos dentre os mortos. Nisso está em vista toda a personalidade. Na última cláusula, os membros do corpo são novamente mencionados. O tempo verbal usado, nesta ocasião, indica que a consagração envolvida na apresentação de nós mesmos e de nossos membros foi realizada de uma vez por todas. Somos considerados como quem, de uma vez por todas, apresentou a si mesmo e os seus membros a Deus, tendo em vista o serviço a ele e a prática da justiça.[18]

14 — A primeira cláusula deste versículo, "Porque o pecado não terá domínio sobre vós", é uma afirmação de um fato garantido e não deve ser interpretada como um imperativo ou como se designasse uma bênção reservada ao futuro. Como já foi notado, em outras instâncias, o tempo futuro nesta cláusula também expressa a certeza daquilo que está sendo dito. Por estar no indicativo, a certeza torna válida e relevante as exortações dos versículos 12 e 13, além de prover o encorajamento e o incentivo para

---

17 No grego, o termo significa "armas"; cf. 13.12; 2 Coríntios 6.7 e 10.4. A observação de Lightfoot a esse respeito é significativa: "O pecado é tido como um soberano (μὴ βασιλευέτω - v.12), que exige serviço militar da parte de seus súditos (εἰς τὸ ὑπακούειν - v.12) e fornece sua quota de armamentos (ὅπλα ἀδικίας - v.13), dando a seus soldados o pagamento que consiste na morte (ὀψώνια - v. 23)" (*Notes, ad loc.*).
18 Cf. Winer, *op. cit.*, § 43, 3a, b; Philippi, Meyer, Gifford, *ad loc.*

o cumprimento destes imperativos. A obediência aos imperativos é respaldada pela certeza de que a graça de Deus assegura a realização daquilo que é contemplado nas exortações.

A segunda cláusula do versículo 14, "pois não estais debaixo da lei e sim da graça", dá-nos a razão pela qual o pecado não exercerá o seu domínio. "Lei", neste caso, deve ser compreendida no sentido geral de lei comum. O vocábulo "lei" não deve ser entendido no sentido de lei mosaica como uma economia: isto é demonstrado claramente pelo fato de que muitos daqueles que estavam sob a economia mosaica foram os recebedores da graça e, nesse sentido, estavam debaixo da graça; também é demonstrado pelo fato de que a isenção da lei mosaica como uma economia não coloca, por si mesma, estas pessoas na categoria de quem está debaixo da graça. Portanto, a lei deve ser entendida em termos muito mais gerais de lei como mandamento. A fim de compreender a força da cláusula em questão é necessário definir o que a lei *pode* e *não pode* fazer; e à luz do que ela não pode fazer torna-se evidente o sentido das palavras "debaixo... da graça". (1) A lei ordena e exige. (2) A lei profere sua aprovação e bênção sobre a conformidade aos seus requisitos (cf. 7.10, Gl 3.12). (3) A lei decreta a condenação sobre toda infração de suas exigências (cf. Gl 3.10). (4) A lei desmascara e convence de pecado (cf. 7.7,14; Hb 4.12). (5) A lei desperta e incita ao pecado, na forma de graves transgressões (cf. 7.8,9,11,13). O que a lei *não pode* fazer está implícito nestes limites de sua capacidade. (1) A lei nada pode fazer para justificar o indivíduo que a violou. (2) A lei nada pode fazer para aliviar a servidão ao pecado; antes, acentua e confirma tal servidão.

Esta última característica da incapacidade da lei está em foco na cláusula em questão. A pessoa que está "debaixo da lei", sobre quem a lei impõe seu poder, cuja vida está sendo determinada pelos recursos da lei, é um escravo do pecado. Por isso, estar "debaixo da lei" é idêntico a ser escravo do pecado. É sob essa luz que "debaixo... da graça" se torna significativo; o vocábulo "graça" sumaria tudo quanto está envolvido nas provisões da redenção, em contraste com a lei. Os crentes foram colocados *debaixo* de todos os recursos da graça redentora e renovadora, os quais encontram seu resumo na morte e ressurreição de Cristo. A virtude que continua a emanar da morte e da ressurreição de Cristo também opera nos crentes, através da união com ele. Tudo isso está implícito na expressão "debaixo... da graça". E, em termos desta passagem e do assunto que ela aborda, há uma antítese absoluta entre a capacidade e as provisões da lei, por um lado, e a capacidade e as provisões da graça, por outro. A graça é a vontade e o poder soberanos de Deus que se expressam a fim de livrar os homens da servidão ao pecado. Por ser isto verdadeiro, estar "debaixo... da graça" serve de garantia de que o pecado não exercerá domínio — "o pecado não terá domínio sobre vós; pois não estais debaixo da lei, e sim da graça".

6.15-23

15 E daí? Havemos de pecar porque não estamos debaixo da lei, e sim da graça? De modo nenhum!

16 Não sabeis que daquele a quem vos ofereceis como servos para odediência, desse mesmo a quem obedeceis sois servos, seja do pecado para a morte ou da obediência para a justiça?

17 Mas graças a Deus porque, outrora, escravos do pecado, contudo, viestes a obedecer de coração à forma de doutrina a que fostes entregues;

18 e, uma vez libertados do pecado, fostes feitos servos da justiça.

19 Falo como homem, por causa da fraqueza da vossa carne. Assim como oferecestes os vossos membros para a escravidão da impureza e da maldade para a maldade, assim oferecei, agora, os vossos membros para servirem à justiça para a santificação.

20 Porque, quando éreis escravos do pecado, estáveis isentos em relação à justiça.

21 Naquele tempo, que resultados colhestes? Somente as coisas de que, agora, vos envergonhais; porque o fim delas é morte.

22 Agora, porém, libertados do pecado, transformados em servos de Deus, tendes o vosso fruto para a santificação e, por fim, a vida eterna;

23 porque o salário do pecado é a morte, mas o dom gratuito de Deus é a vida eterna em Cristo Jesus, nosso Senhor.

15 — Neste versículo, o apóstolo trata essencialmente da mesma questão com que iniciou este capítulo. A pergunta, entretanto, assume nova forma, porque a própria consideração que suscita a questão é diferente. No versículo 1, a pergunta envolvia a consideração de que, onde o pecado fora abundante, a graça fora superabundante, bem como a consideração sobre a falácia de inferirmos, deste fato, que podemos continuar no pecado, a fim de que a graça transborde ainda mais. No versículo 15, a pergunta gira em torno da consideração de que não estamos debaixo da lei e em torno da falácia sobre a inferência de que, por esse motivo, somos livres para transgredir a lei, porquanto ela deixou de ser relevante para nós, e, portanto, podemos pecar. "E daí? Havemos de pecar porque não estamos debaixo da lei, e sim da graça?" A reposta é a fórmula usual da negação enfática, que novamente é traduzida por "De modo nenhum". Isto indica que não estar "debaixo da lei", no sentido do versículo anterior, de maneira alguma nos liberta da obrigação de obedecermos à lei e nos dá licença para praticarmos o pecado como transgressão da lei. Em certo sentido, o crente não está "debaixo da lei", mas, noutro sentido, ele está (cf. 1 Co 9.21). Nos versículos posteriores, Paulo continua a mostrar quão intolerável é a inferência de que podemos pecar, por não estarmos debaixo da lei, e sim da graça.

16 — Encontramos aqui o mesmo apelo àquilo que os leitores de Paulo sabiam ou, pelo menos, deveriam saber e que se acha no versículo 3. O princípio apresentado pela indagação é que somos escravos daquilo a que nos apresentamos com o propósito de obedecer. Trata-se da mesma verdade afirmada pelo próprio Senhor: "Todo o que comete pecado é escravo do pecado" (Jo 8.34); "Ninguém pode servir a dois senhores; porque ou há de aborrecer-se de um e amar ao outro ou se devotará a um e desprezará ao outro. Não podeis servir a Deus e às riquezas" (Lc 16.13). Por semelhante modo, neste versículo, o apóstolo mostra que só há duas linhas de lealdade no terreno ético-religioso e que o critério da nossa lealdade é prestarmos obediência, quer seja ao "pecado para a morte", quer seja a "obediência para a justiça".

O que devemos entender por "morte", nesta ocasião, é difícil de ser determinado. O mais provável é que o termo seja usado em sentido inclusivo, referindo-se à morte em todos os seus aspectos, culminando na morte eterna, a "eterna destruição, banidos da face do Senhor e da glória do seu poder" (2 Ts 1.9). O pecado é letal, e a morte, em todos os aspectos, segue o seu rastro. Por semelhante modo, a justiça promovida pela obediência também deve ser interpretada de maneira inclusiva, referindo-se à justiça em todos os seus aspectos e culminando, de fato, na justiça consumada dos novos céus e da nova terra.

A ênfase colocada sobre a obediência mostra que a obediência a Deus é o critério da nossa devoção a ele e que o princípio da justiça consiste de nos apresentarmos a Deus como servos da obediência.

17 — Nas ações de graças, dadas a Deus pelo fato de que os crentes de Roma haviam sido "escravos do pecado", a ênfase recai sobre o tempo verbal passado; e, a fim de expressar isso, precisamos utilizar o vocábulo "outrora". Paulo enfatizou a mudança que ocorreu quando aqueles crentes vieram a obedecer à forma de ensino que lhes fora ministrada. Existem três questões que precisam ser consideradas em conexão com a parte final deste versículo: (1) o que significa "a forma de doutrina"? Sem dúvida, isto significa o padrão ou modelo de ensino, não havendo base para imaginarmos que era um padrão tipicamente paulino, em distinção a outras formas de ensino apostólico.[19] Trata-se da mesma coisa que "o padrão das sãs palavras" (2 Tm 1.13; cf. 1 Tm 1.10; 2 Tm 4.3; Tt 1.9; 2.1); e, nesta instância, salienta-se as implicações éticas do ensino do evangelho. (2) Esse padrão de ensino bíblico é apresentado como aquilo ao que se prestou obediência, e a mudança de serviço ao pecado para o serviço à justiça se manifestou e se caracterizou pela obediência a um padrão doutrinário bem definido e estruturado. A suposição de que o cristianismo não tem regras fixas de ensino que regulam o pensamento e a prática é totalmente estranha ao conceito apostólico da ética cristã. O padrão prescrito no evangelho de modo algum interfere na

---

19 Cf. a excelente afirmação de F. J. A. Hort, em *Prolegomena to St. Paul's Epistles to the Romans and the Ephesians* (Londres, 1895), pp. 32, 33.

verdadeira liberdade e espontaneidade do crente — ele obedece "de coração". A prescrição objetiva, pressuposta na obediência, não é incompatível com a voluntariedade indispensável à obediência. (3) Deveríamos esperar que o apóstolo houvesse dito que essa forma de doutrina fora entregue aos crentes; mas, ao invés disso, ele afirmou que *eles* é que haviam sido entregues a ela — foram entregues ao padrão do evangelho. Isto indica que a devoção daqueles crentes para com o evangelho consistia no total compromisso; e este compromisso não era uma opção deles mesmos, mas era aquilo ao que se haviam sujeitado. Isto, uma vez mais, sublinha a objetividade do padrão, bem como a nossa passividade em estarmos comprometidos a essa forma de doutrina, uma objetividade e passividade que sob hipótese alguma militam contra a total voluntariedade do resultado, isto é, o compromisso de obedecermos de coração.

18 — As observações concernentes ao versículo 17 são confirmadas pelo versículo 18, que deve ser entendido em íntima conexão com aquele. A primeira cláusula deste versículo — "uma vez libertados do pecado" — corresponde a "outrora escravos do pecado" (v. 17); e a sua última cláusula corresponde a "viestes a obedecer de coração à forma de doutrina a que fostes entregues". Entretanto, a passividade desta mudança, em seus aspectos negativo e positivo, é agora expressa. Eles foram os recipientes da libertação do pecado, tendo sido transformados em servos da justiça. A força da voz passiva, em ambos os casos, não deve ser menosprezada. Isto ressalta o que fica implícito na voz passiva, no versículo 17, ou seja, que haviam sido entregues ao padrão evangélico de doutrina. E o comprometimento envolvido tinha o mesmo significado. A consagração ao padrão do evangelho equivale ao serviço à justiça.

19 — Quando o apóstolo afirmou: "Falo como homem", referiu-se à *forma* de sua doutrina, nos versículos anteriores e posteriores. Ele descreveu a condição dos incrédulos como servidão ao pecado, e a condição dos crentes como serviço à justiça. A escravidão, bem conhecida por seus leitores, serviu de instrumento pelo qual o apóstolo expressou a verdade. Ao utilizar esta analogia, extraída da esfera das relações humanas, Paulo falava à maneira dos homens. Afinal de contas, a nova vida em Cristo não é a "escravidão" existente entre os homens; é a mais sublime e única liberdade. Apesar disso, a escravidão serve para ilustrar a totalidade de nosso comprometimento para com Deus, na libertação da servidão ao pecado envolvida em nossa união com Cristo. É por causa da fraqueza da carne que ele fala deste modo a seus leitores. A fragilidade de nosso entendimento torna mister que sejamos ensinados por meio de figuras provenientes da esfera de nossas relações humanas.[20]

O pensamento da parte final do versículo 19 é similar à do versículo 13. Porém, no versículo 19, o estado passado em que nossos membros eram apresentados à servidão ao pecado reforça, por meio de paralelo e contraste, a necessidade de apresentarmos os nossos membros, *agora*, ao serviço da justiça. E os termos que descrevem esse estado passado são peculiarmente adaptados para demonstrar a intensidade da dedicação ao serviço do pecado — "oferecestes os vossos membros para a escravidão da impureza e da maldade para a maldade". O vocábulo "impureza" salienta a corrupção e a contaminação à qual nos dedicávamos; e "iniquidade" retrata o pecado como violação da lei (cf. 1 Jo 3.4). Essa servidão à iniquidade tinha em vista nada menos do que o agravamento e confirmação daquela iniquidade — era para a "maldade".

A exortação se manifesta na forma de *paralelismo* e *contraste* em relação à definição do estado pecaminoso. O *paralelismo* aparece na própria estrutura da sentença; há uma prótase e uma apódose — assim como determinado

---

[20] A questão sobre a qual os intérpretes estão divididos no tocante a esta declaração é se a fraqueza da carne à qual o apóstolo aludia deve ser entendida intelectual ou moralmente. O primeiro caso, então, tem o propósito de satisfazer a fragilidade do entendimento de que ele falava segundo o homem. No segundo, ele falava assim para atender à debilidade moral dos seus leitores, não impondo grande carga sobre seus recursos morais — as exigências morais são adaptadas às nossas fraquezas. Este último ponto de vista não é incompatível com a ênfase do contexto — os leitores estão sendo exortados à completa dedicação ao serviço de Deus e da justiça. Nas palavras de Meyer, esse ponto de vista "seria impróprio para o caráter moral ideal de todo o discurso exortativo, que não é prejudicado pela linguagem figurada" (*op. cit., ad loc.*). Cf. também Bengel, Gifford, Sanday e Headlam, Hodge, *ad loc.* Isto não significa, porém, que a fraqueza da carne não se reflete sobre nossa fragilidade moral. Sem dúvida, a fraqueza de entendimento está ligada à nossa debilidade moral. A única observação é que "falar como homem" não deve ser entendido como uma adaptação às exigências de nossa fraqueza, e sim como uma acomodação da forma de falar à fraqueza de nosso entendimento.

fato era verdadeiro, assim também agora o outro deve ser. O paralelismo transparece igualmente na reiteração da linguagem que expressa dedicação: "Oferecei, agora, os vossos membros para servirem"; não há qualquer relaxamento no tocante ao *serviço* envolvido. Por outro lado, o contraste transparece no tipo de serviço prestado, bem como na finalidade à qual o mesmo se destina. No estado anterior, existia uma servidão à "impureza" e à "maldade", mas agora, o serviço à "justiça". No passado, a escravidão visava à "impureza"; agora, entretanto, o seu alvo é a "santificação".[21] O serviço prestado à justiça, que define a dedicação do crente, e a finalidade ou o escopo dessa dedicação têm em mira a santidade de coração e de vida, sem o que ninguém verá o Senhor (cf. Hb 12.14; 1 Ts 4.3,4,7). O interesse concreto e prático é novamente destacado, assim como no versículo 13, ao enfocar a atenção sobre os nossos órgãos físicos. Esta concentração do pensamento sobre os membros de nosso corpo não diminui a dedicação que deve caracterizar a totalidade da pessoa, conforme se torna evidente no versículo seguinte. Isto somente ressalta a natureza concreta dos requisitos da santidade e das maneiras pelas quais ela é exemplificada.

20 — Não é fácil determinar a relação exata entre este versículo e o anterior. Porém, o ponto de vista mais coerente é que ele deve ser entendido em conjunção com a pergunta que segue no versículo 21; e, quando são interpretados deste modo, ambos os versículos (20 e 21) têm por intuito reforçar a necessidade de obediência à exortação da última parte do versículo 19. Parafraseando, o pensamento seria este: "Apresentai os vossos membros como

---

21 "Santificação" pode denotar um processo ou um estado. A despeito da opinião de alguns aptos comentadores (por exemplo, Gifford, Sanday e Headlam), ἁγιασμός, tanto aqui como no versículo 22, não se refere apropriadamente a um processo, mas ao estado de santidade ou consagração. E não é evidente que, noutras ocasiões, ἁγιασμός contemplá um processo em vez de um estado (1 Co 1.30; 1 Ts 4.3, 4, 7; 2 Ts 2.13; 1 Tm 2.15; Hb 12.14; 1 Pe 1.2). Em várias destas passagens, o sentido de santidade ou consagração é o mais apropriado, sendo questionável se, em qualquer deles, o pensamento de um processo está em destaque. Outrossim, neste contexto, a ênfase recai sobre o rompimento "de uma vez para sempre" com o pecado e sobre o comprometimento com a justiça. Portanto, a tradução "santidade" é mais adequada do que o conceito ambíguo do vocábulo "santificação". E consagração, embora não seja uma tradução correta, é a que melhor transmite o pensamento. Arndt e Gingrich (*op. cit., ad loc.*) não parecem estar em bases seguras quando, a respeito de 1 Coríntios 1.30, dizem que o abstrato é usado em lugar do concreto, ou seja, o autor da santidade. Por certo, isto perde de vista algo que é central no relacionamento entre Cristo e o crente.

servos da justiça para a santidade (v. 19). Considerai que em vosso estado anterior de serviço ao pecado não tínheis qualquer interesse pela retidão e não possuíeis bom fruto resultante de vossa dedicação ao serviço do pecado; realmente, nada possuíeis, exceto aquilo de que agora estais envergonhados, e o fim de tal coisa é a morte. Quão urgente, pois, é a reivindicação da justiça e a necessidade de comprometimento com o seu serviço".

"Porque, quando éreis escravos do pecado, estáveis isentos em relação à justiça" — isto equivale simplesmente a dizer que eles não eram servos da justiça. Por conseguinte, a justiça não exercia sua autoridade e domínio sobre eles. Sentiam-se inteiramente isentos de cuidado no tocante às exigências da justiça; com o coração livre de qualquer oposição, eram servos do pecado, sendo este o único senhor que conheciam.

21 — A pergunta deste versículo subentende uma categórica negativa como resposta. "Naquele tempo, que resultado colhestes?" A resposta implícita é "nenhum". A palavra "resultado" no original grego significa "fruto" (ARC) e, neste versículo, tem o sentido uniformemente utilizado nas epístolas de Paulo, ou seja, "bom fruto" (cf. 1.13; 15.28; Gl 5.22; Ef 5.9; Fp 1.11,22; 4.17). Entretanto, é possível redigir o versículo 21 de modo que a pergunta seja: "Que fruto tínheis naquele tempo?" E a resposta: "As coisas de que, agora, vos envergonhais".[22] O único fruto derivado do serviço prestado ao pecado eram as coisas que agora nos enchem de vergonha. Ambas as formas de redação do versículo são possíveis e transmitem bom senso. Apesar de não haver motivo para rejeitarmos esta segunda forma de leitura, há mais a ser dito em favor da primeira. (1) Esta segunda forma exigiria que nos afastássemos do sentido usual da palavra "fruto" como aquilo que é regularmente bom, a menos que seja qualificado como mau.[23] (2) A primeira concorda mais com a última cláusula do versículo 21; se a resposta à pergunta é que nenhum fruto (no sentido de bom fruto) resultou da vida no pecado, então, a

---

22 Ver Meyer (*op. cit., ad loc.*), que apresenta uma lista dos que mantém este ponto de vista, que ele mesmo rejeita, por boas razões.
23 Cf. as referências dadas e a discussão de Meyer sobre a questão; cf. também Ligthfoot (*Notes, ad loc.*), que diz: "Paulo nunca usa καρπός para indicar os resultados das más ações, mas sempre a substitui por ἔργα (ver Gl 5.19,22 e Ef 5.9,11)".

cláusula "porque o fim delas é a morte" supre a razão ou confirma a resposta negativa implícita na pergunta — não há qualquer bom fruto, porquanto o fim de tais coisas é a morte. (3) Se levarmos em conta a segunda construção, então, a cláusula final apresentaria a razão por que os frutos do caminho pecaminoso nos trazem vergonha. Dificilmente seria apropriado restringir o motivo para a vergonha ao fato de que o fim dessas coisas é a morte. A ideia não é meramente que as coisas atinentes à vida de pecado envergonham e desapontam, mas que os crentes se envergonham delas.[24] (4) O profundo contraste entre "naquele tempo" e "agora" não requer, conforme alguns têm alegado,[25] a segunda forma de redação. O contraste retém toda a sua força se adotarmos a primeira forma de redação do versículo, pois fica implícito que mesmo *naquele tempo*, antes de tomarem consciência da vergonha, não havia qualquer bom fruto no serviço ao pecado.

Entretanto, considerando-se qualquer destas formas de leitura do versículo, tornam-se necessárias as seguintes observações: (1) os crentes se envergonham de sua vida passada — "Ao invés de procurarem desculpar-se por ela, eles, pelo contrário, envergonham-se de si mesmos. Sim, chegam mesmo a relembrar suas próprias desgraças, a fim de que, assim envergonhados, humilhem-se mais verdadeira e prontamente diante de Deus".[26] A morte, que é o fim dessas coisas, não pode ser outra coisa senão a morte em sua mais culminante expressão; e, embora não se limite à perdição final, certamente a inclui. A libertação da escravidão ao pecado interrompe essa sequência apenas porque o convertido é liberto do próprio pecado (cf. v. 22), e essa interrupção não neutraliza o fato de que a morte é o resultado inevitável do pecado. A sequência é anulada, e o ficar livre de tal resultado ocorre somente onde existe a remoção do próprio pecado.

22 — Os versículos 21 e 22 estão em evidente contraste um com o outro. O versículo 21 mostra a esterilidade, a vergonha e a morte que acompanham o

---

24 "Somente então o crente é impregnado com os princípios da filosofia cristã; ele aprende a sentir-se realmente insatisfeito consigo mesmo, mostrando-se envergonhado por causa de sua própria miséria" (Calvino, *op. cit., ad loc.*)
25 Cf. Godet e Denney, *ad loc.*
26 Calvino, *op. cit., ad loc.*

pecado. O versículo 22 mostra o fruto e o resultado do livramento do pecado. Assim como no versículo 18, aparece aqui a passividade daqueles que recebem este livramento; foram libertados e feitos servos. A única diferença significativa entre o versículo 18 e a primeira parte do versículo 22 é que, em vez de dizer "servos da justiça" (v. 18), o apóstolo agora fala de haverem sido feitos "servos de Deus". Isso mostra que uma coisa pressupõe a outra. A servidão à justiça não significa serviço abstrato; indica servidão à justiça que é requerida pela perfeição divina, e o relacionamento pessoal com Deus jamais é suprimido. O servir a Deus, por outro lado, precisa ser exemplificado na obediência às exigências consistentes e práticas da justiça. No entanto, a principal característica do contraste no versículo 22 é a ênfase colocada sobre o fruto que gozamos e sobre o resultado final — "tendes o vosso fruto para a santificação e, por fim, a vida eterna". Na servidão ao pecado não havia fruto; mas agora os crentes produzem fruto que leva à santidade.[27] E este produzir fruto tem a vida eterna como resultado final. Assim como o resultado do pecado teve uma interpretação inclusiva, assim também cumpre-nos entender a vida eterna. Embora a vida eterna não se restrinja à vida no mundo por vir, isto precisa estar incluído. O resultado final do livramento da escravidão ao pecado, bem como o da servidão a Deus e o dos frutos produzidos para a santificação, é a *possessão* da vida incorruptível na era vindoura.

23 — Esta é a triunfante conclusão do capítulo 6, que deve ser confrontada com o final do capítulo 5 (Rm 5.21). O contraste entre o pecado e a graça é mantido, havendo um sumário do que fora exposto, com maiores detalhes, nos versículos anteriores. Entretanto, também aparecem novos elementos na ideia ou, pelo menos, na ênfase. Estes dizem respeito, em particular, ao contraste entre "salário" e "dom gratuito". Remuneração é o princípio pelo qual nos tornamos herdeiros da morte; favor imerecido é o meio pelo qual recebemos a vida eterna. A morte é merecida;[28] a vida

---

27 Ver nota 21 quanto à tradução de "santificação".
28 O termo ὀψώνιον denota, estritamente, *pagamento em espécie*, ou seja, o pagamento em dinheiro que um general dava a um soldado. Assim, é óbvio que o complemento τῆς ἁμαρτίας ("do pecado") não é o genitivo do objeto — o salário pago *em lugar do* pecado; é o genitivo do sujeito — o salário pago *pelo* pecado" (Godet, *op. cit., ad loc.*). Cf. também a citação de Lightfoot, nota 17.

eterna é inteiramente gratuita. Na cláusula "o salário do pecado é a morte" há dois pensamentos: (1) a morte com a qual somos punidos é aquilo que merecemos; (2) a morte é a consequência inevitável do pecado. A justiça regula o pagamento do salário; por isso, recebemos, exata e inevitavelmente, aquilo que merecemos. Na cláusula "mas o dom gratuito de Deus é a vida eterna em Cristo Jesus, nosso Senhor", a ideia predominante é a da graça gratuita em contraste com a noção de remuneração; e magnitude desta graça gratuita é enfatizada pela natureza da dádiva proporcionada. A ideia não é que a graça gratuita de Deus resulta em vida eterna para nós, embora isto também seja verdade. Mas, o pensamento exato é que esse dom gratuito *consiste* em vida eterna. Quando o salário do pecado está em operação, o nosso quinhão é a morte, inescapavelmente, em sua expressão final. Mas, quando o dom gratuito de Deus está em operação, nossa herança é a vida, eterna e indestrutível. Quão totalmente estranho a tais contrastes é trazer o conceito de mérito, em qualquer forma ou grau, ao método de salvação.

Em Romanos 5.21, o apóstolo dissera que a graça reina por intermédio da justiça para a vida eterna, *mediante* Jesus Cristo, nosso Senhor. Mas em 6.23 ele fala da vida eterna em Cristo Jesus, nosso Senhor. Essa distinção deve ser observada. Nesta instância, a ênfase recai sobre a verdade de que em Cristo Jesus a vida eterna existe para os crentes. Eles jamais são concebidos, mesmo nos mais sublimes alcances do dom gratuito de Deus Pai para eles, como separados de Cristo. E nenhuma das bênçãos concedidas pelo Pai, por mais que transpareça a gratuidade, está desvinculada de Cristo, tampouco é desfrutada sem a união com ele.

Capítulo X
A Morte Relativamente à Lei (7.1-6)

7.1-4

1 *Porventura, ignorais, irmãos (pois falo aos que conhecem a lei), que a lei tem domínio sobre o homem toda a sua vida?*
2 *Ora, a mulher casada está ligada pela lei ao marido, enquanto ele vive; mas, se o mesmo morrer, desobrigada ficará da lei conjugal.*
3 *De sorte que será considerada adúltera se, vivendo ainda o marido, unir-se com outro homem; porém, se morrer o marido, estará livre da lei e não será adúltera se contrair novas núpcias.*
4 *Assim, meus irmãos, também vós morrestes relativamente à lei, por meio do corpo de Cristo, para pertencerdes a outro, a saber, aquele que ressuscitou dentre os mortos, a fim de que frutifiquemos para Deus.*

Romanos 7.1-6 deve ser relacionado ao que o apóstolo dissera em 6.14: "Não estais debaixo da lei, e sim da graça". Nesse contexto anterior, a afirmação dá o motivo ou o fundamento da certeza de que o pecado não exercerá domínio sobre o crente. Entretanto, o apóstolo não expandiu nem confirmou ali a proposição de que o crente não está debaixo da lei. Pois, imediatamente, o apóstolo voltou-se para a refutação daquela falsa inferência que se poderia extrair da proposição. Em 6.15-21, ele desenvolveu a resposta a este abuso; e, agora, em 7.1, retorna à questão do livramento da lei e mostra como isto aconteceu. Por conseguinte, é preferível relacionar a indagação "Porventura, ignorais...?" diretamente a 6.14, e não a 6.23.[1]

1 — A pergunta "Porventura, ignorais...?" é um apelo ao que o apóstolo presumia que os seus leitores sabiam, conforme é evidente do parêntese que segue: "Pois falo aos que conhecem a lei". Não devemos considerar estas palavras como restritivas, em qualquer sentido — Paulo não estava fazendo distinção entre aqueles que conheciam e aqueles que não conheciam a lei. Todos são reputados como possuidores deste conhecimento.

Que lei Paulo considerava ser do conhecimento de seus leitores? Não é possível confiná-la razoavelmente ao princípio geral que ele estava prestes a declarar: "A lei tem domínio sobre o homem toda a sua vida". A lei que Paulo admitia fazer parte do conhecimento deles é mais abrangente, e o princípio de que a lei exerce domínio sobre o homem é aceito como algo prontamente admitido pelos leitores, por causa do conhecimento que possuíam da lei, em um sentido mais amplo. Com certeza, a lei que os crentes de Roma conheciam é a lei escrita do Antigo Testamento, particularmente a lei mosaica. Paulo usou o vocábulo "lei" neste sentido (3.19; 5.13; 1 Co 9.8,9; 14.21; Gl 3.10,19), não havendo qualquer necessidade de procurarmos outro significado neste versículo. Os gentios, bem como os judeus da igreja de Roma, podiam ser tidos como conhecedores do Antigo Testamento.

A proposição de que "a lei tem domínio sobre o homem toda a sua vida" poderia ser considerada, com maior propriedade, como afirmação de um princípio geral e como se o apóstolo não estivesse aludindo especificamente à lei matrimonial, mencionada nos versículos 2 e 3 como um exemplo e aplicação do princípio geral. A lei compromete um homem enquanto ele vive, e a implicação é que tal domínio legal fica dissolvido quando ele morre.

---
1 Cf. Lightfoot, *Notes, ad loc.*; Meyer, *op. cit., ad loc.*

2,3 — Nestes versículos, encontramos a aplicação deste princípio geral ao caso do matrimônio. Não há razão para imaginarmos que estes versículos sejam mais do que uma declaração daquilo que é verdadeiro no vínculo conjugal entre um homem e sua mulher, sendo bastante arbitrário sujeitá-los a uma interpretação alegórica. No versículo 4, o apóstolo começa a aplicar a analogia do matrimônio à esfera espiritual de nossas relações para com a lei e para com Cristo. Os versículos 2 e 3 são apenas uma ilustração, nada havendo, no próprio texto, que sugira intuito alegórico. Os fatos declarados não precisam ser expostos, porquanto simplesmente afirmam que a esposa está ligada a seu esposo enquanto este vive, pois, se, enquanto ele estiver vivo, ela casar-se com outro, cometerá adultério e será chamada adúltera;[2] porém, ao morrer o seu marido, o casamento com ele fica dissolvido, e ela estará livre para casar-se com outro homem. O argumento principal da ilustração é que a morte do esposo liberta a *mulher* dos laços do casamento. A atenção é focalizada sobre a mulher estando presa e sendo liberta, presa enquanto o seu marido estivera vivo e liberta no evento da morte dele. Nada é dito a respeito do homem ser liberto dos vínculos do matrimônio em face da morte de sua mulher; não porque isto, em si mesmo, não se trate de uma verdade, mas por não ser algo pertinente ao assunto que vinha sendo ilustrado.

4 — Neste versículo, a analogia do relacionamento conjugal é aplicada ao assunto que o apóstolo tinha em mente. A característica severamente restrita da ilustração, como acabamos de observar, tem ocasionado muitas dificuldades para os expositores. Pois, na aplicação, somos (os crentes) apresentados como quem morre com Cristo e, deste modo, somos libertados do vínculo da lei, a fim de sermos unidos a Jesus, como quem ressuscitou dentre os mortos. Parece haver uma inversão na aplicação. O marido, nessa ilustração, tem de corresponder à lei, e a mulher, ao crente, na aplicação. Em outras palavras, estamos casados com a lei, assim como a mulher está ligada pelo matrimônio ao seu marido, e não podemos ser libertos da lei enquanto não ocorrer a morte, à semelhança da esposa, que só fica livre

---

2   Quanto à interpretação desta passagem, no que concerne à questão do divórcio por causa de adultério, ver *Divorce* (Filadélfia, 1953), pp. 78-95, escrito por este autor.

do vínculo matrimonial ante o falecimento de seu esposo. Ora, se esse paralelo fosse levado adiante, esperaríamos que o apóstolo dissesse que a lei morreu e que, através dessa morte da lei, fomos libertos, tal como a mulher, na ilustração. Entretanto, não é isso que Paulo diz. Antes, ele afirma: "Também vós morrestes relativamente à lei". E isto não corresponde aos termos da ilustração; nesta última declaração, Paulo não diz nada sobre a morte da mulher, mas somente a respeito da morte do marido. Como poderíamos explicar essa falha que consiste em não levar avante os termos exatos da analogia.

Tem sido advogado que, embora Paulo não tivesse dito que a lei havia morrido, este é o significado; e a lei é concebida como morta mediante o corpo de Cristo.[3] Segundo esse ponto de vista, não ocorreu qualquer inversão, mas apenas contração do pensamento e da expressão. Contudo, é digno de nota que em trecho algum desta ou da carta aos Gálatas, nas quais ele se mostra intimamente preocupado com a relação entre o crente e a lei, o apóstolo fala da lei como se estivesse morta. Seus termos são expressos no sentido de que "morrestes relativamente à lei" (7.4) e de que, "libertados da lei, estamos mortos para aquilo a que estávamos sujeitos" (7.6). Ele também disse: "Porque eu, mediante a própria lei, morri para a lei, a fim de viver para Deus" (Gl 2.19). Visto que Paulo poderia facilmente ter empregado a outra expressão, isto é, que a lei morrera ou que ela estava morta em relação a nós, somos constrangidos a inferir que sua atitude de evitar tal modo de falar reflete um profundo interesse.[4] Consequentemente, a dificuldade não pode ser resolvida se supusermos que a analogia é levada avante, de modo estrito, no pensamento do versículo 4.

A solução mais convincente pareceria ser que não devemos esperar encontrar no versículo 4 algo que corresponda exatamente à morte do marido, na ilustração dos versículos 2 e 3. O ponto central da ilustração

---

3 Nas palavras de Philippi: "Visto que o σῶμα τοῦ Χριστοῦ deve ser compreendido como θανατωθέν, a lei está, ao mesmo tempo, morta... dificilmente podemos falar em uma inversão da símile" (*op. cit., ad loc.*).
4 Philippi recorre a Efésios 2.15 e Colossenses 2.14 a fim de apoiar a ideia de que a lei está morta; mas isto não é correto. Estas passagens não são realmente correlatas a Romanos 7.4. Além disso, a atitude de Paulo em evitar aqui os termos usados em Efésios 2.15 e Colossenses 2.14 ou termos que teriam sentido similar apenas serve para ressaltar que devemos evitar, neste caso, a noção de que a lei foi morta.

é que somente pela morte do marido uma mulher está liberta da lei do marido. E o ponto principal da aplicação (v. 4) é saber como poderíamos ser libertos da lei. Neste último caso, não poderia haver libertação por um método que segue literalmente o padrão da analogia extraída das relações conjugais. Todavia, há uma morte que aniquila o vínculo tão decisivamente quanto a morte do marido, naquele outro caso. E esta morte é a nossa morte para a lei, na morte de Cristo. Esta é a dissolução definitiva que corresponde à morte do marido na similitude conjugal. Agora já deve ser perfeitamente óbvio por que o apóstolo não pensou ou escreveu em termos de uma analogia literal. Falar da morte da mulher, como algo que dissolveria os laços do casamento, nos versículos 2 e 3, teria interferido radicalmente a analogia, porque, nessa esfera das relações humanas, a mulher, estando morta, não pode casar-se com outro marido; e um novo matrimônio é algo indispensável para a ilustração. A única alternativa, pois, neste caso da união matrimonial, é afirmar a morte do marido. E falar sobre a morte da lei, na aplicação espiritual, introduziria um conceito errôneo. Portanto, podemos tão somente falar da nossa morte em relação à lei. Isto é completamente possível na esfera espiritual, porquanto é isto mesmo que acontece — nós morremos e ressuscitamos com Cristo, uma combinação de eventos irrelevantes para o relacionamento conjugal.

O versículo 4, portanto, é o desdobramento da maneira pela qual a graça, em contraste com a lei, realiza a nossa libertação do domínio do pecado. A lei, conforme vimos (6.14), confirma e sela a nossa escravidão ao pecado. Enquanto a lei nos governa, não há qualquer possibilidade de sermos libertos da escravidão ao pecado. A única alternativa é sermos desobrigados da lei. Isso ocorre em nossa união com Cristo, em sua morte, pois toda a virtude da morte de Cristo, ao satisfazer as reivindicações da lei, torna-se nossa, e somos livres da escravidão e do poder do pecado, ao que estávamos consignados pela lei.

A expressão "vós morrestes relativamente à lei" tem sido interpretada como se significasse a violência perpetrada na morte de Cristo.[5] Seja como for, nossa passividade e a eficácia da ação estão claramente indicadas. O

---

5 Cf. Gifford, *op. cit., ad loc.*

"corpo de Cristo" refere-se à crucificação de nosso Senhor, salientando a natureza concreta daquele evento pelo qual fomos desvinculados da lei. O propósito designado em nossa morte para a lei é: "Para pertencerdes a outro, a saber, aquele que ressuscitou dentre os mortos, a fim de que frutifiquemos para Deus". Ser desvinculado da lei não é uma finalidade em si mesma; mas tem uma finalidade *positiva*. Esta é outra maneira de afirmar o que é reiteradamente observado nesta parte da carta: a união com Cristo, em sua morte, jamais deve ser desligada da união com ele, em sua ressurreição. Aqui, entretanto, a ênfase recai não meramente sobre a união com Cristo em sua ressurreição, mas sobre a união com ele como aquele que ressuscitara dentre os mortos; é a união com ele, portanto, não somente na virtude e no poder daquele acontecimento histórico, mas também a união com ele, agora e para sempre, naquela identidade que lhe pertence na qualidade de Senhor ressurreto. Dificilmente poderíamos suprimir a aplicação, neste ponto, da permanência do vínculo, segundo a analogia do vínculo matrimonial. "Havendo Cristo ressuscitado dentre os mortos, já não morre" (6.9), e essa imortalidade sela a indissolubilidade deste vínculo matrimonial (cf. Ef 5.22-32). O propósito dessa união é frutificarmos para Deus (cf. 6.22), produzindo um fruto que é aceitável a ele e redunda em sua glória; esta é uma consideração que milita contra todo abuso licencioso do ensino de que não estamos debaixo da lei e sim da graça.[6] É possível que a figura do casamento prossiga a partir deste ponto, a fim de que o fruto seja visto como o resultado de um relacionamento sem frustração.[7] Todavia, a continuação dessa figura não é necessária, nem mesmo está claramente evidente.

---

6 "O apóstolo anexou a causa final, para que ninguém se desse à liberdade de satisfazer sua própria carne e suas concupiscências, sob a alegação de que Cristo o libertara da escravidão à lei" (Calvino, *op. cit., ad loc.*).

7 "A opinião de Reiche e Fritzsche, afirmando que καρποφορήσωμεν, interpretado no sentido de *fruto do casamento*, produz uma alegoria imprópria... é insustentável, pois a união com Cristo, se considerada como um casamento, também deve ser concebida, de acordo com o desígnio moral, como um *casamento frutífero*" (Meyer, *op. cit., ad loc.*). Talvez a observação de Ligthfoot seja mais segura: "Dificilmente isto parece ser a continuação da mesma metáfora, 'produzir fruto'. Doutro modo, teria sido preferível uma palavra mais definida" (*Notes, ad loc.*). A ideia de frutificação, em 6.22 e novamente no versículo 5, não sugere a metáfora específica que se aplica ao matrimônio. No entanto, Meyer certamente está com a razão ao opor-se à sugestão de que esta noção seria uma metáfora *imprópria*.

7.5,6

5 *Porque, quando vivíamos segundo a carne, as paixões pecaminosas postas em realce pela lei operavam em nossos membros, a fim de frutificarem para a morte.*

6 *Agora, porém, libertados da lei, estamos mortos para aquilo a que estávamos sujeitos, de modo que servimos em novidade de espírito e não na caducidade da letra.*

Os versículos 5 e 6 constituem um óbvio contraste, pois um descreve o estado passado, cujo fruto era a morte, e o outro, o estado transformado resultante do fato de havermos sido desobrigados da lei.

5 — "Quando vivíamos segundo a carne." Com a possível exceção de 6.19, onde pode haver alguma ponderação acerca da "carne", conforme o termo é utilizado aqui, esta é a primeira ocasião nesta carta em que a palavra "carne" é usada em seu sentido depreciativo inteiramente ético, um sentido que aparece mais adiante nesta epístola e, com frequência, em outras cartas de Paulo. É muito importante que seu significado seja determinado desde o início. "Carne", neste sentido ético e depreciativo, indica "a natureza humana controlada e dirigida pelo pecado". Isto não significa que a palavra "carne", por si mesma, denote o que é mau ou possui uma conotação de ruindade. Com frequência, é um termo usado sem qualquer ideia ou associação pejorativa (cf. Jo 1.14; 6.51,53; At 2.26; Rm 1.3; 9.3,5; Ef 2.15; 5.29; 6.5; Cl 1.22; 2.1,5; 1 Tm 3.16; Hb 5.7; 10.20; 12.9; 1 Pe 3.18; 1 Jo 4.2). A frequência com que nosso Senhor usou este vocábulo é suficiente para mostrar que "carne" não tem um significado intrinsecamente mau. Também não devemos supor que este vocábulo, quando entendido como algo pecaminoso, deriva tal caráter de sua natureza física. O pecado não se origina de nosso ser corporal ou físico; e a palavra carne, quando usada apenas para indicar a parte física do homem, em contraste com a psíquica, não tem qualquer significação má. Somente quando empregado em sentido ético, o vocábulo "carne" assume esta qualidade pecaminosa. Com este sentido, o termo é usado frequentemente, sobretudo nos escritos de Paulo (8.4-9,12,13; 13.14; 1 Co 5.5; 2 Co 10.2;

Gl 5.13,17,19,24; 6.8; Ef 2.3; Cl 2.11,18,23; 2 Pe 2.10,18; Jd 23). "Carne", quando usado neste sentido, não tem boas associações, nem mesmo neutras; antes, indica uma maldade não-qualificada. Portanto, quando Paulo falou a respeito de termos vivido segundo a carne, ele se referiu àquela época quando o pecado exercia seu domínio, e isto equivale a dizer: "Quando estávamos no pecado".

"As paixões do pecado", traduzida por "paixões pecaminosas", em nossa versão, geralmente são interpretadas como as paixões que nos impelem ao pecado e se expressam por meio de atos pecaminosos.[8] Não há uma boa razão por que estas palavras não sejam interpretadas como "as paixões pecaminosas" (cf. 6.6; Cl 2.11).[9] Paulo afirma que estas paixões pecaminosas manifestavam-se através da lei. Isto é esclarecido nos versículos 8, 11 e 13. A cláusula "postas em realce pela lei" não é restritiva, como se o apóstolo estivesse fazendo distinção entre as paixões pecaminosas que eram postas em realce pela lei e as que não eram. Essas paixões pecaminosas operavam em nossos membros, produzindo fruto para a morte. Isso está em contraste com o frutificar para Deus (v.4). A morte é personificada e vista como um senhor para quem produzimos fruto, ou seja, a quem prestamos serviço. E a morte deve ser entendida como ela é apresentada em Romanos 6. 21,23.

6 — "Agora, porém (em contraste com 'quando vivíamos segundo a carne'), libertados da lei, estamos mortos para aquilo a que estávamos sujeitos."[10] A última cláusula define o modo como fomos desobrigados da lei — por havermos morrido para a lei. Essa morte para a lei fora realizada pela morte de Cristo e por nossa união com ele, em sua morte, conforme é explicitamente declarado no versículo 4. A última parte do versículo 6 traduzida como "de modo que servimos..." expressa alguma ambiguidade e poderia ser entendida no sentido de propósito ou alvo. Mas o texto grego

---

8   Cf. Meyer, Philippi, Gifford e outros, *ad. loc.*
9   Somente aqui e em Gálatas 5.24, πάθημα ocorre neste sentido. Em outros trechos, πάθημα alude a aflições ou sofrimentos (cf. 8.18).
10 ἀποθανόντες, sem dúvida, é a forma correta. ἀποθανόντος não tem o apoio dos manuscritos. τοῦ θανάτου, em vez de ἀποθανόντες, embora transmita bom sentido, não pode ser aceita em face das evidências externas que apoiam ἀποθανόντες.

implica em resultado. Portanto, o pensamento é que morremos para aquilo a que estávamos presos, resultando em que agora servimos em novidade de espírito.[11]

As palavras "novidade de espírito", em contraste com a "caducidade da letra", não formam o mesmo tipo de contraste que geralmente traçamos entre as expressões "a letra" e "o espírito", quando distinguimos entre a letra e o espírito da lei. Tampouco é um contraste entre o sentido "literal" e o "espiritual". "Novidade de espírito" refere-se ao Espírito Santo, e a novidade é aquela realizada por ele. Gramaticalmente, pode ser a novidade que consiste no Espírito Santo. A "caducidade da letra" é uma menção à lei, sendo esta chamada de "letra" por ter sido colocada em forma escrita. Tal forma escrita poderia ser uma alusão às duas tábuas de pedras sobre as quais foram escritos os Dez Mandamentos ou, então, ao fato de que a lei está contida nas Escrituras. A lei como algo escrito é caracterizada como caducidade. Isto é evidente não somente do contexto onde o apóstolo vinha abordando a incapacidade da lei em livrar do pecado e a confirmação que a lei acrescenta à nossa servidão, mas também de 2 Coríntios 3.6, passagem correlata a esta. Neste versículo, o contraste entre a letra e o Espírito significa o contraste entre a lei e o evangelho. E, ao dizer que "a letra mata, mas o espírito vivifica", Paulo demonstra que a letra refere-se àquilo que foi gravado em tábuas de pedra, a lei entregue a Moisés, e que o Espírito é o do Senhor (v. 17). Por conseguinte, o pensamento é que, tendo morrido para a lei e, deste modo, estando desobrigados dela, os crentes não mais servem como escravos, de acordo com as ministrações da lei, mas servem de acordo com a nova liberdade cujo autor é o Espírito Santo (Gl 3.3).[12]

---

11 Sanday e Headlam insistem em que há uma verdadeira distinção entre ὥστε com o infinitivo e ὥστε com o indicativo; esta última forma declara o "resultado definido que *realmente* ocorre" (*op. cit. ad loc.*). A outra, com o infinitivo, indica o "resultado contemplado que deve seguir o curso natural dos acontecimentos" (*op. cit. ad loc.*) Porém, de modo algum é evidente que ὥστε com o infinitivo, neste caso, pode significar algo menos que um resultado real e seguro. As cláusulas anteriores transmitiriam este sentido, e, conforme Gifford observa, a cláusula em foco tem a mesma força que as cláusulas correspondentes em 6.22, particularmente "tendes o vosso fruto para a santificação".

12 Cf. Romanos 2.29, onde ocorre o mesmo contraste entre γράμμα e πνεῦμα. Os genitivos πνεύματος e γράμματος podem ser considerados genitivos de aposição, indicando em que consiste a novidade e a caducidade (cf. Sanday e Headlam, *op. cit., ad loc.*), ou podem ser entendidos como genitivos de origem.

Capítulo XI
A Experiência Transicional
(7.7-13)

7.7-13

7   Que diremos, pois? É a lei pecado? De modo nenhum! Mas eu não teria conhecido o pecado, senão por intermédio da lei; pois não teria eu conhecido a cobiça, se a lei não dissera: Não cobiçarás.

8   Mas o pecado, tomando ocasião pelo mandamento, despertou em mim toda sorte de concupiscência; porque, sem lei, está morto o pecado.

9   Outrora, sem a lei, eu vivia; mas, sobrevindo o preceito, reviveu o pecado, e eu morri.

10   E o mandamento que me fora para a vida, verifiquei que este mesmo se me tornou para a morte.

11   Porque o pecado, prevalecendo-se do mandamento, pelo mesmo mandamento, me enganou e me matou.

12   Por conseguinte, a lei é santa; e o mandamento, santo, e justo, e bom.

13   Acaso o bom se me tornou em morte? De modo nenhum! Pelo contrário, o pecado, para revelar-se como pecado, por meio de uma coisa boa, causou-me a morte, a fim de que, pelo mandamento, se mostrasse sobremaneira maligno.

7 — A constante polêmica do apóstolo, em 6.14 e 7.1-6, sobre a incapacidade da lei em livrar do pecado, sobre o agravamento e a confirmação que a lei acrescenta à nossa servidão ao pecado, sobre a antítese entre a lei e a graça e o preâmbulo acerca da graça, assegurando-nos que o pecado não terá domínio sobre nós, poderiam implicar na depreciação da lei, como se esta, em si mesma, fosse má. Este é o motivo das indagações do versículo 7: "Que diremos, pois? É a lei pecado?" A resposta, "De modo nenhum", é a negativa usual que expressa o repúdio à sugestão contida nas perguntas. Nos versículos seguintes, o apóstolo nos fornece uma avaliação da lei e uma análise de suas funções. Ele faz isso mostrando-nos sua própria experiência. Que fase de sua experiência foi aqui delineada é algo que será discutido com maior proveito no final desta seção.

"É a lei pecado?" O vocábulo "pecado", nesta pergunta, pode ser mais naturalmente interpretado com o sentido de "pecaminosa". Esta forma apenas intensifica o pensamento (cf. 2 Co 5.21), tornando a pergunta equivalente a: "A lei é inteiramente má?" Nas palavras de E. H. Gifford: "O pecado, do qual a lei é o motivo, faz parte integrante da própria natureza da lei?" (*ad loc.*)

Nossa versão traduz assim a segunda parte do versículo 7: "Mas eu não teria conhecido o pecado, senão por intermédio da lei". Esta tradução está alicerçada sobre a interpretação de que esta parte do versículo é restritiva, "minimizando a inteireza da negação envolvida na pergunta".[1] A objeção a este ponto de vista é que ele não concorda com as demais passagens intimamente correlatas a esta construção gramatical (3.31; 7.13; 11.11).[2] Portanto, o pensamento é: "Pelo contrário, eu não teria conhecido o pecado", etc. E as palavras "eu não teria conhecido o pecado" poderiam ser traduzidas com maior exatidão por: "Eu não vim a conhecer o pecado". Paulo aqui estava aludindo ao princípio de que "pela lei vem o pleno conhecimento do pecado" (3.20), que podia ser averiguado em sua própria experiência. E o conhecimento não era apenas teórico acerca da natureza e da realidade do pecado;

---

1 Denney, *op. cit., ad loc.*
2 "À falsa noção que acabara de rejeitar, Paulo opunha agora sua própria experiência quanto ao efeito real da lei, o qual consiste em desmascarar o pecado e sua verdadeira natureza... Comparar 3.31; 7.13 e 9.11; em todas estas passagens, assim como neste versículo, ἀλλά introduz a noção contrária àquilo que é rejeitado nas palavras μὴ γένοιτο" (Gifford, *op. cit., ad loc.*).

era a convicção experimental e prática de que ele mesmo era um pecador. A lei o convencera de seu próprio pecado e pecaminosidade.

"Pois não teria eu conhecido a cobiça, se a lei não dissera: Não cobiçarás." A maneira pela qual esta afirmação é vinculada às antecedentes indica que, na experiência do apóstolo, foi assim que a lei chegou a impressioná-lo, desmascarando a sua pecaminosidade. A lei é particularizada em mandamentos, e suas operações convencedoras, em nossa consciência, concentram-se sobre o desmascaramento de aspectos particulares de nossa pecaminosidade, por meio daqueles mandamentos contra os quais estes aspectos do pecado se voltam. A convicção foi despertada pela primeira vez, no coração do apóstolo, através da agência do décimo mandamento. Aparentemente, a cobiça era o último pecado que ele suspeitara existir em si mesmo; mas foi logo o primeiro a ser desmascarado. A atitude de Paulo em recorrer ao décimo mandamento do Decálogo mostra-nos o que ele pretendia comunicar por "a lei", nesse contexto. É a lei exemplificada pelo décimo mandamento. Estes são os preceitos através dos quais, acima de tudo, vem o conhecimento do pecado.

8 — Neste versículo, encontramos a descrição do processo pelo qual o apóstolo chegara ao conhecimento de que a concupiscência da cobiça operava em seu próprio coração. É difícil verificar se as palavras "tomando ocasião" são melhor ou pior tradução do que "achando ocasião". Achar ocasião indica a existência de uma situação na qual o pecado tira vantagem; e a outra expressão indica uma agência mais ativa por parte do pecado. É mais provável que esta última ideia seja preferível, porquanto nesta passagem o pecado é apresentado como um princípio ativo, e a ideia de tirar vantagem da oportunidade está em consonância com o caráter retratado. "Pelo mandamento" deve ser entendido juntamente com "despertou" (cf. v. 13, onde se lê que o pecado opera a morte *por meio de uma coisa boa*, ou seja, a lei ou o mandamento).[3] O pecado, utilizando-se desse instrumento, despertou "toda sorte de concupiscência". A última cláusula do versículo 8 — "Porque, sem lei, está morto o pecado" — esclarece e valida o que a antecede. No grego, não

---

3 Cf. Alford, *op. cit., ad loc.*

existe o verbo nesta cláusula. Os tradutores inseriram a forma verbal "está", construindo a sentença como se Paulo estivesse enunciando um princípio geral. É motivo de disputas se essa tradução é conveniente. Parece que a forma verbal a ser inserida deveria ter sido "estava". Paulo descrevia a sua própria experiência, que, na verdade, era representativa; e, quanto a isso, a cláusula em foco declara aquilo que é característica peculiar da experiência que o apóstolo descreve e analisa nesse contexto. Não devemos supor, entretanto, que o apóstolo estivesse abordando aqui o princípio, declarado em outras passagens, de que, "onde não há lei, também não há transgressão" (4.15; cf. 5.13; 1 Co 15.56). Aqui, no versículo 8, Paulo não falava da inexistência do pecado, e sim da sua existência, embora ainda estivesse morto. E o apóstolo se referia à inércia e inatividade do pecado, em seu estado de morto, em contraste com o ressurgimento do pecado, ao que ele se referirá logo adiante. Por conseguinte, "sem lei, estava morto o pecado" é a tradução preferível e deve ser interpretada como aquilo que verdadeiramente ocorre na esfera do psicológico e do consciente.[4] Agora estamos em condição de compreender todo o versículo. Antes do processo aqui delineado, o princípio pecaminoso achava-se inativo no apóstolo. Então, o mandamento "Não cobiçarás" entrou em seu consciente, vindo com poder e autoridade. Assim, o pecado foi despertado e entrou em atividade. Não mais estava morto; e aproveitou a oportunidade para despertar em Paulo toda espécie de cobiça pecaminosa. O pecado fez isso através do mandamento; o princípio pecaminoso foi despertado na forma de todo desejo contrário ao mandamento, por intermédio do próprio mandamento. Adiante o apóstolo nos fornece uma análise e descrição mais ampla deste processo.

9 — Este versículo é uma descrição do que aconteceu na transição referida no versículo 8. Quando o apóstolo disse: "Sem a lei, eu vivia", a palavra "vivia" não pode ter o sentido de vida eterna ou de vida para Deus. Paulo falava sobre a vida baseada na justiça própria, sem perturbações e autocomplacente, que ele levava, antes de agirem sobre ele as comoções turbulentas e a convicção de pecado descritas nos versículos anteriores. Não somos

---

[4] Cf. Hodge, *op. cit.*, *ad loc.*

capazes de determinar o tempo, na vida de Paulo, em que o mandamento começou a despertar nele as paixões pecaminosas (v.5). Todavia, não há qualquer necessidade ou base para restringirmos a expressão "sem a lei, eu vivia" aos anos de sua infância (cf. Fp 3.4-6).[5] "Mas, sobrevindo o preceito, reviveu o pecado, e eu morri." O preceito é aquele mencionado no versículo 7: "Não cobiçarás". O sobrevir do preceito sem dúvida ocorreu quando o mandamento foi inculcado e gravado na consciência do apóstolo, do que o pecado se aproveitou para operar nele todo tipo de lascívia cobiçosa. E isto foi o ressurgimento do pecado. "Eu morri" é colocado em contraste com "sem lei, eu vivia"; por isso, deve ser interpretado como a morte da complacente auto-segurança e tranquilidade demonstradas pelo vocábulo "vivia". A partir de então, Paulo não teve mais descanso em sua autocomplacência. Esta morte não pode ser equiparada com o morrer para o pecado, mediante a união com Cristo, em sua morte (6.2); por duas razões: (1) a morte referida no versículo 9 é uma morte realizada pela instrumentalidade da lei, o preceito. O mesmo não acontece em relação *à morte para o pecado*; esta vem através do evangelho e da união com Cristo. (2) Não é a *morte para o pecado* que o apóstolo tinha em vista neste versículo, e sim o ressurgimento do pecado, o despertamento da depravação inerente para uma atividade franca e mais perniciosa. "Reviveu o pecado" é o contrário de "morrestes relativamente à lei".

10 — Neste versículo, é necessário preservar a tradução mais literal: "E o mandamento que fora para a vida, verifiquei que este mesmo me fora para a morte". A alusão é ao propósito original da lei. O propósito da lei, no estado original do homem, não foi o de dar ocasião ao pecado, e sim o de dirigir e orientar a vida do indivíduo na vereda da justiça e, por conseguinte, resguardar e promover a vida. Entretanto, por causa da entrada do pecado, esta mesma lei promove a morte, porquanto fornece ocasião para o pecado. E o salário do pecado é a morte. Quanto mais a lei ficar gravada em nosso consciente, tanto mais o pecado é despertado à ação, porque a lei, por si mesma, não pode exercer qualquer efeito restringente ou reme-

---

5 "Paulo se referia à *vida liberta da morte* (v.10), *semelhante à inocência de uma criança...* refletindo a condição de nossos primeiros pais, no paraíso" (Meyer, *op. cit., ad loc.*).

diador. O fato de que a lei foi "verificada" ser algo que conduzia à morte reflete a tragédia da própria experiência de Paulo e o desapontamento, a desilusão, que o abateu.

11 — Este versículo leva, uma vez mais, à noção de que o pecado se aproveita da ocasião. Nesta instância, porém, a ação do pecado é categorizada como decepção, em distinção a "despertou... toda sorte de concupiscência" (v. 8). Esta decepção consistia no fato de que, embora o preceito visasse original e intrinsecamente à vida, o apóstolo concebera sua eficácia de acordo com isso, esperando que o preceito produzisse tal resultado. Ao invés disso, entretanto, o preceito tornou-se oportunidade para o resultado oposto. Quanto mais conhecedor Paulo se tornava das exigências do preceito, tanto mais dependia deste como o caminho da vida, e tanto mais contrário a isso era o fruto produzido. Nisto consistia a decepção — o preceito produzia o contrário daquilo que o apóstolo havia antecipado.[6] Entretanto, o pecado é o verdadeiro perpetrador desta decepção, e a lei é tão somente o seu instrumento. E, visto que o pecado o enganou, também o "matou". Esse ato de matar, embora visto aqui como atuação do pecado através do preceito e, portanto, a ação a que o apóstolo estivera sujeito, possui o mesmo significado, quanto ao resultado, das palavras "eu morri" (v. 9).

12 — "Por conseguinte, a lei é santa." As palavras "por conseguinte" introduzem uma conclusão baseada naquilo que antecede. Poderíamos esperar a afirmação "não obstante, a lei é santa", em face da função realizada pela lei, como a causa provocadora do pecado. Ao invés disso, porém, encontramos uma dedução extraída dos versículos 7 a 11, no sentido de que a lei é santa. Qual é o fundamento desta inferência? Com certeza é o fato de que a lei, intrínseca e originalmente, visava à vida e, portanto, tinha por alvo

---

6 "Paulo esperava a vida e achou a morte. Esperava a felicidade, encontrou a miséria; procurou por santidade, achou maior corrupção. Imaginava que, pela lei, poderia obter todos esses resultados desejáveis, mas a atuação da lei produziu um efeito diametralmente oposto. Portanto, o pecado enganou-o por intermédio do mandamento e, por meio deste, o matou, ao invés de ser para ele a fonte da santidade e da bem-aventurança" (Hodge, *op. cit., ad loc.*).

a promoção daquilo que é santo, justo e bom. Mas ela se tornou ocasião de pecado somente por causa da contradição inerente ao pecado, tanto com um princípio quanto como incitador da ação humana. A lei por si mesma não é pecaminosa (v.7).

"A lei é santa; e o mandamento, santo, e justo, e bom." A própria lei, em suas estipulações concretas, é santa. O "mandamento", sem dúvida, reflete especificamente aquilo que é mencionado no versículo 7: "Não cobiçarás". Mas a proposição de ser santo, justo e bom se aplica a todo e qualquer mandamento da lei. Na qualidade de santa, justa e boa, a lei reflete o caráter de Deus, sendo a cópia de suas perfeições. Ela traz as impressões de seu autor. Isto, conforme veremos, é dito expressamente por meio de palavras diferentes no versículo 14. Na qualidade de "santo", o mandamento reflete a transcendência e a pureza de Deus, exigindo de nós consagração e pureza correspondentes. Na qualidade de "justo", o mandamento reflete a equidade de Deus e requer de nós, em suas exigências e sanções, nada além daquilo que é equitativo. E, na qualidade de "bom", o mandamento promove o mais elevado bem-estar do homem, expressando, deste modo, a bondade de Deus.

13-14a — Assim como a pergunta do versículo 7 foi provocada pela consideração de que as paixões pecaminosas operam por meio da lei (v.5), assim também a pergunta do versículo 13 ("Acaso o bom se me tornou em morte?") torna-se necessária por causa do que o apóstolo acabara de dizer, ou seja, ele verificou que o preceito tornara-se para a morte (v.10; cf. v. 11). A resposta é a sua vigorosa negativa: "De modo nenhum". Pelo contrário, ele imediatamente acrescentou: é o *pecado* que produz morte. Acerca da parte final do versículo 13, "pelo contrário, o pecado, para revelar-se como pecado...", devemos fazer as seguintes observações: (1) o pecado produziu a morte através daquilo que é bom, isto é, através do mandamento. Isto reitera o que já fora dito em termos diferentes no versículo 11. Entretanto, a continuação de tal pensamento, nesta altura, tem o propósito de mostrar o objetivo promovido. (2) Esse objetivo é que o pecado se mostrasse como pecado, para que seu verdadeiro caráter fosse desvendado. Seu verdadeiro caráter de pecado é desmascarado pelo fato de provocar a morte *por meio de uma coisa boa*; a perversidade do pecado fica demonstrada, porque transforma em instrumento de morte aquilo que é santo, justo e bom, aquilo que fora estabelecido para transmitir vida. (3) A iniquidade do pecado é revelada não apenas por usar aquilo que é bom, transformando-o em instrumento de morte; o pecado, por essa mesma razão, é agravado em sua intensidade — "a fim de que, pelo mandamento, se mostrasse sobremaneira maligno". Isto não é apenas a *demonstração* da excessiva pecaminosidade do pecado. O abuso contra o mandamento agrava, além de toda medida, a seriedade do próprio pecado, e, nas palavras de Meyer, este versículo enfatiza "o efeito trágico e solenemente doloroso" (*ad loc.*). E tudo isto foi aduzido pelo apóstolo a fim de vindicar a lei como santa, justa e boa e de refutar qualquer ideia pervertida no sentido de que a lei era ministradora de pecado ou de morte. O que vindica a lei como santa é a perversidade do pecado, como contradição da lei e como um elemento que a utiliza para agravar essa contradição.

A lei desmascara o pecado e dele nos convence. A lei torna-se motivo de pecado, porque a nossa depravação é por ela despertada à atividade. A lei agrava o pecado — é o instrumento por meio do qual o pecado se expressa. Mas a lei, em si mesma, não é pecaminosa.

A parte inicial do versículo 14 confirma essa vindicação, sendo também um apelo ao conhecimento de que a "lei é espiritual". O adjetivo "espiritual" não se deriva da ideia de espírito humano. Não significa que a lei tem relevância ou afinidade com o espírito humano, em distinção ao corpo humano. A ênfase dada pelo apóstolo ao corpo humano, nestes capítulos, é suficiente para refutar qualquer noção dessa natureza. Se o corpo é pecaminoso (6.6) e está sujeito às influências renovadoras da graça (6.12,13,19), a lei, na qualidade de santa, justa e boa, deve ter relevância para o corpo, assim como para o espírito. A maneira de Paulo utilizar o vocábulo "espiritual" mostra que este se deriva da ideia de Espírito Santo. "Palavras espirituais" (1 Co 2.13) são palavras ensinadas pelo Espírito. O "homem espiritual" (1 Co 2.15) é o homem em quem habita o Espírito Santo, sendo controlado por ele. "Cânticos espirituais" (Ef 5.19; Cl 3.16) são cânticos compostos pelo Espírito Santo. "Entendimento espiritual"

(Cl 1.9) é o entendimento proporcionado pelo Espírito Santo (cf. também Rm 1.11; 1 Co 3.1; 10.3, 4; 12.1; 15.44, 46; 1 Pe 2.5). Por conseguinte, a declaração "a lei é espiritual" refere-se ao caráter e a origem divina da lei. E, visto que esta é espiritual, possui aquelas qualidades divinas — santa, justa e boa.

Nos versículos 7 a 13, o apóstolo nos havia delineado certa fase de sua experiência. Uma vez que a sua experiência, assim retratada, refletia a sua própria pecaminosidade, bem como as operações e efeitos da lei de Deus registrados em sua consciência, Paulo estava cônscio de que sua experiência não podia ser singular. Outros homens eram, por igual modo, pecaminosos, e a lei de Deus por certo evoca e ocasiona experiências idênticas em corações alheios. Portanto, o apóstolo escrevia deste modo para mostrar o que deve ocorrer na experiência de outras pessoas. E o seu principal interesse, sem dúvida, não era redigir um capítulo sobre biografia humana, e sim demonstrar as relações entre a lei de Deus e o nosso pecado. E, se, por um lado, Paulo demonstrava a incapacidade da lei em livrar-nos do pecado, por outro lado, de maneira particular, ele vindicava a lei, exonerando-a de qualquer suspeita de ser autora do pecado. Mas a questão permanece: qual fase da experiência de Paulo é aqui retratada? Trata-se de sua experiência como homem regenerado, ou não? É evidente que não se trata de sua experiência como homem não-regenerado, em estado de autocomplacência e torpor espiritual. Ele fora convencido de pecado (v.7) e não mais vivia, conforme o sentido do versículo 9. O preceito viera e despertara a cobiça pecaminosa em seu coração. Mas seria ele um homem regenerado? Não há qualquer indicação, nesta passagem, de que a experiência em foco era de alguém que morrera para o pecado por intermédio do corpo de Cristo. Talvez o fato mais conclusivo de todos, em favor desta opinião, seja que as paixões do pecado, postas em realce pela lei, aludidas no versículo 5, são precisamente as paixões descritas nesta passagem — "o pecado, tomando ocasião pelo mandamento, despertou em mim toda sorte de concupiscência" (v.8). Entretanto, no versículo 5, esse estado é determinado como o tempo "quando vivíamos segundo a carne", e isso representa nada menos que o estado de pré-regeneração. Devemos concluir, portanto, que esta passagem bíblica relata uma experiência do estado de pré-regeneração. Todavia, não está em foco a época de autocomplacência característica do estado de pré-regeneração, e sim a experiência do apóstolo depois que fora despertado de seu torpor espiritual e acordado para o senso de seu pecado. Paulo refere-se àquela fase preparatória e transicional de sua peregrinação espiritual, quando, abalado pela convicção ministrada pela lei de Deus, a calma imperturbável e a auto-estima não mais caracterizavam seu estado mental.

CAPÍTULO XII
A Contradição no Crente
(7.14-25)

A questão principal, na interpretação dos versículos 14 a 25, tem provocado profundas diferenças de opinião, na história da hermenêutica bíblica. Paulo continua delineando para nós sua experiência de pré-regeneração, assim como ele havia feito nos versículos 7 a 13? Ou o tempo presente, no versículo 14, indica que ele fizera uma transição para descrever sua atual experiência, no estado de graça? Há características que parecem incompatíveis com esta última alternativa; e tais características, para muitos intérpretes, parecem solucionar a questão, superando qualquer disputa razoável em favor da ideia de que não há qualquer transição de uma para a outra fase da experiência do apóstolo, mas que os versículos 7 a 25, neste sentido, constituem uma unidade. O principal apoio para este ponto de vista, e o principal obstáculo para a outra opinião, é a força das expressões usadas por Paulo para descrever a si mesmo. "Eu, todavia, sou carnal." Isto significa que ele era o contrário de um homem "espiritual" e, portanto, ainda estava na "carne" (v.5), debaixo do domínio do pecado? "Vendido à escravidão do pecado" não seriam palavras dotadas de sentido idêntico a ser escravo do pecado e estar sob seu domínio, sendo o contrário de estar debaixo da graça (cf. 6.14)? Ou, quando ele disse: "Pois o querer o bem está em mim; não, porém, o efetuá-lo" (v.18), haveríamos de supor que o indivíduo sobre quem operam os poderes da graça está destituído das boas obras que são fruto do Espírito? Além disso, por certo a lamentação que encontramos no versículo 24: "Desventurado homem que sou!", está longe de refletir o estado mental de alguém que entrou na alegria e na liberdade do evangelho (cf. 7.6). Ainda, a relação para com a lei de Deus, subentendida aqui (cf. vv.21-23), dificilmente pareceria ser diferente daquilo que se lê nos versículos 7 a 13. Não nos deveria surpreender, pois, que com base nestas considerações, além de outras, alguns notáveis expositores tenham insistido em que o Paulo de Romanos 7.14-25 é o mesmo de Romanos 7.7-13, alguém diferente do Paulo exultante e triunfante do capítulo 8 desta epístola.¹

Por outro lado, há considerações que, em minha opinião, favorecem decisivamente a ideia de que no versículo 14 há uma transição² ou, pelo menos, no versículo 15.³ É desapontador que alguns dos mais

---

1   Os Pais gregos geralmente adotavam esta posição. Quanto a uma breve pesquisa sobre a história da interpretação desta passagem e um perscrutador exame do ponto de vista, proposto por W. Kümmel, R. Bultmann e P. Althaus, afirmando que Paulo, nesse texto, discursava sobre o homem não-regenerado, debaixo da lei, cf. Anders Nygren, *op. cit.*, pp. 284-296. Nygren sujeitou essa interpretação à crítica mais eficaz. Entretanto, no meu parecer, há mais discordância interna no delineamento apresentado em Romanos 7.14-25 do que Nygren reconheceu.

Existem intérpretes que assumem a posição de que Paulo não estava oferecendo aqui uma descrição da vida cristã normal, e sim do que acontece a qualquer homem, regenerado ou não, que depende da lei e de seus próprios esforços e que é sempre derrotado pelo poder do pecado que nele habita. "Isto acontece a qualquer homem que tenta tal experiência, seja ele regenerado ou não. As experiências descritas certamente não são peculiares à vida cristã, de conformidade com o que esta deve ser, ou seja, a vida cristã normal retratada em 6.17,18; 7.4,6; 8.1,2 e 1 Pedro 1.8,9" (W. H. Griffith Thomas, *St. Paul's Epistle to the Romans*, Grand Rapids, 1946, p. 191).

2   A opinião de que a passagem refere-se ao homem regenerado e ao conflito que se dá na vida cristã foi elaborada por Agostinho e, em grande parte, adotada pela igreja ocidental. Porém, alguns dos mais hábeis comentadores, em tempos mais recentes, têm abandonado o que poderíamos chamar de interpretação agostiniana (por exemplo, Bengel, Meyer, Godet, Moses Stuart, Sanday e Headlam e Denney).

3   Calvino pensa que a transição ocorre no versículo 15, pois daí por diante Paulo trata do homem já regenerado. Se adotarmos essa opinião desaparecem as dificuldades quanto a aplicarmos as expressões "carnal" e "vendido à escravidão do pecado" ao indivíduo regenerado. Conforme será demonstrado, não há necessidade de considerar intransponíveis essas dificuldades, e o versículo 14b pode ser facilmente ligado ao versículo 15, como descritivo do mesmo estado.

recentes expositores tenham abordado estas considerações tão inadequadamente.[4] (1) Paulo declarou: "Porque, no tocante ao homem interior, tenho prazer na lei de Deus" (7.22). Nossa preocupação não é determinar agora o que ele quis dizer com "homem interior". Sem importar qual seja o seu significado exato, deve se referir àquilo que era mais determinante em sua personalidade. Em seu interior, naquilo que era central em sua vontade e em seus afetos, ele se deleitava na lei de Deus. Isto não pode ser dito a respeito do homem não-regenerado, o qual continua debaixo da lei e está na carne. Afirmá-lo seria totalmente contrário ao ensino de Paulo. Ele disse: "O pendor da carne é inimizade contra Deus, pois não está sujeito à lei de Deus, nem mesmo pode estar" (8.7). O pendor da carne é a maneira de pensar daqueles que estão "na carne" (8.8). Nada poderia ser mais forte do que dizer que a maneira de pensar do homem é "inimizade" contra Deus e, por implicação, contra a lei de Deus; e a inimizade é o contrário de prazer na lei. Portanto, o Paulo de Romanos 7.22 não estava "na carne", e a sua mente não era dominada pelo "pendor da carne"; antes, sua mente estava dominada pelas coisas do Espírito (8.6).

(2) Quanto ao significado, o versículo 22 é similar ao versículo 25: "De maneira que eu, de mim mesmo, com a mente, sou escravo da lei de Deus". Isto aponta para o serviço que implica em sujeição do coração e da vontade, algo impossível para o homem não-regenerado. Este não está sujeito à lei de Deus, nem mesmo pode estar, porquanto está "na carne", se inclina "para a carne" e tem o "pendor da carne" (8.5-8). (3) A pessoa retratada em Romanos 7.14-25 é alguém cuja vontade se volta para aquilo que é bom (vv.15,18,19,21), e o mal que ele comete é uma violação daquilo que ele quer e prefere (vv.16,19,20). Isto significa, sem dúvida, que sua vontade mais característica, a propensão e o pendor mais peculiares de sua vontade, é o bem. O homem de Romanos 7.14-25 faz coisas más, no entanto, abomina-as, pois elas violam o pendor

---

4   Um dos estudos mais perspicazes e completos sobre esta questão e sobre as considerações em apoio à ideia de que Paulo descrevia sua experiência em um estado de graça é o de James Fraser — *A Treatise on Santification*, Londres, 1898, pp. 254-356. Cf. também Philippi, *op. cit., ad loc.*; Hodge, *op. cit.*, p. 239-245; Calvino, *op. cit., ad* 7.15-25.

predominante de sua vontade, que se inclina para o bem. O homem não-regenerado aborrece o bem; e o homem de Romanos 7.14-25 odeia o mal. (4) A tensão que transparece em Romanos 7.14-25, entre aquilo em que Paulo se deleitava, amava, aprovava e queria e aquilo que ele era e fazia, em contravenção, é algo inevitável na pessoa regenerada, enquanto nela permanecer o pecado. Estas duas propensões existentes no homem regenerado — da justiça, por um lado, e do pecado, por outro — são contraditórias, e quanto mais sensível ele se mostrar em relação às exigências da santidade, mais sensível também será para com aquele padrão que caracteriza seu próprio "eu", e mais se refletirá em sua consciência a contradição que permanece nele. E, quanto mais santificado ele se tornar, mais dolorosa será, em sua própria pessoa, a presença daquilo que contradiz os perfeitos padrões da santidade. A lamentação "Desventurado homem que sou!" é a honesta expressão desta dolorosa experiência de conflito e contradição íntimos. Esta lamentação é sinal de sinceridade e prova de sensibilidade. Uma vez que admitamos o fato de que o pecado permanece no crente, torna-se inevitável a tensão retratada em Romanos 7.14-25; e não faz parte do caminho da verdade ignorar esta tensão. (5) Não devemos supor que Romanos 7.14-25 seja destituído da nota triunfante que se mostra tão evidente no capítulo 8. "Graças a Deus por Jesus Cristo, nosso Senhor" (v.25) — esta é a resposta de Paulo à lamentação expressa no versículo 24. Não é uma resposta derrotista; é a resposta caracterizada por confiança e esperança firmes. Transpira a mesma nota triunfante de 1 Coríntios 15.57: "Graças a Deus, que nos dá a vitória por intermédio de nosso Senhor Jesus Cristo". A ação de graças do versículo 25 não é a linguagem do homem não-regenerado sob a servidão ao pecado. E a conclusão do versículo 25 se mantém na mais íntima conexão lógica com a fé e a segurança exultantes manifestadas na ação de graças inicial.

Por estes motivos, somos compelidos a concluir que Romanos 7.14-25 delineia a experiência de Paulo no estado de graça. Esta conclusão afetará, necessariamente, a interpretação dos detalhes desta passagem.

7.14-20

14 *Porque bem sabemos que a lei é espiritual; eu, todavia, sou carnal, vendido à escravidão do pecado.*

15 *Porque nem mesmo compreendo o meu próprio modo de agir, pois não faço o que prefiro, e sim o que detesto.*

16 *Ora, se faço o que não quero, consinto com a lei, que é boa.*

17 *Neste caso, quem faz isto já não sou eu, mas o pecado que habita em mim.*

18 *Porque eu sei que em mim, isto é, na minha carne, não habita bem nenhum, pois o querer o bem está em mim; não, porém, o efetuá-lo.*

19 *Porque não faço o bem que prefiro, mas o mal que não quero, esse faço.*

20 *Mas, se eu faço o que não quero, já não sou eu quem o faz, e sim o pecado que habita em mim.*

14 — "Eu, todavia, sou carnal, vendido à escravidão do pecado." Ambos os predicados fazem violento contraste com o vocábulo "espiritual", na cláusula anterior. "Carnal", devido ao seu contraste com "espiritual" e por causa de sua coordenação com "vendido à escravidão do pecado", se não mesmo interpretado nesses termos, deve refletir qualidades morais e, portanto, significa carnal.[5] A palavra carne (cf. v.5) é utilizada em sentido totalmente pejorativo. E, quando Paulo diz que era "carnal", estava aplicando a si mesmo aquela acusação ética que a palavra "carne", nesta conexão, envolve. Por conseguinte, a questão é: como ele pode fazer isto, se é um homem regenerado e, portanto, não está mais na "carne"? Deveríamos supor

---

5 σάρκινος, apioada pelos manuscritos ℵ*, A, B, C, D, E, F e G, certamente é preferível a σαρκικός, que tem o apoio de ℵᶜ, L, P e da grande maioria dos cursivos. σάρκινος significa "carnal", "feito de carne", e ocorre nesse sentido em 2 Coríntios 3.3, onde é contrastada com λίθινος, "feito de pedra". σαρκικός significa "carnalmente". Porém, não devemos pensar que σάρκινος não possui a qualidade ética que, de maneira bem clara, pertence a σαρκικός, (1 Co 3.3, 2 Co 1.12, 1 Pe 2.11 e, talvez, 2 Co 10.4). É quase impossível despir o termo σάρκινος, em 1 Coríntios 3.1, da qualidade ética pejorativa pertencente a σαρκικός, no versículo 3. Assim como σαρκικός pode ser usado sem qualquer ideia de depreciação ética, como em Romanos 15.27 e 1 Coríntios 9.11, assim também σάρκινος pode ser usado com sentido depreciativo, assumindo, portanto, o significado de carnalmente ou carnal. Cf. Lightfoot, *Notes*, pp. 184, 185.

que ser chamado "carnal" é o mesmo que estar na "carne" (v.5; 8.8) e inclinar-se "para a carne" (8.5)? Tal raciocínio não é correto, por duas razões: (1) em 1 Coríntios 3.1 e 3, Paulo acusou os coríntios de serem carnais, por causa de sua inveja e contenda. Paulo não queria dizer que eles não eram regenerados, pois fica subentendido que eram crentes, pelo menos, bebês em Cristo. Portanto, ser chamado de carnal não é necessariamente equivalente a ser categorizado como estar "na carne". (2) Paulo reconheceu que a carne ainda residia nele (vv.18, 25). Isto está intimamente associado, se não é um sinônimo, ao fato de que o pecado habitava nele (vv.17, 20). Se a carne habitava nele, seria inevitável que, no que concerne à "carne", ele tivesse chamado a si mesmo de "carnal". E isto não era incoerente com o fato de ser ele um homem regenerado, somente porque assim se caracterizou, visto que a carne permanecia nele.

A outra acusação que o apóstolo apresenta contra si mesmo, "vendido à escravidão do pecado", parece oferecer maior dificuldade. Trata-se de uma expressão forte, e, por causa de sua similaridade com certa expressão do Antigo Testamento, alguns afirmam que ela não pode descrever uma pessoa regenerada. Não é utilizada com este sentido ético em qualquer outro trecho do Novo Testamento. No antigo Testamento, porém, lemos que Acabe vendeu-se para praticar o mal aos olhos do Senhor (1 Rs 21.20,25; cf. 2 Rs 17.17).[6] Alguns expositores supõem que os termos aqui usados por Paulo devem ter a mesma força desta expressão do Antigo Testamento.[7] Se isto fosse verdade, a questão estaria encerrada. Pois, no que concerne a Acabe, a expressão significa que ele se entregou à iniquidade, caracterização essa que não pode ser atribuída a um homem regenerado e, mais obviamente ainda, a Paulo, após sua conversão. No entanto, devemos estranhar que os expositores aceitaram tão pacificamente que as duas formas de expressão têm o mesmo significado. Pois uma coisa é vender-se para cometer a iniquidade, e outra é ser vendido à escravidão do pecado. No primeiro caso, o indivíduo é o agente ativo; no último, é subjugado por um poder estranho à sua própria

---

6   Na Septuaginta, as referências são 3 Reis 20.20, 25; cf. 4 Reis 17.17. Ali, o mesmo verbo é usado de forma semelhante à de Romanos 7.14. O hebraico está no "hithpael", התמכר.
7   Cf. Bengel, Meyer, Gifford.

vontade. O último caso é o que figura nesta passagem. E, visto que a carne e o pecado estavam inerentes no apóstolo, exercendo sobre ele certo poder, a reação necessária de sua sensibilidade santificada era deplorar o cativeiro ao qual, na natureza do caso, estava sujeito por causa do pecado que nele residia.

O cativeiro ao pecado, do qual Paulo fala neste versículo, era estranho ao seu "eu" e à sua vontade mais característicos; isto é abundantemente confirmado pelos versículos seguintes. Torna-se evidente quão diferentes são estes dois estados: no primeiro, um homem, de vontade resoluta e resignada, entrega-se à iniquidade; no outro, um homem repreende a si mesmo pelo pecado que comete e lamenta-se por haver sido escravizado pelo mesmo. Essa distinção é de tal modo perspicaz, que nos causa surpresa o fato de alguns comentadores terem recorrido à experiência de Acabe como se esta oferecesse alguma analogia.[8]

Embora estes dois predicados que o apóstolo aplicou a si mesmo pareçam, a princípio, oferecer a mais pertinente objeção ao ponto de vista que temos advogado, ao examiná-los mais de perto, verificamos que eles se ajustam aos informes que exigem essa interpretação.

15 — Este versículo está intimamente ligado ao anterior. Pode ser entendido como uma confirmação ou esclarecimento da acusação que o apóstolo fez contra si mesmo, no versículo 14. Como tal, focaliza a atenção sobre a discrepância entre aquilo que, por um lado, era ditado por sua vontade e suas afeições e aquilo que, por outro lado, ele era capaz de realizar. É difícil determinar a força exata da palavra "compreendo", na primeira parte do versículo: "Porque nem mesmo compreendo o meu próprio modo de agir". A solução mais simples consiste em dizer que ele usou o verbo "compreender" no significado de amar ou deleitar-se em, um significado frequente nas Escrituras.[9] Utilizando-o como o oposto de "detesto", que aparece na última cláusula do versículo. Neste caso, não devemos suprimir o elemento cognitivo a ponto de excluí-lo. Continua

---
8 Cf. a discussão de James Fraser, *op. cit.*, pp. 271-274; G. C. Berkouwer, *Faith and Santification*, Grand Rapids, 1952, pp. 59, 60.
9 Quanto às evidências que apoiam este sentido da palavra "conhecer", ver a exposição de Romanos 8.29.

havendo ênfase sobre a inteligência e o entendimento com os quais ele empenhava o seu coração em lutar contra um poder contrário, que o deixava frustrado. E pode haver aqui um reflexo da confusão e perplexidade do apóstolo, por causa de sua incapacidade em praticar os ideais que propusera em seu coração.

Nas palavras do apóstolo, que ocorrem neste versículo e, substancialmente, com alguma variação, nos versículos 18, 19 e 21 ("pois não faço o que prefiro, e sim o que detesto"), somos colocados diante da questão da qualidade psicológica de "o que prefiro". Esta tradução sugere que Paulo fazia distinção entre sua vontade determinada e aquilo que era desejado e realizado na prática. Esta interpretação do vocábulo grego encontra apoio na linguagem de Paulo (cf. 1.13; 1 Co 7.7,32: 2 Co 5.4; 12.20; Gl 4.21). Nesta interpretação, o vocábulo tem praticamente a mesma qualidade de nossas palavras "desejar" ou "almejar". É duvidoso, entretanto, que tais palavras sejam tão incisivas para expressar o pensamento de Paulo. O vocábulo grego parece referir-se à deliberação ou volição resolutas, isto é, a vontade na extensão mais plena da volição, embora não signifique volição executiva, porque, neste último caso, passaria ao âmbito da prática, o que, nesta instância, está excluído. O que envolvia a realização era o que Paulo detestava, sendo isto o contrário de seu deleite e de sua volição característica. Portanto, aquilo que chegava à realização, na prática, era o que ele não queria, no sentido da volição resoluta contemplada.

16 — Este versículo corrobora o que o apóstolo acabara de dizer. Paulo continua: "Ora, se faço o que não quero", dando a entender que as atitudes que se consumavam na prática não era o que ele havia desejado, mas o que não havia desejado, segundo os termos exarados no versículo 15. No versículo 16, todavia, o seu principal interesse não era o de corroborar o que dissera no versículo anterior, e sim, com base naquilo que ali dissera, mostrar que concordava com a lei de Deus no que, conforme diríamos, era a mais característica e fundamental propensão de sua vontade: "Consinto com a lei, que é boa". O vocábulo traduzido por "boa" é o mesmo que atribui à lei a mais elevada qualidade de bondade. Portanto, a lei define para nós aquilo que, sem reservas, é chamado de "bom", no contexto posterior. Esta alusão à lei prova que, na avaliação ética de Paulo e de acordo com a opinião que ele formava a respeito de si mesmo, a lei é a norma, indicando, conforme transparecerá no versículo 22 e com maior ênfase no versículo 25, a relevância da lei de Deus no que concerne à obediência do crente. Ainda que o apóstolo muito se lamentasse de sua condição, ele se consolava no fato de endossar, com toda a sua alma, tanto a lei quanto a sua lealdade para com ela, no pendor mais decisivo de sua vontade.

17-18 — O versículo 17 pode muito bem ser reputado como uma inferência extraída da afirmação do caso abordado nos versículos anteriores. É assim traduzido por nossa versão: "Neste caso, quem faz isto já não sou eu, mas o pecado que habita em mim". Nesta altura, Paulo identifica o seu próprio ego, a sua própria pessoa, com aquela vontade resoluta que está em harmonia com a lei de Deus. O apóstolo parece dissociar seu próprio "eu" do pecado cometido. Ele distingue entre seu próprio "eu" e o pecado que nele habita, colocando sobre este a responsabilidade pelo pecado cometido. O versículo 18 provê a confirmação e a elucidação do que fora declarado no versículo 17 — "Porque eu sei que em mim, isto é, na minha carne, não habita bem nenhum". As seguintes proposições ficam claramente subentendidas: (1) a carne é totalmente pecaminosa — nela não habita nenhum bem. (2) A carne continuava associada à pessoa do apóstolo — era a *sua* carne e estava *nele*. (3) O pecado também estava associado à pessoa de Paulo, visto que estava inerente em sua carne. Portanto, o versículo 17 não pode ser interpretado como uma negação da responsabilidade pelo pecado que habitava nele ou pelo pecado cometido, em frustração à sua vontade resoluta. A última parte do versículo 18 tem o mesmo sentido do 15, embora Paulo tenha usado palavras diferentes.[10]

---

10 As variantes textuais do final do versículo 18 não alteram o sentido. Se lermos apenas οὐ, assim como os manuscritos ℵ, A, B, C e vários cursivos, teremos de suprir no pensamento as palavras παράκειταί μοι, da cláusula anterior. Se lermos οὐχ εὑρίσκω, assim como D, G e a grande maioria dos cursivos, então, o verbo será suprido, e o apóstolo estará dando uma ênfase adicional a seu lamento.

19-20 — O versículo 19, por igual modo, reitera o pensamento do versículo 15, com a diferença de que a coisa desejada é agora definida como "o bem", ao passo que a coisa não-desejada, mas praticada, é definida como "o mal".[11]

O versículo 20 reitera o pensamento do versículo 17, exceto que agora o apóstolo declara explicitamente por que concluíra que não mais ele cometia o pecado, e sim o pecado que nele habitava — a razão é que não desejava aquilo que praticava.[12]

7.21-25

21 Então, ao querer fazer o bem, encontro a lei de que o mal reside em mim.

22 Porque, no tocante ao homem interior, tenho prazer na lei de Deus;

23 mas vejo, nos meus membros, outra lei que, guerreando contra a lei da minha mente, me faz prisioneiro da lei do pecado que está nos meus membros.

24 Desventurado homem que sou! Quem me livrará do corpo desta morte?

25 Graças a Deus por Jesus Cristo, nosso Senhor. De maneira que eu, de mim mesmo, com a mente, sou escravo da lei de Deus, mas, segundo a carne, da lei do pecado.

21 — A questão em torno da qual os intérpretes estão divididos é o que se deve entender por "a lei", neste versículo.[13] Refere-se à lei de Deus (v.22) ou à "outra lei", isto é, "a lei do pecado" que está em nossos membros (v.23)? Qualquer das interpretações faz bom sentido, sendo ambas gramatical e sintaticamente aceitáveis. No que se refere à primeira opinião — "a

---

11 O contraste no versículo 19 talvez seria mais eficazmente expresso pela tradução "pois não aquilo que eu quero, ou seja, o bem, mas aquilo que eu não quero, ou seja, o mal, isso pratico". Ele desejava o bem, não desejava o mal. Todavia, praticava o mal, não o bem.

12 ἐγώ está inserido depois de θέλω, no versículo 20, em ℵ, A e na grande maioria dos manuscritos cursivos.

13 Quanto a um sumário e discussão sobre os vários pontos de vista, cf. Meyer, *op. cit.*, *ad loc.*

lei" significa a lei de Deus — o pensamento seria este: "Para mim, ao desejar conformar-me com a lei, a fim de praticar o bem, descubro que o mal está presente comigo". Portanto, o que ele descobre é que o mal está presente, a despeito de sua vontade resoluta de praticar o bem requerido pela lei de Deus. Isto se ajusta bem ao versículo 22, onde Paulo define esta vontade resoluta de fazer o bem como o deleitar-se na lei de Deus, segundo o homem interior. E isto também concorda com o versículo 23, onde a lei do pecado, em seus membros, é chamada de "outra lei", em contraste com a lei de Deus que até esta altura, conforme se aceita, é a única lei que vinha sendo aludida nesta passagem. Entretanto, não há qualquer objeção conclusiva contra a outra interpretação, ou seja, que "a lei do pecado" (vv.23, 25) está em foco aqui, sendo definida em termos da presença do mal, em oposição à vontade resoluta de praticar o bem.[14] Esta é a ideia adotada por nossa versão, e, se a seguirmos, "a lei", neste caso, terá sido usada no sentido de princípio normativo da ação. O significado comum de lei, entretanto, como aquilo que propõe e exige ação, não precisa ser suprimido aqui. "A lei do pecado" pode ser concebida como um elemento que não somente nos compele a atos contrários à lei de Deus, mas também como algo que determina tais atos.

22-23 — Quer seja "a lei" do versículo 21 interpretada como a lei de Deus, quer como a lei do pecado, os versículos 22 e 23 devem ser entendidos em conjunto, como explicação da antítese enunciada no versículo 21. Ao indagarmos de que maneira o mal pode estar presente quando existe a vontade resoluta de fazer o bem, a resposta está no fato de que há duas leis opostas, a lei de Deus e a lei do pecado. E estas exercem pressão sobre nós, manifestando-se de uma maneira que reflete a antítese existente entre ambas.

A interpretação do versículo 22 está ligada, em grande parte, ao significado que atribuímos às palavras "homem interior". Parece razoável admitir que o

---

14   Quanto a uma defesa desta opinião, cf. Philippi, *op. cit., ad loc.*; Hodge, *op. cit., ad loc.* Não é preciso supor que houve mudança na posição do ὅτι da primeira cláusula, a fim de pô-lo antes de τῷ θέλοντι. A última cláusula define o que é "a lei", isto é, a presença do mal. Em correlação com o versículo 22, a expressão "ao querer fazer o bem" (v.21) corresponde a "tenho prazer na lei de Deus" (v. 22); e "o mal reside em mim" (v. 21) corresponde a "vejo, nos meus membros, outra lei... guerreando contra a lei da minha mente" (v.23).

"homem interior" é contrastado com o "homem exterior", e, visto que Paulo usa expressamente esse contraste em outras cartas (2 Co 4.16), é apropriado interpretar a expressão à luz desta última passagem. Nas palavras de E. H. Gifford: "Isto indica a 'mente' (v.23 e 25), 'o espírito do homem' (1 Co 2.11), contrastados com o 'homem exterior', o corpo ou a carne (2 Co 4.16)".[15] Em qualquer caso, não podemos duvidar que o "homem interior" (v.22) alude àquilo que Paulo era em seu espírito mais interior, no centro da sua personalidade. Também é verdade que, quanto ao significado, "homem interior" se aproxima, ou talvez tenha a mesma ideia, do vocábulo "mente", nos versículos 23 e 25. Todavia, não há base alguma para imaginarmos que o contraste entre a "mente" e a "carne", no versículo 25, seja o mesmo entre a "mente" e o "corpo". No vocabulário paulino, "carne", quando usado com sentido ético (como é óbvio neste caso), aplica-se às operações daquilo que denominamos a mente, bem como às operações do corpo. "Carne", quando eticamente concebida, não tem sua sede no corpo, nem se origina no corpo, em contraste com a mente ou espírito do homem. Portanto, não devemos procurar encontrar o significado de "homem interior" (v.22), como se houvesse qualquer distinção metafísica entre corpo e espírito ou entre mente e matéria. Neste caso, "o homem interior" deve ser interpretado nos termos do presente contexto, um contexto eticamente caracterizado, do princípio ao fim. Se acompanharmos a linha de pensamento do apóstolo, nos versículos anteriores, estaremos em posição de compreender o que ele quis dizer com "o homem interior", muito melhor do que se meramente recorrêssemos ao trecho de 2 Coríntios 4.16.

Paulo vinha contrastando aquilo que ele queria com aquilo que não queria: o primeiro envolvia o bem, o segundo, o mal. Ele se identificara com aquilo que desejava (vv.17, 20) e, por conseguinte, com o bem; e associara aquilo que não queria, o mal, com o pecado e a carne, que ainda lhe eram inerentes. Em suma, ele se identificou, em sua vontade mais profunda e resoluta, com a lei de Deus, a qual é boa. Que poderia haver de mais razoável do que inferirmos que ele chama a sua vontade resoluta de praticar o bem de "o homem interior" (o que ele identifica como o seu próprio "eu")? Ao fazer uma avaliação moral de si mesmo, ao analisar a si mesmo e a sua conduta, à

---

15 Op. cit., ad loc.

luz dos critérios éticos, Paulo descobre ser a vontade resoluta de praticar o bem aquilo que representa o seu "eu" mais profundo e verdadeiro; e a este "eu" mais profundo e verdadeiro ele dá o título de "homem interior". É "interior" por ser mais profundo e mais íntimo. E não há fundamento para procurarmos outro significado para a expressão "homem interior". Outrossim, neste ponto o apóstolo fornece a solução para a dificuldade que encontramos na aparente dissociação entre a sua personalidade e o pecado que nele habitava ou entre a sua personalidade e a sua carne, que ele chamava de "minha carne".[16] A afirmativa de Paulo é que, apesar de toda a frustração de sua vontade resoluta de praticar o bem, ele se deleitava na lei do Senhor. E tal deleite não era meramente periférico, pertencia àquilo que era mais profundo e íntimo de seu ser moral e espiritual.

Porém, a antítese que se evidencia no versículo 21 necessita da presença de outra lei, diferente da lei de Deus. É isto que Paulo aborda no versículo 23: "Mas vejo, nos meus membros, outra lei". Essa outra lei deve ser interpretada como a "lei do pecado". Acerca de ambas é dito que estão em nossos membros, e dificilmente poderíamos estabelecer distinção entre elas. A "lei do pecado" deveria ser entendida, pois, como aquilo em que consiste essa "outra lei". A lei do pecado é aquela que advém do pecado, determinada pelo pecado. É contrastada com a lei de Deus e tem de ser contrária a esta em cada particularidade. Por esta razão, o apóstolo declara: "Guerreando contra a lei da minha mente". Ora, a lei da mente não é estritamente paralela à outra, a "lei do pecado"; a lei da mente não significa a lei que procede da mente e é proposta por ela. Antes, é a lei de Deus na qualidade de lei que governa a mente e à qual esta serve (cf. v.25). A antítese entre a lei do pecado e a lei de Deus se manifesta, em nós, por meio do conflito que se realiza, em nossa consciência, entre as imposições do pecado e a lei de Deus, com a qual nossa mente concorda, se deleita e aprova. A metáfora da batalha militar é levada avante, sendo também expressa na cláusula "me faz prisioneiro da lei do pecado".[17] O apóstolo retrata a si mesmo como alguém que foi levado

---

16 No final da exposição deste capítulo, discutiremos a aparente dissociação de Paulo em relação à carne e ao pecado que nele residia.
17 A preposição ἐν, antes de τῷ νόμῳ, é fortemente apoiada pelas evidências externas em favor de sua retenção.

cativo pela lei do pecado. A força desta expressão é análoga a "vendido à escravidão do pecado", no versículo 14, e deveria ser interpretada do mesmo modo. Neste estágio do retrato do conflito, não devemos achar dificuldade excessiva na linguagem tão vigorosa. Visto que a vontade resoluta do apóstolo não conseguia ser bem-sucedida em suas realizações (vv.15-21) e que ele fazia aquilo que não desejava, a metáfora de estar sendo levado cativo é uma descrição apropriada para a situação moral delineada. Ele não era seu próprio senhor, porquanto praticava aquilo que infringia sua mais íntima e profunda autodeterminação. Esta sujeição a uma vontade diferente de sua mais profunda e característica vontade é muito bem descrita como estar sendo levado em cativeiro.

Os "membros" nos quais reside a lei do pecado, conforme é dito aqui, têm de ser entendidos no mesmo sentido que encontramos em Romanos 6.13,19. Se focalizarmos o pensamento sobre nossos membros físicos, conforme parece ser necessário nas instâncias anteriores, não devemos supor que a "lei do pecado" procede do corpo físico ou tenha sua sede no mesmo. Isto apenas indica, conforme já dissemos, que o apóstolo coloca em primeiro plano os modos concretos pelos quais se expressa a lei do pecado; indica também que os nossos membros físicos não podem ser divorciados da operação da lei do pecado. Nosso cativeiro a esta lei se evidencia no fato de que os nossos membros físicos são os agentes e instrumentos do poder que o pecado mantém sobre nós. Uma vez mais somos relembrados, assim como em Romanos 6.13, que, por mais significativos que sejam os nossos membros físicos, o cativeiro resultante envolve não apenas estes, mas toda a pessoa — "me faz prisioneiro da lei do pecado que está nos meus membros".

24 — "Desventurado homem que sou!" O senso de miséria subentendido nesta exclamação nos causará surpresa, se não apreciarmos a contradição e a frustração apresentadas nos versículos anteriores. O senso de miséria é a reação inevitável ao conflito e seu resultado. Seremos carentes de entendimento, se não possuirmos a sensibilidade e o discernimento exemplificados pelo apóstolo. Este não se isenta do cativeiro que a lei do pecado conseguia impor-lhe; isto se refletia em sua consciência, mediante aquilo que Gifford denominou de "clamor de angústia". A dificuldade que reside neste versículo diz respeito ao significado da pergunta: "Quem me livrará do corpo desta morte?"

"Corpo desta morte" são palavras que poderiam ser traduzidas por "este corpo de morte". Neste caso, a ênfase recairia sobre o corpo caracterizado pela morte. Entretanto, o contexto parece sugerir que a ênfase recai sobre o vocábulo "morte", isto é, sobre a morte que é intrínseca ou que flui do cativeiro à lei do pecado. Trata-se da morte pertencente a esse cativeiro, e, portanto, é muito mais exequível considerarmos que o pronome demonstrativo "deste" está vinculado à morte, e não ao corpo. A pergunta, então, é: o que significa o "corpo desta morte"? "Corpo" tem sido interpretado como indicação de "totalidade"; e corpo de morte seria "a totalidade do pecado".[18] Logo, Paulo anelava ser livre do pecado em todos os aspectos e consequências. *Sem dúvida,* este era o anelo do apóstolo e está implícito tanto na pergunta quanto na lamentação que a precede. Todavia, não parece haver base sólida para interpretarmos a expressão desta maneira. No vocabulário de Paulo, conforme vimos em Romanos 6.6, "corpo" se refere ao corpo físico, não havendo qualquer evidência para apoiar a ideia de que tal vocábulo foi usado figuradamente. Portanto, somos constrangidos a pensar, nesta instância, sobre o corpo físico. Como, pois, se pode concebê-lo como o "corpo desta morte"? A morte, já verificamos, deve ser entendida como alusão àquela morte que resulta do cativeiro à lei do pecado (v.23). Mas esta lei do pecado manifesta-se em nossos membros físicos. É deste modo que o corpo pode ser reputado como corpo desta morte — os membros do corpo são a esfera sobre a qual atua a lei do pecado, levando-nos à morte, que é o salário do pecado.

"Quem me livrará?" O livramento desejado, conforme veremos, que fatalmente ocorrerá é o livramento daquele cativeiro referido no versículo anterior. Temos aqui um clamor por libertação do corpo desta morte, porque o corpo é o instrumento e a esfera de operação da lei do pecado, que conduz ao cativeiro ao qual o apóstolo estava consignado. Esta orientação nos prepara para a ação de graças do versículo seguinte.

---

18 Calvino, *op. cit., ad loc.*; cf. também aqueles comentadores citados em Romanos 6.6, que entendem do mesmo modo a expressão "corpo do pecado".

25 — "Graças a Deus por Jesus Cristo, nosso Senhor."[19] Esta é a resposta à pergunta do versículo 24 e expressa a certeza triunfante do livramento final do corpo desta morte e do cativeiro à lei do pecado, que havia provocado a angústia daquela lamentação. O "clamor de rasgar o coração",[20] pois, não pode ser entendido como um grito de desespero; nunca pode ser dissociado da esperança confiante que o acompanha. O que está em foco nesta expressão de agradecimento? Se "o corpo desta morte" se refere ao corpo físico, mediante o qual a lei do pecado leva avante a sua batalha, nenhuma outra interpretação, além da certeza da ressurreição, se adapta de maneira tão adequada ou relevante aos ter-mos da própria ação de graças ou à analogia dos ensinamentos de Paulo. O fato de que esta ação de graças se trata de uma expressão paralela a 1 Coríntios 15.57, onde a esperança da ressurreição brilha de modo indubitável, de forma alguma é uma suposição sem base. E, além da certeza do livramento que acontecerá quando o corpo de nossa humilhação for transformado segundo a semelhança da glória do corpo ressurreto de Cristo (Fp 3.21), pelo que o crente geme e espera (Rm 8.23), o que poderia ser mais relevante à angústia expressa nesta exclamação e à consideração de que o corpo é o corpo da morte?

Paulo não anelava pela morte em si, como se esta constituísse a bendita esperança; ele almejava o livramento proporcionado quando o corpo corruptível for revestido de incorruptibilidade e o que é mortal for absorvido pela imortalidade (1 Co 15.54; 2 Co 5.4). A brevidade da ação de graças de modo algum se mostra inadequada como fórmula de esperança escatológica, mas ressalta o poder, a graça de Deus e a mediação de Cristo, os elementos que compõem a essência da esperança por vir. E confirma a interpretação de que, na última parte do versículo 25, o apóstolo nos oferece um sumário que reitera a vida de conflito e contradição que foi desdobrada em detalhes nos versículos 14 a 24.

---

19 As formas variantes na fórmula da ação de graças têm a mesma força. Quanto às evidências externas, parece que a preferência recai entre εὐχαριστῶ τῷ θεῷ e χάρις τῷ θεῷ. A primeira é apoiada por ℵ*, A e pela maioria dos manuscritos cursivos; e a segunda, por B.
20 Esta expressão pertence a Sanday e Headlam, *op. cit.*, *ad* 7.24. Mas está longe de significar "das profundezas do desespero", conforme eles alegam.

Esta repetição indica que a triunfante ação de graças, no início do versículo, por si mesma não acaba o conflito delineado. Antes, a esperança entra em cena, mostrando-se exultante e prorrompendo em ação de graças. No entanto, a sua concretização não se verifica por enquanto, pois aquilo que o homem vê, como o esperaria ainda? Mas, com paciência, ele o aguarda (cf. 8.24,25). Por conseguinte, Paulo acrescentou: "De maneira que eu, de mim mesmo, com a mente, sou escravo da lei de Deus, mas, segundo a carne, da lei do pecado". A batalha continua, mas o apóstolo é sustentado nessa luta pela certeza de que, finalmente, ser-lhe-á dada a libertação completa.

Nesta última parte do versículo, os elementos da antítese são postos nos termos do contexto anterior, a lei de Deus (cf. vv.14,16,22) versus a lei do pecado (cf. v.23)[21], a mente (cf. v.23) versus a carne (cf. v.18). A mente, neste caso, tem de ser considerada como um sinônimo de homem interior (v.22) e, portanto, como aquilo que é mais profundo e central no apóstolo. Em face de consentir ele com a lei de Deus (v.16) e deleitar-se nela (v.22), o serviço prestado à lei subentende que a lealdade envolvida neste serviço é na forma de obediência espontânea e de todo o coração. Este conceito de serviço indica que a devoção prestada não é meramente aquela que provém da vontade resoluta, mas também de uma ação frutífera — a vontade determinante resulta no serviço, por parte do apóstolo. A "carne", por outro lado, deve ser identificada com o pecado que habitava nele (vv.17,20), ao que ele chamou de "minha carne" (v.18), na qual não reside bem algum. Assim como a mente presta serviço à lei de Deus, a carne serve à lei do pecado. O mais significativo aspecto desta descrição final é o modo como o apóstolo se identifica enfaticamente como o agente, em ambos os casos. Ele não afirma que a mente serve à lei de Deus e que a carne, à lei do pecado; mas, antes, diz: "Eu, de mim mesmo", relativamente à mente e à carne. Isto é conclusivo quanto ao fato de que o apóstolo reconhecia sua própria responsabilidade e agência no serviço à lei do pecado, corrigindo a impressão que, porventura,

---

21 "Tanto a 'lei de Deus' quanto a 'lei do pecado' foram mencionadas anteriormente, nos versículos 22 e 23, com seu artigo definido; aqui os artigos são omitidos, a fim de mostrar mais claramente em que consiste cada lei, em sua natureza e qualidade, sendo a primeira 'uma lei de Deus', e a outra, 'uma lei do pecado'" (Gifford, *op. cit., ad loc.*).

extraíssemos dos versículos 17 a 20.²² Inteiramente à parte do versículo 25, seríamos compelidos a julgar que o apóstolo não se isolara do pecado cometido, conforme os versículos 17 e 20 poderiam dar a entender. No versículo 14, Paulo diz: "Eu... *sou* carnal"; e, assim, nos mais claros termos possíveis, ele acusa a *si mesmo*, baseado na carne, que mais adiante chamaria de sua própria (v.18). Portanto, quando se caracteriza como quem fazia aquilo que não desejava, ele se apresenta como o agente (vv.15,16,19). Porém, a mais conclusiva evidência de que Paulo se identificou com o pecado cometido e não renegou a sua responsabilidade é o fato de que as palavras "eu, de mim mesmo" servem de sujeito para ambos os tipos de serviço mencionados no versículo 25. A exclamação de miséria não pode ser destituída de avaliação ética — por igual modo, ela é autodenunciatória.

Há uma questão que exige melhor esclarecimento, antes de deixarmos esta passagem (vv.14-25). É aquilo que poderíamos intitular de questão psicológica. É evidente que a expressão "o que prefiro" (vv.15,19; cf. vv.18,21), à qual o apóstolo se refere com frequência, significa a vontade resoluta de praticar o bem. Esta vontade de fazer o bem é que se via frustrada, com o resultado de que ele praticava as coisas que detestava (vv.16,19,20). A questão é se o mal praticado em contravenção à sua vontade resoluta era praticado sem qualquer determinação de sua parte. Se este era o caso, o apóstolo seria a vítima voluntária e impotente de algum poder estranho, totalmente extrínseco à sua responsabilidade e à sua agência voluntária; e ele ficaria aliviado de toda responsabilidade moral quanto a isso. A ação estaria fora da esfera de sua própria agência moral responsável. Trata-se de sua suposição.

Conforme já verificamos, o apóstolo não exclui do mal que praticava a sua própria agência pessoal. Ele censurou a si mesmo por isso, caracterizando-se como "carnal". Reconheceu que praticava o mal e, por fim, afirmou sem equívocos: "Eu, de mim mesmo... com a minha carne, sirvo à lei do pecado". Portanto, o *sine qua non* da ação responsável, ou seja, a volição, precisava estar presente

---

22 Com certeza, Gifford se afasta do assunto ao dizer: "Se Cristo é meu libertador, fica implícito que 'eu mesmo', sem Cristo, não posso ir além do estado de desvio e contradição que fora descrito nos versículos 14-23" (*op. cit., ad loc.*). Pois é somente em Cristo que a experiência descrita pode tornar-se uma realidade, e não devemos esquecer que "eu, de mim mesmo" é o sujeito de "com a mente, sou escravo da lei de Deus", uma condição que não pode concretizar-se à parte de nossa união com Cristo.

nas ações praticadas, ações pelas quais ele condenou a si mesmo e por causa das quais expressou sua lamentação: "Desventurado homem que sou!" (v.24) Como devemos interpretar as reiteradas afirmações do apóstolo declarando praticar as coisas que não desejava, ao invés das que preferia (vv.15,16,19,20)? Uma solução seria dizer que a palavra traduzida por "querer" significa apenas "desejar" ou "anelar" e que o mal praticado pelo apóstolo era contrário ao seu desejo ou anelo.

Contudo, do ponto de vista psicológico, isto não soluciona, em última análise, o problema. Algum prazer ou satisfação precisa ser obtido da realização do pecado; de outro modo, não haveria qualquer volição. Além disso, não me contento com a ideia de que a palavra "querer", em discussão, pode ser trazida ao nível de mero desejo ou anelo. Teremos de supor a vigorosa ideia de vontade resoluta. Qual é, pois, a solução? Parece que, em toda a passagem, ao falar tanto do que ele fazia quanto do que não conseguia realizar, o apóstolo estava utilizando o verbo "querer" no sentido mais restrito de vontade resoluta para fazer o bem, em harmonia com a vontade de Deus, o que caracterizava seu "eu" mais profundo e interior, a vontade do "homem interior" (v.22).

A carne e o pecado que habitavam nele frustavam esta vontade. E, quando o apóstolo praticava o mal, ele fazia aquilo que não era vontade de seu "eu" verdadeiro e íntimo, o homem interior. Isto explica ambas as afirmações: o que *ele queria*, não o fazia; e o que *ele não queria*, isto ele fazia. Reconhecer este sentido restrito e específico da palavra "querer" significa que o apóstolo não deve ser entendido como se estivesse dizendo que a vontade, no sentido psicológico do termo, não estava presente nas ações e realizações que ele mesmo censurou como más e que estavam em contravenção à sua vontade resoluta, no sentido mais específico.

Outro aspecto merece uma palavra de consideração. Quando o apóstolo afirmou que não praticava aquilo que preferia (v.15), não precisamos supor que sua vontade resoluta para fazer o bem não conseguiu qualquer resultado na prática. Isto seria universalizar a linguagem do apóstolo acima dos limites racionais. Neste caso particular, onde Paulo estava abordando a contradição que surge da presença do pecado e da carne, era suficiente que ele declarasse e deplorasse a frustração de sua vontade resoluta em fazer o bem, sem apresentar-nos um relato histórico dos resultados.

Capítulo XIII
A Vida no Espírito
(8.1-39)

8.1-4

1 Agora, pois, já nenhuma condenação há para os que estão em Cristo Jesus.

2 Porque a lei do Espírito da vida, em Cristo Jesus, te livrou do pecado e da morte.

3 Porquanto o que fora impossível à lei, no que estava enferma pela carne, isso fez Deus enviando o seu próprio Filho em semelhança de carne pecaminosa e no tocante ao pecado; e, com efeito, condenou Deus, na carne, o pecado,

4 a fim de que o preceito da lei se cumprisse em nós, que não andamos segundo a carne, mas segundo o Espírito.

1 — "Condenação" é o contrário da justificação (cf. 5.16; 8.34); esta implica na ausência daquela. A justificação que constitui o tema desta carta é a justificação completa e irreversível dos ímpios; por isso, ela traz consigo a anulação de toda a condenação. Este é o pensamento do versículo 1 — a ênfase manifesta-se através do aspecto negativo da afirmação. O "pois" significa que esta completa ausência de condenação é uma inferência extraída do que o precede. Que parte do contexto anterior é a base desta inferência? Trata-se de uma pergunta difícil, sobre a qual os intérpretes diferem grandemente. A fim de descobrir a resposta, é mister examinar mais de perto o escopo da condenação que o apóstolo tinha em mente nesta passagem. Se ele estava pensando apenas na libertação da culpa do pecado e da condenação envolvida nesta culpa, teremos de descobrir a base da inferência naquela parte da carta que, de modo particular, aborda este assunto (Rm 3.21-5.21). Porém, se na libertação da condenação está incluído o livramento não somente da culpa do pecado mas também do seu poder, o vocábulo "pois" estaria relacionado ao que imediatamente o precede (6.1-7.25), bem como àquele contexto mais remoto. Parece que a evidência requer esta última alternativa.

A palavra "condenação" dificilmente poderia ser interpretada à parte do contexto posterior, no qual ela aparece. Portanto, o sentido específico outorgado ao vocábulo "condenação" deve ser buscado neste contexto, ao qual ele está intimamente relacionado. Neste contexto, conforme ficará evidente, o apóstolo não abordou a justificação e o aspecto expiatório da obra de Cristo, e sim a santificação e aquilo que Deus fez em Cristo, a fim de livrar-nos do poder do pecado. Por conseguinte, as palavras "nenhuma condenação" ressaltam não apenas a libertação da culpa, mas também do poder escravizante do pecado. Se isto parece ser uma noção estranha a respeito de "condenação", teremos de esperar pelo esclarecimento desse conceito na exposição dos versículos seguintes. Se, entretanto, adotarmos este ponto de vista sobre condenação, este versículo, por inferência, pode ser vinculado àquilo que o antecede, ou de maneira restritiva (7.25), ou de modo mais inclusivo (6.1-7.25). Esta última alternativa é preferível, conforme verificaremos adiante.

"Em Cristo Jesus" nos leva de volta a 6.3-11, onde o tema da nossa união com Cristo, na virtude de sua morte e no poder de sua ressurreição, é desenvolvido como a ideia central do argumento do apóstolo em relação à morte ao pecado e à novidade de vida, em Cristo. Sermos relembrados de nossa união com Cristo, nesta conexão, não é menos pertinente do que sermos assegurados da libertação da condenação, porque o poder do pecado e da carne, evidente no conflito retratado em 7.14-25, torna extremamente necessário o apreciarmos a vitória que pertence ao crente, em sua união com Cristo Jesus. Trata-se de um modo sucinto de aludir a toda a graça implícita no argumento da passagem anterior.[1]

2 — Este versículo nos fornece a razão para a certeza dada no versículo 1: "Porque a lei do Espírito da vida, em Cristo Jesus, te livrou da lei do pecado e da morte".[2] Estes dois versículos estão ligados entre si, não apenas pela palavra "porque", mas também pela repetição de "em Cristo Jesus", no versículo 2. Este esclarece a implicação da união com Cristo enfatizada no final do versículo 1. A pergunta central é: em que consiste "a lei do Espírito da vida"? De acordo com o vocabulário de Paulo no Novo Testamento, o "Espírito da vida" refere-se ao Espírito Santo (cf. vv.6,10,11; Jo 6.63; 1 Co 15.45 e, especialmente, 2 Co 3.6,17,18; Gl 6.8). O Espírito Santo é o Espírito da vida por ser ele o autor da vida e também porque ele é vida (cf. v.10). Portanto, a pergunta torna-se em: o que é "a lei", nesta conexão? Só podemos chegar à resposta se determinarmos o que é "a lei" com a qual ela é contrastada, ou seja, "a lei do pecado e da morte".

O contexto deveria ser aceito como decisivo, neste caso. Em Romanos 7.23 e 25, o apóstolo havia falado sobre "a lei do pecado". Como vimos, é muitíssimo provável que esta mesma lei tenha sido aludida em Romanos 7.21. E não deixa de ter significado o fato de que, por

---

1 Em ℵ*, B, C, D*, F, G, vários manuscritos cursivos e algumas versões, não há adição alguma após Ἰησοῦ, no versículo 1. Se adotássemos o texto de A, D^b, 263 e diversas versões, acrescentando μὴ κατὰ σάρκα περιπατοῦσιν, ou se adotássemos o texto de ℵ^c, D^c e a maioria dos manuscritos cursivos, também acrescentando ἀλλὰ κατὰ πνεῦμα, este acréscimo, em seu todo ou em parte, proveria algum apoio adicional ao significado inclusivo do termo "condenação". Pois, neste caso, nossa atenção seria imediatamente atraída ao caráter e ao comportamento produzidos pela libertação do domínio do pecado. As evidências externas, entretanto, são tais, que não podemos supor a genuinidade deste acréscimo, no todo ou em parte. Provavelmente ele foi inserido com base no final do versículo 4, no decurso da transcrição. Neste último caso, não há qualquer dúvida textual.
2 É difícil decidirmos entre as formas με e σε, no versículo 2. A última tem o apoio de ℵ, B, F e G; e a primeira, de A, C, D, E, K, L, P e diversas versões. O sentido do trecho em nada é alterado.

causa da atividade da lei do pecado, em seus membros, Paulo houvesse chamado seu corpo de "corpo desta morte". Visto que o salário do pecado é a morte, a "lei do pecado" também deve ser a "lei da morte". E o vocábulo "lei" é usado nesta conexão como um poder dominador e atuante, além de ser uma autoridade legislativa. Por conseguinte, em face desse contraste, "a lei do Espírito da vida" deveria ser entendida como o poder dominador e atuante do Espírito Santo, na qualidade de Espírito da vida.

É eminentemente apropriado que o Espírito Santo tenha sido designado de Espírito da vida, porquanto o poder que ele exerce tem em vista a vida, distinguindo-se do poder do pecado, que visa à morte. Portanto, a "lei do Espírito da vida" é o poder do Espírito Santo agindo em nós para nos tornar livres do poder do pecado, que conduz à morte. Esta libertação do poder do pecado corresponde ao que é enunciado pelo apóstolo em Romanos 6.2-14. O Espírito Santo é o Espírito de Cristo (cf. v.9). É somente em Cristo Jesus que o poder do Espírito se mostra ativo visando à vida.

Não temos certeza se as palavras "em Cristo Jesus", neste versículo, devem ser interpretadas juntamente com "a lei do Espírito da vida" ou com "te livrou". No primeiro caso, a ênfase recai sobre o fato de que em Cristo Jesus se mostra atuante o poder do Espírito Santo em conceder vida; e, no último caso, a ênfase é que em Cristo Jesus o poder do Espírito nos libertou. O primeiro contempla a lei que outorga vida como algo que está em Cristo; o segundo, vê esta ação como algo realizado em Cristo.

Estas considerações indicam que o versículo 2 deve ser interpretado em termos de um poder que opera em nós; demonstram também que o pensamento central refere-se à nossa libertação do poder do pecado — a "lei do pecado e da morte" — em vez de reportar-se à nossa libertação da culpa do pecado. O pensamento gira em torno das operações internas e não das realizações objetivas. Não devemos supor, entretanto, que a base sobre a qual repousam essas operações internas e da qual elas derivam seu poder esteja longe do pensamento do apóstolo. Isto é claramente ressaltado no versículo seguinte.

3 — A expressão "porquanto o que fora impossível à lei",[3] conforme a entendemos neste caso, deveria ser interpretada à luz do que Deus fez; Ele condenou o pecado na carne, algo que a lei não poderia fazer. Qual foi a ação da parte de Deus? Não parece haver bom fundamento para a suposição de que se refere a ação expiatória da parte de Deus, no sacrifício de Jesus Cristo,[4] conforme tem sido afirmado por muitos intérpretes. Embora seja verdade que a obra de Cristo, em referência ao pecado, foi expiatória e, quanto a isto, envolveu-o no sofrimento vicário da condenação devida ao pecado, esta realização expiatória não é definida em termos da *condenação* do pecado.

Conforme já vimos, o pensamento central desta passagem diz respeito à libertação da lei do pecado e da morte e, portanto, do pecado como poder dominante e orientador. Somos compelidos a olhar noutra direção para ver se há qualquer aspecto pelo qual poderíamos conceber Deus como quem condenou o pecado, de um modo que seja relevante para com o pensamento central desta passagem. Na realização de uma vez por todas, Cristo fez algo decisivo em relação ao poder do pecado, algo que possa ser entendido como a condenação divina contra o pecado, na carne? A resposta terá de ser afirmativa.[5] Descobrimos que este aspecto "de-uma-vez-por-todas" da obra de Cristo é expresso claramente em Romanos 6.2-14.

Evidentemente, este é o ensino pessoal de nosso Senhor, bem como das Escrituras, em outros trechos. Jesus disse acerca de sua morte: "Chegou o momento de ser julgado este mundo, e agora o seu príncipe será expulso" (Jo 12.31). Neste versículo, a vitória sobre o mundo e Satanás

---

3   τὸ ἀδύνατον τοῦ νόμου são palavras comumente reputadas como um nominativo absoluto, no sentido de que a incapacidade da lei é entendida como uma premissa e contrastada com aquilo que Deus fez, isto é, "condenou... na carne, o pecado". Também têm sido compreendidas como um acusativo (cf. Sandat e Headlam, *op. cit., ad loc.*), em aposição à cláusula principal — "condenou Deus, na carne, o pecado". Quanto à pergunta se ἀδύνατον está na voz passiva ou na ativa, cf. as discussões de Gifford, Sanday e Headlam e outros, *ad loc.*

4   Cf. Calvino, Philippi, Hodge, Haldane, Shedd, *ad loc.*

5   Cf. Alford, *op. cit., ad loc.*, onde pode ser encontrada uma explicação bastante útil. As palavras de Meyer têm o mesmo sentido, sendo dignas de menção. "Esta condenação do pecado (concebido como um princípio e poder) é aquilo que era impossível à lei, devido ao empecilho da carne. Portanto, é errôneo considerar isto como '*Ele exibiu o pecado como digno de condenação*'... e '*Ele castigou o pecado*'. *Impossível* à lei era somente *tal* condenação do pecado, de modo que o depusesse do domínio que mantivera até então; em consequência, *Ele fez o pecado destituir-se de seu domínio*. Esta condenação judicial *de fato*... é designada por κατέκρινε" (*op. cit., ad loc.*).

é apresentada como um juízo executado, e Jesus serve-se de linguagem judicial para expressar tal conceito. A vitória sobre os poderes das trevas, de acordo com Paulo, foi uma obra realizada pela cruz de nosso Senhor, Jesus Cristo (ver Cl 2.15). A palavra "condenar" é usada no Novo Testamento com o sentido de consignar à destruição e de proferir a sentença de condenação (cf. 1 Co 11.32; 2 Pe 2.6). Em outras palavras, a condenação pode ser vista não somente como a sentença, mas também como a execução da sentença. Este seria um uso apropriado do termo, quando esse ato de Deus é contemplado, porque o fato de haver ele proferido o juízo é eficaz na execução da sentença decretada.

Assim, visto que Jesus utilizou a linguagem judicial para indicar a destruição do poder do mundo e do príncipe das trevas e visto que o termo "condenação" é empregado aqui em alusão à obra de Cristo, temos base para concluir que a condenação do pecado na carne refere-se ao juízo judicial executado sobre o poder do pecado, na cruz de nosso Senhor, Jesus Cristo. Deus executou esse julgamento e aniquilou o poder do pecado; Ele não somente declarou que o pecado é aquilo que, de fato, ele é, mas também pronunciou e executou juízo contra o pecado.

Além disso, este significado constitutivo da condenação provê o contraste apropriado àquilo que a lei não podia fazer. No sentido meramente declarativo, a lei podia condenar o pecado; esta é uma de suas principais funções. Porém, a lei não podia executar juízo contra o pecado, a ponto de destruir-lhe o poder. Conforme o apóstolo mostrou diversas vezes no capítulo anterior, a lei, ao invés de privar o pecado do seu poder, somente lhe fornece ocasião para exercer ainda mais vigorosamente o seu poder. A lei era incapaz de executar juízo contra o pecado, a fim de destituir-lhe o poder. Ora, foi exatamente isso que Deus fez, ao enviar seu Filho, em semelhança da carne pecaminosa e por causa do pecado. Logo, ao serem examinados os elementos negativos e positivos do texto, eles se apoiam mutuamente em indicar a interpretação aqui exposta.

O fortalecimento deste ponto de vista quanto à expressão "condenou... na carne, o pecado" deriva-se das palavras "está justificado do pecado", em Romanos 6.7, conforme observamos na exposição daquela passagem. Sem dúvida, naquele contexto o apóstolo abordava o livramento do poder do pecado. "Nós morremos para o pecado" (cf. 6.2) é a tese desdobrada naquele capítulo; e o termo forense "justificar" é utilizado em alusão ao juízo executado contra o poder do pecado, na morte de Cristo. O resultado disso é que todos quantos morreram em Cristo são beneficiários do juízo executado e, por isso mesmo, estão libertos do domínio do pecado. Esta é a força da expressão "justificados do pecado". Por semelhante modo, o termo forense "condenar" pode ser usado, nesta instância, para exprimir o juízo judicial executado contra o poder do pecado, na carne de Cristo.

A lei não podia vencer o poder do pecado, porque "estava enferma pela carne". Na natureza humana, a carne é pecaminosa. A incapacidade da lei reflete-se no fato de que ela não possui qualidade ou eficiência redentora. Portanto, em confronto com o pecado, a lei nada pode fazer para satisfazer as exigências criadas pela carne.

"Isso fez Deus enviando o seu próprio Filho em semelhança de carne pecaminosa e no tocante ao pecado; e condenou... na carne, o pecado". (1) "Deus" refere-se ao Pai, como é frequente no vocabulário do apóstolo. Somente em relação ao Pai o Filho é a segunda pessoa da Divindade. (2) O Pai enviou o seu Filho. A iniciativa, em todo o processo da redenção, deve ser vinculada ao amor e à graça do Pai. (3) "O seu próprio Filho" — estas palavras indicam quão singular é a filiação de Cristo e a paternidade de Deus Pai, em relação ao Filho. O mesmo pensamento aparece no versículo 32. Na linguagem de Paulo, isto corresponde ao título "unigênito", empregado por João (Jo 1.14,18; 3.16,18; 1 Jo 4.9). A filiação eterna está em foco, e na filiação por adoção, que pertence aos remidos, não há nada que se lhe assemelhe. O mesmo aplica-se à paternidade da primeira pessoa da Trindade. No sentido de ser Deus o eterno Pai, em relação ao Filho, ele não é o Pai de seus filhos adotados.

(4) "Em semelhança da carne pecaminosa" — esta expressão não ocorre em qualquer outra parte do Novo Testamento. Por que Paulo a empregou neste contexto? Em outras passagens, ele afirma que Cristo, "segundo a carne, veio da descendência de Davi" (1.3; cf. 9.5), "foi manifestado na carne" (1 Tm 3.16; cf. Jo 1.14; 1 Jo 4.2) e tornou-se na "semelhança de homem" (Fp

2.7). A singular combinação de vocábulos, neste caso, deve servir a algum propósito especial. Paulo usava a palavra "semelhança" não com o propósito de sugerir qualquer irrealidade a respeito da natureza humana de nosso Senhor. Isto seria contrário à linguagem de Paulo em outros trechos desta carta ou mesmo em suas demais cartas. Ele usou a palavra "semelhança", neste versículo, por causa da expressão "carne pecaminosa", e não poderia ter dito que Cristo fora enviado em "carne pecaminosa". Isto seria uma contradição à impecabilidade de Jesus, a respeito da qual todo o Novo Testamento mostra-se zeloso em defender.

Portanto, a questão é: por que Paulo usou a expressão "carne pecaminosa", visto que era mister resguardar tão zelosamente a impecabilidade da carne do Senhor? A preocupação do apóstolo era mostrar que, ao mandar o Filho a este mundo de pecado, miséria e morte, o Pai o enviou de uma maneira que o colocou na mais íntima relação para com a humanidade pecaminosa, sendo-lhe possível vir a este mundo sem tornar-se, ele mesmo, pecaminoso. Ele mesmo era santo e imaculado — o vocábulo "semelhança" resguarda esta verdade. Entretanto, ele veio na própria natureza humana. E este foi o propósito de Paulo haver dito "carne pecaminosa". Nenhuma outra combinação de termos poderia ter cumprido tão perfeitamente estes propósitos. Na linguagem do apóstolo, está estampada a grande verdade de que, ao enviar o Filho, o Pai o enviou à mais profunda humilhação concebível para ele, o Filho de Deus, que, em sua natureza, era "santo, inculpável, sem mácula, separado dos pecadores" (Hb 7.26).

(5) "E no tocante ao pecado" — estas palavras devem ser interpretadas como o propósito pelo qual o Filho foi enviado. Estaria em conformidade com as Escrituras considerar a palavra "pecado" como se possuísse o significado de oferta pelo pecado. No entanto, não há razão para injetarmos qualquer outro pensamento além daquele de que o Pai enviou o Filho com o propósito de lidar com o pecado. Nada deveria ter a permissão de diminuir a eloquência desta verdade simples mas profunda. Por meio dela, somos informados que a vinda do Filho de Deus ao mundo não teria relevância alguma à parte da realidade do pecado. Foi para lidar com o pecado que ele veio. E, em face da cláusula anterior, é-nos

distintamente sugerida a ideia de que não somente o Filho veio de um modo que o colocou na mais íntima relação possível com a humanidade pecaminosa, sem tornar-se, ele mesmo pecador, mas também entrou na mais íntima relação possível com o *pecado*, sem que se tornasse, ele mesmo, pecaminoso. Essa definição sobre o propósito da vinda de Cristo é suficientemente inclusiva para abranger o resultado restrito que, de maneira particular, está em foco na cláusula principal — "Condenou... na carne, o pecado".

(6) "Condenou Deus, na carne, o pecado." Não devemos esquecer que o Pai é o sujeito desta cláusula, sendo, pois, visto como agente. Nossa concepção da obra de Cristo ficará obstruída se não levarmos em conta a ação de Deus Pai naqueles eventos que constituem o âmago da redenção (cf. 4.24,25; 8.32; 2 Co 5.18-21). Já ficou subentendido como devemos interpretar essa ação que condenou o pecado. Porém, as seguintes observações precisam ser feitas. (a) Não basta pensarmos apenas na condenação contra o pecado que foi oferecida através da vida imaculada de Jesus, na carne. Isto, sem dúvida, expressa uma verdade — a santidade e pureza imaculada de Jesus foi a mais notável e poderosa condenação contra o pecado do mundo.[6]

Porém, as duas expressões anteriores, "em semelhança de carne pecaminosa" e "no tocante ao pecado", particularmente esta última, militam contra a ideia de que este é o conceito dominante. Visto que o Filho foi enviado a fim de lidar com o pecado, devemos interpretar a ação condenatória do pecado em termos de redenção. E, conforme dissemos antes, esta ação, no presente contexto, terá de ser considerada como o juízo judicial executado contra o pecado, de acordo com a analogia de João 12.31, desdobrada para nós, em amplos detalhes e em termos diferentes, no trecho de Romanos 6.2-14. Trata-se daquele juízo condenatório pelo qual o pecado foi privado de seu poder e os beneficiários são libertados da lei do pecado e da morte e passam a viver não segundo a carne, mas segundo o Espírito. Deus Pai executou este julgamento. E, deste modo, somos relembrados que a agência

---

6 Godet mostra-se enfático ao restringir o pensamento a este conceito. "Paulo não tinha em mente nem a *destruição* do pecado pelo Espírito Santo (v. 4), nem a sua *condenação*, na cruz; mas considerava a *vida santa de Cristo* como uma condenação viva do pecado" (*op. cit., ad loc.*).

do Pai está presente naquele empreendimento que, acima de tudo, foi a realização do Filho, em sua missão encarnada e em seu compromisso. (b) "Na carne." Não podemos evitar o eloquente contraste ressaltado aqui pela palavra "carne". A lei estava "enferma pela carne", e, nesta afirmação, "carne" significa a natureza humana pecaminosa. Deus enviou seu Filho, em semelhança de carne pecaminosa; e, novamente, "carne", por ser a carne do pecado, é usada em sentido depreciativo. Agora, porém, o pecado foi condenado na "carne". Isto não significa que o pecado foi condenado na carne,[7] mas que foi condenado por meio da carne. Naquela mesma natureza que em todos os outros era pecaminosa — a mesma natureza que em todos os outros era dominada e dirigida pelo pecado, a natureza assumida pelo Filho de Deus, embora ele mesmo estivesse isento de pecado — Deus condenou o pecado e aniquilou o seu poder. Jesus não somente apagou a culpa de nosso pecado e nos aproximou de Deus, mas também conquistou o pecado como um poder, libertando-nos de seu domínio escravizador. E isto não poderia ter sido realizado exceto na "carne". Ele se lançou na batalha e obteve o triunfo na mesma carne que, em nós, é a sede e o agente do pecado.

Antes de encerrarmos nossos comentários sobre os versículos 1 a 3, é mister voltarmos à ideia da condenação aludida no versículo 1. É preciso destacar a razão pela qual foi dito, no começo, que a "condenação" deveria ser interpretada mais inclusivamente do que a libertação da culpa do pecado. Não é necessário supor que isso indica o afastamento do sentido estritamente forense da condenação. Segundo tem sido demonstrado, é o aspecto judicial que está em foco na condenação divina contra o pecado, na carne. Por igual modo, é este mesmo aspecto judicial de nossa escravidão ao poder do pecado que está em foco no versículo 1. Nossa escravidão ao pecado é devidamente encarada como o juízo ao qual estávamos consignados, não podendo haver livramento dessa servidão, contemplada em seu caráter judicial, enquanto o pecado, como um poder, não recebesse sua condenação judicial, na cruz de Cristo, e enquanto não entrasse em vigor a aplicação da cruz em nosso favor.

---

7   As palavras ἐν τῇ σάρκι devem ser interpretadas juntamente com κατέκρινε. Haveria redundância se Paulo tivesse falado em "pecado na carne", a fim de ensinar que foi "na carne" que ocorreu a condenação do pecado; isto é totalmente contrário ao ensino do contexto.

Portanto, a libertação da condenação deve abranger o ser livre do juízo do poder e da culpa do pecado. Por si mesma, a ênfase colocada sobre o fato de *não* haver nenhuma condenação sugeriria que essa negação inclui todo aspecto pelo qual a condenação pode ser encarada. Além da certeza de que o poder do pecado foi julgado decisivamente, de uma vez por todas, e de que o poder dominante no crente é a lei do Espírito da vida, em Cristo Jesus, que outro consolo seria mais apropriado e necessário para o crente engajado no conflito descrito, no qual o poder da carne e do pecado são fortemente evidenciados?

4 — Visto que o livramento do poder do pecado é ressaltado e que a "lei do Espírito da vida" (v.2) é o poder orientador e controlador da parte do Espírito Santo, o versículo 4 terá de ser considerado como o efeito em nós do juízo executado contra o poder do pecado, na cruz de Cristo, e o efeito do poder do Espírito Santo operando em nosso íntimo, baseado sobre e emanando da realização que, de uma vez por todas, se consumou na cruz de Cristo.

"O preceito da lei" é a justa exigência da lei (2.26; cf. Lc 1.6).[8] Isto demonstra com eloquência a ideia do apóstolo sobre a posição da lei de Deus na vida do crente. Paulo concebeu a santidade, que é o fim promovido pela obra redentora de Cristo, como o cumprimento do preceito da lei de Deus. E este fato torna-se ainda mais significativo, no presente contexto, porque o apóstolo apresentara o livramento do poder do pecado, em Romanos 6.14, como algo que procede do fato de que agora não estamos mais "debaixo da lei", e sim da "graça". No capítulo 7, Paulo retornara àquele tema, mostrando que agora não estamos mais "debaixo da lei" por havermos morrido "relativamente à lei, por meio do corpo de Cristo", tendo sido "libertados da lei" (7.4,6). E também demonstrara que a lei visava à morte, porquanto o pecado aproveitava-se da ocasião, devido à lei, para despertar em nós toda forma de cobiça (7.8-13).

---

8   δικαίωμα tem certa variedade de significado nesta carta. Em 1.32, é uma sentença judicial; em 5.16, uma sentença justificadora, a justificação; em 5.18, a justiça justificadora; aqui, tal como em 2.26, a justa exigência ou requerimento. Cf. a exposição nestas outras passagens.

E, finalmente, neste capítulo, ele acabara de falar acerca da incapacidade da lei (8.3). Então, como pode ele ter entendido a santidade do cristão como o cumprimento das exigências da lei? No entanto, este fato não pode ser contestado, sendo prova conclusiva de que a lei de Deus tem a mais completa relevância normativa naquele estado que é produto da graça divina. Interpretar doutra maneira o relacionamento entre a lei e a graça é laborar contra o evidente significado desse texto. Já vínhamos sendo preparados para esta conclusão, em notificações anteriores com este mesmo sentido (cf. 3.31; 6.15; 7.12,14,16,22,25). E, no desenvolvimento do assunto da santificação, encontramos abundante confirmação desta conclusão (cf. 13.8-10).

As palavras "se cumprisse" expressam o caráter plenário do cumprimento que a lei recebe, além de indicar que o alvo contemplado no processo santificador é nada menos do que a perfeição que a lei de Deus exige. A descrição dada a respeito daqueles que são participantes desta graça está em consonância com o teor da passagem — eles não andam "segundo a carne, mas segundo o Espírito", que é o Espírito Santo (v.2). E o contraste estabelecido significa que o poder orientador das suas vidas não é a carne, e sim o Espírito Santo. Mediante o Espírito, que habita e orienta o crente, o preceito da lei se cumpre neste; e através das operações da graça não se manifesta qualquer antinomia entre a lei, que exige, e o Espírito Santo, que energiza — "a lei é espiritual" (7.14).[9]

8.5-8

5 *Porque os que se inclinam para a carne cogitam das coisas da carne; mas os que se inclinam para o Espírito, das coisas do Espírito.*

6 *Porque o pendor da carne dá para a morte, mas o do Espírito, para a vida e paz.*

7 *Por isso, o pendor da carne é inimizade contra Deus, pois não está sujeito à lei de Deus, nem mesmo pode estar.*

8 *Portanto, os que estão na carne não podem agradar a Deus.*

---

9   Cf. "Law and Grace", em *Principles of Conduct* (Grand Rapids, 1957), pp. 181-201, escrito por este autor.

5-8 — Conforme é evidente do uso contínuo de conjunções, estes versículos formam uma unidade bem estruturada, intimamente relacionada ao versículo 4. As palavras "os que se inclinam para a carne" (v.5) continuam o pensamento da expressão "segundo a carne" no versículo anterior. Isto também é verdade acerca de "os que se inclinam para o Espírito". O versículo 5 confirma ou, talvez, explica o contraste existente no fim do versículo 4. O versículo 6 confirma e, preferivelmente, explica o versículo 5. E o versículo 7 apresenta a razão para o que é afirmado no 6. O versículo 8 expande a impossibilidade declarada no final do versículo 7.

Toda a passagem é uma ampliação do contraste entre a carne e o Espírito, bem como uma elucidação do que está envolvido em cada um desses elementos contrastados. A ênfase do versículo 4, entretanto, não deve ser negligenciada — "que *não* andamos segundo a carne, mas segundo o Espírito". Em outras palavras, o interesse não é simplesmente contrastar esses elementos opostos, mas também mostrar a razão por que as pessoas em foco *não* andam segundo a carne, e sim segundo o Espírito.

As expressões "segundo a carne" (vv.4,5) e "na carne" (vv.8,9) têm o mesmo sentido, sendo que na primeira a carne é vista como padrão determinante e na segunda, como a esfera condicionante — as pessoas envolvidas são condicionadas e padronizadas segundo a carne. "A carne" é a natureza humana corrompida e controlada pelo pecado. "Segundo o Espírito" (vv.4,5) e "no Espírito" (v.9) têm significado idêntico, possuindo uma distinção similar quanto ao ângulo pelo qual é encarado o relacionamento com o Espírito Santo. Aqueles que cogitam das coisas do Espírito são condicionados e padronizados pelo Espírito Santo.

Cogitar "das coisas da carne" (v.5) é ter as coisas da carne como objetos que absorvem o pensamento, os interesses, os afetos e o propósito. E o "pendor da carne" (v.6) é o complexo de disposições, incluindo não apenas as atividades da razão, mas também dos sentimentos e da vontade, padronizadas e controladas pela carne. Por igual modo, cogitar das "coisas do Espírito" (v.5) significa ter "as coisas do Espírito" como objetos que absorvem os pensamentos, interesses, afetos e propósitos. E o pendor "do Espírito" é o complexo de disposições, incluindo o exercício da razão, dos sentimentos e da vontade, padronizadas e controladas pelo Espírito Santo.

As expressões "segundo a carne" ("na carne"), "se inclinam para a carne" ("pendor da carne") e "andamos segundo a carne" estão em relacionamento mútuo e provavelmente devem ser entendidas como relacionadas de maneira causal, na ordem dada. A primeira define a condição moral básica; a segunda, a atitude íntima do coração e da mente que resulta dessa condição; a terceira, a prática que emana de ambas, mas, particularmente, da primeira, através da segunda. Os mesmos princípios, na direção oposta, se manifestam com alusão a "segundo o Espírito" ("do Espírito"), a cogitar "das coisas do Espírito" ("pendor do Espírito") e a andar "segundo o Espírito".

A cláusula "o pendor da carne dá para a morte" (v.6) não significa que o pendor da carne causa ou leva à morte. Existe uma equação e o predicado especifica em que consiste o pendor da carne. O princípio da morte consiste em separação, e aqui a expressão mais acentuada desse princípio está em foco, ou seja, a separação de Deus (cf. Is 59.2). Esta separação é concebida em termos de nossa alienação de Deus, mediante a qual estamos mortos em transgressões e pecados (cf. Ef 2.1). O pendor da carne, portanto, *é* esse tipo de morte.

"O pendor... do Espírito, para a vida e paz" (v.6). Aparece aqui o mesmo tipo de identificação. "Vida" é contrastada com "morte" e, em sua mais elevada expressão, que deve estar em foco aqui, significa conhecer a Deus e ter comunhão com ele (cf. Jo 17.3; 1 Jo 1.3), aquela comunhão que é o clímax da verdadeira religião. "Paz" facilmente pode ser entendida como correlata ao termo "vida". No presente caso, sem dúvida alguma, Paulo se referia ao efeito subjetivo da paz com Deus (5.1), o sentimento de estar unido com Deus e a tranquilidade de coração e mente que é evocada pelo senso de reconciliação (cf. Fp 4.7). A paz é a antítese da alienação e da miséria causada pelo pecado.

O versículo 7 dá-nos a razão *pela qual* o pendor da carne é morte. Esse pendor é "inimizade contra Deus". Temos, de novo, o mesmo tipo de equação. A essência do pecado é voltar-se contra Deus, agir de modo contrário a Deus. Esta predicação é mais vigorosa do que dizer que somos inimigos de Deus, porquanto define o pendor da carne, a mentalidade que caracteriza aqueles que "cogitam das coisas da carne" e estão "na carne", os quais são condicionados e governados pela "inimizade", a inimizade da qual Deus é o objeto. A inimizade para com Deus é o princípio atuante e a propensão governante da mentalidade carnal. E, quando esquecemos o que significa "pendor", está implícito que a disposição por trás de toda atividade é caracterizada por oposição e ódio contra Deus.

A última parte do versículo 7 confirma a primeira. A lei de Deus reflete o caráter e a vontade de Deus, e a atitude para com a lei é o índice de nosso relacionamento com Deus. Portanto, a insubmissão à lei é apresentada como a maneira concreta pela qual se manifesta a inimizade contra Deus; e a força da expressão "inimizade contra Deus" mostra a gravidade com que é encarada esta insubmissão. A referência à lei de Deus, neste contexto, demonstra aquela mesma estimativa de santidade e majestade da lei que, por vezes reiteradas, encontramos nos trechos anteriores da carta. A última cláusula, "nem mesmo pode estar", aponta para a impossibilidade que reside na mentalidade carnal e significa que ter qualquer disposição de obediência à lei de Deus é uma impossibilidade moral e psicológica para aqueles que estão "na carne".

O versículo 8 expande[10] o pensamento da última cláusula do versículo 7, ou seja, a impossibilidade que caracteriza aqueles que estão "na carne". A extensão desta impossibilidade é acentuada pelo escopo mais amplo implícito na expressão "agradar a Deus". Assim, fica subentendido que a "lei de Deus" enuncia aquilo que o agrada. Porém, o que é agradável a Deus envolve mais do que está incluso no termo "lei".

Portanto, quando o apóstolo afirma: "Os que estão na carne *não podem agradar a Deus*", a extensão da impossibilidade é expandida de forma a abranger tudo que é agradável a Deus. Esta é uma inferência necessariamente extraída da primeira cláusula do versículo 7 — "o pendor da carne é inimizade contra Deus". No entanto, o apóstolo não deixa seus leitores limitados a inferências; ele declara expressamente que fazer qualquer coisa que evoque a aprovação e o prazer divinos constitui uma impossibilidade

---

10 O δέ, no versículo 8, é continuativo e poderia ser melhor traduzido por "e", conforme se vê em certa versão.

moral e psicológica para aqueles que estão na carne. Temos aqui a própria doutrina da total incapacidade do homem natural ou, em outras palavras, a total incapacidade de ser ele agradável a Deus ou de fazer o que é agradável aos olhos de Deus.

Em toda esta passagem, encontramos a base bíblica para as doutrinas da total depravação e da total incapacidade do homem natural. Por conseguinte, devemos reconhecer que resistir a estas doutrinas não é lutar somente contra os atuais proponentes destas doutrinas, mas também contra o próprio apóstolo. "Inimizade contra Deus" não significa outra coisa, exceto a total depravação; e "não podem agradar a Deus", nada menos que a total incapacidade.

8.9-11

9 *Vós, porém, não estais na carne, mas no Espírito, se, de fato, o Espírito de Deus habita em vós. E, se alguém não tem o Espírito de Cristo, esse tal não é dele.*

10 *Se, porém, Cristo está em vós, o corpo, na verdade, está morto por causa do pecado, mas o espírito é vida, por causa da justiça.*

11 *Se habita em vós o Espírito daquele que ressuscitou a Jesus dentre os mortos, esse mesmo que ressuscitou a Cristo Jesus dentre os mortos vivificará também o vosso corpo mortal, por meio do seu Espírito, que em vós habita.*

9 — Conforme podemos observar, nestes versículos, Paulo prossegue falando sobre o contraste entre a carne e o Espírito. O apóstolo tem o cuidado de transmitir aos crentes a certeza e o consolo que lhes pertence por estarem "no Espírito" e, portanto, sob a direção e o controle do Espírito Santo. No entanto, Paulo é igualmente cauteloso em apresentar a condição segundo a qual esta certeza pode ser entendida — "se, de fato, o Espírito de Deus habita em vós".[11] Isto se refere à habitação permanente do Espírito Santo

---

11 εἴπερ poderia ser interpretada no sentido de "desde que" ou "visto que" (cf. 2 Ts 1.6). No entanto, é mais comum que εἴπερ especifique uma condição (cf. v. 17; 1 Co 8.5; 15.15 e 2 Co 5.3). Aqui ela especifica a condição ou a base daquela certeza aludida nas cláusulas anteriores (cf. Cl 1.23). Na última parte do versículo 9, a advertência é apresentada na forma negativa.

nos crentes (cf. Ef 2.22), e, conforme indicado na porção final do versículo 9, esta habitação é o *sine qua non* de estar alguém "no Espírito". Devemos notar que foram expressas a relação do Espírito Santo para com o crente e *vice-versa* — o crente está no Espírito, e o Espírito está no crente. Estas são relações distintas mas inseparáveis uma da outra.

"E, se alguém não tem o Espírito de Cristo, esse tal não é dele." Esta é uma maneira enfática de negar o que estava implícito na cláusula anterior. O "Espírito de Cristo" não é outro senão o "Espírito de Deus", citado na cláusula anterior e indica que o Espírito Santo mantém para com Cristo uma relação similar àquela que mantém para com Deus Pai (cf. 2 Co 3.17,18; Gl 4.6; Fp 1.19; 1 Pe 1.11).[12] A força do critério que o apóstolo cita aqui precisa ser apreciada. Se alguém não tem o Espírito Santo, esse tal não é crente. *Todo* crente é habitado pelo Espírito Santo e, portanto, conforme observamos antes, está no Espírito. Nos termos do ensinamento do apóstolo em outros trechos (cf. exposição em 7.14), isto significa que *todo* crente é "espiritual", não havendo entre os crentes discriminação semelhante àquela que existe entre os que estão "no Espírito" e os que não estão. A força da expressão "esse tal não é dele" não deixa qualquer dúvida de que a pessoa que não tem o Espírito de Cristo (cf. Jd 19) está fora do rebanho daqueles que são chamados por Cristo (cf. 1.6).

10 — "Se, porém, Cristo está em vós." Esta variação de termos demonstra que o "habitar do Espírito de Deus", "possuir o Espírito de Cristo" e "ter Cristo em nós" são expressões que manifestam o mesmo significado. Mas isto não quer dizer que haja qualquer obscurecimento na distinção entre Cristo e o Espírito Santo. Tampouco elimina as maneiras distintas de habitação ou as diferentes operações das respectivas pessoas da Deidade. Todavia, isto ressalta a intimidade de relações existente entre Cristo e o Espírito Santo, naquela união mediante a qual o crente torna-se a morada de ambos.

"O corpo, na verdade, está morto por causa do pecado." Não há qualquer base para a ideia de que esta cláusula se refere à morte para o pecado, realizada pela união com Cristo (cf. 6.2). Isto não seria coerente com as palavras

---

12 Este é um forte apoio à cláusula *filioque*.

"por causa do pecado". E, em face da alusão à ressurreição de nossos "corpos mortais", no versículo 11, há toda razão para considerarmos o "corpo", neste caso, como o corpo físico; e a morte, como a dissolução que tem lugar quando o corpo e o espírito separam-se. O apóstolo pôde afirmar que o corpo "está morto" porque o princípio da morte está presente, e o corpo, na expressão de Meyer, é "presa da morte". As palavras "por causa do pecado" apontam de volta para Romanos 5.12 e 6.23, reiterando a verdade, tantas vezes enfatizada, de que o pecado é a razão pela qual a morte invadiu o aspecto físico de nossos seres. A morte do corpo é o salário do pecado.

"Mas o espírito é vida, por causa da justiça." De modo contrário à interpretação adotada pela nossa versão e a toda opinião exegética uniforme,[13] entendo que as palavras "o espírito", nesta cláusula, aludem ao Espírito Santo. O contraste entre o corpo, como morto, e o Espírito, como vida, não requer que os elementos contrastados sejam o corpo e o espírito do homem, conforme afirmam de maneira categórica muitos exegetas. As seguintes considerações devem ser levadas em conta a fim de apoiar o ponto de vista de que Paulo tinha em mente o Espírito Santo.

(1) No contexto anterior e no versículo 11, o Espírito Santo está inquestionavelmente em foco, em cada uso do termo "Espírito" — "no Espírito", "o Espírito de Deus" e "o Espírito de Cristo" (v.9); "o Espírito daquele que ressuscitou a Jesus dentre os mortos" (v.11). Seriam necessárias mais evidências do que as existentes para nos afastarmos desta conotação no final do versículo 10.

(2) A alusão ao Espírito Santo como vida é coerente com o pensamento introduzido no começo do versículo 11. Pois nada é tão pertinente à certeza da ressurreição (v. 11) quanto o fato de que o Espírito Santo, que habita nos crentes, é concebido como *vida*.

(3) É um equívoco pensar que a morte referida neste versículo seja meramente *física*; a morte consiste da separação entre o corpo e o espírito,

---

13 A opinião comum pode ser dita nos termos de Sanday e Headlam: "É claro que o πνεῦμα, nesta instância, é o πνεῦμα humano, no qual estão infundidas as propriedades da vida, pela presença do πνεῦμα divino" (*op. cit., ad loc.*). Calvino adota o ponto de vista proposto de que se refere ao Espírito Santo: "Os leitores já haviam sido lembrados que não deveriam compreender a palavra Espírito como se esta significasse a alma, e sim o Espírito de regeneração" (*op. cit., ad loc.*). Alguns outros, antes e depois de Calvino, adotaram esse mesmo ponto de vista.

e este, apesar de não sofrer a corrupção que afeta o corpo, está sujeito a esta separação. Seria estranho, portanto, o apóstolo colocar o espírito humano do crente como aquilo que permanece em antítese com a morte, que é claramente predicada ao corpo. Algo muito mais antitético, por meio da anulação que redime da morte, é exigido. O Espírito Santo, na qualidade de vida, supre esta antítese, ao passo que o espírito humano, por mais que o concebamos imbuído de vida, não a supre.

(4) O pensamento central do versículo é que, embora os crentes morram (este fato é exibido na dissolução do corpo) e visto que Cristo habita nos crentes, forças doadoras de vida são postas a operar sobre a morte, e esta vida é colocada em fortíssimo contraste com o poder desintegrador exemplificado pelo retorno ao pó, por parte do corpo. A referência ao Espírito Santo como vida é coerente com este pensamento.

Se a cláusula em pauta se refere ao Espírito Santo, então, a proposição de que "o Espírito é vida" deve ser entendida, sem qualquer reserva, como identificação do Espírito Santo com aquela vida que garante a anulação da morte, por meio da ressurreição. E o apóstolo nos havia preparado para essa atribuição. O próprio Cristo é a ressurreição e a vida (cf. Jo 11.25). Porém, conforme observamos antes, o apóstolo mostra a intimidade do relacionamento entre Cristo e o Espírito Santo, ao chamá-lo de "o Espírito de Cristo" e ao equiparar sua habitação no crente à habitação de Cristo (vv.9,10).

Contudo, devemos observar que, ao se dizer que o Espírito é "vida", esta é considerada como a vida que vence e nos livra da morte; o Espírito Santo é reputado como vida no ato consumador da redenção, ou seja, a ressurreição. Isto explica o que está em foco quando se diz que o Espírito "é vida, *por causa da justiça*". O Espírito Santo não é vida na esfera redentora à parte da redenção realizada por Cristo. Aqui, uma vez mais, encontramos a mesma intimidade de interdependência. Isto significa afirmar que, à parte da justiça que é o tema central da carta, o Espírito Santo não é a vida mencionada neste versículo. *Por causa da* "justiça de Deus", que é a justiça e a obediência de Cristo, o Espírito Santo é vida em relação à morte que condiciona nossa situação pecaminosa e a aniquilação dessa morte.

11 — O Espírito ao qual Paulo se refere não é outro senão o Espírito Santo. "Esse mesmo que ressuscitou a Cristo Jesus dentre os mortos", sem dúvida, é Deus Pai (cf. 4.24,25; 6.4; Gl 1.1; Ef 1.17,20). O Pai é o agente específico da ressurreição de Cristo. Visto que o Espírito Santo é denominado de "o Espírito daquele que ressuscitou a Jesus dentre os mortos", isto significa que o Espírito Santo mantém íntima relação com o Pai, naquela ação específica que pertence, *par excellence*, ao Pai, na economia da redenção. Assim como o Espírito Santo é o Espírito de Cristo, por causa da intimidade de relação que ele mantém para com Cristo, no ofício messiânico que o nome "Cristo" denota, assim também ele é o Espírito do Pai, devido à intimidade de relação que sustenta para com o Pai na ressurreição de Jesus. Esta relação supre a base para a proposição no final do versículo 10 — "o Espírito é vida": Ele é vida ressurreta, vida dotada do poder de ressurreição e de sua virtude.

Assim, a habitação do Espírito Santo em nós, que é o pensamento central da parte inicial do versículo 11, é vista pelo aspecto do caráter outorgado a essa habitação, em virtude do fato de que é na qualidade de Espírito daquele que ressuscitou a Jesus que ele habita nos crentes. E isto se mantém em relação íntima com a inferência extraída do fato de sua permanência em nós, ou seja, "esse mesmo que ressuscitou a Cristo Jesus dentre os mortos vivificará também o vosso corpo mortal, por meio do seu Espírito, que em vós habita".

"Esse mesmo que ressuscitou a Cristo Jesus" é, novamente, Deus Pai. Portanto, ele é apresentado como o agente específico da ressurreição dos crentes. E essa ressurreição é definida em termos de "vivificará também o vosso corpo mortal". Visto que isso se refere à ressurreição dentre os mortos, poderíamos ter esperado que o apóstolo houvesse dito "vosso corpo morto", em vez de "vosso corpo mortal" (cf. v.10). Mas a linguagem é significativa. O vocábulo "mortal" descreve os corpos dos crentes em seu aspecto de mortalidade, a qual, nesta vida, lhes pertence antes do evento da morte física. E, embora seja na qualidade de corpos mortos que eles serão vivificados, por ocasião da ressurreição, a identificação dos crentes como corpos mortais demonstra que é nos mesmos corpos que eles possuem que serão vivificados na ressurreição. Identidade e continuidade estão subentendidas na descrição aqui adotada pelo apóstolo, identidade e continuidade que de modo algum interferem nas novas qualidades com as quais serão dotados esses corpos, para o estado ressurreto (cf. 1 Co 15.35-54).

O texto grego seguido por nossa versão indica expressamente que o Espírito Santo agirá de modo ativo na ressurreição — "por meio do seu Espírito, que em vós habita".[14] Embora o Pai seja o agente específico da ressurreição dos crentes, tal como o fora da ressurreição de Cristo, isto não exclui a agência do Espírito Santo. As pessoas da Deidade agem conjuntamente nos atos da redenção e assim o farão no ato da consumação. Se seguirmos a variante textual aqui existente, fica ainda implícito que o Espírito Santo também se mostrou ativo na ressurreição de Cristo dentre os mortos. O fato de que Deus Pai ressuscitou a Cristo é apresentado, neste texto, como a garantia de que os crentes serão igualmente ressuscitados. Também existe a sugestão de que o padrão fornecido pela ressurreição de Cristo será seguido na ressurreição dos crentes (cf. Ef 1.17,ss.). Portanto, se o Espírito Santo se mostrará ativo na ressurreição dos crentes, segue-se que também se mostrou ativo na ressurreição de Cristo. Porquanto esta supre a base e o padrão para aquela.

O pensamento central do versículo inteiro pode ser afirmado da seguinte maneira: (1) Deus Pai ressuscitou a Cristo. (2) O Espírito Santo é o Espírito do Pai, quando o Pai é contemplado na capacidade específica daquele que ressuscitou a Jesus. (3) O Espírito Santo habita nos crentes e fá-lo como o Espírito do Pai. (4) Esta habitação do Espírito nos crentes, visto ser a habitação do Espírito daquele que ressuscitou a Jesus, garante a ressurreição, dentre os mortos, daqueles em quem ele reside.

---

14 A variante textual é aquela existente entre διά com o genitivo e διά com o acusativo. A primeira forma — τοῦ ἐνοικοῦντος αὐτοῦ πνεύματος — é apoiada por ℵ, A, C, P² e várias versões; a segunda — τὸ ἐνοικοῦν αὐτοῦ πνεῦμα — é apoiada por B, D, G, a maioria dos manuscritos cursivos e algumas versões. A primeira indica a agência direta do Espírito Santo; a segunda, porém, não exclui esta agência e, de fato, sugere-a. Somente devemos notar que, se adotássemos esta última forma, seria possível suprimir o conceito da agência do Espírito Santo na ressurreição. Entretanto, se a habitação do Espírito em nós for dada como o motivo de nossa ressurreição (διά com o acusativo), será difícil eliminar a causalidade do Espírito.

8.12-17

12 Assim, pois, irmãos, somos devedores, não à carne como se constrangidos a viver segundo a carne.
13 Porque, se viverdes segundo a carne, caminhais para a morte; mas, se, pelo Espírito, mortificardes os feitos do corpo, certamente vivereis.
14 Pois todos os que são guiados pelo Espírito de Deus são filhos de Deus.
15 Porque não recebestes o espírito de escravidão, para viverdes, outra vez, atemorizados, mas recebestes o espírito de adoção, baseados no qual clamamos: Aba, Pai.
16 O próprio Espírito testifica com o nosso espírito que somos filhos de Deus.
17 Ora, se somos filhos, somos também herdeiros, herdeiros de Deus e co-herdeiros com Cristo; se com ele sofremos, também com ele seremos glorificados.

12 — Este versículo é uma inferência extraída dos versículos anteriores, e provavelmente toda a porção anterior do capítulo deve ser compreendida como base desta conclusão. A inferência tem implicação exortativa, embora não tenha sido utilizada a linguagem expressa das exortações. Geralmente pensamos na obra sacrificial de Cristo como aquilo que nos coloca sob a obrigação de levar uma vida de santidade.

No entanto, a obra e, em particular, a habitação do Espírito Santo são evocadas como a razão para nossa consagração. A obrigação que pesa sobre nós é declarada na forma negativa — "devedores, não à carne como se constrangidos a viver segundo a carne". Fica implícito, naturalmente, que somos devedores ao Espírito para vivermos segundo o Espírito; mas isto deve ser inferido da afirmação oposta e negativa. A "carne" é o conjunto de desejos, motivos, afetos, propensões, princípios e propósitos pecaminosos; e "viver segundo a carne" significa ser governado e dirigido por esse conjunto. A força dessa inferência se torna evidente. Quão contraditório é para nós havermos sido libertos da lei do pecado e da morte, passando a ser habitados por ele, para em seguida prestarmos obediência e serviço àquilo de que fomos emancipados pelo Espírito Santo!

13 — Este versículo nos fornece a razão tanto para a negação expressa quanto para a afirmação implícita do versículo anterior; e isto é feito apresentando-se os resultados antitéticos da vida segundo a carne e da vida segundo o Espírito. "Porque, se viverdes segundo a carne, caminhais para a morte." Temos aqui uma sequência inevitável e invariável, a qual o próprio Deus não transgride, nem pode infringir. Fazer que a vida se tornasse o resultado do viver segundo a carne seria uma contradição. Deus nos salvou da carne, mas não na carne. Paulo falava aqui sobre os crentes e a estes disse: "Se viverdes segundo a carne, caminhais para a morte". A morte, nesta instância, deve ser entendida em seu escopo mais amplo, não ficando aquém da morte em sua manifestação final, a eterna separação entre o homem e Deus.

A doutrina da segurança do crente não anula esta sequência. A única maneira de evitarmos o resultado da morte é sermos libertos e desistirmos da vida segundo a carne. "Mas, se, pelo Espírito, mortificardes os feitos do corpo, certamente vivereis." A sequência, neste caso, é tão inevitável e invariável quanto no anterior. É importante observar que, neste caso, o apóstolo não usou um modo paralelo de expressão — "se viverdes segundo o Espírito". Ele torna-se muito mais concreto e reverte à fórmula negativa, indicando, novamente, a tendência prática de seu modo de pensar e o fato de que a consagração tem um lado negativo, bem como um lado positivo — "se, pelo Espírito, mortificardes os feitos do corpo, certamente vivereis".

Várias observações tornam-se necessárias a respeito desta declaração: (1) "mortificardes" alude à atividade de nossa parte. No capítulo 7, os crentes são apresentados como mortos para aquilo a que estavam presos (7.4,6). Nestes versículos, a passividade dos crentes está em evidência. Agora, Paulo está interessado na atividade responsável da parte deles. Esta se fundamenta sobre aquela. A morte do crente para a lei e o pecado, que ocorreu de uma vez por todas, não o livra da obrigação de mortificar o pecado em seus membros; antes, torna-lhe necessária e possível. (2) Os "feitos do corpo." A entidade física que denominamos corpo sem dúvida está em foco (cf. vv.10,11), ficando implícito que o apóstolo pensava sobre aqueles pecados associados com o corpo e por meio deste manifestados. Assim como notamos em Romanos 6.6, Paulo não estava expressando a ideia de que o corpo é a fonte do pecado ou de que os pecados a serem mortificados são meramente aqueles cujo órgão executivo é o corpo. Antes, está ressaltando o caráter incisivamente concreto e a praticabilidade das exigências impostas ao crente. "Os feitos do corpo" são aquelas práticas que caracterizam o corpo do pecado (cf. 6.6), práticas essas que o crente deve mortificar, a fim de viver (cf. Cl 3.5). (3) Esta atividade não ocorre à parte do Espírito Santo — ela se dá "pelo Espírito". O crente não foi dotado de um reservatório de forças, ao qual pode recorrer. É sempre "pelo Espírito" que será realizada toda atividade santificada e santificadora. (4) A vida que resulta desta obra do Espírito, tal como no caso da morte, na analogia oposta, é a vida em seu significado mais amplo, não ficando aquém da vida eterna que os santos desfrutarão para sempre, na presença de Deus e em comunhão com ele.

14 — A conexão entre este e o versículo anterior manifesta-se desta forma: aqueles que, pelo Espírito, mortificam os feitos do corpo são guiados pelo Espírito de Deus; e aqueles que são guiados pelo Espírito de Deus são filhos de Deus; logo, visto que são filhos de Deus, esta situação garante-lhes a vida eterna.

O versículo 14, pois, deve ser interpretado como base da certeza referida no versículo 13 — "vivereis". E a consideração específica é que a vida eterna resulta invariavelmente dessa filiação. Paulo tinha certeza de que aqueles que, pelo Espírito, mortificam os feitos do corpo são guiados pelo Espírito de Deus; e assevera, de maneira categórica, que todos quantos são guiados pelo Espírito, *esses* são filhos de Deus.[15]

"Guiados pelo Espírito" são palavras que subentendem que tais pessoas são governadas pelo Espírito, e a ênfase recai sobre a atividade do Espírito e a passividade dos que a recebem. "Mortificardes os feitos do corpo" (v.13) enfatiza a atividade do crente. Estas coisas se completam. A atividade do crente é a evidência da atividade do Espírito, sendo esta a causa daquela.

---

15 οὗτοι tem a ênfase e o significado de "estes e não outros".

15 — Este versículo adiciona outra confirmação ao pensamento expresso nos versículos 13 e 14, ou seja, a filiação é a garantia da vida eterna. Agora, o apóstolo desdobra as implicações da filiação. Há grande divergência de opinião a respeito do significado de "espírito de escravidão" e "espírito de adoção". Um ponto de vista comum, se não mesmo o de maior prevalência, é que o "espírito de escravidão" significa o espírito perverso ou o mau gênio que nos controlava antes de havermos sido libertos pelo evangelho, uma disposição que desperta ou é acompanhada por tremor e temor. Por semelhante modo, o "espírito de adoção" é aquela filial disposição de confiança que se expressa na exclamação "Aba, Pai".[16]

O vocábulo "espírito" pode ser usado com o significado de disposição ou de estado mental (cf. 11.8; 1 Co 4.21; Gl 6.1; 1 Pe 3.4 e, talvez, 2 Tm 1.7), tanto em bom quanto em mau sentido. Além disso, parece impossível interpretar "espírito de escravidão" em qualquer outro sentido; pois o Espírito Santo não é Espírito de escravidão, e sim de liberdade (cf. 2 Co 3.17). E, posto que seria difícil entender a palavra "espírito" com um significado em "espírito de escravidão" e com outro em "espírito de adoção", não devemos nos surpreender que os expositores adotem a interpretação comum mencionada antes. No entanto, temos boas razões para rejeitarmos a interpretação de que ambos têm o sentido de estado mental.

Gálatas 4.6 é um texto correspondente ao presente versículo: "E, porque vós sois filhos, enviou Deus ao nosso coração o Espírito de seu Filho, que clama: Aba, Pai!" Nesta passagem, sem dúvida, o Espírito Santo está em foco, sendo por intermédio dele que clamamos: "Aba, Pai!" A correspondência de pensamento constrange-nos à conclusão de que, em Romanos 8.15, "o espírito de adoção, baseado no qual clamamos: Aba, Pai", é o Espírito Santo.[17] Ele é chamado de "espírito de adoção" não por ser ele o agente da adoção, mas por ser ele aquele que cria, nos filhos de Deus, o amor e a confiança

---

16 Cf. Lutero, Philippi, Meyer, Gifford, Sanday e Headlam, Denney, Dodd, *ad loc*. Talvez Sanday e Headlam não entendiam "espírito de adoção" com o mesmo significado da expressão "espírito de escravidão", considerando que a primeira se reportava ao Espírito Santo. O mesmo é verdade a respeito de Haldane, que interpretou "espírito de escravidão" no sentido de espírito de servidão, mas "espírito de adoção" como uma referência ao Espírito Santo.
17 Cf. Calvino, Alford, Hodge, Haldane, Godet, *ad loc*.

filiais por meio das quais são capazes de exclamar: "Aba, Pai", exercendo os direitos e privilégios de filhos de Deus.[18]

No que concerne a designação "Aba, Pai" (cf. Mc 14.36; Gl 4.6), a opinião mais convincente é que tanto a palavra aramaica quanto a grega foram usadas pelo próprio Senhor e que os seus discípulos ou, pelo menos, alguns deles, seguiram o seu exemplo, resultando em que ambos os termos foram combinados nesta designação.[19] A repetição indica a intensidade e a confiança com que o Espírito Santo encoraja o povo de Deus, para que se aproximem como filhos de um Pai disposto e capaz de ajudá-los.[20] A hesitação em entretermos esta confiança de nos aproximarmos de Deus Pai não é evidência de autêntica humildade. Devemos observar que é através ou no Espírito Santo que acontece esta aproximação. Sem a reverência filial e a ternura fomentadas pelo Espírito, dirigir-se a Deus com essas palavras é presunção e arrogância.

Se o Espírito Santo é o "espírito de adoção", o que, então, significa o "espírito de escravidão"? Seria arbitrário entender o vocábulo "espírito", numa expressão, como nome próprio, mas não na outra. Entretanto, o Espírito Santo não pode ser intitulado "espírito de escravidão", porquanto, conforme observamos, onde ele estiver, aí haverá liberdade. A solução reside em considerarmos que a proposição atinente ao "espírito de escravidão" está na forma negativa, havendo motivo para que interpretemos assim o pensamento: "Não recebestes o Espírito como Espírito de escravidão, e sim como Espírito de adoção".

A expressão "para viverdes outra vez atemorizados" deve ser compreendida no sentido de que o recebimento do Espírito Santo não tem o efeito de uma recaída no temor servil que caracterizava o estado de incredulidade. E a razão para isso é que o Espírito Santo não é o Espírito de escravidão, mas o de adoção, o Espírito cujas atividades promovem aquilo que está de conformidade com a adoção e não com o que é sintoma de escravidão.

---

18 Não é necessário nem estritamente correto dizer, assim como Hodge, que "o Espírito é assim chamado porque ele adota. É por meio dele que nos tornamos filhos de Deus" (*op. cit., ad loc.*). Eminentemente, o Pai é o agente da adoção. A evidência, em particular nas cartas paulinas, indica que é com o Pai que os crentes mantêm a relação de filhos por adoção, e, portanto, ele é quem adota.
19 Cf. Philippi, Meyer, Godet, Sanday e Headlam, *ad loc.*
20 Cf. *Westminster Shorter Catechism*, pergunta 100.

16 — Para entendermos o pensamento deste versículo, precisamos retornar ao anterior. Neste, faz-se referência à reação filial registrada no coração do próprio crente — "*clamamos*: Aba, Pai!" Utilizando a linguagem do versículo 16, esta reação filial é o testemunho dado *pela* própria consciência do crente, em virtude da habitação do Espírito Santo na qualidade de Espírito de adoção. Agora, no versículo 16, Paulo fala a respeito do testemunho dado pelo *próprio* Espírito Santo. E esse testemunho é concebido como algo que opera juntamente com a consciência do próprio crente. Portanto, o testemunho do Espírito deve ser distinguido do testemunho de nossa consciência filial: é o testemunho que o Espírito *nos* outorga em distinção ao testemunho prestado *por* nós. O testemunho outorgado pelo Espírito consiste no fato de que "somos filhos de Deus".[21]

Não devemos interpretar esse testemunho do Espírito como se fosse uma direta revelação proposicional dizendo: "Tu és filho de Deus". Na verdade, é um testemunho dado a "nosso espírito", embora isto se realize de muitas maneiras. Particularmente, manifesta-se mediante a selagem, no coração dos crentes, das promessas de que são herdeiros de Deus e co-herdeiros com Cristo. Isto produz neles a certeza do grande amor que o Pai lhes proporciona, a ponto de serem chamados filhos de Deus (cf. 1 Jo 3.1).[22]

17 — Este versículo obviamente enuncia a inferência extraída da realidade da filiação no tocante à glória que aguarda o povo de Deus, devendo ser vinculado ao versículo 14. Ali, a filiação foi mencionada como a garantia

---

21   No Novo Testamento, Paulo tem o monopólio do vocábulo υἱοθεσία (8.15, 23; Gl 4.5; Ef 1.5). É importante observar que ele não se restringe ao termo υἱός para designar o adotado. Neste capítulo, temos um interessante exemplo da flexibilidade de utilização deste vocábulo; nos versículos 16, 17 e 21, Paulo utiliza τέκνα e nos versículos 14 e 19, υἱοί. Encontramos a mesma variação em outras passagens: τέκνα em Romanos 9.7-8, Efésios 5.1 e Filipenses 2.15; υἱοί em Romanos 9.26, 2 Coríntios 6.18, Gálatas 3.26 e 4.6-7. Seria artificial achar outro conceito. Não há qualquer evidência de que, em termos da derivação de τέκνον, Paulo tivesse concebido esta filiação como algo constituído da regeneração. A maneira como João utiliza τέκνα é diferente. Ele não faz uso de υἱός com referência a este relacionamento, exceto em Apocalipse 21.7 e, talvez, João 12.36. Ele emprega τέκνα em João 1.12; 1 João 3.1, 2, 10; 5.2; cf. João 11.52; 2 João 1, 4, 13; 3 João 4. É possível que João tenha vinculado a filiação mais intimamente à regeneração (cf. Jo 1.12, 13; 1 Jo 2.29; 3.9, 4.7; 5.1, 4, 18). Porém, mesmo nos escritos de João também se evidencia o ato distinto da outorga do privilégio (cf. Jo 1.12; 1 Jo 3.1).
22   Quanto a uma proveitosa exposição, ver Robert Haldane, *op. cit., ad loc.*; Thomas Chalmers, *Lectures on the Epistle of Paul the Apostle to the Romans*, preleção LIV.

da vida eterna. Agora, no versículo 17, este assunto é expandido, ao mesmo tempo que o apóstolo define a vida que espera pelo povo de Deus — "herdeiros de Deus e co-herdeiros com Cristo" (cf. Gl 4.7, onde Paulo expressa, de forma ainda mais sucinta, a mesma sequência lógica).

"Herdeiros de Deus" envolve nada menos do que o fato de serem os filhos de Deus herdeiros da herança que o próprio Deus entesourou para eles. Mas é difícil suprimir o pensamento mais rico e profundo de que o próprio Deus é a herança de seus filhos (cf. Sl 73.25,26; Lm 3.24). Encontramos apoio para esta noção quando consideramos que os crentes são "co-herdeiros com Cristo". O galardão de Cristo consistiu, acima de tudo, em que ele foi glorificado juntamente com o Pai; e o Senhor era a porção da sua herança (cf. Jo 17.5; Sl 16.5). As palavras "co-herdeiros com Cristo" significam que os filhos de Deus entram, juntamente com Cristo, na possessão da herança que lhes foi proporcionada. É deste ângulo que devem ser encaradas a união e a comunhão com Cristo (a qual o apóstolo enfatizara noutras conexões, em porções anteriores da carta), no estado de glória.

Assim como Jesus, em seus sofrimentos, morte e ressurreição, não pode ser contemplado à parte daqueles em favor de quem sofreu, morreu e ressuscitou, assim também, na glória que lhe foi dada, em recompensa de sua obra terminada, ele não pode ser contemplado à parte deles. E os crentes, em seu estado de glória, não podem ser contemplados à parte de Cristo. Portanto, a glória da herança deles não pode ser outra, exceto a glória pertencente a Cristo, na recompensa de sua exaltação. Isto é expressamente afirmado na cláusula final do versículo — "também com ele seremos glorificados". É bom lembrar que isto fazia parte da súplica de Jesus em favor dos seus: "Pai, a minha vontade é que onde eu estou, estejam também comigo os que me deste, para que vejam a minha glória que me conferiste, porque me amaste antes da fundação do mundo" (Jo 17.24). "Co-herdeiros com Cristo" não é um conceito mais elevado do que "herdeiros de Deus", mas outorga expressão concreta e elucidação ao que está envolvido em "herdeiros de Deus".

"Se com ele sofremos, também com ele seremos glorificados" é a condição da qual depende a concretização da herança (cf. v.9). Não há participação na glória de Jesus Cristo, a menos que compartilhemos de seus sofrimentos. O sofrimento e, depois, a glória: esta foi a ordem designada para o próprio Cristo. Não poderia ter sido diferente, em termos de sua obra e desígnio messiânicos (cf. Lc 24.26; Fp 2.6-11; 1 Pe 1.11). A mesma ordem se aplica àqueles que são herdeiros juntamente com ele. Isto não significa apenas que eles devem sofrer e, em seguida, entrar na glória; é mais do que um paralelismo a respeito de ordem. Devemos notar que eles sofrem *juntamente* com ele; e esta participação conjunta é enfatizada tanto no caso do sofrimento quanto no da glorificação. Esta é a razão e também o sentido da ênfase dada, nas páginas do Novo Testamento, e particularmente nos escritos de Paulo, aos sofrimentos do povo de Deus, bem como aos sofrimentos de Jesus Cristo (cf. 2 Co 1.5; Fp 3.10; Cl 1.24; 2 Tm 2.11; 1 Pe 4.13; cf. Mc 10.39).

Os crentes não contribuem para a realização da obra de expiação, propiciação, reconciliação e redenção. Em parte alguma, os seus sofrimentos são retratados como se tivessem qualquer virtude ou eficácia. O Senhor lançou exclusivamente sobre Cristo as iniquidades de seu povo; e foi somente por meio dele que Deus reconciliou consigo o mundo. Somente Cristo redimiu-nos por intermédio de seu sangue. No entanto, há outros aspectos pelos quais os sofrimentos dos filhos de Deus devem ser classificados juntamente com os sofrimentos do próprio Cristo. Eles participam dos sofrimentos de Cristo, sendo reputados como quem preenche a quota total de sofrimentos necessários à consumação da redenção e da glorificação de todo o corpo de Cristo (cf. Cl 1.24). Novamente, o estar unido e em comunhão com Cristo explicam e validam esta participação.

8.18-25

18 Porque para mim tenho por certo que os sofrimentos do tempo presente não podem ser comparados com a glória a ser revelada em nós.

19 A ardente expectativa da criação aguarda a revelação dos filhos de Deus.

20 Pois a criação está sujeita à vaidade, não voluntariamente, mas por causa daquele que a sujeitou,

21 na esperança de que própria criação será redimida do cativeiro da corrupção, para a liberdade da glória dos filhos de Deus.

22 Porque sabemos que toda a criação, a um só tempo, geme e suporta angústias até agora.

23 E não somente ela, mas também nós, que temos as primícias do Espírito, igualmente gememos em nosso íntimo, aguardando a adoção de filhos, a redenção do nosso corpo.

24 Porque, na esperança, fomos salvos. Ora, esperança que se vê não é esperança; pois o que alguém vê, como o espera?

25 Mas, se esperamos o que não vemos, com paciência o aguardamos.

Três são as bases de encorajamento apresentadas pelo apóstolo a fim de consolar e fortalecer os filhos de Deus, em face dos sofrimentos que os crentes devem suportar por amor a Cristo, sendo esta a condição necessária para que sejam glorificados juntamente com Cristo. Estes versículos abrangem as considerações que constituem o primeiro destes motivos.

18 — Este versículo é um apelo à grande desproporção que existe entre os sofrimentos suportados nesta vida e a glória reservada para os filhos de Deus — os sofrimentos presentes são reduzidos à insignificância, quando confrontados com a glória a ser revelada em nós, no futuro. O apóstolo recorre a esta consideração, a fim de induzir os crentes a sofrerem com paciência. Quando ele disse: "Tenho por certo" (cf. 3.28; Fp 3.13), estava expondo seu pensamento referente à verdade acerca da qual não há qualquer contradição (cf. 2 Co 4.17). O "tempo presente" é declarado como a época na qual ocorrem estes sofrimentos. Trata-se de uma expressão técnica que não deve ser equiparada à nossa frase "temporariamente, por enquanto". O tempo presente, neste caso, significa "esta era" ou "a era atual", em contraste com a "era vindoura" (cf. Mt 12.32; Mc 10.30; Lc 16.8; 20.34,35; Rm 12.2; Gl 1.4; Ef 1.21). A era vindoura é a da ressurreição e da glória a ser revelada. O contraste não é feito entre os sofrimentos suportados pelo crente nesta vida, anterior à morte física, e a bem-aventurança na qual ele entra por ocasião da morte física (cf. 2 Co 5.8; Fp 1.23).

A glória contemplada é a da ressurreição e a da era vindoura. Ela é descrita como "a glória a ser revelada em nós". Esta expressão fala sobre a certeza da revelação futura. Seria interessante ressaltar o ocultamento pressuposto nas palavras "a ser revelada", imaginando que a glória a ser revelada é concebida como algo já existente nesse ocultamento, algo que precisa apenas manifestar-se. A glória, pois, seria aquela que pertence a Cristo atualmente e será conferida aos crentes no futuro. O termo "revelada" não tem necessariamente este significado (cf. Gl 3.23). E a glória a ser revelada está de tal maneira vinculada à ressurreição (v.23), que não podemos concebê-la como existente no presente, exceto nos desígnios e propósitos de Deus. Esta glória deverá ser revelada "em nós", isto é, deverá chegar até nós, sendo-nos conferida, de modo que nos tornaremos verdadeiros participantes da mesma; não será uma glória da qual seremos meros espectadores.

19 — Considerável diferença de opinião existe, com motivos razoáveis, acerca do elemento exato, no versículo anterior, ao qual está vinculado o versículo 19.[23] Quando há boas razões para dúvida, podemos apenas expressar nosso julgamento e a razão para a dúvida. Parece que o versículo 19 tem por intuito apoiar as expectativas pacientes e confiantes às quais os crentes são induzidos, implicitamente, no versículo 18, o que é feito destacando-se a "ardente expectativa da criação". Se a "criação" se mantém em expectativa persistente, os crentes devem agir de modo semelhante — ultrapassemos a própria criação.

A palavra "criação" denota o ato criativo mencionado em Romanos 1.20. Neste caso, deve aludir ao produto. A questão é: quanto da realidade criada está incluída no termo "criação"? Devemos notar que isto está delimitado pelos versículos 20 a 23. E o melhor modo de chegarmos ao seu significado é prosseguir excluindo os termos dessa delimitação.[24] Os *anjos* não se acham incluídos, por não terem sido sujeitados à vaidade ou à servidão da corrupção.

---

23 Meyer pensa que no versículo 19 o apóstolo testemunha a *certeza* da glória futura. Meyer também ressalta "a enfática proeminência de μέλλουσαν" (*op. cit., ad loc.*). Philippi imagina que não se trata tanto da *certeza*, mas da *futuridade* da glória, no sentido de que a futuridade é demonstrada pela expectativa e gemidos, tanto dos crentes quanto da criação. No entanto, outros encontram no versículo 19 a confirmação da grandeza da glória futura.

24 Nas palavras de Hodge, "os termos πᾶσα ἡ κτίσις, *toda a criação*, são tão abrangentes, que nada deveria ser excluído daquilo que a natureza do assunto e o seu contexto mostram que pode estar contido em seu escopo" (*op. cit., ad loc.*).

Satanás e os *demônios* também não estão incluídos, porque não podem ser considerados criaturas que anseiam pela manifestação dos filhos de Deus, nem compartilharão da liberdade da glória dos filhos de Deus. Os próprios *filhos de Deus* não estão incluídos porque são distinguidos "da criação" (vv.19,21,23); não haveria propósito algum em dizer, por exemplo: "E não somente ela, mas também nós" (v.23), se os crentes tivessem sido incluídos nos gemidos atribuídos à criação, no versículo anterior. A *humanidade em geral* deve ser excluída, pois não se poderia afirmar acerca da humanidade que ela "está sujeita à vaidade, não voluntariamente". Os *incrédulos* da humanidade não podem estar incluídos, porque a anelante expectativa não os caracteriza. E mesmo aqueles que agora são incrédulos mas se converterão não podem estar incluídos, porquanto estarão entre os filhos de Deus, os quais, como participantes da glória a ser revelada, são distinguidos da "criação" (vv.19,21).

Vemos, pois, que toda a criação *racional* está excluída pelos termos dos versículos 20 a 23. Portanto, ficamos restringidos à criação irracional, animada ou inanimada. Visto que, no versículo 22, o apóstolo fala sobre "*toda* a criação", somos compelidos, na esfera restrita do que é irracional, a atribuirmos ao vocábulo "toda" um escopo abrangente e somos impedidos de afirmar qualquer outra limitação. A especulação, todavia, seria indefensável.²⁵

Portanto, o apóstolo falava sobre os céus e a terra no sentido físico, quando disse: "A ardente expectativa da criação aguarda a revelação dos filhos de Deus". Temos aqui uma personificação. Porém, isto é algo bastante comum nas Escrituras (cf. Sl 98.8; Is 55.12; Ez 31.15). A verdade exposta não é obscurecida pela personificação do que não é pessoal; a criação não está reservada para certa regeneração correspondente à "revelação dos filhos de Deus".²⁶

---

25 Quanto a uma refutação mais detalhada de opiniões contrárias e a favor deste ponto de vista, cf. Hodge, *op. cit., ad loc.*, e Meyer, *op. cit., ad loc.* Esta é a opinião mais amplamente mantida pelos comentadores.

26 É mais razoável considerar ἀποκατάστασις πάντων de Atos 3.21 como alusão a esta mesma regeneração. Em Mateus 19.28, παλιγγενεσία tem sido interpretada do mesmo modo. Não há dúvida de que os novos céus e a nova terra (2 Pe 3.13) referem-se a esta regeneração. Nesta última passagem, temos a escatologia final. E a descrição dada em Romanos 8.19-23, sobre a natureza do livramento que a criação desfrutará, quando da revelação dos filhos de Deus, é de ordem tal, que não deixará lugar para qualquer glória mais elevada ou completa; é definida como livramento "para a liberdade da glória dos filhos de Deus". Esta liberdade dos filhos de Deus será algo consumado; e assim também o será, em sua própria esfera, a liberdade desfrutada pela criação.

Esta "revelação" é apenas outro aspecto pelo qual podemos encarar a glória que lhes será revelada. Somente então os filhos de Deus tornar-se-ão manifestos para si mesmos e para outros na plenitude de seu estado e privilégio de filhos; e exclusivamente naquela ocasião eles serão glorificados juntamente com Cristo, e *se manifestará* o corpo de Cristo na sua integridade e unidade (cf. Cl 3.3,4).

20 — Este versículo dá-nos a razão por que "a criação" está impregnada com ansiosa expectativa e aguarda a revelação dos filhos de Deus. Há três considerações: (1) ela foi sujeitada à vaidade; (2) isto aconteceu não por sua própria vontade; (3) foi sujeitada em esperança. A "vaidade" à qual a criação tornou-se sujeita parece aludir à falta de vitalidade que inibe a ordem da natureza e à frustração que encontram as forças da natureza em alcançar suas próprias finalidades. Em relação a esta terra, por certo este é o comentário de Paulo sobre Gênesis 3.17,18.

Porém, não devemos restringir o termo "criação" ao globo terrestre; o horizonte do apóstolo é muito mais amplo. Apesar de ser-nos possível extrair de Gênesis 3.17,18 (cf. Sl 107.34; Is 24.5-13) alguma noção sobre esta vaidade, naquilo que ela tem afetado a nossa terra, não somos capazes de entender as implicações para toda a criação. Mas é evidente no versículo 22 que a criação inteira está afetada. "Não voluntariamente" não subentende que "a criação" possui vontade própria ou que poderia ter desejado sua própria sujeição à vaidade; é simplesmente uma afirmativa para enfatizar a verdade de que foi totalmente devido à vontade de outrem que a sujeição aconteceu.

"Por causa daquele que a sujeitou" — este não pode ser outro senão Deus; não Satanás ou o homem. Nem este ou aquele poderiam tê-la sujeitado *em esperança*; somente Deus poderia havê-la sujeitado com tal desígnio. Além disso, o contexto indica que essa esperança um dia será concretizada; e, visto que isso poderá ocorrer apenas por meio da ação divina, por semelhante modo somente Deus poderia estabelecer a necessidade ou a base para tal esperança. "Na esperança" demonstra que a criação irracional, quando foi sujeitada à vaidade,[27] não foi entregue a esta má condição à parte do desígnio

---

27 Não existe grande diferença entre ἐπ' ἐλπίδι ser entendida juntamente com ὑπετάγη ou com ὑποτάξαντα. Mas é preferível interpretá-las com o primeiro vocábulo, como verbo principal, e não com o particípio.

divino de livramento final. Portanto, concluímos que seu estado atual não representa uma finalidade. Em outras palavras, a esperança condicionou o ato de sujeição e ainda condiciona a vaidade e a corrupção que foram impostas sobre a criação. Este fato antecipa e confirma o conceito de livramento e restauração tão explicitamente exposto nos versículos seguintes, além de esclarecer o sentido da "ardente expectativa" do versículo 19.[28]

21 — Em nossa versão, a conjunção grega do começo do versículo é traduzida por "de que". Neste caso, o versículo 21 define o objeto da esperança — é a esperança de que a criação será livrada. Mas também poderia ser traduzida pela conjunção "porque",[29] e, neste caso, nos diria a razão pela qual a criação foi sujeitada à vaidade, na esperança. Ambas as traduções e interpretações são legítimas e estão de acordo com o contexto. É difícil determinar qual delas é a correta. Mas a incerteza não obscurece a ideia principal de que a criação "será redimida do cativeiro da corrupção, para a liberdade da glória dos filhos de Deus". O "cativeiro da corrupção" é a servidão que consiste em corrupção, e, visto não ser ético em seu caráter, tal cativeiro deve ser compreendido no sentido de decadência e morte, evidentes até mesmo na criação irracional.[30]

A "liberdade da glória dos filhos de Deus" é aquela que consiste na glória dos filhos de Deus e, em seu caráter de *liberdade*, mantém-se em franco contraste com o cativeiro da corrupção. A "glória" é aquela mencionada nos versículos 17 e 18. Por conseguinte, a criação haverá de

---

28 Esta ideia não é coerente com a noção, algumas vezes entretida, de que a criação material será aniquilada, pois tal noção é estranha a tudo quanto está envolvido naquela esperança. A esperança envolve a expectativa de algo que o sujeito esperançoso receberá. Neste caso, trata-se da emancipação para a liberdade da glória dos filhos de Deus. O aniquilamento da criação não supriria esse ingrediente positivo — o aniquilamento é a negação final.
29 Isto seria necessário se, ao invés de ὅτι, de acordo com os manuscritos A, B, C, Dᶜ, E, K, L e P, preferíssemos διότι, em conformidade com ℵ, D', F, G. Escritores notáveis seguem esta última forma.
30 Se φθορά, neste versículo, tem conotação ética (cf. Gl 6.8; 2 Pe 1.4; 2.19), o "cativeiro" seria aquele que procede da depravação ética do homem, o cativeiro ao qual a criação está sujeita como resultado do pecado do homem; e a própria palavra φθορά não teria sido atribuída à criação. É mais natural entendermos τῆς φθορᾶς como uma aposição, que consiste em corrupção; e assim também deveria ser interpretada a declaração que lhe é oposta, τὴν ἐλευθερίαν τῆς δόξης. O termo φθορά é usado neste sentido não-ético em Colossenses 2.22 e 2 Pedro 2.12a. Em 1 Coríntios 15.42 e 50, é provável que haja este mesmo significado não-ético — é a mortalidade do corpo que está em foco.

compartilhar da glória que será outorgada aos filhos de Deus. No entanto, a criação somente participará dessa glória de uma maneira irracional. Todavia, a glória dos filhos de Deus envolve igualmente a criação; e não devemos concebê-la à parte da regeneração cósmica — a glória do povo de Deus estará no contexto da restauração de todas as coisas (cf. At 3.21). A liberdade reservada para a criação é o alvo de sua "ardente expectativa", o término de seus gemidos e angústias.

22 — Neste versículo, o apóstolo lança mão de um fato incontestável, para confirmar o que fora dito acerca da *esperança* da criação. É difícil dizermos se este fato incontestável tinha o intuito de confirmar diretamente a vaidade e a corrupção a que a criação foi sujeitada. Em qualquer caso, trata-se da libertação a que a criação está destinada. Este significado do versículo 22 torna-se evidente somente quando apreciamos a força das palavras usadas — "geme e suporta angústias até agora". Esses gemidos e angústias são semelhantes às dores de parto e não às agonias da morte. Nas palavras de Calvino, "como criaturas... têm a esperança de serem libertas da corrupção; segue-se, pois, que gemem como uma mulher em trabalho de parto, até que estejam livres. Isto é uma símile apropriada; mostra que os gemidos dos quais o apóstolo fala não serão inúteis e sem efeito, pois, finalmente, produzirá fruto jubiloso e bendito".[31]

As palavras "até agora" indicam que o surgimento da nova ordem ainda não aconteceu, mas também servem de sinal de que as dores de parto não cessaram e a esperança não feneceu. "A um só tempo", com maior razão, deve ser entendido como referência à criação em sua inteireza, como se todas as suas porções constitutivas estivessem unidas nesse gemer e nessas dores de parto, ao invés de estarem unidas aos crentes. A ênfase recai sobre toda a criação; e o fato de que a participação dos crentes no sofrimento da criação foi claramente expresso no versículo seguinte milita contra o ponto de vista anterior. Nas palavras de Philippi: "Toda a criação, por assim dizer, estabelece uma grande sinfonia de gemidos".[32]

---

31 *Op. cit., ad loc.*; cf. Meyer, *op. cit., ad loc.*, e outros.
32 *Op. cit., ad loc.*

23 — "E não somente ela." Temos aqui o reflexo do gemido simultâneo dos filhos de Deus; não apenas a criação inteira geme, nós também o fazemos. Entretanto, a distinção precisa ser observada. O pensamento não é este: visto que a criação geme, espera-se que também nós devemos gemer. E tampouco este: visto que a criação geme, desejando sua libertação, quanto mais devemos fazê-lo nós, que possuímos as primícias do Espírito.[33] Os gemidos dos filhos de Deus são introduzidos como algo surpreendente.[34] No entanto, embora surpreendente, tudo isso confirma mais ainda a esperança que foi colocada diante tanto da criação como dos filhos de Deus.

A nossa versão, "que temos as primícias do Espírito", é possível e não perturba necessariamente o sentido.[35] Mas esta cláusula também poderia ter sido traduzida por "tendo as primícias do Espírito", e tais palavras deveriam ser compreendidas no sentido de "embora" ou "visto que" temos as primícias do Espírito.[36] Os expositores parecem ter certa preferência pela tradução "embora tenhamos as primícias do Espírito", compreendendo esta passagem como se ela significasse que, a despeito da graça e do privilégio a nós proporcionados, ainda continuamos a gemer em nós mesmos.[37] Deste

---

33 Esta é a opinião de Calvino — "... quanto mais nos compete, tendo sido iluminados pelo Espírito de Deus, aspirar e esforçar-nos, com firmeza e esperança e com intenso desejo, pela consumação de tão grande benefício" (*op. cit., ad loc.*).
34 Cf. Philippi, que diz: "Naturalmente, deveríamos esperar que nenhum στενάζειν tivesse lugar em nós" (*op. cit., ad loc.*).
35 ἔχοντες pode ser atributivo. Porém, mesmo como tal, conforme declara Burton, "pode, à semelhança de uma cláusula relativa, transmitir uma ideia subsidiária de causa, propósito, condição ou concessão" (*op. cit.,* § 428).
36 Neste caso, ἔχοντες é considerado adverbial. Naturalmente, neste caso, o sujeito é bem entendido como aqueles que possuem as primícias do Espírito. Mas, se ἔχοντες for reputado como adverbial, então a ideia causal, ou condicional, ou concessiva será mais evidentemente expressa.
37 Cf. Philippi, Meyer, Gifford, Alford, Godet, *ad loc*. De acordo com a gramática grega, supondo que ἔχοντες seja adverbial, não há razão por que a cláusula em foco não possa ser traduzida por "visto que temos as primícias do Espírito". Isto nos daria a razão pela qual gememos em nosso íntimo, e a ênfase recai sobre o fato de que agora temos somente as primícias, em contraste com a colheita inteira — as primícias despertam o apetite por aquela plenitude que a adoção ministrará. Isto nos faz anelar pela adoção. Por isso, gemer é o resultado. As variantes textuais deste versículo não alteram o sentido. ἡμεῖς καὶ αὐτοί é a forma textual apoiada pelos manuscritos p[46], ℵ, C e 1908; καὶ ἡμεῖς αὐτοί, pela maioria dos cursivos; καὶ αὐτοί, por B, 104 e pela Vulgata Latina; αὐτοί, por D e G. Se adotarmos a primeira variante, então, ἡμεῖς pode ser interpretado juntamente com ἔχοντες (cf. A. Souter, *Novum Testamentum Graece*); se adotarmos a segunda, ἡμεῖς deve ser entendido juntamente com στενάζομεν; é simplesmente uma questão de com que verbo deve ser interpretado o pronome. Porém, ainda que ἡμεῖς seja inteiramente omitido, deve ser entendido como sujeito de ἔχοντες e στενάζομεν.

modo, confirma-se, de maneira vigorosa, o lugar que a esperança ocupa na perspectiva do crente. "As primícias do Espírito", em consonância com a analogia de seu uso nas Escrituras (cf. 11.16; 16.5; 1 Co 15.20; 16.15; Tg 1.18; Ap 14.4), preferencialmente, devem ser entendidas como a dádiva do Espírito, concedido agora aos crentes como garantia da plenitude do Espírito que nos será outorgada por ocasião da ressurreição.[38]

Embora a esperança não seja definida em termos da plenitude do Espírito, mas, pelo contrário, como a "adoção de filhos, a redenção do nosso corpo", isto não milita contra a utilização do conceito da plenitude do Espírito na consumação. Em 1 Coríntios 15.44, este conceito é aplicado ao corpo ressurreto — o corpo ressurreto é plenamente condicionado pelo Espírito Santo e, portanto, adapta-se ao reino escatológico de Deus, trazendo a imagem do celestial (cf. 1 Co 15.48-50); o corpo ressurreto é um "corpo espiritual". Não há razão pela qual o apóstolo não aludiria a este conceito na expressão "as primícias do Espírito".[39] "Gememos em nosso íntimo" deve referir-se aos gemidos dos corações dos crentes e não aos gemidos entre os crentes, como se estes gemessem um para outro, unidos em uma "sinfonia de suspiros".

"Aguardando a adoção de filhos, a redenção do nosso corpo." Os gemidos são complementados pela expectativa daquilo que consumará o processo de redenção. Por conseguinte, não é um mero gemido sob o fardo das imperfeições presentes, mas *pela* glória a ser revelada (cf. 2 Co 5.4). Embora a ideia de suportar dores não seja aqui mencionada com referência aos

---

38 Isto significa que o genitivo é partitivo. Alguns afirmam que se trata de um genitivo de aposição, assim como na expressão "o penhor do Espírito" (2 Co 1.22; 5.5; cf. Ef 1.14). Neste caso, o próprio Espírito é as primícias, não sendo estas aquilo que ele outorga como sinal da plenitude a ser conferida por ocasião da consumação. Embora a expressão ἀπαρχὴ τοῦ Πνεύματος seja ἅπαξ λεγόμενον no Novo Testamento, é difícil adotarmos outra opinião sobre o genitivo, exceto aquela que prevalece, em outros textos bíblicos, em conexão com ἀπαρχή. Devemos dizer, entretanto, que, se o genitivo é de aposição, isso não diminui o lugar que o Espírito Santo ocupa na consumação; e esta interpretação serviria somente para fortalecer a ideia concessiva transmitida pela tradução "embora tenhamos as primícias do Espírito". Pois, se o Espírito é as primícias que os crentes possuem, este fato pareceria eliminar a necessidade da dor e da angústia implícitas nos gemidos.

39 Quanto a uma opinião contrária, Meyer diz: "Um recebimento meramente *provisório* do Espírito... *em contraste com o pleno derramamento futuro*, no reino dos céus... não está contido em ἀπαρχὴ τοῦ Πνεύματος, porque, se Paulo tivesse desejado falar acerca de um recebimento preliminar, em contraste com a plenitude futura, em harmonia com a conexão, necessariamente teria dito o mesmo sobre υἱοθεσία ou δόξα" (*op. cit., ad loc.*).

crentes, a coordenação do gemer e do aguardar nos mostra que a esperança, orientada na direção da adoção, condiciona os gemidos, tornando-os no próprio presságio da libertação.

"Adoção" é usado a respeito daquela graça que nos será outorgada no futuro. Isto não interfere na realidade e no privilégio da adoção que agora desfrutamos (cf. v.15; Gl 4.4-6). Significa apenas que o vocábulo aqui empregado indica tanto um privilégio presente quanto um derramamento futuro; e este último aspecto leva à mais plena realização o *status* e o privilégio que desfrutamos nesta vida, como filhos de Deus. Quanto a isso, "adoção" é usado de maneira semelhante às palavras "salvação" e "redenção". Às vezes, estas se referem ao que o crente possui atualmente (cf. 1.16; 11.11; 3.24; Ef 1.7) e, em outras passagens, à plenitude da salvação e da redenção, na época do retorno de Cristo (cf. 13.11; Fp 2.12; Lc 21.28; Ef 1.14; 4.30). "Adoção" é peculiarmente apropriado para designar a glória que espera o povo de Deus, pois denota o ápice do privilégio conferido; nada serve melhor para destacar o fulgor da glória reservada do que apresentá-la como uma filiação que atingirá sua plena realização e aprazimento.

"A redenção do nosso corpo"[40] especifica aquilo em que consiste a "adoção" — é a ressurreição em que os filhos serão revestidos de corpos imortais e incorruptíveis (cf. v.11; 1 Co 15.50-55; 2 Co 5.2,3; Fp 3.21). Portanto, essa adoção deve ser identificada com a ressurreição do corpo, e o fato de que a ressurreição foi chamada de *redenção* do corpo chama nossa atenção, uma vez mais, para o lugar conferido ao corpo dos crentes no pensamento do apóstolo. O término do processo de redenção está esperando pela transformação através da qual o corpo de nossa humilhação será conformado à semelhança do corpo da glória de Cristo (cf. Fp 3.21). Os filhos de Deus esperam por esse término.

24 — "Porque, na esperança, fomos salvos." Esta tradução transmite o pensamento do original tanto quanto é possível fazê-lo em português. O tempo do verbo indica que o apóstolo focalizava a salvação que os crentes já possuem e não a salvação futura que lhes está reservada. O pensamento não é que eles alcançarão a salvação futura pela instrumentalidade da esperança,

---

40 τοῦ σώματος é genitivo do sujeito.

tampouco que a salvação possuída pelos crentes tenha chegado até eles pela instrumentalidade da esperança.⁴¹ O ensino uniforme do apóstolo, assim como das Escrituras em geral, é que fomos salvos pela *fé* (cf. 1.16,17; Ef 2.8).

As palavras "na esperança" reportam-se ao fato de que a salvação outorgada no passado, a salvação agora em posse, se caracteriza pela esperança,⁴² sendo esta um ingrediente inseparável da salvação possuída. Neste sentido, é uma salvação condicionada e orientada pela esperança. Isto equivale simplesmente a dizer que a salvação jamais pode ser divorciada da perspectiva e alcance que a esperança subentende. A salvação que o crente possuiu agora é incompleta; e isto se reflete na consciência do crente, na expectativa da esperança que visa à adoção, a redenção do corpo. Precisamos perceber a conexão existente entre o versículo 24 e o anterior. Visto que a esperança condiciona a salvação possuída, "gememos em nosso íntimo, aguardando a adoção de filhos". "Esperança", conforme sua utilização nesta cláusula, é aquela exercida pelo crente e não o objeto da esperança, tal como na próxima cláusula.

"Ora, esperança que se vê não é esperança; pois o que alguém vê, como o espera?"⁴³ Estas cláusulas não precisam ser comentadas; elas expressam o óbvio, a verdade de que a esperança não mais continua em exercício, quando se recebe a coisa esperada. Entretanto, fornecem um exemplo evidente a respeito dos dois usos da palavra esperança.

Na primeira cláusula, "esperança" refere-se à coisa esperada; na segunda, denota o estado mental entretido em relação à coisa esperada. Os fatos óbvios mencionados acima também acentuam a necessidade de tributarmos amplo escopo ao exercício da esperança; e preparam-nos para a ênfase do versículo 25.

---

41 Esperança, neste aspecto, não pode ser usada em lugar de fé. Paulo distingue as funções da fé e da esperança (cf. 5.1-5; 1 Co 13.13; Cl 1.5-7).

42 ἐλπίδι é um dativo modal. Cf. Winer, *op. cit.* (§ 31, 7d, p. 216), e os exemplos apresentados por ele (1 Co 11.5; 10.30; Cl 2.11; Fp 1.18 e 2 Pe 2.4). O sentido poderia ser transmitido pela expressão "de acordo com a esperança".

43 Nossa versão evidentemente adotou a forma textual τίς ἐλπίζει, no final do versículo 24, uma forma apoiada pelos manuscritos p⁴⁶, B* e 1908^mg. Há diversas variantes em competição com o simples τίς, tal como τίς καί, em ℵ*, 1739 e 1908; τις, τί em D, G e nas versões latinas; τις, τί καί em A, C e na maioria dos cursivos. Se τις, τί ou τις, τί καί fossem adotadas, a tradução seria diferente, porque τίς acompanha o verbo anterior, βλέπει, e a tradução seria, respectivamente: "Pois o que alguém vê, por que o aguarda?" ou: "Pois o que alguém vê, por que também o aguarda?" O sentido não é afetado. Se, ao invés de ἐλπίζει, lêssemos ὑπομένει, novamente o sentido seria o mesmo. ℵ*, A e 1908^mg apoiam esta última forma textual.

25 — A esperança está revestida da mesma confiança que caracteriza a fé (cf. Hb 11.1). Assim como a fé é contrastada com o que vemos (2 Co 5.7), assim também ocorre com a esperança; e esta não é obscurecida, ainda que seu objeto não esteja presente aos sentidos ou alcançado em nossa experiência. "Com paciência o aguardamos."[44] A "paciência" consiste em permanência e constância; descreve a atitude à qual a esperança nos constrange. Nas palavras de Calvino: "A esperança traz consigo a paciência. Portanto, trata-se de uma apropriada conclusão — qualquer promessa do evangelho referente à glória da ressurreição desaparecerá, se não passarmos nossa vida presente a suportar com paciência a cruz e as tribulações".[45]

A ênfase sobre a ideia da paciência é um final apropriado para esta passagem inteira (vv.18-25), que se preocupa com a consumação da redenção. Mas o ato consumador da redenção levará a bom termo o processo da redenção; e este processo significa a história na qual os filhos de Deus encontram-se atualmente. Nos crentes, o aguardar com paciência é a atitude correlata àquela história designada por Deus. A impaciência significa disputa e insatisfação ante o desígnio de Deus. As tentativas de reivindicar, para a vida presente, elementos que pertencem à perfeição consumada, quer na esfera individual, quer na coletiva, são apenas sintomas da impaciência que perturba a ordem divina. Expectativa e esperança não devem cruzar as fronteiras da história; devem esperar pelo *fim* — "a liberdade da glória dos filhos de Deus".

8.26-27

> **26** *Também o Espírito, semelhantemente, nos assiste em nossa fraqueza; porque não sabemos orar como convém, mas o mesmo Espírito intercede por nós sobremaneira, com gemidos inexprimíveis.*
>
> **27** *E aquele que sonda os corações sabe qual é a mente do Espírito, porque segundo a vontade de Deus é que ele intercede pelos santos.*

---

44 δι' ὑπομονῆς é genitivo de circunstância acompanhante. Cf. Winer, *op. cit.* (pp. 379-380), e os exemplos citados por ele (Rm 2.27; 4.11; 14.20 e 1 Jo 5.6).
45 *Op. cit., ad loc.*

Esta é a segunda base para o encorajamento outorgado aos filhos de Deus, a fim de apoiá-los nos sofrimentos que são o requisito prévio para serem glorificados juntamente com Cristo (v.17).

26 — "Semelhantemente" indica algo, no contexto anterior, com o que está vinculado o assunto destes dois versículos. A esperança e a expectativa da glória a ser revelada sustentam o povo de Deus nos *sofrimentos* e *gemidos* desta época (vv.18-25). Por igual modo, o Espírito Santo ajuda-nos em nossa *fraqueza*. Nos versículos anteriores, a ênfase estava sobre os *sofrimentos* e o *amparo* oferecido em face de tais sofrimentos. Nos versículos 26 e 27, a ênfase recai sobre nossa *fraqueza* e a *ajuda* fornecida para alívio da mesma. Assim como a esperança nos sustenta em meio aos sofrimentos, de modo semelhante o Espírito Santo nos ajuda em nossa fraqueza.

"Fraqueza" é um vocábulo abrangente em si mesmo, podendo significar toda a gama de debilidades que nos caracterizam nesta vida. Não precisamos supor que a fraqueza em foco se restrinja ao assunto da oração. No entanto, o fato de que "não sabemos orar como convém"[46] ressalta quão incapazes somos em nossa fraqueza, estabelecendo o fundamento para aquele tipo particular de ajuda outorgada pelo Espírito. A oração envolve cada aspecto de nossa necessidade, sendo esta revelada e exemplificada por não sabermos orar conforme é mister e apropriado.[47]

Não há alusão à nossa ignorância quanto à maneira correta de orar, como talvez sugere a nossa versão. Antes, trata-se de nossa ignorância a respeito do conteúdo adequado — não sabemos sobre o que orar, conforme

---

46 O artigo τό está ligado a toda a cláusula τί προσευξώμεθα καθὸ δεῖ, especificando aquilo que não sabemos. Cf. exemplos citados por Gifford, *op. cit., ad loc.* — Lc 1.62; 9.46; 19.48; 22.2,4, 23, 24, 37; At 22.30; Rm 13.9; Ef 4.9; 1 Ts 4.1.
47 Talvez não seja possível determinar se καθὸ δεῖ deveria ser traduzido por "como convém" ou por "como é apropriado". 1 Coríntios 8.2 parece sugerir a primeira forma. Porém, o pensamento pode ser apenas que não sabemos orar como é próprio para cada ocasião, isto é, conforme nossas necessidades exigem. Naturalmente, sempre haverá falha ética e espiritual de nossa parte, pelo que ficamos aquém do que deveríamos ser, pensar e fazer. Mas não há tanta certeza de que a ênfase recai sobre a violação do dever.

demandam as exigências de nossas situações.⁴⁸ É quanto a esse aspecto de nossa ignorância que o Espírito Santo vem em nosso socorro, e o apóstolo concentra a atenção sobre esse aspecto particular da atividade do Espírito Santo, reputando-a, de maneira especial e com proeminência, como a graça do Espírito em relação à nossa fraqueza, a graça que consiste no fato de que "o mesmo Espírito intercede por nós sobremaneira, com gemidos inexprimíveis". Diversas observações tornam-se necessárias.

(1) Os filhos de Deus têm dois intercessores divinos. Cristo é intercessor deles no tribunal dos céus (cf. v.34; Hb 7.25; 1 Jo 2.1). O Espírito Santo é intercessor deles no âmago de seus próprios corações (cf. Jo 14.16,17).⁴⁹ Com extrema raridade, a atividade intercessória do Espírito tem sido levada em conta. A glória da intercessão de Cristo não deveria eclipsar a intercessão do Espírito.

(2) O Espírito intercede com "gemidos inexprimíveis". Qualquer que seja nossa ideia sobre esses gemidos, não podemos negligenciar ou suprimir a verdade de que o Espírito Santo é o autor desses gemidos, que são as maneiras concretas pelas quais a intercessão dele se expressa. Não basta dizer que são criados e manifestados pelo Espírito Santo; são as intercessões do Espírito, e os gemidos são apenas o modo como essas intercessões são registradas nos corações dos filhos de Deus.

(3) Quer traduzamos o vocábulo grego por "inexprimíveis", quer por "inexprimidos", devemos observar que os gemidos não são expressos por meio da fala articulada; não são rogos, petições ou súplicas elaboradas na forma de declarações inteligíveis. Apesar de possuírem conteúdo, significado e intuito, transcendem a formulações articuladas.

(4) Os gemidos terão de ser entendidos como aqueles que são registrados nos corações dos filhos de Deus. Não podemos pensar de maneira razoável, a respeito do próprio Espírito Santo, à parte da agência

---

48   Isto é ilustrado no próprio caso do apóstolo em 2 Coríntios 12.7-10. Nossas petições específicas, embora pareçam estar de acordo com o que as circunstâncias ditam, não são a medida da sabedoria, do amor e da graça de Deus. E a sua graça com frequência requer a negação de nossas petições. O apóstolo veio a este reconhecimento nesta ocasião (cf. vv. 9-10).
49   "Isto não acontece no santuário celeste, tal como a intercessão do Cristo glorificado (Hb 7.25). Ocorre no próprio coração do crente" (Godet, *op. cit., ad loc.*).

e instrumentalidade daqueles a favor de quem ele intercede, como que apresentando suas intercessões a Deus Pai na forma de seus próprios gemidos. A referência aos corações, no versículo 27, claramente demonstra que os corações são os dos filhos de Deus. Portanto, a verdade deve ser que os gemidos ocorrem nos corações deles; são os gemidos dos santos. Entretanto, eles são o *instrumento* da intercessão do Espírito e ascendem ao trono da graça, na forma de gemidos.

27 — Somos capazes de interpretar este versículo somente quando apreciamos o pensamento central do versículo 26, no sentido de que os gemidos manifestam as intercessões do Espírito Santo. "Aquele que sonda os corações" não é outro senão Deus e, especificamente, o Pai (cf. 1 Cr 28.9; Sl 139.1,23; Jr 17.10; 1 Co 4.5; Hb 4.13). "A mente do Espírito", nesta instância, não é a mente criada e fomentada em nós pelo Espírito Santo (cf. v.6); é a mente do próprio Espírito Santo, conforme se evidencia pela ênfase dada à intercessão do Espírito, no versículo 26, e, mais particularmente, pela afirmação "porque segundo a vontade de Deus é que ele intercede pelos santos".

O Espírito Santo é quem faz intercessão. E, posto que a sua intercessão dever estar de conformidade com a mente e a vontade de Deus, isto garante que o perscrutador dos corações sabe o conteúdo e intuito dessa intercessão. Tal conhecimento é declarado como a "mente do Espírito", e, portanto, não pode ser outro senão o próprio Espírito Santo. Consequentemente, o pensamento desta passagem é o seguinte: quando Deus sonda os corações de seus filhos, descobre gemidos inexprimíveis. Apesar de serem inarticulados, há nestes gemidos um significado e um intuito que não escapam do onisciente olho de Deus — são-lhe totalmente inteligíveis. Estão de conformidade e em harmonia com a vontade dele, embora ultrapassem nossa compreensão e capacidade de expressão, porquanto o Espírito Santo os produz e são as maneiras pelas quais as intercessões dele se expressam em nossa consciência.

Visto que estes gemidos são as intercessões do Espírito Santo, sempre encontram o entendimento e a aprovação divina. Estão de acordo com a vontade dele, assim como as intercessões de Cristo, à direita de Deus. O encorajamento conferido ao povo de Deus é que os gemidos inexprimíveis indicam o fato de que Deus realiza "infinitamente mais do que tudo quanto pedimos ou pensamos" (Ef 3.20) e de que a medida da graça de Deus não é a nossa fraqueza de entendimento e de petições, e sim o conhecimento, a sabedoria e o amor do Espírito.

8.28-30

28 Sabemos que todas as coisas cooperam para o bem daqueles que amam a Deus, daqueles que são chamados segundo o seu propósito.

29 Porquanto aos que de antemão conheceu, também os predestinou para serem conformes à imagem de seu Filho, a fim de que ele seja o primogênito entre muitos irmãos.

30 E aos que predestinou, a esses também chamou; e aos que chamou, a esses também justificou; e aos que justificou, a esses também glorificou.

Esta é a terceira base de encorajamento para fortalecer os filhos de Deus, nos sofrimentos a que são chamados a suportar nesta vida. Consiste na consolação e na certeza derivadas do fato de que todas as coisas cooperam juntamente para o bem deles.

28 — Nossa versão provavelmente mostra-se correta em não introduzir a cláusula inicial deste versículo com "mas" (conforme o fazem algumas versões). O pensamento não é adversativo, e sim transicional. Quando o apóstolo disse "sabemos", estava novamente dando a entender que esta verdade não deve ser contestada. "Daqueles que amam a Deus" é colocado em posição enfática e caracteriza a quem cabe esta segurança. São descritos em termos de sua atitude subjetiva. Nesses termos, nenhum critério poderia ser mais discriminador, pois o amor a Deus é a evidência mais elementar e mais elevada de que alguém goza do favor divino.

"Todas as coisas" não deve ser expressão restrita, embora, sem dúvida, as coisas contempladas sejam particularmente aquelas que envolvem a experiência dos crentes, sobretudo o sofrimento e a adversidade. Alguns dos mais hábeis expositores afirmam que "cooperam" não significa que todas as coisas trabalham em harmonia e cooperação umas com as outras, mas que todas as coisas operam em consonância com o crente ou com Deus.⁵⁰ Mas é desnecessário e, talvez, arbitrário desviarmo-nos do sentido mais natural, ou seja, que no plano benigno e todo-inclusivo de Deus os elementos discretos cooperam juntamente para o bem daqueles que o amam. Não devemos supor que tenham qualquer virtude ou eficácia em si mesmos, a fim de cooperarem para essa finalidade. Embora não seja afirmado, o pensamento central é que, no soberano amor e sabedoria de Deus, tudo é levado a convergir e contribuir para este alvo. Muitas das coisas envolvidas são más em si mesmas; e a maravilha da sabedoria e da graça divina está no fato de que elas, quando consideradas em harmonia com o todo, são colocadas a trabalhar para o bem. Nem um único detalhe opera finalmente para o mal do povo de Deus; no fim, somente o bem será o quinhão deles.

"Daqueles que são chamados segundo o seu propósito" é uma definição adicional dos que possuem essa certeza. Mas a diferença é significativa. A primeira definição caracteriza os crentes em termos de sua atitude subjetiva; esta última, em termos exclusivos da ação de Deus. Nesta, fica subentendida a razão pela qual todas as coisas cooperam para o bem — a ação de Deus, envolvida na chamada deles é a garantia de que este será o resultado.⁵¹ A chamada é eficaz (cf. 1.7 e v.30), que resulta na comunhão com Cristo (1 Co 1.9) e está indissoluvelmente vinculada à predestinação, por um lado, e à glorificação, por outro.

"Segundo o seu propósito" refere-se, sem dúvida, ao propósito determinado e eterno de Deus (cf. 9.11; Ef 1.11; 3.11; 2 Tm 1.9). A última

---

50 Cf. Philippi, Meyer, Godet, *ad loc*. Se após συνεργεῖ lermos ὁ θεός, assim como em p⁴⁶, A, B e Orígenes (duas ou três ocasiões), isto não firmaria a opinião de que "cooperam" refere-se ao pacto com Deus. Nesta forma textual, συνεργεῖ teria de ser entendido transitivamente, no sentido de "fazer que realize juntamente com", e πάντα estaria no acusativo. Mas continuaria sendo verdade que Deus faz todas as coisas operarem juntamente. Conforme foi indicado, é pela providência de Deus que todas as coisas cooperam juntamente para o bem. Isto é expressamente afirmado quando são adicionadas as palavras ὁ θεός; e fica implícito quando estas são omitidas.
51 "No tocante a esta ideia, existe casualmente envolvida na relação de sermos *os chamados* de acordo com o propósito divino (pois a ênfase recai sobre κλητοῖς) *a certeza de que para eles todas as coisas...*" (Meyer, *op. cit., ad loc.*). "Os sofrimentos, naturalmente, só podem tender para nosso benefício na suposição de que amamos a Deus; mas o alicerce de sua salutar operação não jaz em nosso amor, e sim em nossa chamada conforme o propósito divino" (Philippi, *op. cit., ad loc.*).

destas passagens é a própria expansão paulina do pensamento sumariado na palavra "propósito": "Que nos salvou e nos chamou com santa vocação; não segundo as nossas obras, mas conforme a sua própria determinação e graça que nos foi dada em Cristo Jesus, antes dos tempos eternos". A eficácia determinadora caracteriza a chamada, por haver sido feita de acordo com um propósito eterno.

29 — Este versículo desdobra, em grandes detalhes, os elementos incluídos no "propósito" do versículo 28; e os versículos 29 e 30 constituem uma "confirmação permanente"[52] da verdade de que todas as coisas cooperam para o bem daqueles que são chamados por Deus. Não há dúvida de que o apóstolo nos introduz aqui o eterno conselho de Deus pertencente ao seu povo e delineia vários aspectos deste conselho.

"Aos que de antemão conheceu." Poucos assuntos têm provocado mais diferenças de interpretação do que este: o significado do conhecimento prévio de Deus, aqui mencionado. Naturalmente, é verdade que a palavra foi usada no sentido de "conhecer de antemão" (cf. At 26.5; 2 Pe 3.17). Aplicada a Deus, poderia aludir à sua eterna previsão de tudo que viria a acontecer. Muitos expositores têm afirmado que este sentido tem de ser adotado neste versículo.

Contudo, visto que Paulo faz distinção entre os que Deus conheceu de antemão e os outros homens, sendo aqueles identificados como pessoas a quem Deus também predestinou para serem conformes à imagem de seu Filho; e, visto que a expressão "aos que de antemão conheceu" não subentende, em face de seu significado, a existência de qualquer distinção pela qual o povo de Deus possa ser diferenciado, várias maneiras de suprir esse elemento distintivo têm sido propostas. A mais comum é supor que o apóstolo tinha em mente a previsão divina a respeito da fé.[53] Deus teria conhecido de antemão

---

52 A expressão pertence a Meyer.
53 "O significado a que somos trazidos parece-me ser este: aqueles sobre quem Deus fixou seus olhos, com amor, desde toda a eternidade; a quem Deus contemplou e discerniu eternamente como *pertencentes a ele mesmo*. Em que sentido Deus os *conheceu de antemão*? Há somente uma resposta: foram conhecidos de antemão como quem cumpriria com certeza a condição de salvação, que é a *fé*; assim, foram conhecidos de antemão, *por causa da fé*, como pertencentes a ele mesmo" (Godet, *op. cit., ad loc.*). "O ponto de vista correto, visto que a fé é a base subjetiva da salvação, é aquele mantido por Calovius e nossos antigos dogmatistas: 'quos *credituros* praevidit vel *suscepturos vocationem*'" (Meyer,

os que creriam; ele os conheceu de antemão como seus *por causa da fé*. De conformidade com essa interpretação, a predestinação é concebida como algo condicionado à previsão da fé. Com frequência, embora não necessariamente em todas as instâncias, esse ponto de vista sobre o conhecimento prévio é considerado como algo que anula a doutrina da eleição incondicional; e, assim, o interesse dogmático constantemente se evidencia naqueles que advogam o ponto de vista da previsão da fé.

É mister enfatizar que a rejeição dessa interpretação não é ditada por um interesse em defender a predestinação. Se admitíssemos que "conheceu de antemão" significa prever a fé, a doutrina bíblica da eleição soberana nem por isso seria eliminada ou refutada. É verdade que Deus prevê a fé; Ele prevê tudo quanto vem a acontecer. Então, a pergunta se reduziria a isto: de onde procede esta fé que Deus prevê? E a única resposta bíblica é a seguinte: a fé que Deus prevê é aquela que ele mesmo produz (cf. Jo 3.3-8; 6.44,45,65; Ef 2.8; Fp 1.29; 2 Pe 1.2). Portanto, a sua eterna previsão da fé é precondicionada por seu decreto de produzir esta fé naqueles que ele previu que creriam; e nós somos trazidos de volta à diferenciação que procede da eterna e soberana eleição divina, que visava a outorga da fé e suas consequências. Por conseguinte, o interesse concentra-se apenas na interpretação que deveria ser aplicada a esta passagem. Com bases exegéticas, temos de rejeitar a ideia de que "conheceu de antemão" se refere à previsão de fé.

Devemos observar que o texto diz "*aos que* de antemão conheceu"; "aos que" é o objeto do verbo, não havendo qualquer adição qualificadora. Isto, por si mesmo, demonstra que, se não há qualquer outra razão compeladora, a expressão "aos que de antemão conheceu" contém, em si mesma, a diferenciação pressuposta. Se o apóstolo tivesse em mente algum "adjunto qualificativo",[54] teria sido muito simples escrevê-lo. Visto que ele nada adiciona, somos forçados a inquirir se os vocábulos que ele realmente usou podem expressar a diferen-

---

op. cit., ad loc.; cf. também *ad* v. 30). Cf. também Philippi (*op. cit., ad loc.*), que considera o sentido de "conhecer de antemão" o único razoável e que a qualificação implícita é a da fé. Entretanto, Philippi reputa a fé que Deus prevê como algo criado por ele mesmo. Assim, ele acha nesta passagem "um *dictum probans* em favor da doutrina da predestinação, não absoluta mas alicerçada sobre *praevisio*". Quanto à interpretação de João Wesley, como representante do ponto de vista arminiano, cf. *The Works of the Rev. John Wesley*, Londres, 1878, vol. VI, pp. 226, 227.

54   A expressão pertence a Shedd.

ciação subentendida. O vocabulário bíblico provê uma resposta afirmativa. Embora as palavras "conhecer de antemão" sejam pouco usadas no Novo Testamento, é totalmente indefensável ignorar o sentido tão frequente dado à palavra "conhecer", em sua utilização nas Escrituras; "conhecer de antemão" apenas acrescenta ao verbo conhecer a ideia de "anterioridade".

Em muitas instâncias, nas Escrituras, "conhecer" tem um significado que vai além do mero ato cognitivo;[55] é usado em um sentido quase sinônimo de "amar", considerar com afeto, conhecer com interesse peculiar, deleite, afeição e atitudes (cf. Gn 18.19; Êx 2.25; Sl 1.6; 144.3; Jr 1.5; Am 3.2; Os 13.5; Mt 7.23; 1 Co 8.3; Gl 4.9; 2 Tm 2.19; 1 Jo 3.1). Não há razão por que este sentido da palavra "conhecer" não pode ser aplicado a "conhecer de antemão", nesta passagem, como também em Romanos 11.2, onde ocorre no mesmo tipo de construção e a ideia de eleição encontra-se evidente (cf. 11.5,6).[56]

Quando este sentido é apreciado, não há razão alguma para acrescentarmos qualquer noção qualificadora, e "aos que de antemão conheceu" é considerada uma expressão que contém, em si mesma, o exigido elemento de diferenciação. Significa "aqueles sobre os quais ele colocou seu interesse" ou "aqueles que ele conheceu desde a eternidade com deleite e afeição distinguidores". Além disso, esta interpretação está em harmonia com a ação eficiente e determinadora que se mostra tão visível em cada outro elo da cadeia — é Deus quem predestina, quem chama, quem justifica, quem glorifica.

A previsão da fé não estaria de acordo com a ação determinativa atribuída a Deus nestas outras passagens bíblicas e debilitaria a ênfase total, em um ponto onde menos esperaríamos. A previsão da fé envolve pouquíssima

---

55 É instrutivo notar como até mesmo Daniel Whitby leva em conta este sentido e adota-o em sua exposição desta passagem; cf. *A Paraphrase and Commentary on the New Testament*, Londres, 1744, ad Romanos 8.29, 11.2.

56 É fútil Meyer argumentar que προγινώσκω "jamais, no Novo Testamento (nem mesmo em Rm 11.2; 1 Pe 1.20), significa qualquer outra coisa além de *conhecer de antemão*" (*op. cit., ad loc.*). Indubitavelmente, tem este significado em Atos 26.5 e 2 Pedro 3.17, onde é aplicado aos homens. A única outra instância, no Novo Testamento, além de Romanos 8.29 e 11.2, é 1 Pedro 1.20; em todas estas passagens, Deus é o sujeito (cf. πρόγνωσις, em Atos 2.23 e 1 Pedro 1.2). Nestas cinco ocorrências da ideia, quando aplicada a Deus, a consideração que pesa mais do qualquer outra, na determinação do significado exato, é o uso frequente de ידע, no hebraico, e de γινώσκω, no grego, no pleno sentido definido anteriormente. Por igual modo, é significativo que, neste uso de γινώσκω, o acusativo ocorre sem qualquer adjunto qualificativo, a fim de especificar a diferenciação envolvida (cf. Mt 7.23; 2 Tm 2.19; 1 Jo 3.1).

ação ativa, para fazer justiça à atividade divina sobre a qual recai grande parte da ênfase. Não é a previsão da fé que causa a distinção, e sim o conhecimento prévio que a faz existir; não é uma previsão da fé que reconhece a existência, e sim o conhecimento prévio que determina a existência. Trata-se de um soberano amor distinguidor.

"Também os predestinou." Uma das principais objeções ao ponto de vista anterior a respeito dos "que de antemão conheceu" é que ele anularia a diferença entre a predestinação e o conhecimento prévio.[57] Há uma ostensiva progressão de pensamento, expressa nas palavras "também os predestinou". Porém, não há razão para supormos que essa progressão é perturbada, se "de antemão conheceu" for interpretado da maneira proposta. "De antemão conheceu" enfoca a atenção sobre o amor distinguidor da parte de Deus, mediante o qual foram eleitos os filhos de Deus. Mas não nos informa acerca do destino a que foram designados os escolhidos. Esta informação é suprida por "também os predestinou", não sendo de modo algum supérflua.

Quando consideramos o sublime destino definido — "para serem conformes à imagem de seu Filho" — percebemos não somente a dignidade desse ato determinador, mas, igualmente, a grandeza do amor de onde flui tal ato. O amor de Deus não é uma emoção passiva; é uma volição ativa que se encaminha resolutamente para nada menos do que o mais sublime alvo para seus filhos adotivos, a conformidade com a imagem do seu Filho unigênito. Evidentemente, alegar que o amplo significado da expressão "de antemão conheceu" não deixa espaço para a distintiva enunciação desse elevado destino, é uma atitude sem razão ou fundamento.[58]

"Para serem conformes à imagem de seu Filho" define o destino para o qual foram designados os eleitos de Deus. O apóstolo tinha em mente a conformidade com Cristo que se concretizará quando os eleitos forem glo-

---

57 Meyer afirmou que esta opinião sobre προέγνω "necessariamente incluiria o προορισμός e, por conseguinte, excluiria este último como um ato especial e acessório" (*idem*).

58 Quanto a isso, a relação entre προέγνω e προώρισε é análoga à de ἀγάπη e προορίσας, em Efésios 1.5. Meyer argumenta em favor de ἐν ἀγάπῃ προορίσας, neste ponto, e, portanto, tem de reconhecer que o amor é o antecedente causal — motivado pelo amor, Deus predestinou os eleitos para a adoção. Por que, então, haveria qualquer dificuldade em descobrirmos o antecedente do amor eletivo em Romanos 8.29, juntamente com a distinção e a progressão de pensamento que os dois termos em foco expressam?

rificados juntamente com Cristo (v.17; cf. vv.18,19,21,23,30), a completa e final conformidade com a glória ressurreta (cf. 1 Co 15.49; 2 Co 3.18; Fp 3.21; 1 Jo 3.2). É importante observar que isto foi descrito em termos de conformidade à imagem do *Filho*; e demonstra a maravilha do destino.

O título "Filho" refere-se a Cristo na qualidade de unigênito (cf. vv.3,32), e, deste modo, contempla-se a filiação singular e eterna. Esta conformidade, naturalmente, não pode ter em vista a conformação com Ele nesta capacidade e relação; envolve a transformação do corpo de nossa humilhação à semelhança do corpo glorioso de Cristo (Fp 3.21); portanto, deve ser concebida em termos de conformidade à imagem do Filho encarnado, que foi glorificado mediante a sua exaltação. Contudo, o Cristo glorificado jamais deixa de ser o Filho eterno, e o Filho eterno é o Filho encarnado e glorificado. Por conseguinte, ser conformado à sua imagem, na qualidade de encarnado e glorificado, implica na conformação à imagem daquele que é o eterno Filho unigênito.

"A fim de que ele seja o primogênito entre muitos irmãos." Estas palavras especificam o alvo final da conformidade mencionada antes. Poderíamos indagar: o que seria mais final do que a completa conformidade dos filhos de Deus à imagem de Cristo? Esta pergunta ressalta o significado desta cláusula concludente. Existe um fim que é mais crucial do que a glorificação do povo de Deus — o fim que se ocupa com a preeminência de Cristo. Conforme Meyer observou corretamente: "Paulo contempla a *Cristo* como o Único a quem o decreto divino *alude como seu alvo final*".[59] O termo "primogênito" reflete a *prioridade* e a *supremacia* de Cristo (cf. Cl 1.15,18; Hb 1.6; Ap 1.5).[60] Torna-se ainda mais digno de atenção o fato de que, ao ser contemplada a filiação singular e eterna no título "Filho", bem como a prioridade e a supremacia de Cristo na designação "primogênito", o povo de Deus foi classificado como "irmãos" de Cristo (cf. Hb 2.11,12).

A filiação singular de Cristo e o fato de que ele é o primogênito resguardam a sua preeminência e distinção, mas é entre muitos irmãos que se

---

59 *Op. cit., ad loc.,* Philippi também disse: "Assim, não tanto para glorificar-nos, mas para glorificar a Cristo, foi que Deus determinou para nós tal glória" (*op. cit., ad loc.*).
60 Quanto ao significado de πρωτότοκος, cf. J. B. Lightfoot, *St. Paul's Epistles to the Colossians and Philemon, ad* Cl 1.15.

manifesta sua preeminência. Este é outro exemplo da intimidade de relação existente entre Cristo e o povo de Deus. A união também indica a comunidade que, neste versículo, é definida como uma comunidade de "irmãos". O relacionamento fraternal é agrupado na ideia do objetivo final do decreto predestinador; isto significa que a preeminência de Cristo envolve a eminência que, por direito, pertence aos filhos de Deus. Em outras palavras, a singular dignidade do Filho, em sua relação essencial para com Deus Pai e em sua investidura messiânica, fomenta a maravilha da dignidade conferida ao povo de Deus. O Filho não se envergonha de chamá-los irmãos (cf. Hb 2.11).

30 - Os dois versículos anteriores abordam o eterno e pré-temporal conselho de Deus. O "propósito" do versículo 28 é explicado no versículo 29, em termos de conhecimento prévio e predestinação, em que esta última define o alvo final do conselho da salvação. O versículo 30 introduz-nos na esfera de tempo e indica as ações pelas quais o eterno conselho de Deus é trazido à verdadeira fruição pelos seus filhos.

Três atos são aqui mencionados: chamada, justificação e glorificação. Há um vínculo indivisível entre esses três atos e os dois elementos do eterno conselho de Deus. Todos os cinco elementos são coextensivos. O uso contínuo de "também" e a reiteração dos termos "predestinou", "chamou" e "justificou", nas três cláusulas relativas do versículo 30, assinalam a equiparação denotativa. Deste modo, torna-se muitíssimo evidente que não pode haver um elemento sem os demais e que os três elementos de tempo fluem em consequência do conselho eterno, particularmente da predestinação, porquanto ela se conserva na mais íntima relação lógica para com a chamada, na qualidade de primeiro na sequência dos eventos temporais.[61]

Devemos observar que a chamada, a justificação e a glorificação são apresentadas como atos de Deus — Ele "chamou", "justificou", "glorificou". Esta ênfase sobre a atividade divina também aparece em "de antemão conheceu" e em "predestinou". É contrário a esta ênfase definir qualquer desses elementos da aplicação da redenção em outros termos que não sejam os que se referem à *ação*

---

61 Quanto à prioridade da chamada na *ordo salutis*, cf. *Redemption - Accomplished and Applied*, pp. 100, ss.; 114, 115, por este escritor.

divina. É verdade que todos os três nos afetam, atraem-nos para dentro de seu escopo e se revestem da mais profunda importância prática, na atual experiência da salvação. No entanto, somente Deus se mostra ativo nos acontecimentos aqui mencionados; e nenhuma atividade da parte dos homens supre qualquer ingrediente na realização destes acontecimentos ou contribui para a sua eficácia.[62]

Por razões óbvias, devemos inferir que a sequência seguida pelo apóstolo representa a ordem certa na aplicação da redenção. Ele enumera três elementos que, na qualidade de eventos centrais de nossa salvação, servem ao propósito do apóstolo em delinear o plano divino da salvação, a partir de sua fonte, no amor de Deus, até à sua consumação, na glorificação dos filhos de Deus. A glorificação, diferentemente da chamada e da justificação, pertence ao futuro. Não seria possível, nesse contexto (cf. 5.2; vv.17,18,21,24,25,29), considerá-la como outra coisa além da plenitude do processo de salvação; e, embora "glorificou" esteja no tempo passado, esta forma verbal é proléptica, dando a certeza de sua realização.[63]

Ao encorajar e apoiar o povo de Deus, nos seus sofrimentos e adversidades, gemidos e fraquezas, o apóstolo atingiu sua conclusão triunfal. Ele mostrou como a presente peregrinação do povo de Deus se ajusta a seu devido lugar naquele determinado e imbatível plano de Deus; este plano está limitado por dois elementos principais: o soberano amor de Deus, em seu eterno conselho, e a glorificação com Cristo, na era vindoura.

Quando, pela fé, o povo de Deus apreende este panorama que se estende desde o amor de Deus, antes dos tempos eternos, até ao grande final do processo de redenção, os sofrimentos do tempo presente são encarados em sua verdadeira perspectiva e vistos, *sub specie aeternitatis*, como meras circunstâncias da peregrinação até à glória a ser revelada e como pré-condições da mesma, uma glória tão imensa em seu valor, que as tribulações do presente não são dignas de comparação.

---

62 É verdade que a chamada exige a resposta apropriada e que a justificação vem pela fé. Portanto, estes atos de Deus não ocorrem independentemente da fé — no primeiro caso, como resultado e, no último, como precondição. Mas estes atos de Deus não devem ser definidos em termos das atividades humanas. A chamada, portanto, é eficaz, e falar em resistir ao ato divino da justificação seria tão absurdo quanto falar em resistir à chamada.

63 Por certo, a forma verbal é um aoristo proléptico que representa, conforme declara Meyer, "a glorificação futura como tão necessária e certa, que ela aparece como algo já outorgado e completado juntamente com ἐδικαίωσεν" (*op. cit., ad loc.*).

8.31-39

31 Que diremos, pois, à vista destas coisas? Se Deus é por nós, quem será contra nós?

32 Aquele que não poupou o seu próprio Filho, antes, por todos nós o entregou, porventura, não nos dará graciosamente com ele todas as coisas?

33 Quem intentará acusação contra os eleitos de Deus? É Deus quem os justifica.

34 Quem os condenará? É Cristo Jesus quem morreu ou, antes, quem ressuscitou, o qual está à direita de Deus e também intercede por nós.

35 Quem nos separará do amor de Cristo? Será tribulação, ou angústia, ou perseguição, ou fome, ou nudez, ou perigo, ou espada?

36 Como está escrito: Por amor de ti, somos entregues à morte o dia todo, fomos considerados como ovelhas para o matadouro.

37 Em todas estas coisas, porém, somos mais que vencedores, por meio daquele que nos amou.

38 Porque eu estou bem certo de que nem a morte, nem a vida, nem os anjos, nem os principados, nem as coisas do presente, nem do porvir, nem os poderes,

39 nem a altura, nem a profundidade, nem qualquer outra criatura poderá separar-nos do amor de Deus, que está em Cristo Jesus, nosso Senhor.

Esta é a triunfante conclusão do consolo que fora desdobrado nos versículos anteriores, especialmente desde o versículo 18. Nas palavras de Philippi, "este é o mais elevado degrau da escada de consolo que, desde o versículo 18, o escritor, assim como o leitor, vinha subindo".[64]

31 — "Que diremos, pois, à vista destas coisas?" Esta indagação tem a força de "qual a inferência a ser extraída destas verdades?" Qual seria a nossa resposta? A resposta é dada na forma de outra pergunta, obviamente retórica,

---

[64] *Op. cit., ad loc.*

com o sentido de que, se Deus é por nós, toda oposição vinda de outros não tem qualquer importância. Quando Paulo indaga: "Se Deus é por nós...?", não há qualquer sugestão de dúvida;[65] esta cláusula simplesmente declara a base da certeza confiante implícita na pergunta anterior.

"Quem será contra nós?" não significa que não existem adversários. Os versículos 35 e 36 falam sobre as mais violentas formas de oposição. O pensamento é apenas de que nenhum adversário tem algum poder, quando Deus é por nós. Na realidade, nos termos do versículo 26, nada *é contra nós*, a ponto de realizar-nos o mal; se Deus é por nós, todas as coisas cooperam juntamente para o nosso bem. Em última análise, não há qualquer *contra* na esfera dos interesses do povo de Deus. Esta é a verdade enunciada no versículo 31, no tocante a todos os adversários pessoais, satânicos, demoníacos e humanos.

32 — Aqui Paulo menciona a mais conclusiva prova da graça de Deus, na forma de um argumento maior para o menor. Se, para o nosso bem, Deus fez o que de mais sublime poderíamos imaginar, não nos dará necessariamente todas as demais bênçãos?

"Aquele que não poupou o seu próprio Filho." Diversas verdades devem ser notadas: (1) a pessoa da Deidade em foco é Deus Pai, pois o Filho mantém a relação de Filho somente para com o Pai. (2) "Seu próprio Filho" significa que não existe outro que mantenha esta mesma relação para com o Deus Pai (cf. 8.3).[66] Jesus chamou Deus de "seu próprio Pai" (Jo 5.18), significando que o Pai, com exclusividade, permanece nesta relação para com ele. Deus possui muitos filhos por adoção. Mas as Escrituras não permitem qualquer confusão entre a filiação do Unigênito e a dos adotados. Nenhum outro, exceto o Unigênito, é o próprio Filho do Pai; isto é verdade por se tratar de uma filiação eterna, incomparável e inefável. (3) O Pai não poupou o seu próprio Filho. O ato de poupar refere-se aos sofrimentos infligidos. Os pais poupam seus filhos quando não infligem a plena medida

---

65 Não o "se" de incerteza, e sim o de suposição.
66 Cf. os exemplos da individualidade e da particularidade implícitas em ἴδιος — Rm 14.5; 1 Co 3.8; 4.12; 7.2,4,7,37; Gl 6.5; Ef 5.22; 1 Tm 3.4.

do castigo que eles merecem. Os juízes poupam os criminosos quando não pronunciam a sentença proporcional ao delito praticado. Em contraste, Deus Pai não agiu assim. Ele não suspendeu nem aliviou um pouco sequer da completa dose de juízo executado contra seu Filho amado e unigênito. Não houve qualquer alívio na punição, pois "ao S‍ENHOR agradou moê-lo, fazendo-o enfermar" (Is 53.10). Não houve a menor mitigação; o juízo foi descarregado sobre o Filho com irrestrita intensidade. "Não poupou" expressa nada menos que isso. (4) Na tolerância do que esteve envolvido no ato de não poupar, não houve suspensão do relacionamento subentendido nas palavras "seu próprio Filho" e, consequentemente, não ocorreu a suspensão do amor que este relacionamento dá a entender. (5) Esta conjunção do incomparável relacionamento e amor com o ato de não poupar exibe a incompreensível maravilha deste fato, a partir do qual o apóstolo extrai o seu argumento.

"Antes, por todos nós o entregou." A cláusula anterior é negativa em sua forma — "não poupou". Esta é positiva — Ele "o entregou". Isso reflete o que o apóstolo declarou em outras cartas, ou seja, que Cristo foi feito pecado (cf. 2 Co 5.21) e maldição (Gl 3.13). Deus Pai entregou seu próprio Filho à condenação e ao abandono merecidos pelo pecado. Não houve qualquer alívio no castigo executado sobre ele; o Getsêmani e o Calvário são prova disso.

Não devemos perder de vista a conjunção que é novamente exemplificada. Somente porque o Filho era o sujeito de um relacionamento singular e o objeto de um amor incomparável, ele pôde ser entregue à condenação que suportou até ao fim. Também é possível que dentro do campo de entendimento do apóstolo haja outro aspecto dessa entrega, isto é, a entrega a tudo quanto o arqui-inimigo e seus instrumentos poderiam fazer contra ele. Jesus disse a seus adversários, às vésperas de sua crucificação: "Esta porém, é a vossa hora e o poder das trevas" (Lc 22.53). E as descrições da profecia inspirada devem ser levadas em conta, nesta conexão (cf. Sl 22.12,13,16; 69.26).

Jesus foi entregue "pelo determinado desígnio e presciência de Deus", e por mãos de homens iníquos foi crucificado e morto. Se restrições tivessem sido colocadas sobre o poder do inimigo, ele não teria despojado publicamente os principados e poderes. Ele não os teria vencido, atrelando-os eficazmente à carruagem triunfal de sua cruz. O fato de que Deus entregou seu próprio Filho à malignidade e ao ódio, à astúcia e ao poder do príncipe das trevas e suas hostes não seria outra prova da graça de Deus Pai? Foi o Pai quem o entregou, e não as hostes das trevas. "Quem entregou a Jesus para que morresse não foi Judas, por causa de dinheiro; nem Pilatos, por temor; nem os judeus, por inveja — foi o Pai, por amor!"[67]

Somente quando a provação do Getsêmani e do Calvário é vista na perspectiva da condenação suportada vicariamente, da condenação executada com as sanções de uma incansável justiça, da condenação suportada no momento em que as hostes das trevas tiveram liberdade de desfechar o máximo seu ódio, somente então somos capazes de apreender a maravilha e experimentar a doçura do amor que ultrapassa todo o entendimento, um amor eternamente inexaurível, que será perscrutado por toda a eternidade.

"Por todos nós." (1) O espetáculo do Getsêmani e do Calvário é inteligível apenas quando o encaramos vicariamente — foi por nossa causa que Jesus foi entregue. (2) A extensão das palavras "todos nós" é definida pelo contexto. O significado é o mesmo do versículo 31; e o termo "todos nós", no versículo 32, não pode ser mais inclusivo do que "nós", no versículo 31. "Nós" (v.31) se refere àqueles mencionados nos versículos anteriores, expressamente identificados como aqueles que foram conhecidos de antemão, predestinados, chamados, justificados e glorificados. Além disso, o contexto seguinte especifica, com igual força de distinção, aqueles a respeito de quem o apóstolo falava — são os eleitos de Deus (v.33), aqueles em favor de quem Cristo intercede (v.34), aqueles que jamais podem ser separados do amor de Deus (vv.35,39). A contínua identificação das pessoas, nesses termos, demonstra que esta passagem não oferece apoio à ideia de uma expiação universal. Ela foi realizada "por todos nós" que pertencemos à categoria definida no contexto da entrega de Cristo. (3) Embora "todos nós" não denote a humanidade inteira, não nos convém negligenciar a indiscriminação expressa por estas palavras. Dentro do escopo daqueles que estão envolvidos, não há qualquer restrição ou exclusão. Cada pessoa tem sua própria individualidade, e isso

---

67 Octavius Winslow, *No Condemnation in Christ Jesus* (Londres, 1857), p. 358.

também é verdade no tocante ao pecado, à miséria e à responsabilidade pelo erro cometido. Deus não salva os homens coletivamente. Ele lida com cada pessoa de maneira particular. E isso deve ser levado em conta no fato de que Deus Pai entregou o seu próprio Filho. O Pai contemplou a todos em favor de quem ele entregou o Filho, distinguindo o pecado, a miséria, a responsabilidade pelo erro e a necessidade de cada um. Se Deus nos houvesse considerado de maneira coletiva, se não tivéssemos sido contemplados em nossa individualidade, não haveria salvação. O Pai mostrou respeito para com todos nós, quando entregou seu filho.

"Porventura, não nos dará graciosamente com ele todas as coisas?"[68] Todas as afirmações anteriores do versículo 32 levam a esta pergunta retórica. A conclusão é apresentada na forma de pergunta, a fim de realçar, de modo mais vigoroso, quão inconcebível é a ideia oposta. O seu propósito é impressionar-nos com a incontestável certeza de que todo o necessário à glorificação do povo de Deus, sim, todas as coisas que a garantem e fomentam serão livre e infalivelmente outorgadas.

Se o Pai não poupou o seu próprio filho, mas o entregou à agonia e à vergonha do Calvário, como poderia deixar de levar à plena realização aquela finalidade contemplada em tal sacrifício? A maior dádiva do Pai, o mais precioso presente que nos foi concedido não consistiu de coisas. Não foi a chamada, nem a justificação, nem mesmo a glorificação. Tampouco se trata da segurança, tema com que o apóstolo concluiu o capítulo (v.39). Todos estes são favores dispensados em cumprimento do gracioso desígnio de Deus. Mas o dom indizível e incomparável foi a entrega de seu próprio Filho. Tão grande é esta dádiva, tão maravilhosas são as suas implicações, tão amplas as suas consequências, que todas as demais graças de menores proporções, com certeza, nos serão dadas gratuitamente.

O significado da expressão "com ele" precisa ser apreciado. Cristo é apresentado como quem *nos* foi dado — a entrega *por nós* deve ser interpre-

---

68 καί tem sido entendida juntamente com πῶς οὐχί (Philippi), com σὺν αὐτῷ (Meyer) e com χαρίσεται (Godet). Não faz qualquer diferença quanto ao pensamento central. No entanto, pareceria mais natural e mais de acordo com o argumento *a majori ad minus* entendê-la juntamente com σὺν αὐτῷ. Muita coisa depende das palavras σὺν αὐτῷ; trata-se da consideração central, e, exegeticamente falando, é mais correto vincular o καί a σὺν αὐτῷ.

tada como uma dádiva feita *a nós*. Uma vez que Cristo é a suprema expressão e materialização da dádiva gratuita, e a sua entrega por parte do Pai foi a suprema demonstração do amor dele, qualquer outra graça deve seguir e vir juntamente com a possessão de Cristo. É improvável que "todas as coisas", nesta instância tornadas definidas pela presença do artigo, refere-se a todas as coisas que cooperam juntamente para nosso bem (v.28).[69] As coisas contempladas são as dádivas e as bênçãos da graça proporcionadas aos crentes; portanto, são todas aquelas coisas que esperaríamos fossem indicadas pelo contexto, o qual aborda a salvação em sua inteireza. De qualquer modo, "todas as coisas" é um óbvio exemplo de uma expressão em termos universais que foi empregada em sentido restritivo.

33-34a — As perguntas que aparecem nos versículos 33 a 35 têm sido, de diversas maneiras, relacionadas entre si e ao seu contexto imediato. A diferença de opinião relaciona-se particularmente à pergunta "Quem os condenará?" (v.34). Devemos entendê-la diretamente com o que a antecede: "É Deus quem os justifica"? Ou deve ser considerada como a pergunta da qual o restante do versículo 34 é a resposta? Na primeira alternativa, a última porção do versículo 34 ("É Cristo Jesus quem morreu", etc.) não é a resposta para "Quem os condenará?", mas supriria a base para a pergunta e desafio do versículo 35: "Quem nos separará do amor de Cristo?"

Não é razoável ser dogmático, ao decidir sobre qual desses pontos de vista é o correto. Parece haver algumas considerações em favor do primeiro. (1) "Quem os condenará?" se ajusta naturalmente à afirmação de que é Deus quem nos justifica. O desafio é inevitável à proposição categórica. (2) Se a cláusula "Quem os condenará?" tem sua resposta na última parte daquele mesmo versículo, então, Cristo Jesus, conforme ficará implícito, seria apresentado como o justificador. Ora, isto não concorda com o ensino de Paulo. Na verdade, Cristo lança a base para a justificação, e somos justificados por meio de sua justiça (Rm 5.18,19). Mas Deus Pai, em distinção a Cristo, é o

---

69 Embora todas as coisas envolvidas na experiência dos crentes contribuam juntamente para o bem (ver consideração sobre v. 28), seria difícil imaginar *todas* estas coisas como "gratuitamente dadas" (χαρίσεται).

justificador. Na declaração "É Deus quem os justifica", isso está claramente entendido. (3) A pergunta do versículo 35a se ajusta bem ao que imediatamente o antecede, no versículo 34; este se ocupa com o que Cristo fez e está fazendo, e o versículo 35a é a contestação apropriada que procede dos fatos declarados em referência a Cristo. Assim como a objeção do versículo 34a mostra a confiança resultante daquilo que Deus realiza como justificador, assim também a objeção do versículo 35a exibe a confiança proveniente daquilo que Cristo tem feito e continua a fazer. Supondo que esta é a construção preferível, a interpretação apresentada está em harmonia com ela.

"Quem intentará acusação contra os eleitos de Deus?" Quanto a esta indagação, devemos seguir a mesma linha de pensamento aplicada à pergunta do versículo 31: "Quem será contra nós?" O apóstolo pressupõe muitos acusadores, mas suas acusações são insignificantes, pois Deus já proferiu sua sentença justificadora. Em seu tribunal, não há qualquer apelo. As acusações de todos os outros são apenas dignas de menosprezo. A designação "os eleitos de Deus" reflete a categoria a que pertencem — são os eleitos de Deus. E não apenas são concebidos como quem foi eleito por Deus; mantêm para com ele a relação de serem seus eleitos. A eleição não pode ser outra coisa senão aquela especificada, em termos diferentes, no versículo 29 ou em Efésios 1.4, como a eleição em Cristo, antes da fundação do mundo (cf. At 9.15; Rm 9.11; 11.5,7; 16.13; Cl 3.12; 1 Ts 1.4; 2 Tm 2.10; Tt 1.1; Mt 24.22,24; Mc 13.20,22; Lc 18.7; 1 Pe 1.1; 2 Pe 1.10).

"É Deus quem os justifica. Quem os condenará?" Conforme já indicamos, estas cláusulas devem ser entendidas em conjunto. Novamente, o questionamento inerente à questão deveria ser interpretado segundo as linhas de pensamento aplicadas às perguntas "Quem será contra nós?" (v.31) e "Quem intentará acusação contra os eleitos de Deus?" (v.33). Neste caso, entretanto, a vindicação atinge o seu zênite. No apelo feito ao divino veredito de justificação, toda língua que se levanta em juízo é silenciada (cf. Is 54.17). O paralelo entre esta passagem e o protesto do Servo, em Isaías 50.8-9, é por demais íntimo para ser posto em dúvida: "Perto está o que me justifica; quem contenderá comigo? Apresentemo-nos juntamente; quem é o meu adversário?... Eis que o Senhor Deus me ajuda; quem há que me condene?"

34b — O apóstolo faz-nos agora voltar o pensamento à segurança que pertence aos eleitos de Deus, por causa do que Cristo fez e continua fazendo. Nas palavras de Gifford: "Como se estivesse pulando de uma rocha para outra, o apóstolo passa do amor do Pai para o do Filho".[70] Quatro elementos centrais na obra redentora de Cristo são aduzidos como garantia de que coisa alguma pode separar-nos do amor dele.

"É Cristo Jesus quem morreu."[71] Não há qualquer alusão expressa ao propósito pelo qual Jesus morreu, nem às pessoas em favor de quem ele morreu. O apóstolo já havia abordado, de maneira suficiente, este aspecto (cf. 3.21-26; 4.25; 5.8-11; 6.4-10; 8.3,4). A brevidade que há neste ponto chama atenção para a estupenda significação da morte de Cristo, na série de fatos que são mencionados neste versículo. Por si mesmo, o fato de que Cristo Jesus morreu é tão importante, que a simples declaração convoca-nos a ponderar sobre as suas implicações.

"Ou, antes, quem ressuscitou." As palavras "ou, antes", quando formalmente usadas, indicam emenda ou correção. Mas o seu uso aqui não tem o propósito de retratar, em qualquer sentido, a proposição anterior, nem minimizar a realidade da morte de Jesus. Elas salientam o fato de que, à parte da ressurreição, a morte de Jesus não teria proveito algum em cumprir as finalidades contempladas neste texto. É na qualidade de Senhor vivo que ele garante a segurança dos que lhe pertencem. Conforme foi observado antes (4.25; 6.5), a morte e a ressurreição de Cristo são inseparáveis na realidade da redenção.[72]

"O qual está à direita de Deus." Temos aqui uma linguagem figurada ou antropomórfica. Mas o sentido da frase é evidente. Cristo foi supremamente exaltado, e "à direita de Deus" indica a soberania e o domínio nos quais ele foi investido, a glória com a qual ele foi coroado (cf. Mt 26.64; Mc 14.62; At 2.33; 5.31; 7.55,56; Ef 1.20; Cl 3.1; Hb 1.3; 8.1; 10.12; 12.2; 1 Pe 3.22).

---

70 Op. cit., ad loc.
71 Χριστὸς ’Ιησοῦς é a forma textual dos manuscritos p⁴⁶, ℵ, A, C, G, L e diversas versões antigas, incluindo a Vulgata Latina. Χριστός, sozinha, aparece em B, D e na maioria dos cursivos.
72 ἐγεθείς é aoristo passivo e, assim, pode refletir a ação do Pai ao ressuscitar a Jesus (cf. 4.25; 6.4; 8:11). Mas a *ressurreição* de Jesus dentre os mortos pode estar em foco e, portanto, coordenada com ἀποθανών e ἐντυγχάνει. Cf. o artigo *"Who Raised Up Jesus?"*, escrito por este autor, em *The Westminster Theological Journal*, vol. III, pp. 113-123, especialmente pp. 115-117.

Esta linguagem figurada não fornece base alguma para negarmos a realidade da presença de Cristo nos céus. Visto que ele foi exaltado na qualidade de Deus-homem, sua natureza humana deve estar em foco. De outra maneira, ele não seria verdadeiramente homem em seu estado de exaltação. O apelo do apóstolo à gloria exaltada, à autoridade e ao domínio está diretamente relacionado à certeza da segurança pertencente aos eleitos de Deus. Posto que ele tem toda autoridade nos céus e na terra, nenhuma circunstância adversa ou poder hostil é capaz de arrancar-lhe das mãos o seu povo ou separá-lo do seu amor.

"E também intercede por nós." Assim como a cláusula anterior afirma a autoridade e o domínio dos quais Cristo foi investido e, por implicação, assevera o senhorio que ele exerce em sua glória exaltada, assim também a cláusula presente apela à contínua atividade sumo-sacerdotal de Cristo. Somente aqui e em Hebreus 7.25 há menção expressa à sua intercessão celeste. Entretanto, essa atividade está subentendida em outras passagens (cf. Jo 14.16; 1 Jo 2.1 e, talvez, Is 53.12). Não há dúvida de que o versículo se refere à "intercessão" — o mesmo termo é usado em referência ao Espírito Santo, nos versículos 26 e 27.[73] Portanto, a realidade da intercessão, por parte de Cristo, é inquestionável.

Embora a atividade sumo-sacerdotal de Cristo não deva ser restringida à intercessão (cf. Hb 2.18; 4.14-16), este é um aspecto claramente estabelecido do ministério celestial de Jesus. E a evidência demonstrará que toda necessidade dos crentes e toda graça exigida para consumar a redenção deles são postas dentro do escopo da intercessão de Cristo (cf. Hb 7.24,25). Não podemos considerá-la uma fábula, como também não podemos reputar irreal a ressurreição e a glória de nosso Redentor. É difícil suprimir certo senso de clímax, quando chegamos a este quarto e final elemento da série.

Pois nada serve tanto para comprovar a intimidade e a constância da preocupação do Redentor com a segurança de seu povo; nada nos assegura tanto a respeito de seu imutável amor quanto a ternura da qual nos fala o seu sacerdócio celestial, e, particularmente quando este se expressa em intercessão por nós. O fato de que ele intercede "por nós" nos

---

73 ὑπερεντυγχάνω, no versículo 26; ἐντυγχάνω, tal como nesta instância, no versículo 27.

recorda que sua intercessão também exemplifica aquela particularidade de interesse e provisão que já observamos na expressão "por todos nós", no versículo 32. A intercessão tem de se referir à situação distintiva de cada pessoa. Agora o apóstolo nos preparou para a triunfante pergunta do versículo 35.

35 — "Quem nos separará do amor de Cristo?" Esta pergunta é coordenada com as anteriores — "Quem será contra nós?" (v.31); "Quem intentará acusação contra os eleitos de Deus?" (v.33); "Quem os condenará?" (v.34). Visto que as palavras tribulação, angústia, perseguição, fome, nudez, perigo e espada são especificações de coisas que, por si mesmas, tenderiam por separar-nos do amor de Cristo, é necessário que devem ser entendidas como ampliações da mesma pergunta. É óbvio que o pensamento é este: a angústia, ou a tribulação, etc. nos separará do amor de Cristo? Portanto, esta é a última da série de perguntas que, em cada caso, subentendem a mais segura e triunfante negativa. O que torna evidente que esta pergunta é um clímax não é somente o fato de que ela é a última na série, mas também a sua expansão e a continuidade do mesmo tema, até ao fim do capítulo. As notas de vitória e certeza atingirão agora seu tom mais elevado.

O "amor de Cristo" por certo é o amor de Cristo por seu povo, e não o amor dos crentes para com ele. Isto é demonstrado pela cláusula "por meio daquele que nos amou" (v.37) e também pela expressão "do amor de Deus, que está em Cristo Jesus, nosso Senhor" (v.39). Além disso, a ideia de sermos separados do nosso amor por Cristo não faz sentido. A impossibilidade de sermos afastados da abrangência do amor de Cristo é afirmada, e a base dessa confiança é o caráter e a constância do amor de Cristo, comprovados pelos fatos mencionados no versículo 34. As coisas citadas no versículo 35 marcam as circunstâncias adversas em que a peregrinação dos santos de Deus é moldada. Esta peregrinação foi bem exemplificada na peleja terrena do próprio apóstolo (cf. 2 Co 11.23-33); e tais coisas pareceriam desfigurar o amor de Cristo por eles. Quanto mais acentuada for a espécie de adversidade denotada por esses termos, tanto mais decisiva será a certeza atribuída à imutabilidade do amor de Cristo.

36 — Temos aqui uma citação literal do Salmos 44.22 (no hebraico, 44.23), conforme é traduzido pela Septuaginta (43.23). As adversidades exemplificadas pelo apóstolo (v.35) têm sido o quinhão do povo de Deus por todas as gerações (cf. At 14.22; Hb 11.35-38). É importante observar que, ao citar este salmo, Paulo nos chamou a atenção ao fato de que, por causa do Senhor, o povo de Deus foi pisado e considerado como digno apenas de morte. Isto injeta um ingrediente persuasivo, ainda que facilmente esquecido, na certeza que o apóstolo estava desdobrando. A perseguição é um sinal do opróbrio de Cristo. "O dia todo" expressa bem o pensamento do original. Não é simplesmente "todos os dias". A violência até à morte, às mãos dos perseguidores, é uma realidade sempre presente.

37 — Há três observações a fazer: (1) "Mais que vencedores" é uma tradução correta. O aspecto superlativo da vitória é enfatizado. As aparências em contrário ressaltam a realidade e o caráter final da vitória. O martírio parece ser uma derrota; pelo menos assim o consideram seus perpetradores. Com demasiada frequência, contemplamos o resultado de nosso conflito contra as forças da iniquidade como mero escape. Na verdade, trata-se de uma vitória extraordinária, completa e gloriosa. Os desígnios dos adversários são totalmente frustrados, e saímos vencedores, com os lauréis da vitória. (2) Esta vitória se dá em todas as instâncias — "em todas estas coisas". Em cada encontro com a adversidade, até mesmo com a hostilidade que resulta em morte, a vitória obtida não tem qualificativos. Incrível! Sim, de fato, se não fossem os fatores transcendentais percebidos pela fé. (3) "Por meio daquele que nos amou" — estas palavras falam, de maneira específica, a respeito de Cristo, em face do versículo 34 e da referência ao amor de Cristo, no versículo 35. O tempo do verbo, "amou", indica o amor exercido e demonstrado através da morte na cruz. Isto não visa sugerir, mesmo no menor grau, que o amor de Cristo esteja concentrado no passado. O versículo 35 pressupõe que esse amor é algo permanente e, como tal, garante a segurança dos crentes. Todavia, o amor exercido para conosco, quando estávamos alienados de Deus, sendo pecadores e incapacitados (cf. 5.6-10), comprova a realidade e a intensidade do amor de Cristo.

Com toda razão, poderíamos ter ficado atônitos ante os termos superlativos usados para descrever a vitória. Temos o esclarecimento e a confirmação — é somente "por meio daquele que nos amou". Este é o fator transcendental que contradiz todas as aparências e transforma em vitória a derrota aparente. Sem dúvida, a constante atividade de Cristo, ressuscitado e à direita de Deus (v.34), é contemplada na mediação refletida no presente versículo. Não podemos deixar de ponderar, igualmente, a respeito da vitória obtida, de uma vez por todas, pelo próprio Cristo, na cruz que manifestou o amor dele. Naquela ocasião, ele despojou "os principados e as potestades, publicamente os expôs ao desprezo, triunfando deles na cruz" (Cl 2.15).

38-39 — "Porque eu estou bem certo" é uma categórica afirmativa da confiança entretida no tocante à impossibilidade de separação do amor de Cristo. É o reflexo, na consciência do apóstolo, dos fatos que demonstram o caráter invencível daquele amor. As expressões que seguem esta afirmativa evidentemente têm o intuito de universalizar, de maneira enfática, a negação com a qual se preocupam estes dois versículos. As expressões ocorrem em pares, e, nesta passagem, uma das expressões é o contrário da outra. Isto se evidencia na morte e na vida, nas coisas presentes e nas futuras, na altura e na profundidade. Porém, há variedade suficiente para mostrar-nos que não foi seguido qualquer padrão uniforme na lista citada.

"Nem a morte, nem a vida" — estes dois opostos compreendem as duas possibilidades que se encontram diante dos homens. Talvez não seja apropriado tentarmos particularizar as maneiras pelas quais a morte ou a vida poderiam ter sido concebidas, pelo apóstolo, como fatores que oferecem tentações ao povo de Deus ou que, por si mesmas, tendessem a separar-nos do amor de Cristo. É suficiente asseverar que, se qualquer dessas eventualidades tornar-se parte de nosso viver, a abrangência do amor de Cristo permanece a mesma (cf. 14.7,8).

"Nem os anjos, nem os principados." Se tivéssemos de considerar que esses fatores expressam determinada antítese, então, as evidências exigiriam que os "anjos" sejam o bem, e os "principados", o mal. Não podemos duvidar que estão em foco seres sobrenaturais. A palavra "anjos" pode ser empregada para indicar espíritos malignos, anjos que não conservaram seu primeiro estado (cf. Mt 25.41; 2 Pe 2.4; Jd 6). Mas é questionável se o vocábulo "anjos", sem qualquer qualificação posterior, seja usado no Novo Testamento para falar de espíritos malignos.[74] Consequentemente, as evidências favorecem a ideia de que "anjos" são espíritos bons.

"Principados" é termo usado no Novo Testamento tanto acerca do bem (Cl 1.16; 2.10) quanto do mal (1 Co 15.24; Ef 6.12; Cl 2.15).[75] Portanto, "principados" facilmente poderia aludir aos principados da iniquidade, de acordo com os escritos de Paulo. Encontrarmos elementos antitéticos está de acordo com o padrão literário que o apóstolo seguiu nesta passagem. Porém, não podemos ter certeza. Ambos, os termos podem ter em vista os espíritos bons, e, neste caso, a hierarquia de seres angelicais estaria em foco.

Argumentar que seres angelicais não podem ser concebidos como criaturas que tendem por separar-nos do amor de Cristo não é uma objeção válida. Hipoteticamente, o apóstolo falou de um anjo descendo dos céus e pregando outro evangelho (cf. Gl 1.8).[76] Ele poderia ter falado de modo similar nesse texto. A mera hipótese fortalece o significado do anátema em Gálatas 1.8. Neste caso, a negação seria fortalecida. Além disso, o propósito do apóstolo era cobrir a vasta gama de seres criados, e a inclusão de anjos é adequada ao pensamento.

"Nem as coisas do presente, nem do porvir, nem os poderes, nem a altura, nem a profundidade."[77] Na primeira antítese, achamos uma dimensão linear, e na última, uma dimensão vertical ou, conforme alguém disse, "nenhuma dimensão de tempo... nenhuma dimensão de espaço".[78] Estas expressões enfatizam claramente a universalidade que, na qualidade de ideia

---

74 Meyer afirma dogmaticamente que ἄγγελοι "deve ser entendido acerca dos anjos *bons*, pois os anjos maus *nunca* são designados ἄγγελοι, sem algum adjunto definidor" (*op. cit., ad loc.*). Não é evidente que as passagens citadas por Gifford, a fim de contrariar a opinião de Meyer, demonstram o contrário. É demasiadamente severo dizer, assim como Gifford, que a inferência de Meyer é "bastante inadmissível em 1 Coríntios 6.3 e Hebreus 2.16" (*op. cit. ad loc.*).
75 Efésios 1.21 é incerto; talvez tanto o bem quanto o mal estejam em foco nesta instância.
76 Sobre este assunto, cf. Meyer, *ad loc.*
77 A forma textual οὔτε ἐνεστῶτα οὔτε μέλλοντα οὔτε δυνάμεις, sendo apoiada pelos manuscritos p[46], ℵ, A, B, C, D, G e por várias versões antigas, certamente é preferível em face da diversidade de evidências em seu favor. Também é a forma mais difícil.
78 Gifford, *op. cit., ad loc.*

central da passagem inteira, o apóstolo coloca no escopo desta negação. É mais difícil entender o sentido da palavra "poderes", inserida entre estes dois pares. Os comentadores com frequência associam esse termo a "anjos" e "principados", considerando-o uma referência a seres sobrenaturais. Essa interpretação recorre a 1 Pedro 3.22 e também à própria linguagem de Paulo em 1 Coríntios 15.24 e Efésios 1.21, onde "poder", no singular, é coordenado com principado e potestade. Entretanto, "poderes", no vocabulário do Novo Testamento, incluindo as cartas de Paulo, frequentemente denota "milagres" ou "obras poderosas" (cf. Mt 11.21; At 2.22; 8.13; 1 Co 12.10,28,29; 2 Co 12.12; Gl 3.5; Hb 2.4). É possível que este significado seja aplicado aqui — nenhuma obra poderosa ou milagre (cf. especialmente 2 Ts 2.9) pode mostrar-se capaz de separar-nos de Cristo. Todavia, provavelmente estão em foco agentes pessoais, assim como nas passagens mencionadas.

"Nem qualquer outra criatura." Já se propôs que esta sentença deveria ser traduzida por "nem qualquer outra criação", no sentido de "criação diferente". Todavia, não há base suficiente para isto.[79] O apóstolo mostrou-se abrangente na lista que ofereceu, e a razão foi estabelecer a ideia de universalidade. Porém, essa negação concludente tinha o propósito de não deixar qualquer lacuna — nenhum ser ou coisa de toda a dimensão da realidade criada foi excluído.[80]

"Do amor de Deus, que está em Cristo Jesus, nosso Senhor." No versículo 35, o apóstolo falara sobre "o amor de Cristo" como aquilo de que o povo de Deus não pode ser separado. Agora ele amplia o escopo do amor contemplado ou, pelo menos, caracteriza-o com uma referência mais abrangente. Não está em foco apenas o amor de Cristo, mas igualmente o amor do Pai (cf. 5.8; 8.29,32,33). Este amor tem suas características distintivas. Acima de tudo é o amor que entregou o Filho. E o amor de Cristo, preeminentemente, é o amor que o levou a dar-se a si mesmo. Porém, sempre existe correlação, e o próprio apóstolo costumava afirmar as realizações conjuntas das pessoas da Deidade na obra de redenção. O próprio amor de Deus é louvado (5.8) pelo fato de ter Cristo morrido

---

79 Cf. Godet.
80 Cf. 13.9, onde, em alusão aos mandamentos, Paulo diz εἴ τις ἑτέρα ἐντολή.

por nós; o Espírito Santo derrama este amor em nossos corações (5.5). Ao vincular o amor do Pai ao de Cristo, o apóstolo reúne os dois sujeitos sobre os quais se baseiam os seus argumentos, do versículo 31 em diante, ou seja, o amor e a ação de Deus Pai (vv.31-34a) e o amor e a ação de Cristo (vv.34b-38).

No entanto, por meio desta expressão final, Paulo não estava indicando apenas a junção do amor do Pai ao de Cristo; também existe o tom de exclusividade. O amor de Deus, do qual não podemos ser separados, é o amor de Deus *que está em Cristo Jesus,* nosso Senhor. Este amor existe, se manifesta e se mostra atuante exclusivamente em Cristo Jesus, sendo apenas nele, como nosso Senhor, que podemos conhecer a abrangência e o vínculo do amor de Deus.

Capítulo XIV
A Incredulidade de Israel
(9.1-5)

9.1-5

1 Digo a verdade em Cristo, não minto, testemunhando comigo, no Espírito Santo, a minha própria consciência:
2 tenho grande tristeza a incessante dor no coração;
3 porque eu mesmo desejaria ser anátema, separado de Cristo, por amor de meus irmãos, meus compatriotas, segundo a carne.
4 São israelitas. Pertence-lhes a adoção e também a glória, as alianças, a legislação, o culto e as promessas;
5 deles são os patriarcas, e também deles descende o Cristo, segundo a carne, o qual é sobre todos, Deus bendito para todo o sempre. Amém!

1-2 — "Digo a verdade" seria uma garantia suficiente, da parte do apóstolo, para chamar a atenção de seus leitores (cf. 1 Tm 2.7). No entanto, Paulo acrescenta algo que dá sanção final à veracidade desta afirmativa; era "em Cristo" que falaria a verdade. "Em Cristo" refere-se, neste caso, à união com Cristo. Não é uma fórmula de juramento; tampouco uma evocação à agência de Cristo. A união com Cristo é a esfera na qual suas emoções se moviam, a fonte de onde estas procediam. Assim, a realidade mencionada como "a verdade" extrai desta união o seu impulso e a garantia de sua propriedade. Se perguntássemos: por que essa forma de garantia?, encontraríamos duas respostas que, com razão, poderiam ser sugeridas: (1) a denúncia de Paulo contra os judeus, na primeira metade da carta, não deve ser considerada como uma alienação de seus compatriotas. (2) Essa forma de garantia é necessária para dar apoio à maneira quase optativa e sem paralelo como ele prossegue: "Porque eu mesmo desejaria ser anátema, separado de Cristo" (v. 3). Entretanto, é característico do apóstolo dar respaldo a suas afirmações por meio dessa fórmula (cf. Rm 14.14; 2 Co 2.17; 12.19; Ef 4.17 e 1 Ts 4.1).

A negativa "não minto" é adicionada, de acordo com o padrão paulino, também para enfatizar a veracidade da afirmativa (cf. 2 Co 11.31; Gl 1.20 e 1 Tm 2.7). A verdade permanece em antítese absoluta à mentira, e, assim como Cristo é "a verdade", aquilo que recebe da união com ele o seu impulso e garantia não pode participar da mentira (cf. 1 Jo 2.21,27). Nas palavras de Godet, "aos olhos de Paulo existe algo tão santo em Cristo, que, na atmosfera pura e resplandecente de sua presença sensível, nenhuma mentira, nem mesmo qualquer exagero, é possível".[1]

Parece que o apóstolo dissera o suficiente para garantir a sua veracidade. É admirável, pois, que ele tivesse apelado ao testemunho de sua consciência. Uma consideração rápida sobre o apelo de Paulo à consciência, noutros trechos de suas cartas, evidenciará que a cláusula adicionada — "testemunhando comigo, no Espírito Santo, a minha própria consciência" — não é supérflua (cf. At 23.1; 2 Co 1.12; 4.2; 5.11; 1 Tm 1.5,19; 3.9; 2 Tm 1.3; Tt 1.15). A consciência é a atividade pela qual julgamos a nós mesmos e submetemos nossa própria conduta ao escrutínio moral e religioso. A consciência pode aprovar ou desaprovar. Quando ela aprova, temos uma consciência boa ou pura (cf. At 23.1; 1 Tm 1.5,19; 3.9; Hb 13.18 e 1 Pe 3.16,21). Quando a consciência desaprova e nos convence do pecado, temos uma consciência má ou culpada (cf. Jo 8.9; Rm 2.15; Tt 1.15; Hb 10.22). Aqui, Paulo evoca a aprovação da consciência. No entanto, ele declara isso

---

[1] F. Godet, *Commentary on St. Paul's Epistle to the Romans* (E. T., Edimburgo, 1881), II, p. 131.

em termos do testemunho confirmatório prestado pela consciência. É extremamente significativo que ele tenha considerado que esse testemunho é dado "no Espírito Santo". Assim como a garantia de sua afirmativa anterior é derivada da união com Cristo, assim também a veracidade do testemunho de sua consciência é garantida pelo Espírito Santo.

Somente quando somos habitados pelo Espírito Santo, e vivemos nele, e nossas mentes são governadas por ele, temos certeza de que a voz da consciência estará em conformidade com a verdade e a equidade. "Em Cristo" e no "Espírito Santo" são termos correlativos e mutuamente dependentes, no pensamento do apóstolo, sendo apresentados nestas cláusulas consecutivas com os propósitos indicados e nas conexões apropriadas.

A verdade abordada no versículo 1 é agora declarada: "Tenho grande tristeza e incessante dor no coração". Paulo havia apresentado as definitivas sanções cruciais de veracidade para respaldar seu próprio estado mental subjetivo; isso indica a seriedade do que constrangia seu estado mental e demonstra a relevância de sua angústia em relação à situação em foco. Numa palavra, a tristeza de Paulo refletia a gravidade envolvida na incredulidade de Israel. A intensidade da tristeza do apóstolo, conforme Liddon observou, é assinalada pela sua grandeza, sua continuação e sua profundidade.[2]

3 — "Anátema, separado de Cristo"[3] significa estar separado de Cristo e destinado à destruição (cf. Septuaginta, Lv. 27.28,29; Dt 7.26; 13.16,18; Js 6.17; 7.1,11,12). No Novo Testamento, a palavra "anátema" tem ideia semelhante e significa maldito (cf. At 23.14; 1 Co 12.3; 16.22 e Gl 1.8,9). Qualquer dificuldade vinculada a este versículo não pode ser esclarecida por suavizarmos a força da expressão. Ela significa ser abandonado à perdição.

Paulo desejava ser entregue à perdição e permanecer separado de Cristo?

Não seria apropriado dizer que esta cláusula refere-se à atitude passada do apóstolo, quando ele perseguia à igreja e a Cristo. Sua oposição a Cristo não

---

2 H. P. Liddon, *Explanatory Analysis of St. Paul's Epistle to the Romans* (Nova Iorque, 1897), p. 148
3 Não precisamos seguir a forma ὑπὸ τοῦ Χριστοῦ, apoiada pelos manuscritos D e G; ἀπό é mais fortemente confirmada.

poderia ser entendida como se ele desejasse estar anatematizado de Cristo. Nem podemos supor que Paulo imaginasse ser-lhe possível ficar separado de Cristo. Isto seria uma contradição da certeza expressa no capítulo anterior (Rm 8.38,39). Tal expressão não significa que ele, *realmente*, desejasse ou orasse para ser anatematizado de Cristo. O tempo verbal usado no grego é bem denotado em nossa versão pelas palavras "eu mesmo desejaria".[4] Esse tempo verbal é uma hipótese de que, se fosse possível e redundasse na salvação de seus compatriotas, Paulo estaria disposto a ser amaldiçoado em favor deles. A intensidade do amor do apóstolo pelo seu próprio povo fica assim desvendada. Era um amor que seguia o exemplo de nosso Salvador, o qual se tornou maldição e pecado para a redenção dos homens (cf. Gl 3.13 e 2 Co 5.21). "Por conseguinte, foi uma prova do mais intenso amor o fato de que Paulo não hesitou em invocar contra si mesmo a condenação que ele via pairar sobre os judeus, a fim de libertá-los".[5] "Tem-se objetado que este desejo era irracional... mas o padrão egoísta não é apropriado ao sentimento de incomensurável devoção e amor sob os quais o apóstolo falava."[6] O uso do termo "irmãos" revela o laço de afeição que unia o apóstolo a seus compatriotas. As palavras "segundo a carne" foram adicionadas para mostrar que aqueles por quem ele estava interessado não eram contemplados como irmãos no Senhor (cf., em contrário, Rm 14.10,13,15,21 e 16.14), mas também expressam o que está implícito no termo "compatriotas", fornecendo um índice adicional ao laço de amor criado por esse relacionamento natural, genético.

4-5 — O apego a Israel não se devia meramente a laços naturais. Isto é acentuado pelo lugar ocupado por Israel na história da revelação. À parte

---

4 ηὐχόμην está no imperfeito e expressa claramente esta ideia em outros exemplos do Novo Testamento. Cf. E. DeWitt Burton, *Sintax of the Moods and Tenses in New Testament Greek* (Edimburgo, 1955), § 33; F. Blass e A. Debrunner, *A Greek Grammar of the New Testament and Other Early Christian Literature* (E. T., Chicago, 1961), § 359; G. B. Winer, *A Grammar of the Idiom of the New Testament* (E. T., Andover, 1892), p. 283. Os exemplos citados por Burton são At 25.22; Gl 4.20; Fm 13 e 14. Cf. também J. B. Lightfoot, *St. Paul's Epistle to the Galatians*, ad 4.20; M. J. Lagrange, Épître aux Romains (Paris, 1950), p. 225; F. F. Bruce, *The Epistle of Paul to the Romans* (Grand Rapids, 1963), *ad loc.*
5 João Calvino, *The Epistle of Paul the Apostle to the Romans* (E. T., por Ross Mackenzie, Grand Rapids, 1961), *ad loc.*
6 Heinrich A. W. Meyer, *Critical and Exegetical Handbook to the Epistle to the Romans* (E. T., Edimburgo, 1881), II, *ad loc.*

desta identidade, não teria surgido a grande questão sobre a qual o apóstolo começa a falar. Portanto, ele passa a enumerar os insignes privilégios do povo judeu.

O primeiro privilégio mencionado é que eles são "israelitas". Este nome retrocede a Gênesis 32.28, sendo reminiscente da dignidade outorgada a Jacó, quando ele recebeu o nome de "Israel", uma dignidade igualmente proporcionada à sua descendência (cf. Gn 48.16 e Is 48.1). Embora Paulo se mostrasse zeloso das distinções traçadas nos versículos 6 e 7, assegurando que nem todos os israelitas pertencem a Israel e que os israelitas por nascimento não constituem a "descendência", sob hipótese alguma ele diminui a importância das vantagens pertinentes ao Israel étnico (cf. Rm 3.1,2; 11.28). O termo "israelita" expressava convenientemente esse caráter distintivo (cf. Jo 1.47; At 2.22; 3.12; 5.35; 13.16; 21.28; Rm 11.1; 2 Co 11.22; e "linhagem de Israel", em Fp 3.5).

A "adoção" é a relação filial para com Deus, constituída pela graça divina (cf. Êx 4.22,23; Dt 14.1,2; Is 63.16; 64.8; Os 11.1; Ml 1.6 e 2.10). Esta adoção de Israel deve ser distinguida daquela que é referida como o ápice do privilégio do Novo Testamento (cf. Rm 8.15; Gl 4.5; Ef 1.5; cf. Jo 1.12 e 1 Jo 3.1). Isto se evidencia em Gálatas 4.5, porquanto ali a adoção é contrastada com a disciplina tutelar da economia mosaica. Na época do Antigo Testamento, Israel era, verdadeiramente, composto de filhos de Deus, mas filhos de menor idade (cf. Gl 3.23 e 4.1-3). A adoção garantida por Cristo, na plenitude do tempo (Gl 4.4), consiste na filiação madura e completa, em contraste com a menoridade e tutela de Israel, sob o domínio da instituição cerimonial. Esta diferença está de acordo com a distinção existente entre o Antigo e o Novo Testamento. O Antigo era preparatório, o Novo é consumatório. A adoção do Antigo era propedêutica, ou seja, preparatória para um ensino mais completo. A graça do Novo Testamento transparece nisto: mediante a redenção consumada e a fé em Cristo (cf. Gl 3.26), todos, sem distinção (cf. Gl 3.28), são instaurados na plena bênção da filiação, sem terem de passar pela preparação tutelar que corresponde à disciplina pedagógica da economia mosaica.

"A glória" deve ser reputada como uma referência àquela que se manifestou e permaneceu no monte Sinai (Êx 24.16,17), a glória que cobriu e encheu o tabernáculo (Êx 40.34-38), a glória que aparecia sobre o propiciatório, no Santo dos Santos (Lv 16.2), a glória do Senhor que encheu o templo (1 Rs 8.10,11; 2 Cr 7.1,2; cf. Ez 1.28). Esta glória era o sinal da presença de Deus entre os israelitas, garantindo-lhes que Deus habitava e viera ter comunhão com eles (cf. Êx 29.42-46).

"As alianças"[7] — o plural poderia referir-se a duas administrações distintas da aliança com Abraão (Gn 15.8-21; 17.1-21). Embora essas duas administrações da aliança estivessem intimamente relacionadas, as distinções, no que concerne a tempo, caráter e propósito, não devem ser negligenciadas. É mais razoável, porém, considerar o plural como denotação das alianças abraâmica, mosaica e davídica. Além dessas alianças, nenhuma outra característica da história de Israel assinalou tanto a singularidade deles como beneficiários da revelação redentora. O desvendamento progressivo das alianças avançava, a passos rápidos, juntamente com o cumprimento da promessa redentora (cf. Êx 2.24; 6.4,5; Dt 8.18; Lc 1.72,73; At 3.25; Gl 3.17-19 e Ef 2.12).

"A legislação" refere-se a promulgação da lei no Sinai; "o culto" menciona a adoração realizada no santuário (cf. Hb 9.1,6). "As promessas" são as que convergem ao Messias (cf. Gl 3.16). "Os patriarcas", sem dúvida, incluem Abraão, Isaque e Jacó (cf. Rm 4.1,11,12,16,17; 9.10; 15.8 e At 3.13,25). Porém, não seria apropriado restringir a denotação a esses patriarcas (cf. Mc 11.10; At 2.29; 1 Co 10.1; Hb 1.1 e 8.9). A cláusula seguinte requer a inclusão de Davi. Em Romanos 1.3, Paulo falara sobre Jesus como quem, "segundo a carne, veio da descendência de Davi". Não seria razoável excluir o patriarca expressamente mencionado em Romanos 1.3.[8] Assim, teríamos de ampliar a linhagem para além de Jacó, concluindo

---

7 O singular ἡ διαθήκη, embora apoiado pelos manuscritos P[46], B, D, G e outras autoridades, provavelmente não é a forma preferível. As evidências internas favorecem o plural. Ao citar os privilégios de Israel, deveríamos esperar que Paulo mencionasse mais de uma aliança, e, além disso, "a aliança", sem qualquer outra especificação, seria tão incomum, que demonstraria ambiguidade, e isto não poderíamos esperar (cf. Ef 2.12 e o plural, "promessas", neste mesmo versículo).

8 É possível que "patriarcas", em 11.28, limita-se a Abraão, Isaque e Jacó, por causas de 11.16. Mas a denotação, em 11.28, não determina decisivamente a mesma coisa em 9.5. Cf., em contrário, F. A. Philippi, *Commentary on St. Paul's Epistle to the Romans* (E. T., Edimburgo, 1879), II, p. 67; Meyer, *op. cit., ad loc.*; Bruce, *op. cit., ad loc.*, e outros.

que Paulo focalizava os mais distintos patriarcas da história da redenção, de Abraão em diante. Tal vocábulo poderia ter sido usado para designar aqueles cujos nomes estão associados, de maneira notória, ao desdobramento da história das alianças de Israel, uma história que atingiu seu ápice em Cristo, "o qual, segundo a carne, veio da descendência de Davi e foi designado Filho de Deus com poder, segundo o espírito de santidade pela ressurreição dos mortos" (1.3,4).

"Deles descende o Cristo, segundo a carne." Nesta altura há uma modificação no relacionamento. Após a palavra "israelitas", todos os privilégios mencionados são declarados como *pertencentes* ao povo judeu. Os próprios "patriarcas" são assim apresentados. Porém, ao chegar ao ponto culminante, Paulo não diz que Cristo pertencia a eles, e sim que Cristo viera da linhagem judaica.[9] O antecedente de "deles" não são os "patriarcas", e sim os israelitas. "Segundo a carne" tem o mesmo sentido da expressão análoga em Romanos 1.3 (cf. os comentários naquele ponto). As duas cláusulas seguintes devem ser entendidas como alusões a Cristo, e definem o que ele é, em sua identidade divina, como o Senhor de todos e Deus bendito eternamente (ver apêndice A, quanto a um estudo mais completo sobre este assunto). É inteiramente apropriado haver esse aspecto sobre a supereminente dignidade de Cristo, neste clímax da enumeração dos privilégios de Israel. A razão principal da angústia do apóstolo era a rejeição, por parte de Israel, daquilo que a história das alianças levava à consumação. A gravidade dessa rejeição foi ressaltada pela singularidade da pessoa de Jesus. Em face da situação abordada pelo apóstolo, não poderia haver qualquer outro contexto, nesta carta, que evocasse, de maneira mais apropriada ou, talvez, mais necessária, a declaração da suprema dignidade de Cristo.

---

9 As palavras ἐξ ὧν devem ser notadas, neste caso, em distinção ao simples ὧν, em duas instâncias anteriores.

Capítulo XV
Vindicação da Justiça e da Fidelidade de Deus (9.6-33)

9.6-13

6 E não pensemos que a palavra de Deus haja falhado, porque nem todos os de Israel são, de fato, israelitas;

7 nem por serem descendentes de Abraão são todos seus filhos; mas: Em Isaque será chamada a tua descendência.

8 Isto é, estes filhos de Deus não são propriamente os da carne, mas devem ser considerados como descendência os filhos da promessa.

9 Porque a palavra da promessa é esta: Por esse tempo, virei, e Sara terá um filho.

10 E não ela somente, mas também Rebeca, ao conceber de um só, Isaque, nosso pai.

11 E ainda não eram os gêmeos nascidos, nem tinham praticado o bem ou o mal (para que o propósito de Deus, quanto à eleição, prevalecesse, não por obras, mas por aquele que chama),

12 já fora dito a ela: O mais velho será servo do mais moço.

13 Como está escrito: Amei Jacó, porém me aborreci de Esaú.

6-7 — Literalmente traduzidas, as palavras iniciais diriam: "Entretanto, não é o caso de que a palavra de Deus tenha falhado" e significam que o caso não é tão excepcional que chega a impugnar a fidelidade de Deus. Surge a questão: o que, no contexto anterior, exige esta ressalva? Alguns têm encontrado a resposta nos versículos 4 e 5, supondo que a "palavra de Deus" aludida seja a palavra de ameaça.[1] Devemos ter em mente, porém, que o pensamento fundamental dos versículos anteriores é a tristeza que o apóstolo nutria. As garantias que encontramos no versículo 1 têm o propósito de assegurar a veracidade daquilo que é declarado no versículo 2; e o versículo 3 demonstra a intensidade da angústia do apóstolo. Os versículos 4 e 5 estão ligados ao versículo 3 com o propósito de explanar a tristeza e o zelo do apóstolo por Israel. Embora a lista dos privilégios enumerados nos versículos 4 e 5 seja significativa, não devemos separá-la de seu propósito em relação aos versículos 2 e 3. Por conseguinte, a ressalva do versículo 6 deve ser vinculada à tristeza do apóstolo. Essa tristeza reflete a consciência de Paulo quanto a uma situação objetiva; ela tinha razões que o compeliam, e sua realidade era certificada por sanções definitivas. No contexto da história referida nos versículos 4 e 5, o anticlímax da incredulidade de Israel e a angústia de Paulo pareceriam contraditórios às promessas da aliança feita por Deus. Esta é a inferência que Paulo nega. A palavra de Deus não caiu por terra.

A expressão "a palavra de Deus" deve ser entendida em sentido mais específico, e não no sentido das Escrituras como um todo, tampouco no sentido da verdade do evangelho. Paulo focaliza a palavra da promessa nas alianças mencionadas no versículo 4. Nas Escrituras, aliança é sinônimo de promessa obrigada por juramento; e a declaração que achamos neste versículo tem o mesmo significado de "a aliança de Deus não foi reduzida a nada". Além disso, a razão é apresentada: "Nem todos os de Israel são, de fato, israelitas". "Os de Israel" são a descendência física, os descendentes naturais dos patriarcas. Não é necessário identificar "Israel" com Jacó, especificamente. O sentido em nada se modifica se considerarmos "Israel" como aqueles que descendem de Jacó ou se retrocedem a Abraão e Isaque. O pensamento fundamental é

---

[1] cf. James Morison, *An Exposition of the Ninth Chapter of Paul's Epistle to the Romans* (Kilmarnock, 1849), p. 164, ss.

o de filhos segundo a carne. Na outra expressão, "nem todos os de Israel", obviamente o sentido é bem mais limitado, e a ideia é que existe um "Israel" dentro do Israel étnico. Esta forma de distinção aparece mais cedo nesta carta, em conexão com o termo judeu e com a circuncisão (Rm 2.28,29). Se os termos desta passagem fossem aplicados à anterior, as fórmulas seriam: "Não são judeus todos os que são judeus" e "Não são circuncisos todos os que são da circuncisão". Deste modo, através dos padrões de pensamento e da linguagem habitual de Paulo, fomos preparados para o que achamos em Romanos 9.6.

O Israel distinguido do Israel de descendência natural é o *verdadeiro Israel*. Na verdade, os descendentes naturais são "de Israel", mas não de maneira coextensiva com este último. Fazer esta espécie de distinção dentro de uma classe designada está de acordo com a pregação habitual de nosso Senhor. Ele distinguia entre os discípulos e aqueles que eram *verdadeiros* discípulos (cf. Jo 8.30-32). Ele se referiu a Natanael como "um verdadeiro israelita" (Jo 1.47). Na própria linguagem de Paulo, este é o Israel "segundo o Espírito" (Gl 4.29) e "o Israel de Deus" (Gl 6.16), embora, nesta última passagem, sem dúvida ele tivesse incluído o povo de Deus dentre todas as nações. O propósito desta distinção é mostrar que a promessa das alianças, feita por Deus, não dizia respeito ao Israel segundo a carne, e sim a este *verdadeiro* Israel, e que, por conseguinte, a incredulidade e rejeição de todo o povo de Israel de maneira alguma interferiu no cumprimento do propósito e da promessa da aliança de Deus. A palavra de Deus, portanto, não fora violada. O argumento do apóstolo, nesta altura, *em princípio* não difere daquele argumento que achamos antes, nesta mesma carta. Há certa analogia entre a presente contenção do apóstolo e sua polêmica de que "não foi por intermédio da lei que a Abraão ou a sua descendência coube a promessa" (4.13), e de que os verdadeiros filhos de Abraão são aqueles que "também andam nas pisadas da fé que teve Abraão" (4.12). Neste ponto, o interesse centraliza-se sobre certo aspecto coordenado da verdade de que as promessas não são herdadas através da descendência natural e de que a promessa da aliança estabelecida por Deus não foi promulgada de modo a incluir todo o Israel étnico. Deste modo, a exclusão dos israelitas do favor da aliança divina não anula a palavra do juramento.

No versículo 7, Paulo continua apoiando esta mesma distinção e expressamente retrocede até à descendência de Abraão. O apóstolo continua a falar sobre "os de Israel" e agora traça a distinção em termos de os "descendentes de Abraão" e os "filhos". Neste caso, a cláusula "os descendentes de Abraão" denota a posteridade natural, ao passo que "filhos" equivale ao *verdadeiro* Israel e, neste sentido, aos filhos *verdadeiros* como herdeiros da promessa. Mais adiante, esses filhos são chamados "filhos de Deus" (v. 8); isto fixa a identidade deles, embora, no versículo 7, sejam contemplados meramente como os *verdadeiros* filhos de Abraão.

A diferença agora é confirmada por meio do apelo às Escrituras — "Em Isaque será chamada a tua descendência" (cf. Gn 21.12).[2] Isaque deve ser reputado aqui como o indivíduo desse nome, e não coletivamente. O pensamento é focalizado sobre a escolha de Isaque, em contraste com Ismael; e a proposição a ser demonstrada é que a descendência natural não constitui filhos *verdadeiros*, aos quais pertence a promessa. A escolha de Isaque, ante a exclusão de Ismael, é suficiente para comprovar essa tese. Porém, não devemos admitir que as palavras "a tua descendência", neste caso, têm de ser entendidas coletivamente. A versão em português causa a impressão de que "descendência" é termo coletivo. No entanto, poderíamos entender a cláusula no sentido de "Isaque será a tua descendência"; e, neste caso, "descendência" seria compreendida em contraste com os "descendentes de Abraão", bem como no sentido de *verdadeira* descendência.[3]

Se interpretarmos "descendência", no versículo 7, como termo coletivo, o seu significado será que em Isaque seria contada a verdadeira descendência de Abraão, conforme a opinião de Sanday e Headlam. Se este é o intuito, o pensamento central da passagem (o pertencer à descendência natural não

---

2 A tradução literal é: "Em Isaque será chamada uma descendência para ti". A referência não parece ser aos descendentes de Isaque, e sim ao próprio Isaque, na qualidade de filho da promessa. A verdadeira descendência de Abraão, em cada caso, será de acordo com o padrão ou o princípio exemplificado em Isaque, fazendo distinção com Ismael.
3 Cf. Philippi, *op. cit., ad loc.*; Liddon, *op. cit.*, p. 157; Charles Hodge, *Commentary on the Epistle to the Romans, ad loc.* Sanday e Headlam insistem em que "descendência" tem aqui sentido coletivo; cf. W. Sanday e A. C. Headlam, *A Ciritical and Exegetical Commentary on the Epistle to the Romans* (Nova Iorque, 1926), *ad loc.*

torna os israelitas em filhos de Deus e da promessa) não pode ser interrompido neste caso, assim como não o pode no caso de Abraão. Com base nessa suposição, o significado seria que, ao computarmos os verdadeiros descendentes de Isaque, teríamos de aplicar o mesmo princípio de diferenciação que entrou em operação no caso do próprio Isaque. Em outras palavras, a "descendência" coletiva não são aqueles que provêm de Isaque, e sim aqueles "de Isaque" que, à sua semelhança, são filhos da promessa. Entretanto, não devemos ser dogmáticos, a ponto de afirmar que "tua descendência", neste caso, tenha sentido coletivo; pode tratar-se de uma cláusula singular e pessoal.

8-9 — "Isto é", no começo do versículo 8, significa que as declarações anteriores são agora explicadas com mais detalhes. "Os da carne" possui o mesmo significado e extensão das palavras "descendentes de Abraão", no versículo 7. "Filhos de Deus" alude aos mesmos "filhos" do versículo 7. Agora, entretanto, encontramos uma definição adicional, mediante a qual a identidade deles, como pessoas trazidas a um relacionamento de adoção para com Deus, é claramente indicada (cf. Rm 8.16,17, 21 e Fp 2.15). "Os filhos da promessa" significa o mesmo que os filhos de Deus; esta designação é contrastada com "os da carne". Estes últimos são aqueles nascidos segundo a carne, mas os filhos da promessa são aqueles que derivam sua origem da promessa de Deus. A promessa, nesta instância, é aquela feita a Abraão, citada no versículo 9 e extraída de Gênesis 18.10 e 14. Isaque nasceu em cumprimento desta promessa. A fé exercida por Abraão apegou-se a esta promessa (cf. Rm 4.19-21). No caso de Ismael, não existiram tais fatores. Ele foi gerado, concebido e nasceu em conformidade com poderes naturais de procriação. Essa radical diferença no tocante ao nascimento desses filhos é sumariada no vocábulo "promessa". Isaque era filho da promessa. Esse mesmo critério é utilizado para definir a diferença mantida entre aqueles que são "de Israel" e o *verdadeiro* Israel (v. 6), entre os "descendentes de Abraão" e os filhos *verdadeiros* (v. 7), entre os filhos da carne e os filhos de Deus (v. 8), entre a descendência natural e a *verdadeira* (v. 7 e 8). Portanto, na sequência de pensamentos, a palavra "promessa" especifica aquilo que serve de esclarecimento para a constante distinção entre o significado mais inclusivo e o mais restrito dos termos "Israel", "descendência" e "filhos". Em cada caso, o significado restrito é definido pelo que está implícito na promessa de Deus. Isto nos faz retroceder ao versículo 6, que diz: "E não pensemos que a palavra de Deus haja falhado". A "palavra de Deus" é a promessa da aliança feita por Deus.[4] Ela não falhou porquanto contempla aqueles cuja identidade se deriva da mesma promessa da aliança. A descendência a quem foi feita a promessa ou, pelo menos, a descendência que a promessa tinha em vista são aqueles nos quais a promessa se cumpre; e estes são os "filhos da promessa".[5]

10-13 — Nestes versículos, o apóstolo recorre a outra instância do mesmo tipo de diferenciação na história dos patriarcas. A tese que está sendo estabelecida, devemos relembrar, é que não foi por causa da descendência natural que os descendentes de Abraão se tornaram participantes da graça e das promessas da aliança estabelecida por Deus. Isto foi comprovado no caso dos próprios filhos de Abraão, na distinção feita entre Isaque e Ismael. No entanto, não foi somente no caso dos filhos de Abraão que prevaleceu essa discriminação; ela ocorreu também na família de Isaque. O argumento do apóstolo se torna acumulativo, à medida em que avança. Há novos fatores exemplificados na família de Isaque que não figuram no caso dos filhos de Abraão. Estas considerações destacam, com mais vigor, aquela diferença que precisa ser reconhecida no cumprimento dos propósitos da aliança divina. Estas considerações podem ser alistadas:

1. Se a discriminação contemplada na promessa da aliança divina tivesse sido exemplificada somente no caso de Isaque, na história dos patriarcas, a proposição "nem todos os de Israel são, de fato, israelitas" não teria um apoio tão ostensivo. Poderia ser argumentado que a promessa "Em Isaque será chamada a tua descendência" visava a toda a descendência de Isaque, sem distinção. O fato de que a diferenciação torna-se operante na descendência de Isaque mostra que a mesma discriminação, exemplificada no caso do próprio Isaque, continua na sua descendência.

---

4 Isto também é confirmado pelo versículo 9: "A palavra da promessa é esta". O genitivo, ἐπαγγελίας, é aposicional, a palavra que consistia da promessa.

5 "κατὰ τὸν καιρὸν τοῦτον", conforme percebemos claramente do livro de Gênesis, significa "neste tempo, no ano seguinte", isto é, após o período de um ano (Sanday e Headlam, *op. cit., ad loc.*).

2. Ismael era filho da escrava e não da mulher livre. Portanto, a discriminação parece residir em um fator natural; e esse motivo pareceria detratar o supremo interesse desta passagem inteira — a autêntica soberania da discriminação implícita na promessa da aliança. Esta consideração vinculada a Ismael, como filho de Hagar, é eliminada no caso de Esaú e Jacó, como filhos de Rebeca. Estes dois nasceram de uma mesma mãe, e esta era uma mulher livre.[6] Isto é ainda mais acentuado pelo fato de que eles foram concebidos por ela ao mesmo tempo, e o desenvolvimento fetal deles foi simultâneo.

3. Apesar de Esaú e Jacó terem sido gêmeos, Esaú era o primogênito. A escolha de Jacó foi contrária à prioridade exigida pela primogenitura. Isso ilustrou ainda mais o princípio da soberania divina.

4. O apóstolo chama a atenção não somente para o fato anterior de haver Rebeca concebido "de um só, Isaque, nosso pai", mas também para o fato de que a profecia que se reportava à discriminação foi pronunciada *antes de os filhos terem nascido* e feito qualquer bem ou mal. A palavra de Deus a Abraão, citada no versículo 7, no tocante a Isaque, reflete uma situação radicalmente contrária (cf. Gn 21.8-12). Conforme notamos antes, a tese do apóstolo, nesta passagem, afirmando que a descendência física não determina os objetos ou beneficiários da promessa da aliança divina, é análoga à sua contenção anterior de que "não foi por intermédio da lei que a Abraão ou à sua descendência coube a promessa" (Rm 4.13).[7] Isto é demonstrado nesta passagem: a profecia foi pronunciada a Rebeca[8] antes de os filhos praticarem o bem ou o mal; e revela que a discriminação não derivou de "obras, mas por aquele que chama" (v. 11). As expressões "não por obras" e "não são propriamente os da carne" são paralelas e designam o mesmo princípio. Deste modo, o apóstolo pôde citar uma destas expressões em um argumento que se ocupa principalmente com a outra, sem qualquer incongruência.

---

6 Talvez não seja irrelevante observar que Isaque teve apenas uma esposa.

7 Philippi afirma que τέκνα τῆς σαρκός (v. 8) reflete isso e que, "em consonância com a noção mais compreensiva da palavra σάρξ, na linguagem de Paulo", esse termo alude "a todo o âmbito da profissão sensual e externa sobre a qual o indivíduo pudesse reivindicar algum direito na presença de Deus" (*op. cit.*, p. 86).

8 Talvez seja fútil especular por que Rebeca recebeu a promeesa e não Isaque. Todavia devemos notar que o ludíbrio por ela planejado e praticado também serve para demonstrar a soberana graça de Deus, como algo que dominou e foi contrário a todo o demérito humano.

Três características desta passagem exigem comentário especial. A primeira é que a discriminação expressa na profecia é declarada ter acontecido "para que o propósito de Deus, quanto à eleição, prevalecesse". Esta é a primeira vez que o termo "eleição" é expressamente mencionado na passagem. Antes, a ênfase estava sobre a "promessa", como princípio de diferenciação, ficando implícito neste vocábulo a soberania da vontade e da graça de Deus. A promessa está em contraste com a descendência natural, bem como com qualquer direito ou privilégio que dela se origina. Por conseguinte, a promessa como fator determinante, está coordenada à eleição. Agora, entretanto, ressalta-se a eleição ou, mais exatamente, "o propósito de Deus, quanto à eleição". A fim de obtermos o significado exato desta cláusula, tornam-se necessárias várias observações.

1. A profecia dirigida a Rebeca[9] visava estabelecer o propósito de Deus segundo a eleição. O versículo 11 não é um parênteses, mas, sintaticamente, conserva-se em íntima relação com o versículo 12. No cumprimento do propósito eletivo de Deus, fez-se aquela revelação a Rebeca, antes de os gêmeos terem nascido. O propósito eletivo é o plano de Deus que a profecia serviu para expressar e realizar.

2. A imutabilidade do propósito eletivo fica subtendido na palavra "prevalecesse".[10] A falsa inferência extraída da incredulidade de Israel, ou seja, "a palavra de Deus haja falhado" (v. 6), é refutada pelo apóstolo. No versículo 11, Paulo está afirmando a segurança e a imutabilidade do propósito eletivo, em contraste à suposição de que a palavra de Deus poderia ser invalidada; e devemos entender "a palavra de Deus" como um referência à promessa e ao propósito da aliança divina.

3. Há diversos modos de interpretarmos as palavras "o propósito de Deus, quanto à eleição". Alguns imaginam que, visto serem eternos a eleição e o propósito e, por conseguinte, anteriores ao tempo, não pode haver qualquer

---

9 A construção gramatical dos versículos 10 e 12 não é fácil de determinar. Provavelmente, a melhor proposta é que 'Ρεβέκκα ἐξ ἑνὸς κοίτην ἔχουσα deve ser entendida como nominativo absoluto, fornecendo assim a introdução para o que é dito nos versículos 11 e 12a, bem como o antecedente de αὐτῇ, no versículo 12b.

10 O tempo presente, μένῃ, pode expressar mais adequadamente a "condição permanente" (Philippi, *ad. loc.*). O propósito de Deus sempre permanece firme.

ordem de prioridade, mediante a qual a eleição pudesse ser concebida como anterior ao propósito, ou o propósito como anterior à eleição.[11] Entretanto, esta consideração de que o propósito eletivo é supratemporal não elimina a ideia de prioridade; pode haver prioridade na ordem do pensamento e da concepção, inteiramente à parte da ordem da sequência de tempo. Podemos ver isso em outras passagens (cf. Rm 8.29 e Ef 1.4-6). A preposição aqui traduzida por "quanto à" com frequência exprime, nas cartas de Paulo e noutros escritos, a ideia de prioridade de acordo com a qual algo ocorre, sem importar se está em foco a ordem do tempo ou meramente a de relação lógica (cf. Rm 8.28; Gl 1.4; 2.2; 3.29; Ef 1.5,11; 2 Tm 1.9; Hb 2.4; 1 Pe 1.2). Por conseguinte, não há razão pela qual, nesta passagem, o propósito de Deus não pudesse ser concebido como o propósito determinado de acordo com a eleição; e a eleição seria prioritária na ordem dos acontecimentos. O propósito seria aquele que se origina da eleição e cumpre o seu desígnio. Esta é a interpretação que mais argumentos tem em seu favor, com base no vocabulário e no ensino paulino em outros trechos. Porém, visto que o propósito poderia ser concebido como aquele que se expressa na eleição, o dogmatismo a esse respeito não parece ser aceito. De qualquer maneira, a expressão inteira não pode significar menos que o propósito eletivo. Trata-se de um propósito caracterizado pela eleição, uma eleição com propósito determinativo. Ambos os termos, "eleição" e "propósito", devem receber a força total de sua conotação bíblica e, particularmente, paulina.

4. A pergunta, então, é: em que consiste esse propósito eletivo? Diversos comentadores, antigos e recentes, advogam que a eleição a respeito da qual o apóstolo falava não é a de indivíduos, e sim a de Israel como um povo. Afirmam também que ele não pensava no destino de indivíduos, e sim no de coletividades.[12] Essa tese requer um exame mais amplo.

---

11 ἡ κατ' ἐκλογὴν πρόθεσις, diz Meyer, "não pode ser entendida de tal modo que ἐκλογή preceda o πρόθεσις, quanto a tempo (cf. 8.28); isto seria contrário à natureza da relação, sobretudo considerando que o πρόθεσις pertence ao que era antecedente ao tempo... nem de tal modo que ἐκλογή venha após o πρόθεσις". O ἐκλογή, continua ele, "tem de ser apreendido como um elemento inerente do πρόθεσις, expressando o caráter modal desse ato divino" (*op. cit., ad loc.*).
12 "No contexto, o apóstolo não falava sobre aquele plano específico da eleição, segundo o qual Deus elege certos indivíduos... Mas falava sobre um esquema de eleição inteiramente diverso — aquele esquema em harmonia com o qual ele selecionou, dentre as várias raças que surgiram de Abraão, a

(a) É verdade que as Escrituras falam sobre a eleição de Israel como um povo, e, em inúmeras passagens, o relacionamento coletivo desse povo com Deus está em foco (cf. Dt 4.37; 7.7,8; 10.15; 14.2; 1 Rs 3.8; Sl 33.12; 105.6,43; 135.4; Is 41.8,9; 43.20-22; 44.1,2; 45.4; Am 3.2). De fato, Paulo estava tão cônscio desse fato, bem como de todas as suas implicações, que o problema que ele abordava, neste capítulo, pressupõe a eleição de Israel como um povo. A lista de privilégios, mencionada nos versículos 4 e 5, é apenas uma maneira mais completa e incisiva de retroceder à ideia da "eleição" de Israel. Não precisamos ir além da cláusula "são israelitas", a fim de sermos lembrados do que o apóstolo tinha em vista: a eleição de Israel.

(b) Sem dúvida, a profecia anunciada a Rebeca contemplava mais do que os indivíduos Esaú e Jacó. Isto se encontra evidente no trecho do Antigo Testamento citado por Paulo no versículo 12 — "Respondeu-lhe o SENHOR: Duas nações há no teu ventre, dois povos, nascidos de ti, se dividirão: um povo será mais forte que o outro, e o mais velho servirá ao mais moço" (Gn 25.23). Também é evidente, com base no contexto da citação de Malaquias 1.2,3 (v. 13), que Paulo contemplava os povos de Israel e Edom (cf. Ml 1.1,4,5). Nos termos do ensinamento bíblico, não poderia ser diferente. Os relacionamentos e as relações entre Deus e os homens são governados pelo princípio de solidariedade; e, na história da redenção, não poderia ser diferente: a eleição de Jacó e a rejeição de Esaú tiveram efeitos radicais sobre suas

---

semente messiânica peculiarmente favorecida" (Morison, *op. cit.*, p. 212). No tocante aos nomes Jacó e Esaú, Leenhardt diz: "Os nomes mencionados certamente não denotam indivíduos, e sim povos, que são assim chamados segundo seus ancestrais epônimos, de acordo com a prática do Antigo Testamento. É melhor entendermos desta maneira os nomes, porquanto o argumento em apoio ao qual foram citados se refere ao destino de Israel como um todo, e não ao destino dos indivíduos que compõem Israel. Paulo estava pensando em termos de coletividades" (Franz J. Leenhardt, *The Epistle to the Romans*, E. T., Londres, 1961, p. 250). Cf. F. F. Bruce, *op. cit.*, ad 9.13; Ernst Gaugler, *Der Römerbrief* (Zurique, 1952), II parte, p. 38,39; G. C. Berkouwer, *Divine Election* (Grand Rapids, 1960), p. 210-217; Herman Ridderbos, *Aan de Romeinen* (Kampen, 1959), p. 227-231. O ponto de vista de Karl Barth sobre a eleição é tão diferente, que não poderíamos examiná-la sem levar em conta seu estudo mais extenso sobre o assunto, em *Church Dogmatics*. A citação seguinte ilustra a dialética em cujos termos a eleição é interpretada por ele: "Ele [Deus] se torna conhecido na parábola e enigma do amado Jacó e do odiado Esaú, ou seja, no segredo da predestinação eterna e dupla. Ora, este segredo diz respeito não a este ou àquele homem, mas a todos os homens. Por meio dele, os homens não são divididos, e sim unidos. Em sua presença, todos se dispõem formando uma única fileira — pois Jacó sempre é Esaú, e, no 'momento' eterno da revelação, Esaú também é Jacó" (*The Epistle to the Romans*, E. T., Londres, 1933, p. 347).

respectivas descendências. Em outras palavras, seria contrário aos princípios que governam a História, de acordo com o testemunho bíblico, imaginar que a eleição de Jacó, um personagem tão central na história da salvação, tivesse outro resultado além da eleição de Israel como um povo. Portanto, a única questão é: seria este o interesse exclusivo do apóstolo, nesta passagem? O caso seria de tal natureza que a frase "o propósito de Deus, quanto à eleição" não tenha sido aplicada, neste contexto, à esfera do destino do indivíduo? Os informes oferecidos a seguir estão vinculados a essa questão e suprem a resposta.

(i) Os dois elementos da frase devem ser aceitos com o sentido determinado pelo vocabulário habitual de Paulo. Antes de mais nada, há o termo "eleição". O substantivo e as formas verbais devem ser levados em conta. No tocante ao substantivo, é possível que em Romanos 11.28 ele seja usado com referência à eleição coletiva de Israel. Esta passagem, bem como Romanos 11.5 e 7, será discutida adiante. Na única outra passagem correlata (1 Ts 1.4), "eleição" se refere, sem dúvida, à eleição para a vida eterna (cf. 2 Pe 1.10). O termo "eleitos" ocorre com maior frequência, e, à parte de Romanos 16.13, onde é empregado em sentido especializado, mas, em última análise, subentendendo a ideia de eleição, todas as instâncias[13] referem-se àquela eleição particular que visa à salvação e à vida (Rm 8.33; Cl 3.12; 2 Tm 2.10; Tt 1.1; cf. Mt 22.14; 24.22,24,31; Mc 13.20,22,27; Lc 18.7; 1 Pe 1.1; 2.9 e Ap 17.14). O verbo "eleger" ocorre com pouca frequência nos escritos de Paulo, e talvez Efésios 1.4 seja a única passagem diretamente relevante, onde existe a alusão inequívoca à eleição para a salvação (cf. Mc 13.20 e Tg 2.5). Esta aplicação do vocábulo, em suas diversas formas, à eleição que visa à salvação torna insustentável o entendê-lo em algum outro significado, a menos que exista uma razão textual que nos obrigue a isso. Em segundo lugar, temos o vocábulo "propósito". Este, quando usado em referência a Deus, denota a vontade determinada de Deus (cf. Rm 8.28; Ef 1.11; 3.11 e 2 Tm 1.9). Por conseguinte, a expressão inteira significa tão somente a vontade determinada de Deus quanto à eleição; e tudo que está envolvido na expressão é confirmado pelo verbo "prevalecesse", do qual ela é o sujeito.

---

13 1 Tm 5.21 não deve ser incluída; refere-se os anjos eleitos.

(ii) Não se ajusta com precisão à situação em foco a tese de que Paulo abordava meramente a eleição coletiva do povo de Israel, aplicando a cláusula em questão apenas a essa característica da história da redenção. A questão abordada pelo apóstolo era a seguinte: como poderia a promessa da aliança de Deus ser considerada inviolada, se a grande maioria dos que pertenciam a Israel, os quais, nos termos das passagens veterotestamentárias citadas (Dt 4.37, etc.), haviam permanecido na incredulidade, ficando aquém das promessas da aliança? A resposta do apóstolo seria deficiente, se ele houvesse recorrido exclusivamente à eleição coletiva, ou mesmo teocrática, de Israel. Tal resposta não seria mais do que um apelo ao fato de que seus compatriotas eram israelitas e, por essa razão, não seria mais do que uma declaração de que, em face da incredulidade deles, estava criado o problema. A resposta de Paulo, não envolveu somente a eleição coletiva de Israel, mas, pelo contrário, "nem todos os de Israel são, de fato, israelitas". Isto significa que "nem todos os que são da nação eleita de Israel são eleitos". Conforme vimos antes, há uma distinção entre Israel e o *verdadeiro* Israel, entre os filhos e os filhos *verdadeiros*, entre os descendentes e os *verdadeiros* descendentes. Essa distinção constitui a resposta de Paulo à incredulidade de Israel. Portanto, o mesmo tipo de distinção deve ser feito no que concerne ao problema envolvido na eleição coletiva, teocrática de Israel. Nos termos do debate que estamos agora considerando, teremos de distinguir entre os eleitos de Israel e a nação eleita de Israel. A conclusão é que, ao falar no "propósito de Deus, quanto à eleição", Paulo se referia ao propósito eletivo de Deus no sentido discriminatório, diferenciador, que não pode ser aplicado a todos quantos estavam envolvidos na eleição teocrática. Isto significa que esta cláusula deve ter um sentido restritivo equivalente a "Israel", em distinção a "de Israel", no versículo 6.

(iii) Em Romanos 11.5,7 o apóstolo utiliza novamente o mesmo termo para indicar a eleição: "Sobrevive um remanescente segundo a eleição da graça"; "mas a eleição o alcançou; e os mais foram endurecidos". Paulo menciona o remanescente do Israel étnico que obtivera a justiça da fé. Portanto, o "remanescente" e a "eleição" são aqueles concebidos como possuidores e herdeiros da salvação. A eleição, pois, está vinculada a implicações salvíficas no sentido mais restrito do termo e deve ser distinguida da eleição que pertencia a todo o Israel. E este conceito de eleição concorda com as exigências do argumento de Paulo apresentado em Romanos 9.11 e seu contexto. Visto que, sem dúvida, este conceito figura em Romanos 11.5 e 7, temos essa confirmação adicional derivada da própria linguagem de Paulo, no contexto geral em que Romanos 9.11 se encontra.

(iv) A cláusula "não por obras, mas por aquele que chama" está relacionada à cláusula que estamos considerando. Qualquer que seja a conexão, as duas cláusulas tencionam expressar ideias correlatas. Todavia, dentro do vocabulário habitual de Paulo, o termo "chamar", quando tem em vista a chamada divina e se aplica à salvação, significa a chamada eficaz à salvação (cf. Rm 8.30; 9.24; 1 Co 1.9; 7.15; Gl 1.6,15; 5.8,13; Ef 4.1,4; Cl 3.15; 1 Ts 2.12; 4.7; 5.24; 2 Ts 2.14; 1 Tm 6.12; 2 Tm 1.9).[14] Se o conceito paulino da chamada divina tiver de governar nossa exegese, em Romanos 9.11, teremos de conferir-lhe o significado que a total evidência requer. Isto se torna necessário quando a chamada é associada à negativa "não por obras"; esta negativa ressalta a gratuidade, a soberania e a eficácia que se mostram em tão grande proeminência em outras passagens vinculadas à chamada divina. Por conseguinte, visto que a cláusula correlata àquela que se refere à eleição tem este significado restritamente soteriológico, "o propósito de Deus, quanto à eleição" não pode receber um significado menos relevante, nem podemos compreender a eleição meramente como um privilégio desfrutado pelo povo de Israel.

Por todos esses motivos, devemos rejeitar a interpretação que atribui à eleição o significado de eleição coletiva e teocrática de Israel, como um povo; e a expressão "o propósito de Deus, quanto à eleição" terá de ser compreendida como o propósito eletivo que determina a salvação e conduz a ela, sendo equivalente àquilo que encontramos em outras passagens (cf. Rm 8.28-33; Ef 1.4; 1 Ts 1.4, etc.).

A segunda característica desta passagem (vv. 10-13) que precisa ser considerada é a cláusula "não por obras, mas por aquele que chama" (v. 11).

---

14 O mesmo acontece com κλῆσις e κλητός (cf. Rm 1.6,7; 8.28; 1 Co 1.2,24,26; Ef 1.18; 4.1; Fp 3.14; 2 Ts 1.11; 2 Tm 1.9; Hb 3.1 e 2 Pe 1.10). Mt 22.14 aparentemente alude à chamada externa do evangelho. Romanos 11.29 é discutido adiante, nesta obra.

A questão envolve sua relação com o que a antecede.[15] Parece ser melhor considerar esta cláusula como uma caracterização adicional do propósito eletivo de Deus, enfatizando ou confirmando aquilo que está inerente no propósito de Deus, ou seja, que não procede, nem é condicionado pela vontade humana, e sim pela vontade determinada de Deus (cf. Ef 1.5,11). A fim de expressar isso de maneira negativa, nenhuma fórmula se mostra mais apropriada do que a expressão "não por obras"; e, para expressá-lo de forma positiva, nenhum conceito é mais apropriado do que aquele denotado pela chamada divina. A soberana iniciativa e a agência de Deus em nenhuma outra ocasião se mostram mais evidentes do que na chamada. Somente Deus chama; a definição da chamada não deriva de qualquer ingrediente da atividade humana. Vemos, pois, quão convincente é esta cláusula amplificadora em relação àquilo que a antecede, quer a tomemos em sentido mais particular, em relação a "prevalecesse", quer a tomemos em relação ao propósito eletivo.

A terceira característica desta passagem que exige comentários mais detalhados é o apelo feito a Malaquias 1.2-3, no versículo 13: "Amei Jacó, porém me aborreci de Esaú". Existem duas questões que surgem da interpretação destas palavras.

1. Isto se aplica aos indivíduos Jacó ou Esaú ou apenas às nações que se originaram de Jacó e Esaú? É mister observar que em Malaquias 1.1-5 os povos de Israel e Edom são claramente destacados. A profecia é introduzida como "sentença pronunciada pelo SENHOR contra Israel" (v. 1); e os versículos 3 a 5 referem-se aos edomitas, à desolação de sua terra, falando a respeito deles como o povo contra quem o Senhor mantinha indignação perpétua. Esta referência coletiva ou étnica é similar àquilo que achamos em conexão com a profecia anterior, dirigida a Rebeca, conforme já observamos. Logo, não há dúvida de que esta palavra, originalmente proferida, se aplicava às nações de Israel e Edom. Contudo, não devemos supor, com base nesse fato evidente, que seja assim determinada a questão de sua relevância para com os indivíduos Jacó e Esaú e, em sua maior parte, determinada de maneira negativa. Precisamos ter em mente certas considerações.

---

15 Com razão, Philippi critica o que ele cita de Lutero, o qual afirmava que a cláusula deve ser vinculada às palavras ἐρρέθη αὐτῇ.

(a) Embora os povos procedentes de Jacó e Esaú sejam ressaltados em Malaquias 1.1-5 (cf. também Gn 25.23), não podemos desprezar a importância da mensagem para os próprios indivíduos Jacó e Esaú. Por que houve esta diferenciação entre Israel e Edom? Porque existia diferença entre Jacó e Esaú. Seria tão insustentável desvincular os destinos dos respectivos povos da diferença existente entre os indivíduos, assim como seria insustentável fazer separação entre a diferença dos indivíduos e os destinos das nações que deles procederam. Portanto, não podemos eliminar a pergunta: qual é o caráter da diferenciação que afeta os indivíduos Jacó e Esaú?

(b) Conforme observamos em relação ao versículo 11, a diferenciação que pertence a todo o Israel, em virtude da eleição teocrática, não resolve o problema que o apóstolo encontra nesta passagem inteira, isto é, a incredulidade da grande maioria étnica de Israel. Precisa haver outro fator em operação que anule a inferência de que a palavra de Deus falhara. Este fator se encontra na particularidade da eleição, ou seja, em uma eleição mais específica e determinada do que aquela exemplificada na eleição genérica de Israel como um povo. Assim também agora, em termos de *amor*, o único critério capaz de satisfazer as exigências da situação é um amor mais específico do que aquele exemplificado no amor que fazia distinção entre Israel e Edom como povos. A conclusão, portanto, deve ser esta: no que concerne aos indivíduos Jacó e Esaú, Paulo leva a sua análise e aplicação, quanto ao amor e ao ódio, até seu ponto máximo, a fim de descobrir aquela modalidade de diferenciação que satisfaz os requisitos do problema que ele abordava. Assim como fizera antes acerca do propósito eletivo de Deus, agora ele o faz a respeito do amor de Deus por Jacó.[16]

2. A outra questão diz respeito ao significado do amor e do ódio dos quais Jacó e Esaú foram os respectivos objetos. Tem-se afirmado que a palavra "aborrecer" significa "amar menos, considerar e tratar com menor favor".[17] Poderiam ser evocadas várias passagens onde este significado pode ser visto (cf. Gn 29.32,33; Dt 21.15; Mt 6.24; 10.37,38; Lc 14.26 e Jo 12.25).[18] Temos

---

16 Cf., em contrário, Sanday e Headlam, *op. cit., ad* 9.11; F. F. Bruce, *op. cit., ad* 9.12,13; Philippi, *op. cit., ad* 9.13.
17 Charles Hodge, *op. cit., ad* 9.13.
18 Pv 13.24, às vezes, também é citado. Todavia, sua relevância neste caso é duvidosa.

de admitir que este foi o significado provido para a diferenciação. Sem nos determos em torno da questão do amor de Deus para com os réprobos, esse ponto de vista parece dar a entender que Esaú não foi objeto daquele amor que Deus manifestou para com Jacó, ou seja, o específico amor distinguidor que sozinho justificaria a diferenciação. O texto, precisamos dizê-lo, não poderia significar qualquer outra coisa menos do que isso. Esaú não poderia ser objeto do mesmo amor demonstrado em relação a Jacó, porquanto, se assim tivesse acontecido, toda a distinção seria obliterada; mas o que esse texto claramente indica é a distinção radical entre eles.

É questionável, entretanto, que essa noção privativa expressa adequadamente o pensamento do hebraico ou do grego, no que se aplica ao nosso texto. De imediato, poderíamos suspeitar que no contexto original, concernente aos edomitas (Ml 1.1-5), a mera ausência do amor ou de favor dificilmente explica as visitações de julgamento mencionadas: "Porém aborreci a Esaú; e fiz dos seus montes uma assolação e dei a sua herança aos chacais do deserto" (v. 3); "Eles edificarão, mas eu destruirei; e Edom será chamado Terra-De-Perversidade e Povo-Contra-Quem-O-Senhor-Está-Irado-Para-Sempre" (v. 4). Esses juízos, por certo, subentendem desfavor divino. A indignação é um juízo ativo, e não meramente a ausência de bênção. Nas Escrituras, a ira de Deus envolve o derramamento ativo do seu desprazer. Aquilo que encontramos em Malaquias 1.1-5 é ilustrado por outras passagens do Antigo Testamento, onde o desprazer divino é mencionado e o objeto desse desprazer são pessoas ou coisas (cf. Sl 5.5; 11.5; Pv 6.16; 8.13; Is 1.14; 61.8; Jr 44.4; Os 9.15; Am 5.21; Zc 8.17 e Ml 2.16). A reação divina dificilmente poderia ser reduzida à ideia de não amar ou de amar menos. Pelo contrário, a evidência requer, para dizermos o mínimo, a ideia de desfavor, desaprovação e desprazer. Há também uma qualidade veemente que precisamos levar em conta. Não podemos predicar a esta ira divina aquelas características indignas que pertencem ao ódio exercido por homens pecaminosos. Na ira divina não existe qualquer malícia, perversidade, vingança, rancor ou amargura profanos. O tipo de ira assim caracterizada é condenada nas Escrituras, e seria uma blasfêmia atribuí-la ao próprio Deus. No entanto, existe em nós uma ira que é a expressão de um santo zelo pela honra de Deus e do amor a ele (cf. Sl 26.5; 31.6; 139.21,22; Jd 23 e Ap 2.6).

Esta ira reflete, em nós, o zelo de Deus em favor de sua própria honra. Por conseguinte, devemos reconhecer que existe em Deus uma ira santa que não pode ser definida em termos de não amar ou de amar menos. Outrossim, não nos compete amenizar a realidade ou a intensidade desta ira, dizendo que ela se refere "não tanto à emoção mas ao seu efeito".[19] Pelo contrário, tal como no caso de todas as virtudes, esta ira santa em nós é moldada de acordo com o padrão da ira santa de Deus.

É difícil encontrar termos adequados para retratar esta ira santa, quando demonstrada por nós. Ainda é mais difícil expressá-la, quando pertence a Deus. E não devemos supor que um apelo à analogia entre nossa ira santa e a de Deus demonstre para nós o caráter exato da ira especificada na proposição "me aborreci de Esaú". O aborrecimento referido no versículo 13 pertence à esfera transcendental da soberania de Deus, para a qual não existe analogia humana. O propósito da evocação à ira santa em nós visa meramente mostrar que mesmo em nós, homens, existe uma ira inteiramente distinta do ódio malicioso e vingativo. É neste sentido que devemos interpretar a ira de Deus, e não nos compete abrandá-la mediante uma noção negativa ou comparativa.

Portanto, com base nos padrões de pensamento e vocabulário bíblico, a declaração "me aborreci de Esaú" não é satisfatoriamente interpretada, se a entendemos apenas com o significado de "não amado" ou "menos amado", no sentido de que, deste modo, foi expressa um atitude de desfavor ativo. Esaú não foi meramente excluído daquilo que Jacó desfrutava; ele também foi objeto de um desprazer do qual Jacó não era objeto, por ser amado. A citação de Malaquias 1.2,3, feita por Paulo, tem o propósito de elucidar ou confirmar o que acabara de ser mencionado de Gênesis 25.23. Por conseguinte, deve ser entendida como uma cláusula que tem relevância à mesma situação a que se aplica a profecia dirigida a Rebeca. Visto que a profecia indica uma discriminação que existia antes mesmo dos gêmeos nascerem ou terem praticado o bem ou o mal (v. 11), assim também essa mesma discriminação tem de ser indicada pela diferenciação que há no presente caso. Portanto, as ações definitivas denotadas pelos verbos "amar" e "aborrecer"[20] não foram realizadas, segundo ficou demonstrado, por

---

19 Philippi, *op. cit., ad* 9.13.
20 Os aoristos devem ser notados.

causa de qualquer diferença de caráter nos gêmeos, mas exclusivamente por causa da vontade soberana de Deus — "o propósito de Deus, quanto à eleição" (v. 11). De conformidade com aquilo que já verificamos no tocante ao vocabulário bíblico, "me aborreci" deve ser interpretado como ira, dotada do caráter ativo que a linguagem indica, uma ira tão determinativa quanto o propósito infalível, em termos do qual ocorreu a discriminação entre Jacó e Esaú. Diante do que Paulo ensinou, em outras passagens, a respeito do caráter definitivo do conselho da vontade de Deus, não seria apropriado dizer que os destinos finais de Jacó e Esaú estavam fora do escopo divino. Além disso, nesta passagem (vv. 6-13), o apóstolo estava fazendo a distinção entre o *verdadeiro* Israel e o Israel segundo a carne, entre os filhos *verdadeiros* e os filhos por descendência carnal, entre a descendência *verdadeira* e a descendência natural. Paulo estabeleceu essa distinção para mostrar que a promessa da aliança divina não havia falhado. Tal promessa cumpre-se no *verdadeiro* Israel, no remanescente segundo a eleição da graça. Anularíamos o argumento e o interesse da passagem, se supuséssemos que o *verdadeiro* Israel e a *verdadeira* descendência não são participantes da promessa no mais completo sentido soteriológico. O apelo ao propósito eletivo de Deus, à profecia dirigida a Rebeca, em cumprimento desse propósito, e a declaração "amei a Jacó, porém me aborreci de Esaú" visam confirmar esta mesma distinção entre aqueles que participam e aqueles que não participam da promessa. Supor que a palavra final de diferenciação, nesta passagem, não tem o objetivo de manter a distinção entre a salvação e o ficar aquém da mesma é imaginar algo que tornaria esta palavra irrelevante à tese do apóstolo. Por isso, somos compelidos a achar na cláusula "amei a Jacó, porém me aborreci de Esaú" uma afirmação do soberano conselho de Deus, no que concerne aos destinos finais dos homens.

9.14-18

14 *Que diremos, pois? Há injustiça da parte de Deus? De modo nenhum!*

15 *Pois ele diz a Moisés: Terei misericórdia de quem me aprouver ter misericórdia e compadecer-me-ei de quem me aprouver ter compaixão.*

16 *Assim, pois, não depende de quem quer ou de quem corre, mas de usar Deus a sua misericórdia.*

17 *Porque a Escritura diz a Faraó: Para isto mesmo te levantei, para mostrar em ti o meu poder e para que o meu nome seja anunciado por toda a terra.*

18 *Logo, tem ele misericórdia de quem quer e também endurece a quem lhe apraz.*

14-16 — Nos versículos 6 a 13, o argumento de Paulo é que a fidelidade de Deus em cumprir sua aliança não deve ser julgada segundo a extensão com que os descendentes físicos de Abraão participam da salvação. A fidelidade de Deus é vindicada pelo fato de que a promessa da aliança contempla aqueles que haviam sido soberanamente eleitos por Deus, para serem possuidores e herdeiros de sua aliança da graça. O propósito de Deus, quanto à eleição, permanece firme, e isto assegura o fato de que a promessa da aliança não foi anulada. A palavra de Deus não falhou. Por conseguinte, estes versículos são uma vindicação da veracidade de Deus. No versículo 14, porém, o apóstolo aborda outra objeção, que foi prevista ou poderia ser argumentada pelos leitores. Trata-se da questão da justificação de Deus. As duas perguntas formuladas assemelham-se às de Romanos 3.5. A forma da segunda indagação, neste caso, é diferente e indica a última e decisiva questão da justiça, ou seja: "Há injustiça da parte de Deus?"[21] Uma resposta negativa está implícita, e Paulo responde com a mais vigorosa forma de negativa a seu dispor.[22] O pensamento da injustiça da parte de Deus é tão intolerável, que deve ser rejeitado com uma negação abrupta e decisiva.

O versículo 15 é um apelo às Escrituras, em apoio ao "de modo nenhum". Como ilustração do conceito paulino sobre o papel das Escrituras, é significativo que, ao responder uma indagação tão básica a respeito da justiça de Deus, Paulo se contentou em apresentar o testemunho das Escrituras. Ele cita Êxodo 33.19.[23] Esta foi a resposta divina à solicitação de Moisés:

---

21   A forma παρὰ τῷ θεῷ enfatiza a blasfêmia envolvida nesta sugestão.
22   Quanto à negativa μὴ γένοιτο, ver os comentários sobre Rm 3.4,6.
23   Com pequena diferença ortográfica no verbo οἰκτίρω, a pergunta é apresentada palavra por palavra, tal como se encontra na Septuaginta.

"Rogo-te que me mostres a tua glória" (Êx 33.18). O favor demonstrado a Moisés é confirmado como procedente da misericórdia soberana de Deus. Nem o próprio Moisés, nem o povo de Deus com ele, podiam reivindicar para si mesmos qualquer favor divino; porquanto tudo era uma questão que dependia da escolha e da outorga gratuita da parte de Deus.

Não é mister insistir na distinção entre as expressões "ter misericórdia" e "ter compaixão". Há duas ênfases no texto. A primeira é a realidade, a segurança e a eficácia da misericórdia de Deus. Isto é acentuado pelas duas cláusulas paralelas, uma expressando o favor divino em termos de misericórdia; a outra, em termos de compaixão. A segunda ênfase é primária. Não é bem expressa em português pela tradução "a quem lhe apraz"; deveria ser traduzida por "a quem quer que lhe apraz", ressaltando a soberana e livre escolha de Deus.[24] Neste contexto, não nos convém amenizar o sentido soteriológico. Esta é a resposta de Paulo à questão da justiça que se origina da soberana discriminação da parte de Deus, sobre a qual Paulo havia fundamentado seu argumento, nos versículos 6 a 13. Esta diferenciação, conforme demonstramos, preocupa-se com a realização da promessa da aliança divina naqueles que são os beneficiários da eleição da graça. Se atribuíssemos menor significado à misericórdia e à compaixão de Deus, a resposta do apóstolo ficaria aquém da questão que ele estava abordando.

O aspecto mais importante do versículo 15 é este: em apoio à negativa "de modo nenhum", no versículo 14, a misericórdia de Deus não é uma questão de justiça para com aqueles que participam dela, pois tudo depende da livre e soberana graça divina. Isto é verdade, quer seja a misericórdia encarada como a eleição teocrática de Israel para os privilégios da aliança, quer seja, em termos daquilo em que o apóstolo estava mais particularmente interessado, entendida como a misericórdia que visa à salvação da alma. A justiça pressupõe reivindicações justas, e a misericórdia pode entrar em operação somente onde não existe reivindicação de justiça. Visto que a misericórdia, isoladamente, é a consideração constrangedora, a única explicação reside na soberana e livre determinação de Deus. Ele exerce misericórdia conforme lhe apraz. Esta é a ideia ressaltada em Êxodo 33.19, ao qual Paulo faz seu apelo

---

24 A ênfase recai sobre ὃν ἄν.

final. Por trás desta tese encontramos a polêmica do apóstolo, na porção anterior da carta, em favor do princípio da graça.

O versículo 16 pode ser reputado como a inferência extraída do trecho bíblico citado no versículo 15, mas é preferível considerá-lo uma afirmação daquilo que está envolvido na verdade que Paulo acabara de enunciar. A relação seria, portanto, a seguinte: se Deus tem misericórdia de quem ele mesmo quer, então, "não depende de quem quer ou de quem corre, mas de usar Deus a sua misericórdia". A ênfase é colocada sobre o fato de que fica totalmente excluída a determinação humana, como o oposto negativo do exercício da misericórdia divina. A primeira negativa refere-se à volição humana, à determinação da vontade humana; a segunda, ao esforço ativo do homem (cf. 1 Co 9.24,26; Gl 2.2; 5.7 e Hb 12.1). A misericórdia de Deus não é uma realização obtida mediante o mais diligente labor que visa alcançá-la; é uma livre outorga da graça. Nenhuma declaração poderia ser mais antitética às reivindicações de justiça ou das recompensas devidas ao labor.

17-18 — Nesta altura, o apóstolo introduz outra prova extraída das Escrituras. A característica mais distintiva desta passagem é que ela menciona o oposto da misericórdia. Os versículos 15 e 16 haviam se referido apenas ao exercício da misericórdia. Se todos os homens fossem recipientes dessa misericórdia, não haveria qualquer interferência na soberania de sua manifestação. De sua livre escolha, Deus teria determinado que todos os seres humanos se tornassem beneficiários dessa misericórdia. Entretanto, não poderíamos deixar de pensar a respeito da diferenciação na outorga da misericórdia em um contexto tal como este, porquanto era sobre isto que o apóstolo estava falando. Portanto, neste segundo apelo às Escrituras a negativa acerca da misericórdia é expressamente afirmada — "e também endurece a quem lhe apraz" (v. 18). A soberania a respeito da qual o apóstolo falava não é soberania abstrata; pelo contrário, é concretamente exemplificada na história relativa a Moisés, no duplo exercício dessa vontade determinativa de Deus — "Tem ele misericórdia de quem quer e também endurece a quem lhe apraz". Diante da contínua ênfase colocada sobre a livre e soberana vontade de Deus, importa-nos reconhecer que esta soberania é tão inviolável no tocante ao endurecimento quanto no tocante à manifestação da misericórdia. De outro modo, a relevância do assunto que estamos abordando ficaria prejudicada. Esta é apenas outra maneira de afirmar que a soberania de Deus é determinante em ambos os casos, tão determinante na instância negativa quanto na positiva.

A maneira pela qual o apóstolo introduz o caso que envolveu Faraó é igualmente significativa, no tocante ao uso que o apóstolo fez das Escrituras. As palavras citadas são as que foram ditas por Deus a Faraó, através de Moisés. Todavia, a fórmula neste caso não é "ele diz", assim como no versículo 15, e sim "a Escritura diz", indicando que esta equivale a "o Senhor diz".

A declaração citada (Êx 9.16) foi aquela proferida através de Moisés, após a sexta praga, a de úlceras nos homens e nos animais. Em face do versículo anterior (Êx 9.15), o versículo citado poderia ser entendido como uma referência à preservação de Faraó, para que este não fosse cortado dentre os viventes, naquela ocasião específica, por meio da pestilência das úlceras. Entretanto, o vocábulo "levantei", empregado por Paulo,[25] é utilizado no Antigo Testamento grego com o sentido de "fazer surgir no cenário da História", tendo em vista um propósito particular (cf. Nm 24.19; 2 Sm 12.11; Jó 5.11; Hc 1.6 e Zc 11.16). Assim, juntamente com muitos comentadores, preferimos dizer que esta citação seria melhor entendida como uma referência à posição que, pela providência de Deus, Faraó ocupava no cenário da História ou ao papel que ele desempenhou, quando nos reportamos à redenção que libertou Israel do Egito. A inflexível oposição de Faraó tornou-se a oportunidade para a demonstração do grande poder de Deus, nas pragas que sobrevieram ao Egito e, particularmente, na destruição total das hostes de Faraó no mar Vermelho, ao passo que Israel atravessou aquele mar a pé enxuto. Que o nome de Deus foi proclamado em outros países, por toda a terra, é algo que podemos averiguar facilmente; e essa notável manifestação do seu poder é o tema das Escrituras em outros trechos (Êx 15.13-16; Js 2.9,10; Sl 78.12,13; 105.26-38; 106.9-11; 136.10-15).

---

25 O verbo ἐξεγείρω, usado por Paulo, difere da Septuaginta, sendo mais similar ao hebraico "Causei-te ficar de pé".

No versículo 18, encontramos a mesma forma de conclusão explicativa que vemos no versículo 16: "Logo ele tem misericórdia de quem quer". Isso tem o mesmo sentido que o versículo 15, em sua ênfase sobre a soberania de Deus no exercício de sua misericórdia. Nesta instância, entretanto, há uma nova característica: a soberana e determinada *vontade* de Deus é mencionada e traz consigo esta ênfase. Assim como o versículo 15, o versículo 18 tem uma aplicação geral do exercício divino da misericórdia; o recipiente da misericórdia deve esse favor à soberana vontade de Deus. A questão principal deste versículo é o tipo de ação implícita nas palavras "e também endurece a quem lhe apraz". Assim como o versículo 15 e a primeira parte do versículo 18, estas palavras constituem uma aplicação geral a cada caso que se enquadra nessa categoria. Porém, visto que o versículo 18 é uma inferência do versículo anterior ou, preferivelmente, uma explanação do que está envolvido na providência divina, aludida no versículo 17, devemos reputar Faraó como um exemplo, o exemplo particularmente em foco. Do mesmo modo que Moisés, neste contexto, exemplifica a misericórdia, Faraó exemplifica o endurecimento. Uma vez que o endurecimento do coração de Faraó é tão frequentemente mencionado no contexto geral do qual é extraído o versículo 17, não pode haver dúvidas de que o endurecimento de Faraó está em vista. Em que, pois, consiste esse endurecimento?

A aspereza do vocábulo poderia ser amenizada pela seguinte ideia: Paulo disse que Deus fez o que ele mesmo permitiu. Deus permitiu que Faraó endurecesse seu próprio coração, mas a ação do endurecimento foi do próprio Faraó. Poderíamos recorrer à analogia para apoiar tal interpretação (cf. 2 Sm 12.11; 16.10; Sl 105.25). Conforme diz Hodge: "Com base nestas e em outras passagens similares, é evidente que estamos diante de uma familiar utilização das Escrituras, sendo atribuídos a Deus eventos que ele, em sua sabedoria, permite acontecer".[26]

Sem dúvida, Faraó endureceu o próprio coração. Embora as atividades de Faraó sejam expressamente mencionadas em poucas instâncias (cf. Êx. 7.13; 8.32 (28) e 9.34), elas são suficientes. No entanto, os termos são usados preponderantemente no sentido de Deus endurecer o coração de Faraó (cf. Êx.

---

26 *Op. cit., ad loc.*

4.21; 7.3; 9.12; 10.1,20,27; 11.10 e 14.4,8). O vocábulo empregado por Paulo é o mesmo que ocorre em cada uma destas passagens no Antigo Testamento grego.[27] Com esta ênfase constante sobre a ação do Senhor, não seria apropriado desconsiderar a interpretação de que Deus endureceu o coração de Faraó, a menos que houvesse motivo bíblico que nos levasse a pensar o contrário. A averiguação do contexto e o ensino de Paulo na primeira parte desta carta constrangem-nos à conclusão de que o apóstolo focalizava um ato divino. O texto ocupa-se com a determinativa vontade e ação de Deus que age de maneira soberana. Isto se evidencia claramente em conexão com a sua misericórdia: "Tem ele misericórdia de quem quer". A vontade determinativa entra em ação no ato de exercer misericórdia. Estas mesmas ênfases precisam ser atribuídas ao ato de endurecimento: "E também endurece a quem lhe apraz". A analogia deve ser mantida; a vontade determinativa é exercida no ato de endurecer. Além disso, Paulo nos havia preparado para tal conceito através do ensino, em Romanos 1.24, 26 e 28, que aborda a entrega judicial dos homens à imundícia, às paixões infames e a uma mentalidade reprovável (cf. os comentários sobre aqueles versículos). Portanto, o castigo ativo da parte de Deus é a única interpretação que satisfaz essas diversas considerações.

O endurecimento de Faraó, não esqueçamos, reveste-se de caráter judicial. Pressupõe a entrega ao mal e, no caso de Faraó, particularmente à entrega ao mal de seu auto-endurecimento. Jamais podemos separar o endurecimento e a culpa da qual este é o salário. Poderíamos imaginar que o caráter judicial do endurecimento interfere na soberana vontade de Deus, sobre a qual a ênfase recai neste texto. Seria suficiente afirmar que não pode ser este o caso no conselho sobre o qual o apóstolo falava. É impossível suprimirmos ou amenizarmos a soberana determinação da vontade de Deus, especialmente na primeira metade do versículo, conforme já vimos. No entanto, também deve ser observado que o pecado e a entrega ao mal pressupostos no endurecimento são igualmente pressupostos no exercício da misericórdia. Ambas as partes deste versículo fundamentam-se na premissa da entrega ao mal. De fato, todo o argumento do apóstolo, em resposta à objeção de que há injustiça em Deus (v. 14), está alicerçado

---

27 σκληρύνω.

sobre a premissa de que a salvação não é constrangida pelos ditames da justiça, de que a salvação procede inteiramente do exercício da misericórdia soberana e de que Deus tem misericórdia de quem ele mesmo quer. Por conseguinte, a diferenciação, expressa de maneira evidente no versículo 18, procede inteiramente da soberana vontade e determinação de Deus. Em referência ao ato judicial do endurecimento, a soberania consiste no fato de que todos, por causa do pecado e da entrega ao mal, pressupostos tanto na misericórdia quanto no juízo final, merecem ser endurecidos; e isto, de maneira irreversível. A soberania, pura e simples, é a única razão para a diferenciação pela qual alguns são consignados ao endurecimento, ao passo que outros, igualmente merecedores de serem entregues ao mal, são feitos vasos de misericórdia. Deste modo, não existe qualquer escape da vontade soberana. Portanto, o apóstolo podia dizer sem reservas, assim como fizera no caso da misericórdia: "E também endurece a quem lhe apraz".

9.19-26

19 Tu, porém, me dirás: De que se queixa ele ainda? Pois quem jamais resistiu à sua vontade?

20 Quem és tu, ó homem, para discutires com Deus?! Porventura, pode o objeto perguntar a quem o fez: Por que me fizeste assim?

21 Ou não tem o oleiro direito sobre a massa, para do mesmo barro fazer um vaso para honra e outro, para desonra?

22 Que diremos, pois, se Deus, querendo mostrar a sua ira e dar a conhecer o seu poder, suportou com muita longanimidade os vasos de ira, preparados para a perdição,

23 a fim de que também desse a conhecer as riquezas da sua glória em vasos de misericórdia, que para glória preparou de antemão,

24 os quais somos nós, a quem também chamou, não só dentre os judeus, mas também dentre os gentios?

25 Assim como também diz em Oséias: Chamarei povo meu ao que não era meu povo; e amada, à que não era amada;

26 e no lugar em que se lhes disse: Vós não sois meu povo, ali mesmo serão chamados filhos do Deus vivo.

19 — A objeção, neste caso, origina-se da afirmação, no final do versículo 18, de que Deus endurece a quem ele quer. Se Deus quiser, de maneira determinativa, endurecer os homens e realizar essa vontade, como podem as pessoas sujeitas a este endurecimento ser condenadas? Não se encontram nesse estado pela vontade de Deus? Esta questão é reforçada pelo pensamento de que ninguém pode frustrar a vontade de Deus. A vontade sobre a qual Paulo falava no contexto anterior, e que o objetor tinha em mente, não era a vontade de preceito, e sim a vontade de propósito determinado. A maneira pela qual é declarada a objeção, no que concerne à irresistibilidade desta vontade, deveria ser observada. Deveríamos esperar que a pergunta fosse: quem *pode* resistir à vontade dele? No entanto, o tempo verbal empregado tem a força de uma condição presente e seria muito bem traduzido por: "Quem resiste à sua vontade?" Aquele que suscita a objeção subentende que, nas premissas do ensino do apóstolo, ninguém jamais se colocou na posição de resistir à vontade de Deus. Não há necessidade de particularizarmos quem é este suposto contestador, conforme Philippi o faz, afirmando que Paulo estava "pensando a respeito de um judeu arrogante, como se a totalidade da presente exposição tivesse em vista apenas esse tipo de judeu".[28] Esta objeção é encontrada inevitavelmente quando abordamos a doutrina da reprovação. Como poderia Deus culpar-nos, quando somos vítimas de seu decreto irresistível?

20 — Paulo responde apelando ao silêncio reverente que a majestade de Deus exige de nós. A eloquência do contraste entre "ó homem" e "Deus" deve ser observada. É sobre esse contraste que repousa a outra ênfase. A conjunção grega, que nossa versão preferiu não traduzir (cf. Rm 10.18; Lc 11.28 e Fp 3.8), neste caso, serve para corrigir a autojustificação implícita nas perguntas anteriores. No contraste entre o homem, em sua fraqueza e ignorância, e Deus, em sua majestade, a ênfase recai sobre a palavra *tu* — "Quem és *tu*...?" A presunção do homem transparece na arrogância de sua réplica a Deus. O método de responder à objeção é similar àquele que encontramos

---

[28] *Op. cit., ad loc.*

em Romanos 3.6. Ali Paulo mencionou o juízo universal como um informe absoluto da revelação. Quando abordamos fatos absolutos, as afirmações categóricas têm de nos convencer. Portanto, aqui, quando ele fala sobre a vontade determinada de Deus, temos um informe absoluto sobre o qual não podemos emitir opinião, após ter ele proferido o seu veredito. Quem somos *nós* para contender acerca de seu governo?

A resposta dada pelo apóstolo é significativa, não apenas porque ilustra o seu método e as suposições sobre as quais se alicerçava este método, mas também por causa daquilo que ele não disse. Se, na questão envolvida, a vontade determinativa de Deus não era absoluta, se a diferenciação existente no versículo 18 não fora causada exclusivamente pela soberana vontade de Deus, então, o apóstolo não precisaria negar qualquer coisa sobre a objeção levantada. E ele não fez isso. Nas palavras de Calvino: "Por que, pois, ele não fez uso desta resposta mais breve, mas atribuiu o mais sublime lugar à vontade de Deus, de modo que somente ela nos fosse suficiente, ao invés de qualquer outra causa? Se a objeção de que, de acordo com a sua vontade, Deus reprova ou elege respectivamente aqueles a quem ele não honra com seu favor ou a quem ele demonstra seu amor imerecido — se esta objeção não existisse, Paulo jamais teria deixado de refutá-la".[29]

A última parte do versículo 20 está mais convenientemente vinculada ao versículo 21.

21 — O pensamento aqui é a reprodução do que encontramos reiteradamente no Antigo Testamento (cf. Is 29.15,16; 45.9; 64.8,9; Jr 18.1-6). O direito soberano de Deus, evocado de acordo com o exemplo do direito do oleiro sobre o barro, pertence a ele como Criador, que pode dispor de suas criaturas como criaturas. Entretanto, devemos ter em mente que Paulo não estava falando a respeito dos direitos soberanos de Deus sobre os homens como homens, e sim como pecadores. Paulo respondia à objeção originada pela soberana discriminação citada no versículo 18, em referência à misericórdia e ao endurecimento. Estes fatos, precisamos repetir, pressupõem o pecado e a entrega ao mal. Seria exegeticamente indefensável separar o versículo 21 e seu ensinamento dessas

---

29 Op. cit., ad loc.

condições pressupostas. Em outras palavras, Paulo abordava o governo real de Deus, bem como as soberanas determinações da sua vontade, concretizadas nesse governo. O mesmo acontece nas passagens do Antigo Testamento das quais o versículo 21 é uma reminiscência. Basta mencionar Isaías 64.7 e 9, que fornece o contexto do versículo 8.

A analogia é a de um oleiro que, utilizando o mesmo barro, fabrica vasos de diferentes moldes, um deles para servir a um elevado propósito, e o outro, a algum propósito menos nobre. Ninguém põe em dúvida o seu direito de estabelecer essas distinções. Ele possui não apenas o poder; mas também a *autoridade*. Não existe qualquer base para a interpretação de que Paulo tenha apresentado Deus como quem reputa a humanidade como a argila e que trata os homens de acordo com isso. O apóstolo estava utilizando uma analogia, e o significado é simplesmente que, na esfera de seu governo, Deus tem o intrínseco direito de tratar os homens de modo semelhante ao oleiro no âmbito de sua ocupação, ao manusear o barro. Porém, o tipo de diferenciação é tão grande quanto a diferença entre Deus e o oleiro, por um lado, e entre o homem e o barro, por outro lado.

22-24 — Estes versículos contêm um período incompleto (cf. Lc 19.42; Jo 6.62 e At 23.9). Literalmente, os termos gregos dizem "mas se", e sua ideia foi bem traduzida pelos vocábulos "que... se..." Assim compreendidos, estes versículos constituem uma expansão e aplicação daquilo que fundamenta a analogia utilizada pelo apóstolo nos versículos 20b, 21. Se Deus, no exercício de seu direito soberano, prepara um vaso para ira ou outro vaso para misericórdia, que teríamos nós a dizer? Trata-se de uma maneira retórica de repetir a pergunta do versículo 20.

A interpretação destes versículos poderia mais apropriadamente ser discutida na ordem dos seguintes detalhes.

1. "Vasos de ira" e "vasos de misericórdia" são mais bem considerados nos termos do versículo 21. O oleiro prepara vasos para determinados propósitos. Portanto, aqui os vasos são para ira e para misericórdia.[30] É verdade que

---

30 δέ, no começo do v. 22, é transicional e não adversativa. Conforme diz Godet, é "a transição da figura simbólica para a aplicação" (*op. cit., ad loc.*). Cf., em contrário, Sanday e Headlam, *op. cit., ad loc.*

todos eles são vasos que merecem ira, mas isso não pode ser dito a respeito da misericórdia, no que concerne aos vasos de misericórdia. Portanto, os dois termos devem ser entendidos em um significado que se aplique a ambos. Esse ponto de vista tem o mesmo alcance que o de Calvino, ao dizer que os vasos devem ser entendidos em sentido geral, como instrumentos que exibem a misericórdia de Deus e demonstram seu juízo.[31]

2. O particípio presente, "querendo", tem sido interpretado de duas maneiras diferentes: "por querer" ou "embora querendo". No primeiro caso, o pensamento seria que, por desejar o Senhor oferecer-nos uma demonstração mais ilustre de sua ira e poder, ele exerce sua longanimidade. No último caso, o sentido seria este: embora Deus queira executar a sua ira, ele restringe e adia a execução da mesma, mediante o constrangimento de sua longanimidade. Em um caso, a longanimidade serve ao propósito de exibir eficazmente a ira e o poder divinos, e, no outro, a longanimidade inibe a execução do castigo justamente merecido. Em favor desta última ideia, poderíamos dizer que, de acordo com Romanos 2.4, a longanimidade de Deus é uma manifestação de sua bondade, visando ao arrependimento, e dificilmente poderia ser apresentada como um meio de promover a demonstração da ira divina. Antes de chegarmos a uma conclusão sobre esta questão, devemos levar em conta outras considerações que dizem respeito à interpretação dos versículos 22 e 23.

3. O pensamento central destes versículos, assim como no caso dos anteriores, é a dupla maneira pela qual a vontade soberana de Deus se expressa. Isto se torna evidente com base em várias considerações, mas nenhuma delas é tão decisiva quanto as expressões "vasos de ira" e "vasos de misericórdia". Esta mesma ênfase sobre a vontade determinativa de Deus deve estar presente na palavra "querendo", no início do versículo 22, que retrocede ao versículo 18 e também ao termo "vontade"[32], no versículo 19. Portanto, "querendo" não se refere ao simples desejo, mas à determinação.

---

31 Op. cit., ad loc. Cf., expressando opinião contrária, Sanday e Headlam, os quais afirmam que a ideia de "destinados para a ira de Deus exigiria as palavras σκεύη εἰς ὀργήν; e a mudança de construção, em relação ao versículo anterior, deve ter sido intencional" (ibid.). Isto não é necessário. "Vasos de misericórdia" corresponde a εἰς τιμήν, e "vasos de ira", a εἰς ἀτιμίαν.

32 No versículo 19, βούλημα se refere ao propósito determinado.

4. Não seria apropriado suprimir o paralelo[33] entre "querendo mostrar a sua ira e dar a conhecer o seu poder" (v. 22) e "para mostrar em ti o meu poder" (v. 17). Por certo, aquele apresenta reminiscências deste. Assim, o que Deus fez, no caso de Faraó, ilustra o que é mais amplamente aplicado aos vasos de ira, no versículo 21. Faraó foi levantado e endurecido, no sentido anteriormente explicado, a fim de que Deus demonstrasse o seu poder e proclamasse seu nome por toda a terra. Se interpusermos a palavra "longanimidade", teremos de dizer que ela foi exercida neste caso para que fosse revelado o grande poder de Deus. Com base nesta consideração, ou seja, a do paralelo existente, parece haver uma razão que nos constrange a subordinar a longanimidade mencionada no versículo 22 ao propósito de demonstrar a ira de Deus e tornar conhecido o seu poder. Se não esquecermos o propósito deter-minado de Deus, propósito esse que recebe a ênfase; se recordarmos que as pessoas envolvidas neste propósito são vasos de ira e, portanto, vistas como quem merece a ira no grau mais absoluto, então, a "muita longanimidade" exercida para com os tais não fica destituída de seu verdadeiro caráter. Somente porque Deus é longânimo, ele adia o infligir da plena medida do castigo que os vasos da ira merecem. Outrossim, o apóstolo tem em vista a incredulidade de Israel e a longanimidade com que Deus tolera esta incredulidade. Ele estava relembrando aos seus compatriotas incrédulos que a longanimidade de Deus não servia de certificado do favor divino; pelo contrário, ainda que isto seja terrível, apenas demonstra, no caso daqueles que são os vasos da ira, uma manifesta exibição do imerecimento deles, mediante o infligir da ira de Deus e o tornar conhecido seu poder. À luz destas considerações, o gerúndio "querendo" (v. 22a) pode e deve ser preferivelmente entendido com o significado de "por querer", e não de "embora querendo". Todo o contexto indica a subordinação que a alternativa anterior dá a entender.

5. O gerúndio "querendo" (v. 22), conforme já indicamos, tem dupla referência. A primeira consiste em "mostrar a sua ira e dar a conhecer o seu poder"; a segunda, "a fim de que também desse a conhecer as rique-

---

33 Cf. Lagrange, *op. cit.*, ad 9.22.

zas da sua glória em vasos de misericórdia" (v. 23).³⁴ Isto é correlato a outras expressões anteriores deste capítulo, em especial as dos versículos 16b e 18a. Porém, nenhuma expressão usada até este ponto é de riqueza comparável. O mesmo vocábulo é empregado para tornar conhecido, conforme vemos no versículo 22, o poder de Deus sobre os vasos de ira. No entanto, há um eloquente contraste a respeito do que Deus tornou conhecido. Neste ponto é "as riquezas da sua glória". A glória de Deus é a soma de suas perfeições, e "as riquezas" aludem ao esplendor e a plenitude que caracterizam estas perfeições. Devemos ter em mente a ideia de que a outorga da misericórdia não envolve prejuízo algum para qualquer dos atributos de Deus. Porém, a ênfase não recai sobre essa negativa, mas sobre o fato de que as perfeições são magnificadas na obra da misericórdia; e em nenhuma outra de suas atitudes existe tão resplendente manifestação da glória de Deus (cf. Sl 85.9-11; Rm 11.33; Ef 1.7,12,14; 2.4,7; 3.8,16; Cl 1.27 e 1 Tm 1.11). Nesta instância, a glória não deve ser identificada com a glória mencionada no final do versículo 23. Esta é a glória outorgada; aquela, a glória de Deus manifestada. A correlação, entretanto, é digna de nota. A grandiosidade da bem-aventurança dos crentes consistirá do fato de que nela se manifestará a riqueza da glória de Deus; e ficaria aquém da "glória", se assim não fosse.

6. Os vasos da ira estão "preparados para a perdição". A questão debatida é se estes são apresentados como preparados ou habilitados por Deus para a perdição ou se são vistos como quem preparou a si mesmo para a destruição. É verdade que Paulo não afirma que Deus os preparou para a perdição, conforme o faz nas palavras que correspondem aos vasos de misericórdia, sobre os quais lemos que Deus os "preparou de antemão" para a glória. É possível que o apóstolo, de maneira proposital, se tivesse refreado de tornar Deus o sujeito desta ação. Entretanto, não podemos insistir em que Deus não é visto a prepará-los para a perdição. No versículo 18, vemos a agência

---

34 Não há boas razões para nos opormos a esta interpretação. καὶ ἵνα são palavras que têm este significado no grego, especialmente após verbos como "querer". Cf. William F. Arndt e F. Wilbur Gingrich, *A Greek-English Lexicon of the New Testament and Other Early Christian Literature* (Chicago, 1975), *ad* ἵνα, II, 1, a. Portanto, a mudança do infinitivo γνωρίσαι (v. 22) para ἵνα γνωρίσῃ (v.23) não serve de obstáculo.

divina no endurecimento. Nos versículos 22 e 23, aplica-se a analogia do versículo 21, e os vasos da ira correspondem ao vaso para desonra que o oleiro prepara exatamente para este propósito. Esses também são vasos de ira e, portanto, conforme observamos, destinados à ira, que corresponde à perdição. Por essas razões, não existe nada contrário ao ensino do contexto, se considerarmos Deus como o agente que capacita esses vasos para a perdição. Ao mesmo tempo, porém, não podemos dogmatizar que o apóstolo pretendia transmitir esta noção, neste caso. O pensamento central é que a perdição imposta aos vasos da ira é algo para o que sua anterior condição os torna adequados. Há uma correspondência exata entre o que foram na vida presente e a perdição à qual serão consignados. Esta é apenas outra maneira de dizer que há continuidade entre a vida terrena e o destino na vida por vir. No contexto geral do pensamento do apóstolo, não existe qualquer maneira de evitar ou amenizar a responsabilidade humana, nem a culpa da qual a perdição é o salário.

7. Os vasos de misericórdia, Deus os "preparou de antemão" para a glória. Neste caso, não há dúvidas quanto ao agente. Os vasos de ira, podemos dizer, capacitam-se a si mesmos para a perdição; eles são os agentes do mérito que resulta em perdição. No entanto, somente Deus prepara para a glória. A figura simbólica do oleiro é aplicada sem reservas; os vasos para honra correspondem aos vasos preparados para a glória. As palavras "preparou de antemão" apontam à verdade correlata indicada em "preparados para a perdição", mostrando que há continuidade entre o processo da graça operativa nesta vida e a glória conseguida no final. A glória obtida é algo para que o estado e a condição anterior preparam os vasos de misericórdia (cf. 2 Tm 2.20,21).

8. O versículo 24 deve ser entendido à luz da diferenciação que permeia toda esta passagem, do versículo 6 em diante. Esta diferenciação é a resposta à objeção que afirma ter sido a palavra de Deus aparentemente anulada. É a diferenciação causada pelo propósito de Deus quanto à eleição, diferenciação exemplificada nas palavras "amei a Jacó, porém me aborreci de Esaú" e vindicada na soberana e divina prerrogativa de ter misericórdia de quem ele mesmo quer e de fazer discriminação entre os vasos de ira e os

vasos de misericórdia. Visto que o apóstolo não estava pensando em termos abstratos, nem meramente abordando o passado, suas palavras afetam a situação concreta que ele percebera nos judeus e a maneira como a soberana vontade de Deus que visa à salvação se realiza no presente. Por essa razão, ele diz: "Os quais somos nós, a quem também chamou, não só dentre os judeus, mas também dentre os gentios". Esta é a conclusão daquilo que, em português, foi traduzido como uma pergunta (v. 22-24), ficando implícito que não temos refutação alguma contra Deus (cf. v. 20). Paulo aplica à sua própria experiência e à de outros aquilo que havia dito no tocante aos vasos de misericórdia. Ele encontrou na chamada de judeus e gentios a ilustração da operante graça de Deus.

Nos versículos 22 e 23, embora não exista nas expressões "preparados para a perdição" e "para a glória preparou de antemão" qualquer alusão direta ao decreto da parte de Deus, não é possível dissociar o versículo 24 da passagem anterior, onde figura a chamada em relação à predestinação (Rm 8.28-30). Nos escritos de Paulo, a chamada jamais aparece como algo desligado do propósito divino; por conseguinte, a menção da chamada divina, nesta passagem, leva-nos de volta ao soberano propósito e vontade de Deus, aos quais Paulo reiteradamente recorreu nos versículos anteriores. Deste modo, não podemos negar o pano de fundo da predestinação.

Nestes versículos, a chamada tem o mesmo sentido que em outras passagens bíblicas, a chamada eficaz para a salvação (Rm 1.7; 8.28,30; 1 Co 1.9; Gl 1.15 e 2 Tm 1.9). Não é necessário nem apropriado pensarmos que toda a preparação mencionada no versículo 23 antecedeu a chamada propriamente dita.[35] A chamada divina seria, antes, o início do processo preparatório.

A referência a judeus e gentios se reveste de grande importância. Toda a passagem argumenta que dentre os judeus havia pessoas chamadas. A promessa da aliança não fracassou; pelo contrário, se concretizou no *verdadeiro* Israel, nos *verdadeiros* filhos, na *verdadeira* descendência (cf. v. 6-9,27,29 e 11.5,7). Isto é afirmado por meio das palavras "não só dentre os judeus". A forma, entretanto, significa que a promessa da aliança e a graça eletiva

---

35 Cf., expressando opinião contrária, E. H. Gifford, *The Epistle of St. Paul to the Romans* (Londres, 1886), *ad* 9.24, o qual diz: "Vemos que a preparação mencionada no v. 23 antecedeu a chamada".

de Deus tem um escopo mais amplo do que os judeus. Por isso, a cláusula "mas também dentre os gentios" é adicionada. Em Romanos 4.12-17, a preocupação do apóstolo difere do seu interesse nesta passagem. Naquela, a polêmica é focalizada sobre a justificação pela fé, em oposição às obras; nesta, o interesse centraliza-se no cumprimento da promessa da aliança. Porém, há um íntimo relacionamento entre as duas passagens, conforme pode ser visto especialmente em Romanos 4.16. Fundamental ao pensamento do apóstolo é a promessa dada a Abraão — em sua descendência *todas as famílias da terra* seriam abençoadas.

25-26 — Estes versículos são um apelo feito a trechos do Antigo Testamento, em confirmação à chamada dos gentios, um apelo extraído de Oseias 2.23 e 1.10.[36] Talvez pareça existir certa discrepância entre o propósito e a referência destas passagens na profecia aplicada por Paulo. Em Oseias, elas se referem às tribos de Israel, e não às nações gentílicas. Todavia, não devemos encontrar dificuldades nisso. Paulo reconhece que a rejeição e a restauração de Israel, a respeito das quais Oseias falou, tem seu paralelo no fato de os gentios terem sidos excluídos da aliança do favor divino e, depois, terem sido recebidos nesse favor. A respeito de Israel, fora dito: "Desfavorecida, porque eu não mais tornarei a favorecer a casa de Israel, para lhe perdoar" (Os 1.6). No entanto, esta não é a palavra final. Deus haverá de outorgar novamente sua benignidade, e "no lugar onde se lhes dizia: Vós não sois meu povo, se lhes dirá: Vós sois filhos do Deus vivo" (Os 1.10). Isto também está acontecendo aos gentios: outrora esquecidos por Deus, agora envolvidos no pacto do amor e favor divinos. Idêntico modo de proceder é exemplificado em ambos os casos; e o apóstolo vê na restauração de Israel ao amor e ao favor divino uma figura dos termos

---

36   O versículo 26 é uma citação literal da Septuaginta, sendo também, com a exceção de ἐκεῖ, que, apesar disso, fica subentendido, uma tradução literal do hebraico (Oseias 2.1, tanto no hebraico quanto na Septuaginta). Mas o versículo 25 não corresponde exatamente nem ao texto em hebraico, nem ao da Septuaginta, em Oseias 2.23. A Septuaginta é uma tradução bastante próxima do hebraico, a qual diz: "Eu a semearei para mim na terra, e terei misericórdia daquela que não obtivera misericórdia, e direi àqueles que não eram meu povo: Tu és meu povo, e ele me dirá: Tu és meu Deus". Paulo reteve a ideia, mas adaptou os termos usados. Talvez a razão seja a de assemelhar mais estritamente o pensamento de Os 2.23 aos termos de Os 1.10, que é trecho citado literalmente no v. 26.

pelos quais os gentios tornar-se-iam participantes dessa mesma graça.[37] "E no lugar em que" (v. 26) poderia ser melhor entendido como referência à aplicação que Paulo fez de "todo lugar onde o povo fora considerado estranho, seriam eles chamados de filhos de Deus".[38] Deste modo, "a declaração de Deus… é concebida no maleável espírito da poesia, como se *ressoasse por todas as terras dos gentios*".[39] Neste caso, "serão chamados" são palavras que deveriam ser compreendidas não precisamente no mesmo sentido de "chamados", no versículo 24, e sim no sentido de "nomeados". O novo desígnio é expresso aqui, e o significado reside na designação "meu povo" (cf. Nm 6.27). Estas diversas designações — "meu povo", "amada", "filhos do Deus vivo" — expressam os vários aspectos do novo relacionamento, sendo correlatas à chamada eficaz (v. 24) e, todas elas, soteriológicas em seu sentido.

9.27-33

27 Mas, relativamente a Israel, dele clama Isaías:
Ainda que o número dos filhos de Israel seja como areia do mar,
o remanescente é que será salvo.

28 Porque o Senhor cumprirá a sua palavra sobre a terra, cabalmente e em breve;

29 como Isaías já disse:
Se o Senhor dos Exércitos não nos tivesse deixado descendência,
ter-nos-íamos tornado como Sodoma e semelhantes a Gomorra.

30 Que diremos, pois? Que os gentios, que não buscavam a justificação, vieram a alcançá-la, todavia, a que decorre da fé;

31 e Israel, que buscava a lei de justiça, não chegou a atingir essa lei.

32 Por quê? Porque não decorreu da fé, e sim como que das obras. Tropeçaram na pedra de tropeço,

33 como está escrito:
Eis que ponho em Sião uma pedra de tropeço e rocha de escândalo, e aquele que nela crê não será confundido.

---

37 Cf. Meyer, Hodge, Sanday e Headlam, *op. cit.*, ad 9.25.
38 Hodge, *op. cit.*, ad 9.26.
39 Meyer, *op. cit.*, ad 9.26.

27-29 — Nos dois versículos anteriores, a chamada dos gentios foi apoiada pelo Antigo Testamento e apresentada como o cumprimento de suas promessas. Nestes três versículos, o testemunho de Isaías é citado a fim de confirmar a tese do apóstolo — a promessa do pacto não contemplava nem garantia a salvação de todo o Israel étnico. Eis a proposição com que Paulo começou: "Porque nem todos os de Israel são, de fato, israelitas" (v. 6). Esta é a tese implícita na declaração do versículo 24 — "não só dentre os judeus". Se todos os judeus fossem, *ipso facto*, herdeiros da promessa, Paulo jamais poderia ter usado essa *forma* de declaração, idêntica e coordenada a "mas também dentre os gentios". Alicerçado no Antigo Testamento, o apóstolo estava demonstrando, nesta altura, que a própria profecia havia falado sobre o remanescente e a descendência como aqueles a quem pertenceria a salvação, à parte dos quais a nação de Israel teria sofrido uma destruição semelhante à de Sodoma.

Os versículos 27 e 28 foram extraídos de Isaías 10.22 e 23.[40] Esta passagem ocorre no contexto da indignação do Senhor executada sobre Israel, pela instrumentalidade da Assíria, que serviu de cetro da ira do Senhor e vara da sua indignação (cf. Is 10.5). Da desolação, escaparia apenas um remanescente de Israel, ao que Isaías se refere como a conversão ao "Deus forte" dos "restantes de Jacó" (Is 10.21). A citação feita por Paulo segue a versão grega, com alguma modificação e contração. A respeito de Isaías 10.22, Paulo muda sua descrição de "o teu povo, ó Israel" para "o número dos filhos de Israel", e condensa o versículo 23. Essas adaptações não interferem no sentido. Em todos os casos, conforme diz Philippi, "a ideia fundamental continua sendo esta: na destruição de Israel e na salvação tão somente de um remanescente santo, Deus realiza uma punição judicial".[41] Aqui, novamente, Paulo vê, no ato de escapar da conquista Assíria, um exemplo do governo de Deus sobre Israel, no que se aplica à situação a respeito da qual ele falava. Esta passagem bíblica demonstra que as promessas de Deus não pertencem à maioria do povo de Israel, mas cumprem-se no remanescente.

---

40 "Sua descrição de Isaías como quem exclamou, e não como quem falou, teve a intenção deliberada de despertar maior atenção" (Calvino, *op. cit., ad. loc.*).
41 *Op. cit., ad. loc.*

O pensamento central do versículo 28 é a eficácia com que Deus cumpre a sua palavra e o decreto do qual ela é a expressão.[42] Trata-se da mesma ênfase de Isaías 14.24: "Jurou o SENHOR dos Exércitos, dizendo: Como pensei, assim sucederá, e, como determinei, assim se efetuará". "Cumprirá" se refere à realização; e "cabalmente", ao aspecto eficiente pelo qual a realização acontece. Isaías 10.22b,23 se refere à maneira terminante com que será infligido o juízo punitivo da parte de Deus. Além disso, tão generalizada será a destruição, que apenas um remanescente escapará. Esta mesma ênfase deve ser entendida na citação do apóstolo. A salvação e a importância do remanescente são ressaltadas no terrível pano de fundo do juízo, com o qual esta salvação é contrastada (cf. Am 3.12).

O versículo 29 é citado de Isaías 1.9, seguindo a versão grega sem qualquer modificação. A única diferença em relação ao hebraico é que "um pequeno remanescente" são palavras traduzidas por "uma descendência", no texto grego. No ensino de Paulo, nestes versículos, "descendência" e "remanescente" têm o mesmo significado. "Descendência", ocorre pela primeira vez após o versículo 8 e retrocede ao mesmo significado, ou seja, a descendência que participa da promessa. A referência ao remanescente tem significado semelhante à do versículo 27, mas a ênfase difere nos dois versículos. No versículo 27 a ênfase é que somente um remanescente será salvo; no versículo 29 é que o remanescente consistirá da descendência preservada, sem a qual a nação estaria destinada à plena destruição. Ambos os versículos estão intimamente relacionados ao pensamento do versículo 28. O fato de que somente um remanescente será salvo revela a severidade e a extensão do julgamento executado. E o fato de que um remanescente será salvo evidencia o favor do Senhor e a garantia de que a sua promessa da aliança não falhará. Devemos notar que é mediante a ação graciosa de Deus que será conservada uma descendência: "Se o Senhor dos Exércitos não nos tivesse deixado descendência". De acordo com a contínua ênfase sobre

---

42 A adição, após συντέμνων, das palavras ἐν δικαιοσύνῃ ὅτι λόγον συντετμημένον, encontrada nos manuscritos D e G, em algumas versões e também no Textus Receptus, não é apoiada por P⁴⁶, ℵ, A, B, 1739 e alguns outros. Estas palavras se acham nestes termos idênticos na Septuaginta de Isaías 10.23.

a vontade soberana e o propósito determinado de Deus, no contexto anterior, esta mesma ênfase continua sendo aplicada à reserva de um remanescente e à preservação de uma descendência.[43]

30-33 — Nos versículos 6 a 13, o apóstolo demonstrara que a incredulidade e a rejeição do Israel étnico, considerado como um todo, não invalidou a promessa da aliança divina; a promessa dizia respeito à eleição da graça e se concretizou nela. Nos versículos 14 a 18, Paulo vindicara esse modo de proceder recorrendo à misericórdia soberana de Deus. Nos versículos 19 a 29, ele contestara a objeção de que as soberanas determinações de Deus tornam os homens isentos de responsabilidade e culpa. Esta seção encerra-se com a prova de que o próprio Antigo Testamento e o plano divino ali revelado tinham em vista somente um remanescente como participante da salvação. Este remanescente, também referido como a descendência, nos faz retroceder ao versículo 8. Deste modo, há certa unidade de concepção que une todos estes versículos (vv. 6-29); e a consideração suprema evocada pelo apóstolo é a diferenciação que Deus determina, no exercício de sua vontade soberana, uma diferenciação que assegura que a divina promessa da aliança jamais deixa de se cumprir. O propósito eletivo permanece firme; há um remanescente segundo a eleição da graça.

Todavia, os versículos 30 a 33 destacam um novo aspecto da situação que Paulo abordava. A ênfase sobre a soberana vontade de Deus, nos versículos anteriores, não elimina a responsabilidade humana; e esta não é incompatível com a aquela. A verdade é que a soberana vontade de Deus não age em oposição a tudo que pertence à esfera da vontade e da ação humana. Pelo contrário, a verdade é esta: o que ocorre em um dos campos é correlato ao que acontece no outro, não porque a vontade humana governa e determina a vontade divina. Mas, visto que a vontade divina se preocupa como os homens, existe uma correspondência entre o que Deus quer e aquilo que os homens são, subjetivamente falando. É este último aspecto que Paulo aborda nos versículos 30 a 33.

---

43 O verbo ἐγκαταλείπω e o substantivo ὑπόλειμμα expressam ideias similares, e este resulta da ação de Deus naquele.

"Que diremos, pois?" é a mesma forma de indagação que encontramos no versículo 14 (cf. Rm 3.5; 4.1; 6.1; 7.7 e 8.31). Considerar o que segue como qualquer outra coisa, exceto a resposta direta a esta pergunta, dificilmente concorda com a construção gramatical da passagem inteira. A pergunta surge em conexão com a incredulidade de Israel, tão ressaltada nos versículos 1 a 3. Porém, juntamente com essa incredulidade, existe a fé exercida pelos gentios (vv. 25 e 26). Esta diversidade provoca a pergunta: o que podemos fazer acerca disso? A resposta foi apresentada de uma forma que acentuou a anomalia; o resultado foi tão diverso da maneira de Deus lidar com os respectivos povos no passado quanto jamais poderíamos esperar. Esse estranho resultado é que os gentios, apesar de não buscarem a justiça, obtiveram-na, e que os judeus, apesar de perseguirem a justiça, não a obtiveram.

Quando Paulo afirma que os gentios não buscam a justiça, há alusão ao fato de que eles estavam fora do alcance da revelação especial, tendo sido abandonados a seus próprios caminhos (cf. Rm 1.18-32; At 14.16 e 17.30). Entretanto, o pensamento coloca em foco o tema da carta, tanto nos capítulos anteriores como, novamente, no capítulo 10, ou seja, que *os gentios não buscavam a justiça da justificação*. O fato não é que eles estavam destituídos de todo o interesse moral (cf. Rm 2.12-15), e sim que a justificação e a justiça que a garante não eram o alvo deles. Por outro lado, Israel, a quem haviam sido proporcionados os oráculos de Deus, buscava essa justiça. Não devemos abrandar esta declaração. Sendo possuidores de revelação especial, condensada na aliança abraâmica, a questão da justiça diante de Deus, para a justificação, era o ponto central dos interesses judaicos; isto ocupava posição central na religião deles. Esse contraste destaca a tragédia do resultado. Os gentios obtiveram essa justiça, mas Israel fracassou em alcançá-la.

Entretanto, a mudança usada no versículo 31, não deve ser desprezada. Paulo afirma que Israel "buscava a lei de justiça". Não devemos pensar que isto se refere à justiça da lei, ou seja, a das obras. "Lei", neste caso, é semelhante à sua utilização em Romanos 3.27b; 7.21,23 e 8.2, significando princípio, regra ou ordem. Israel é apresentado como quem perseguia aquela ordem ou instituição que se preocupava com a justificação. No entanto, Israel ficou aquém de obter a justiça sobre a qual aquela instituição testemunhava — "não chegou a atingir essa lei"; não obtiveram aquilo que estava providenciado na instituição que constituía a glória deles. Eis a indagação de Paulo: "Por quê?" Os versículos 32 e 33 constituem a resposta.

Esta resposta já havia sido antecipada no versículo 30; a respeito dos gentios, Paulo dissera que eles "vieram a alcançá-la [a justiça], todavia, a que decorre da fé". Nesta instância era necessário definir a justiça como aquela que decorre da fé, porquanto o apóstolo, no presente contexto, não retorna ao tema da justiça que os gentios atingiram. No versículo 32, a pergunta é por que *Israel não* a alcançou. A acusação é uma confirmação à tese apresentada anteriormente nesta carta, de maneira especial em Rm 3.27-4.25. Nenhuma outra exposição é necessária, exceto observarmos a maneira pela qual a antítese é apresentada: "Não decorreu da fé, e sim como que das obras".[44] As palavras "como que das obras" indicam o conceito entretido por Israel a respeito do modo pelo qual a justificação deveria ser obtida; também demonstram o tipo de justiça que constituiria a justificação. A apreensão errônea foi total; por isso, ocorreu a falha.

A parte final do versículo 32 nos fornece uma ampliação deste erro fatal, nos termos da figura simbólica do Antigo Testamento. As Escrituras haviam previsto o tropeço que constituiria a queda de Israel. Não há necessidade nem fundamento para minimizarmos o significado do termo "tropeçaram", como se este significasse meramente irritação ou aborrecimento.[45] "Tropeçaram" se refere claramente à queda, e "pedra de tropeço" (cf. Is 8.14), visto que é a pedra na qual alguém tropeça, confirma essa interpretação. Se a figura do participar de uma corrida está presente nos versículos 30 e 31, continuando no versículo 32, então, o quadro representa o tropeçar na barreira e o deixar de receber o prêmio.

O versículo 32 serve de maior confirmação, com base no Antigo Testamento, da referência a Isaías 8.14, no versículo 33. A citação é uma combinação de duas passagens de diferentes propósitos em seu contexto original (Is 8.14 e

---

44 νόμου após ἔργων é fracamente confirmado e tira da antítese seu caráter incisivo. Além disso, há versões que enfraquecem ainda mais a cláusula, inserindo desnecessariamente as palavras "como se fosse".

45 Cf. Jo 11.9,10; Rm 14.13,20,21; 1 Co 8.9 e 1 Pe 2.8

28.16). Na primeira, o Senhor dos Exércitos seria "pedra de tropeço e rocha de ofensa às duas casas de Israel". De acordo com a segunda, ele seria uma "pedra, pedra já aprovada, pedra preciosa, angular, solidamente assentada", que seria posta em Sião para servir de alicerce, tendo o propósito de fornecer estabilidade e segurança. Paulo aproveita-se de porções de ambas as passagens, entretecendo estas porções em uma unidade, e, mediante abreviamento e combinação, obtém o pensamento diversificado de ambas as passagens. Ele aplicou este duplo aspecto ao assunto que estava abordando: o fracasso de Israel e o sucesso dos gentios em obter a justificação. Assim, ele mostra que, na verdade, as Escrituras haviam predito o duplo resultado. O principal interesse, entretanto, é a confirmação do tropeço de Israel. Esta é a tragédia que se avulta no interesse do apóstolo, conforme é evidente pelos contextos anterior e posterior.[46]

Não podemos duvidar que Paulo aplica ambas as passagens a Cristo. Isto é mais significativo no caso de Isaías 8.14, porquanto ali se faz alusão ao Senhor dos Exércitos como uma pedra de tropeço.

O apóstolo não hesitou em aplicar a Cristo certas passagens que dizem respeito ao Senhor dos Exércitos. Visto que tais passagens são aplicadas a Cristo (cf. também Mt 21.42; Mc 12.10; Lc 20.17; At 4.11; 1 Pe 2.6-8), a fé mencionada nos versículos 30 e 32 é a fé especificada no versículo 33 como o crer em Cristo. Trata-se da fé que consiste em descansar nele, e, nesse contexto (vv. 30 e 31), é vista particularmente como a fé que visa à justificação. A justiça alcançada é aquela que procede da fé, em contraste com as obras. O efeito, "não será confundido", extraído de Isaías 28.16, varia em relação ao texto hebraico. Este declara: "Aquele que crê não se apressa". Ao fazer tal citação, Paulo segue o texto que aparece na versão grega do Antigo Testamento. Esta versão não deve ser considerada como que importando uma ideia estranha ao pensamento do texto hebraico. A ideia expressa pelo grego é que o crente não terá motivos para envergonhar-se de sua confiança. E o hebraico talvez expresse o pensamento, intimamente relacionado, de que o crente não ficará desapontado.

---

46 A dupla reação é exposta mais plenamente em 1 Pedro 2.6-8, onde estas passagens são mais completamente citadas. Este é o melhor comentário sobre a citação condensada feita por Paulo e sobre a utilização sumariada de ambas as passagens.

CAPÍTULO XVI
A JUSTIÇA DA FÉ
(10.1-21)

10.1-8

1 *Irmãos, a boa vontade do meu coração e a minha súplica a Deus a favor deles são para que sejam salvos.*

2 *Porque lhes dou testemunho de que eles têm zelo por Deus, porém não com entendimento.*

3 *Porquanto, desconhecendo a justiça de Deus e procurando estabelecer a sua própria, não se sujeitaram à que vem de Deus.*

4 *Porque o fim da lei é Cristo, para justiça de todo aquele que crê.*

5 *Ora, Moisés escreveu que o homem que praticar a justiça decorrente da lei viverá por ela.*

6 *Mas a justiça decorrente da fé assim diz:*
   Não perguntes em teu coração: Quem subirá ao céu?,
      isto é, para trazer do alto a Cristo;

7 *ou:*
   Quem descerá ao abismo?
      isto é, para levantar Cristo dentre os mortos.

8 *Porém que se diz?*
   A palavra está perto de ti, na tua boca e no teu coração;
      isto é, a palavra da fé que pregamos.

1 — Neste capítulo, o apóstolo se preocupa com o mesmo assunto que abordara na porção final do capítulo anterior. Em Romanos 9.32-33, o tropeço de Israel consistia em buscar a justiça mediante as obras e não mediante a fé. Isto é apenas outro modo de dizer que eles procuravam estabelecer sua própria justiça, não se sujeitando à justiça de Deus, à maneira declarada em Romanos 10.3. Portanto, não há interrupção no pensamento iniciado em Romanos 10.1. Contudo, devemos observar que, em meio a esta descrição da culpa de Israel, o apóstolo injeta aquilo que faz lembrar a maneira pela qual toda a questão da incredulidade fora introduzida (cf. 9.1-3). Os termos por ele utilizados agora não têm a mesma intensidade empregada anteriormente. Mas vemos a mesma dor de coração, a mesma solicitude profunda em favor de seus compatriotas segundo a carne. O vocativo "irmãos", com o qual o apóstolo começa, está carregado de emoção e afeto, atraindo nossa atenção para uma solicitude, expressa nas palavras que seguem, em favor daqueles que estão fora da comunhão que a palavra "irmãos" subentende.

A palavra εὐδοκία está muito bem traduzida por "boa vontade", em nossa versão (cf., com alusão a Deus, Mt 11.26; Lc 2.14; 10.21; 12.32; Ef 1.5,9; Fp 2.13; e, com referência aos homens, Rm 15.26; 2 Co 5.8; 12.10; 1 Ts 2.8; 3.1 e 2 Ts 2.12). Paulo nos faz lembrar Ezequiel 18.23,32 e 33.11, onde Deus proclamou que sua boa vontade ou prazer é que o ímpio abandone os seus caminhos iníquos e viva. Assim também neste versículo Paulo fala da boa vontade e do deleite de seu coração, no que concerne a Israel. A esta boa vontade Paulo acrescenta uma súplica, dirigida a Deus, em favor de Israel.[1] As palavras "para que sejam salvos" demonstram o alvo para o qual estavam dirigidas a boa vontade de seu coração e sua súplica a Deus. Por conseguinte, a tristeza e a dor de coração (cf. Rm 9.2) não eram emoções de melancolia; estavam associados à boa vontade para com Israel e à súplica específica dirigida a Deus, em favor deles, tendo em vista que fossem salvos. Temos aqui uma lição de profundo significado. No capítulo anterior, a ênfase estava sobre a soberana e determinativa vontade de Deus, na diferenciação que existe entre os homens. Deus tem

---

1 A forma αὐτῶν é apoiada pelos manuscritos P⁴⁶, ℵ, A B D G, por diversas versões e por vários pais da igreja; τοῦ Ἰσραήλ ἐστιν, pelos manuscritos K, L, P e pela grande maioria dos cursivos. É fácil entender como, no decurso da transcrição, a forma mais longa tenha sido substituída pelo simples αὐτῶν, a fim de tornar específica a referência que é inquestionavelmente evidente do contexto.

misericórdia de quem quer e endurece a quem quer. Alguns são vasos de ira, e outros, de misericórdia. Um destino final é concebido na perdição ou na glória. Todavia, esta diferenciação é um ato e prerrogativa de Deus, e não do homem. E, por esse motivo, a nossa atitude para com os homens não pode ser governada pelos sagrados conselhos de Deus a respeito deles. Este ensino e a distinção envolvida estão eloquentemente gravados no intenso desejo do apóstolo pela salvação de seus compatriotas. Violamos a ordem do pensamento humano e traspassamos as fronteiras entre as prerrogativas divinas e as dos homens, quando a verdade do soberano conselho de Deus constrange-nos ao desespero ou ao abandono da preocupação pelos eternos interesses dos homens.

2-3 — Quando Paulo disse: "Lhes dou testemunho", estava admitindo o interesse religioso que Israel possuía, atribuindo-lhes o crédito pelo mesmo. Eles tinham "zelo por Deus". Ninguém sabia melhor do que o apóstolo em que consistia este zelo; em nenhuma outra pessoa este zelo adquirira tão grande intensidade (cf. At 26.5,9 e Gl 1.14). Por conseguinte, ele conhecia, por experiência própria, o estado mental e a consciência que estava creditando a seus compatriotas; e, por essa mesma razão, o seu "testemunho" a respeito deles assume uma significação adicional. O adversativo, "porém não com entendimento", indica o critério pelo qual "zelo por Deus" deve ser avaliado. O zelo é uma qualidade neutra, podendo tornar-se o maior dos pecados. Aquilo para que se dirige o zelo determina o caráter ético da pessoa. O critério, pois, é o "conhecimento". O termo empregado expressa com frequência o completo conhecimento que é segundo a piedade, em distinção ao conhecimento que apenas ensoberbece (cf. 1 Co 8.1 e 13.2,8 com Ef 1.17; 4.13; Fp 1.9; Cl 1.9; 3.10; 1 Tm 2.4; 2 Tm 2.25; 3.7 e Tt 1.1).[2] O versículo 3 nos fornece o motivo pelo qual o zelo dos judeus não era conforme o conhecimento e esclarece em que consistia essa falta de conhecimento: eles desconheciam a justiça de Deus.

---

2 Porém, não existe base para fazermos uma distinção rígida entre γνῶσις e ἐπίγνωσις na linguagem do N. T., como se aquele sempre ficasse aquém da riqueza e plenitude de ἐπίγνωσις, e este sempre aludisse ao conhecimento que leva à vida eterna (cf., quanto a γνῶσις, Lc 1.77; Rm 15.14; 1 Co 1.5; 2 Co 2.14; 4.6; 6.6; 8.7; Ef 3.19; Cl 2.3 e 2 Pe 1.5,6; cf., quanto a ἐπίγνωσις, não concebida em sua plenitude, Rm 1.28 e 3.20; e, quanto a ἐπιγινώσκω, Rm 1.32 e 2 Pe 2.21).

Não era meramente que eles não reconheciam essa justiça, enquanto, ao mesmo tempo, sabiam que as Escrituras testemunhavam a respeito dela; eles não assimilavam aquilo que fora revelado. Este conceito da "justiça de Deus" é introduzido em Romanos 1.17 e explicado em Romanos 3.21,22. Em oposição à justiça de Deus, Israel procurava estabelecer sua própria justiça. Deste modo, uma vez mais Paulo institui a antítese entre a justiça de Deus e uma justiça humana — uma justiça com propriedades divinas, em contraste com uma justiça derivada do caráter e das obras humanas. Este é o tema desenvolvido na primeira parte da epístola. Assim como em Romanos 9.11,30-32 existe uma distinta alusão àquilo que fora argumentado amplamente em 3.21-5.21, assim também acontece neste ponto. O erro básico de Israel era a assimilação errônea da justiça que conduz à justificação. A justiça de Deus, como provisão para a necessidade fundamental do homem, é contemplada aqui como uma ordenança ou uma instituição que requer sujeição. Israel não se sujeitou a esta ordenança.[3] O "zelo por Deus" ressalta a tragédia do fracasso de Israel em atingir a lei da justiça. E o pecado de ignorância é acentuado quando, por não conhecer, perdemos de vista a provisão central da graça divina. Isso contraria profundamente a noção popular de que a ignorância é uma desculpa e de que boas intenções constituem a norma de aprovação.[4]

4 — Este versículo nos dá a razão para a tese do versículo 3: a justiça de Deus, e não a do homem, é a instituição divina — "O fim da lei é Cristo". Estas palavras têm sido interpretadas no sentido de que o propósito da lei é cumprido ou realizado em Cristo. O vocábulo traduzido por "fim" ocasio-

---

[3] ὑπετάγησαν é a forma do aoristo passivo (cf. 8.20; 1 Co 15.28 e 1 Pe 3.22); porém, visto que a voz passiva e a média com frequência têm a mesma forma, deveria ser entendido, neste versículo, como o aoristo médio. Considerá-lo como voz passiva resultaria em um sentido impossível. Em outras instâncias (cf. Tg 4.7; 1 Pe 2.13 e 5.5), a voz passiva não é impossível, mas são preferivelmente reputadas como voz média, segundo o padrão da voz média, que aparece em outros casos e sob outras formas (cf. Cl 3.18; Tt 3.1 e 1 Pe 3.1,5).

[4] "Longe de nós aqueles equívocos vazios acerca das boas intenções. Se buscamos a Deus de coração, sigamos por aquele caminho através do qual gozamos de acesso a ele. É melhor, conforme disse Agostinho, manquejar pelo caminho certo do que correr com todas as forças para fora do caminho" (Calvino, *op. cit., ad* 10.2).

nalmente tem este significado (cf. Lc 22.37 e 1 Tm 1.5). Também é verdade que, se a palavra lei for entendida no sentido da instituição mosaica, essa instituição se cumpre em Cristo (cf. Gl 3.24). A justiça que Cristo proveu, visando à nossa justificação, possui tal natureza que satisfaz todas as exigências da lei do Senhor, em suas sanções e demandas. No entanto, há objeções a essa interpretação.

1. Embora a palavra "fim" possa, de maneira preponderante, exprimir alvo ou propósito (em especial nos escritos de Paulo), ela significa término, denotando um ponto final (cf. Mt 10.22; 24.6,14; Mc 3.26; Lc 1.33; Jo 13.1; Rm 6.21; 1 Co 1.8; 15.24; 2 Co 11.15; Fp 3.19; Hb 6.11; 7.3 e 1 Pe 4.7).[5]

2. Se o vocábulo "fim" significa propósito, então, deveríamos esperar que o apóstolo afirmasse ser Cristo o propósito da lei,[6] pois a razão seria que, com base nesta suposição, o propósito da lei seria o pensamento central e o verdadeiro sujeito da sentença. No entanto, isto produziria uma construção gramatical defeituosa, se não mesmo impossível, conforme apareceria na tradução que seria exigida: "O fim da lei é Cristo para justiça de todo aquele que crê".

3. Nesta epístola e no contexto, Paulo faz a antítese entre a justiça mediante a lei, proveniente das obras, e a justiça de Deus, justiça essa proveniente da fé. O versículo 5 é a mais clara demonstração desta antítese, bem como do significado que devemos atribuir ao conceito do apóstolo acerca da lei como meio de se chegar à justiça (cf. também Rm 3.20,21,28; 4.13,14; 8.3 e 9.32). Por conseguinte, o ponto de vista mais em consonância com o contexto é que, no versículo 4, o apóstolo falava da lei como meio de justiça perante Deus e também afirmava o vínculo entre Cristo e este conceito, ou seja, Cristo põe fim à lei como justiça.

4. Entretanto, devemos observar logo em seguida que é acrescentado um qualificativo — "de todo aquele que crê". Esta qualificação subentende que somente no caso do crente Cristo é o fim da lei para a justiça. Paulo não

---

5 Se Paulo quisesse dar a entender propósito ou alvo, haveria outros termos à sua disposição que teriam expressado a ideia, mais adequadamente e com menor ambiguidade; por exemplo, τελείωσις ou πλήρωμα.

6 τέλος, por certo, é predicado e não sujeito. Em 1 Tm 1.5 é sujeito, mas, neste caso, o pensamento e a construção gramatical o exigem.

quis dizer que o conceito errôneo deixava de ser entretido. Infelizmente, não sucedia assim, conforme o versículo 3 comprova. Paulo declara ser Cristo o término da lei para todo aquele que crê, e toda a sua declaração visa apenas confirmar que todo o crente rompe definitivamente com a lei, como um meio de alcançar a justiça. Nesta consideração, encontramos uma razão adicional para a interpretação dada. Se Paulo estivesse falando acerca do propósito da lei, como algo que se cumpriu em Cristo, esperaríamos uma declaração absoluta: "Cristo é o fim da lei para a justiça", e nenhuma adição seria necessária.

As observações anteriores acerca do significado da afirmação do apóstolo também exercem influência sobre uma errônea declaração a respeito deste versículo, enunciada por diversos comentadores, no sentido de que a lei mosaica propusera a lei como meio de se alcançar a justiça.[7]

Devemos estranhar que tal noção seja fomentada diante dos frequentes apelos do apóstolo ao Antigo Testamento e, ainda, a Moisés e à lei mosaica, em apoio à doutrina da justificação pela graça, mediante a fé (cf. Rm 3.21,22; 4.6-8,13; 9.15,16; 10.6-8; 15.8,9; Gl 3.10,11,17-22; 4.21-31). Não há qualquer sugestão de que, na teocracia, as obras da lei haviam sido apresentadas como a base da salvação, mas que agora, em virtude da morte de Cristo, esse método foi substituído pela justiça baseada na fé. Precisamos tão somente refletir novamente sobre o significado da proposição em debate: *para o crente*, Cristo é o término da lei para a justiça. Paulo estava falando sobre a "lei" como um mandamento, e não sobre a legislação mosaica em qualquer sentido específico. Ele falava sobre uma lei que exigia obediência, e, portanto, no sentido mais abrangente possível, ele se referia à justiça da lei em contraste com a justiça da fé.

5-8 — A antítese desenvolvida nos versículos 3 e 4, Paulo a encontrou enunciada nos livros de Moisés. Em outras palavras, Moisés fala sobre a justiça que procede da lei, definindo no que ela consiste, além de falar sobre

---

7 Cf., por exemplo, Meyer, que diz: "τέλος νόμου, que aparece em primeiro lugar e com grande ênfase, é aplicado a Cristo, em virtude de sua morte redentora ... a divina dispensação da salvação fora introduzida, e nela a base de se alcançar a salvação não é mais, tal como na antiga teocracia, a νόμος mosaica, e sim a fé, pela qual a lei deixara de ser o princípio normativo para alguém chegar à justiça" (*op. cit., ad loc.*).

a justiça procedente da fé. Quanto à primeira, o apóstolo cita Levítico 18.5; quanto à segunda, Deuteronômio 30.12,14. O propósito geral de Paulo em recorrer a estas passagens bíblicas é evidente. À sua maneira característica, Paulo apresenta o testemunho do Antigo Testamento em apoio à sua tese. Pelo menos ele extrai das Escrituras ilustrações da antítese instituída nos versículos anteriores e, deste modo, confirma, através das próprias Escrituras judaicas, o argumento que estava expondo. Porém, existem dificuldades vinculadas às passagens particulares citadas, sobretudo na aplicação feita por Paulo.

A dificuldade em torno da primeira passagem (Lv 18.5) é que, no seu contexto original, não parece haver qualquer referência à justiça legal, em oposição à justiça alicerçada na graça divina. Basta dizer que Paulo apropriou-se da declaração formal como adequada para afirmar o princípio da justiça mediante a lei. Não podemos duvidar que a proposição "o homem que praticar a justiça decorrente da lei viverá por ela" é, por si mesma, uma definição adequada e categórica do princípio do legalismo (quanto a uma discussão mais completa, ver apêndice F).

Visto que Paulo, nos versículos 6 a 8, não introduz as alusões a Deuteronômio 30.12-14 utilizando expressões tais como "Moisés escreveu" (v. 5) ou "Isaías já disse" (9.29), e sim uma expressão mais usual — "a justiça decorrente da fé assim diz",[8] poderíamos argumentar que ele não está aqui apresentando provas bíblicas, mas está fazendo sua própria assertiva independente. Também, visto que ele não fez uma citação seguindo de perto o texto hebraico ou o grego, mas acrescenta alterações e introduz seus próprios comentários, que não têm correspondentes nas passagens envolvidas, alguns afirmam que não existe aqui uma *citação* literal, em apoio a seu argumento, e sim "uma livre utilização das palavras de Moisés, que o apóstolo empregou como substrato adequado para expressar seu próprio pensamento", de tal modo que "o argumento dogmático independente" encontra em Deuteronômio 30.12-14 apenas um ponto de apoio formal.[9] Mas, visto que há uma evidente alusão e uma citação parcial desta passagem

---

8 Não há razão para que nossa versão tenha incluído a palavra "decorrente".
9 Philippi, *op. cit., ad. loc.*

e que a cláusula "a justiça decorrente da fé" é seguida imediatamente pela citação (Dt 30.12), é difícil evitar o pensamento de que, nesta passagem, o apóstolo achou a linguagem da fé e recorreu a esta passagem em confirmação da justiça decorrente da fé, assim como Levítico 18.5 expressa o princípio regulador da justiça da lei. O tipo de adaptação e aplicação que encontramos na presente instância não é inteiramente diferente daquele que vemos em outras (cf. Rm 9.25,26 e 10.5).

Não deveríamos aumentar a dificuldade desta passagem, supondo que o apóstolo utilizou uma passagem concernente à justiça da lei e a aplicou ao seu oposto — a justiça decorrente da fé. É verdade que Moisés estava falando sobre os mandamentos e os estatutos que a Israel foram dados, para que este os obedecesse. Acerca deste mandamento, Moisés fala que "não é demasiado difícil, nem está longe de ti" (Dt 30.11), e todas as solenes afirmações dos versículos seguintes confirmam a proximidade e a praticabilidade das ordenanças pertencentes à aliança. Seria uma total má compreensão de Deuteronômio interpretar estes versículos em sentido legalista. Pois toda a índole deste livro está voltada à direção oposta (cf. Dt 7.7, ss; 9.6, ss; 10.15, ss; 14.2, ss; 15.15,16; 29.9,10,29; 32.9 e 33.29). Portanto, as palavras em questão não encontram seu devido lugar em um contexto legalista, e sim no da graça, da qual fala a aliança. O seu significado é que as coisas reveladas acerca da fé e da vida são acessíveis: não precisamos ascender aos céus, nem descer às partes mais inferiores do mar para encontrá-las. Através da revelação, elas "nos pertencem, a nós e a nossos filhos, para sempre" (Dt 29.29) e, por conseguinte, estão próximas de nossa boca e de nosso coração. Paulo encontra essa verdade exemplificada na justiça da fé e aplica-a aos princípios básicos do crer em Cristo. Estes mesmos princípios foram pedras de tropeço à incrédula nação de Israel. Por conseguinte, quando meditamos sobre a verdade expressa em Deuteronômio 30.12-14, podemos perceber quão apropriada foi a utilização desta passagem no intuito de demonstrar que os mesmos princípios, contra os quais os judeus tropeçaram, são as características que confirmam, no sentido mais pleno, a veracidade da passagem que o apóstolo citou. À medida que prosseguirmos, descobriremos mais e mais esta relevância.

Quando Paulo afirmou: "A justiça decorrente da fé assim diz", ele a estava personificando (cf. Pv 1.20; 8.1 e Hb 12.5). Isto equivale a "as Escrituras dizem, no tocante à justiça da fé". A questão principal, no versículo 6, é o significado da própria declaração de Paulo: "Isto é, para trazer do alto a Cristo" e, no versículo 7: "Isto é, para levantar a Cristo dentre os mortos".

A primeira tem sido interpretada com o significado de "Cristo subiu aos céus"; e a pergunta anterior é a contestação da incredulidade: "Quem pode subir aos céus para fazer contato com ele?" Isto, por si mesmo, transmite bom sentido, mas não concorda com a incredulidade de Israel subjacente neste contexto, nem se ajusta às afirmações dos versículos seguintes. Portanto, é melhor entendermos a declaração como se deixasse implícito que Jesus nunca desceu dos céus e a indagação anterior como a zombaria feita pela incredulidade. Paulo insistia sobre a acessibilidade e a proximidade da revelação. A prova mais notável desse fato é que Cristo desceu dos céus e habitou entre os homens. Não ousamos indagar: quem ascenderá aos céus a fim de encontrar a verdade?, pois essa indagação elimina a encarnação e nega o seu significado. Em Cristo, a verdade desceu até à terra.

A outra declaração, "isto é, para levantar Cristo dentre os mortos" (v. 7), deveria ser interpretada como uma negação da ressurreição. A pergunta: "Quem descerá ao abismo?"[10] ecoa o mesmo tipo de incredulidade que percebemos no versículo 6. Ela tem o sentido de: quem descerá ao abismo para encontrar a verdade? O abismo é apresentado como aquilo que está abaixo, em contraste com os céus, que está acima. A pergunta, expressando a linguagem da incredulidade, anula a importância da ressurreição de Cristo, a qual significa que Jesus desceu ao reino dos mortos e retornou à vida. Não precisamos descer ao abismo para acharmos a verdade, tanto quanto não

---

10 O abismo, neste caso, pode mais apropriadamente ser entendido como sinônimo de *sheol*, sendo este termo frequentemente usado no Antigo Testamento para indicar o "sepulcro". Assim como em Mt 11.23 e Lc 10.15 o céu é contrastado com o *hades*, assim também em Romanos 10.6,7 o céu é contrastado com o abismo. E, visto que a pergunta é feita em referência à ressurreição de Jesus, o abismo pode, mais convenientemente, denotar aquilo que *sheol* e *hades* denotam no Antigo Testamento. Na Septuaginta ἄβυσσος é frequentemente traduzido do hebraico תהום, a "profundeza", e, tanto no singular quanto no plural, esta palavra é aplicada às profundezas do mar. Na Septuaginta (Salmos 70.20), temos as palavras "as profundezas da terra".

temos necessidade de ascender aos céus para alcançar este mesmo propósito. Pois, assim como Cristo desceu dos céus à terra, assim também ele voltou das porções mais inferiores da terra (cf. Ef 4.9), tendo-se manifestado aos homens.

O versículo 8 é a afirmação da ideia central de Deuteronômio 30.12-14 e, com leve variação, uma citação do versículo 14. Neste ponto, o apóstolo especifica em que consiste esta palavra: é "a palavra da fé que pregamos". Por semelhante modo, a "palavra" de Deuteronômio 30.14 é diretamente aplicada à mensagem do evangelho pregado pelos apóstolos.[11] "A palavra da fé" é a palavra à qual a fé está direcionada,[12] e não a palavra que a fé profere. Trata-se da palavra *pregada* e, por conseguinte, da mensagem que traz o evangelho à nossa boca e ao nosso coração.

10.9-15

9 Se, com a tua boca, confessares Jesus como Senhor e, em teu coração, creres que Deus o ressuscitou dentre os mortos, serás salvo.

10 Porque com o coração se crê para justiça e com a boca se confessa a respeito da salvação.

11 Porquanto a Escritura diz:
Todo aquele que nele crê não será confundido.

12 Pois não há distinção entre judeu e grego, uma vez que o mesmo é o Senhor de todos, rico para com todos os que o invocam.

13 Porque:
Todo aquele que invocar o nome do Senhor será salvo.

14 Como, porém, invocarão aquele em quem não creram? E como crerão naquele de quem nada ouviram? E como ouvirão, se não há quem pregue?

15 E como pregarão, se não forem enviados? Como está escrito:
Quão formosos são os pés dos que anunciam coisas boas!

---

11 Neste versículo, assim como nos vv. 17 e 18 (cf. Ef 5.26 e 1 Pe 1.25), o termo que significa "palavra" é ῥῆμα.
12 τῆς πίστεως é genitivo objetivo.

9-11 — Há diversos modos de sumariar a mensagem do evangelho e de afirmar os elementos fundamentais da fé. O modo adotado em qualquer caso particular é determinado pelo contexto, adaptando-se ao ângulo pelo qual o evangelho é contemplado. Nesta passagem, a atenção focaliza-se no senhorio e na ressurreição de Cristo, a confissão de que Jesus é o Senhor e a crença de que ele foi ressuscitado por Deus dentre os mortos. Parece que a conjunção (omitida na versão portuguesa), no princípio do versículo 9, significa "que", ao invés de "porque"; ela especifica o que se acha na boca e no coração, a confissão do senhorio de Jesus e a crença na ressurreição respectivamente. A ordem seguida pelo apóstolo corresponde ao versículo 8, "na tua boca e no teu coração", a mesma seguida pelo texto citado (Dt 30.14).

A confissão "Jesus como Senhor" ou "Jesus é o Senhor" se refere ao senhorio que Jesus exerce em virtude de sua exaltação (cf. Rm 1.4; 14.9; 1 Co 12.3; Ef 1.20-23; Fp 2.11; também Mt 28.18; At 2.36; 10.36; Hb 1.3 e 1 Pe 3.21,22). Este senhorio pressupõe a encarnação, a morte e a ressurreição de Cristo e consiste de sua investidura no domínio universal.[13] De imediato, podemos ver quão extensas são as implicações desta confissão. Em diversas ocasiões, Paulo já havia refletido, nesta carta, a respeito do significado da ressurreição de Jesus (cf. Rm 1.4; 4.24,25; 5.10; 6.4,5,9,10 e a exposição destes versículos). Nesta instância, a ênfase recai sobre o crer, no coração, que Deus o ressuscitou dentre os mortos. O coração é a sede e o órgão da consciência religiosa e não deve ser restringido ao terreno das emoções ou afetos. Ele determina aquilo que a pessoa é, moral e religiosamente falando; por esse motivo, envolve as funções intelectiva e volitiva, assim como a emotiva. Portanto, o confiar *de coração* que Deus ressuscitou a Jesus significa que este evento, com suas implicações referentes a Jesus, como aquele que foi ressuscitado, e a extraordinária grandeza do poder de Deus, com a agência ativa, obtiveram a anuência daquilo que é mais decisivo nas pessoas e, de modo correspondente, a mais determinante das convicções religiosas. O efeito desta confissão e crença é a salvação — "serás salvo". Não devemos

---

13 "o reconhecimento inteiro do κυριότης celestial de Jesus, como o σύνθρονος de Deus, é condicionado pelo reconhecimento da anterior descida dos céus, a encarnação do Filho de Deus" (Meyer, *op. cit., ad. loc.*).

considerar a confissão e a fé como possuidoras de idêntica eficácia quanto à salvação. O contraste entre a boca e o coração precisa ser observado. Entretanto, não podemos minimizar a importância da confissão com a boca. A confissão sem a fé seria vã (cf. Mt 7.22,23; Tt 1.16). Por igual modo, a fé sem a confissão seria espúria. Nosso Senhor e o Novo Testamento em geral homologam o ensino de Paulo a respeito da fé e da confissão (cf. Mt 10.32; Lc 12.8; Jo 9.22; 12.42; 1 Tm 6.12; 1 Jo 2.23; 4.15 e 2 Jo 7). A confissão, com a boca, é a evidência da genuinidade da fé e mantém para com esta uma relação semelhante àquela fornecida pelas boas obras (cf. Rm 12.1,2; 14.17; Ef 2.8-10; 4.1,2 e Tg 2.17-22).

No versículo 10, a ordem é invertida; a fé é mencionada em primeiro lugar, e, depois, a confissão. Isso mostra que o versículo 9 não tem o intuito de anunciar a ordem de prioridade, quer causal, quer lógica. Obviamente teria de existir a crença com o coração, antes de haver a confissão, com a boca. Este versículo explica o anterior. Algumas características merecem comentários: (1) literalmente, a tradução diria: "Pois com o coração é crido visando à justiça, e com a boca é confessado visando à salvação". Isto pode ser compreendido como o equivalente a "se crê" e "se confessa". No entanto, os objetos podem ser extraídos do versículo 9, e, deste modo, a ressurreição seria o objeto de "se crê", ao passo que o senhorio de Cristo seria o objeto de "se confessa". Isto particularizaria as características cridas e confessadas, tal como no versículo 9. Entretanto, talvez Paulo tencionasse fazer uma declaração mais geral, focalizando a atenção sobre o coração, como o órgão da fé, e sobre a boca, como o órgão da confissão. "Coração" e "boca" ocupam lugar de ênfase. Em ambos os casos, esta ênfase deve ser levada em conta, e assim, uma vez mais, a ênfase recai sobre a necessidade de confissão com a boca, bem como de confiança no coração. (2) Neste versículo, há uma especificação que não aparece no versículo 9. A fé é para a *justiça*, e a confissão, para a *salvação*; no versículo 9, Paulo afirma que a salvação é o efeito comum de ambas. Em consonância com Romanos 9.30-33 e 10.2-6, a justiça contemplada tem de ser aquela que visa à justificação; e está em consonância com o ensino, encontrado em toda a carta, que a fé seja apresentada como o instrumento. Deste modo, quando Paulo se torna mais analítico do que no versículo 9, encontramos aquilo que já esperávamos — a fé se dirige à justiça (quanto à exposição, cf. Rm 1.16,17; 3.22; 4.1-12 e vários outros trechos). A confissão visa à salvação, assim como a fé, à justiça. Isto não pode significar confissão que exclui a fé. Tal suposição seria contrária ao versículo 9 e outras passagens (cf. Rm 1.16 e Ef 2.8). No entanto, devemos voltar a nossa atenção ao lugar ocupado pela confissão com a boca. A confissão sonda e confirma a fé no coração.

O versículo 11 constitui outro apelo a Isaías 28.16 (cf. 9.33), com a inserção das palavras "todo aquele", por parte do apóstolo. Esta ênfase, implícita mas não declarada no livro de Isaías, é suprida em antecipação aos versículos seguintes.

12-13 — "Pois não há distinção" oferece o motivo para "todo aquele", no versículo 11. Paulo sempre refletira sobre a ausência de diferenciação no tocante ao pecado e à condenação, por um lado, e sobre a oportunidade de salvação, por outro (cf. Rm 1.16; 3.9,19, 22,23,29,30; 4.11,12 e 9.24). A característica distintiva do presente texto é a razão apresentada na segunda metade. Em Romanos 3.29 e 30, a singularidade de Deus é apresentada como o motivo pelo qual justifica os judeus e os gentios, por meio da fé. Aqui, no versículo 12, o mesmo tipo de argumento se deriva do senhorio de Cristo: "Uma vez que o mesmo é o *Senhor* de todos".[14] O fato de que o apóstolo se referia a Cristo deve ser evidente pelo contexto imediatamente anterior, bem como através da linguagem paulina em geral (cf. v. 9). Quando se diz que ele é "rico para com todos os que o invocam", a ideia não é tanto a de riquezas que existem em Cristo (cf. Ef 3.8), mas, antes, a da presteza e plenitude com as quais ele recebe aqueles que o invocam. O versículo 13, novamente, é uma confirmação extraída do Antigo Testamento (Jl 2.32, no hebraico, e, na Septuaginta, 3.5). Esta expressão "invocar o nome do Senhor" é uma maneira tipicamente veterotestamentária de expressar a adoração dirigida a Deus e se aplica, de modo específico, à adoração em forma de súplica (cf. Gn 4.26; 12.8; 13.4; 21.33; 26.25; 1 Rs 18.24; 2 Rs 5.11; Sl 79.6; 105.1; 116.4,13 e Is 64.7). Joel 2.32 possui a mesma significação que lhe pertence em qualquer outra citação. Quando Paulo a aplica em referência a Cristo, isto é outro exemplo da prática de se tomar passagens do

---
14 αὐτός é o sujeito, e κύριος, o predicado.

Antigo Testamento, alusivas a Deus, sem qualquer qualificação, e aplicá-las a Cristo. Uma característica distintiva dos crentes do Novo Testamento era que eles invocavam o nome do Senhor Jesus (cf. At 9.14,21; 22.16; 1 Co 1.2 e 2 Tm 2.22), conferindo-lhe, deste modo, a adoração que pertencia exclusivamente a Deus. No presente versículo, a expressão é aplicada à fé inicial em Cristo, mas não deveria ser restringida ao ato de consagração a Cristo, que o confiar em Cristo especificamente denota. Invocar o nome do Senhor é um ato mais inclusivo de adoração e pressupõe a fé.

14-15 — Estes versículos estão relacionados aos anteriores. Constituem uma análise do processo envolvido no invocar o nome do Senhor. Porém, no desenvolvimento da ideia do apóstolo, eles mantêm um vínculo íntimo com o que segue e nos preparam para a declaração do versículo 16: "Mas nem todos obedeceram ao evangelho". A sequência lógica, estabelecida nestes dois versículos, quase não exige comentário. O ponto central é que a relação salvífica com Cristo não é algo que pode acontecer sem qualquer circunstância; porquanto ocorre somente em um contexto criado pela proclamação do evangelho, por parte daqueles que são comissionados a proclamá-lo. Por conseguinte, a sequência é: mensageiros autorizados, proclamação, ouvir, fé, invocar o nome do Senhor. Isto é sumariado no versículo 17: "A fé vem pela pregação, e a pregação, pela palavra de Cristo".

A fé mencionada na primeira parte do versículo 14 é a que consiste em confiança e entrega às mãos de Cristo;[15] e a proposição implícita na pergunta é que deve haver esta confiança em Cristo, se tivermos de invocar o seu nome. A riqueza do invocar o nome de Cristo é novamente indicada e significa o abandono de toda outra confiança e a entrega aos cuidados dele, como nosso único socorro (cf. Sl 116.3,4 e Jn 2.2). Na cláusula seguinte, "como crerão naquele de quem nada ouviram?", não é provável que qualquer sentido mais fraco tenha sido atribuído ao vocábulo "crer", mais fraco do que na cláusula anterior, embora esta seja diferente no tocante à construção gramatical.[16]

---

15 O εἰς está vinculado a ἐπίστευσαν, e ἐπικαλέω toma um objeto direto, tal como nos versículos 12 e 13.
16 Em outras palavras, "crer" não deve ser entendido no simples sentido de dar crédito.

Uma notável característica desta cláusula é o fato de ser Cristo apresentado como quem é ouvido no evangelho, quando ocorre a proclamação deste através de mensageiros enviados. O sentido é que Cristo fala através da proclamação do evangelho. Sob essa luz, devemos compreender o que antecede e o que vem em seguida a esta afirmativa. A entrega pessoal subentendida na fé está coordenada ao ouvir as próprias palavras de Jesus na mensagem do evangelho. E a dignidade dos mensageiros, refletida mais adiante, deriva-se do fato que eles são porta-vozes do Senhor. Na última cláusula do versículo 14, o apóstolo estava pensando sobre a instituição que é o meio habitual e mais eficaz de propagar o evangelho, ou seja, a pregação oficial da Palavra, por parte daqueles que são designados para essa tarefa.[17] O versículo 15 reflete a necessidade da comissão divina outorgada àqueles que se ocupam desse ofício. A presunção de alguém arrogar-se dessa função é evidente por aquilo que acabara de ser dito. Aqueles que dizem ser porta-vozes de Cristo, e somente aqueles sobre quem ele impôs sua mão, podem agir nessa capacidade. Porém, se a ênfase recai sobre a necessidade da comissão outorgada por Cristo, não podemos esquecer o privilégio e a satisfação envolvidos no fato de sermos enviados. É a santidade atinente à comissão que fomenta sua dignidade, quando possuímos tal chamada.

Esta é a força da citação acrescentada pelo apóstolo, extraída de Isaías 52.7, embora em forma compacta, expressando sua característica principal. No contexto original, a passagem consola a Israel que se achava cativo na Babilônia, podendo ser considerada uma profecia de restauração (cf. vv. 4,5,9,10). Esta profecia tem uma referência mais ampla e pode ser aplicada à salvação mais final realizada pelo Messias. Em sua referência imediata, o mensageiro é visto como alguém dotado de pés velozes[18], atravessando os montes com as boas-novas de paz e salvação para Sião. Os pés são declarados belos porque o movimento dos mesmos revela o caráter da mensagem trazida. O pensamento essencial foi expresso pelo apóstolo quando ele disse: "Quão formosos são os pés dos que anunciam coisas boas". O propósito é

---

17 "Portanto, mediante esta afirmação, ele deixou claro que o ministério apostólico..., que nos proporciona a mensagem da vida eterna, é equiparado à Palavra" (Calvino, *op. cit., ad loc.*).
18 Cf. Franz Delitzsch, *Biblical Commentary on the Prophecies of Isaiah* (E. T., Edimburgo, 1881), II, *ad* Is 52.7.

declarar o inestimável tesouro contido na instituição do proclamar o evangelho, um tesouro que consiste do envio de mensageiros a pregarem a palavra de Cristo. A profecia extraída de Isaías, portanto, é aplicada àquilo que era tipificado pela restauração após o cativeiro babilônico. E, assim como esta profecia teve sua realização culminante na pessoa do próprio Messias, assim também continuará sendo exemplificada nos mensageiros que ele designou para serem seus embaixadores (cf. 2 Co 5.20).

10.16-21

16 *Mas nem todos obedeceram ao evangelho; pois Isaías diz:*
Senhor, quem acreditou na nossa pregação?
17 *E, assim, a fé vem pela pregação, e a pregação, pela palavra de Cristo.*
18 *Mas pergunto: Porventura, não ouviram? Sim, por certo:*
Por toda a terra se fez ouvir a sua voz, e as suas palavras, até aos confins do mundo.
19 *Pergunto mais: Porventura, não terá chegado isso ao conhecimento de Israel? Moisés já dizia:*
Eu vos porei em ciúmes com um povo que não é nação, com gente insensata eu vos provocarei à ira.
20 *E Isaías a mais se atreve e diz:*
Fui achado pelos que não me procuravam, revelei-me aos que não perguntavam por mim.
21 *Quanto a Israel, porém, diz:*
Todo o dia estendi as mãos a um povo rebelde e contradizente.

16-17 — No versículo 16, o apóstolo retorna àquele tema que permeia toda esta seção da carta, ou seja, a incredulidade de Israel. "Mas nem todos obedeceram ao evangelho." Embora esta sentença tenha sido pronunciada de um modo que se manteria verdadeira se apenas uma pequena minoria se tivesse mostrado desobediente, a maior parte de Israel é vista nesta categoria. Na parte seguinte do versículo, a escassez do número dos obedientes fica implícita na pergunta citada do livro de Isaías. A incredulidade de Israel é confirmada pela palavra do profeta: "Quem creu em nossa pregação?" (Is 53.1) Paulo cita a versão grega. O termo aqui traduzido por pregação é o mesmo que aparece em Romanos 10.17. É evidente que no versículo 16 este vocábulo deve significar mensagem, isto é, aquilo que fora ouvido. É possível transpormos este significado para o versículo 17; e a ideia seria que a fé tem origem na mensagem proclamada, e esta consiste na palavra de Cristo. No entanto, é preferível tomarmos o vocábulo, no versículo 17, no sentido de ouvir. É característico de Paulo mudar de uma nuança de significado para outra, ao utilizar o mesmo vocábulo, em um determinado contexto (cf. Rm 14.4,5,13). O verbo correspondente ao vocábulo em questão é usado com o sentido de "ouvir", nos versículos 14 e 18. A respeito da suposição de que o ato de ouvir é o sentido que se encontra no versículo 17, precisamos fazer duas observações: (1) que a fé vem pelo ouvir é uma reiteração do que está implícito no versículo 14: "Como crerão naquele de quem nada ouviram?" E isto significa que não pode haver fé, senão quando o evangelho é comunicado mediante a proclamação e apreendido por meio do ouvir.[19] (2) Talvez pareça ser uma redundância adicionar a segunda cláusula do versículo 17, pois não é a palavra de Cristo aquilo que constitui o evangelho do qual Paulo falara nos versículos 14 a 16? Entretanto, há uma eloquente reiteração daquilo que esta implícito, mas agora expressamente declarado como "palavra de Cristo", a fim de eliminar toda dúvida a respeito do que encontramos na proclamação do evangelho. Trata-se da palavra no sentido usado no versículo 8, mas o interesse especial é demonstrar agora que essa palavra é a que Cristo profere (cf. Jo 3.34; 5.47; 6.63,68; 12.47,48; 17.8; At 5.20; Ef 5.26; 6.17 e 1 Pe 1.25).

18 — O versículo anterior pareceria sugerir que a pregação produz a fé ou, pelo menos, que a pregação é utilizada no sentido de dar ouvidos. O versículo 18 mostra a falsidade desse mal-entendido. "Mas pergunto: Porventura, não ouviram?" A resposta tem o sentido de: sim, de fato eles ouviram, apesar de não terem dado ouvidos. A fim de apoiar a universalidade da proclamação do evangelho, Paulo menciona Salmos 19.4, nos termos

---

19 Não devemos pensar que o apóstolo excluiu ou desprezou outros meios de comunicação. Porém, isto serve de índice sobre o lugar especial conferido à *pregação* do evangelho.

exatos da versão grega (na Septuaginta, Salmos 18.5). Tem suscitado certa dificuldade o fato de que o salmista, neste ponto, fala sobre as obras da criação e da providência, e não sobre a revelação especial. A utilização deste salmo foi motivada por um lapso de memória ou por causa de um artifício intencional?[20] Não é mister recorrermos a qualquer destas suposições. Devemos lembrar que este salmo fala sobre a revelação geral (vv. 1-6) e sobre a revelação especial (vv. 7-14). Na estimativa do salmista e no ensino de toda a Escritura, essas duas áreas de revelação se complementam. Este é o conceito de Paulo (cf. At 17.24-31). Visto que a proclamação do evangelho se faz agora a todos, sem distinção, é apropriado vermos o paralelo entre a universalidade da revelação geral e o universalismo do evangelho. A primeira é o padrão que o apóstolo utiliza na proclamação do evangelho até às partes mais extremas da terra. Portanto, a aplicação feita por Paulo de Salmos 19.4 pode ser vista em sua eloquência não somente em relação a este paralelo, mas igualmente em relação àquilo que nele está subentendido, ou seja, a generalizada difusão do evangelho da graça. O seu ecoar espalha-se por toda a terra, e as suas palavras atingem os confins do mundo. Assim, não se pode objetar que Israel não ouviu.

19-21 — No começo do versículo 19 é usada uma forma de expressão idêntica à do versículo 18; a única diferença é que agora ele especifica Israel e altera o verbo "ouvir" pelo vocábulo "conhecimento": "Pergunto mais: Porventura, não terá chegado isso ao conhecimento de Israel?" Assim como o versículo 18 ocupa-se com a questão se Israel *ouviu* ou não, assim também o versículo 19 preocupa-se com a questão se Israel teve *conhecimento* ou não. A resposta à primeira é que Israel, na verdade, ouviu; e, assim, a resposta à segunda é que Israel, de fato, teve conhecimento.[21] A única questão que resta é: o *que* Israel soube? A resposta é indicada pelas citações (Dt 32.21 e Is 65.1,2). A primeira delas é citada conforme se encontra na versão grega, que

---

20 Cf. Leenhardt, *op. cit., ad loc.*
21 Nas palavras μὴ 'Ισραὴλ οὐκ ἔγνω, μή subentende uma resposta negativa para a negativa οὐκ ἔγνω; ora, a negativa de uma negativa torna-se uma resposta positiva: "Israel teve conhecimento". Uma possibilidade alternativa seria que μή é usado no sentido de "talvez"; é como se Paulo estivesse visualizando um interlocutor a dizer: "Talvez Israel não teve conhecimento".

é próxima do original hebraico, com a exceção de que o objeto dos verbos é alterado da terceira para a segunda pessoa do plural. Esta palavra, extraída do Cântico de Moisés, figura em um contexto no qual Israel estava sendo repreendido por sua infidelidade e perversão. Esse contexto corresponde à situação que Paulo estava abordando. O sentido da citação, particularmente quando interpretada e aplicada pelo apóstolo, é que Israel seria provocado ao ciúme e à ira por outra nação que não havia desfrutado dos favores da aliança de Deus, assim como Israel usufruíra, e que se tornaria beneficiária do favor desprezado por Israel. Isto implica na ampliação dos privilégios do evangelho para todos os povos, a verdade particular que é enfatizada no versículo 18. Todavia, a característica distintiva do versículo 19 não é a difusão universal do evangelho; é a provocação de Israel como um subproduto dessa difusão. Estrangeiros e alienados tornar-se-iam participantes do favor e das bênçãos do pacto. Isto foi o que Israel *conheceu*; eles haviam sido julgados e advertidos sobre o resultado de que o reino de Deus lhes seria tirado e entregue a uma nação que produzisse seus devidos frutos. O apelo à declaração feita por Moisés tem força de prova desse conhecimento.[22] Para Israel, nada poderia ter mais coerência do que o testemunho de Moisés.

O texto seguinte, citado em confirmação da tese de que Israel tivera conhecimento, é Isaías 65.1. Há certa transposição das duas cláusulas na citação feita pelo apóstolo, mas em tudo o mais ela acompanha substancialmente a versão grega. Para Israel, a lição foi que, através do profeta, eles haviam sido informados por Deus sobre o fato de que aos gentios seria demonstrado o favor divino. A maneira pela qual esta citação é introduzida subentende que Isaías havia falado com franqueza; e, visto ser Deus quem falou diretamente nesta profecia, as palavras "a mais se atreve" indicam a maneira clara e direta com que o acolhimento dos gentios fora predito. Existe uma íntima similaridade entre este versículo e Romanos 9.30. Os gentios não haviam buscado a justiça. Isto se correlaciona aos termos agora empregados, de que não haviam buscado ao Senhor.[23] Assim como o apóstolo dissera, em Romanos 9.30,

---

22 πρῶτος pode ser entendida como palavra de estilo. Esta é a primeira instância aduzida por Paulo. Mas, preferencialmente, deveria ser tomada como alusão ao fato que Moisés foi o primeiro a dar testemunho, provocando Israel à emulação.
23 O paradoxo de ser achado, quando não era procurado, indica a soberania da graça divina.

que a fé é o modo de se obter a justiça, assim também agora ele declara que a graça divina se manifesta mediante a outorga daquilo que não vinha sendo buscado nem procurado.

O versículo 20 não deve ser divorciado, na interpretação e aplicação, do versículo 21. O contraste se mostra particularmente relevante ao interesse do ensino. Esse contraste é estabelecido entre o favor demonstrado para com os gentios e a desobediência de Israel. O caráter agravado de tal desobediência se torna evidente pelos termos que foram usados para expressar a longanimidade e a bondade de Deus: "Todo o dia estendi as mãos". Conforme as palavras de Gifford, "temos aqui um retrato dos *'braços eternos'* estendidos em amor incansável".[24] O oferecimento da graça não é meramente apresentado como algo que foi repelido, mas também como algo oferecido "a um povo rebelde e contradizente". A perversidade de Israel, por um lado, e a constância e intensidade da bondade divina, por outro, são acentuadas pelo fato de que uma deriva o seu caráter da outra. As mãos estendidas rogavam a um povo desobediente e contradizente. A seriedade do pecado se origina da contradição demonstrada em relação ao oferecimento de misericórdia.

Neste capítulo, o apóstolo se manifesta acerca da falha de Israel. Sua análise principia com a acusação de que o zelo demonstrado por Israel não era segundo o conhecimento e de que ignoravam a justiça de Deus e a esta não se sujeitavam. Ele prossegue em sua acusação observando que os israelitas não prestaram obediência ao evangelho. Entretanto, o clímax dessa acusação é atingido no versículo 21, onde Israel é caracterizado como uma nação desobediente e contradizente. Recorrendo às próprias Escrituras judaicas, o apóstolo mostra a indesculpabilidade de Israel. Os israelitas tinham ouvido o evangelho. Conheciam de antemão o desígnio de Deus concernente ao chamamento dos gentios. Haviam sido advertidos a respeito da própria situação que existia nos dias de Paulo, com a qual ele tanto se preocupou, nesta porção de sua carta. O versículo 21 leva-nos ao término da condenação. Bem poderíamos indagar: e daí? Seria este o ponto final da benignidade de Deus para com Israel? O versículo 21 contém a palavra final a este respeito? A resposta a estas perguntas são dadas no capítulo 11.

---

24 *Op. cit., ad loc.*

Capítulo XVII
A Restauração de Israel
(11.1-36)

A. O Remanescente (11.1-10)

11. 1-10

1 Pergunto, pois: terá Deus, porventura, rejeitado o seu povo? De modo nenhum! Porque eu também sou israelita da descendência de Abraão, da tribo de Benjamim.

2 Deus não rejeitou o seu povo, a quem de antemão conheceu. Ou não sabeis o que a Escritura refere a respeito de Elias, como insta perante Deus contra Israel, dizendo:

3 Senhor, mataram os teus profetas, arrasaram os teus altares, e só eu fiquei, e procuram tirar-me a vida.

4 Que lhe disse, porém, a resposta divina? Reservei para mim sete mil homens, que não dobraram os joelhos diante de Baal.

5 Assim, pois, também agora, no tempo de hoje, sobrevive um remanescente segundo a eleição da graça.

6 E, se é pela graça, já não é pelas obras; do contrário, a graça já não é graça.

7 Que diremos, pois? O que Israel busca, isso não conseguiu; mas a eleição o alcançou; e os mais foram endurecidos,
8 como está escrito:
Deus lhes deu espírito de entorpecimento, olhos para não ver e ouvidos para não ouvir, até ao dia de hoje.
9 E diz Davi:
Torne-se-lhes a mesa em laço e armadilha, em tropeço e punição;
10 escureçam-se-lhes os olhos, para que não vejam, e fiquem para sempre encurvadas as suas costas.

1 — A questão suscitada pela incredulidade de Israel como um povo permeia toda esta seção da carta.[1] Isto é ressaltado em diversos pontos e de maneiras diferentes (cf. 9.1-3,27,29,31,32; 10.2,3,21). Em Romanos 11.1, outro aspecto da mesma questão é introduzido. Em 9.6, ss., o apóstolo abordara aquilo que pareceria ser o efeito da incredulidade de Israel, ou seja, que a palavra da promessa divina fora anulada; e, em 9.14, ss., ele falou sobre a questão pertinente à justiça de Deus.

Neste ponto, a questão é se a apostasia de Israel significava que Deus os havia rejeitado. No entanto, a questão não foi formulada nesses termos, e sim de maneira que salienta a seriedade do assunto — "Terá Deus, porventura, rejeitado o seu povo?" — e antecipa qual deveria ser a resposta. Esta, conforme aparece diversas vezes nesta carta (cf. 3.4,6,31; 6.2,15; 7.7,13; 9.14), é a negativa mais enfática possível. A base dessa negativa está implícita nos termos utilizados na pergunta. Pois a indagação do apóstolo se encontra em termos reminiscentes de passagens do Antigo Testamento, afirmando que Deus não desprezará seu povo (1 Sm 12.22; Sl 94.14 [Septuaginta, 93.14]; cf. Jr 31.37).

A segunda parte do versículo 1 nos oferece uma razão adicional para a resposta negativa. Há dois pontos de vista acerca da importância do apelo do apóstolo à sua própria identidade como israelita da descendência de Abraão e da tribo de Benjamim. Um desses pontos de vista afirma que, visto ser o

---

1 A adição de ὃν προέγνω após τὸν λαὸν αὐτοῦ, nos manuscritos P^{46}, A e D*, sem dúvida foi uma inserção que seguiu o modelo do versículo 2, não devendo ser aceita como genuína.

apóstolo pertencente à nação de Israel, sua aceitação por Deus nos prova que Deus não abandonara completamente Israel.[2] Recorrer à sua própria salvação seria de elevada relevância, por causa de sua anterior e severa oposição ao evangelho (cf. Gl 1.13,14; 1 Tm 1.13-15). A incredulidade de Israel (cf. Rm 10.21) fora exemplificada de maneira incomparável em Saulo de Tarso. A misericórdia que ele recebera foi uma prova de que a misericórdia de Deus não abandonara Israel. De acordo com esse ponto de vista, as palavras "da descendência de Abraão, da tribo de Benjamim" serviriam para acentuar a identidade do apóstolo como alguém que verdadeiramente pertencia à raça que agora era o motivo de seus interesses.

O outro ponto de vista é que o apelo feito a sua própria identidade foi a razão dada à *veemência* de sua resposta negativa, "de modo nenhum", e, portanto, também foi o motivo pelo qual ele estremeceu horrorizado ante a sugestão de que Deus rejeitara o seu povo.[3] O fato de ser ele compatriota dos israelitas, de ter a identidade israelita, compeliu-o a esta reação: "De modo nenhum". De conformidade com essa interpretação, um sentido mais amplo pode ser conferido às palavras "da descendência de Abraão, da tribo de Benjamim". Estas adições demonstrariam a profundeza do vínculo do apóstolo a Israel, além de enfatizarem a razão de seu repúdio à proposição sugerida de que Deus desprezara o seu povo. Ambos os pontos de vista são coerentes, e não parece haver evidência suficiente que nos permita escolher um deles em detrimento do outro.

2 — Parece que nada, além do que é dito na segunda parte do versículo 1, seria necessário para responder a pergunta do mesmo versículo. Mas a resposta negativa é agora confirmada mediante uma negação direta, apresentada nos mesmos termos da pergunta, com o acréscimo da cláusula "a quem de antemão conheceu". A qualificação proporcionada por esta cláusula oferece a mais poderosa razão para aquela negativa; o "conhecer de antemão" é a garantia de que Deus não desprezara o seu povo. A questão em torno da qual

---

2 Talvez o mais firme exponente desse ponto de vista seja Philippi, *op. cit., ad loc.*; cf. também Lutero, Calvino, Hodge, Godet, Liddon, Gaugler e outros.
3 Cf., em particular, Meyer, *op. cit., ad loc.*, mas também Sanday e Headlam, Gifford e, aparentemente, C. H. Dodd.

os expositores estão divididos é esta: a cláusula se aplica ao povo de Israel como um todo ou deve ser entendida de maneira limitada, como algo que se aplica somente aos eleitos de Israel, em distinção a nação como um todo.[4] A mais forte consideração em apoio à última destas opiniões é o apelo feito, por parte do apóstolo, à diferenciação e, por conseguinte, à restrição envolvida na eleição particular, nos versículos 4 a 7. Não podemos duvidar que se trata da eleição de um remanescente dentre o povo de Israel (v. 5); isto fornece provas de que Deus não rejeitara seu povo. Neste capítulo, encontramos o mesmo tipo de argumento que aparece em Romanos 9.6, ss. Nesta passagem, a prova de que a palavra de Deus não falhara reside na diferenciação entre o verdadeiro Israel e aqueles que são israelitas, entre a descendência verdadeira e aqueles que são meros descendentes. Assim também, no caso presente, a eleição da graça é a demonstração de que Israel, como um povo, não fora totalmente esquecido por Deus.

Entretanto, não é evidente que a cláusula qualificadora, em 11.2, deve ser entendida como alusão somente à eleição específica e particular mencionada nos versículos 4 a 7. Conforme já observamos, Israel como um todo está em foco no versículo 1.[5] As respostas, na parte final do versículo 1, aplicam-se a todo o Israel. A primeira parte do versículo 2 é a resposta direta que desdobra o que está apenas implícito na parte final do versículo 1. Seria difícil supor que o sentido seja abruptamente alterado no ponto onde esta negativa direta é introduzida. É mais coerente, pois, considerar as palavras "seu povo" (v. 1) e "seu povo, a quem de antemão conheceu" (v. 2) como idênticas em sua referência; e a cláusula qualificadora do versículo 2 como algo que expressa o que está realmente implícito na designação "seu povo". Se Israel pode realmente ser chamado "povo" de Deus, é somente aquilo que está implícito no "conhecer de antemão" que justifica o título "povo de Deus".

Não deve haver qualquer dificuldade em reconhecermos quão apropriado foi chamar Israel de povo a quem Deus de antemão conheceu. Israel

---

4 Os argumentos em apoio a esta interpretação são mui habilmente expostos por Hodge, *op. cit., ad loc.*; cf. Calvino, Haldane e outros; e, manifestando opinião contrária, Meyer, Philippi, Liddon, Gifford, Godet, Sanday e Headlam.

5 Por igual modo, em Rm 10. 21, é o povo como um todo que está em foco.

fora eleito e amado de maneira peculiar e, deste modo, distinguido de todas as demais nações (cf. as evidências aduzidas e os comentários a respeito em Romanos 9.10-13). É neste sentido que as palavras "de antemão conheceu" foram utilizadas.[6] Paulo, em seguida, cita um exemplo do Antigo Testamento. Esta instância é relevante porque fornece um paralelo para a situação com a qual ele estava lidando e uma excelente ilustração daquilo que era seu principal interesse, nos versículos subsequentes: apesar da apostasia generalizada de Israel, "sobrevive um remanescente segundo a eleição da graça".

"Ou não sabeis" é uma maneira cativante de indicar o que os leitores sabiam ou, pelo menos, deveriam saber, sendo esta uma expressão favorita de Paulo (cf. Rm 6.16; 1 Co 3.16; 5.6; 6.2,3,9,15,16,19 e, com igual significado, Rm 6.3; 7.1). "A respeito de Elias" refere-se àquela parte das Escrituras que tratam de Elias; e, por esse motivo, no grego lemos "em Elias". O pleito de Elias diante de Deus, contra Israel, não deve ser compreendido como se ele estivesse intercedendo em favor de Israel; antes, conforme é indicado pelo vocábulo "contra", isto diz respeito ao apelo feito contra Israel e, portanto, se refere à *acusação* citada no versículo 3, extraída de 1 Reis 19.10,14.

3-4 — Excetuando alguma inversão de ordem e algum abreviamento, a citação do versículo 3 segue os textos hebraico e grego da passagem envolvida. O interesse particular destes versículos se concentra na resposta dada à queixa de Elias, bem como na relação entre essa resposta e o tema abordado pelo apóstolo. A resposta[7] (v. 4) foi extraída de 1 Reis 19.18. A sua reprodução, embora transmita a ideia, é modificada em relação ao hebraico e ao grego, em harmonia com a liberdade aplicada pelo apóstolo em outros casos. A resposta divina não é meramente que existia sete mil que não haviam dobrado os joelhos diante de Baal. A ênfase recai sobre a ação divina; ele os reservara. E Paulo introduz o pensamento de que Deus reservara estes sete mil *para si*

---

6   Ver Rm 8.29, quanto ao sentido de προέγνω. Em si mesmo, este vocábulo contém o ingrediente diferenciador. Todavia, neste caso, ele tem uma aplicação mais genérica, como em Amós 3.2, e não aquele particularizador e estrito significado de salvação, que se acha em Rm 8 .29 (cf. πρόγνωσις, em 1 Pe 1.2).

7   χρηματισμός é termo usado somente aqui em todo o Novo Testamento, mas, quanto ao verbo correspondente, cf. Mt 2.12,22; At 10.22; Hb 8.5; 11.7. A resposta foi dada através da réplica oracular; cf. Sanday e Headlam, *op. cit., ad loc.*

mesmo.⁸ Existe aqui a nota da graça eficiente e da diferenciação. A eficácia da discriminação é indicada pela maneira como é declarado o resultado da graça preservadora de Deus: eles eram homens dotados de natureza tal, que não dobraram os joelhos diante de Baal.

Embora o número tivesse corrigido a estimativa equivocada de Elias acerca da situação e ultrapassasse em muito aquilo que a sua murmuração deixava entendido, dever-se-ia notar que sete mil era apenas um remanescente. Este fato ressalta a apostasia generalizada em Israel, naquele tempo, e indica o paralelo existente entre a época de Elias e a do apóstolo. Esta é uma consideração básica em relação ao uso que Paulo faz da passagem do Antigo Testamento. Apesar da apostasia de todo o Israel, houve um remanescente, apenas um remanescente, que Deus reservara para si mesmo e preservara da idolatria e da adoração a Baal. Este exemplo foi apresentado a fim de comprovar que Deus não rejeitara Israel como seu povo escolhido e amado. O sentido, pois, é que a salvação de um pequeno remanescente, dentre todos os israelitas, constitui prova suficiente de que aquele povo, como nação, não fora rejeitado por Deus.

5-6 — Com base na situação análoga dos dias de Elias, Paulo faz a aplicação à sua própria época e conclui que continua existindo um remanescente segundo à eleição da graça. De acordo com esse argumento, existe a necessidade de um remanescente, por mais generalizada que seja a incredulidade e a apostasia de Israel. Tal necessidade reside no fato de que Deus havia amado e elegido Israel. Por esse motivo, eles são "o seu povo, a quem de antemão conheceu". Que ele viesse a rejeitá-los completamente seria incompatível com seu amor eletivo. A garantia de que este abandono jamais ocorrerá não é uma negação da apostasia generalizada, com sua resultante rejeição da parte de Deus, e sim uma afirmação da existência de um pequeno remanescente. Por conseguinte, visto que a "presciência" de Deus não pode falhar em seu propósito, sempre haverá um remanescente. Os sete mil, nos dias de Elias,

---

8 "Nada existe no hebraico que corresponda às palavras *"para mim"* (ἐμαυτῷ), adicionadas por Paulo a fim de salientar mais enfaticamente o pensamento de que o remanescente fora preservado por Deus mesmo, para o seu gracioso propósito" (Gifford, *op. cit., ad loc.*).

exemplificam a operação desse princípio, porquanto aquela foi uma época de evidente e grave apostasia por parte de Israel. Entretanto, o que aconteceu na época de Elias também acontece hoje.

A ideia de um remanescente se acha no versículo 4.[9] Em Romanos 9.27, esta noção aparece na citação de Isaías 10.22. Agora, porém, o vocábulo é usado expressamente para designar o segmento distintivo de Israel, definido pela eleição da graça. A forma exata da expressão é que veio a existir um remanescente segundo a eleição da graça,[10] e isto significa que a identidade distinguidora daqueles que foram assim caracterizados procede da graciosa eleição divina. Esta descrição da fonte originária demonstra que a diferenciação é explicada pela soberana vontade de Deus, e não por qualquer determinação procedente da vontade do homem. Qualquer desses termos possui esta implicação, e a combinação das palavras "a eleição da graça" torna a ênfase cumulativa. No versículo 6, o apóstolo acrescenta outra definição daquilo que está subentendido na expressão "eleição da graça", e ele o faz estabelecendo a antítese entre a graça e as realizações humanas. Se a graça está condicionada, em qualquer sentido, pelas realizações humanas ou pela vontade humana causando a ação, então, a graça deixa de ser graça. Este versículo, que especifica o verdadeiro caráter da graça, em contraste com as obras, neste ponto serve ao mesmo propósito das palavras "não por obras, mas por aquele que chama", em Romanos 9.11 (cf. também Ef 2.8b).[11]

7-10 — "Que diremos, pois?" Isto equivale a indagar: que conclusão se pode tirar do que foi dito? A situação a respeito da qual o apóstolo fez esta pergunta é aquela abordada nos seis versículos precedentes. O apóstolo estava preocupado com a apostasia de Israel, como um todo. Isto o constrangeu a formular a pergunta: "Porventura, teria Deus rejeitado a

---

9 λεῖμμα (v. 5) é termo cognato de κατέλιπον (v. 4).
10 O perfeito γέγονεν possui esta força.
11 O versículo 6 termina com οὐκέτι γίνεται χαρις em P[46], ℵ*, A, D, G e outros manuscritos unciais, bem como em diversas versões. A forma textual mais longa do final é apoiada por ℵ[c], L e a maioria dos cursivos. O manuscrito B tem uma forma mais breve do término mais longo. O término mais longo expande o pensamento da forma mais abreviada do versículo 6 e, provavelmente, foi alguma anotação posta à margem que acabou sendo acrescentada ao texto, no decurso da transmissão.

seu povo, que escolhera?" A resposta é negativa, embora não de tal modo que negue o fato da apostasia de Israel. A resposta encontra validação no fato de que ainda existe um remanescente em Israel, a quem Deus elegeu e reservou para si mesmo. Isto equivale a dizer que a resposta negativa é exigida, por causa da diferenciação entre todo o povo e o remanescente. A resposta à indagação "que diremos, pois?" é uma avaliação sumária da situação total, desdobrada nos versículos 1 a 6 e encarada da perspectiva de que o *fracasso* de Israel é a maneira de interpretar a incredulidade com a qual se ocupa esta passagem. A maneira de afirmar o fracasso de Israel — "O que Israel busca, isso não conseguiu" — é similar e tem o mesmo sentido substancial daquilo que pudemos ver em Romanos 9.31,32 e 10.2,3. É razoável inferirmos o seguinte: aquilo que Israel buscava, embora não seja afirmado neste versículo, é a justiça mencionada em Romanos 9.31 e l0.3. Essa justiça não foi obtida por Israel, e a razão é apresentada em 9.32 e l0.3.

Quando Paulo disse: "A eleição o alcançou", estava pensando sobre os eleitos. Entretanto, ele preferiu usar o substantivo abstrato, para frisar "a ideia e não os indivíduos",[12] e, deste modo, salientou a ação de Deus como motivo para isso. "A eleição", na análise da situação dada neste versículo, é análoga à declaração "reservei para mim sete mil homens" (v. 4), bem como a "um remanescente segundo a eleição da graça" (v. 5); e também cumpre o mesmo propósito, indicando o ato da graça divina mediante o qual torna-se nula a inferência de que Deus rejeitou seu povo. O que os eleitos obtiveram foi a justiça de Deus e, com esta, o favor e a aceitação divinos.

"A eleição da graça" e "a eleição", expressões que aparecem nos versículos 5 e 7, devem se referir à eleição de indivíduos, em distinção à eleição teocrática, referida nas palavras "o seu povo" (v. 1) e "o seu povo, a quem de antemão conheceu" (v.2). Esta distinção encontramos anteriormente na exposição de Romanos 9.10-13. Porém, as razões para a mesma conclusão, no presente contexto, deveriam ser observadas:

---

12 Sanday e Headlam, *op. cit.*, *ad loc.*

(1) Há uma contínua diferenciação na passagem inteira: entre todo o Israel e os sete mil, no versículo 4; entre todo o Israel e o remanescente, no versículo 5; e entre os endurecidos e a eleição, no versículo 7. Somos compelidos a inquirir a respeito da fonte, das implicações e das consequências desta distinção.

(2) A respeito desta eleição é dito que ela veio "da graça" (v. 5), e o apóstolo, no versículo 6, mostra-se cuidadoso em definir o verdadeiro caráter da graça, em contraste com as obras. Quando Paulo enfatizou a graça, da maneira como o fez, ele tinha em vista a graça que conduz à salvação (cf. 3.24; 4.16; 5.20,21; Gl 2.21; Ef 2.5,8; 1 Tm 1.14 e 2 Tm 1.9).

(3) Paulo declara que "a eleição o alcançou" (v. 7), e, conforme observamos antes, a coisa obtida não pode ser nada menos do que a justiça que leva à vida eterna (5.18,21).

(4) Os sete mil (v. 4) são apresentados como aqueles que foram separados para Deus, não tendo dobrado os joelhos diante de Baal.

Na qualidade de caracterizações, estas definições implicam em um relacionamento com Deus similar à obtenção da justiça, do favor divino e da vida (referida no v. 7). Estas razões impossibilitam-nos pensar sobre a eleição como se fora qualquer outra coisa além da eleição que leva à salvação, sobre a qual o apóstolo se manifesta em outros trechos de suas cartas (cf. Rm 8.33; Ef 1.4; Cl 3.12; 1 Ts 1.4; Tt 1.1). Estas considerações, derivadas do presente contexto, confirmam aquilo que já fora afirmado antes no que concerne à eleição referida em 9.11.

"E os mais foram endurecidos." A ênfase do contexto a respeito da eleição, como algo devido inteiramente à graça, e, portanto, a respeito da livre e soberana vontade de Deus, como causa determinante da diferenciação envolvida, requer que apliquemos, neste caso, a mesma doutrina afirmada em 9.18: "Logo, tem ele misericórdia de quem quer e também endurece a quem lhe apraz".[13] Outrossim, consequências últimas estão vinculadas a este endurecimento.

---

13 Em 9.18, o verbo é σκληρύνω; em 11.7, é πωρόω, que poderia ser traduzido por "cegados" (cf. 2 Co 3.14). Mas o significado, em sua essência, não é diferente. Ambos os termos se referem à insensibilidade moral e religiosa.

Há diversas razões para tal conclusão: (1) a eleição está ligada à questão da justiça que leva à vida e, portanto, à salvação; o endurecimento é a antítese disso e não pode resultar em uma consequência menos final, na direção oposta. (2) Os endurecidos são aqueles enfocados no versículo 7, onde lemos: "O que Israel busca, isso não conseguiu"; e as palavras "não conseguiu" significam ficar aquém da justiça que leva à vida e, portanto, à salvação. (3) O texto correlato, em 9.18, indica, por causa da antítese, que os endurecidos não são participantes da misericórdia divina e, portanto, da salvação cuja única explicação é a misericórdia.

O sujeito do endurecimento não é mencionado neste versículo, assim como o foi em 9.18. Todavia, conforme verificaremos nos versículos seguintes, não há dúvida que o mesmo sujeito, isto é, Deus, está em foco aqui, tal como em 9.18. Não devemos separar esse endurecimento da constante acusação feita contra Israel, no contexto anterior. "E Israel, que buscava a lei de justiça, não chegou a atingir essa lei. Por quê? Porque não decorreu da fé, e sim como que das obras"; "Porquanto, desconhecendo a justiça de Deus e procurando estabelecer a sua própria, não se sujeitaram à que vem de Deus"; "Mas nem todos obedeceram ao evangelho"; "Quanto a Israel, porém, diz: Todo o dia estendi as mãos a um povo rebelde e contradizente" (Rm 9.31,32; 10.3,16,21). Trata-se de um endurecimento judicial, que tem sua base na incredulidade e na desobediência de seus objetos.

No entanto, isto não interfere na soberana vontade de Deus, como a causa da diferenciação que aparece aqui, assim como também em 9.18. Os eleitos não são objetos desse endurecimento. Mas a razão não é que eles tornaram a si mesmos diferentes. A eleição procedeu inteiramente da graça, e os próprios eleitos merecem o mesmo tipo de endurecimento. No entanto, devido à misericórdia (cf. 9.18) e à graça (cf. 10.5,6), não foram consignados àquilo que mereciam. Deste modo, a graça, como razão da diferenciação, e a incredulidade, como motivo do castigo judicial, estão em consonância com seu lugar e ênfase apropriados.

Nos versículos 8 a 10, são mencionados certos trechos do Antigo Testamento, para apoiar e confirmar a proposição do versículo 7, de que "os mais foram endurecidos". O versículo 8, em sua maior parte, foi extraído de Deuteronômio 29.4 (Septuaginta, 29.3). Ao invés da forma negativa desta passagem — "porém o SENHOR não vos deu coração para entender", o apóstolo empregou a forma positiva — "Deus lhes deu espírito de entorpecimento",[14] que corresponde mais de perto a Isaías 29.10, onde Deus é o agente no derramar sobre eles o espírito de profundo sono. Esta forma foi aproveitada porque o apóstolo desejava apresentar o endurecimento como algo realizado pelo próprio Deus. A ação divina, por igual modo, é transportada às duas cláusulas seguintes. Ele deu olhos para que os israelitas não vissem e ouvidos para que não ouvissem.[15] O endurecimento de Israel, por parte de Deus, nos dias de Paulo, foi semelhante àquilo que ocorreu na época de Moisés e de Isaías.

Os versículos 9 e 10 foram extraídos de Salmos 69.22,23 (Septuaginta, 68.23,24) e, com leves modificações no versículo 9, seguem os termos da versão grega. A referência messiânica de Salmos 69.21 é inequívoca (cf. Mt 27.34,48). Nos versículos subsequentes, encontramos Davi, na qualidade de porta-voz de Deus, a proferir maldições imprecatórias.[16] As palavras "laço", "armadilha"[17] e "tropeço" estão intimamente relacionadas, e não devemos forçar a distinção de sentido. Esta combinação de termos serve para fortalecer o propósito e o efeito de suas "mesas" tornarem-se o contrário de seu intuito original. A mesa representa a abundância da providência divina, ali servida; e a ideia pode ser a de que as pessoas em questão sejam concebidas como participantes dessas dádivas, em meio a regozijo e contentamento; no entanto, ao invés de aprazimento pacífico,

---

14 πνεῦμα κατανύξεως poderiam ser melhor entendidas no sentido de espírito caracterizado pelo estupor. Conforme diz Gifford, "'espírito' é termo usado para indicar a tendência permeadora e a atitude da mente, o caráter especial denotado pelo genitivo que segue" (op. cit., ad loc.).
15 "Até ao dia de hoje" são palavras que podem ser confrontadas com a repreenda de Estêvão: "Vós sempre resistis" (At 7.51).
16 "Aqui, assim como em Salmos 109 e 139.21: 'Não aborreço eu, SENHOR, os que te aborrecem?', o salmista considera os inimigos da teocracia como os seus próprios, e os seus próprios inimigos como inimigos somente até ao ponto em que lutam contra a ordem divina no mundo. As imprecações, portanto, são apenas a forma que assumem necessariamente as palavras 'seja feita a tua vontade', na presença do mal agressivo. Estas imprecações constituem uma oração para que se manifeste a justiça divina, em favor da proteção da Verdade e da Justiça contra os seus adversários. Estes se encontram tão afastados daquilo que é 'peculiar ao padrão moral do judaísmo', que, assim como vemos aqui, as imprecações foram deliberadamente adotadas pelos inspirados mestres do cristianismo" (Liddon, op. cit., p. 202).
17 As palavras καὶ εἰς θήραν foram adicionadas por Paulo.

eles são apanhados como que em uma armadilha ou laço (cf. Dn 5.1,4,5), surpreendidos pelos julgamentos de Deus. Em qualquer caso, a mesa, como algo intencionado para conforto e aprazimento, é transformada naquilo que é o oposto. A palavra "punição" refere-se à retribuição que eles recebem e, portanto, confirma o caráter judicial do endurecimento (v. 7) e do espírito de entorpecimento (v. 8). A cegueira judicial, que já fora asseverada no versículo 8, é reiterada na primeira metade do versículo 10, em termos mais vigorosos. A última cláusula deste versículo difere do pensamento do texto hebraico, embora seja idêntica ao texto grego. É difícil sabermos se o símbolo das costas encurvadas retrata a servidão de escravos sob o peso de grandes fardos ou se representa o curvar-se ante aflições, sobretudo o terror. O texto hebraico, "faz seus lombos tremerem continuamente", sugere esta última possibilidade.

A aplicação destas passagens do Antigo Testamento, no que concerne à incredulidade dos judeus dos dias de Paulo, tem uma relevância que ultrapassa tudo quanto poderia ter sido verdade na história anterior de Israel. Os movimentos da revelação redentora e da história haviam alcançado o seu clímax na vinda e nas realizações de Cristo, e a contradição (cf. 10.21) oferecida por Israel, em resposta a isso, levou ao clímax a gravidade do pecado que fora exemplificado nos estágios sucessivos da história de Israel.

B. A Plenitude de Israel (11.11-24)

11.11-15

11 Pergunto, pois: porventura, tropeçaram para que caíssem? De modo nenhum! Mas, pela sua transgressão, veio a salvação aos gentios, para pô-los em ciúmes.

12 Ora, se a transgressão deles redundou em riqueza para o mundo, e o seu abatimento, em riqueza para os gentios, quanto mais a sua plenitude!

13 Dirijo-me a vós outros, que sois gentios! Visto, pois, que eu sou apóstolo dos gentios, glorifico o meu ministério,

14 *para ver se, de algum modo, posso incitar à emulação os do meu povo e salvar alguns deles.*

15 *Porque, se o fato de terem sido eles rejeitados trouxe reconciliação ao mundo, que será o seu restabelecimento, senão vida dentre os mortos?*

11-12 — Nos versículos anteriores, a tese era que, embora Israel, como um todo, tivesse sido desobediente, um remanescente havia sido deixado; logo, Deus não rejeitara seu povo. A rejeição de Israel não foi *completa*. A tese dos versículos seguintes é que a rejeição não é *final*. Ambas as considerações — não completa, mas parcial; não final, mas temporária — sustentam a proposição de que Deus não rejeitara seu povo.

"Pergunto, pois", assim como no versículo 1, foi a maneira pela qual Paulo introduziu uma pergunta cujo intuito foi demonstrar o erro da conclusão que, aparentemente, poderia acompanhar as afirmações antecedentes. A indagação: "Porventura, tropeçaram para que caíssem?" é respondida com a habitual negativa enfática — "de modo nenhum". Não podemos duvidar que a maioria do povo de Israel tropeçara (cf. 9.32,33) e que isto significava uma queda com as mais graves consequências (cf. 11.7-10). Portanto, o apóstolo não estava negando a ação de tropeçar nem a queda a ela correspondente.[18]

Então, qual é o sentido da resposta negativa? A construção gramatical nos fornece a resposta. A pergunta não é: "Eles tropeçaram e caíram?" Tal pergunta exigiria uma resposta afirmativa. Aqui, porém, tudo gira em torno da cláusula "para que caíssem". A resposta negativa significa que o propósito do tropeço não era a queda deles; o tropeço fora designado e tinha em vista outra finalidade, imediatamente acrescentada na parte final do versículo.

---

18 Se πέσωσιν for entendida no sentido de "queda total e permanente" (cf. Philippi e Liddon), então, aqui seria negada a rejeição permanente de Israel; e, quanto a este parecer, diz Philippi: "O apóstolo deixa entendido, por antecipação, o pensamento final da exposição subsequente" (*op. cit., ad loc.*). Não parece ser este o pensamento nesta altura. Por certo, aqueles que tropeçaram caíram com consequências definitivas. O sentido destas afirmativas não seria semelhante ao que é mencionado no versículo 7: "E os mais foram endurecidos?" Não estaria o apóstolo pensando sobre aqueles que são contemplados no versículo 22: "Para com os que caíram, severidade"? A interpretação, portanto, parece exigir a seguinte opinião: Paulo estava refletindo nestes versículos sobre o desígnio mais final e gracioso de Deus no tropeço e queda da maioria de Israel, durante a época que ele estava abordando.

Este propósito não é visto como aquele que era entretido por Israel, quando eles tropeçaram, como se o tivessem feito com o intuito de promoverem a salvação dos gentios. O apóstolo estava retratando o propósito divino; e o propósito de Israel em tropeçar não está no escopo desta passagem, quer negativa, quer positivamente. Portanto, somos advertidos acerca do dominante e controlador desígnio de Deus no tropeço e queda de Israel. E o desígnio foi este: "Pela sua transgressão, veio a salvação aos gentios, para pô-los em ciúmes".

O que está em foco é o tropeço de Israel, o fato de que eles rejeitaram a Cristo como Salvador. Esta foi a transgressão deles, e, por isso, a salvação veio aos gentios. Esse desenvolvimento é exemplificado na predição de Jesus e na história da era apostólica (cf. Mt 8.12; 21.43; At 13.46; 18.6; 28.28). O mesmo fato é novamente referido nos versículos 15 a 25. A salvação dos gentios se reveste de magnitude suficiente para justificar o gracioso desígnio cumprido mediante a transgressão de Israel e, por conseguinte, respalda a negação da afirmativa de que Israel tropeçou meramente com o propósito de que viesse a cair. Entretanto, na construção gramatical da sentença, a salvação oferecida aos gentios está subordinada a outra finalidade. Esta subordinação não visa depreciar a significância da salvação dos gentios. Paulo volta a falar sobre este assunto, reiteradamente, mais adiante. Todavia, é deveras notável que o resultado, neste ponto, tivesse sido apresentado como subserviente aos interesses salvíficos de Israel. O resultado tem o objetivo de "pô-los em ciúmes". Diversas observações podem ser inferidas dessa última parte do versículo 11:

(1) A distinção étnica entre os gentios e Israel, que aparece anteriormente nestes capítulos (cf. 9.25,26,30,31; 10.19,20), é novamente ressaltada. O desígnio salvífico, contemplado na expressão "para pô-los em ciúmes", tem em mira a salvação de Israel, do ponto de vista de sua identidade racial. Isto elimina qualquer contestação de que o desígnio salvador divino não envolve Israel como uma entidade racial distinguida pelo lugar que ocupou na história passada da redenção. É verdade que, no tocante aos privilégios que dizem respeito às realizações de Cristo, agora não existe mais judeu ou gentio, e os gentios passaram a ser "co-herdeiros, membros do mesmo cor-

po e coparticipantes da promessa em Cristo Jesus por meio do evangelho" (Ef 3.6); contudo, isto não significa que Israel não mais cumpre qualquer desígnio *particular* na realização do propósito salvador de Deus em seu âmbito mundial.

(2) Paradoxalmente, a incredulidade de Israel visa à restauração de sua própria fé; e a sua queda, à reinvidicação deles por parte de Deus. Já antecipamos, desde agora, a adoração e admiração de Paulo: "Ó profundidade da riqueza, tanto da sabedoria como do conhecimento de Deus!" (v. 33)

(3) *Pôr em ciúmes*[19] não é um incentivo indigno ao arrependimento e à fé. Nestes versículos, isto é incorporado ao desígnio de Deus. Mais adiante (v. 14), o apóstolo afirma que realizava seu ministério aos gentios tendo em vista essa mesma finalidade. A ideia é que os judeus, ao observarem o favor e a bênção divinos conferidos aos gentios e os consequentes privilégios do reino de Deus, seriam conduzidos à emulação e, deste modo, induzidos a se voltarem ao Senhor. É eminentemente apropriado equiparar tais dádivas à fé assegurada no evangelho.

(4) A incredulidade de Israel foi determinada a fim de promover a salvação dos gentios. No entanto, a fé subentendida da parte dos gentios, por sua vez, não é prejudicial à salvação de Israel; ao contrário, tem o objetivo de promovê-la.

No versículo 12, a tradução deveria ser: "Ora, se a transgressão deles é a riqueza do mundo". A transgressão é a mesma citada no versículo 11b, indicando o tropeço aludido no versículo 11a. O versículo 12 é o começo de um argumento *a fortiori* e utiliza o fato declarado no versículo 11b, para enfatizar o resultado maior que redundará em benefício do mundo gentílico, pela fé exercida por Israel, em contraste com a incredulidade deste.

"Riqueza para o mundo" equivale à salvação que veio aos gentios devido à transgressão (incredulidade) de Israel, e, neste versículo, "o mundo" e "os gentios" são vocábulos sinônimos.[20] Por esta razão, a ênfase deve recair principalmente sobre a diferença entre "transgressão" e "abatimento". Seria

---

19 Ao usar esse termo, Paulo retorna à palavra de Moisés em Deuteronômio 32.21, citada em Romanos 10.19.
20 Isto não significa que não há propósito algum na variação dos vocábulos. κόσμος serve para enfatizar o universalismo étnico.

difícil explicar a virtual repetição de "em riqueza para o mundo" e "em riqueza para os gentios", a menos que a distinção residisse naquilo a que se ligam, respectivamente, estas expressões. A palavra traduzida por "abatimento" tem sido interpretada de várias maneiras. A evidência indica que o termo significa "derrota, derrocada, desbaratamento" (cf. Is 31.8; 51.7; 1 Co 6.7; 2 Pe 2.19,20).[21] Paulo estava falando nesta passagem sobre aquilo que ocorreu à maioria do povo de Israel, isto é, seu tropeço e queda (v. 11a) e sua transgressão (vv. 11b, 12a); por conseguinte, esse "abatimento" deve envolver a maior parte de Israel e não qualquer coisa que caracterize o remanescente. Além disso, o sentido de "derrota" é suficientemente distinto da transgressão, para garantir e explicar a sequência, "a transgressão deles redundou em riqueza para o mundo, e o seu abatimento, em riqueza para os gentios". Aqui o apóstolo enfoca a grande perda, como que mediante uma derrota em campo de batalha, sofrida por Israel, quando o reino de Deus lhes foi tirado. Israel é encarado sob o prisma de um exército derrotado, privado de sua herança.[22]

"Quanto mais a sua plenitude!" Não podemos duvidar que isto fala da plenitude de Israel como um povo. O tropeço, a queda, a transgressão e o abatimento foi deles mesmos. A plenitude, pois, não pode ter outra referência. Em que consiste a "sua plenitude"? Tal vocábulo se reveste de vários sentidos e diversas aplicações. Com frequência, indica plenitude ou totalidade. Pode ser a complementação total. Neste caso, "plenitude" não é apenas contrastado com "abatimento", mas também com "transgressão". Não importando qual seja o termo exato pelo qual pode ser expresso o sentido de "plenitude" neste versículo, é óbvio que a condição ou o estado denotado permanece em agudo contraste com a incredulidade, a transgressão e o abatimento que caracterizava Israel, quando o apóstolo escreveu esta carta. Isto indica uma condição marcada pela antítese, nestes aspectos. Significa que Israel é contemplado

---

21 Cf. Frederick Field, *Notes on the Translation of the New Testament* (Cambridge, 1899), pp. 160, 161; Lagrange, *op. cit.*, p. 276; Gaugler, *op. cit.*, p. 183; Philippi, *op. cit.*, pp. 193, ss. A única outra instância de ἥττημα, no Novo Testamento, é 1 Coríntios 6.7; mas cf. ἡττάομαι em 2 Pedro 2.19,20; e, na Septuaginta, ἥττημα, em Isaías 31.8, e o verbo em Isaías 8.9; 13.15; 19.1; 20.5; 30.31; 31.4; 33.1; 51.7 e 54.17.
22 Não estaria inteiramente fora do assunto considerar o abatimento, no versículo 12, como algo correlato à queda, no versículo 11 (πέσωσιν), assim como transgressão (παράπτωμα, v. 12) corresponde ao tropeço (ἔπταισαν) do v. 11.

como nação caracterizada pela fé em Cristo, pela obtenção da justiça e pela restauração às bênçãos do reino de Deus, tão fortemente quanto Israel estava caracterizada pela incredulidade, transgressão e abatimento. Nenhum outro vocábulo, além de "plenitude" serviria melhor para transmitir a ideia de quão completo é esse contraste. Pois, se "plenitude" transmite-nos qualquer ideia, esta é a de algo completo. Por conseguinte, nada menos que a restauração de Israel, como um povo, à fé, ao privilégio e à bênção pode satisfazer os termos desta passagem.

Todavia, o *argumento* do apóstolo, não é a restauração de Israel; é a bênção pertencente aos gentios, resultante da "plenitude" de Israel. A "plenitude" de Israel, cujas implicações já foram asseveradas antes, fica pressuposta, e disso extraímos a conclusão de que a plenitude de Israel envolverá, para os gentios, um aprazimento muito maior das bênçãos do evangelho do que aquela ocasionada pela incredulidade de Israel. Desta forma, aguarda-se para os gentios, em sua distintiva identidade, bênçãos evangélicas que ultrapassam a tudo quanto tem sido experimentado durante o período de apostasia de Israel; e este enriquecimento sem precedentes será ocasionado pela conversão de Israel, em uma escala proporcional à de sua anterior desobediência. Neste ponto, não somos informados a respeito do que consistirá esta bênção sem precedentes. Porém, em face do pensamento que governa o contexto, ou seja, a conversão dos gentios e, em seguida, a conversão de Israel, devemos esperar que esta bênção mais ampla seja a expansão do sucesso que acompanhará a pregação do evangelho e do reino de Deus.

13-14 — Os dois versículos anteriores diziam respeito à graça derramada sobre os gentios, por causa da incredulidade de Israel, bem como à promessa de bênçãos ainda maiores para os gentios, quando Israel retornar ao Senhor. A salvação dos gentios é o tema. Ao dirigir-se agora diretamente[23] aos gentios, o apóstolo procurou incutir em suas mentes a significação do seu mais elevado bem-estar, diante da conversão de Israel. Não pode haver

---

23 A cláusula "que sois gentios" não é restritiva, conforme poderia parecer. Paulo se dirigia a seus leitores como gentios. É difícil suprimir a inferência de que a comunidade cristã de Roma era preponderantemente gentílica.

qualquer segregação de interesse. Na qualidade de apóstolo dos gentios (cf. 1.5; 12.3; 15.15,16; Gl 2.7-9; At 26.17,18), seus labores para cumprir esse ministério de maneira alguma entram em conflito com os interesses de Israel. Quanto maior for o sucesso do ministério aos gentios, tanto mais será fomentada a causa da salvação de Israel. Eis por que ele disse "glorifico o meu ministério", na qualidade de apóstolo dos gentios. A razão para essa íntima relação havia sido afirmada no versículo 11, a respeito do propósito e da providência de Deus, isto é, que a salvação dos gentios tem em vista levar Israel à emulação. Agora Paulo declara que este é o seu propósito na exaltação[24] e promoção de seu ministério entre os gentios. O que é dito antes (v. 11), no tocante à conveniência dessa atitude, aplica-se, neste caso, à motivação que impelia o apóstolo.

No versículo 12, Paulo focalizou a restauração de todo o Israel. Porém, aqui, no versículo 14, ele não disse que sua atividade, provocando Israel a ciúmes, tinha em vista obter a plenitude de Israel. O apóstolo foi muito mais modesto. Ele se esforçava por incitá-los à emulação e a "salvar alguns deles".[25] O mesmo afeto por seus compatriotas e o zelo pela salvação deles, expressos em ocasiões anteriores (cf. 9.2,3; 10.1), reaparecem neste versículo. Este zelo, entretanto, não se extravasou na forma de reivindicações exageradas pelo sucesso do seu ministério; tampouco ele presumiu declarar como o seu ministério de provocar Israel a ciúmes se relacionava, de maneira causal ou temporária, à "plenitude" de Israel.

15 — Ainda que o apóstolo não declarou, no versículo 14, como seu ministério estava relacionado, de maneira causal, à "plenitude" de Israel, há uma íntima relação entre os versículos 13 e 14, por um lado, e o versículo 15. Isto é indicado pelos termos "porque, se" (v. 15). A tese (vv. 11, ss.) é que a apostasia de Israel não é final. Esta consideração forneceu ao apóstolo

---

24 A expressão "glorifico o meu ministério" envolve a busca ardente pela realização do ministério entre os gentios. Porém, o termo "glorificar" não expressa esta ideia por si mesmo, mas indica que Paulo exaltava o seu ofício apostólico.
25 Visto que o incitar à emulação é um fator na conversão de Israel (v. 11) e que Paulo buscava realizar o seu ministério tendo em vista este propósito, o fato de que ele levava alguns à salvação sem dúvida contribuía para a "plenitude" de Israel. No entanto, ele não afirma isso.

o incentivo de dar continuidade a seu ministério aos gentios, gloriando-se neste ofício. Porquanto, quanto maior fosse o sucesso deste ministério, tanto mais seria promovida a salvação de Israel, por serem os judeus despertados à emulação; e a salvação de Israel, por sua vez, redundaria em mais abundante bênção para os gentios. Por conseguinte, o pensamento do versículo 12 é reiterado no versículo 15 e reiniciado nesta instância, a fim de dar apoio à enfática asserção de seu ministério aos gentios, nos versículos 13 e 14. Embora exista essa reiteração, no versículo 15, os termos diferentes se revestem de significação.

Pela primeira vez, Paulo fala a respeito da "rejeição" de Israel.[26] Até este ponto, ele se reportara à desobediência deles ou ao seu tropeço, transgressão e abatimento. O pensamento da rejeição de Israel, por parte de Deus, sem dúvida já estava implícito, mormente no termo "abatimento". Neste, a ênfase está sobre a atividade ou a falta de atividade da parte de Israel. Agora, a ênfase é colocada sobre a ação de Deus em haver rejeitado a Israel. O reino de Deus lhes fora tirado (cf. Mt 21.43). E, assim como o tropeço e a transgressão se referem à maioria do povo de Israel, assim também se dá com a rejeição. Quando o apóstolo declara que a rejeição de Israel traz reconciliação ao mundo, isto é semelhante ao resultado expresso nos versículos 11 e 12, ou seja, a salvação dos gentios, a riqueza para o mundo e para os gentios. O termo "reconciliação", entretanto, tem o seu próprio significado específico, e isso está vinculado ao ensino deste versículo, em distinção aos versículos 11 e 12. "Reconciliação" é contrastada com a cláusula "terem sido eles rejeitados". Esta última indica a rejeição de Israel, para não mais ser beneficiário do favor e das bênçãos divinas, refletindo, portanto, a atitude de Deus para com Israel, bem como o relacionamento que ele mantém com este povo. Logo, a ênfase recai, distintamente, sobre a atitude de Deus e a ação que desta resultou. A reconciliação aparece em contraste com isso e, por igual maneira, reflete a atitude, a relação e a ação de Deus. Os gentios são encarados como quem

---

26 ἀποβολή significa mais do que uma simples perda (cf. Philippi, *op. cit., ad loc.*). Qualquer aspereza pertencente a esse vocábulo não deve ser eliminada. O sentido é determinado mediante o contraste com πρόσλημψις.

anteriormente estava alienado de Deus, excluído do seu favor. Mediante um ato divino, essa alienação foi trocada por reconciliação; e a atitude de desfavor, em favor. Isto serve de claro indicativo daquilo que o vocábulo "reconciliação" focaliza.

Neste versículo, assim como no versículo 12, encontramos novamente um argumento *a fortiori*. O "restabelecimento" é contrastado com o "terem sido eles rejeitados", pelo que deve significar a recepção de Israel, uma vez mais, no favor e nas bênçãos de Deus. Em termos da passagem inteira, conforme temos observado reiteradamente, isto deve referir-se a Israel como um todo, subentendendo que essa restauração é proporcional, em escala, à rejeição de Israel — a restauração de grande parte de Israel em contraste com o "terem sido eles rejeitados". De novo, a ênfase recai, nesta instância, sobre a ação de Deus (a ação da graça em contraste com o julgamento), bem como sobre a mudança na atitude divina para com o povo de Israel. Essa restauração de Israel terá um resultado benéfico marcante, descrito como "vida dentre os mortos". Sem importar qual seja este resultado, sem dúvida denotará uma bênção que ultrapassará, em suas proporções, a tudo quanto anteriormente fora obtido na realização dos conselhos de Deus. Neste aspecto, tal resultado corresponderá aos efeitos decorrentes da plenitude de Israel (v. 12).

A mudança de construção gramatical, no versículo 15, em comparação com o versículo 12, é digna de nota. Paulo não disse: "Quanto mais o seu restabelecimento", assim como dissera no versículo 12: "Quanto mais a sua plenitude". No versículo 12, precisamos inferir o que está em foco no "quanto mais", pois seu objeto não está claramente definido. No versículo 15, entretanto, lemos: "Que será o seu restabelecimento, senão vida dentre os mortos?"; assim, a bênção maior é especificada para nós. Ora, em que consiste esta "vida dentre os mortos"?

Devemos outorgar-lhe significado total, como aquilo que levará à sua realização culminante a "reconciliação" do mundo. Há um tom de finalidade pertencente a esta expressão. Muitos comentadores, antigos e modernos, julgam que ela denota a ressurreição, asseverando que nada menos do que esse evento consumatório pode satisfazer o caráter culminante envolvido ou harmonizar-se com os termos "vida dentre os mortos".²⁷ Não podemos duvidar que a ressurreição dentre os mortos e as glórias que a seguirão proveriam um apropriado clímax para a realização dos conselhos salvíficos de Deus com relação a judeus e gentios, igualmente em foco neste contexto. Além disso, os termos usados, "vida dentre os mortos", podem denotar a ressurreição. No entanto, para dizermos o mínimo, existem importantes considerações indicando que essa interpretação não está plenamente comprovada.

(1) Apesar de ser verdade que a palavra "vida", no Novo Testamento, pode referir-se especificamente à ressurreição (cf. Jo 5.29; 11.25; 2 Co 5.4) e que o verbo correspondente, por semelhante modo, pode aludir ao ato de ressurgir dentre os mortos ou à ressurreição (cf. Mt 9.18; Lc 20.38; Jo 4.50,51; 11.25; Rm 14.9; 2 Co 13.4; Hb 7.25; Ap 1.18; 2.8; 20.5); e, apesar do termo "mortos" frequentemente referir-se à morte literal, estes mesmos vocábulos também são empregados no sentido figurado de vida ou morte espiritual. "Vida'" com frequência denota a nova vida que temos em Cristo (cf. At 11.18; Rm 5.18; 6.4; 8.6; 2 Co 2.16; Ef 4.18; Fp 2.16; 1 Jo 3.14; 5.11-13). O verbo correspondente também é usado neste sentido religioso (cf. Rm 6.10,11,13; 8.12,13; 10.5; 2 Co 5.15; 1 Jo 4.9). A palavra "mortos", semelhantemente, se reveste deste mesmo sentido figurado, em muitas oportunidades (cf. Lc 15.24,32²⁸; Rm 6.11,13; Ef 2.1,5; Cl 2.13; Hb 6.1; 9.14; Tg 2.17; Ap 3.1). É significativo que muitas destas ocorrências estão nas cartas paulinas, e não poucas na carta aos Romanos. A mais notável dentre elas é Romanos 6.13: "Mas oferecei-vos a Deus, como ressurretos dentre os mortos, e os vossos membros, a Deus, como instrumentos de justiça". A expressão "vivos den-

---

27 "A πρόσλημψις dos judeus ainda não-convertidos, segundo Paulo concluiu, será de tal natureza... de tão glorioso caráter (cf. Ef 1.18), que trará consigo o desenvolvimento final mais bendito — a vida que começará pela ressurreição dentre os mortos no αἰὼν ὁ μέλλων, isto é, a ζωὴ αἰώνιος, que tem o ressurgir dentre os mortos como sua premissa causal" (Meyer, *op. cit., ad loc.*). "A natureza culminante do evento a ser esperado como resultado dos manifestos caminhos de Deus proíbe-nos minimizar esta expressão (ζωὴ ἐκ νεκρῶν) em um sentido puramente metafórico, fazendo-a significar mero avivamento espiritual. 'Vida dentre os mortos' deve referir-se especificamente à ressurreição, entendida de tal maneira que pressuponha o começo do ato final do drama escatológico" (Geerhardus Vos, *The Pauline Eschatology*, Princeton, 1930, pp. 87, 88). Cf. Barret, *op. cit., ad loc.*; Lagrange, *op. cit., ad loc.*; e como interpretação preferida, Sanday e Headlam, *op. cit., ad loc.*
28 Lucas 15.24,32 é citado não por ter precisamente a mesma referência que a palavra "mortos" em outras passagens, e sim por ilustrar um sentido não-literal do termo.

tre os mortos" é tão semelhante a "vida dentre os mortos" que poderíamos substituir o verbo "viver" pelo substantivo "vida".[29] Entretanto, "vivos dentre os mortos" refere-se não à ressurreição, e sim à novidade de vida em Cristo.

(2) Se Paulo quis dar a entender a ressurreição, indagamos por qual razão ele não usou o termo que ocorre tão frequentemente em suas cartas e em outras passagens do Novo Testamento, a fim de designar esse evento, ao referir-se tanto à ressurreição de Cristo quanto à dos homens (Rm 1.4; 6.5; 1 Co 15.12,13,21,42; Fp 3.10; cf. At 4.2; 17.32; 23.6; 24.15,21; 26.23; Hb 6.2; 1 Pe 1.3).[30] "Ressurreição dentre os mortos" é a expressão padrão de Paulo e de outros pregadores e escritores do Novo Testamento, para denotar a ressurreição. Talvez Paulo tenha variado a sua linguagem para transmitir uma ênfase apropriada ao seu propósito. Porém, nenhuma consideração desse tipo se evidencia neste caso, e, em face da maneira como Paulo utiliza os termos "vida" e "morte", particularmente nesta carta, esperaríamos aqui a palavra "ressurreição", a fim de evitar toda ambiguidade, se o apóstolo tencionasse que a expressão em foco denotasse tal coisa. Além disso, em parte alguma as palavras "vida dentre os mortos" significam ressurreição; e seu paralelo mais próximo, "vivos dentre os mortos" (6.13), refere-se à vida espiritual.

Por essas razões, não há margem para dogmatismos no que concerne à interpretação, tão amplamente defendida, de que a ressurreição estava em foco neste versículo. A outra interpretação, a de um despertamento sem precedentes para o mundo, no sucesso e expansão do evangelho, possui muitos fatores a recomendá-la. A bênção sublime, resultante da plenitude de Israel (v. 12), mais naturalmente poderia ser reputada como o aumento daquilo que é referido na porção anterior do versículo. O versículo 15 reinicia a exposição do tema do versículo 12, mas especifica aquilo em que consiste esta bênção sublime. Em consonância com o uso figurado dos termos "vida" e "morte", a expressão "vida dentre os mortos" mui apropriadamente poderia ter sido empregada para denotar a vivificação que será conferida ao mundo devido à conversão do povo de Israel e seu recebimento no favor e no reino de Deus.[31]

---

29 ἐκ νεκρῶν ζῶντας em comparação com ζωὴ ἐκ νεκρῶν.
30 ἀνάστασις.
31 Cf. Calvino, Philippi, Hodge, Gifford, Godet, Leenhardt, *op. cit., ad loc.*; H. C. G. Moule, *The Epistle of St . Paul to the Romans* (Nova Iorque, n.d.), *ad loc.*; David Brown, *The Epistle to the Romans* (Edimburgo, n.d.), *ad loc.*

11.16-24

16 E, se forem santas as primícias da massa, igualmente o será a sua totalidade; se for santa a raiz, também os ramos o serão.

17 Se, porém, alguns dos ramos foram quebrados, e tu, sendo oliveira brava, foste enxertado em meio deles e te tornaste participante da raiz e da seiva da oliveira,

18 não te glories contra os ramos; porém, se te gloriares, sabe que não és tu que sustentas a raiz, mas a raiz, a ti.

19 Dirás, pois: Alguns ramos foram quebrados, para que eu fosse enxertado.

20 Bem! Pela sua incredulidade, foram quebrados; tu, porém, mediante a fé, estás firme. Não te ensoberbeças, mas teme.

21 Porque, se Deus não poupou os ramos naturais, também não te poupará.

22 Considerai, pois, a bondade e a severidade de Deus: para com os que caíram, severidade; mas, para contigo, a bondade de Deus, se nela permaneceres; doutra sorte, também tu serás cortado.

23 Eles também, se não permanecerem na incredulidade, serão enxertados; pois Deus é poderoso para os enxertar de novo.

24 Pois, se foste cortado da que, por natureza, era oliveira brava e, contra a natureza, enxertado em boa oliveira, quanto mais não serão enxertados na sua própria oliveira aqueles que são ramos naturais!

16 — A ideia deste versículo foi extraída de Números 15.17-21. As primícias dadas ao Senhor simbolizavam a consagração da massa inteira. Na aplicação deste simbolismo, as "primícias" são os patriarcas e não o remanescente. As primícias e a massa são correlatos da raiz e dos ramos. A raiz, por certo, representa os patriarcas. Além disso, no versículo 28, lemos que Israel era amado "por causa dos patriarcas". Em um dos casos, temos a consagração pertencente a Israel; e, no outro, o amor demonstrado a este povo. No entanto, ambas as coisas se derivavam do parentesco com os patriarcas. Aqui, novamente, somos notificados a respeito do caráter distintivo de Israel na relação de Deus para com eles e dos conselhos divinos relativos a eles. Este fato da consagração derivada dos patriarcas é introduzido pelo apóstolo, neste versículo, a fim de confirmar a ideia da restauração final de Israel. Jamais poderá ocorrer uma rejeição irremediável de Israel; a santidade da consagração teocrática não é abolida, e um dia será vindicada mediante a plenitude e a restauração de Israel.

17-21 — O simbolismo da árvore, suas raízes e ramos prossegue nestes versículos, como também nos versículos 22 a 24. O símbolo da oliveira, como descrição de Israel, está em conformidade com a linguagem do Antigo Testamento (cf. Jr 11.16,17; Os 14.6).[32] O ato de julgamento sobre Israel, referido no versículo 15 como o "terem sido eles rejeitados", é agora apresentado na figura de quebrar os ramos. Esta é uma representação apropriada em termos do símbolo agora utilizado. A expressão "alguns dos ramos", entretanto, não parece concordar com o fato de que a maioria do povo de Israel fora rejeitada. Uma explicação suficiente para essa diferença é levarmos em conta que o principal interesse do apóstolo se concentrava sobre o enxertar dos gentios e o quebrar de Israel, não sendo mister refletir a respeito da extensão ocupada por este último ato.

Israel, cujas raízes são os patriarcas, é vista como a oliveira cultivada (cf. v. 24), e os gentios, como a oliveira brava. Esta é enxertada naquela. A linguagem e a analogia sofreriam danos se pensássemos que a oliveira brava foi enxertada, em sua totalidade, na boa oliveira. Conforme indicado no versículo 24, os *ramos* da oliveira brava são vistos como enxertados. Não é mister debater longamente a questão que surge a respeito do tipo de cultivo de oliveiras a que Paulo se referiu nesta passagem. A forma comum dessa cultura consistia em se tomar um raminho de árvore saudável e enxertá-lo em uma árvore jovem, a fim de que esta extraísse da seiva do ramo enxertado a vitalidade necessária para produzir fruto. Mas Paulo faz menção de uma prática contrária a isso. Tem-se demonstrado, entretanto, que o enxerto de uma oliveira brava em uma oliveira cultivada era uma prática seguida com certos propósitos,[33] e Paulo poderia estar familiarizado com esse tipo de cultivo de

---

32 Cf. também Sl 80.8-16; Is 5.1-7; Jo 15.1, ss.
33 Cf. W. M. Ramsay, "The Olive-Tree and the Wild-Olive", em *The Expositor*, sexta série, vol. XI (1905), pp. 16-34, 152-160.

oliveiras, tendo-o aplicado nesta instância. Porém, ainda que o apóstolo não estivesse aludindo a uma prática conhecida por ele, e mesmo supondo que ele tinha consciência da discrepância entre a prática comum e a figura simbólica que utilizou, isto não interferiria em coisa alguma na conveniência de seu simbolismo. Poderíamos entender que ele usou uma analogia diferente do padrão usual do cultivo de oliveiras, para ressaltar o caráter sobrenatural do enxerto, na aplicação de sua figura simbólica. Devemos lembrar que Paulo estava abordando aquilo que ele mesmo afirmou ser "contra a natureza" (v. 24). Além disso, mais de acordo com o argumento, existe a consideração de que ele concebeu os ramos quebrados como que novamente enxertados na oliveira da qual haviam sido arrancados (vv. 23,24), algo inteiramente estranho no campo da horticultura.

Duas afirmativas, no versículo 17, influenciam, de maneira significativa, a advertência dirigida aos gentios, nos versículos subsequentes. A primeira é: "Foste enxertado em meio deles". O privilégio dos gentios é desfrutado em associação íntima com os judeus; sempre existe o remanescente segundo a eleição da graça. A maneira como é declarado o quebrar os ramos — "alguns dos ramos foram quebrados" — acentua o fato de que nem todos o foram. A segunda afirmativa é: "E te tornaste participante da raiz e da seiva da oliveira". Os gentios são relembrados que extraíram toda a graça da árvore cuja raiz são os patriarcas de Israel. Gentios e judeus compartilham juntos dos privilégios que procedem da mesma raiz.[34] Esta lição é ressaltada ainda mais vigorosamente no versículo 18: "Sabe que não és tu que sustentas a raiz, mas a raiz, a ti".

Em seguida, é apresentado o aviso: "Não te glories contra os ramos", que, neste caso, devem ser os ramos quebrados; no versículo 19, os gentios são representados como alguém que diz: "Alguns ramos foram quebrados, para que eu fosse enxertado". A jactância condenada é a arrogância e a confiança presunçosa a que estão sujeitos os gentios crentes, quando consideram o lugar de privilégio e honra que ocupam

---

34 τῆς ῥίζης τῆς πιότητος, apoiada por ℵ*, B é a forma mais difícil, e a inserção de καί pode ser explicada como uma tentativa de aliviar essa dificuldade. τῆς πιότητος, quando tomadas como genitivo de qualidade, são palavras bastante inteligíveis.

no reino de Deus, por causa da remoção de Israel. Esta autobajulação pode ser sentida nos contrastes, apresentados no versículo 19, entre "quebrados" e "enxertado", e entre "alguns ramos" e "eu".[35] Podemos notar aqui um vestígio de desprezo pelos judeus. Não é difícil encontrarmos atitudes semelhantes a esta na vida da igreja. A pessoa que é chamada a preencher um lugar vago, pelo exercício de disciplina aplicada a outrem, tende a jactar-se, devido à sua justiça própria e seu progresso, olhando com desdém os caídos.

No versículo 20, a referência à incredulidade dos ramos quebrados retorna à reiterada menção do tropeço e transgressão de Israel (cf. 9.32; 10.21 e 11.11,12), lembrando-nos, uma vez mais, o caráter judicial do endurecimento (cf. 11.7) e da "rejeição" (cf. 11.15). A observação de que, "pela sua incredulidade, foram quebrados" é feita, nesta instância, para ressaltar o fato pelo qual os gentios vieram a ocupar um lugar na oliveira natural, ou seja, pela fé. O interesse principal do contexto é repreender e corrigir a jactância.[36] A ênfase recai sobre a "fé", porquanto é esta que remove toda a base para a jactância. Se aqueles que foram enxertados vieram a firmar-se mediante a fé,[37] então, todo o pensamento de mérito fica excluído (cf. 9.32; 11.6). "Onde, pois, a jactância? Foi de todo excluída. Por que lei? Das obras? Não; pelo contrário, pela lei da fé" (3.27).

Outrossim, a ênfase sobre a fé e o contraste com a incredulidade servem para reforçar a ideia da necessidade de manter esta fé e de possuir cautela, para que, mediante a confiança presunçosa, que é o contrário da fé, não venham os gentios a cair sob o mesmo julgamento. Na fé, não há discriminação. O evangelho é o poder de Deus para salvação de todo aquele que crê (cf. 1.16; 3.22). Na incredulidade, não existe acepção de pessoas (cf. 2.11). Deus não poupou os ramos naturais, nem poupará ele os gentios (v. 21). Se não permanecerem na fé, também serão cortados (v. 22).

---

35 Notemos o termo ἐγώ, expressando o egoísmo e a vanglória dessa jactância.
36 A advertência de Paulo era a respeito daquilo que provocara a queda de Israel; e o mesmo juízo sobrevirá aos gentios, se caírem no mesmo tipo de confiança na sua própria justiça (cf. Rm 9.32,33; 10.3,21).
37 Não precisamos supor que o estar "firme" refere-se a permanecer na oliveira, embora não seja uma figura totalmente impossível.

É importante observar que a atitude compatível com a fé, capaz de promovê-la, não é apenas a humildade da mente, mas também a atitude de temor (v. 20). A piedade cristã está perenemente cônscia dos perigos que ameaçam a fé, do perigo de ficar aquém do alvo, e se caracteriza pelo temor e tremor motivados pelas sublimes exigências da chamada divina (cf. 1 Co 2.3; Fp 2.12; Hb 4.1; 1 Pe 1.17). "Aquele, pois, que pensar estar em pé veja que não caia" (1 Co 10.12).[38]

22 — Temos aqui um apelo dirigido aos gentios, para que ponderassem sobre o significado da dupla ação divina, delineada nos versículos anteriores, o quebrar e o enxertar. Este versículo apresenta o ensino a respeito da união que existe em Deus, entre a bondade e a severidade, uma união que não pode ser restringida à execução, mas deve aplicar-se também à disposição da qual a execução é a manifestação. Isto pode ser visto prontamente no caso da "bondade"; esta se refere à longanimidade que caracteriza Deus e o impele a dispensar seu favor. Embora a palavra traduzida por "severidade" ocorra somente neste versículo, em todo o Novo Testamento,[39] ela denota aquilo que está envolvido na ira e na justiça retributiva de Deus (cf. 1.18; 2.4-16).[40]

A cláusula condicional deste versículo, "se nela [na bondade] permaneceres", é um lembrete de que não há segurança, nos vínculos do evangelho, à parte da perseverança. Não há tal coisa como a continuação no favor de Deus, a despeito da apostasia; o recebimento salvador da parte de Deus e a nossa perseverança são correlatos. Em outra conexão, Paulo enuncia o mesmo tipo de condição. Somos reconciliados com Deus e assegurados de que seremos apresentados santos e imaculados, somente se permanecermos "na fé, alicerçados e firmes", não nos afastando da esperança do evangelho (Cl 1.23; cf. Hb 3.6,14).

A "bondade" na qual os gentios devem continuar é a bondade de Deus, referida na cláusula anterior como algo que nos foi outorgado. Paulo não

---

38 A inserção de μήπως antes de οὐδέ, no v. 21, em conformidade com P[46], D, G e outros manuscritos, enfraqueceria a asseveração categórica.
39 Quanto ao advérbio, cf. 2 Co 13.10 e Tt 1.13.
40 Esta complementação da bondade e da severidade é característica do Antigo Testamento (cf. Sl 125.4,5; Is 42.25-43.1; 50.10,11; Na 1.5,6).

estava falando sobre a retidão ética que o crente precisa demonstrar e que está envolvida na perseverança. A ideia é que ele tem de continuar no gozo da bondade de Deus; e isto é idêntico ao que lemos em Atos 13.43, onde os discípulos são exortados a perseverarem "na graça de Deus". A implicação, entretanto, é que esta continuação está condicionada à humildade e à fé permanente, sobre o que recai a ênfase, nos versículos anteriores. Existe um tom de *severidade* no modo como a alternativa é expressa: "Doutra sorte, também tu serás cortado", uma severidade que possui o mesmo caráter e determinação mencionados na porção anterior do versículo.

23-24 — As alternativas salientadas no versículo anterior e ministradas com as advertências dirigidas aos crentes gentios, na posição privilegiada que ocupam, são agora aplicadas a Israel, em sua condição decaída, mas aplicadas na direção do encorajamento e da esperança. Tu (gentio) serás cortado, se não permaneceres na *fé*; eles (Israel) serão enxertados, se não continuarem na *incredulidade*. No versículo 23, nenhuma segurança é dada de que Israel desistirá da incredulidade; a ênfase recai sobre a certeza da complementação da fé e do enxerto, quando Israel voltar-se para o Senhor, mediante a fé. A última cláusula do versículo oferece a razão pela qual os judeus serão enxertados; mais particularmente, o motivo pelo qual não falhará o enxerto, quando eles renunciarem a incredulidade. A ênfase é colocada sobre o poder de Deus. Diferentes pontos de vista são defendidos sobre a razão para tal ênfase.

No versículo 24, o argumento é que deve ser mais natural Israel ser enxertado em sua própria oliveira do que os gentios, tirados de uma oliveira brava, serem enxertados de modo contrário à natureza em uma boa oliveira. Parece não haver qualquer necessidade de frisar o poder de Deus, uma vez que o enxerto dos gentios contrário à natureza é pressuposto, assim como vemos nos versículos precedentes. A melhor opinião, ao que parece, é que o apelo feito ao poder de Deus, no versículo 24, visa anular ou responder o que tende a ser, se na realidade não o é, a suposição entretida pelos gentios, quando movidos pela confiança presunçosa, condenada nos versículos anteriores, de que Israel, tendo sido deserdado e rejeitado, não pode mais ser estabelecido no favor e na bênção da aliança divina. Trata-se da suposição de que restaurar Israel é contrário às implicações atinentes à sua rejeição (v. 15) e de que um novo enxerto apenas violaria a ordenança divina. Ora, isto é contestado por Paulo, quando ele diz: "Deus é poderoso". Embora o poder de Deus seja colocado em primeiro plano, ressaltar o exercício do poder equivale a reconhecer que o novo enxerto está em harmonia com o conselho divino e com a ordem estabelecida por ele.[41] A suposição errônea que Paulo enfrenta diretamente, ao recorrer à divina onipotência, no versículo 24, é um *argumento* adicional para anular as inferências falazes extraídas da rejeição de Israel.

O cerne da argumentação, no versículo 24, é óbvio. Se a graciosa ação de Deus em receber os gentios é análoga ao incomum enxerto de ramos, tirados de uma oliveira brava, em uma oliveira cultivada, muito mais compatível é o receber novamente Israel, de acordo com o padrão de enxertar ramos cultivados em uma oliveira cultivada.

No entanto, precisamos fazer duas observações: (1) devemos notar que a figura não é a de enxertar ramos de uma oliveira cultivada em uma oliveira cultivada; é a de enxertar ramos naturais em sua própria oliveira. Esta é a força das palavras "serão enxertados na sua própria oliveira aqueles que são ramos naturais". A ideia da compatibilidade no ato de receber novamente Israel é acentuada. A doutrina envolvida neste argumento é aquela que permeia toda esta passagem, ou seja, que as provisões da graça redentora da parte de Deus, em favor de judeus e gentios, fundamentam-se na aliança estabelecida com os patriarcas de Israel. Usando a figura simbólica de Paulo, a raiz patriarcal jamais será arrancada, a fim de ceder lugar a outra planta, razão por que ela continuará a transmitir sua virtude e a imprimir seu caráter sobre todo o organismo da história da redenção. O enxerto de Israel, por essa razão, é a ação que, dentre todas as outras possíveis, está em consonância com a realização do propósito mundial da graça divina. Isto exemplifica, de maneira notável, a grandiosa verdade de que a concretização dos desígnios salvíficos de Deus está condicionada à história.

---

41 δυνατός não reflete, necessariamente, o fato de que a fé constitui o dom de Deus (cf. Ef 2.8; Fp 1.29).

(2) À luz do que acabamos de afirmar, devemos compreender as palavras "quanto mais", no versículo 24. O pensamento não é vinculado, em sentido restrito, ao poder de Deus salientado no versículo 23, como se fora *mais fácil* para Deus enxertar Israel do que os gentios. A declaração "quanto mais" está em conformidade com o caráter israelítico básico da aliança, em termos da qual a salvação é oferecida ao mundo.

C. A Plenitude dos Gentios e a Salvação de Israel (11.25-32)

11.25-32

25 *Porque não quero, irmãos, que ignoreis este mistério (para que não sejais presumidos em vós mesmos): que veio endurecimento em parte a Israel, até que haja entrado a plenitude dos gentios.*

26 *E, assim, todo o Israel será salvo, como está escrito:*
Virá de Sião o Libertador e ele apartará de Jacó as impiedades.

27 *Esta é a minha aliança com eles, quando eu tirar os seus pecados.*

28 *Quanto ao evangelho, são eles inimigos por vossa causa; quanto, porém, à eleição, amados por causa dos patriarcas;*

29 *porque os dons e a vocação de Deus são irrevogáveis.*

30 *Porque assim como vós também, outrora, fostes desobedientes a Deus, mas, agora, alcançastes misericórdia, à vista da desobediência deles,*

31 *assim também estes, agora, foram desobedientes, para que, igualmente, eles alcancem misericórdia, à vista da que vos foi concedida.*

32 *Porque Deus a todos encerrou na desobediência, a fim de usar de misericórdia para com todos.*

25 — As palavras "porque não quero, irmãos, que ignoreis", assim como em outras instâncias (cf. 1.13; 1 Co 10.1; 12.1; 2 Co 1.8; 1 Ts 4.13), atraem-nos a atenção para a importância do que estava prestes a ser dito e para a necessidade de lhe atribuirmos plena consideração. O apóstolo ainda estava

falando aos gentios e tinha em vista a tendência às suposições equivocadas e à vanglória, da parte deles. Isto se evidencia no propósito que ele estipula a respeito de tal advertência — "para que não sejais presumidos em vós mesmos" (cf. vv. 18-21). A revelação que Paulo estava prestes a desvendar é chamada de "mistério". Este vocábulo aparece muitas vezes nas cartas de Paulo, mas esta é a sua primeira ocorrência em Romanos; a outra se dá em 16.25. Esta última nos fornece uma definição.[42] Inclinamo-nos a associar a este vocábulo a ideia de segredo ou de mistério ininteligível. No entanto, não foi com tal significação que Paulo o empregou. Conforme vemos em 16.25, em segundo plano, havia o pensamento de algo oculto na mente e conselho de Deus (cf. Ef 3.9; Cl 1.26-27) e, portanto, algo inacessível aos homens, exceto quando Deus resolveu torná-lo conhecido. Entretanto, o que se torna óbvio neste versículo não é a ideia de ocultamento que define o termo, e sim o fato de que algo fora *revelado* e, deste modo, veio a ser conhecido e francamente comunicado.

Paulo anelava que seus leitores não ignorassem o mistério e, por conseguinte, que se tornassem conhecedores dele. Contudo, em adição à ênfase colocada sobre a revelação e o conhecimento, o termo "mistério" nos chama atenção à grandeza e preciosidade da verdade revelada. Em várias ocorrências, torna-se evidente a inigualável sublimidade daquilo que é denotado pelo vocábulo mistério (cf. 1 Co 2.7; 4.1; 15.51; Ef 1.9; 3.3-4; 5.32; Cl 1.27; 2.2; 4.3; 1 Tm 3.16).[43] Não precisamos supor que a revelação, nesta instância (v. 25), tivesse sido dada exclusivamente a Paulo.[44] A verdade denotada como "este mistério" é que "veio endurecimento em parte a Israel, até que haja entrado a plenitude dos gentios". Ambos os elementos são claramente expressos: o endurecimento de Israel é parcial, não total;[45]

---

42   Cf. a exposição em Rm 16.25.
43   Cf. Sanday e Headlam, *op. cit.*, p. 334.
44   Em Efésios 3.5, Paulo associa a si mesmo outros apóstolos e profetas, como instrumentos de revelação. Além disso, o apelo de Paulo ao Antigo Testamento, como confirmação (vv. 26,27), mostra-nos que a verdade denotada pelo termo "mistério" não fora ali inteiramente ocultada. Na revelação do Novo Testamento, a ênfase está sobre a plenitude e a clareza da revelação.
45   "Em parte" não se refere ao grau de endurecimento, mas ao fato de que nem todos foram endurecidos (cf. vv. 7,17). A última cláusula deste versículo por certo deveria ser entendida como uma referência a um acontecimento que findará o endurecimento de Israel. Não há base consistente para a tradução "enquanto está vindo a plenitude dos gentios". É verdade que em Hebreus 3.13 ἄχρις

é temporário, não final. "Em parte" indica a primeira verdade; e "até que haja entrado a plenitude dos gentios", a segunda. A restauração de Israel estava implícita no versículo 24, mas não foi algo categoricamente afirmado. Agora, porém, temos segurança expressa quanto a isso. A palavra "mistério", por si mesma, certifica-nos a segurança outorgada pela revelação divina.

O endurecimento parcial de Israel chegará ao fim. Isto é assinalado como a "plenitude dos gentios". Em que consiste esta "plenitude"? O termo, conforme aplicado a Israel (v. 12), assume um complexo de significado que se ajusta àquele contexto. "Plenitude" é contrastado com a transgressão e abatimento de Israel. Sem dúvida, o presente contexto produz seu próprio complexo de significado para esse termo, no que se aplica aos gentios. Todavia, não conviria descartar o sentido básico encontrado no versículo 12. Neste, "plenitude", assim como "restabelecimento" refere-se às massas populacionais de Israel, em distinção a um remanescente, a minoria restaurada ao arrependimento, à fé, ao favor e à bênção da aliança divina, bem como ao reino de Deus. Em outras palavras, a questão numérica não pode ser suprimida. Excluir esta noção, no versículo 25, não seria compatível com as indicações fornecidas neste capítulo, quanto ao sentido do vocábulo em questão. No mínimo, esperaríamos que a "plenitude" dos gentios envolvesse bênçãos amplas em favor deles, bênçãos comparáveis àquelas conferidas a Israel e claramente envolvidas em sua "plenitude" (v. 12) e seu "restabelecimento" (v. 15).

Em adição a isso, há outras considerações que precisam ser levadas em conta, derivadas do contexto imediato: (1) o verbo "entrar", do qual "a plenitude dos gentios" é o sujeito, é o vocábulo padrão do Novo Testamento

---

οὗ têm o sentido de "enquanto". Mas ali tais palavras são usadas com o tempo presente, καλεῖται, e nenhuma outra tradução é possível. Em Atos 27.33, a conjunção, por igual modo, significa "enquanto" — "enquanto amanhecia". Em Lucas 21.24, não resultaria em um sentido impossível se traduzíssemos a cláusula com ἄχρι οὗ — "enquanto os tempos dos gentios se completam". Porém, esta seria uma tradução incomum e, no mínimo, duvidosa, em face do subjuntivo aoristo passivo, πληρωθῶσιν. Em todos os outros casos, no Novo Testamento, quer usada com o aoristo, quer com o futuro, o sentido de "até que" é a tradução necessária e indica um ponto em que algo se realiza ou um ponto em que algo aconteceu (cf. At 7.18; 1 Co 11.26; 15.25; Gl 3.19; Ap 2.25). Portanto, em Rm 11.25 seria mister afastar-nos do padrão, a fim de que traduzíssemos a cláusula de modo diferente de "até que haja entrado a plenitude dos gentios". E o contexto determina que esta seja a interpretação necessária do significado da cláusula em questão.

para indicar a entrada no reino de Deus e na vida eterna (cf. Mt 5.20; 7.13; 18.3; Mc 9.43,45,47; Jo 3.5; At 14.22).[46] A ideia, pois, é a de gentios entrando no reino de Deus. A perspectiva é a do futuro, pelo menos do ponto de vista do apóstolo. O único modo pelo qual aqueles que já entraram poderiam ser incluídos consiste em supor que "a plenitude dos gentios" significa o número total de eleitos dentre os gentios, suposição que será abordada em seguida. Nesta altura, o ponto central é que se torna impossível excluir da expressão "até que haja entrado" a ideia do número de pessoas que entrarão no reino de Deus.

(2) Nas palavras "endurecimento em parte", encontra-se subentendida a ideia quanto ao número. Nem todos foram endurecidos; sempre haverá um remanescente; o endurecimento não foi completo.

(3) As palavras "todo o Israel", no versículo 26, conforme se observará, referem-se às massas populacionais de Israel, em contraste com um remanescente. Diante dessas considerações, seria insustentável alegar que à expressão "a plenitude dos gentios" não pode ser vinculada a qualquer ideia de proporção numérica.

Tem sido advogado que esta designação significa o cômputo total dos eleitos dentre os gentios[47] ou, então, o número adicional necessário para perfazer o cômputo total dos gentios eleitos. Segundo esse ponto de vista, o sinal para a restauração de Israel seria o término do número total daqueles que serão salvos dentre os gentios. Admite-se que a palavra "plenitude", *por si mesma*, poderia denotar esse término. Porém, considerações de contexto militam contra tal interpretação. (1) A "plenitude" de Israel (v. 12) não pode ser o número total dos eleitos dentre Israel. A "plenitude" é contrastada com a transgressão e o abatimento de Israel e tem de referir-se à restauração de todo o Israel à fé e ao arrependimento. O número total dos eleitos de Israel ou o número necessário para consumar esse total não proveria o contraste, nem expressaria a restauração que a passagem requer. O número total dos eleitos ou o número restante para completar o total exigiria nada mais do que o total de um remanescente em todas as gerações. O versículo 12, todavia, visualiza

---

46   Às vezes, o verbo é usado em sentido absoluto, como neste versículo.
47   Cf. Barrett, *op. cit., ad loc.*

uma situação quando não se tratará mais de um remanescente salvo, e sim de uma imensa população salva. Aplicando esta analogia do uso do termo "plenitude", no versículo 12, à sua ocorrência no versículo 26, para dizermos o mínimo, o apóstolo nos indica um número incomparavelmente maior de gentios entrando no reino de Deus. De qualquer maneira, a "plenitude" de Israel não pode significar apenas o cômputo total dos eleitos de Israel, nem mesmo o complemento adicional necessário para completar tal cifra. Assim, pois, não há base alguma para impormos este conceito sobre o mesmo termo, no versículo 25. As evidências decisivamente são contrárias a isso.

(2) A ideia de que "plenitude" significa o número adicional necessário para completar os eleitos dentre os gentios se harmonizaria à expressão "haja entrado", mas a opinião de que "plenitude" significa o número total dos eleitos dentre os gentios não concorda com a perspectiva indicada na cláusula "até que haja entrado a plenitude dos gentios"; e a razão para isso é que esta cláusula se refere a uma entrada que ocorrerá no futuro e proverá essa perspectiva. O número total inclui aqueles que já haviam entrado, e seria incoerente falar sobre aqueles que já haviam entrado como se estivessem contemplados na expressão "até que eles tenham entrado". Assim, a interpretação que assevera a ideia de um "cômputo total" fica eliminada. Porém, mesmo que adotemos a opinião de que "plenitude" significa o número adicional, uma ideia compatível com as palavras "haja entrado", ainda teremos de levar em conta a analogia do versículo 12, ou seja, que a "plenitude" subentende uma proporção tal que apresente contraste com o que foi mencionado antes. Em outras palavras, não podemos excluir de "plenitude" o aumento e a extensão das bênçãos necessariamente envolvidas neste vocábulo, no versículo 12. Neste caso, tal aumento teria de ser interpretado em termos de entrar no reino de Deus; e isto, por sua vez, significaria grande influxo de gentios no reino de Deus.

(3) No versículo 12, o apóstolo declara que a plenitude de Israel trará maiores bênçãos aos gentios. Conforme já observamos, a interpretação que mais se harmoniza ao contexto é a de maior ampliação das bênçãos, mencionada no mesmo versículo, como "riqueza" do mundo e dos gentios. Todavia, se "a plenitude dos gentios" significa o cômputo total dos eleitos

dentre os gentios, a plenitude de Israel finalizaria qualquer ampliação, entre os gentios, daquele tipo de bênção sugerido pelo versículo 12.

Os informes do contexto, portanto, indicam a conclusão de que "a plenitude dos gentios" se reporta à bênção destinada aos gentios, que é correlata e similar à ampliação da bênção destinada a Israel, denotada pelos termos "a sua plenitude", no versículo 12, e "o seu restabelecimento", no versículo 15.

Poder-se-ia objetar que a interpretação acima manifesta um elemento de incoerência no ensino de Paulo. Por um lado, a "plenitude" de Israel redunda em bênçãos sem precedentes para os gentios (vv. 12,15). Por outro lado, a "plenitude dos gentios" assinala o término do endurecimento de Israel e sua restauração (v. 25). Porém, a coerência destas duas perspectivas não é prejudicada, se conservarmos em mente a mútua interação entre judeus e gentios, visando a ampliação das bênçãos. Precisamos tão somente aplicar o pensamento do versículo 31, de que, pela misericórdia demonstrada aos gentios, Israel também pode obter misericórdia. Mediante a plenitude dos gentios, Israel será restaurado (v. 25); mediante a restauração de Israel, os gentios serão incomparavelmente enriquecidos (vv. 12,15). O único obstáculo a esse ponto de vista a respeito da sequência é a suposição de que a "plenitude dos gentios" é a consumação das bênçãos destinadas aos gentios, não deixando lugar para maiores ampliações das bênçãos do evangelho. "A plenitude dos gentios" denota bênçãos sem precedentes para eles, mas não exclui as maiores bênçãos que seguirão. A restauração de Israel contribui para estas bênçãos subsequentes.[48]

Não devemos esquecer que o principal interesse do apóstolo, no versículo 25, é a remoção do endurecimento de Israel e sua conversão, como um todo.[49] Este é o tema dos versículos 11 a 32. Esta verdade é expressamente afirmada no versículo 12, reiterada, em termos diferentes, no versículo 15 e reiniciada no versículo 25. Nos versículos 17 a 22, Paulo achou necessário advertir os gentios contra a vanglória. No entanto, ele voltou ao tema da

---

48 "Devemos lembrar que Paulo estava falando como profeta, ἐν ἀποκαλύψει (1 Co 14.6), e, portanto, sua linguagem deve ser interpretada pelas regras de interpretação profética. Profecia não é história proléptica" (Hodge, op. cit., p. 588).

49 Juntamente com a restauração de Israel, existe também a grande vantagem que caberá aos gentios proveniente dessa restauração (cf. vv. 12, 15).

restauração de Israel, no versículo 23; recorreu a considerações demonstrando que Israel pode ser novamente enxertado, nos versículos 23 e 24; e apelou à revelação divina em uma final confirmação sobre a certeza desta sequência de acontecimentos, no versículo 25. Isso nos prepara para a interpretação do versículo 26.

26-27 — "E, assim", as palavras iniciais do versículo 26, indicam que a proposição a ser proferida ou é análoga ou flui da revelação enunciada no versículo anterior. Significam "de conformidade com isso", dando continuidade ao pensamento do que precede ou retratando suas implicações.⁵⁰

"Todo o Israel será salvo" é a proposição envolvida. Deveria ser evidente, tanto pelo contexto imediato quanto pelo mais distante, nesta parte da carta, que é exegeticamente impossível atribuir à palavra "Israel", neste versículo, qualquer outra significação além daquela que lhe pertence em todo este capítulo. Existe o permanente contraste entre Israel e os gentios, conforme já demonstramos na exposição anterior. Que outra conotação poderíamos atribuir a Israel, no versículo 25? Paulo estava falando a respeito do Israel étnico; e, neste caso, é impossível que Israel, em seu escopo, inclua os gentios, pois, se os incluísse, o versículo 25 seria reduzido a um absurdo. E, posto que o versículo 26 é uma afirmação paralela ou correlata, o sentido de "Israel" deve ser o mesmo que se encontra no versículo 25.⁵¹

A interpretação pela qual as palavras "todo o Israel" são entendidas como se fossem os eleitos dentre Israel, o verdadeiro Israel em contraste com o Israel segundo a carne, em consonância com a distinção traçada em 9.6, não é viável devido a várias razões:

---

50 A força de καὶ οὕτως também poderia ser que elas introduzem algo correlato ao que as antecede.
51 "É impossível entretermos uma exegese que entende 'Israel' (v. 26) em um sentido diferente do que possui este vocábulo no versículo 25" (F. F. Bruce, *op. cit., ad loc.*; cf., *em contrário*, Calvino, *op. cit., ad loc.*). De nada vale recorrer, conforme fez Calvino, a Gálatas 6.16. Nesta passagem, há o contraste substancial entre Israel e os gentios. Não encontramos tal contraste no contexto de Gálatas 6.16. Embora Calvino tenha reputado "todo o Israel" como uma referência a todo o povo de Deus, incluindo judeus e gentios, ele não excluiu a restauração de Israel como um povo à obediência da fé . "Quando os gentios tiverem entrado, os judeus, ao mesmo tempo, retornarão de seu desvio à obediência da fé. A salvação do Israel de Deus, que deve ser extraído de ambos os povos, será deste modo consumada, de tal maneira que os judeus, na qualidade de primogênito da família de Deus, obterão o primeiro lugar" (*op., cit., ad loc.*; cf. também seu comentário, *ad* 11.15).

(1) Apesar de ser verdade que todos os eleitos de Israel, o verdadeiro Israel, serão salvos, esta é uma verdade tão necessária e óbvia, que asseverar tal coisa aqui não teria qualquer relevância particular ao interesse central do apóstolo nesta seção da carta. Além disso, embora seja correto que a eleição, com a certeza de seu resultado redentor, é uma verdade da revelação, ela não é uma verdade que exigiria uma forma especial de revelação, dada a entender pelas palavras "este mistério" (v. 25). E, visto que o versículo 26 está tão intimamente ligado ao versículo 25, a certeza de que "todo o Israel será salvo" é simplesmente outra maneira de afirmar o que foi expressamente chamado de "'mistério", no versículo 25, ou, pelo menos, uma maneira de retratar suas implicações. Neste caso, a palavra "mistério" não envolve a particularidade de que todos os eleitos serão salvos.

(2) A salvação de todos os eleitos de Israel afirma ou subentende a salvação de um remanescente de Israel, em todas as gerações. Mas o versículo 26 leva a um clímax um argumento continuado que ultrapassa essa doutrina. Paulo se ocupava com o desdobramento do plano divino de salvação na história e com o seu desenvolvimento final, que envolverá judeus e gentios. A cláusula em questão deveria ser entendida em termos dessa perspectiva histórica.

(3) O versículo 26 segue em sequência íntima ao versículo 25. A tese principal deste último é que o endurecimento de Israel terminará quando Israel for restaurado. Esta é apenas outra maneira de afirmar aquilo que foi chamado de "plenitude" de Israel, no versículo 12, de "restabelecimento", no versículo 15, e de "enxertar de novo", nos versículos 23 e 24. Seria praticar uma violência exegética reputar a declaração "todo o Israel será salvo" como uma referência a qualquer coisa além desse informe preciso.[52]

Se conservarmos em mente o tema deste capítulo e a contínua ênfase sobre a restauração de Israel, não nos restará qualquer outra alternativa, senão concluir que a proposição "todo o Israel será salvo" deve ser interpretada em termos da plenitude, do acolhimento, do recebimento, do enxertar Israel como um povo, de sua restauração às bênçãos e ao favor do evangelho e

---

52 Além disso, quão contrário ao clímax, nesse contexto, seria a verdade geral implícita em todo o ensino de Paulo afirmando que todos os eleitos serão salvos!

do seu retorno à fé e ao arrependimento. Visto que os versículos anteriores estão relacionados ao versículo 26, a salvação de Israel tem de ser concebida em uma escala proporcional à sua transgressão, à sua perda, à sua rejeição, à sua remoção da oliveira natural, ao seu endurecimento e, evidentemente, proporcional na direção oposta. Esta é a implicação clara do contraste subentendido na plenitude, no recebimento, no enxertar e na salvação. Em resumo, o apóstolo estava afirmando a salvação das massas populacionais de Israel.

Entretanto, há duas observações que precisamos fazer para resguardarmos a proposição de uma extensão exagerada a respeito de seu significado: (1) ela pode ser interpretada como se desse a entender que, ao tempo de seu cumprimento, todo israelita se converterá. A analogia é contrária a insistirmos nessa interpretação. A apostasia de Israel, sua transgressão, sua perda, sua rejeição, seu endurecimento não foram universais. Sempre houve um remanescente, nem todos os ramos foram arrancados, e seu endurecimento foi parcial. Por semelhante modo, a restauração e a salvação não precisam incluir cada israelita. "Todo o Israel" pode se referir ao povo como um todo, segundo o padrão adotado em todo este capítulo.[53] (2) Paulo não estava refletindo acerca da questão da relativa proporção entre os judeus salvos, por ocasião da prestação de contas final, no juízo divino. Precisamos ser novamente lembrados da perspectiva histórica na presente seção. O apóstolo estava pensando em uma época futura, quando chegará ao fim o endurecimento de Israel. Assim como a plenitude, o recebimento e o enxerto têm essa referência temporal, assim também deverá tê-la a salvação de Israel. Portanto, essa proposição reflete meramente o que será uma realidade, naquele ponto ou época da história.

Conforme é característico nesta carta e, particularmente nos capítulos 9 a 11, o apóstolo recorreu às Escrituras em busca de apoio (cf. 9.12,15,17,25,27,29,33; 10.5,8,11,18-21; 11.8-9). A primeira parte da citação é extraída de Isaías 59.20-21, e a última, de Jeremias 31.34.[54] Não podemos

---

53 "πᾶς deve ser entendido no sentido próprio do termo: 'Israel como um todo, Israel como uma nação', e não necessariamente como se incluísse cada indivíduo israelita. Cf. 1 Rs 12.1; 2 Cr 12.1; Dn 9.11" (Sanday e Headlam, *op. cit., ad loc.*).

54 Em Isaías 59.20, o grego difere do hebraico na segunda cláusula. Paulo citou literalmente o grego, mas o hebraico diz: "E àqueles que se converterem da transgressão em Jacó". A primeira cláusula, na

duvidar que Paulo considerou estas passagens do Antigo Testamento aplicáveis à restauração de Israel. Nas porções anteriores deste segmento da carta, alguns trechos escriturísticos haviam sido citados para apoiar vários desses argumentos e teses. Pode haver alusões ocultas à conversão de Israel em algumas destas ocasiões (cf. 10.19; 11.1-2). Mas esta é a primeira vez em que ocorre um expresso apelo às Escrituras, em apoio à restauração em ampla escala, sendo duvidoso que haja ao menos uma referência indireta a isso nestas passagens anteriores. Essa evidente aplicação é um indicativo do princípio de interpretação que deveria ser aplicado a inúmeras passagens do Antigo Testamento que exibem a mesma ideia vista em Isaías 59.20-21, ou seja, que encerram a promessa de uma expansão das bênçãos do evangelho, à semelhança daquela que Paulo enuncia nos versículos 25 e 26.[55] Os elementos destas citações especificam para nós o que está envolvido na salvação de Israel. Os elementos são a redenção,[56] o abandonar a impiedade, o selar da aliança da graça e o remover os pecados, que são o âmago das bênçãos do evangelho; e servem de índice a respeito do que significa a salvação de Israel. Não há qualquer sugestão sobre privilégio ou *status*, e sim sobre o que é comum a judeus e a gentios na fé em Cristo.

A cláusula "esta é a minha aliança com eles" justifica maiores comentários. À parte de Romanos 9.4, onde as alianças patriarcais são mencionadas, esta é a única referência à aliança nesta carta. De acordo com a ideia bíblica de aliança (uma confirmação obrigada por juramento), temos aqui a garantia

---

citação paulina, não corresponde exatamente ao hebraico ou ao grego. O primeiro diz "a Sião" ou "por Sião" (לציון), e o grego o traduz acertadamente por "em favor de Sião" (ἕνεκεν Σιων). No entanto, o apóstolo o traduz por "dentre Sião", assim como em Salmos 14.7 (na Septuaginta, 13.7). Não deve haver grande dificuldade. A preposição hebraica, neste caso, é capaz de ambas as traduções; e Paulo se sentiu em liberdade para utilizar a que desejou. Ambos os significados são corretos: o Redentor procedeu de Sião, para libertá-la. A ênfase, no ensino de Paulo, nesta passagem, recai sobre o que o Redentor fará *em favor de* Sião. Porém, na primeira cláusula, o pensamento focaliza-se sobre a relação entre o Redentor e Sião, conforme o padrão de Rm 9.5. Isto se harmoniza à ênfase total desse contexto e ressalta a relevância da obra salvífica consumada pelo Redentor em favor de Israel como um povo.

55   Cf. Sl 14.7; 126.1-2; Is 19.24-25; 27.13; 30.21; 33.20-21; 45.17; 46.13; 49.14-16; 54.9; 60.1-3; 62.1-4; Mq 7.18-20. Isto se torna mais evidente quando percebemos que Is 59.20-21 fornece a base para 60.1-3 e que 54.9-10 apresenta a mesma ênfase sobre a fidelidade da aliança, assim como em 59.20-21, o texto ao qual o apóstolo recorreu.

56   גאל, usado no hebraico, é um dos termos padrões que envolvem o sentido redentor, no Antigo Testamento.

da fidelidade de Deus à sua promessa e, por conseguinte, a certeza de seu cumprimento. Esta certeza da aliança não pode ser desvinculada da proposição (em cujo apoio é citado o texto) nem daquilo que se segue no versículo 28. Portanto, o efeito é que a futura restauração de Israel está assegurada por nada menos do que a certeza pertencente à instituição da aliança. Devemos observar que as outras cláusulas, coordenadas àquela que concerne à aliança, referem-se àquilo que será feito por Deus ou pelo Libertador. De modo coerente ao conceito de aliança, a ênfase recai sobre aquilo que Deus fará, ou seja, sobre a atividade divina. Em Isaías 59.21, a aliança é afirmada em termos de outorga perpétua do Espírito e da Palavra de Deus, outro indicativo da certeza envolvida na graça da aliança.[57]

28-29 — A primeira cláusula do versículo 28 alude ao que o apóstolo observara antes, nos versículos 11, 12 e 15. A única característica que requer comentário adicional é o significado do vocábulo "inimigos". Não devemos entendê-lo de maneira subjetiva, referindo-se a inimizade dos judeus para com os gentios ou vice-versa. Mas refere-se à alienação do favor e da bênção divinos. Isto é comprovado pelo contraste com "amados", na cláusula seguinte. "Amados" deve significar amados por Deus. "Inimigos" tem em vista o mesmo relacionamento denotado por "rejeitados", no versículo 15, onde esta palavra é contrastada com a reconciliação e com o restabelecimento, os quais indicam a recepção no favor e na bênção de Deus. Portanto, "inimigos" indica a rejeição de Israel, acerca da qual Paulo estava falando em todo este capítulo. Isto serviu de oportunidade para anunciar o evangelho aos gentios. Assim como no contexto, ele dirige a palavra aos gentios.

A segunda cláusula do versículo 28 suscita maiores dificuldades. Deve ser observado que as duas cláusulas aludem às relações contemporâneas entre Deus e Israel. Israel é, ao mesmo tempo, "inimigo" e "amado": inimigo no tocante ao evangelho, amado no que concerne à eleição. Esse contraste significa que, por haverem rejeitado o evangelho, eles foram rejeitados, e

---

[57] É importante notar que, embora Paulo tenha feito distinção entre Israel e Israel, descendência e descendência, filhos e filhos (cf. 9.6-13), ele não faz tal discriminação em termos de "aliança", a ponto de distinguir entre aqueles que estão na aliança, em sentido mais amplo, e aqueles que são verdadeiros participantes de sua graça.

o evangelho foi oferecido aos gentios, mas, a despeito disso, por causa da eleição e devido ao seu relacionamento com os patriarcas, eles eram amados. "A eleição", neste caso, não é a mesma de Romanos 11.6,7. Nestes versículos, a eleição pertence exclusivamente ao remanescente, em distinção à maioria do povo de Israel, que havia sido rejeitado e endurecido; e, por isso, denota a eleição particular que garante a justiça da fé e a salvação. Todavia, nesta instância, Israel como um todo está em foco, o Israel alienado do favor divino, devido à incredulidade.[58] A eleição, pois, é a de Israel como um povo e corresponde ao "povo a quem de antemão conheceu", no versículo 2, a eleição teocrática. Isso também se torna evidente pela expressão "por causa dos patriarcas"; é outra maneira do apóstolo afirmar o que havia dito em termos das primícias e da raiz, no versículo 16. "Amados", pois, significa que Deus não suspendera ou rescindira suas relações com Israel, como seu povo escolhido, em termos das alianças firmadas com seus antepassados. Ainda que Israel se mostrara infiel e, por essa razão, fora arrancado da oliveira natural, Deus continua mantendo seu peculiar relacionamento de amor para com eles, um relacionamento que será demonstrado e vindicado na restauração (vv. 12, 15 e 25).

É sob essa luz que o versículo 29 deve ser compreendido. "Os dons e a vocação de Deus" dizem respeito àqueles mencionados em Romanos 9.4-5 como privilégios e prerrogativas de Israel. Que estes são "irrevogáveis" é uma afirmativa especialmente ligada ao fato de que a adoção, as alianças e as promessas, em sua aplicação a Israel, não haviam sido abrogadas. O apóstolo faz um apelo à fidelidade de Deus (cf. 3.3). A veracidade de Deus assegura a continuação desse relacionamento instituído através das alianças firmadas com os patriarcas, outro indicativo da certeza pertencente à confirmação da aliança.

30-31 — Paulo continua ainda a dirigir-se aos gentios. O versículo 30 é uma reiteração, em termos diferentes, daquilo que já havia sido dito nos versículos 11, 12, 15 e 28 — que os gentios haviam se tornado

---

58 "Ele não estava abordando, devemos lembrar, a eleição particular de qualquer indivíduo, e sim a adoção comum de uma nação inteira" (Calvino, *op. cit., ad loc.*).

participantes da misericórdia divina, através da desobediência de Israel. O versículo 31, embora não esteja sem paralelo nos anteriores (cf. 11b, 14, 25b), enuncia expressamente a relação que a salvação dos gentios mantém para com a restauração de Israel. A salvação dos gentios foi promovida pela desobediência de Israel. Mas é o reverso disso que ocorrerá quando se realizar a salvação de Israel. Ela se dará através da misericórdia demonstrada para com os gentios,[59] não através da desobediência ou afastamento deles. A graça do plano divino para salvação de judeus e gentios é demonstrada por essa progressão; e as três ocorrências dos termos que expressam misericórdia nestes dois versículos (cf. 9.15,16) focalizam com maior nitidez a ênfase sobre a soberana beneficência de Deus, no processo inteiro aqui descrito. Deste modo, estamos preparados para a declaração do misericordioso desígnio de Deus, no versículo 32.

32 — Nos dois versículos anteriores, a tríplice ocorrência dos termos que expressam misericórdia ressaltam o lugar que a misericórdia divina ocupa na salvação dos homens. Não menos notável, porém, é a tríplice referência à desobediência. A lição é óbvia. É somente no contexto da desobediência que a *misericórdia* tem relevância e significado. A misericórdia possui tal caráter, que a desobediência é seu complemento ou pressuposição; ela existe e atua somente quando exercida em favor dos desobedientes. Esta é a verdade que se destaca na expressão do versículo 32, em termos da *ação* providencial de Deus. Não é simplesmente que os homens são desobedientes, estando assim em uma condição que dá margem ao exercício da misericórdia; e, pela soberana graça de Deus, eles se tornam objetos dessa misericórdia. A ênfase recai sobre a ação determinada de Deus. Ele "a todos encerrou na desobediência". Foi determinado no juízo de Deus que todos ficassem efetivamente envolvidos nos liames da desobediência e, portanto, presos à mesma, de modo que não haja qualquer possibilidade de escape dessa servidão, exceto quando a misericórdia de Deus outorgar libertação. Não há possibilidade de amenizar a severidade da ação aqui declarada.

---

59 τῷ ὑμετέρῳ ἐλέει são palavras que devem ser ligadas ao termo ἵνα, que as segue; cf. a mesma construção gramatical em 2 Co 2.4b e Gl 2.10.

No entanto, é a severidade que exibe a glória do pensamento central deste versículo. A severidade ocorreu a fim de que ele usasse "de misericórdia para com todos". Quanto mais meditamos sobre o que está implícito na primeira cláusula, maior se torna nossa apreensão sobre as maravilhas da segunda. E agora não temos apenas a correlação entre a desobediência e a misericórdia; o encerramento na desobediência, sem qualquer abrandamento quanto à severidade envolvida, tem por alvo a exibição da misericórdia. A primeira tem o propósito de promover a segunda. O apóstolo avança do pensamento de complementação para o de subordinação. Se formos sensíveis às profundezas do desígnio aqui afirmado, teremos de perceber sua insondabilidade e seremos forçados a dizer: o caminho de Deus percorre o mar, e suas veredas, as grandes águas; os seus passos são desconhecidos (cf. Sl 77. 19). Esta foi a reação de Paulo. Por isso, ele exclamou: "Ó profundidade da riqueza, tanto da sabedoria como do conhecimento de Deus! Quão insondáveis são os seus juízos, e quão inescrutáveis, os seus caminhos!" (v. 33) Não se trata da reação de espanto; pelo contrário, é a resposta de uma admiração adoradora, repleta de júbilo e louvor. Quando nossa fé e compreensão contemplam os horizontes da revelação, nossos corações e mentes são avassalados pelo incompreensível mistério das obras e dos caminhos de Deus.

Nos termos do próprio ensino de Paulo (cf. Rm 2.4-16; 9.22; 2 Ts 1.6-10), é impossível considerarmos a cláusula final do versículo 32 como uma referência à salvação de toda a humanidade. O contexto determina a abrangência desta salvação. O apóstolo estava pensando em judeus e gentios. No contexto anterior, ele abordara os papéis diferenciados de judeus e gentios no desdobramento dos propósitos salvíficos mundiais da parte de Deus (cf. vv. 11-12, 15, 25-28). Mesmo nos dois versículos anteriores essa diferenciação está presente, em certo grau. Os gentios obtiveram misericórdia por causa da desobediência de Israel, e este obterá misericórdia mediante a misericórdia demonstrada aos gentios.

No versículo 32, porém, a ênfase recai sobre aquilo que é comum a todos, sem distinção — o fato de que foram encerrados na incredulidade e, por esse motivo, são objetos apropriados da *misericórdia*. Entretanto, isto não possui mais exceção do que no caso dos versículos 30 e 31, aplicados a todos os gentios e judeus, tampouco no caso do versículo 26, que se aplica a todo o Israel do passado, do presente e do futuro. Assim, pois, "misericórdia para com todos" significa que todos, sem distinção, são participantes dessa misericórdia. Embora a primeira cláusula do versículo 32 seja verdadeira a respeito de todos, sem exceção (cf. Gl 3.22), não parece que, nesta instância, Paulo estivesse refletindo sobre este fato, mas, conforme o padrão do contexto e em harmonia com a última cláusula, ele enfatizava que gentios e judeus, sem qualquer diferença entre eles, estão todos encerrados na desobediência.

D. A DOXOLOGIA (11.33-36)

11.33-36

33 Ó profundidade da riqueza, tanto da sabedoria como do conhecimento de Deus! Quão insondáveis são os seus juízos, e quão inescrutáveis, os seus caminhos!
34 Quem, pois, conheceu a mente do Senhor? Ou quem foi o seu conselheiro?
35 Ou quem primeiro deu a ele para que lhe venha a ser restituído?
36 Porque dele, e por meio dele, e para ele são todas as coisas. A ele, pois, a glória eternamente. Amém!

33-36 — O tema dos versículos 33 e 34 pode ser apresentado como a incompreensibilidade dos conselhos divinos. Os termos "insondáveis" e "inescrutáveis" indicam isso. Portanto, é um erro pensar que a nossa incompreensibilidade de Deus se aplica somente a seu conselho secreto e ainda não revelado. O que Deus não revelou não cabe no âmbito de nosso conhecimento; é inapreensível. Ora, o que não pode ser apreendido também é incompreensível. Porém, o aspecto mais significativo dessa incompreensibilidade é aquele que se aplica ao que Deus revelou. Esta é a verdade notável desta passagem. O conselho revelado foi o que compeliu o apóstolo à doxologia, particularmente aquele conselho declarado no versículo 32. O apóstolo foi quebrantado pela insondável profundeza do plano de salvação, que fora o tema do seu discurso, no contexto anterior. Além disso, as riquezas, a sabedoria e o conhecimento de Deus, os quais ele percebeu com imensa profundeza, são realidades reveladas; são as riquezas da graça e da misericórdia, as coisas profundas de Deus, reveladas pelo Espírito, e a sabedoria que não é deste mundo, desvendada aos santos (cf. 1 Co 1.24; 2.6-8). Outrossim, os juízos insondáveis e os caminhos inescrutáveis são aqueles sobre os quais o apóstolo apresentara exemplos.

Não há certeza a respeito de quanto da porção anterior da carta esta doxologia tencionava ser a conclusão. Este ponto poderia ser a conclusão de toda a epístola. Há uma transição óbvia, no fim deste capítulo, à aplicação concreta e prática na esfera da vida e da conduta cristãs. A doxologia serve de apropriada conclusão para tudo quanto a antecede. Ela também poderia ser o clímax desta bem definida seção da carta (9.1-11.36).

Não pode haver dogmatismo quanto a essa questão. Se tivermos de sugerir alguma preferência, indicaríamos a segunda dessas alternativas. A questão atinente a Israel dá inicio a esta seção da carta. O apóstolo abordara várias facetas do conselho de Deus que dizem respeito à incredulidade de Israel e sua respectiva rejeição. Na última parte do capítulo 11 (vv. 11, ss.), ele passou a falar sobre a questão de Israel em relação ao desígnio salvífico mundial de Deus, demonstrando como a rejeição e a restauração de Israel promovem a salvação das nações da terra. Voltando os seus olhos para o futuro desdobramento desse desígnio salvífico, o apóstolo contemplou a plenitude dos gentios e de Israel, no que se condicionam um ao outro. É esta sequência de graça abundante que serve de resposta final ao problema de Israel, uma sequência que será consumada exclusivamente através da misericórdia divina. No desdobramento dessa inquirição profética, ele coloca a incredulidade de Israel na perspectiva do misericordioso propósito de Deus, e não somente a incredulidade de Israel, mas também a de todas as nações, e profere a notável exclamação do versículo 32. Este é o grande clímax que, em particular, evoca a doxologia, que, por conseguinte, está diretamente relacionada ao tema desta seção (9.1-11.32).

O vocábulo "riqueza", no versículo 33, poderia ser entendido como a riqueza da sabedoria e do conhecimento de Deus. Ao empregar tal vocábulo, Paulo falava mui frequentemente sobre as riquezas de algum atributo de Deus, ou de sua glória (cf. Rm 2.4; 9.23; Ef 1.7; 2.7; 3.16), ou das riquezas de qualquer outra coisa (cf. 2 Co 8.2; Ef 1.18; 2.4; Cl 1.27;2.2). No entanto, ele também mencionou diretamente as riquezas de Deus (cf. Fp 4.19), bem como as riquezas de Cristo (cf. Ef 3.8; 2 Co 8.9). Portanto, esses três termos podem ser entendidos como termos coordenados, e a tradução seria: "Ó profundidade da riqueza, da sabedoria e do conhecimento de Deus!" Neste caso, "riqueza" focalizaria, particularmente, a graça e a misericórdia de Deus, sobre as quais há tanta ênfase no contexto anterior. A indagação que encontramos no versículo 35a acharia seu antecedente e razão apropriada na palavra "riqueza"; e este seria o mais poderoso argumento em favor da segunda tradução.

Por outro lado, poder-se-ia afirmar que a "riqueza de Deus", desacompanhada de qualquer especificação, incluiria necessariamente a sabedoria e o conhecimento. E, visto que essas virtudes são mencionadas em separado, o intuito do apóstolo foi o de caracterizar a sabedoria e o conhecimento de Deus pela exclamação "ó profundidade da riqueza". Outrossim, em seguida o apóstolo menciona os juízos e os caminhos de Deus, proferindo, depois, as indagações do versículo 34, que dizem respeito ao conhecimento e à sabedoria. Portanto, há bons motivos para asseverarmos que a ênfase, nestes dois versículos, deveria ser atribuída à sabedoria e ao conhecimento. Pois, na determinação providencial dos acontecimentos, visando a seus fins designados (cf. v. 32), é a sabedoria e o conhecimento de Deus que são colocados em primeiro lugar, para nossa adoração e admiração. A questão, entretanto, pode não ser solucionada com toda certeza. Ambas as traduções são apropriadas ao contexto.

O conhecimento se refere ao todo-inclusivo e exaustivo entendimento e à cognição de Deus; e a sabedoria fala sobre o arranjo e a adaptação de todas as coisas para o cumprimento de seus santos propósitos. Em Deus essas virtudes são correlatas; e seria uma artificialidade tentar insistir indevidamente em uma distinção entre elas. O conhecimento de Deus envolve o perfeito entendimento das inter-relações, e estas, por sua vez, são determinadas pela sabedoria divina; as relações entre as coisas existem somente em razão dos propósitos que elas têm de promover no todo abrangente plano divino.

"Juízos" pode ser usado no sentido de decisões ou determinações. Este significado aparece frequentemente no uso do verbo correspondente (cf. Rm 14.13b; 1 Co 2.2; 7.37; 11.13; 2 Co 2.1; Tt 3.12). Todavia, de maneira preponderante ou talvez uniforme, no Novo Testamento, "juízo" refere-se a decisões ou sentenças judiciais. Nos contextos anteriores, há diversos exemplos desse tipo de julgamento da parte de Deus (cf. 9.18,22;11.7b,8-10,20-22,25,32). Portanto, o apóstolo poderia ter em vista os atos judiciais de Deus. De qualquer maneira, esses atos não podem ser excluídos.

Os "caminhos" de Deus não devem ser entendidos em sentido restritivo, como se fossem os caminhos divinos revelados para nossa salvação e orientação (cf. Mt 21.32; Lc 1.76; At 13.10; 18.25,26; Rm 3.17; 1 Co 4.17; Hb 3.10). Nesta instância, referem-se às relações de Deus com os homens e devem ser entendidos inclusivamente, no sentido das diversificadas providências pelas quais a sua vontade diretiva é executada. Os juízos de Deus são insondáveis, e os seus caminhos, inescrutáveis (cf. Ef 3.8). O louvor à riqueza da sabedoria e do conhecimento de Deus é um eloquente testemunho do contraste entre o conhecimento de Deus e o nosso. Foi a respeito de nosso entendimento que Paulo falou ao utilizar os adjetivos insondável e inescrutável. Mas é a *profundeza* da sabedoria e do conhecimento de Deus que as tornam assim para o nosso entendimento.

Os versículos 34 e 35 são confirmações extraídas do Antigo Testamento, conforme o padrão que ocorre com tanta frequência nesta seção da epístola. O versículo 34 é uma citação quase literal da versão grega de Isaías 40.13. Esta citação pode ser vinculada à sabedoria e ao conhecimento mencionados no versículo 33, embora na ordem inversa. "Quem, pois, conheceu a mente do Senhor?" testemunha sobre a insondável profundeza do conhecimento de Deus. "Ou quem foi o seu conselheiro?" mostra que somente Deus, sem depender de qualquer outra criatura, para receber conselho, traçou o plano do qual a providência é a execução. Com uma troca de pessoas, da primeira para a terceira, o versículo 35 parece uma citação de Jó 41.11 (no hebraico, 41.3).[60] Conforme

---

60   Tanto no hebraico quanto na Septuaginta, o texto é Jó 41.3. Aqui Paulo não seguiu a Septuaginta.

já indicamos, talvez isto seja uma nova referência às riquezas divinas (v. 33). Contudo, isto não é necessário e poderia ser artificial. No contexto anterior, houve um reiterado apelo à graça e à misericórdia de Deus; e nenhuma instância é mais relevante do que o clímax que introduziu a doxologia (v. 32). Deus não é devedor a ninguém, seu favor jamais consiste em compensação; e o mérito não impõe obrigação à sua misericórdia. As três perguntas retóricas, todas as quais subentendem resposta negativa, têm seus correspondentes positivos na auto-suficiência, na soberania e na independência de Deus. Essa verdade acha sua razão naquilo que leva a doxologia a seu próprio clímax: "Porque dele, e por meio dele, e para ele são todas as coisas" (v. 36).

O versículo 36 deveria ser confrontado com outros textos paulinos onde se expressam sentimentos similares (1 Co 8.6; Ef 4.6; Cl 1.16; cf. Hb 2.10). No entanto, não existe fundamento para a ideia dos intérpretes mais antigos, de que no presente texto há uma referência ao Pai, como aquele de quem são todas as coisas, ao Filho, como aquele por meio de quem são todas as coisas, e ao Espírito Santo, como aquele para quem são todas as coisas. A falácia de tal opinião pode ser vista prontamente no fato de que o Espírito Santo não é apresentado em nenhuma outra porção bíblica como a pessoa da Deidade para quem, por motivo de eminência, são todas as coisas. Paulo estava falando sobre Deus, inclusivamente designado e subentendido, não fazendo a diferenciação que se evidencia em outras passagens (cf. 1 Co 8.6; Ef 4.5,6). Essas atribuições são predicadas a Deus, no aspecto de Deidade. Ele é a fonte de todas as coisas, no sentido de que elas procederam dele; ele é o Criador e o agente por intermédio de quem todas as coisas subsistem e são direcionadas à sua devida finalidade. E ele é a finalidade essencial, em cuja glória todas as coisas haverão de redundar. O apóstolo pensava a respeito de tudo quanto se enquadra na ordem da criação e da providência. Deus é o Alfa e o Ômega, o começo e o fim, o primeiro e o último (cf. Pv 16.4; Ap 4.11). E não somente devemos atribuir-lhe toda a glória, mas para ele redundará toda a glória.

Ele se mostrou mais próximo do hebraico, que diz literalmente: "Quem se antecipou a mim, que eu lhe dê recompensa?" Este pensamento é reproduzido por Paulo em sua tradução. A Septuaginta diz τίς ἀντιστήσεται μοι καὶ ὑπομενεῖ. A palavra ἀντιστήσεται poderia ser derivada do verbo hebraico קדם, mas, de outro modo, parece não haver qualquer similaridade com o hebraico.

CAPÍTULO XVIII
O MODO CRISTÃO DE VIVER
(12.1-15.13)

A. MULTIFORMES DEVERES PRÁTICOS (12.1-21)

12.1,2

1 *Rogo-vos, pois, irmãos, pelas misericórdias de Deus, que apresenteis o vosso corpo por sacrifício vivo, santo e agradável a Deus, que é o vosso culto racional.*

2 *E não vos conformeis com este século, mas transformai-vos pela renovação da vossa mente, para que experimenteis qual seja a boa, agradável e perfeita vontade de Deus.*

A mudança de tema é evidente no início deste capítulo. Logo percebemos que o apóstolo se ocupa com o assunto da santificação. "Mas transformai-vos pela renovação da vossa mente" (v. 2) é uma exortação que tem em vista o processo de santificação; e os termos usados são especialmente adaptados a uma definição daquilo em que consiste esse processo. No entanto, Paulo não adiou, para este ponto da carta, o seu ensino sobre o assunto da santificação. Os capítulos 6 a 8 se ocuparam com esse tema, e a base da santificação, bem como das exortações particularmente relevantes à mesma, fora desenvolvida em Romanos 6.1-7.6. Qual é, pois, a diferença entre esses capítulos anteriores e o assunto agora introduzido no capítulo 12? Nesta altura, o apóstolo passa a abordar aplicações práticas e concretas. É importante observarmos tal relacionamento e apreciarmos a prioridade do aspecto desenvolvido em 6.1-7.6. Seria inútil dar exortações práticas desvinculadas da base sobre a qual elas se fundamentam ou à parte da fonte de onde flui a obediência.

A base e a fonte da santificação é a união com Cristo, mais especialmente a união com ele na virtude de sua morte e no poder de sua ressurreição (cf. 6.2-6;7.4-6). Mediante esta união com Cristo, aconteceu o rompimento com o pecado, em seu poder e degeneração (cf. 6.14), e foi inaugurada a novidade de vida na eficácia da ressurreição de Jesus (cf. 6.4,10-11). Os crentes não andam segundo a carne, mas segundo o Espírito (cf. 8.4). E não somente existe essa virtude na morte e na ressurreição de Jesus, mas, visto ser permanente a união com Cristo, há também a virtude que constantemente emana de Cristo e é a força dinâmica no crescimento à santidade.

O Espírito Santo é o Espírito do Senhor assunto aos céus (cf. 8.4,9). Portanto, quando Paulo, em Romanos 12.1, entra na esfera da aplicação prática, ele o faz alicerçado sobre seu ensino anterior. A fórmula pela qual ele começa, "rogo-vos, pois, irmãos" (cf. 1 Co 4.16; Ef 4.1; 1 Tm 2.1), demonstra uma conclusão extraída do contexto anterior. E, embora a exclamação final dos versículos anteriores, em adoração à riqueza da graça imerecida e gratuita da parte de Deus seja, por si mesma, suficiente para constranger o apóstolo à exortação que inicia o capítulo 12, não seria viável excluir daquilo que é ressaltado pelo termo "pois" (12.1) as porções doutrinárias inteiras da carta, sobretudo aquela devotada à santificação.

Isto ilustra o que é tão característico nos ensinos de Paulo: a ética deve fundamentar-se sobre a obra de redenção. Apresentada de maneira mais específica, essa afirmação pode assumir a forma de que a ética se origina da união com Cristo e, por conseguinte, da participação na virtude pertencente a ele e exercida por ele, na qualidade de Redentor crucificado, ressurreto e assunto aos céus. A ética que se harmoniza com a sublime chamada de

Deus em Cristo por si mesma faz parte da aplicação da redenção; pertence à santificação. E a ética não é distinta da doutrina, pois a ética se baseia sobre o ensino moral, e tal ensino é doutrina. Grande parte da doutrina mais significativa é enunciada no ensino concernente aos detalhes mais práticos da vida cristã.

1-2 — É importante observar que, ao dar início à exortação prática, o apóstolo tenha falado, primeiramente, a respeito do corpo humano — "que apresenteis o vosso corpo por sacrifício vivo". Tem sido afirmado que ele usou o vocábulo "corpo" para representar toda a pessoa, como se tencionasse dizer: "Apresenteis as vossas pessoas". Sem dúvida, não existe o intuito de limitar ao corpo físico a consagração aqui determinada. Porém, não há boas razões para alguém tomar a palavra "corpo" como sinônimo da pessoa inteira. A linguagem de Paulo em outras passagens indica que ele estava pensando especificamente no corpo (cf. 6.6,12;8.10-11,23; 1 Co 5.3;6.13,15-20;7.4,34;9.27;15.44; 2 Co 5.6,8,10). Um estudo sobre estas passagens demonstrará quão importante era o corpo do crente, na estimativa de Paulo, e, particularmente, quão significativo nos vários aspectos do processo de salvação. Não é sem necessidade que, antes de tudo, em sua exortação prática, ele colocou essa ênfase sobre a consagração do corpo. Na filosofia grega, houvera uma depreciação do corpo. O ideal ético consistia em ser liberto do corpo e de suas influências degradantes. Esse ponto de vista sobre o corpo se opõe a todo o testemunho das Escrituras.

O corpo faz parte integral da pessoa humana, desde a origem desta (cf. Gn 2.7,21-23). A dissolução do corpo é o salário do pecado e, portanto, é algo anormal (cf. Gn 2.17;3.19; Rm 5.12). A consumação da redenção aguarda a ressurreição do corpo (cf. Rm 8.23; 1 Co 15.54-56; Fp 3.21). Por conseguinte, a santificação deve trazer o corpo em seu âmbito. Havia a necessidade dessa forma de exortação, não apenas devido à depreciação do corpo, mas também devido ao fato de que a satisfação do pecado, intimamente associada ao corpo, era tão prevalecente e tendia a ser desprezada na avaliação dos requisitos éticos. É à luz dessa situação prática que a exortação do apóstolo deve ser apreciada. Paulo era realista e tinha consciência de que, se a santificação não envolvesse a parte física de nossa personalidade, seria anulada desde o princípio.

Em que consiste a exortação de Paulo? "Que apresenteis o vosso corpo por sacrifício vivo." A linguagem é própria dos sacrifícios rituais. A diferença, contudo, é notável. Qualquer oferta de animal, nos rituais do Antigo Testamento, tinha de ser morta, e seu sangue tinha de ser derramado. O corpo humano não é apresentado para ser morto. É verdade que, em virtude da união com Cristo, os crentes morreram (cf. Rm 6.2;7.4,6), e isto também se aplica ao corpo do pecado (cf. 6.6). Porém, não é esse corpo de pecado ou corpo pecaminoso que nos cumpre apresentar como sacrifício vivo. Romanos 6.13 indica o sentido tencionado por Paulo: "Nem ofereçais cada um os membros do seu corpo ao pecado, como instrumentos de iniquidade; mas oferecei-vos a Deus, como ressurretos dentre os mortos, e os vossos membros, a Deus, como instrumentos de justiça". É um corpo vivificado dentre os mortos que o crente deve apresentar, vivificado dentre os mortos por ter sido destruído o corpo do pecado. O corpo deve ser apresentado como membro de Cristo e templo do Espírito Santo (cf. 1 Co 6.15,19). É possível que o vocábulo "vivo" também expresse a permanência dessa oferta, porquanto deve ser uma dedicação constante.

"Santo e agradável a Deus." A santidade é contrastada com a corrupção que caracteriza o corpo do pecado e com a concupiscência sensual. A santidade é o caráter fundamental, bem como o princípio normativo do crente, para que este seja agradável a Deus. Estas qualidades dizem respeito ao corpo e ao espírito do crente, demonstrando de que maneira o caráter ético pertence ao corpo e às suas funções. Exceto as palavras "santo" e "agradável a Deus", nenhuma outra poderia confirmar melhor esse fato. Quando levamos em conta os pecados sexuais, em todas as suas formas, tão prevalecentes nos dias de Paulo, assim como em nossa época, vemos a contradição que isso oferece aos critérios aqui mencionados.

"Que é o vosso culto racional." O termo aqui empregado não é o mesmo usualmente traduzido por "espiritual" nas páginas do Novo Testamento. Assim como se vê em nossa versão, razoável ou racional é uma tradução mais literal. Sem dúvida, a apresentação do corpo como sacrifício vivo é um serviço espiritual, ou seja, um culto oferecido sob a orientação do Espírito Santo (cf. 1 Pe 2.5). Porém, deve haver algum motivo para a utilização desse termo distinto, não usado por Paulo em nenhum outro de seus escritos e apenas mais uma vez em todo o Novo Testamento (cf. 1 Pe 2.2). O culto que o apóstolo focalizou é o de adoração, caracterizando-o como algo "racional", porque tal adoração deriva seu caráter, como agradável diante de Deus, do fato de que a adoração envolve nossa mente, razão e intelecto. É algo racional em contraste com aquilo que é mecânico e automático.

Grande parte de nossas funções corporais não requer volição de nossa parte. Mas o culto de adoração aqui determinado deve constranger-nos a uma volição inteligente. A lição a ser aprendida do termo "racional" é que não somos "espirituais" no sentido bíblico, exceto quando o uso de nossos corpos se caracteriza por uma devoção consciente, inteligente e consagrada ao serviço de Deus. Além disso, a expressão mui provavelmente é dirigida contra o externalismo mecânico e, deste modo, a adoração é contrastada, conforme assevera H. P. Liddon, "com o cerimonial externo dos cultos judaico e pagão".[1] De qualquer forma, o termo em discussão demonstra que os nossos corpos, e o culto que eles prestam, estão intimamente relacionados àquilo que somos, caracteristicamente, como seres racionais e responsáveis.

As palavras de introdução deste versículo não devem ser negligenciadas. Elas falam sobre a ternura do apelo. Assim como em 1 João 2.1 sentimos a mais anelante e profunda solicitude da parte de João, assim também a percebemos aqui, no que concerne a Paulo. "Rogo-vos, pois, irmãos" é o apelo de um relacionamento de amor. Mas o âmago da exortação está na expressão "pelas misericórdias de Deus". Estas são as ternas misericórdias do Senhor, as riquezas de sua compaixão (cf. 2 Co 1.3; Fp 2.1; Cl 3.12); e são transformadas em um apelo para que apresentemos nossos corpos como um sacrifício vivo. Em seus apelos atinentes à santificação (cf. Rm 8.13; Gl 6.8), Paulo mostrou-se capaz de recorrer à severidade do juízo de Deus. Aqui, entretanto, encontramos a força constrangedora das multiformes misericórdias de Deus. É a misericórdia de Deus que abranda os nossos corações; e, quando formos compelidos por essas misericórdias divinas, chegaremos a

---

1 *Op. cit.*, p. 229.

conhecer a imposição da consagração no que se refere a nossos corpos (cf. 1 Co 6.20). A ternura do apelo de Paulo segue o padrão daquilo que ele pleiteia como razão constrangedora.

O pensamento central do versículo 2 é o padrão de conduta. Em conexão com os detalhes concretos e práticos da vida, não existe questão mais perscrutadora do que a dos padrões de pensamento e ação que nos convém seguir. A quais padrões devemos nos conformar? Sabemos quão desconcertante é rompermos com os padrões de comportamento a que estamos acostumados, no ambiente social em que vivemos. Fica subentendido que não devemos violar os costumes de ordem, decência e gentileza. Mais adiante, neste mesmo capítulo, Paulo nos exorta: "Se possível, quanto depender de vós, tende paz com todos os homens" (v. 18; cf. Hb 12.14). Entretanto, existem padrões de conduta que não devemos seguir. Esta é a força de "não vos conformeis com este século".

Três coisas precisam ser observadas quanto a esta ordem: (1) ela é negativa. A ética paulina é negativa por ser realista; leva em conta a presença do pecado. O teste central no jardim do Éden foi negativo porque havia a potencialidade para o pecado. Oito dentre os dez mandamentos são negativos, porque o pecado existe. A primeira evidência da fé cristã é o abandono do pecado. Os crentes de Tessalônica se voltaram dos ídolos para Deus, a fim de servirem o Deus vivo (cf. 1 Ts 1.9).

(2) O termo usado para indicar este "mundo" é a palavra "século". Seu conceito é determinado pelo contraste com a era vindoura. "Este século" é aquilo que se mantém deste lado do que comumente denominamos "eternidade", ou seja, a era temporal e efêmera. A conformidade com este século equivale a ser envolvido nas coisas temporais; significa ter os pensamentos direcionados para aquilo que é visível e passageiro. É servir apenas ao tempo. Quão profunda é esta acusação! Se todos os nossos cálculos, planos e ambições são determinados pelo que acontece nesta vida terrena, então, somos filhos deste século. Além disso, esta época é má (cf. 1 Co 2.6,8; Gl 1.4); e, se nos moldarmos a ela, a iniquidade que a caracteriza governará a nossa vida. A necessidade de exortações negativas é evidente.

(3) O vocábulo traduzido por "conformeis", apesar de, por si mesmo, não expressar o caráter transitório e efêmero da era atual, chama a nossa atenção para a diferença existente entre o padrão daquilo que devemos abandonar e o padrão daquilo em que temos de ser transformados.[2] Não existe nada permanente naquilo que caracteriza a época presente. "Ora, o mundo passa, bem como a sua concupiscência; aquele, porém, que faz a vontade de Deus permanece eternamente" (1 Jo 2. 17). Precisamos ter padrões permanentes, padrões de zelo que estão de acordo com a era vindoura. Faríamos bem em examinarmos a nós mesmos por meio do seguinte critério: estamos planejando nossas vidas segundo aquelas condições requeridas pelos interesses e pelas esperanças da era vindoura?

"Mas transformai-vos pela renovação da vossa mente." As palavras aqui usadas dão a entender que estamos em um contínuo processo de metamorfose, através da renovação daquilo que é a sede dos pensamentos e do entendimento. Se na cláusula anterior existe alguma sugestão a respeito dos costumes e padrões passageiros do presente século, nesta há o reflexo de uma transformação profundíssima e permanente, realizada através do processo de renovação. A santificação é um processo de transformação revolucionária naquilo que é o âmago de nossa consciência. Isto ressoa uma nota fundamental na ética bíblica — o pensamento de progressão — e combate a estagnação, a complacência e o orgulho de realização, que tão frequentemente caracteriza os cristãos. O apóstolo não está propondo o conceito deficiente de uma segunda benção; pelo contrário, está expressando a ideia de uma renovação constante, de uma metamorfose no âmago da consciência. Precisamos relacionar esta expressão à afirmativa mais ampla de Paulo sobre este mesmo processo de transformação — "E todos nós, com o rosto desvendado, contemplando, como por espelho, a glória do Senhor, somos transformados, de glória em glória, na sua própria imagem, como pelo Senhor, o Espírito" (2 Co 3.18).

A realização prática e experimental desta renovação da mente é indicada por aquilo que é o alvo da renovação — "para que experimenteis qual seja a boa, agradável e perfeita vontade de Deus". "Experimenteis", nesta

---

2 Cf. J. B. Lightfoot, *Saint Paul's Epistle to the Philippians* (Londres, 1908, p. 130).

instância, não consiste em testar para descobrir se a vontade de Deus é boa ou má; tampouco consiste em examinar (cf. 1 Co 11.28; 2 Co 13.5). Significa aprovar (cf. Rm 2.18; Fp 1.10). O que está aqui em foco é este significado com sua distinta nuança de pensamento, ou seja, descobrir, encontrar ou aprender por experiência própria qual é a vontade de Deus e, por conseguinte, saber quão aprovada é esta vontade. É uma vontade que jamais falhará ou será achada em falta. Se a vida não tem alvo, parece estagnada, infrutífera, destituída de conteúdo, tudo isso acontece porque não entramos ainda, por experiência própria, nas riquezas da vontade divina. O mandamento de Deus é tremendamente amplo. Não existe um momento sequer da vida em que ele não dê ordens, e não há circunstância alguma que a vontade divina não preencha com significado, se nos mostramos responsivos à plenitude do conselho de Deus revelado a nosso respeito.

Surge, pois, a indagação: temos aqui a vontade de propósito determinado ou a vontade de mandamento? Sem dúvida, o vocábulo empregado possui o primeiro sentido (cf. Mt 18.14; Jo 1.13; Rm 1.10; 15.32; 1 Co 1.1; 2 Co 1.1; Gl 1.4; Ef 1.5,11; 1 Pe 3.17; 4.19; 2 Pe 1.21). Porém, o vocábulo também é usado, muitas vezes, expressando o segundo conceito (cf. Mt 7.21; 12.50; 21.31; Lc 12.47; Jo 4.34; 7.17; 9.31; At 13.22; Rm 2.18; Ef 5.17; 6.6; Cl 4.12; 1 Ts 4.3; 5.18; Hb 10.10; 13.21; 1 Pe 4.2; 1 Jo 2.17; 5.14). Em Romanos 12.2, precisamos admitir que o vocábulo expressa a segunda ideia. Trata-se da vontade de Deus no que diz respeito à nossa atividade responsável na santificação progressiva. A vontade decretiva de Deus não é a norma segundo a qual nossas vidas precisam ser moldadas.

A vontade de Deus regulamenta a vida do crente. Quando caracterizada como "boa, agradável e perfeita", a construção gramatical indica que esses termos não são adjetivos exatos que descrevem a vontade de Deus. Pelo contrário, a ideia é que a vontade de Deus é "a boa", "a agradável" e "a perfeita".[3] No que concerne àquilo que Paulo agora estava abordando, a vontade de Deus é o bom, o aceitável, o perfeito. A vontade de Deus é a lei

---

3 τὸ ἀγαθὸν καὶ εὐάρεστον καὶ τέλειον podem ser entendidas como exemplos do uso nominal do adjetivo, ou seja, adjetivos substantivados (cf. Rm 1.19; 2.4; 7.18,21; 8.3). O artigo τό pode ser entendido como definidor de εὐάρεστον e de τέλειον, embora não seja repetido (cf. G. B. Winer, op. cit., p. 127, e os exemplos citados por ele — Mc 12.33; Lc 1.6; 14.23; Cl 2.22; Ap 5.12).

de Deus, e a lei é santa, justa e boa (cf. Rm 7.12). Jamais precisaremos temer que o padrão prescrito por Deus, para nós, seja apenas relativamente bom, agradável e perfeito — isto é, uma acomodação à nossa atual condição — e não esteja à altura do padrão das perfeições divinas. A vontade de Deus é a transcrição das perfeições divinas; é o reflexo perfeito da sua santidade, justiça e bondade. Quando Deus nos ordena ser perfeitos como ele é (cf. Mt 5.48), a vontade dele, revelada em sua Palavra, está em perfeita harmonia com o padrão prescrito, ou seja, "como perfeito é o vosso Pai celeste". Portanto, quando o crente tiver alcançado essa perfeição, o critério não será diferente daquilo que agora foi revelado como a vontade de Deus. A perfeição consumada para os santos é correlata àquilo que agora está em processo e lhe servirá de complementação (cf. Cl 1.28; 4.12; Sl 19.7-11).

12.3-8

3 Porque, pela graça que me foi dada, digo a cada um dentre vós que não pense de si mesmo além do que convém; antes, pense com moderação, segundo a medida da fé que Deus repartiu a cada um.

4 Porque assim como num só corpo temos muitos membros, mas nem todos os membros têm a mesma função,

5 assim também nós, conquanto muitos, somos um só corpo em Cristo e membros uns dos outros,

6 tendo, porém, diferentes dons segundo a graça que nos foi dada: se profecia, seja segundo a proporção da fé;

7 se ministério, dediquemo-nos ao ministério; ou o que ensina esmere-se no fazê-lo;

8 ou o que exorta faça-o com dedicação; o que contribui, com liberalidade; o que preside, com diligência; quem exerce misericórdia, com alegria.

3-5 — Nos dois versículos anteriores, as exortações que visam à santificação dizem respeito a todos, igualmente; não poderia mesmo haver qualquer diferenciação. Porém, no versículo 3 há uma alteração óbvia. Não é uma alteração que restringe a relevância a tudo quanto Paulo passará a dizer. A alteração refere-se a todos: "Digo a cada um dentre vós"; e foi provocada pelo fato de que o apóstolo focalizara as diferenças existentes entre os crentes, diferenças que Deus, em sua providência soberana e nas distribuições de sua graça, trouxe à existência. Essas diferenças estão implícitas nas diversas expressões usadas — "segundo a medida da fé que Deus repartiu a cada um" (v. 3); "nem todos os membros têm a mesma função" (v. 4); "tendo, porém, diferentes dons segundo a graça que nos foi dada" (v. 6). Portanto, o que agora o apóstolo tinha em mente era a diversidade no tocante a dons, graça, função, ofício, fé. Aqui encontramos as diretrizes atinentes à santificação na igreja de Cristo, conforme a vontade de Deus leva em conta essa diversidade.

No início, o apóstolo se refere à graça que lhe fora outorgada — "porque, pela graça que me foi dada". Ao pensar sobre a graça que recebera, ele não poderia estar esquecido da graça pela qual fora salvo, a graça comum a ele e a todos os crentes (cf. Gl 1.15; 1 Tm 1.13-16). Entretanto, ele pensava especificamente sobre a graça que lhe fora proporcionada em sua comissão apostólica (cf. Rm 1.5; 15.15-16; 1 Co 3.10; 15.9-10; Gl 2.9; Ef 3.7-8; 1 Tm 1.12). Paulo avaliava e exercia essa graça apropriadamente, e na consecução de seu ofício ele se mostrava ousado em dar aquelas instruções pertinentes ao reconhecimento da diversidade na unidade do corpo de Cristo e à manutenção da ordem e da harmonia que tão facilmente podem ser transtornadas, quando o significado dessa diversidade não é apreciado.

O pecado de orgulho é uma das maneiras pelas quais o desígnio contemplado pelo apóstolo chega a ser frustrado. O orgulho consiste em cobiçar ou exercer uma prerrogativa que não nos pertence. A força negativa, neste ponto, novamente deve ser observada, e o pendor à satisfação desse pecado é marcado pela necessidade de dirigir a exortação a todos — "a cada um dentre vós". Ninguém está isento de auto-estima exagerada. Nas palavras de Meyer: "Aquele que cobiça uma posição mais elevada ou outra esfera de atividade na igreja, não se contentando com aquilo que corresponde à medida da fé que lhe foi outorgada, evidencia uma auto-exaltação voluntariosa, que é imensurável e não procede de Deus".[4]

---

4   *Op. cit.*, ad 12.3.

Porém, aquilo que é recomendado deve ser notado não menos do que aquilo que é proibido. Cumpre-nos pensar "com moderação". Deste modo, o apóstolo recomenda uma avaliação humilde e sóbria daquilo que cada pessoa é, por causa da graça de Deus. Se considerarmos que possuímos dons que, na realidade, não temos, então, nutriremos uma noção exagerada de nosso lugar e função; estaremos pecando por nos julgarmos mais importantes do que somos. Todavia, se nos subestimarmos, estaremos nos recusando a reconhecer a graça de Deus e deixaremos de exercer aquilo que ele dispensou para nossa própria santificação, bem como para a de outros. A exortação positiva serve de repreenda contra a falsa humildade, a qual, assim como a auto-estima exagerada, não leva em conta a graça de Deus nem a vocação que a distribuição distinguidora da graça atribui a cada um.

O critério pelo qual esta sobriedade de julgamento deve ser exercido é a "medida da fé que Deus repartiu a cada um". O sentido não é que a fé exercida pela pessoa determina o grau em que ela exercerá juízo sóbrio. Não há aqui referência ao caráter do juízo; a cláusula precedente aborda essa necessidade. A "medida da fé" é aquilo que o juízo sóbrio levará em conta ao determinar a avaliação que cada qual fará de si mesmo e, portanto, da função ou funções que poderá realizar adequadamente na igreja. A questão que surge é: ao que se refere a "fé"? Tratar-se-ia da fé no sentido genérico de fé em Cristo, mediante a qual fomos salvos (cf. Ef 2.8)? Ou será a fé utilizada em sentido mais específico sobre os dons particulares que Deus conferiu aos crentes, a respeito dos quais há grande diversidade?

O termo "fé" não deve ser entendido no sentido daquilo em que nós cremos, a verdade do evangelho (cf. Gl 1.23; 1 Tm 5.8; Jd 3). Não poderíamos dizer que isso foi distribuído a cada crente por medida; o termo "fé" deve ser entendido como a fé exercida pelo crente. Outrossim, "medida da fé" não deve ser entendida como se a fé fosse uma quantidade que pode ser dividida em partes e, portanto, ser medida em porções. "Medida da fé" deve refletir diferentes aspectos em que a fé precisa ser exercida, em face da diversidade de funções existentes na igreja de Cristo. O significado precisa ser derivado das várias expressões posteriores — "mas nem todos os membros têm a mesma função" (v. 4); "tendo, porém, diferentes dons segundo a graça que nos foi dada" (v. 6); diferentes funções e dons que são enumerados nos versículos 6 a 8. Cada dom requer a graça necessária para seu exercício e, por si mesmo, é a certificação dessa graça, porquanto são dons outorgados de conformidade com a graça (cf. v. 6). Consequentemente, há diferentes outorgas da graça, distribuídas de várias maneiras entre os membros da comunidade cristã, sendo referidas como correspondentes, em cada caso, a uma proporção da fé. Todo crente recebe aquilo que o apóstolo chama de sua própria "medida". A indagação agora é: por que essa outorga distinguidora, que subentende a chamada para o seu próprio exercício da mesma, foi referida como "a medida da fé"?

Não devemos supor que esteja em foco o significado da fé que visa à salvação, como se a possessão e o exercício de determinados dons implicasse em maior grau de fé salvadora ou em um mais rico exercício daquelas virtudes que são a evidência dessa fé e são denominadas fruto do Espírito (cf. Gl 5.22-24). Todos os crentes, sem qualquer distinção, são chamados a exemplificar essa fé e o seu respectivo fruto. Porém, conforme fica demonstrado pelo contexto subsequente, aquilo que está subentendido na medida da fé envolve limitação à esfera das atividades que cada dom em particular atribui a seu possuidor. Isto é chamado de medida da fé no sentido da fé que é adequada ao exercício deste dom; e esta nomenclatura é utilizada para enfatizar o lugar fundamental que a fé ocupa não somente em nos tornarmos membros dessa comunidade, mas também nas funções específicas que realizamos como membros dela. Nenhum dom é exercido à parte da fé dirigida a Deus e, mais espe-cificamente ainda, dirigida a Cristo, em consonância com as palavras do apóstolo em outra carta: "Tudo posso naquele que me fortalece" (Fp 4.13).

Com razão os comentadores nos têm chamado a atenção para a diferença a respeito da medida entre Cristo e os membros de seu corpo. Ele é "cheio de graça e de verdade" (Jo 1.14), agradou ao Pai que "nele residisse toda a plenitude" (Cl 1.19), e nele "todos os tesouros da sabedoria e do conhecimento estão ocultos" (Cl 2.3). Não há *medida* que limite os seus dons. Na igreja, porém, há uma distribuição de dons, e cada membro possui sua própria medida, para a qual há uma fé correspondente; os dons são exercidos mediante esta fé e dentro de seus limites.[5]

A diversidade de dons e funções, referida no final do versículo 3, é ilustrada e reforçada no versículo 4, mediante um apelo ao corpo humano. Assim como o corpo tem muitos membros, com suas funções particulares, assim também acontece na igreja de Cristo.[6] A característica significativa dessa evocação ao corpo humano aparece no versículo 5: "Assim também nós, conquanto muitos, somos um só corpo em Cristo e membros uns dos outros". Há duas considerações que devemos notar:

(1) Nesta passagem, o apóstolo expressa o conceito da igreja como um "corpo em Cristo". Este é o único caso em que tal designação ocorre nesta carta. O mesmo pensamento aparece em 1 Coríntios 10.17: "Porque nós, embora muitos, somos unicamente um pão, um só corpo". Apesar de que em nenhuma destas passagens Paulo chama os crentes de "o corpo de Cristo", em 1 Coríntios 12.27 ele afirma: "Vós sois corpo de Cristo; e, individualmente, membros desse corpo"; neste caso, o pensamento é tão similar, que não podemos duvidar que o conceito da igreja como corpo de Cristo estava na mente do apóstolo, quando ele escreveu as outras passagens (ver Rm 12.5; 1 Co 10.17), embora não houvesse motivo para aquela forma particular de afirmação. Em Efésios e Colossenses, a doutrina da igreja como o corpo de Cristo é mais plenamente desdobrada.[7] Nestas cartas, tal doutrina ocupa um lugar de grande proeminência, por ser tão pertinente aos temas ali abordados. No entanto, não devemos supor que a doutrina destas cartas não esteja implícita em Romanos e 1 Coríntios. A forma da expressão "um só corpo em Cristo" é apropriada ao pensamento, nesta instância. O interesse do apóstolo agora se voltava para a necessidade de pôr em execução, na comunidade de crentes, aquilo que é exemplificado no corpo humano, ou seja, que, embora haja muitos membros, não realizam todos eles a mesma

---

[5] Talvez o uso mais notável do termo "fé", em sentido específico, seja o de 1 Co 12.9. Ali é comparável à "palavra da sabedoria", à "palavra do conhecimento", aos "dons de cura", etc (Cf. também Rm 14.22,23; 1 Co 13.2).
[6] Cf. citações em Liddon, *op. cit.*, p. 233, quanto ao uso dessa comparação, no antigo mundo romano, com referência ao corpo social ou político.
[7] Cf. Ef 1.23; 2.16; 4.4,12,16; 5.23; Cl 1.18,24; 2.19; 3.15.

função. O pensamento central de toda a passagem — a diversidade de dons e ofícios exercidos de conformidade com a medida da fé, na harmonia da estima mútua e da reconhecida interdependência — determinou o modo de expressão. E, neste caso, não há necessidade de ser dito mais do que "um só corpo em Cristo".

(2) Os crentes não somente são membros de um único corpo; também são membros uns dos outros. Esta é uma maneira incomum de expressar o relacionamento corporativo (cf. Ef 4.25). Entretanto, não se trata de uma redundância. Isto indica o que não fora enunciado no fato da unidade, ou seja, a comunhão de possessões, a comunhão que os crentes desfrutam uns com os outros. Eles têm propriedade uns sobre os outros e, portanto, sobre os dons e as graças uns dos outros. Não se trata do comunismo que destrói a propriedade pessoal, e sim de uma comunidade que reconhece os dons distinguidores que Deus distribuiu; deste modo, a individualidade é zelosamente conservada. Mas a diversidade enriquece cada membro, porquanto gozam de comunhão em todos os dons do Espírito Santo, os quais Deus outorgou de conformidade com sua própria vontade.

6-8 — Poderíamos considerar o versículo 6 como a continuação do versículo 5, levando avante o seu pensamento: "Somos um só corpo em Cristo e membros uns dos outros, tendo, porém, diferentes dons segundo a graça que nos foi dada". Assim, as três cláusulas são coordenadas, vinculadas à palavra "muitos", como o sujeito. Considerar o versículo 6 como introdução de uma nova sentença é uma sintaxe mais branda e está mais em consonância com os versículos 6b, 7 e 8. Conforme esse ponto de vista, teríamos de suprir um verbo no meio do versículo, embora isso não constitua qualquer objeção. Tal fenômeno não é incomum no Novo Testamento. O verbo a ser suprido seria o mais apropriado ao exercício do dom de profecia, assim como também deveria ser suprido um verbo apropriado à ideia do exercício de ministério, ensino, exortação e outros dons mencionados.

Nestes versículos são mencionados sete diferentes dons. Em 1 Coríntios 12.8-10, nove dons são especificados; em 1 Coríntios 12.28,29 há oito; e em Efésios 4.11 há quatro ou cinco, se considerarmos "pastores e mestres" como um só ofício ou como dois. Alguns dos dons mencionados nessas listas não aparecem em Romanos 12. E, em 1 Coríntios 12.28, a ordem de importância é expressamente declarada, pelo menos no tocante à ordem em que figuram apóstolos, profetas e mestres. Essa mesma ordem, concernente a apóstolos e profetas, aparece em Efésios 2.20, 3.5 e 4.11. Nesta última passagem, o ofício de evangelista aparece em terceiro lugar, ao mesmo tempo em que não o encontramos em nenhuma outra das listas. Em todos os casos onde fica subentendida a ordem de importância, os apóstolos encontram-se em primeiro lugar, e os profetas, em segundo. Por conseguinte, nesta passagem (Rm 12.6-8), posto que o dom da profecia é alistado, mas o ofício apostólico não o é, a profecia é citada em primeiro lugar.

Os motivos por que Paulo não alude ao ofício apostólico são evidentes. Não havia qualquer apóstolo em Roma (cf. 15.15-29, especialmente v. 20). Ele fizera alusão à sua própria comissão apostólica, no versículo 3. Dificilmente estaria em consonância com o padrão indicado no Novo Testamento um apóstolo conceder instruções a outro, no tocante à conduta de seu ofício. Por outro lado, a prioridade do apostolado tornou inteiramente apropriado que Paulo exortasse a algum profeta que exercesse o seu dom "segundo a medida da fé".

Conforme observamos, nem todos os dons referidos nas outras cartas são especificados nesta passagem. Não é apropriado inferir que somente os dons mencionados se achavam presentes na igreja de Roma. Contudo, podemos inferir que os dons abordados e as instruções correspondentes eram relevantes à situação local e que a seleção de dons foi suficiente para reforçar, de modo concreto, os princípios normativos determinados nos versículos 3 a 5.

A profecia diz respeito à função de comunicar revelações da verdade da parte de Deus. O profeta era um órgão de revelação; era porta-voz de Deus. Seu ofício não se restringia à predição de eventos futuros, ainda que, por igual modo, isto era sua prerrogativa, quando Deus lhe revelava eventos futuros (cf. At 21.10-11). O dom de profecia, do qual Paulo fala, obviamente era exercido na igreja apostólica de modo distinto do que ocorreu na época do Antigo Testamento. Nessa época, os profetas ocupavam uma posição de prioridade que não é atribuída aos do Novo Testamento (cf. Nm 12.6-8; Dt 18.15-19; At 3.21-24; Hb 1.1; 1 Pe 1.10-12). Entretanto, o importante lugar ocupado pelo dom de profecia, na igreja apostólica, é indicado pela profecia de Joel, cumprida no dia de Pentecostes (Jl 2.28; At 2.16-17), pelo fato de que os profetas aparecem em segundo lugar, na ordem da importância, somente depois dos apóstolos, e pelo fato de que a igreja é edificada sobre "o fundamento dos apóstolos e profetas" (Ef 2.20). Os apóstolos possuíam o dom profético; também eram órgãos de revelação. Mas os apóstolos tinham outras qualificações que lhes conferiam preeminência, e os "profetas" não eram apóstolos.

O princípio normativo prescrito para qualquer profeta era que ele exercesse seu dom "segundo a proporção da fé".[8] Isto tem sido interpretado, conforme poderia sugerir uma tradução literal, "segundo a analogia da fé", em que a "fé" seria tomada em sentido objetivo, como a verdade revelada e crida. Esse ponto de vista corresponderia à expressão "a analogia das Escrituras", significando que a Escritura deve ser interpretada em consonância com a Escritura e que a regra infalível da interpretação da Bíblia é a própria Bíblia.[9] Muito pode ser dito em favor dessa interpretação.

(1) Se a expressão significa "proporção da fé", teria a mesma força que "a medida da fé" (v. 3); e, posto que cada qual deve avaliar a si mesmo e exercer seu dom de acordo com a medida da fé recebida, por que isto seria repetido e dirigido especificamente aos profetas?

(2) Há boas razões pelas quais um profeta deveria ser relembrado que as novas revelações por ele recebidas nunca poderiam estar em conflito com a revelação já existente. Este é o sinal característico de todo o verdadeiro profeta (cf. Dt 13.1-5; 18.20-22; 1 Co 14.37; 1 Jo 4.1-6).

(3) O critério pelo qual os homens devem julgar as reivindicações de um profeta é o cânon de revelação que eles possuem (cf. At 17.11).

---

8 Não há pronome possessivo acompanhando "fé".
9 Cf. Lutero, talvez Calvino, Philippi, Hodge, Shedd e outros.

(4) No grego clássico, há base para o sentido de "analogia", ou seja, aquilo que está em harmonia ou correspondência com alguma outra coisa.[10]

Por outro lado, não há evidências suficientes para confirmar essa interpretação. O termo em questão não ocorre em qualquer outro trecho do Novo Testamento. Ele é empregado a respeito de proporções e progressões matemáticas, bem como no sentido de taxa e relação. Também ocorre na frase "fora de proporção". A ideia de proporção parece ser a preponderante. Este significado, se for aplicado neste versículo, será relevante. O profeta, quando proclama a Palavra de Deus, não deve ultrapassar aquilo que Deus lhe deu para falar. Conforme já observamos, cada dom deve ser exercido dentro dos limites da fé, sendo restringido à sua própria esfera e propósito. Existe a urgente necessidade de que um profeta dê atenção a esse princípio normativo, porquanto nenhum perigo poderia ser maior do que o perigo de um órgão de revelação presumir falar em sua própria autoridade. A "proporção da fé" ou "medida da fé" indica também outra direção. O profeta deve exercer o seu dom segundo a plena extensão de suas prerrogativas; não deve ocultar a verdade que foi comissionado a desvendar. Paulo asseverou a sua própria fidelidade quanto a esse particular (ver At 20.20). Outrossim, isto não é a mera reiteração de "medida da fé" (v. 3), na qual a ênfase é colocada sobre um juízo sóbrio. No versículo 6, a ênfase recai sobre a devida execução da função profética, e a "proporção da fé" é a injunção eminentemente apropriada.

O próximo dom a ser mencionado é o de "ministério". Tal vocábulo é usado para indicar o ministério da Palavra, chegando mesmo a designar esse ministério realizado pelos apóstolos (cf. At 6.4; 20.24; 21.19; Rm 11.13; 2 Co 4.1; 5.18; 6.3; Ef 4.12; Cl 4.17; 1 Tm 1.12; 2 Tm 4.5,11). De acordo com a utilização deste vocábulo, há abundante apoio para a ideia de que Paulo tinha em vista o ministério da palavra. Além disso, esse ofício segue o de profecia e antecede o de ensino, na enumeração feita pelo apóstolo. Se existe aqui alguma ordem de prioridade, seríamos compelidos a considerar

---

10 ἀναλογία ocorre somente aqui no Novo Testamento e raramente aparece em alguma ocasião na Septuaginta. No grego clássico, era um termo empregado para indicar as proporções matemáticas, com ὑπέρ no sentido de fora de proporção; e também trazia o sentido de "acordo" ou "correspondência", similar a ὁμοιότης.

como o ministério da Palavra, porquanto nenhuma outra fase das ministrações da igreja poderia ocupar lugar mais sublime do que o ensino, exceto o ministério geral da Palavra. Com base nessa suposição, as quatro primeiras funções obviamente estão na ordem de importância — profecia, ministério da Palavra, ensino e exortação. Entretanto, por mais razoável que seja esse ponto de vista, não podemos ter a certeza de que esta era a função que o apóstolo tinha em mente.

(1) O termo também é usado em sentido mais restrito para indicar o ministério de misericórdia, no tocante a necessidades físicas (cf. At 6.1; 11.29; 2 Co 8.4; 9.1,12-13). Outrossim, nesta carta (ver Rm 15.31), o vocábulo é empregado com esse sentido para indicar a própria missão de Paulo em Jerusalém, conforme é evidente em 15.25-27. A flexibilidade no uso dessa palavra se evidencia em 1 Coríntios 12.5, onde Paulo fala acerca da "diversidade nos serviços".

(2) Não é claro que, nesta passagem, os dons enumerados estão na ordem da importância (cf. 1 Co 12.8-10). Se não aderimos à ordem de prioridade, não há razão pela qual o ministério de misericórdia não tenha sido mencionado, nesta altura.

(3) Embora esse termo não seja usado para denotar o diaconato, o termo correspondente, "servo", é empregado no sentido de "diácono", e o verbo é empregado no sentido de exercer o ofício diaconal (ver Fp 1.1; 1 Tm 3.8,10,12-13).

(4) Se o apóstolo tinha em mente o ministério da Palavra, seria difícil manter a distinção entre dom e função, que deve estar suposta no presente contexto. Se for entendido o ministério da Palavra, no sentido mais abrangente da função, isto se aplicaria a um profeta, por um lado, e a um mestre, por outro. Portanto, faltar-lhe-ia aquela característica distinguidora que devemos esperar.

Por conseguinte, parece não haver qualquer razão conclusiva para rejeitarmos o ponto de vista de que "ministério" neste versículo refere-se ao diaconato. E, se este é o dom contemplado, há bons motivos pelos quais os diáconos tenham sido exortados a dedicarem-se a este ministério, um ministério de misericórdia para com os pobres e fracos. No que toca a este ofício, há dois males que essa exortação nos ajuda a evitar. Posto que este ofício se preocupa com benefícios materiais e físicos, tende por ser subestimado e considerado como não-espiritual, sendo por essa razão negligenciado. O outro mal consiste no fato de que, por isso mesmo, o diácono tende a arrogar para si mesmo outras funções que pareçam oferecer-lhe serviço mais proveitoso. Tanto a negligência quanto a presunção devem ser evitadas; e os diáconos devem se dedicar à ministração envolvida em seu ofício. No sentido apropriado, a obra deste ofício é intensamente espiritual, e os males derivados da subestimação têm provocado transtornos ao testemunho da igreja. Ao contrário, "os que desempenharem bem o diaconato alcançam para si mesmos justa preeminência e muita intrepidez na fé em Cristo Jesus" (1 Tm 3.13).

"Ou o que ensina esmere-se no fazê-lo." Ao abordar os dois primeiros dons, o apóstolo empregou os termos "profecia" e "ministério". Agora ele se torna mais concreto, e nas cinco funções restantes fala em termos das *pessoas* que as exercem. O ofício do ensino difere do profético. Aquele que expõe a palavra de Deus não é um órgão de revelação. O profeta comunica verdades e, nessa proporção, transmite ensinamento. Porém, ele não é um mestre no sentido especializado daquele cuja função é expor o significado do que foi revelado. Sua obra é dirigida em particular ao entendimento. Ele precisa dedicar-se a essa tarefa e contentar-se com ela.

"O que exorta faça-o com dedicação." A exortação tem como alvo o coração, a consciência e a vontade, assim como o ensino visa atingir o entendimento. A conjunção desses dois aspectos do ministério da Palavra é imperativa. Às vezes, esses aspectos são combinados no ministério de uma mesma pessoa (cf. 1 Tm 4.13; Tt 1.9). A respeito da profecia, o apóstolo diz que ela ministra exortação (ver 1 Co 14.3), bem como edificação e consolo.

Os vocábulos empregados neste caso poderiam referir-se especificamente à consolação; eles são utilizados neste sentido por todo o Novo Testamento. Se o entendermos deste modo, esse dom especial se refere à aptidão para ministrar consolo, em particular aos que sofrem aflições. Porém, mesmo que exortação seja o seu significado, a sua aplicação à consolação é algo necessário. A exortação precisa ser dirigida ao cultivo da paciência e da perseverança; e estas relacionam-se à consolação.

O próximo dom a ser mencionado é o que diz respeito à contribuição; e a ordem a seu respeito é que se contribua com liberalidade, que, às vezes, é o significado do vocábulo grego (cf. 2 Co 8.2; 9.11,13). Mas, em outros trechos bíblicos, o vocábulo significa simplicidade, no sentido de singeleza de coração, motivo e propósitos (cf. 2 Co 11.3; Ef 6.5; Cl 3.22). Não temos certeza sobre qual desses sentidos o apóstolo tencionava comunicar; no entanto, muito pode ser dito em prol da simplicidade. A contribuição, no presente caso, é a doação de recursos particulares; não se trata de distribuição de esmolas retiradas do caixa da igreja. Esta atividade faz parte da responsabilidade dos diáconos, não havendo evidências para pensarmos que tal ato de misericórdia esteja em foco aqui.[11] Nem a liberalidade nem a sinceridade de propósitos parecem apropriadas à distribuição de fundos retirados do caixa da igreja. No entanto, quando estão em vista as nossas possessões pessoais, ambas essas virtudes são relevantes. Além disso, se o "ministério" (v. 7) em foco é o do diaconato, conforme as evidências parecem indicar, haveria duplicação ou, pelo menos, uma especificação adicional que dificilmente concorda com o interesse do apóstolo nesta passagem, ou seja, o exercício dos diversos dons que Deus distribuiu na igreja. Posto que o contribuir envolve bens pessoais, é muito apropriada a recomendação de sinceridade de motivos e propósitos. O contribuir não deve ser realizado com aqueles motivos ulteriores de obter influência e vantagem para o próprio indivíduo, um erro frequentemente nutrido pelos abastados em suas dádivas à igreja e diante do qual os responsáveis pela administração dos negócios da igreja estão sujeitos, com frequência, a sucumbir.

"O que preside, com diligência." Não podemos duvidar que encontramos aqui uma referência àqueles que exercem funções de governo[12] e supervisão na igreja (cf. 1 Ts 5.12; 1 Tm 5.17). Nesta última passagem, eles são chamados de "presbíteros". Em 1 Coríntios 12.28, esse ofício é denotado por outro vocábulo — "governos". Seria absurdo supor que em Romanos 12.8 há qualquer alusão ao governo como se este fosse exercido por um único homem. As demais passagens que falam sobre o assunto subentendem pluralidade de presbíteros (cf. também

---

11 O verbo usado é μεταδίδωμι, "dar uma parte" (cf. Lc 3.11; Rm 1.11; Ef 4.28; 1 Ts 2.8).
12 Quanto ao verbo προΐστημι, no sentido de governar, cf. 1 Ts 5.12; 1 Tm 3.4,5,12; 5.17; e, no sentido de manter, cf. Tt 3.8,14.

At 15.2,4,6,22-23; 16.4; 20.17,28; Tt 1.5; Hb 13.7,17). O apóstolo utiliza o singular, neste caso, conforme o padrão seguido em outras quatro instâncias, sem qualquer alusão ao número daqueles que poderiam ter e exercer esses vários dons. Portanto, o presente texto não oferece qualquer base para a ideia da existência de um único homem como presidente, no governo da igreja, ou para a ideia de um só homem como chefe sobre todos aqueles que governam. A exortação à diligência é um lembrete a respeito da vigilância que os supervisores da igreja precisam observar. A eles cabe a tarefa de pastorear a igreja de Deus e cuidar do rebanho sobre o qual o Espírito Santo os tornou supervisores (cf. At 20.28). Cumpre-lhes velar pelas almas daqueles sobre os quais supervisionam (cf. Hb 13.17). Nenhuma outra consideração empresta maior vigor à acusação feita pelo apóstolo do que o fato de que a igreja é a coluna e baluarte da verdade (ver 1 Tm 3.15) e de que toda infração ou negligência quanto ao governo eclesiástico prejudica diretamente o testemunho sobre a verdade, da qual a igreja é a coluna.

"Quem exerce misericórdia, com alegria." Há íntima ligação entre esse dom e o de contribuição. Porém, no uso do vocábulo "misericórdia" há o pensamento de um ministério mais direto e pessoal para com aqueles que estão em necessidade. O contribuir referido antes não envolve necessariamente o indivíduo, nem o serviço mais íntimo subentendido neste ministério de misericórdia. A virtude recomendada neste caso indica este tipo de cuidado; a misericórdia deve ser realizada com *alegria*. Com frequência, a obra de misericórdia é desagradável e, assim, tende por ser desempenhada com má vontade e de maneira superficial. Essa atitude frustra o propósito primordial da misericórdia. Nas palavras de Calvino, "porquanto nenhuma outra coisa confere maior consolo aos enfermos, ou àqueles que de algum outro modo estão aflitos, do que ver homens a assisti-los com prontidão e alegria; observar tristeza no rosto daqueles que prestam tal assistência, faz os beneficiados sentirem-se eles mesmos desprezados".[13]

No caso dos quatro primeiros dons, a exortação fala a respeito da esfera em que os dons devem ser realizados, mas neste último a ênfase recai sobre a disposição de coração e vontade, com a qual este serviço tem de ser prestado.[14]

---

13 *Op. cit., ad loc.*
14 Cf. Meyer, *op. cit., ad* 12.8.

12.9-21

9 O amor seja sem hipocrisia. Detestai o mal, apegando-vos ao bem.
10 Amai-vos cordialmente uns aos outros com amor fraternal, preferindo-vos em honra uns aos outros.
11 No zelo, não sejais remissos; sede fervorosos de espírito, servindo ao Senhor;
12 regozijai-vos na esperança, sede pacientes na tribulação, na oração, perseverantes;
13 compartilhai as necessidades dos santos; praticai a hospitalidade;
14 abençoai os que vos perseguem, abençoai e não amaldiçoeis.
15 Alegrai-vos com os que se alegram e chorai com os que choram.
16 Tende o mesmo sentimento uns para com os outros; em lugar de serdes orgulhosos, condescendei com o que é humilde; não sejais sábios aos vossos próprios olhos.
17 Não torneis a ninguém mal por mal; esforçai-vos por fazer o bem perante todos os homens;
18 se possível, quanto depender de vós, tende paz com todos os homens;
19 não vos vingueis a vós mesmos, amados, mas dai lugar à ira; porque está escrito:
A mim pertence a vingança; eu é que retribuirei, diz o Senhor.
20 Pelo contrário, se o teu inimigo tiver fome, dá-lhe de comer; se tiver sede, dá-lhe de beber; porque, fazendo isto, amontoarás brasas vivas sobre a sua cabeça.
21 Não te deixes vencer do mal, mas vence o mal com o bem.

Nos seis versículos anteriores, o apóstolo falara sobre diferentes ofícios e funções, dando a cada um deles uma exortação apropriada. Nos versículos 9-21, ele reforça os deveres que todos os crentes têm de observar. O capítulo inteiro ocupa-se com os aspectos práticos e concretos da santificação; e, por essa razão, as exortações têm de abranger diversas situações da vida. Porém, os versículos 3 a 8 têm em mira os deveres que não são comuns a todos; os versículos 9 a 21 tratam dos deveres que ninguém pode negligenciar. É fácil perceber a relevância de todas estas virtudes: o amor, a gentileza fraternal, o zelo, a esperança, a paciência, a oração, a hospitalidade, a longanimidade, a simpatia e a humildade; é a respeito dessa gama de virtudes que o apóstolo passa a falar.

9-10 — "O amor seja sem hipocrisia." Poderíamos esperar que a lista começasse pelo amor (cf. Rm 13.8-10; 1 Co 13.13; Gl 5.22). Em face da primazia do amor, é de interesse particular notarmos como ele se caracteriza. Não deve ser fingido. Encontramos esta ênfase também em outras cartas (cf. 2 Co 6.6; 1 Pe 1.22). Nenhum pecado é mais digno de repreensão e mais destrutivo para a integridade do que a hipocrisia, porquanto é a contradição da verdade. Nosso Senhor expôs o caráter diabólico deste pecado, quando disse a Judas: "Com um beijo trais o Filho do homem?" (Lc 22.48) Se o amor é a súmula da virtude, e a hipocrisia é a epítome do pecado, que contradição está envolvida no ajuntamento destas duas coisas! Afeição simuladora!

Nenhum outro critério para averiguar nossa lealdade é mais perscrutador do que a antítese instituída entre o mal e o bem. Nossa reação ao mal, em todas as suas formas, deve ser de instantânea abominação; convém que odiemos "até a roupa contaminada pela carne" (Jd 23). Nosso apego ao bem deve caracterizar-se por aquela devoção ilustrada pelos laços do matrimônio.[15] Além de nosso retroceder, por aborrecermos aquilo que pertence ao reino das trevas, e de nossa devotada lealdade àquilo que é bom e agradável a Deus (cf. 1 Ts 5.22; Fp 4.8,9), não existem outros termos que expressem de forma mais evidente a total diferença em nossa atitude. Quando o bem é a atmosfera da nossa vida, sentimo-nos sufocados nas veredas da iniquidade e nos conselhos dos ímpios (cf. Sl 1.1,2).

Na série de exortações seguinte, há certa similaridade de construção gramatical, e isto pode tornar-se mais claro através desta tradução: "No amor fraternal, sendo afetuosamente gentis uns para com os outros; em honra, preferindo-vos mutuamente; no zelo, não vos mostrando indiferentes; no espírito, fervorosos, servindo ao Senhor; regozijando-vos na esperança; na aflição, mostrando-vos pacientes; na oração, constantes a toda hora; participando das necessidades dos santos; seguindo a hospitalidade".

---

15 Sobre κολλάω, ver seu uso em Mt 19.5 e 1 Co 6.16-17.

"Amai-vos cordialmente uns aos outros com amor fraternal." O amor referido no versículo 9 é o amor demonstrado a nossos semelhantes e, neste contexto, refere-se particularmente ao amor manifestado na comunidade da igreja. Porém, neste e nos versículos seguintes são mencionadas diversas expressões desse amor. É evidente que nesta instância a comunhão dos santos é vista como um relacionamento familiar, que, por isso mesmo, exige aquilo que corresponde, na vida da igreja, à afeição que os membros de uma família mantêm uns pelos outros.[16]

A particularidade do amor que os crentes devem ter uns pelos outros é aqui indicada e sancionada. O amor, mesmo no mais elevado nível de exercício, é discriminador em sua qualidade. Esta discriminação é exemplificada por Paulo em outras cartas: "Façamos o bem a todos, mas principalmente aos da família da fé" (Gl 6.10).

"Preferindo-vos em honra uns aos outros." O significado prático desta cláusula é óbvio. Porém, existe a questão se o intuito é o mesmo da exortação do apóstolo, ao dizer, em outra de suas cartas: "Considerando cada um os outros superiores a si mesmo" (Fp 2.3); ou se a ideia é que devemos nos destacar em prestar honra. Em outras palavras, o pensamento bem pode ser que, ao invés de esperarmos o louvor alheio, deveríamos nos antecipar em dar honras aos outros. Não podemos ter certeza a respeito de qual pensamento este versículo se refere. Em qualquer caso, a exortação tem por escopo evitarmos a presunção mediante a qual nos impomos sobre os outros. A humildade recomendada não é incompatível com o juízo sóbrio, aconselhado no versículo 3. Cumpre-nos reconhecer os dons que Deus nos outorgou, exercendo-os na plena consciência de que há outros que não os possuem e de que, por isso, não estão qualificados a assumir as funções e prerrogativas que esses dons envolvem.

A humildade não negligencia a diferença que existe na comunidade da fé, nem pode ser evocada como desculpa para a indolência. Paulo se considerava "o menor de todos os santos" (Ef 3.8); mas não permitiu que essa estimativa acerca de si mesmo o impedisse de asseverar suas elevadas

---

16 Embora não ocorra em nenhuma outra passagem do Novo Testamento, o termo φιλόστοργοι denota afeição familiar, no grego clássico.

prerrogativas como apóstolo e ministro de Cristo. Entre os crentes, Paulo é o mais nobre exemplo daquilo que ele mesmo nos recomenda, bem como da sobriedade de julgamento a ser exercido, "segundo a medida da fé que Deus repartiu a cada um" (v. 3).

11 — As três exortações seguintes estão intimamente vinculadas entre si:[17] "No zelo, não sejais remissos; sede fervorosos de espírito, servindo ao Senhor". A primeira é de caráter negativo, sendo dirigida contra o ato de cansar-se em fazer o bem (cf. Gl 6.9).[18] A segunda é o correspondente positivo da mesma, exortando-nos ao fervor com que nosso espírito deve incandescer-se. A palavra "espírito" tem sido entendida como uma referência ao "Espírito Santo"; e o pensamento seria que devemos ser "fervorosos no Espírito Santo".[19] Este sentido é apropriado, especialmente em face do serviço prestado ao Senhor, na cláusula seguinte. Também é verdade que, somente quando os nossos espíritos são vivificados pelo Espírito Santo, podemos ser fervorosos em nossos espíritos. Embora o termo "espírito" seja o nome pessoal do Espírito Santo, ocorrendo com frequência com tal denotação, também designa o espírito humano e constantemente ocorre nas cartas de Paulo com este significado (cf. Rm 1.9; 1 Co 2.11; 5.4; 7.34; 2 Co 7.1; Ef 4.23; 1 Ts 5.23).

Visto que nesta instância a alusão ao espírito humano é apropriada, não é necessário existir uma referência ao Espírito Santo. A terceira exortação define o serviço pelo qual a indolência será evitada e o fervor, praticado.[20]

---

17 A versão inglesa NEB relaciona intimamente essas três coisas, ao traduzir: "Com energia inquebrantável, em ardor de espírito, servi ao Senhor".

18 Em Mt 25.26, ὀκνηροί significa "preguiçoso"; em Fp 3.1, "fatigante" ou "perturbador". Em Rm 12.11, são expressas ideias similares: "Não sede indolentes"; "não vos deixeis enfadar pelas exigências de". Às vezes, σπουδή significa pressa (Mc 6.25; Lc 1.39), e σπουδάζω provavelmente tem este significado em 2 Tm 4.9,21 e Tt 3.12. No entanto, com mais frequência, σπουδή significa diligência ou cautela (cf. 2 Co 7.11-12; 8.7-8,16; Hb 6.11; 2 Pd 1.5; Jd 3), e σπουδαζω tem o mesmo sentido na maioria dos casos, embora não em todos.

19 Cf. Barrett, *op. cit., ad loc.*

20 A forma καιρῷ, em lugar de Κυρίῳ, é insuficientemente confirmada pelas evidências externas. Contra ela, temos os manuscritos P[46], ℵ, A, B, L, a maioria dos cursivos e outras autoridades. καιρῷ tem sido favorecida por notáveis exegetas (cf. Meyer, Godet). A ideia de servir ao tempo, no sentido de acomodar-se às circunstâncias temporais, aparece no grego e no latim, e o conceito de aproveitar a oportunidade encontra-se nos escritos de Paulo (ἐξαγοραζόμενοι τὸν καιρόν — Ef 5.16; Cl 4.5;

Esse lembrete é o mais eficaz antídoto contra a fadiga, servindo de incentivo ao ardor. Quando o desencorajamento se apossa do crente, tendo como resultado o espírito de desânimo, isto ocorre por que as reivindicações do serviço do Senhor têm deixado de ocupar a posição primordial em nossos pensamentos. Embora essa exortação seja de natureza geral, aplicando-se a cada situação da vida, ela não está fora de lugar nesta série de exortações particulares;[21] mas expressa aquilo que visa evitar a indolência, incitar-nos à devoção constante e resguardar-nos do zelo excessivo que ultrapassa a esfera de serviço ao Senhor. As palavras "servindo ao Senhor" têm o duplo propósito de despertar-nos da ociosidade e regular o zelo.

12 — As três exortações seguintes também estão ligadas entre si: "Regozijai-vos na esperança, sede pacientes na tribulação, na oração, perseverantes". A esperança se refere ao futuro (cf. Rm 8.24,25). O crente jamais deve ter seu horizonte limitado pelo que é visível e temporal (cf. v. 2). A salvação que ele agora possui é de tal modo condicionada pela esperança, que, sem esta, o caráter da salvação é negado — "Porque, na esperança, fomos salvos" (Rm 8.24). Esta esperança é a expectação da glória de Deus (Rm 5.2), envolvendo bem-aventurança imaculada e final para o crente. A esperança, uma vez concretizada, será um dia glorioso; não haverá qualquer mescla de bem e mal, alegria e tristeza. Portanto, agora mesmo, "regozijai-vos na esperança".

Entretanto, neste versículo, a esperança não é o objeto do regozijo. Conforme assevera Philippi: "A ordem tencionada pelo apóstolo não é alegrarmo-nos *na* esperança... mas alegrarmo-nos *por meio* ou *em virtude da* esperança".[22] A esperança é a causa ou o fundamento para o regozijo. Por

---

cf. também Gl 6.10). Por conseguinte, a ideia de servir ao tempo não é estranha ao ensino de Paulo, nem imprópria neste contexto. Outrossim, é difícil entender como καιρῷ poderia ter sido substituído por Κυρίῳ, ao passo que o contrário é facilmente compreensível. Todavia, a confusão pode ter surgido da similaridade na grafia; e as evidências externas são de natureza tal, que não é possível adotarmos καιρῷ como o texto apropriado. Não podemos deixar de perceber a tendência dialética no comentário de Karl Barth: "*Servindo ao tempo* — mergulhando na CRISE do presente momento, pois a decisão se acha aí" (*op. cit., ad loc.*).
21 Cf, em *contrário*, Godet, que diz: "O preceito, *servindo ao Senhor*, é por demais geral para ter lugar em uma série de recomendações tão particulares" (*op. cit., ad loc.*).
22 *Op. cit., ad loc.*

mais intensas que sejam as aflições do crente, a resposta apropriada, em face da esperança, é o regozijar-se. Não existe consolo algum na tristeza, exceto quando esta é iluminada pela esperança. Quão eloquentes, neste sentido, são as palavras de Paulo, dirigida a crentes que lamentavam seus mortos: "Para não vos entristecerdes como os demais, que não têm esperança" (1 Ts 4.13).

"Sede pacientes na tribulação." Conforme Philippi salienta, não temos aqui a ideia de *suportar a tribulação*, e sim de *mostrar-se perseverante na tribulação*.[23] A nossa atenção já havia sido atraída aos sofrimentos que caracterizam a peregrinação do crente e à sua atitude para com estes (cf. Rm 5.3). Paulo se referiu constantemente às aflições que ele mesmo suportou (cf. 2 Co 1.4,8; 2.4; 6.4; 7.4; Ef 3.13; 1 Ts 3.7). Também é digno de nota a frequência com que o apóstolo, em seus ensinos, abordou os sofrimentos dos crentes, nos diferentes aspectos da vida (cf. Rm 8.35; 2 Co 1.4; 4.17; 8.2; 1 Ts 1.6; 3.3; 2 Ts 1.4). Estes sofrimentos assumem a forma de perseguições, e somos lembrados que "todos quantos querem viver piedosamente em Cristo Jesus serão perseguidos" (2 Tm 3.12; cf. Rm 8.35; 2 Co 12.10; 2 Ts 1.4; 2 Tm 3.11) e que, "através de muitas tribulações, nos importa entrar no reino de Deus" (At 14.22; cf. Ap 7.14). A exortação do presente texto evoca a necessidade de constância e perseverança naquilo que permeia a vida de fé.

As minuciosas exigências envolvidas no ponto anterior indicam quão relevante é a advertência "na oração, perseverantes" (cf. At 1.14; 6.4; Cl 4.2). A perseverança em meio as tribulações é medida por nossa diligência na oração. A oração é o instrumento determinado por Deus para o suprimento da graça suficiente para toda circunstância e, particularmente, contra o desencorajamento de coração a que somos tentados pelas aflições.

Convém observar a interdependência das virtudes recomendadas nessa trilogia. Quão assustadoras seriam as tribulações, se não possuíssemos esperança (cf. 1 Co 15.19); quão derrotistas seríamos na perseguição, se não tivéssemos os recursos da esperança e da perseverança fornecidos a nós através da oração. A sequência do pensamento de Davi reflete as exortações do apóstolo: "Ouve-me as vozes súplices, quando a ti clamar por socorro, quando erguer as mãos para o teu santuário... Bendito seja o SENHOR, por-

---

23 *Ibid.*

que me ouviu as vozes súplices! O SENHOR é a minha força e o meu escudo; nele o meu coração confia, nele fui socorrido; por isso, o meu coração exulta, e com o meu cântico o louvarei" (Sl 28.2,6,7).

13 — "Compartilhai as necessidades dos santos."[24] É verdade que, se anuirmos a esta exortação, distribuiremos e partilharemos nossas possessões para satisfazer às necessidades dos santos. Porém, embora isso esteja implícito como uma consequência, o pensamento exato não parece ser o de compartilhar, e sim o de participar das necessidades dos santos. O vocábulo traduzido "compartilhar" tem o sentido de *participar* em outras passagens (cf. Rm 15.27; 1 Tm 5.22; Hb 2.14; 1 Pe 4.13; 2 Jo 11 e, provavelmente, Fp 4.14). O substantivo correspondente significa *participante* (cf. Mt 23.30; 1 Co 10.18,20; Hb 10.33; 1 Pe 5.1; 2 Pe 1.4; cf. também Lc 5.10, no sentido de sócio; e, ainda, uma forma composta do verbo em Ef 5.11; Fp 4.14; Ap 18.4).[25] Por conseguinte, o significado parece ser que temos de nos identificar com as necessidades dos santos, tornando-as nossas próprias. Somos participantes dos dons alheios no sentido do versículo 5, mas também de suas necessidades.[26] A mesma identificação de nossa pessoa com a sorte de outros, requerida no versículo 15, é aqui aplicada às necessidades dos santos.

A exortação seguinte está bem relacionada à anterior: "Praticai a hospitalidade". O verbo traduzido "praticai" significa seguir ou perseguir, dando a entender que devemos ser ativos no praticar a hospitalidade, não oferecendo-a involuntariamente, com murmuração (cf. 1 Pe 4.9), quando a necessidade torná-la inevitável. O mesmo tipo de atividade é aqui determinado, assim como em outras passagens bíblicas, em referência ao amor, à paz, à retidão, ao bem e ao alcançar o prêmio da sublime vocação de Deus em Cristo Jesus (cf. Rm 14.19; 1 Co l4.1; Fp 3.12, 14; 1 Ts 5.15; 1 Tm 6.11; Hb 12.14; 1 Pe 3.11). Na época dos apóstolos, existia a urgente necessidade da prática dessa virtude. Havia as perseguições pelas quais os cristãos eram compelidos a migrar e outras

---

24   A variante μνείαις (em lugar da forma aceita, χρείαις —"necessidades") não deve ser seguida com base em qualquer evidência externa ou interna, sob hipótese alguma.
25   Gl 6.6 pode ser uma instância de "comunicar".
26   A observação de Philippi é que não compartilhamos das *necessidades* dos santos, e sim dos próprios santos (*op. cit., ad loc.*).

razões que os forçavam a mudar de um lugar para o outro. Os mensageiros do evangelho eram itinerantes no cumprimento de sua comissão. O mundo não se mostrava hospitaleiro. Portanto, a hospitalidade era um exemplo fundamental da maneira pela qual os crentes deviam ser participantes das necessidades dos santos. As condições prevalecentes nos tempos apostólicos persistem em alguns lugares do mundo, e a necessidade dessa graça é tão urgente hoje quanto o era então. Porém, mesmo onde as condições econômicas e sociais são mais favoráveis, a prática da hospitalidade é relevante. É nestas circunstâncias que a força do verbo "praticai" deve ser atendida. As ocasiões se apresentarão no tempo certo, se estivermos alerta ao nosso dever, privilégio e bênção (cf. Hb 13.2; 2 Tm 1.16-18).

14 — Nenhuma outra exortação prática impõe maior exigência aos nossos espíritos do que esta: "Abençoai os que vos perseguem". Fica subentendido que nesta perseguição há um tratamento malicioso e injusto. Ela é provocada não por atitudes más de nossa parte, e sim pelo bem praticado por nós (cf. 1 Pe 3.13-17). O motivo para a perseguição é que "o pendor da carne é inimizade contra Deus" (Rm 8.7), sendo provocada pela animosidade contra aqueles que, da parte de Deus, testemunham em favor da verdade. O caráter irracional da perseguição é que tende a causar ressentimento nos corações dos crentes e, com tal ressentimento, pensamentos de retaliação vingativa. Nisto se encontra a dificuldade de anuirmos a esta exortação. Pois, se nos refrearmos de ações retaliativas, quão inclinados nos mostraremos a nutrir ideias vingativas.

Entretanto, não é a mera abstinência que o apóstolo estava exigindo, nem apenas a resistência sob as perseguições (cf. 1 Pe 2.20); trata-se de manter uma disposição bondosa que se expressa em abençoar. Bendizer tem diferentes significados. Quando bendizemos a Deus, atribuímos-lhe o louvor devido (cf. Lc 1.64,68; 2.28; 24.53; Tg 3.9). Quando Deus nos abençoa, ele nos confere bênçãos (cf. Mt 25.34; At 3.26; Gl 3.9; Ef 1.3). Quando abençoamos pessoas ou coisas, invocamos sobre elas as bênçãos de Deus (cf. Lc 2.34; 1 Co 10.16; Hb 11.20). É este último sentido que se aplica à exortação do texto, além de numerosos outros casos, onde o mesmo dever é recomendado. As palavras do apóstolo têm o mesmo efeito que o ensino ministrado por nosso Senhor (ver Mt 5.44; Lc 6.27,28).

Quando Paulo acrescenta "abençoai e não amaldiçoeis", ele destaca o fato de que nossa atitude não deve ser uma mistura de abençoar e amaldiçoar, e sim de abençoar sem qualquer fingimento. Esta exigência sugere duas considerações: (1) nada menos que o padrão da própria longanimidade e beneficência de Deus é a norma para nós (cf. Mt 5.45-48); (2) somente os recursos da graça onipotente, que atua por meio de Cristo Jesus, se equiparam às exigências da vocação do crente.[27]

15-16 — Verificamos antes que o crente deve identificar-se com as necessidades dos outros (v. 13).[28] No versículo 15, achamos outro exemplo desta simpatia. Podemos estar prontos a pensar que é fácil e natural nos regozijarmos com aqueles que se alegram. No regozijo mútuo, é natural nos mostrarmos alegres. Mas esta não é a alegria aqui referida. O regozijar-se é aquele que se origina da satisfação perante e no Senhor (cf. Fp 4.4). Em contraste com o chorar da cláusula seguinte, o apóstolo devia estar focalizando alguma ocasião particular de alegria especial, devido ao favor e à bênção de Deus; alguma manifestação distinguidora da graça outorgada àqueles que são designados como "os que se alegram". O cerne da exortação é que nos convém entrar nesse regozijo como se a ocasião para alegrar-se pertencesse a nós mesmos. Pois, se amarmos ao próximo como a nós mesmos, se apreciarmos o companheirismo no corpo de Cristo, a alegria de outros também será nossa (cf. 1 Co 12.26b). Tal mutualidade não se encontra em nós por natureza. Ciúmes e inveja, ódio e malícia são nossas inclinações naturais (cf. Gl 5.20,21; Tt 3.3). Esta exortação, tanto quanto qualquer outra na lista de virtudes, demonstra a transformação (cf. v. 2) que deve ser realizada naqueles que são "um só corpo em Cristo" (v. 5).

"E chorai com os que choram." Esta recomendação também é dirigida contra um erro que é indizível em sua maldade, ou seja, regozijar-se ante as calamidades alheias (cf. Pv 17.5). Nossa identificação com a situação alheia

---

27 Cf. também 1 Co 4.12; 1 Pe 3.9.
28 χαίρειν e κλαίειν são infinitivos imperativos (cf. στοιχεῖν, em Fp 3.16).

é novamente recomendada. Chorar significa tristeza, dor e pesar de coração. Não é agradável chorar; ninguém convida para si a tristeza. Porém, nosso amor ao próximo nos compelirá àquela tristeza de coração que a providência divina determina para nossos irmãos em Cristo.

Em todos estes casos, ocupamo-nos com as emoções de júbilo e tristeza e, uma vez mais, somos relembrados sobre as vicissitudes que pertencem à vida do crente. Para cada vicissitude existe a reação apropriada; e a essas reações, de natureza emocional ou outra, nossos irmãos na fé têm de se mostrar sensíveis, não distorcendo rudemente a psicologia criada pelas situações alheias. Recordamos o que outra passagem do Novo Testamento afirma: "Está alguém entre vós sofrendo? Faça oração. Está alguém alegre? Cante louvores" (Tg 5.13). Também podemos apreciar a sabedoria de Salomão: "Como quem se despe num dia de frio e como vinagre sobre feridas, assim é o que entoa canções junto ao coração aflito" (Pv 25.20).

"Tende o mesmo sentimento uns para com os outros."[29] Com frequência, encontramos exortações que nos aconselham à unidade de pensamento e de espírito, no Senhor (cf. Rm 15.5; 2 Co 13.11; Fp 2.2;4.2). É possível que o apóstolo desejasse relacionar esta exortação ao versículo anterior, tencionando dizer que deve haver intenso companheirismo entre os crentes, a ponto de nos regozijarmos com aqueles que se alegram e chorarmos com os que choram (cf. Fp 2.4). No entanto, não é mister afirmar esse tipo de relacionamento. Assim como nas passagens citadas, há razão suficiente para pensarmos que Paulo falava sobre a harmonia que terá referência mais ampla do que a mera simpatia contemplada no versículo anterior. Há certa diferença entre possuir o "mesmo sentir de uns para com os outros" (Rm 15.5) e o ter "o mesmo sentimento uns para com os outros". Esta última cláusula indica a ideia que cada indivíduo deve entreter no tocante aos outros, exigindo que haja concórdia neste intercâmbio mútuo de pensamentos atinentes aos nossos semelhantes. Que nenhum sentimento discordante seja mantido nestas relações recíprocas.

---

29 Não há necessidade de entendermos o particípio φρονοῦντες como dependente dos infinitivos anteriores. No contexto anterior, há numerosos particípios com força de imperativo e, também, nos vv. 17-18. Se insistirmos sobre esta dependência, a mesma coisa se aplicaria aos próximos dois particípios, mas eles não se adaptam a tal construção gramatical. Nem podemos interpretá-los juntamente com μὴ γίνεσθε (v. 16b).

As duas cláusulas seguintes são dirigidas contra a vanglória, o anelo por *status* e honra. Coisas exaltadas são contrastadas com coisas simples e humildes. Há certa dúvida se "o que é humilde" se refere a coisas ou a pessoas; os comentadores estão divididos quanto a isso. É mais provável que a ideia de coisas seja a correta.

Se este é realmente o intuito do apóstolo, a ideia é que devemos contentar-nos com um *status* e tarefas humildes na vida (cf. Fp 4.11; 1 Tm 6.8,9; Hb 13.5) . O termo traduzido por "condescendei" significa deixar-se levar por (cf. Gl 2.13; 2 Pe 3.17), indicando que nossos sentimentos e atitudes devem estar de tal maneira harmonizados com as coisas humildes, que nos sintamos perfeitamente à vontade com essas circunstâncias. E, se "o que é humilde" refere-se a pessoas,[30] o pensamento é que devemos nos sentir à vontade com pessoas humildes. Qualquer que seja o significado de "o que é humilde", o sentido prático incluiria ambas essas linhas de pensamento, porquanto uma coisa subentende a outra.

O erro contra o qual se dirigem estas exortações é comum e desgasta a própria base da comunidade na igreja de Cristo, sobre a qual o apóstolo colocou tanta ênfase. Não pode haver aristocracia na igreja; não podem existir grupos exclusivos de ricos, em oposição aos pobres, ou pedestais inatingíveis de dignidades, para aqueles que pertencem a camadas sociais e econômicas mais altas, nem para aqueles que ocupam algum ofício na igreja (cf. 1 Pe 5.3). Quão contrário a todas essas pretensões é o caráter do Cabeça da igreja: "Sou manso e humilde de coração" (Mt 11.29).

"Não sejais sábios aos vossos próprios olhos."[31] Temos aqui uma tradução literal (cf. Rm 11.25; Pv 3.7). Aparentemente, a jactância em foco é a auto-suficiência mediante a qual o juízo que fazemos a respeito de nós mesmos é tão elevado, que não valorizamos a sabedoria que vem de qualquer outra fonte, além de nós mesmos. Essa recomendação confronta o indivíduo opinioso que não tem consideração para com o juízo de qualquer outra pessoa. "A sabedoria, porém, lá do alto é, primeiramente, pura; depois,

---

30 Em todos os outros casos, ταπεινός se refere a pessoas (Mt 11.29; Lc 1.52; 2 Co 7.6; 10.1; Tg 1.9; 4.6; 1 Pe 5.5).
31 παρ' ἑαυτοῖς têm a força de "aos olhos de vós mesmos" ou "no juízo de vós mesmos" (cf. Arndt e Gingrich, *op. cit.*, ad παρά, II, 2, b).

pacífica, indulgente, tratável" (Tg 3.17). O indivíduo de opiniões inflexíveis é inabordável e mostra-se inacessível a qualquer conselho, exceto o dele mesmo. Assim como não deve haver aristocracia social na igreja, também não deve existir autocracia intelectual.

17-21 — O mal-entendido quanto a estas admoestações se origina do fracasso em não perceber que elas dizem respeito às nossas relações particulares, individuais, entre uns e outros, e não à administração judicial dos magistrados. É digno de nota que, após essas admoestações, o apóstolo passou a abordar prerrogativas e funções dos magistrados e, por conseguinte, as instituições civis, judiciais e penais. Ao magistrado é dado o poder para castigar os malfeitores (cf. Rm 13.4). A fim de castigar as más ações, ele infligirá a penalidade. Por isso, se as autoridades governamentais não tivessem de punir o mal com o mal, e não executassem a ira (cf. 13.2,5-6), isto significaria a abdicação das prerrogativas e obrigações que lhes cabem por determinação divina. É necessário, portanto, apreciar a diferença entre aquilo que pertence à jurisprudência política e aquilo que é apropriado às relações particulares com nossos semelhantes. Transferir as proibições e exigências das respectivas esferas não somente distorceria as coisas, mas seria uma perversão e levaria às mais graves paródias. Temos aqui um exemplo adequado da necessidade de observarmos todo o assunto no interpretar e aplicar cada porção das Escrituras.

"Não torneis a ninguém mal por mal." Este é o complemento negativo daquilo que é asseverado de maneira positiva no versículo 14. Observar que esta advertência se aplica, em nossos relacionamentos pessoais, até mesmo aos crimes que estão sujeitos à pena imposta por magistrados civis serve para ressaltar a relevância da admoestação; na qualidade de cidadãos particulares, não podemos tomar para nós mesmos a execução das exigências da justiça na esfera do governo — "Não vos vingueis a vós mesmos, amados". No entanto, a essência desta exortação é que jamais devemos nos entregar à retaliação vingativa (cf. 1 Ts 5.15; 1 Pe 3.9).

O apelo seguinte, "esforçai-vos por fazer o bem perante todos os homens", não se refere à honestidade em nosso relacionamento com os homens, embora isto seja um ingrediente altamente importante no cumprimento desta ordem.³² Pela primeira vez no presente capítulo,³³ aparece esta consideração, ou seja, a necessidade de manter uma conduta que, por si mesma, é aprovada aos homens. O texto correlato mais próximo, "o que nos preocupa é proceder honestamente, não só perante o Senhor, como também diante dos homens" (2 Co 8.21), salienta esta consideração, pois a ênfase recai sobre a necessidade de cuidarmos daquilo que é honroso diante dos homens, em adição à aprovação do Senhor. Em outra passagem, Paulo fala sobre recomendar-se "à consciência de todo homem, na presença de Deus" (2 Co 4.2). Ele também requer que o pastor "tenha bom testemunho dos de fora" (1 Tm 3.7). As palavras "todos os homens", em nosso texto, deve incluir aqueles que não fazem parte da igreja. Isto nos lembra que as normas de conduta que governam o crente são normas que os próprios incrédulos reconhecem como dignas de aprovação e que, ao transgredi-las, o crente traz opróbrio ao nome de Cristo e à sua própria confissão. Isto não significa, entretanto, que o mundo incrédulo deve prescrever normas de conduta para os crentes; significa apenas que os crentes, ao provarem a boa, agradável e perfeita vontade de Deus, devem ter consideração pelo que pode ser reputado como honroso, no tribunal do juízo humano. Nunca podemos negligenciar o efeito da obra da lei inscrita nos corações de todos os homens (cf. Rm 2.15), como também quão alerta se mostram os incrédulos para com as incoerências do testemunho dos crentes.

"Se possível, quanto depender de vós, tende paz com todos os homens."³⁴ Esta cláusula tem de ser tão inclusiva em seu escopo quanto a cláusula anterior; não há o uso restritivo da expressão "todos os homens". É óbvio, no entanto, que nesta instância há certa reserva no que concerne à nossa obrigação de viver pacificamente. "Se possível" indica que nem sempre isto é possível. Não podemos supor que a impossibilidade implícita tenha em vista qualquer incapacidade originária de nossa fraqueza, como

---

32 Quanto a uso similar de προνοέω, cf. 1 Tm 5.8.
33 Cf. 2.24.
34 Interpretar εἰ δυνατόν juntamente com o que as antecede seria não apenas indefensável, mas também perverso. Não há qualificação aplicável ao que as antecede. Necessariamente, referem-se ao que as segue.

por exemplo a incapacidade de restringir nossos próprios impulsos de ira ou ressentimento. Tal impossibilidade possui outra natureza; é "um caso de impossibilidade objetiva... principalmente quando a verdade, o direito e o dever nos determinam a resistência".[35] Exigir paz às expensas dessas prioridades é contrário ao testemunho de Jesus (cf. Mt 10.34-36; Lc 12.51-53). "A sabedoria, porém, lá do alto é, primeiramente, pura; depois, pacífica" (Tg 3.17). Compete-nos seguir a paz e a santificação (Hb 12.14). Conforme Philippi novamente observa, "lado a lado com o falar a verdade em amor, deve haver sempre o amar em verdade".[36]

"Quanto depender de vós." Se a cláusula anterior fala sobre a impossibilidade procedente de considerações objetivas em nós mesmos, esta influencia o exercício de todos os meios ao nosso alcance para conservar a paz com nossos semelhantes. A responsabilidade pela discórdia jamais deve ser atribuída ao fracasso, de nossa parte, em fazer tudo quanto é compatível à santidade, à verdade e à razão.

Toda a exortação destaca a maldade de sermos indulgentes com a discórdia, por capricho ou quando a necessidade não a requer. A disposição e a conduta pacífica são virtudes a serem cultivadas em nosso relacionamento com todos os homens; não existe qualquer circunstância em que devemos suspender nossos esforços para conservar e promover a paz. Este é o sentido das palavras "quanto depender de vós". Por outro lado, jamais poderemos estar em paz com o pecado e o erro. Se ter paz significa cumplicidade com o pecado e o erro ou encorajá-los, então, a paz tem de ser sacrificada. Cumpre-nos amar ao próximo como a nós mesmos; porém, não devemos nos refrear da repreensão e desacordo que podem causar-lhe desprazer, mas que são exigidos pelos mais elevados interesses dele.

No versículo 19, a ternura do apelo com que este capítulo inicia é novamente introduzida, posto que sob outra forma. No versículo 1, a exortação foi reforçada evocando-se as misericórdias de Deus. Agora o apóstolo dirige-se a seus leitores em termos do laço de afeição que os prende a ele, chamando-os de "amados". Nenhuma outra forma de tratamento expressaria

---

35 Phillippi, *op. cit., ad loc.*
36 *Ibid.*

maior amor e estima (cf. Rm 16.5,9,12; Ef 6.21; Cl 1.7; 4.7,9,14; 2 Tm l.2; Fm 1). Isto ressalta a solicitude entretida por Paulo de que os crentes não dessem lugar a retaliações vingativas. Há íntima relação entre essa proibição e a do versículo 17 — "Não torneis a ninguém mal por mal". No entanto, deve haver alguma diferença. Conforme Calvino sugeriu, essa diferença provavelmente está no tipo mais sério de ofensa cometida, bem como na retribuição contemplada nesta instância. O fato de que, em conjunção com a restrição aqui determinada, encontramos a adição do imperativo ("dai lugar à ira") indica que é próprio reconhecermos a retribuição devida, embora nós mesmos não devamos executá-la. O versículo 17, em seu escopo, não envolve esse ato retributivo.

Em que consiste a ira que não nos convém dar lugar? Várias interpretações têm sido propostas. Uma delas afirma que se refere à ira de nosso adversário. Permitamos essa ira. Se tiver de existir alguma ira, se precisamos admiti-la em nosso viver, que não seja a nossa própria, e sim a de nosso adversário. Portanto, não haja lugar para a nossa ira. Esse ponto de vista poderia receber algum apoio de Lucas 14.9 — "Dá o lugar a este". Outro ponto de vista é que devemos dar lugar à nossa própria ira. Dai-lhe tempo para que se desgaste, conferi-lhe uma ampla acomodação, para que ela se dissipe. O ressentimento coibido sempre tenderá a explodir. Uma terceira opinião é que a ira corresponde àquela referida em Romanos l3.4,5 — a penalidade judicial determinada pelos magistrados civis na execução da justiça contra as más ações (cf. Rm l3.2). O quarto ponto de vista é que esta ira é a ira de Deus.

O argumento mais conclusivo contra a primeira opinião é que o apóstolo não contemplava necessariamente a ira de um adversário. Esta ideia é uma importação. Poderia haver numerosas situações que nos impulsionariam à retaliação vingativa, nas quais a ira de outra pessoa, que nos causa dano, não seria um fator. Portanto, adotar uma interpretação cuja premissa é uma suposição arbitrária é algo sem fundamento.

A segunda ideia tem pouco a recomendá-la com base no vocabulário costumeiro de Paulo.[37] É evidente que nossa ira vingativa não deve ser manifestada; este é o significado da proibição. Porém, se nossa ira tiver de ser

---

37 O latim *dare irae spatium* tem sentido temporal. Mas τόπος não se presta à ideia temporal.

reprimida, se ela não puder ser fomentada, então, de acordo com a analogia do trecho de Efésios 4.27, não lhe podemos dar lugar. Supor que o mesmo pensamento poderia ser expresso por "dai-lhe lugar" seria contrário ao padrão desta última passagem. Essas objeções não se aplicam ao terceiro ponto de vista. E, visto que logo em seguida Paulo aborda o ofício do magistrado como "ministro de Deus, vingador, para castigar o que pratica o mal", há muito a recomendar essa interpretação. A retribuição vingativa é prerrogativa dos magistrados, e o sentido da presente exortação seria: "Que a tarefa da vingança seja realizada pelos magistrados, e nós mesmos não presumamos executá-la". O quarto ponto de vista, entretanto, é o que possui mais argumentos em seu favor.

(1) No vocabulário de Paulo, "a ira", bem como "ira", sem o artigo definido, indica quase sempre a ira de Deus (cf. Rm 2.5,8; 3.5; 5.9; 9.22; Ef 2.3; 1 Ts l.10; 2.16; 5.9). Exceto talvez Romanos 13.5, em todos os casos onde "a ira" é mencionada sem qualquer outra especificação (ver Rm 3.5; 5.9; 9.22; 1 Ts 2.16), o apóstolo se refere à ira de Deus. Nenhum argumento, citado até aqui, tem a força desta consideração.

(2) A admoestação para que se dê "lugar à ira" é apoiada mediante a atitude de recorrer às Escrituras. Mas a passagem citada (Dt 32.35) assevera a prerrogativa divina: "A mim me pertence a vingança, a retribuição". Isto define a ira, e somente um argumento mais conclusivo em contrário poderia remover a especificação que esta passagem bíblica provê. Basta indagar: que outra ira, além da ira de Deus, poderia ser respaldada mediante o apelo à singular prerrogativa divina de executar a retribuição?

Encontramos aqui a essência da piedade. O âmago da impiedade consiste em ousarmos assumir o lugar de Deus, tomando tudo em nossas próprias mãos. Faz parte da fé entregarmo-nos a Deus, lançando sobre ele todos os nossos cuidados e investindo nele todos os nossos interesses. No que concerne ao assunto das más ações de que somos vítimas, o caminho da fé consiste em reconhecer que Deus é o juiz, deixando ao seu encargo a execução da vingança e da retribuição. Que em nossos relacionamentos pessoais jamais executemos a vingança merecida pelas más ações! Vemos como os detalhes práticos da ética cristã revelam a essência da piedade.

Quão apropriada, igualmente, é a palavra do apóstolo, ao evocar o exemplo de Cristo: "Ele, quando ultrajado, não revidava com ultraje; quando maltratado, não fazia ameaças, mas entregava-se àquele que julga retamente" (1 Pe 2.23; cf. Sl 37.5-13).

Entregar o juízo às mãos de Deus pareceria deixar margem para o cultivar desejos pela execução do juízo, por parte de Deus, contra aqueles que nos tornam vítimas de suas más ações. Isto seria incoerente com o versículo 14 e contestado pelo versículo 20.

É importante notar quantas vezes o apóstolo cita o livro de Provérbios neste capítulo (v. 16, Pv 3.7; v. 17, Pv 3.4; e aqui no v. 20, Pv 25.21-22). A gentileza recomendada é uma maneira prática e concreta de exemplificar a disposição acerca da qual somos exortados no versículo 14. Mas, no versículo 20, o apóstolo pensava em muito mais do que apenas o mero suprimento das necessidades físicas. Porém, se a generosidade prática está ausente, podemos suspeitar da existência da disposição (cf. Tg 2.15-16). A única dúvida neste versículo é o significado da cláusula "amontoarás brasas vivas sobre a sua cabeça".

Certa interpretação relaciona as brasas vivas à execução da vingança e da retribuição divina (v. 19b).[38] Isto exigiria o pensamento de que nossos feitos bondosos ministram com essa finalidade e que, ao invés de executarmos a vingança, devemos nos consolar com o fato de que somente a bondade promove esse resultado. Mas há duas objeções a esse ponto de vista: (1) nenhum argumento poderíamos extrair das Escrituras mediante o qual a execução da vingança divina seja pleiteada como o motivo para demonstrarmos gentileza aos nossos inimigos. O fato de que a vingança pertence a Deus é o motivo pelo qual não nos cabe realizá-la, mas não é a causa para nossos atos de beneficência. (2) O versículo 21 está intimamente relacionado ao 20, frisando o resultado de nossos atos de misericórdia: o

---

38   Cf. Sl 11.6; 140.10; Ez 10.2. O texto de 2 Esdras 16.53 é, às vezes, citado em apoio a esta interpretação. Mas a seção onde este versículo ocorre acredita-se que foi escrita em época posterior ao Antigo Testamento. No tocante aos capítulos 15 e 16, W.E. Oesterley diz: "Com certa confiança, estes capítulos podem ser atribuídos a algum tempo entre 240 e 270 D.C." (*An Introduction to the Books of the Apocrypha*, pp. 155-156). Cf. também C. C. Torrey, *The Apocryphal Literature*, New Haven, 1945, pp. 116-117; Bruce M. Metzger, *An Introduction to the Apocrypha*, Nova Iorque, 1957, p. 22.

mal pode ser vencido. Conforme poderá ser observado, isso contempla um efeito salvador sobre os perpetradores do mal focalizados no versículo 20.

Um segundo ponto de vista, com leves variações sobre o estado psicológico que induzimos em nosso inimigo,[39] é o mais amplamente defendido. Consiste em pensar que o amontoar brasas vivas sobre a cabeça se refere ao intenso sentimento de vergonha e remorso que impomos ao nosso inimigo, mediante a bondade que lhe demonstramos. Se o primeiro ponto de vista mencionado não é aceitável, então, o segundo deve ser a direção em que devemos buscar a interpretação. Sem importar qual seja o estado psicológico induzido em nosso inimigo, quer o de intensa vergonha, quer o da penitência abrandadora, é um estado que melhora sua inimizade, e o amontoar brasas vivas sobre sua cabeça tem o propósito de obter esse efeito.

Conforme já indicamos, o versículo 21 está intimamente vinculado ao versículo 20. Existe a indagação se o "mal" é o erro perpetrado por nosso inimigo ou a atitude incorreta a que somos tentados, ou seja, a retaliação vingativa (v. 19a). Se esta se encontra em foco, a ideia é que não devemos ser vencidos pelo mal da retaliação, e sim que, resistindo ao impulso e demonstrando bondade e não vingança ao nosso inimigo, vencemos a tentação e promovemos nossa santificação. Obtemos a vitória no conflito que prossegue em nossas próprias almas, praticando o bem da beneficência em favor de nossos adversários. Esta interpretação não destrói o vínculo com o contexto anterior. O "mal" estaria ligado a "não vos vingueis a vós mesmos" (v. 19); e o "bem", à bondade demonstrada aos nossos inimigos (v. 20).

O primeiro ponto de vista mencionado geralmente é mais aceito, sendo preferido pelas seguintes razões: (1) o mal do impulso de retaliação não se acha

---

[39] "Ou nosso adversário será abrandado pela gentileza, ou, se ele é tão cruel que nada consegue mitigá-lo, será afligido e atormentado pelo testemunho de sua consciência, que se sentirá vencida pela nossa bondade" (Calvino, *op. cit., ad loc.*). "O método verdadeiro e cristão para subjugar um inimigo é 'vencê-lo com o bem'. Esta interpretação, que se harmoniza tão bem com todo o contexto, parece tornar-se necessária pelo versículo seguinte" (Hodge, *op. cit., ad loc.*) Quanto a um recente estudo mais esclarecedor e discriminativo, de época recente, cf. William Klassen, "Coals of fire: Sign of Repentance or Revenge?", em *New Testament Studies*, 9, pp. 337-350. Os vários pontos de vista são declarados e examinados. A conclusão de Klassen é esta: "A interpretação, tão amplamente difundida entre os intérpretes, de que as brasas vivas se referem à vergonha, remorso ou punição, não tem apoio no texto. Na literatura egípcia e no livro de Provérbios, as 'brasas vivas' são um símbolo dinâmico da mudança de pensamento que resulta de algum feito de amor" (p. 349).

em destaque, neste ponto, embora o esteja nos versículos 17 a 19. Todavia, nesse estágio, a ideia se concentra sobre as ações de bondade do crente, em contraste com as más ações de seu inimigo. A hostilidade deste se encontra em primeiro plano. (2) Esse ponto de vista é a conclusão mais apropriada para o versículo 20. Se o amontoar brasas vivas se refere a um resultado beneficente, o versículo 21b fala sobre esse resultado beneficente; e o bem que vence o mal é aquele mencionado no versículo 20a. Trata-se de uma apropriada recomendação daquilo que é ordenado no versículo 20. (3) A ideia de vencer está mais em consonância com a investida que vem de fora do que com um impulso íntimo. (4) Esta seção começa no versículo 17a, onde subentende-se que devemos retribuir o mal com o bem. Se aplicarmos esta suposta antítese, a maldade em foco, no versículo 21, assim como no versículo 17a, é a maldade perpetrada por outrem e, portanto, o mal a ser vencido.

O significado, pois, seria que, eticamente falando, não devemos nos deixar vencer pelo mal amontoado sobre nós. Pelo contrário, mediante a prática do bem, cumpre-nos ser instrumentos que apagam a animosidade e a má vontade daqueles que nos perseguem e maltratam. Quão relevante é isso à nobre e santa vocação do crente! A vingança fomenta a contenda e desperta as chamas do ressentimento. Quão sublime é o alvo de conduzir nossos adversários ao arrependimento ou à vergonha que restringirá e, talvez, removerá as ações malignas compelidas pela hostilidade!

B. As Autoridades Civis (13.1-7)

13.1-7

1 Todo homem esteja sujeito às autoridades superiores; porque não há autoridade que não proceda de Deus; e as autoridades que existem foram por ele instituídas.

2 De modo que aquele que se opõe à autoridade resiste à ordenação de Deus; e os que resistem trarão sobre si mesmos condenação.

3 Porque os magistrados não são para temor, quando se faz o bem, e sim quando se faz o mal. Queres tu não temer a autoridade? Faze o bem e terás louvor dela,

4 *visto que a autoridade é ministro de Deus para teu bem. Entretanto, se fizeres o mal, teme; porque não é sem motivo que ela traz a espada; pois é ministro de Deus, vingador, para castigar o que pratica o mal.*
5 *É necessário que lhe estejais sujeitos, não somente por causa do temor da punição, mas também por dever de consciência.*
6 *Por esse motivo, também pagais tributos, porque são ministros de Deus, atendendo, constantemente, a este serviço.*
7 *Pagai a todos o que lhes é devido: a quem tributo, tributo; a quem imposto, imposto; a quem respeito, respeito; a quem honra, honra.*

Esta seção não é um parêntese nesta parte da carta, que se estende de 12.1 a 15.13. As obrigações que incidem em nossa sujeição às autoridades civis pertencem à "boa, agradável e perfeita vontade de Deus" (12.2). A razão para tratar desse tema, nesta altura da carta, não deveria ser artificialmente buscada em algum tipo de conexão com aquilo que o antecede, como, por exemplo, a conexão entre Romanos 12.19-21, onde Paulo aborda as injustiças que os crentes podem sofrer às mãos de seus inimigos pessoais, e Romanos 13.1-7, onde Paulo fala sobre as injustiças que eles podem sofrer da parte dos magistrados civis ou podem ser devidamente retribuídas por estes. É verdade que a justaposição de Romanos 12.17-21 e 13.1-7 é bastante significativa, para que evitemos e corrijamos as aplicações errôneas do ensino de Romanos 12.17-21, conforme observamos antes.[40] Porém, não podemos dizer que este foi o motivo para a sequência seguida por Paulo. Torna-se evidente quão diversos são os aspectos concretos da vida do crente, abordados em Romanos 12.3-21, e, particularmente, quantas circunstâncias de sua vida social são abordadas pelo apóstolo. Em Romanos 13.1-7, encontramos um todo-importante relacionamento que afeta a vida e o testemunho de qualquer crente; há boas razões que motivaram Paulo a falar sobre este relacionamento nesta parte da carta. Também existe base suficiente para imaginarmos que havia

---

40   Cf. comentário em 12.19.

alguma necessidade urgente, a fim de que ele tivesse procurado incutir nas mentes dos crentes de Roma o ensino que figura nesta passagem, referente às prerrogativas das autoridades civis e às obrigações dos cidadãos em relação a estas.

Sabemos, das páginas do próprio Novo Testamento, que os judeus tinham dúvidas atinentes aos direitos do governo romano (cf. Mt 22.16-17; Mc 12.14; Lc 20.21-22). Sabemos também que os judeus tendiam por orgulhar-se de sua independência (cf. Jo 8.33). Por igual modo, lemos acerca de movimentos sediciosos (cf. At 5.36-37). Em outras fontes, também existem evidências atinentes à inquietude dos judeus, sob o domínio romano.[41] Somos informados que Cláudio decretou que "todos os judeus se retirassem de Roma" (At 18.2). Esta expulsão deve ter sido ocasionada pela crença de que os judeus eram hostis aos interesses imperiais, e talvez tenha sido a consequência de alguma insurreição judaica. No conceito das autoridades, o cristianismo estava associado ao judaísmo, e qualquer atitude sediciosa atribuída ao judaísmo, por semelhante modo, era atribuída ao cristianismo. Isto criou uma situação que tornou necessário os crentes evitarem todas as aspirações ou ações revolucionárias, bem como insubordinação às autoridades civis, no legítimo exercício de sua autoridade.

Não somente havia o perigo que surgiu da associação ao judaísmo, mas também havia na comunidade cristã o perigo de noções pervertidas acerca da liberdade, mormente em face do conceito de Cristo como Rei e Senhor. O fato de que Paulo, em três oportunidades,[42] nas cartas, achou necessário abordar os nossos deveres no tocante aos magistrados (o que também foi feito por Pedro, em sua primeira carta)[43] demonstra que existia alguma razão para ele ter lembrado aos cristãos que era mister se sujeitarem às autoridades civis.

Outrossim, os cristãos com frequência sofriam às mãos dessas autoridades, havendo ainda razão superior para que fosse traçada a linha distintiva entre a desobediência e a obediência exigida pela lealdade a Cristo (cf. At 4.19,20; 5.29).

---

41 Cf. citações em Liddon, *op. cit.*, p. 246.
42 Em adição a Rm 13.1-7, cf. 1 Tm 2.1-3; Tt 3.1.
43 1 Pe 2.13-17.

1-2 — "Autoridades superiores", sem dúvida, referem-se às autoridades governamentais na comunidade. O termo "autoridade" é a tradução mais literal e indica o direito de governar que pertence às pessoas envolvidas, bem como a sujeição requerida dos cidadãos. No tempo em que o apóstolo escreveu, a autoridade civil era exercida pelo governo romano, e a referência direta é aos administradores desse governo. A única dúvida que surge é se "autoridades" denota também os poderes angelicais invisíveis que estão por trás dos governadores humanos. Essa dúvida não teria surgido se, no Novo Testamento e especialmente nas cartas de Paulo, o vocábulo "autoridades" não fosse utilizado para denotar seres sobrenaturais. Oscar Cullmann contendia vigorosamente afirmando que, na presente instância, o termo tem dupla referência, tanto aos poderes angelicais quanto aos agentes executivos do governo humano.[44] As autoridades constituídas são aquelas que foram investidas no direito e poder de governar as comunidades; e as evidências não indicam estar em foco quaisquer outros agentes humanos.

"Todo homem" deve estar em submissão. Várias outras versões dizem: "Toda alma". Nas Escrituras, com frequência, a palavra "alma" é empregada como sinônimo de toda a pessoa e, às vezes, como equivalente ao pronome pessoal (cf. Mt 12.18; Lc 12.19; At 2.27,41,43; 3.23; Rm 2.9; Hb 10.38-39; Tg 1.21; 5.20; 1 Pe 1.9; Ap 16.3). Fica implícito que nenhum indivíduo está isento dessa sujeição; nenhuma pessoa desfruta de privilégios especiais, os quais possa ignorar ou sentir-se livre para transgredir as ordenanças das autoridades civis.

Nem a incredulidade nem a fé oferecem imunidade. O fato de que Paulo escrevia para a igreja é particularmente significativo. A Confissão de Fé de Westminster declara bem este caso, quando assevera: "A incredulidade ou a divergência religiosa não anulam a autoridade justa e leal dos magistrados, tampouco isenta as pessoas da devida obediência a eles. Da autoridade civil os eclesiásticos não estão isentos, quanto menos tem o papa qualquer poder ou jurisdição sobre eles, no domínio ou controle de suas vidas, se vier a julgá-los hereges ou por qualquer outra pretensão".[45]

---

44 Ver apêndice G (pp.), quanto à apresentação e à crítica dessa tese.
45 Capítulo 23, seção IV.

O termo "sujeito" é mais inclusivo em seu sentido do que a ideia de obediência. Subentende obediência quando estão em foco ordenanças a serem obedecidas; no entanto, mais do que isso está envolvido. A sujeição indica o reconhecimento de nossa subordinação, em toda a esfera da jurisdição dos magistrados, e uma voluntária subserviência à sua autoridade. Isto se torna ainda mais enfático se traduzirmos a cláusula em forma reflexiva: "Todo homem se sujeite às autoridades superiores". Essa tradução, em favor da qual muito poderia ser dito, destaca o envolvimento ativo no dever da sujeição.

As duas cláusulas seguintes nos fornecem o motivo para esta sujeição.[46] Uma explica a outra. Designam a fonte de onde procede o governo civil e sancionam a sujeição requerida. Certas observações revelam o sentido.

(1) Paulo falava sobre os agentes governamentais em existência na época. Esta é a força da cláusula "as autoridades que existem". Ele não se referia ao governo de forma abstrata, nem abordava o assunto das diferentes formas de governo. Fez afirmativas categóricas a respeito das autoridades que existiam então.

(2) Ao dizer que as autoridades procedem "de Deus", o apóstolo quis asseverar de onde elas derivam a sua origem, direito e poder — de Deus. Isto é confirmado por diversas considerações apresentadas mais adiante nesta passagem; no entanto, este fato é expressamente afirmado nestes versículos iniciais, excluindo, desde o princípio, qualquer ideia com o sentido de que a autoridade, no Estado, depende do acordo ou do consentimento dos governados. A autoridade para governar e a sujeição requerida por parte dos governados residem inteiramente no fato da instituição divina.

(3) As afirmativas de que as autoridades procedem de Deus e são ordenadas por ele não devem ser entendidas como se aludissem apenas à vontade decretiva de Deus. Os termos poderiam ser usados para expressar a ordenança decretiva de Deus, porém este não é o seu significado exato neste ponto. O contexto mostra que a ordenança da qual o apóstolo estava falando é a da instituição que obrigava a realizar as funções determinadas.

---

46 Na primeira cláusula, ὑπό é mais fortemente confirmada. ἀπό é a preposição que poderíamos esperar; isto provavelmente explica sua ocorrência nos manuscritos D, G e outros. Na segunda cláusula, a adição de ἐξουσίαι, após οὖσαι, tem grande autoridade contra ela e não deveria ser adotada.

As autoridades civis não apenas servem de meios decretados por Deus, em sua providência, para castigo dos malfeitores, mas também são instrumentos autorizados, instituídos e prescritos por ele para a manutenção da ordem e castigo dos criminosos que a transgridem. Quando uma autoridade civil, mediante seus agentes, executa castigo justo contra algum crime, ela está realizando não somente a vontade decretiva de Deus, mas também cumprindo a vontade preceptiva dele; e constituiria uma transgressão para a autoridade refrear-se de fazer tal coisa.[47]

Por esses motivos, a sujeição é exigida, e a resistência é uma violação da lei divina, merecendo castigo.

Visto que o versículo 3 fala sobre o "temor" que os malfeitores devem manifestar para com as autoridades, deve haver alguma referência ao juízo penal que os magistrados aplicam aos malfeitores. Porém, uma vez que tudo quanto antecede ressalta a ordenança de Deus, tem de existir um reflexo da divina sanção, mediante a qual esse juízo penal é executado, e, por conseguinte, um reflexo do juízo de Deus expresso pela retribuição determinada pelos magistrados. No termo "condenação", encontramos o duplo aspecto segundo o qual a retribuição deve ser vista. Trata-se de um castigo dispensado pelas autoridades governamentais. Mas também é um ato que expressa a própria ira de Deus, trazendo, por esse motivo, a sanção de Deus e confirmando a sua conveniência.[48]

Há muitas indagações surgidas no dia-a-dia, sobre o que Paulo não abordou nesta passagem. Estes versículos não apresentam qualificações ou reservas quanto ao dever de estar sujeito às autoridades. Entretanto, é característico de Paulo mostrar-se absoluto em seus termos, ao lidar com algum dever específico. Ao mesmo tempo, com base na analogia de seu próprio ensino em outras passagens ou na analogia das Escrituras, somos compelidos a levar em conta as exceções relacionadas aos termos absolutos em que esse dever foi asseverado. Assim deve ser, no presente caso. Cumpre-nos acreditar que Paulo teria endossado e praticado a palavra de Pedro e de outros

---

47 Cf. a revisão, feita por este escritor, em *The Westminster Theological Journal*, VII, maio de 1945, pp. 188, ss.
48 As palavras ἑαυτοῖς λήμψονται talvez expressem a ideia de trazer sobre si mesmo; e, neste caso, estaria sendo expressa a responsabilidade pelo juízo penal infligido.

apóstolos: "Antes, importa obedecer a Deus do que aos homens" (At 5.29; cf. 4.19,20). As autoridades civis são falíveis, não sendo, portanto, agentes de justiça perfeita. Quando surgem conflitos entre as exigências impostas pelos homens e os mandamentos de Deus, a palavra anunciada por Pedro deve entrar em efeito.

Além disso, Paulo não falou a respeito de assuntos relacionados à revolução. Sem dúvida, estes dois versículos nos indicam aquilo que convém fazer quando houver ocorrido uma revolução. "As *autoridades* que existem" referem-se aos magistrados *de facto*. E, em toda esta passagem, há princípios que tratam do aspecto correto ou incorreto da revolução. Estes assuntos, porém, que se tornam graves dificuldades para o crente, não são apresentados nesta passagem. A razão é evidente. O apóstolo não estava escrevendo um ensaio sobre a teologia casuística, mas estabelecendo normas cardeais atinentes à instituição do governo e orientando a conduta dos crentes.[49]

3-4 — Se a primeira cláusula do versículo 3 está ligada à última do versículo 2, não seria apropriado dizer que ela determina o motivo pelo qual os rebeldes trazem sobre si mesmos o juízo penal.[50] Preferivelmente, ela deve ser entendida como frase que enuncia a prerrogativa das autoridades, derivada da nomeação ou ordenança de Deus, e que, por si mesma, valida o juízo penal administrado por esses governantes. Deveríamos observar que esta cláusula sugere de maneira evidente o ofício dos magistrados; e, porque estes o exercem, têm a autoridade de prescrever castigo.

O "temor" que as autoridades infundem aos malfeitores é o temor da punição, evocado nos corações dos homens, por causa da autoridade investida nos magistrados, a fim de executarem o castigo. Esse temor pode ser de dois tipos: o que inibe a má ação e o que resulta do erro cometido. Parece-nos ser este último o que está particularmente ressaltado. Na cláusula seguinte, a

---

49 "O apóstolo não se preocupou com a origem de um governo, nem com sua forma política; tampouco ele abordou a questão sobre em que ponto, durante um período de revolução, certo governo deve ser considerado como οὖσα ou como não-existente; e quando um governo, originalmente ilegítimo, adquire direitos prescribentes. A autoridade imperial era muitíssimo antiga e firme para tornar práticas essas questões" (Liddon, *op. cit.*, pp. 247, 248).
50 Cf. Liddon e Meyer.

pergunta "queres tu não temer a autoridade?" prescreve a ausência do temor que resulta das más ações. Isto é confirmado pelo versículo 4, que afirma: "Entretanto, se fizeres o mal, teme". Trata-se do temor do castigo que os magistrados executam, como aqueles que possuem a espada. No entanto, também poderia haver referência ao temor que inibe as más atitudes. Se nosso intuito é praticar somente aquilo que é bom, não temos motivo para sermos impulsionados pelo temor que restringe as más ações.

Quando o apóstolo disse que "os magistrados não são para temor, quando se faz o bem, e sim quando se faz o mal", a boa e a má obra são personificadas. O que está em foco é o temor característico do que pratica o mal. No que concerne a esta cláusula, há duas observações: (1) o pensamento é focalizado no castigo contra as más ações. É significativo que, antes de tudo, o apóstolo mencionou isso, ao falar sobre o ofício específico atribuído aos magistrados civis. Na atualidade, existe a tendência de subestimar o aspecto punitivo na execução do governo e de suprimir esse todo-importante aspecto da autoridade dos magistrados. Isto não se harmoniza com o ensino do apóstolo. (2) Os magistrados preocupam-se com os *feitos*. Paulo fala sobre as *obras* boas e as más. A prerrogativa das autoridades não é lidar com todo e qualquer pecado, mas somente com o que consiste de atitudes que transgridem a ordem que aos magistrados foi designado manter e promover.

A cláusula seguinte pode ser interpretada como uma pergunta ou uma afirmativa. Neste último caso, a tradução deveria ser: "Então, não terás temor da autoridade", e o significado: "Se não queres temer às autoridades, pratica aquilo que é bom". Todavia, é preferível entendê-la como uma indagação, conforme vemos em nossa versão portuguesa.

O sentido é o mesmo, mas a indagação expressa com mais vigor o pensamento. Se fizermos aquilo que é bom, não teremos qualquer razão para temer as autoridades governamentais.

"Terás louvor dela." O louvor da parte dos magistrados não é uma recompensa, no sentido exato do vocábulo. Os malfeitores recebem sua devida recompensa punitiva, mas aqueles que praticam o bem não recebem qualquer prêmio meritório. O termo aqui usado para expressar "louvor" não possui tal significado, e sim o de aprovação (cf. 1 Co 4.5; 2 Co 8.18; Fp 4.8;

1 Pe 2.14), sendo utilizado, em referência a Deus, no sentido de louvor da glória de sua graça (cf. Ef 1.6,12,14; Fp 1.11). Esse louvor pode ser acompanhado por galardão, em certas instâncias, mas a ideia de recompensa não está implícita no termo. Tal louvor poderia ser expresso por dizermos que a boa conduta garante bom conceito aos olhos do Estado, uma situação a ser valorizada e cultivada.

A primeira cláusula do versículo 4 declara aquilo que, no aspecto positivo, é o principal propósito da autoridade constituída. O magistrado é ministro de Deus para o bem. O termo "ministro de Deus" está vinculado aos versículos 1 e 2, onde Paulo assevera que a "autoridade" provém de Deus, foi instituída e ordenada por ele. No entanto, agora, fica subentendida a capacidade específica em que consiste esta ordenança. Esta designação remove toda hipótese de que a magistratura é má, por si mesma, e serve ao bem somente no sentido de que, como mal insignificante, restringe e neutraliza os piores males. O título aqui conferido à autoridade civil mostra que, na esfera de governo, esta se encontra investida de toda a dignidade e sanção pertencentes aos servos de Deus. Isto é confirmado mais ainda por meio do propósito para o qual o magistrado é servo de Deus; a autoridade civil é ministro de Deus para aquilo que é *bom*. E não devemos amenizar o significado do termo "bem", nesta instância. Paulo nos fornece uma definição virtual do bem que recebemos através do serviço prestado pelas autoridades civis, ao exortar-nos que oremos em favor dos reis e de todos quantos estiverem investidos de autoridade, "para que vivamos vida tranquila e mansa, com toda a piedade e respeito" (1 Tm 2.2). O bem promovido pelos magistrados é aquele que serve aos interesses da piedade.

Nesta cláusula há uma evocação direta e pessoal, expressa nas palavras "teu bem", demonstrando a relevância, para o bem-estar do crente individual, daquele serviço que o magistrado presta.

A segunda cláusula, conforme já observamos, indica o tipo de temor que está particularmente focalizado no versículo 3; e a terceira cláusula nos fornece o motivo por que esse temor deve ser entretido — o magistrado não traz a espada "sem motivo". A espada dos magistrados,[51] por ser a peça mais

---

51 O verbo é φορέω e, nesta conexão, é mais expressivo que φέρω.

significativa de seu equipamento, não é apenas o símbolo de sua autoridade, mas também de seu direito de aplicar aquilo que a espada faz.

Não seria necessário supor que o trazer a espada contempla exclusivamente o castigo da pena de morte. Ela pode ser utilizada a fim de instilar o temor daquele castigo; pode ser o instrumento para executar a punição que fica muito aquém da morte. Porém, excluir o direito da pena de morte, quando a natureza do crime a requer, seria totalmente contrário aquilo que é simbolizado e executado pela espada. Precisamos apenas recorrer ao emprego habitual do vocábulo "espada" no Novo Testamento, para estabelecermos essa referência. A espada é frequentemente associada à morte, como instrumento de execução (cf. Mt 26.52; Lc 21.24; At 12.2; 16.27; Hb 11.34,37; Ap 13.10); excluir seu uso para tal propósito, nesta instância, seria algo tão arbitrário quanto defender um conceito que possui todas as evidências em contrário.[52]

"Pois é ministro de Deus, vingador, para castigar o que pratica o mal." Na primeira cláusula, o apóstolo diz que o magistrado é ministro de Deus para o bem. Agora o mesmo ofício lhe é atribuído para vingar o mal praticado. O paralelismo é digno de nota — a mesma dignidade e investidura pertencem tanto às prerrogativas penais das autoridades quanto a seu ofício de promover o bem. Paulo afirma que essa função penal consiste em ser "vingador, para castigar o que pratica o mal".

No versículo 2, descobrimos que "condenação" se refere ao juízo de Deus, juízo que se expressa no castigo executado pelos magistrados civis. Surge, pois, neste ponto, a pergunta: que vingança está em foco? A vingança de Deus, do magistrado ou de ambos? Em 12.19, conforme demonstramos, a vingança é a de Deus; e a linguagem parece designar a mesma conclusão neste caso. Outrossim, não há base alguma para pensarmos que a reação dos magistrados ante os crimes deve ser entendida em termos de vingança. Portanto, a vingança deve ser considerada a vingança de Deus, e os magistrados são vingadores, ao executarem o juízo que, da parte de Deus, é merecido pelos malfeitores. Novamente, descobrimos a sanção pertencente ao ofício dos magistrados; eles são

---

52 A espada é o *insignium juris vitae et necis*.

agentes que executam a ira divina. E ainda percebemos quão diferente do ensinamento bíblico é aquele sentimentalismo que põe os interesses do ofensor no lugar da satisfação da justiça, como a base da retribuição criminal.

5 — Os comentadores estão divididos quanto à necessidade aqui enunciada: se ela surge das afirmativas do versículo 4 ou se está vinculada a todo o contexto anterior. Esta dúvida não oferece qualquer diferença ao significado da conclusão apresentada neste versículo. Na última parte do versículo 4, há importantes afirmativas que servem de alicerce para a conclusão do versículo 5; o fato de a autoridade civil ser designada "ministro de Deus" e a referência aos magistrados como agentes que executam a ira de Deus indicam uma investidura que *exige* sujeição.

Porém, mesmo que encontremos o fundamento imediato do versículo 5 na última cláusula do versículo 4, não podemos separar o versículo 4b de tudo quanto fora dito antes no tocante aos direitos dos magistrados, como algo que procede da ordenança de Deus. Em qualquer caso, além da afirmativa de que devemos estar sujeitos "por dever de consciência", nenhuma outra nesta passagem expressa melhor a sanção divina ao governo civil. Paulo utilizou frequentemente a palavra "consciência", sendo claro que o sentido é o de consciência para com Deus (cf. At 23.1; 24.16; 2 Co 1.12; 4.2; 5.11; 1 Tm 1.5; 3.9; 2 Tm 1.3). O significado, neste caso, tem de ser que precisamos sujeitar-nos movidos pelo senso de dever para com Deus. O pensamento é que não somente devemos ser submissos, porque esta atitude nos impõe um juízo penal, mas também porque existe um dever intrínseco na vontade de Deus, independentemente das responsabilidades envolvidas nas más ações. Deus é o Senhor exclusivo da consciência; por conseguinte, fazer qualquer coisa por motivo de consciência é fazê-la impulsionado pelo senso de obrigação para com Deus. Isto é expressamente declarado em 1 Pedro 2.13: "Sujeitai-vos a toda instituição humana por causa do Senhor". Portanto, tal necessidade não está vinculada a um resultado inevitável (cf. Mt 18.7; Lc 21.23), e sim a uma exigência ética (cf. 1 Co 9.16).

6 — Em face de tudo quanto está incluído no versículo 5, a respeito da sanção divina pela qual os magistrados desempenham suas funções, não há necessidade de buscarmos qualquer base mais remota para os termos que iniciam o versículo 6 — "por esse motivo, também". Se um magistrado tiver de realizar o ministério que lhe foi dado pelo Senhor, será mister que possua os recursos materiais para a execução de seus labores. Por conseguinte, o pagamento de tributo[53] não é uma imposição arbitrária, e sim a participação necessária e apropriada, da parte dos cidadãos, para sustento das despesas do governo. Esse motivo para o pagamento de impostos é dado na última parte do versículo: "Porque são ministros de Deus, atendendo, constantemente, a este serviço".

O termo aqui traduzido por "ministros" é diferente daquele empregado por duas vezes no versículo 4. No entanto, não denota um tipo menos honroso de ministério, como se a coleta de impostos, por ser uma questão monetária, exigisse o emprego de um vocábulo de significado inferior. O Novo Testamento usa este vocábulo e seus cognatos, com apenas uma possível exceção,[54] em referência ao serviço de Deus, indicando, às vezes, as formas mais sublimes de ministério na adoração a Deus (cf. Lc 1.23; At 13.2; Rm 15.16,27; 2 Co 9.12; Fp 2.17; Hb 1.7,14; 8.2 e 10.11). Portanto, esta designação ressalta a dignidade vinculada ao ministério das autoridades civis. No serviço associado aos impostos e taxas, não pode haver depreciação alguma do ofício dos magistrados. Isto é devidamente expresso pela afirmativa de que são "ministros de Deus".

O "serviço" ao qual as autoridades civis atendem continuamente, no contexto, deve referir-se aos impostos. O pensamento é agora focalizado sobre o pagamento de impostos; e este é o "serviço" que o apóstolo tinha em vista. O verbo usado nesta cláusula também intensifica a ênfase do versículo sobre a ideia de que esta fase do ofício dos magistrados é apropriada e digna (cf. At 1.14; 2.42; 6.4; Rm 12.12; Cl 4.2).[55]

---

53 Não há motivo para entendermos τελεῖτε como imperativo.
54 Fp 2.25; cf. também Fp 2.30. O termo grego é λειτουργός (distinto de διάκονος, usado no v. 4).
55 προσκαρτερέω. Cf. a própria atitude de Jesus ao endossar taxas e impostos, em Lc 20.22-25, e a falsa acusação em Lc 23.2.

Por implicação, este versículo também reflete os propósitos pelos quais são cobrados impostos, bem como as utilidades destes. Os impostos atendem às finalidades para as quais os magistrados são nomeados, e não aos abusos frequentemente ligados aos gastos desses tributos. Nas palavras de Calvino, os magistrados "deveriam lembrar que tudo quanto recebem da parte do povo é de propriedade pública e não um meio de satisfazer a ganância e o luxo de indivíduos particulares".[56]

7 — "Pagai a todos os que lhes é devido." Não precisamos entender estas palavras como uma exortação geral de que temos de cumprir nossos deveres para com todos os homens, e sim como uma referência às obrigações que temos para com aqueles que estão investidos de autoridade, no Estado. Esta limitação é exigida pelo próprio contexto. Os versículos 8 a 10 abordam nossos deveres abrangentes. Porém, nesta esfera de obrigação aos magistrados, esta ordem envolve cada tipo de compromisso que temos para com eles. O que é "devido" não é apenas aquilo que se refere a impostos; conforme o restante do versículo indica, estão incluídos os deveres de respeito e honra. Portanto, esse imperativo sumário inclui todas as obrigações que precisamos cumprir na esfera do governo civil. A forma do imperativo salienta a força da exortação.

O "tributo" corresponde ao nosso termo "imposto", que recai sobre indivíduos e propriedades (cf. Lc 20.22; 23.2); e "imposto" corresponde a taxas incidentes sobre mercadorias.

"A quem respeito, respeito." No grego, o termo traduzido por "respeito" é o mesmo que foi traduzido por "temor", no versículo 3. Porém, no versículo 3 a conduta recomendada é a que elimina a necessidade de temor; portanto, a ausência de temor é recomendada ou, pelo menos, a ausência daquilo que seria motivo para temer. O temor é o companheiro das más ações. Por essa razão, poderíamos imaginar que os magistrados não estão em foco nesta exortação: duas atitudes opostas não seriam recomendadas. Por isso, pensa-se, Deus é a pessoa a ser temida aqui, assim como em 1 Pedro 2.17: "Temei a Deus, honrai o rei". Esta interpretação não é necessária, nem possível.

---

56 Op. cit., ad loc.

(1) O tipo de temor contemplado no versículo 3 — o temor de ser punido, por causa de más ações — deveria estar ausente no tocante a Deus, assim como no tocante aos magistrados: estamos sob maior obrigação de evitar a conduta que nos torna merecedores da retribuição divina. Por conseguinte, fazer que Deus seja o objeto desse temor não alivia a evidente discrepância entre os dois versículos.

(2) O apóstolo estava falando sobre os nossos deveres para com as autoridades civis. Introduzir aqui uma referência ao temor que devemos ter para com Deus seria estranho à coordenação e à sequência do pensamento. A forma idêntica de declaração, nos quatro imperativos, exige de nós que acreditemos pertencerem todos eles a uma mesma esfera. Se o temor devido a Deus estivesse em foco, o nome de Deus teria de ser mencionado, a fim de indicar a pausa na sequência do pensamento.

A solução jaz nos diferentes sentidos empregados. No versículo 3, o temor é o do castigo a ser experimentado; no versículo 7, o temor é o de honra e respeito. Em referência a Deus, esse temor é o de reverente respeito (cf. At 9.31; Rm 3.18; 2 Co 7.1; Ef 5.21); no que concerne aos homens, está em foco o respeito devido por causa da posição que eles ocupam (cf. Ef 6.5; 1 Pe 2.18). É possível que alguma diferença de categoria entre as autoridades oficiais seja indicada pelos termos "respeito" e "honra", na qual o primeiro indicaria o respeito prestado àqueles que ocupam níveis mais altos de autoridade, e o segundo falaria do respeito prestado às autoridades de níveis inferiores. Porém, não há evidências suficientes para insistirmos em tal distinção. Ambos os vocábulos poderiam ser usados com o propósito de enfatizar o dever não somente de exercer a sujeição às autoridades civis, mas igualmente o respeito que lhes devemos como ministros de Deus.

C. A Primazia do Amor (13.8-10)

13.8-10

8   *A ninguém fiqueis devendo coisa alguma, exceto o amor com que vos ameis uns aos outros; pois quem ama o próximo tem cumprido a lei.*

9 Pois isto: Não adulterarás, não matarás, não furtarás, não cobiçarás, e, se há qualquer outro mandamento, tudo nesta palavra se resume: Amarás o teu próximo como a ti mesmo.
10 O amor não pratica o mal contra o próximo; de sorte que o cumprimento da lei é o amor.

8-10 — Há uma mudança de pensamento neste ponto. Os versículos 1 a 7 são estritamente dedicados ao assunto do Estado e nosso relacionamento com ele. Os versículos 8 a 10 não se restringem a esta esfera. Assim como o imperativo que inicia o versículo 7 deve ser entendido como uma referência àquilo que devemos aos magistrados e seus agentes, assim também o imperativo do versículo 8 se aplica a todo e qualquer relacionamento. No entanto, a mudança não é abrupta. O apóstolo, fácil e apropriadamente, passa do assunto dos deveres relacionados aos oficiais do Estado para o assunto de nossas obrigações para com todos os homens.

Assim, ele prossegue: "A ninguém fiqueis devendo coisa alguma". É mister interpretar estas palavras como um imperativo, embora pudessem ser consideradas como um indicativo. Todavia, a sentença teria de afirmar: "Não deveis nada a ninguém, exceto o amor uns aos outros". E o propósito seria destacar a primazia do amor. Exegeticamente, porém, não há base para esta forma de leitura. Na verdade, seria estranho que Paulo tivesse dito tal coisa, após haver insistido em asseverar que nos cumpre realizar nossos deveres para com as autoridades civis. Além disso, ele não passou a dizer que a nossa única dívida para os homens é o amor. Ele prosseguiu e afirmou que o amor capacita-nos a cumprir nossos deveres para com os homens, e não que o amor substitui todos os demais mandamentos.

A força do imperativo é que não devemos deixar de pagar nossas dívidas; não devemos estar em débito com qualquer pessoa. De acordo com a analogia das Escrituras, isto não pode ser entendido com o significado de que jamais podemos contrair obrigações financeiras ou de que não podemos tomar coisa alguma por empréstimo, em caso de necessidade (cf. Êx 22.25; Sl 37.26; Mt 5.42; Lc 6.35). O que estas palavras condenam, entretanto, é a facilidade com que contraímos dívidas e, particularmente, a indiferença tão frequentemente demonstrada no ato de saldá-las. "O ímpio pede emprestado e não paga" (Sl 37.21). Poucas coisas trazem mais opróbrio à fé cristã do que o acúmulo de dívidas e a recusa em saldá-las.

"Exceto o amor com que vos ameis uns aos outros." Esta cláusula, com frequência, tem sido considerada como a única exceção àquilo que antecede, significando que o amor ao próximo é a única dívida não saldada, uma dívida que nunca pode ser quitada. O amor é inexaurível, um dever do qual jamais estaremos livres. Nas palavras de Phillippi: "Não ama em verdade aquele que ama com o propósito de deixar de amar... mediante o ato de amar é intensificado o amor; quanto mais ele for praticado, menos ficará satisfeito".[57] No entanto, parece ser incoerente que o apóstolo, em uma passagem que estimula o amor e assevera a sua primazia, tenha afirmado ou deixado implícito ser o amor uma dívida que jamais pagaremos. Portanto, há um outro modo de entendermos os vocábulos gregos traduzidos por "exceto". Com frequência, significam apenas isto mesmo e afirmam uma exceção àquilo que fora asseverado. Mas também são utilizados no sentido de "apenas" ou "tão somente" (cf. Mt 12.4; Jo 17.12; Rm 14.14; Gl 1.19), sem expressar qualquer exceção, mas apenas outro comentário relevante ao que se havia afirmado. É preferível seguir este uso dos vocábulos gregos. Neste caso, a ideia seria: "Não devais a ninguém coisa alguma; tão somente amai-vos uns aos outros". Em outras palavras, o amor não é considerado como uma dívida não quitada, nem encontramos aqui reflexo algum da dívida inexaurível que o amor envolve; o apóstolo estava apenas nos lembrando aquilo que devemos no que concerne ao amor. Cumpre-nos recordar que o amor é uma obrigação perpétua.[58]

Surge a pergunta: em que consiste o amor aqui mencionado? Trata-se do amor que os crentes exercem uns para com os outros, na comunidade da fé, ou refere-se ao amor mais abrangente para com todos os homens? Não há dúvida de que uma qualidade distinta pertence ao amor mútuo que se manifesta entre os crentes. Em Romanos 12.9-10, Paulo fala a respeito desse amor. E a expressão "uns aos outros", na presente instância, parece

---

57 *Op. cit., ad loc.*
58 Cf. Barrett, *op. cit., ad. loc.*

sugerir a mesma coisa. A resposta adequada a essa questão talvez seja esta: ao enunciar a primazia do amor e ao escrever à igreja, conforme Paulo agora estava fazendo, não seria possível imaginarmos um amor de nível inferior àquele que se revela em seu grau mais elevado, isto é, o amor na comunidade dos santos. Por isso, o apóstolo disse: "Uns aos outros", focalizando aquele círculo de pessoas ao qual esta carta foi endereçada. Por igual modo, todavia, não é possível limitar ao círculo dos crentes o amor recomendado. Porquanto, o apóstolo logo passa a mostrar a relação entre o amor à lei de Deus e a própria lei de Deus, a qual Paulo declarou ser a lei normativa de nossa conduta nas relações sociais com todos os homens. Se o amor do qual o apóstolo fala é o cumprimento da lei, este amor deve ser tão amplo quanto a própria lei; e esta diz respeito às nossas relações para com todos os homens. Isto é indicado na cláusula seguinte, "pois quem ama o próximo tem cumprido a lei".[59] "O próximo" é outra pessoa qualquer, além do próprio indivíduo, e não pode ser limitado, neste caso, somente aos crentes.[60]

É evidente que, nesta passagem, o apóstolo não abordava o tema do amor a Deus. Ele se referia exclusivamente ao amor para com nossos semelhantes, conforme fica demonstrado pelos mandamentos citados em seguida. Mas também é verdade que o amor a Deus é o cumprimento da lei que diz respeito ao nosso relacionamento com Deus (cf. Mt 22.37-38; Mc 12.29-30; Lc 10.27). No entanto, aqui está em foco o amor das relações entre os homens (cf. Mt 22.39; Mc 12.31; Lc 10.29-37). Portanto, nesta instância, a lei que o amor cumpre é a lei pertinente às relações mútuas entre os homens.

"Tem cumprido a lei", no original grego, se encontra no tempo perfeito, expressando uma ação completa. "Cumprir" é mais abundante do que "obedecer"; significa que a lei recebeu a plena satisfação daquilo que ela exige. Uma conformidade completa fica assim afirmada (cf. Gl 5.14).[61]

Não devemos imaginar que o amor elimina ou dispensa a lei, como se aquilo que equivocadamente fora chamado de "a lei do amor" houvesse sido

---

59 A tradução literal diria: "Pois quem ama ao outro tem cumprido a lei". "Próximo" não ocorre no versículo 9, e sim no versículo 8.
60 Não há base para a suposição de que "o outro" seja outra lei, ou seja, o restante da lei. Os outros mandamentos não são "outros"; são os mandamentos cumpridos pelo amor.
61 Cf. Arndt e Gingrich, op. cit., ad πληρόω, 3.

substituído no evangelho pela lei dos mandamentos ou preceitos. Paulo não diz que a lei é amor, mas que o amor cumpre a lei; e a lei não foi, em menor grau, depreciada ou privada de sua sanção. E, visto que ao amor se atribui essa qualidade e função, a lei, como fator correlato, é confirmada em sua relevância e dignidade. É a lei que o amor cumpre.

O amor é emotivo, impulsionador e expulsivo. Por ser emotivo, ele cria afinidade e afeição pelo objeto amado. É impulsionador, ou seja, compele à ação. É expulsivo porque expele tudo quanto é estranho aos interesses que busca promover.

Se o amor é o cumprimento da lei, isto significa que nenhuma parte da lei é cumprida sem o amor. Isto deve aplicar-se, portanto, à lei que governa a nossa conduta perante o Estado (vv. 1-7). É uma grande falácia supor que, no Estado, temos apenas o domínio da justiça, ao passo que em outras esferas, particularmente na igreja, temos a ordenança do amor. Não existe tal distinção e, menos ainda, alguma antítese. É exclusivamente por meio do amor que podemos cumprir as exigências da justiça. Os magistrados não podem exercer de maneira apropriada a sua autoridade, exceto se estiverem motivados pelo amor a Deus e às pessoas que se encontram sob sua autoridade. Os cidadãos não podem prestar aos magistrados o devido respeito, tornando-se cidadãos que cumprem os ditames da lei, por causa de consciência, a menos que reconheçam o Estado como uma instituição divina e, com temor piedoso, se submetam a ele. "Temei a Deus, honrai o rei" (1 Pe 2.17).[62]

O versículo 9 confirma e expande o que é afirmado no versículo 8. Neste, Paulo se referira à lei. Agora ele nos fornece exemplos do que constitui a lei. Ele cita quatro mandamentos,[63] dentre os dez, utilizando a ordem apresentada na Septuaginta (cf. Dt 5.17-21). O mandamento referente ao adultério precede ao do homicídio, em outras porções do Novo Testamento (cf. Lc 18.20; Tg 2.11). Esta enumeração extraída do Decálogo indica que,

---

62 "É como se Paulo houvesse dito: 'Ao solicitar que obedeçais aos governantes, estou pedindo apenas aquilo que todos os crentes têm o dever de cumprir pela lei do amor. Se desejais que o bem prospere... deveis esforçar-vos por fazerdes prevalecer a lei e os juízos, a fim de que o povo seja obediente aos defensores das leis, porquanto estes homens nos capacitam a desfrutar da paz. Introduzir a anarquia, pois, é violar o amor" (Calvino, *op. cit., ad loc.*).
63 οὐ ψευδομαρτυρήσεις aparece depois de οὐ κλέψεις, em ℵ, na maioria dos manuscritos cursivos e em algumas versões, mas são palavras omitidas em P[46], A, B, D, G, L e algumas versões.

na estimativa de Paulo, a lei cumprida pelo amor encontra sua epítome nos Dez Mandamentos. As palavras "se há qualquer outro mandamento" afirmar que os preceitos mencionados não compreendem toda a lei. Este apelo ao Decálogo demonstra os seguintes fatos:

(1) O Decálogo se reveste de relevância permanente e contínua. (2) O Decálogo exemplifica a *lei* cumprida pelo amor e, por conseguinte, correlativa a este. (3) Os mandamentos e a obrigação de obedecê-los não interferem no exercício do amor; não há incompatibilidade alguma. (4) Os mandamentos são as normas de acordo com as quais opera o amor.

Devemos observar que os mandamentos mencionados são todos negativos em sua forma. Com frequência, se afirma que os princípios éticos não devem ser negativos, mas positivos. A falácia envolvida nessa afirmativa é que tal apelo não é realista; ignora o pecado. Se não houvesse a tendência para o pecado, e este não fosse uma realidade, não seria necessária a proibição. Devido ao fato de que a lei divina é realista, oito dos Dez Mandamentos são de natureza negativa, e mais um deles contém certo elemento negativo. A lei de Deus tem de ser a negação do pecado. No ensino de Paulo, a única proibição absoluta, acerca da qual não há ressalva, é "abstende-vos de toda forma de mal" (1 Ts 5.22). A verdade nega a mentira; o certo contesta o errado, e a retidão anula a iniquidade. O evangelho consiste em boas-novas, por ser, antes de tudo, salvação *do* pecado (cf. Mt 1.21). O próprio amor possui um elemento negativo: "O amor não pratica o mal contra o próximo" (v. 10). E aqui, no versículo 9, temos exemplos dos males não praticados pelo amor: adultério, assassinato, furto e cobiça. O mandamento relativo ao amor é positivo, e Paulo em outra carta nos fornece uma lista das qualidades positivas do amor — "O amor é paciente, é benigno... regozija-se com a verdade; tudo sofre, tudo crê, tudo espera, tudo suporta" (1 Co 13.4,6-7). Mesmo nesta passagem encontramos algumas negativas: "O amor não arde em ciúmes, não se ufana, não se ensoberbece, não se conduz inconvenientemente, não procura os seus interesses, não se exaspera, não se ressente do mal; não se alegra com a injustiça" (1 Co 13.4-6). Quando traduzimos esses elementos em imperativos dirigidos ao amor, eles se tornam negativos. Quem pode dizer que as exigências de amor, tanto positivas quanto negativas, não são endereçadas ao amor e que sua devida prática não é recomendada?

"Amarás o teu próximo como a ti mesmo." Esta é uma citação exata de Levítico 19.18. Nesta passagem do Antigo Testamento, a citação vem no fim de uma longa série de estatutos, a maioria dos quais vazada em forma de proibições (vv. 9-18). E, ao afirmar que todos os mandamentos são resumidos "nesta palavra", não há certeza se Paulo queria dizer que os mandamentos são sumariamente *reiterados*, isto é, recapitulados, ou se apenas tencionava afirmar que eles são resumidos no sentido de condensados. Em qualquer caso, o pensamento central é que, ao ser praticado o amor, todos os mandamentos recebem seu cumprimento; portanto, todos eles podem ser reduzidos a esta exigência.

O indivíduo que ama ao próximo como a si mesmo não praticará contra ele os males proibidos e, pelo contrário, fará o que é o oposto destes.

Há algo, frequentemente esquecido, que exige comentário — a expressão "como a ti mesmo". Isto subentende que amamos a nós mesmos. O amar a si mesmo não deve ser equiparado ao egoísmo. Mostramo-nos egoístas quando não amamos ao próximo como a nós mesmos e ficamos tão absorvidos com nós mesmos, a ponto de não termos consideração por nossos semelhantes. A preocupação altruísta em favor dos outros cumpre a ordem "não tenha cada um em vista o que é propriamente seu, senão também cada qual o que é dos outros" (Fp 2.4). Isto não afirma nem implica em que devemos esquecer aquilo que nos pertence e, particularmente, que devemos esquecer as pessoas de nosso relacionamento direto. Seria anormal e impossível não amarmos a nós mesmos. "Porque ninguém jamais odiou a própria carne" (Ef. 5.29), e, de conformidade com isso, Paulo assevera: "Quem ama a esposa a si mesmo se ama" (Ef 5.28). Estas várias ordens que aparentemente contradizem o amor próprio não são incompatíveis (cf. Rm 12.10; Fp 2.3). Quando estimamos os outros acima de nós mesmos ou nos sacrificamos pelo bem alheio (cf. Jo 15.13; Rm 5.7), não deixamos de amar a nós mesmos. O amor de Deus é supremo e incomparável.

Deus jamais exige que o amemos conforme amamos a nós mesmos ou que amemos o próximo conforme amamos a ele. Todo o nosso ser, em seus relacionamentos, deve estar cativo a Deus, em amor, devoção e serviço. Conceber tal cativeiro como que vinculado a nós mesmos ou a qualquer criatura seria a essência da impiedade. As palavras de nosso Senhor são eloquentes quanto a essa distinção: "Amarás, pois, o Senhor, teu Deus, de todo o teu coração, de toda a tua alma, de todo o teu entendimento e de toda a tua força... Amarás o teu próximo como a ti mesmo" (Mc 12.30-31).

"De sorte que o cumprimento da lei é o amor." Nossa versão acertadamente escolheu o vocábulo "cumprimento", em vez de "cumprir". Este sugere processo, mas esta não é a ideia aqui. No versículo 8, o tempo do verbo indica o perfeito da ação consumada. Portanto, no versículo 10, o substantivo denota a medida plena. Habitualmente, os comentadores reputam o substantivo, neste caso, como se tivesse o mesmo propósito e expressasse o mesmo significado do tempo perfeito do verbo, no versículo 8. Tal opinião é questionável. O verbo com frequência tem o sentido de "cumprir";[64] por isso, é correto traduzir a cláusula em questão como "aquele que ama a outrem tem cumprido a lei". No entanto, é duvidoso que o substantivo jamais transmita o sentido expresso por "cumprir".[65] De maneira frequente e se não mesmo uniforme, significa aquilo que "preenche" ou aquilo que é "cheio"; e constantemente a tradução mais acertada é "plenitude" (cf. Jo 1.16; Rm 15.29; 1 Co 10.26; Gl 4.4; Ef 1.10; 3.19; 4.13; Cl 1.19; 2.9). Às vezes, significa aquilo que é preenchido a fim de tornar algo completo (cf. Mt 9.16; Mc 2.21).[66] Poderia indicar complemento em Efésios 1.23.[67] Portanto, o uso aparentemente sugere que o significado exato seja o de "plenitude" e que o apóstolo enriqueceu e intensificou à noção de cumprimento, expressa no versículo 8, ao indicar, mediante o emprego do substantivo, no versículo 10, que o amor dá à lei a plena medida de suas exigências. A lei, considerada como algo que deve ser preenchido, é cheia até à borda, por meio do amor. Não acontece que alguma outra coisa, além do amor, encheu em parte essa medida e que o amor veio para completar o processo; antes, o amor enche a medida em sua inteireza. Do princípio ao fim, o amor preenche tudo, e, neste sentido, é com ou pelo amor que a lei é completada.

---

64 Cf. Mt 1.22; 3.15; Lc 1.20; 4.21; Jo 12.38; At 1.16; Rm 8.4.
65 Alguns entendem Rm 11.12 neste sentido. O substantivo é πλήρωμα.
66 Nestes casos, trata-se daquilo que foi colocado para completar a veste; e a ideia é que o remendo de pano novo, posto no vestido velho, cujo intuito era completar a veste apenas serviu para retirar algo da totalidade que a veste deveria ter.
67 Exegeticamente falando, não devemos preferir este significado, à luz de Ef 3.19 e 4.13.

D. A Consumação Iminente (13.11-14)

13.11-14

11 *E digo isto a vós outros que conheceis o tempo: já é hora de vos despertardes do sono; porque a nossa salvação está, agora, mais perto do que quando no princípio cremos.*
12 *Vai alta a noite, e vem chegando o dia. Deixemos, pois, as obras das trevas e revistamo-nos das armas da luz.*
13 *Andemos dignamente, como em pleno dia, não em orgias e bebedices, não em impudicícias e dissoluções, não em contendas e ciúmes;*
14 *mas revesti-vos do Senhor Jesus Cristo e nada disponhais para a carne no tocante às suas concupiscências.*

11,12 — "E digo isto" significa "e, de fato," ou "e mais ainda" (cf. Ef 2.8; Fp 1.28). Esta introdução indica outro motivo pelo qual os leitores deveriam cumprir a lei real: "Amarás o teu próximo como a ti mesmo". O motivo é imediatamente acrescentado: "Conheceis o tempo". "Tempo" (época), neste caso, não se refere ao tempo em geral, e sim a um tempo com significado distinto, uma época repleta de questões práticas do momento, pelo que é hora de despertarmos do sono. Como podemos caracterizar esse "tempo" depende da maneira que interpretamos o vocábulo "salvação", que Paulo afirma estar mais próxima do que quando no princípio cremos.

O termo "salvação" poderia ter sido utilizado no sentido de livramento de alguma opressão ou sofrimento temporal (cf. Fp 1.19). Portanto, poderíamos supor que o apóstolo pensava acerca de alguma aflição presente que afetava a igreja e da qual, segundo ele esperava, em breve haveria libertação. A linguagem do Novo Testamento, entretanto, parece indicar a conclusão de que, ao ser utilizado no tocante ao futuro, este vocábulo denota o término da salvação, que se concretizará no segundo advento de Cristo (cf. 1 Ts 5.8-9; Hb 1.14; 9.28; 1 Pe 1.5; 2.2). Por conseguinte, é o fim do processo de salvação que o apóstolo diz estar mais próximo agora do que quando cremos no princípio. Visto que este fim será consumatório, estando ligado àquilo que ocupa posição central na esperança escatológica, teríamos de reputar esta passagem como dotada de uma ênfase distintamente escatológica.

O vocábulo "tempo" (ou "época") deveria ser interpretado em um sentido relevante a esta ênfase. Por si mesmo, ele não tem qualquer referência escatológica.[68] Pode denotar qualquer época ou período (cf. Mt 11.25; 12.1; Lc 4.13; 8.13; 21.36; At 7.20; 12.1; 14.16; 1 Co 7.5; Gl 4.10; Ef 2.12; 2 Tm 4.6). Além disso, com frequência esta palavra é usada para indicar um tempo específico e, consequentemente, um tempo determinado e apropriado para certos eventos ou mesmo deveres (cf. Mt 26.18; Lc 19.44; Jo 7.6,8; At 17.26; Rm 5.6; 9.9; 2 Co 6.2; Gl 6.9-10; 2 Ts 2.6; 1 Tm 2.6; 6.15; Tt 1.3; 1 Pe 5.6). Às vezes, ela é utilizada para denotar um período definido de tempo, dotado de um significado de clímax no desdobramento do plano redentor de Deus (cf. Mt 26.18; Mc 1.15; Rm 3.26; Ap 1.3). O plural é usado com idêntico significado (cf. 1 Tm 2.6; Tt 1.3). No entanto, este vocábulo também se reveste de aplicação escatológica (cf. Mc 13.33; Lc 21.8; 1 Pe 1.5; Ap 11.18). Um aspecto distintamente escatológico aparece no uso do plural, em passagens como Lc 21.24, At 3.20, 1 Tm 4.1 e 6.15. Diante do diversificado uso deste vocábulo, a sua aplicação nesta passagem parece ser que o apóstolo estava pensando no tempo presente, no qual escrevia, como o período que encontra o seu término na consumação. O apóstolo se referia à época final da história deste mundo, o período em que se torna iminente o complexo de eventos consumadores. Estes são os últimos dias (cf. At 2.17; 2 Tm 3.1; Hb 1.2; Tg 5.3; 1 Pe 1.20; 2 Pe 3.3; 1 Jo 2.18).

Com esta perspectiva, em referência ao lugar que seus leitores ocupavam na história, Paulo supõe que eles estavam familiarizados com ela e lhes recorda o significado disso no que concerne à piedade prática. Eles tinham o seu lugar na "plenitude do tempo" (Gl 4.4), na "dispen-

---

68 Quanto a um estudo recente sobre o termo καιρός e uma crítica discriminadora e perscrutadora do ponto de vista mediante o qual χρόνος e καιρός são claramente distintos entre si, em que este último é reputado como tempo considerado em relação a uma atitude pessoal, cf. James Barr, *Biblical Words for Time*, Studies in Biblical Theology, nº 33 (Naperville, 1962); cf. também, do mesmo autor, *The Semantics of Biblical Language* (Londres, 1961).

sação da plenitude dos tempos" (Ef 1.10), nos "fins dos séculos" (1 Co 10.11) e "ao se cumprirem os tempos" (Hb 9.26). Portanto, a exortação tem praticamente o mesmo efeito daquela feita por Paulo ou Pedro em outras cartas (Tt 2.12-13; 2 Pe 3.14). Este "tempo" deriva o seu caráter dos eventos consumadores, para os quais se dirige com rapidez a era atual, eventos que têm seu foco na "manifestação da glória do nosso grande Deus e Salvador Cristo Jesus" (Tt 2.13). Essa interpretação sobre a "salvação" e o "tempo" nos fornece a diretriz necessária para compreendermos os outros detalhes dos versículos 11 e 12.

"Vai alta a noite, e vem chegando o dia." "O dia", sem qualquer característica ou especificação, é utilizado por Paulo e outros escritores do Novo Testamento como uma designação escatológica (cf. 1 Co 3.13; 1 Ts 5.4; Hb 10.25; 2 Pe 1.19). Este uso de "o dia" é definido por meio das expressões análogas "aquele dia" e "o grande dia" (cf. Mt 7.22; 24.36; 2 Ts 1.10; 2 Tm 1.12,18; 4.8; Jd 6). "O dia" e "aquele dia" podem ser expressões usadas para denotar o dia escatológico, sem maiores especificações; isto é algo que, sem dúvida, se origina da frequência com que o vocábulo "dia" é usado, em várias combinações, para designar o que é estritamente escatológico — "o Dia do Juízo", "o último dia", "o dia da ira", "o Dia do Senhor", "o Dia de Deus", "o dia em que for revelado o Filho do homem", "o Dia de Cristo" (cf. Mt 10.15; 12.36; Lc 17.24,30; Jo 6.39; 12.48; At 17.31; Rm 2.15-16; 1 Co l.8; 5.5; Ef 4.30; Fp 1.6,10; 1 Ts 5.2; 2 Ts 2.2; 2 Pe 3.7,10; 1 Jo 4.17). Com este abundante uso do vocábulo "dia" em mente, nenhuma outra interpretação poderia reunir em torno de si mesma tanto apoio quanto a que interpreta as palavras "o dia", no presente texto, como uma referência ao dia em que Cristo virá trazendo salvação para seu povo (cf. Hb 9.28). Como poderia o apóstolo ter dito que o dia de Cristo estava às portas?

Geralmente se advoga que Paulo, assim como outros escritores do Novo Testamento, esperavam que o advento de Cristo ocorresse em pouco tempo; também asseveram alguns que, no ensino do apóstolo, esta expectativa foi reproduzida na forma de uma afirmação neste sentido (cf. 1

Co 7.29-31).⁶⁹ Os acontecimentos, pois, não provariam que Paulo estava equivocado em sua expectativa e em sua doutrina?

A resposta a esta pergunta parece estar em duas considerações: (1) o Novo Testamento realmente ensina que o dia do Senhor está às portas (cf. Fp 4.5; Tg 5.8; 1 Pe 4.7; Ap 22.10-12,20). Entretanto, isto não deve ser interpretado no sentido de iminência, de acordo com o sentido que atribuímos a este vocábulo. O próprio Paulo, que expressou a ideia da proximidade da vinda do Senhor, advertiu contra a suposição da iminência (ver 2 Ts 2.1-12). E, nesta carta, ele ensina a restauração de Israel, embora, quando a escreveu, não houvesse sinais evidentes da conversão de Israel que satisfizessem os termos de sua predição (cf. Rm 11.12,15,26). E Pedro, a despeito de haver escrito: "o fim de todas as coisas está próximo" (1 Pe 4.7), teve oportunidade de abordar as objeções fundamentadas no prolongado lapso de tempo. Ele lembrou aos seus leitores que, "para o Senhor, um dia é como mil anos, e mil anos, como um dia" (2 Pe 3.8); e que, por conseguinte, assim como a passagem de um único dia, o lapso de mil anos não interferiria no cumprimento da promessa e na certeza da volta do Senhor.

É mister, portanto, observarmos essa perspectiva no tocante ao conceito do Novo Testamento a respeito da proximidade do advento de Cristo. Está em foco a proximidade da perspectiva profética, e não a de nossos cálculos cronológicos. No desdobramento do propósito redentor de Deus, o próximo grande acontecimento, correlato à morte de Cristo, à sua ressurreição e ascensão, bem como ao derramamento do Espírito no dia de Pentecostes, será o advento de Jesus, em glória. Esse acontecimento resplandece no horizonte da fé. Não existe qualquer semelhança entre o tempo presente e esse evento redentor. Neste sentido, ele está próximo.

---

69 "As mais antigas epístolas de Paulo que ainda existem, as que foram escritas aos Tessalonicenses, sugerem que, na ocasião, ele pensava que o advento do Senhor poderia ocorrer dentro de alguns poucos meses; por certo, aconteceria durante a vida física da maioria dos membros da igreja que estavam vivos naquela época. A mesma ideia se encontra em 1 Coríntios e afeta o julgamento de Paulo acerca de problemas éticos (cf. cap. 7). É notável, portanto, que nesta epístola não haja qualquer menção sobre a iminência do Advento, exceto nestes poucos versículos. Todo o argumento permanece independentemente de qualquer expectativa dessa ordem... A antiga ideia da proximidade do Dia do Senhor subsiste nesta passagem somente para ressaltar suas exortações morais" (Dodd, *op. cit.*, p. 209). Cf. também Leenhardt, *op. cit.*, p. 339.

E isto é tão verdadeiro hoje quanto na época em que o apóstolo escreveu esta carta.

(2) Correspondente à proximidade do "dia", temos aquela afirmativa "vai alta a noite". É óbvio que "o dia" e "a noite" são contrastados; e, como "o dia" é caracterizado pela luz, a noite é pelas trevas. "O dia" torna manifesto (cf. 1 Co 3.13), a noite esconde. A vinda do Senhor é representada como algo que "trará à plena luz as coisas ocultas das trevas" (1 Co 4.5), sendo associada à luz porque o panorama inteiro da História será colocado sob a pura luz do juízo divino (cf. Rm 14.10; 2 Co 5.10). No que concerne ao resplendor dessa luz, tudo que antecede o glorioso advento de Cristo será constituído de trevas, pelo que é chamado de "a noite". Além disso, "este século" é aquilo que antecede a segunda vinda de Cristo, em contraste com "o século vindouro"; e "este século" é mau (cf. Rm 12.2; 1 Co 1.20; 2.6-8; 2 Co 4.4; Gl 1.4; 2 Tm 4.10). Isto indica outro motivo pelo qual aquilo que antecede o segundo advento de Cristo deve ser chamado de "a noite", estando associado às trevas. Também nos fornece uma perspectiva que esclarece a afirmativa "vai alta a noite". Pois "a noite" precisa ser identificada com "este século" e, por isso mesmo, com todo o período da história mundial anterior ao segundo advento. E há boas razões para inferirmos que o apóstolo pensava sobre a brevidade relativa daquilo que ainda terá de acontecer na história deste mundo: a História se apressa para seu fim. Em outra carta, Paulo fala do passado como "séculos e... gerações" (Cl 1.26). Ele identifica o presente como "os fins dos séculos" (1 Co 10.11) e, em Hebreus 9.26, denomina-o de "ao se cumprirem os tempos". Sob essa luz, não somente é apropriado dizer que "vai alta a noite", mas também se torna necessário; e o apóstolo estava ressaltando o efeito dessa verdade sobre a piedade prática: "Deixemos, pois, as obras das trevas e revistamo-nos das armas da luz".

O sono, a noite e as trevas são todos inter-relacionados em nossa experiência habitual. O mesmo é verdade no campo moral e religioso. E o apóstolo estava insistindo no fato de que a sonolência moral e religiosa é incompatível com a posição que os crentes ocupam no grandioso drama da redenção. A sanção básica de amar ao próximo como a nós mesmos foi aplicada tanto ao Antigo quanto ao Novo Testamento (cf. vv. 8-10).

Porém, o raciocínio que Paulo estava defendendo era de tal ordem, que poderia ser aplicado somente ao "período" particular contemplado nesta passagem e argumentado como o motivo para a vida piedosa dos crentes. O Dia de Cristo, embora ainda não tenha chegado, já está lançando a sua luz sobre o presente. É nessa luz que os crentes devem agora viver; é o raiar daquele dia que possui um resplendor inigualável. É chegada a hora de despertarmos para a realização desse fato, acordarmos do torpor espiritual, nos despirmos das vestes apropriadas ao sono e nos revestirmos das armas que convêm às tarefas deste "período" da história da redenção. Cada dia do calendário aproxima-nos do dia da salvação final; e, posto que a vida no corpo é o elemento decisivo quanto às questões eternas, o evento da morte física indica a cada indivíduo quão breve é "o período" anterior ao advento de Cristo. E, visto importar que "todos nós compareçamos perante o tribunal de Cristo" (2 Co 5.10; cf. Rm 14.10) e que ele está pronto para "julgar vivos e mortos" (2 Tm 4.1; cf. 1 Pe 4.5; Tg 5.9), ser indulgente às obras da carne contradiz a fé e a esperança do crente.

As "obras das trevas" são aquelas práticas que pertencem e caracterizam as trevas; e estas devem ser entendidas no sentido ético (cf. 1 Co 4.5; 2 Co 6.14; Ef 5.8,11; Cl 1.13). As "armas da luz", por semelhante modo, devem ser entendidas em sentido ético e religioso, sugerindo, mediante os termos empregados, que a vida do crente é o bom combate da fé (cf. 2 Co 6.7; Ef 6.10-18).

13-14 — Os excessos que o apóstolo enumera no versículo 13 eram comuns ao império romano, naquela época, sobretudo em Corinto, onde esta carta foi escrita. Os termos usados indicam o abandono à libertinagem e às contendas que desta resultam. A exortação positiva, no versículo 14, destaca o contraste que o senhorio de Cristo estabelece e requer. A figura simbólica é a de nos revestirmos de Cristo. Em outros trechos bíblicos, Paulo fala de nos revestirmos do novo homem (cf. Ef 4.24; Cl 3.10), de toda a armadura de Deus (cf. Ef 6.11), das armas da luz (v. 12), da couraça da justiça, da fé e de ternos afetos de compaixão (cf. Ef 6.14; Cl 3.12; 1 Ts 5.8). Porém, nenhuma dessas ordens se compara ao significado da cláusula "revesti-vos do Senhor Jesus Cristo". Ela foi utilizada apenas mais uma vez no Novo Testamento (cf. Gl 3.27). Este texto deve ser interpretado à luz de Romanos 6.1-10. Revestir-se de Cristo é identificar-se com ele, não somente em sua morte, mas também em sua ressurreição. Significa estar unido a ele na semelhança de sua vida ressurreta.

O título completo, "o Senhor Jesus Cristo", enfatiza a inclusividade envolvida nesta exortação. Nada menos do que o ato de rejeitar completamente o pecado, com a perfeição de virtude e de pureza exemplificadas em Cristo, constitui a atitude exigida de um crente. Quando pensamos que Cristo é santo, inocente, imaculado e separado dos pecadores, percebemos o total contraste entre os pecados descritos no versículo 13 e o padrão mostrado no versículo 14. A negativa é tão exclusiva quanto a parte positiva é inclusiva. Não devemos nos envolver em qualquer atitude que satisfará as concupiscências da carne. A "carne" não deve ser equiparada ao corpo físico, mas inclui todas as inclinações pecaminosas (cf. Rm 7.5; 8.5-8; Gl 5.19-21; 6.8; Ef 2.3).

E. OS FRACOS E OS FORTES (14.1-23)

14.1-12

1 Acolhei ao que é débil na fé, não, porém, para discutir opiniões.
2 Um crê que de tudo pode comer, mas o débil come legumes;
3 quem come não despreze o que não come; e o que não come não julgue o que come, porque Deus o acolheu.
4 Quem és tu que julgas o servo alheio? Para o seu próprio senhor está em pé ou cai; mas estará em pé, porque o Senhor é poderoso para o suster.
5 Um faz diferença entre dia e dia; outro julga iguais todos os dias. Cada um tenha opinião bem definida em sua própria mente.
6 Quem distingue entre dia e dia para o Senhor o faz; e quem come para o Senhor come, porque dá graças a Deus; e quem não come para o Senhor não come e dá graças a Deus.

7   Porque nenhum de nós vive para si mesmo, nem morre para si.
8   Porque, se vivemos, para o Senhor vivemos; se morremos, para o Senhor morremos. Quer, pois, vivamos ou morramos, somos do Senhor.
9   Foi precisamente para esse fim que Cristo morreu e ressurgiu: para ser Senhor tanto de mortos como de vivos.
10 Tu, porém, por que julgas teu irmão? E tu, por que desprezas o teu? pois todos compareceremos perante o tribunal de Deus.
11 Como está escrito:
    Por minha vida, diz o Senhor, diante de mim se dobrará todo joelho, e toda língua dará louvores a Deus.
12 Assim, pois, cada um de nós dará contas de si mesmo a Deus.

Romanos 14.1 a 15.13 é outra seção bem definida da epístola. Está coordenada àquilo que a antecede, nos capítulos 12 e 13, porquanto aborda o que é concreto e prático na vida do crente e, mais particularmente, na sua vida de comunhão na igreja. Esta seção, entretanto, ocupa-se especificamente com os fracos e os fortes e com as atitudes que estes devem manter uns para os outros.

Há certa similaridade entre o assunto aqui abordado e o que encontramos em outras cartas de Paulo. A similaridade mais evidente é a que existe nas situações referidas por Paulo em 1 Coríntios 8.1-13 e 10.23-33. Todavia, nas cartas aos Gálatas e aos Colossenses também parece haver pontos semelhantes. Em Romanos 14.5, o apóstolo faz referência às distinções entre dias; em Gálatas 4.10, lemos: "Guardais dias, e meses, e tempos, e anos". Colossenses 2.16-17 reporta-se a dias de festa, luas novas e sábados, como sombras das coisas vindouras. Além disso, em Colossenses 2.16,20-23, temos alusões a escrúpulos religiosos a respeito de comidas e bebidas, e o slogan dos proponentes era: "Não manuseies isto, não proves aquilo, não toques aquiloutro" (Cl 2.21). Entretanto, no caso de Gálatas e Colossenses, o que mais se notabiliza não é a similaridade, e sim a atitude totalmente dissemelhante da parte do apóstolo. Nestas duas cartas, há uma severa polêmica e uma nota de denúncia em referência a estes mesmos assuntos. Em Gálatas, a observância de dias e épocas é encarada com grave preocupação — "Receio de vós tenha eu trabalhado em vão para convosco" (Gl 4.11). Em Colossenses, por igual modo, a censura contra os ascetas possui mais severo caráter: "Se morrestes com Cristo para os rudimentos do mundo, por que, como se vivêsseis no mundo, vos sujeitais a ordenanças... Tais coisas, com efeito, têm aparência de sabedoria... todavia, não têm valor algum contra a sensualidade" (Cl 2.20,23). Não encontramos tal severidade na seção que estamos considerando em Romanos. Nesta, existe ternura e tolerância que refletem uma atitude radicalmente diversa — "Acolhei ao que é débil na fé" (14.l). "Um faz diferença entre dia e dia; outro julga *iguais* todos os dias. Cada um tenha opinião bem definida em sua própria mente" (14.5). Por que essa diferença? O motivo é claro. Em Gálatas, Paulo estava lidando com os judaizantes, que pervertiam o evangelho em seu próprio âmago. Estes eram os propagandistas de um legalismo que afirmava ser a observância de dias e épocas necessária à justificação e à aceitação diante de Deus. Isto importava em retrocesso "aos rudimentos fracos e pobres" (Gl 4.9); era "outro evangelho, o qual não é outro", senão um evangelho digno dos anátemas do apóstolo (cf. Gl 1.6-7).

Em Romanos 14, não encontramos evidências de estarem envolvidos, em qualquer sentido, nesse erro fatal aqueles que valorizavam um dia acima de outro qualquer. Eles não eram propagandistas de um cerimonialismo cujo alvo era o âmago do evangelho; esta é razão para a tolerância e a prudência recomendadas pelo apóstolo. A heresia de Colossos era mais complexa do que a da Galácia. Naquela, o erro que Paulo combateu foi basicamente gnóstico e, conforme F. F. Bruce observou, apresentava "um dualismo evidente entre o campo espiritual e o material", considerando que a salvação consiste em libertar o espiritual do que é material. Por conseguinte, "o ascetismo era frequentemente entendido como um importante elemento neste processo de libertação".[70] Também havia a adoração a seres angelicais (cf. Cl 2.18), os quais eram concebidos como os intermediários da revelação da parte de

---

70 F. F. Bruce, *Commentary on the Epistle to the Colossians* (Grand Rapids, 1957), p. 166, n. 10.

Deus e mediadores através de quem "toda oração e adoração a Deus, da parte do homem, poderiam atingir o seu alvo".[71] O ascetismo também fazia parte do ritual mediante o qual o favor desses poderes angelicais deveria ser conquistado. Esta heresia feria o evangelho em seu âmago, e sua gravidade peculiar se encontrava em sua negação da proeminência de Cristo como o único em quem habita toda a plenitude de Divindade (cf. Cl 2.9) e como o único Mediador entre Deus e os homens. Isto explica o vigor das denúncias feitas por Paulo. Não existe o menor vislumbre de evidência de que o ascetismo dos fracos, aludido em Romanos 14, tivesse qualquer vínculo com as especulações da heresia de Colossos. Por conseguinte, o clima era totalmente desigual nos dois casos.

Poderíamos argumentar, com bastante plausibilidade, que a fraqueza contemplada em Romanos 14 é idêntica à de 1 Coríntios 8. Esta, como é evidente, consistia na convicção, entretida por alguns, de que o alimento oferecido a ídolos se tornara tão contaminado por essa veneração idólatra, que era impróprio para o consumo dos cristãos. Todo o assunto, na carta aos Coríntios, se concentra em torno de alimentos ou bebidas oferecidos a ídolos. Parece que a similaridade de atitude e de exortação, em Romanos 14, indica a existência do mesmo problema. Mas esta inferência não pode ser confirmada, e a evidência indica a conclusão de que a debilidade em vista, em Romanos 14, é mais diversificada. Isto não significa que a debilidade de fé atinente aos alimentos oferecidos aos ídolos não estava sendo focalizada na carta aos Romanos. O caso é simplesmente que mais elementos têm de ser levados em consideração. E as razões para essa conclusão são as seguintes: (1) em Romanos 14, não há qualquer menção de alimentos ou vinho oferecidos a ídolos. Se, com exclusividade, esta fosse a questão, poderíamos esperar uma referência clara, assim como vemos em 1 Coríntios 8 e 10. (2) Distinguir entre dias e dias é o assunto abordado em Romanos 14. Ora, isto não é refletido em 1 Coríntios. É difícil traçar um relacionamento entre os escrúpulos referentes à atitude de guardar dias e a de comer alimentos oferecidos a ídolos. (3) A fraqueza retratada em Romanos 14 envolvia uma dieta vegetariana (cf. v. 2). Não encontramos qualquer evidência de que os

---

71 *Ibid.*, p. 167.

crentes débeis em relação a alimentos oferecidos a ídolos tivessem escrúpulos no tocante ao assunto de comidas que não houvessem sido oferecidas a ídolos. Por esses motivos, temos de concluir que a debilidade refletida em Romanos 14 era de caráter mais genérico.

Diferentes opiniões têm sido demonstradas quanto à origem desta fraqueza, bem como acerca das circunstâncias que causaram sua natureza exata. Parece necessário que sejamos menos positivos do que alguns exegetas têm sido. Roma era uma cidade cosmopolita; e assim também o era a igreja. As evidências oferecem muito argumento em favor da tese de que vários tipos de fraqueza, oriundas de diferentes circunstâncias e influências, estivessem representados na situação enfrentada pelo apóstolo. Não é mister supor que todos os caracterizados como fracos na fé eram vítimas de um mesmo tipo de fraqueza. Alguns que se mostravam fracos em um aspecto talvez eram fortes em um aspecto diferente, que constituía a debilidade de outros. Esta diversidade pode explicar a abordagem de Paulo. Esta passagem lida com o assunto dos fracos e dos fortes, de um modo que se aplica a cada instância em que surgem escrúpulos religiosos vinculados a coisas tais como as exemplificadas neste capítulo.

1-3 — "Acolhei." Esta ordem é endereçada àqueles que não pertenciam à categoria dos fracos e, portanto, sendo fortes na fé, não entretinham tais escrúpulos. Visto que a sentença não foi redigida na forma "vós, que sois fortes, acolhei aos fracos" (cf. 15.1), parece estar subentendido que a igreja de Roma, como um todo, não se caracterizava por tal debilidade, e sim que os fracos constituíam apenas uma minoria. Isto recebe apoio da consideração de que, nesta parte da carta, as advertências são preponderantemente dirigidas aos fortes. "Acolhei" significa que não deve haver discriminação no tocante à confiança, à estima e à afeição. A força deste apelo é indicada pelo uso do mesmo vocábulo, no versículo 3, a respeito do acolhimento que nos foi outorgado por Deus e em 15.7, a respeito de nosso recebimento por parte de Cristo. Romanos 15.7 reforça o caráter irrestrito deste recebimento mútuo, ao exortar que ele deve acontecer de acordo com o modelo da graça de Cristo, em nos receber para a glória de Deus. Nada revela melhor a malignidade da discriminação contra a qual a ordem foi dirigida do que a incoerência que ela demonstra em relação à atitude de nosso próprio Salvador.

"Não, porém, para discutir opiniões." O pensamento geral é bastante claro — a aceitação dos fracos não deve ter o propósito de acender as chamas da contenda a respeito das diferenças de convicção sobre os assuntos abordados, isto é, comer, beber e observância ou não de dias. Porém, é difícil determinar qual seja o pensamento exato. A palavra traduzida por "opiniões" significa "pensamentos" e, às vezes, é empregada com denotações depreciativas, de modo que, virtualmente, significa "maus pensamentos" (cf. Lc 5.22; 6.8; 9.46-47; 24.38; Rm 1.21; 1 Co 3.20;). A palavra traduzida por "discutir", no grego, está no plural e mui provavelmente se refere ao ato de distinguir (cf. 1 Co l2.10; Hb 5.14). Portanto, a ideia parece ser "não para distinguir entre pensamentos". Em outras palavras, acolher "não com o propósito de sujeitar as convicções e pensamentos alheios a um escrutínio censurador". Uma vez que isto é contrastado com "acolhei" e que esta última exortação é dirigida ao fortes, a ênfase recai sobre a necessidade de evitar provocações aos fracos, se os escrúpulos destes se tornassem objetos de análise ou disputa.

No versículo 2, é exemplificada uma forma de distinção entre os fortes e os fracos. Estes eram vegetarianos; aqueles sentiam-se capazes de comer toda espécie de alimentos. No versículo 3, o apóstolo denuncia o erro que ambos os grupos tanto se inclinavam a cometer. O pecado dos fortes era a disposição de desprezar ou de tratar com soberba os fracos, ao passo que o erro dos fracos consistia em julgar os fortes. Ambas as faltas são condenadas com igual vigor. Na prática, elas transparecem, respectivamente, na forma de presunçoso desdém e de uma carranca de juízo condenatório. Estas atitudes exemplificam as práticas condenadas pelo apóstolo e revelam a sua tendência destrutiva na comunidade contemplada pela exortação "acolhei".

A cláusula final do versículo 3, "porque Deus o acolheu", tem sido interpretada como uma referência tanto ao que come quanto ao que não come. Sem dúvida, Deus tem acolhido os fracos assim como os fortes; e o fato de que ele acolheu os fracos fornece o motivo para a advertência dirigida aos fortes, no versículo 1. Aqui, porém, o que favorece a ideia de que o apóstolo se referia à acolhida dos fortes por parte de Deus é a proximidade da exortação dirigida aos fracos e a relevância mais direta dessa consideração, no tocante ao juízo condenatório com que os fracos se inclinam a julgar os outros. O erro do juízo censurador é repreendido mediante o lembrete de que, se Deus recebeu uma pessoa, nos laços de seu amor e comunhão, e se a conduta em questão não serve de barreira ao acolhimento dado por Deus, condenar aqueles que Deus aprova é uma iniquidade para nós. Agindo deste modo, presumimos ser mais santos do que Deus. Além disso, o versículo seguinte é dirigido contra o erro dos fracos e assevera, com referência aos fortes, algo coordenado com sua acolhida da parte de Deus, ou seja, "o Senhor é poderoso para o suster".

4 — Neste versículo, o erro do juízo censurador, por parte dos fracos, é exposto mediante a presunção envolvida em tal juízo. O que este assunto expressa é a inconveniência de alguém intrometer-se nas questões pessoais de outrem. Em seguida, isto é aplicado ao relacionamento de um crente para com a soberania de Cristo. É duvidoso se a cláusula seguinte, "para o seu próprio senhor está em pé ou cai", prossegue o pensamento deste assunto, referindo-se apenas ao senhor de uma casa, ou se focaliza o Senhor Jesus Cristo.[72] Porém, ainda que tenha em vista o senhor de uma casa, o símbolo é imediatamente aplicado, na cláusula seguinte, ao senhorio de Cristo sobre o crente — "Mas estará em pé, porque o Senhor é poderoso para o suster".[73] O Senhor, nesse caso, é o Senhor Jesus Cristo, e Paulo estava afirmando a certeza do crente permanecer no serviço de Cristo. Tem sido advogado que o manter-se em pé, nesta instância, refere-se ao juízo final. É verdade que a ideia de juízo está presente neste versículo. Na esfera dos relacionamentos habituais domésticos, o servo de outrem não deve ser julgado segundo as nossas normas, mas segundo as de seu senhor. O servo será aprovado ou não, de acordo com o juízo de seu próprio senhor. Por igual modo, no relacionamento do crente com Cristo, não é o nosso juízo que se torna todo-importante, e sim o dele. Todavia, não há base alguma para supormos que o juízo em foco seja, especificamente, o julgamento final.

---

72 É mais provável que κυρίῳ seja uma referência ao senhor de uma família. Na família de Cristo, conforme o demonstra a cláusula seguinte, as alternativas de ficar em pé ou cair não estão em foco.
73 Κύριος é a forma apoiada por P[46], ℵ, A, B, C e P.

O "estar de pé" é aquilo que diretamente se opõe ao juízo censurador, por parte dos fracos, no presente. Os fracos demonstravam a tendência de reputar o exercício da liberdade, por parte dos fortes, como um abrandamento de sua devoção a Cristo e, portanto, como uma atitude que os tornava passíveis da desaprovação do Senhor. A garantia dada pelo apóstolo tem o sentido contrário e, por isso, deve ser considerada uma referência ao ato de os crentes fortes permanecerem firmes na sua conduta, diante da aprovação do Senhor Jesus Cristo. Os fortes permanecerão firmes, e o motivo é apresentado: o poder do Salvador é a garantia da perseverança deles. Esta evocação do poder de Cristo oferece uma pungente repreensão contra o pecado do juízo censurador. A suspeita envolvida neste pecado reflete-se sobre o poder sustentador de Cristo, esquecendo o fato de que a conduta que recebe a aprovação do Senhor não pode colocar em perigo a constância da pessoa envolvida.

5-6 — Nestes versículos, Paulo introduz outra forma de escrúpulo ligado à santidade que alguns crentes atribuíam a certos dias. A diferença estava no fato de que outros crentes não outorgavam qualquer significado religioso e distintivo a esse dias. "Um faz diferença entre dia e dia; outro julga *iguais* todos os dias."[74] Esta divergência de opinião pertence à mesma categoria daquela atinente a certos tipos de alimentos; isso transparece no fato de que, no versículo 6, o apóstolo retorna ao assunto de comer e não comer, utilizando a atitude de julgar dias como um exemplo de devoção consciente ao Senhor, exemplificada por comer e não comer.

Conforme argumentaremos adiante, o ponto de vista razoável, se não mesmo o único possível, a respeito deste escrúpulo, por parte de alguns, é que eles consideravam os dias santos da economia mosaica como dotados de santidade permanente.[75] Outros reconheciam que essas observâncias rituais haviam sido abrogadas, juntamente com as instituições cerimoniais da lei.

---

74 Temos aqui um bom exemplo do modo como o apóstolo podia alternar de um significado para outro, no emprego de um mesmo vocábulo. Nos versículos 3 e 4, κρίνω é usado no sentido depreciativo de juízo censurador. No versículo 5, Paulo o utiliza no sentido de "julgar", ao qual não se vincula nenhuma crítica.

75 Ver Apêndice H, quanto a uma discussão mais completa.

Visto que essa diferença de convicção entre os crentes pertence à mesma categoria da divergência referente ao alimentar-se de determinados tipos de comida, devemos concluir que a observância de dias, em foco, não procedia de qualquer obrigação divina permanente. O indivíduo que julga iguais todos os dias, isto é, não considerando que dias particulares se revestem de significação religiosa peculiar, no julgamento do apóstolo, é reconhecidamente alguém que tem pleno direito de entreter esta postura. Isto não poderia ser verdade, se a distinção entre dias fosse um assunto vinculado à obrigação divina. Portanto, a pessoa que valoriza um dia mais que outro é fraca na fé; tal pessoa ainda não compreende o que está implícito na mudança da antiga para a nova economia. Novamente, devemos notar a tolerância do apóstolo e a exigência de serem acolhidos à confiança e ao companheirismo da igreja aqueles que se caracterizavam por essa franqueza. A diversidade de convicções aprovadas é ilustrada pela cláusula "cada um tenha opinião bem definida em sua própria mente". Isto demonstra a persuasão pessoal, nestes assuntos de conduta, indispensável ao senso de devoção ao Senhor, expressamente referido, nos versículos seguintes, como aquilo que deve orientar a vida do crente. Quer ele coma, quer não coma, quer julgue algum dia como superior, quer não, ele o faz para o Senhor (vv. 6-8). A ordem de cada um estar bem firmado em sua própria maneira de pensar refere-se não apenas ao *direito* de juízo particular, mas também à *exigência*. Esta insistência faz parte de todo o assunto deste capítulo. A ordem visa à aceitação mútua entre os crentes, a despeito da diversidade de atitudes para com certas coisas. A conformidade obrigatória ou a pressão exercida com o intuito de assegurar a conformidade frusta os propósitos a que se dirigem todas estas exortações e reprimendas.

A coordenação, no versículo 6, parece favorecer o ponto de vista de que os fortes são aqueles que valorizam um dia acima de outros, pois a alusão a tal observância é imediatamente seguida pela referência às práticas alimentares dos crentes fortes. No entanto, pelas razões antes mencionadas, este não pode ser o caso. Além disso, nas demais cartas (cf. Gl 4.10-11; Cl 2.16-17), a observância de dias, por causa de sua associação com as heresias que prevaleciam nas igrejas da Galácia e Colossos, é profusamente condenada.

Tal observância na igreja de Roma foi tolerada porque não estava vinculada a qualquer heresia. Mas, por este mesmo motivo, aqueles que observavam dias eram, por certo, os crentes débeis na fé.

A tríplice repetição das palavras "para o Senhor", no versículo 6, expressa convicção religiosa, ou seja, a consciência para com o Senhor, devido à qual eram seguidas aquelas diversas práticas. Isto justificava os respectivos casos. No terreno da liberdade, a conduta de um crente não é irreligiosa. Tudo quanto ele faz ou deixa de fazer é "para o Senhor"; portanto, ele jamais fica destituído da consciência de que está servindo ao Senhor Jesus Cristo (cf. 1 Co 10.31). A expressão "para o Senhor" antecipa aquilo que é desdobrado nos versículos 7 e 8.

A prova de que o crente forte come para o Senhor se deriva do fato de que ele dá graças a Deus. A ideia é que o ato de agradecimento implica em gratidão a Deus e na consciência de que aqueles alimentos são uma dádiva de Deus a ser desfrutada. Essa atitude mental traz consigo a convicção de que ele come para o Senhor. Em outra passagem bíblica, a ação de graças é apresentada como aquilo que santifica o alimento — "Pois tudo que Deus criou é bom, e, recebido com ações de graça, nada é recusável, porque, pela palavra de Deus e pela oração, é santificado" (1 Tm 4.4,5). Esta ação de graças é exemplificada na bênção proferida antes das refeições (Mt 15.36; At 27.35; 1 Co 10.30), embora não seja restringida apenas a esta ocasião.

A consciência de devoção ao Senhor também se evidencia no crente fraco em sua abstinência de certos alimentos — "E quem não come para o Senhor não come". No entanto, não há qualquer subestimação do crente fraco. A este é creditado um idêntico senso de devoção a Cristo, e ele, por semelhante modo, dá graças pelo que faz. Isto não deve ser entendido com o significado de que ele agradece pelo que não come ou com o sentido de que se mostra grato a Deus por abster-se daquilo que o crente forte participa. As palavras "e dá graças a Deus" devem ser interpretadas em referência às ações de graças que ele oferece por aquilo de que participa.[76] E esta atitude de dar

---

76 "As ações de graça, porém, eram dadas não *pelo que* ele não comia (o que seria absurdo), nem *porque* ele não comia (o que seria farisaísmo — Lc 18.11), mas por aquilo que ele comia, ou seja, legumes" (Philippi, *op. cit., ad loc.*).

graças, por igual modo, em seu caso, manifestava seu senso de dívida para com Deus e de devoção a Cristo. A mudança de "porque dá graças a Deus" para "e dá graças a Deus" é digna de atenção. A primeira sentença determina um motivo; a segunda é uma declaração do fato. Todavia, a diferença não deve ser sobrecarregada com o sentido de que, embora o fraco não coma, ele dá graças. Se tivermos de colocar ênfase sobre a diferença, não devemos atribuir maior significação do que esta: em um caso, as ações de graças são mencionadas como motivo; no outro, são referidas como uma condição importante e necessária.

7-8 — O versículo 7 não significa, conforme é popularmente entendido e citado, que um homem não é suficiente, por si mesmo, nas esferas social e econômica. O versículo não é dirigido contra a independência egoísta e altiva em relação à ordem social. Em toda esta passagem, tal atitude é condenada; também o apóstolo insiste na exigência de manifestarmos consideração ao próximo. Mas, assim como no versículo 8, o que está sendo claramente asseverado é que o crente *vive para o Senhor*, e não para si mesmo. Trata-se de uma forma negativa de expressar o que está envolvido em "para o Senhor", três vezes repetidas no versículo 6, e no morrer e viver "para o Senhor", no versículo 8. Estes dois versículos focalizam o princípio normativo e controlador da atividade subjetiva do crente, ou seja, a disposição de subserviência, de obediência e devoção ao Senhor; e isto indica, conforme já observamos (cf. 12.2), que o alvo orientador do crente é buscar o agradar o Senhor. Em Romanos 12.2, isto é afirmado em termos de agradar a Deus; agora o apóstolo contempla o Senhor Jesus Cristo. Não existe nesse fato qualquer contradição. Se descobrirmos, por experiência própria, que a vontade de Deus é boa, agradável e perfeita, isto ocorrerá porque temos chegado a reconhecer o senhorio de Cristo em todos os aspectos de nossa vida. O senhorio de Cristo, em sua capacidade como Mediador, é tão inclusiva e abrangente quanto a soberania de Deus (cf. Mt 11.27; 28.18; Jo 3.35; 5.23; At 2.36; Ef 1.20-22; Fp 2.9-11; 1 Pe 3.22). Somente através da fé em Jesus e da obediência a ele, podemos descobrir qual é a vontade de Deus para nós.

Poderíamos imaginar que, nos versículos 7 e 8, a ideia não mais se refere à consciente devoção ao Senhor, e sim à relação objetiva entre o crente e o Senhor Jesus. Pois como poderia a nossa morte ser reputada como algo que tem lugar no exercício de consagração ao Senhor? Há dois motivos para rejeitarmos esta suposição:

(1) O sentido da expressão "para o Senhor", três vezes repetida no versículo 6, deve ser transferido à mesma expressão no versículo 8. Isto transparece, em particular, na cláusula "se vivemos, para o Senhor vivemos". O versículo 7 apresenta a razão por que é para o Senhor que comemos ou não; o versículo 8 é o correspondente positivo daquilo que é negado no versículo 7. Portanto, a sequência e a íntima conexão entre estes três versículos exigem que o serviço consciente prestado ao Senhor, serviço este que está tão evidentemente em foco nos versículos 6 e 7, deve governar o sentido de "para o Senhor", no versículo 8.

(2) É verdade que o evento da morte não é algo realizado por nossa volição. No entanto, o mesmo é verdade a respeito daquilo que aqui é contrastado com outro fator, ou seja, a vida. Não é por nossa vontade que o contexto da vida é determinado. Até este ponto, há um paralelo entre a vida e a morte. Portanto, a ideia parece ser que, enquanto o crente contempla a morte, bem como todos os detalhes de seu comportamento que leva durante esta vida, ele está consciente da vontade do Senhor, e que, no ato de sua morte, seu sentimento de devoção ao Senhor não é interrompido. Sem dúvida, até onde este último fator está envolvido, a seriedade de pertencer ao Senhor ocupa lugar primordial. Mas a ênfase, assim mesmo, recai sobre o que é verdade na consciência do crente (cf. 2 Co 5.8-9; Fp 1.20-25). E esta resignação consciente e a aceitação da morte têm seu apoio na certeza mencionada na parte final do versículo 8 — "Quer, pois, vivamos ou morramos, somos do Senhor".

Esta certeza, embora seja entretida pelo crente e seja indispensável à sua consagração ao Senhor, na vida e na morte, refere-se não à fé que ele exerce de maneira consciente, mas à relação que Cristo mantém para com ele, ou seja, a relação de possessão.[77] Isto prepara o caminho para a afirmação da abrangente soberania de Cristo, no versículo 9.

---

77 "Disso, concluímos... que o crente permanece, em cada situação, *propriedade* do Senhor. Assim como o dativo τῷ κυρίῳ, *para o Senhor*, na primeira parte do versículo, expressava consagração, assim também o genitivo, τοῦ κυρίου, *do Senhor*, na proposição final, denota possessão" (Godet, *op. cit., ad loc.*).

Nestes dois versículos, Paulo testemunha a respeito da transformação operada na vida de um crente, na sua atitude para com a morte. Não acontece que a morte perdeu o seu caráter de salário do pecado ou tenha deixado de ser o último inimigo. A morte jamais se tornará boa; ela é maligna, uma anormalidade trazida ao mundo pelo pecado. Nos escritos de Paulo, temos o reconhecimento deste fato em sua própria vida, quando ele diz: "Não por querermos ser despidos, mas revestidos" (2 Co 5.4). Também somos relembrados que somente na ressurreição a morte será tragada pela vitória (cf. 1 Co 15.54). Essa nova atitude para com a morte (cf. Hb 2.14,15) não surge de qualquer mudança no caráter da morte, e sim da fé naquilo que Cristo fez quanto à morte, bem como da viva esperança daquilo que ele fará na consumação de sua vitória. A ressurreição de Cristo, a esperança de ressuscitar segundo o modelo da ressurreição dele e o remover do pecado, que é o aguilhão da morte, transformam a *relação* do crente para com a morte. Esta mudança é tão radical, que, confiante nela, o apóstolo tinha "o desejo de partir e estar com Cristo, o que é incomparavelmente melhor" (Fp 1.23).

9 — Este versículo refere-se à parte final do anterior e declara a base sobre a qual se fundamenta o senhorio de possessão que o apóstolo acabara de enunciar. Entretanto, esta base é declarada em termos do modo como Cristo obteve este senhorio e, mais particularmente ainda, em termos do propósito de Cristo, ao morrer e ressuscitar dentre os mortos, ou seja, ele queria assegurar este senhorio. Há diversas observações atinentes a este versículo.

(1) O senhorio de Cristo, aqui abordado, não pertence por direito natural, na qualidade de Filho de Deus; precisava ser assegurado. Trata-se do senhorio de relacionamento redentor, e isto não faz parte da soberania que lhe pertence em virtude de ser o Criador. Foi conseguido por meio de sua obra como Mediador, sendo a recompensa de sua humilhação (cf. At 2.36; Rm 8.34; Fp 2.9-11)

(2) Com a finalidade de obter e exercer este senhorio, ele "morreu" e viveu (conforme texto grego).[78] E este "viveu" não se refere à sua vida

---

78 ἀπέθανεν καὶ ἔζησεν, apoiada pelos manuscritos א*, A, B, C e diversas versões, é a forma preferível a 'ἀπρέθανεν καὶ ἀνέστη, que tem o apoio de G e da Vulgata, como também de várias formas de texto mais longo, dentre as quais a mais importante é ἀπέθανεν καὶ ἀνέστη καὶ ἔζησεν, respaldada pelos manuscritos L, P e a maioria dos manuscritos cursivos.

terrena, antes de sua morte, e sim à sua ressurreição.[79] A sequência indica isso. Se a vida terrena de Jesus estivesse em foco, a ordem das palavras teria sido "viveu e morreu". Além disso, Paulo utiliza o substantivo correspondente "vida" com referência à ressurreição (cf. Rm 5.10; 2 Co 4.10),[80] e a menção à ressurreição é exigida aqui como um evento integral do processo pelo qual o senhorio foi conseguido. Era apropriado o uso desse termo e não o de outros quaisquer que denotassem ressurreição, porque o apóstolo empregou essa mesma palavra nos versículos 7 e 8 e, mais particularmente, porque "morreu e viveu" é cláusula correlata de "tanto de mortos como de vivos", na parte final do texto. É por meio da vida que Jesus agora desfruta, em seu poder ressurreto, que os crentes vivem agora para o Senhor. Deste modo, existe uma correspondência entre a ressurreição de Jesus e a vida de devoção a Cristo, tão destacada nesta passagem (cf. Rm 6.4-5; 2 Co 4.10-12; Cl 3.1-3).

(3) Cristo é apresentado como quem obteve domínio "tanto" de mortos como de vivos. Esta ordem é determinada pela correspondência com aquilo que é dito acerca de Cristo — Ele "morreu e ressurgiu". A forma "tanto de mortos como de vivos" destaca a soberania que Cristo exerce igualmente sobre ambos os grupos. Ele obteve este domínio porque penetrou na esfera da morte, conquistou-a e ressurgiu de modo triunfal como o Senhor da vida. Cristo estabeleceu sua supremacia em ambos os domínios; por conseguinte, em qualquer reino que os crentes estejam habitando, são envolvidos na possessão senhorial de Cristo, como aqueles a favor de quem ele morreu e ressuscitou. A ideia deste senhorio é ampliada em Efésios 4.9-10, onde o apóstolo assevera que Cristo preenche todas as coisas; e o processo mediante o qual ele conseguiu isto foi a descida às partes inferiores da terra e a subida acima de todos os céus.[81]

---

79 O aoristo é adaptado a fim de expressar o fato de que Cristo se tornou vivo de entre os mortos. Trata-se do aoristo inceptivo. Com muita frequência a ressurreição de Cristo é apresentada como uma atividade de Deus Pai. Esta instância poderia ser aceita como uma referência à atividade do próprio Jesus, segundo a analogia de João 2.19; 10.17-18. No entanto, o mais provável é que o apóstolo não estava pensando sobre o agente. A ideia se centraliza sobre o fato de ter Cristo vivido novamente.

80 Ap 1.18 e 2.8 são correlatos importantes em que o vocábulo ζάω é usado em referência à ressurreição.

81 Cf. E. K. Simpson, *Commentary on the Epistle to the Ephesians* (Grand Rapids, 1957), p. 91, n. 17.

(4) Embora seja apropriado pensarmos sobre o domínio de Cristo como algo que envolve mortos e vivos incrédulos (cf. Jo 5.26-29), considerando o contexto, não seria possível compreender esta passagem como se ela tivesse uma referência que incluísse a todos. Não podemos interpretar de forma inclusiva a cláusula final do versículo 8; e o versículo 9, não esqueçamos, estabelece a base para a certeza de que "somos do Senhor", uma certeza pertencente exclusivamente aos crentes.

10-12 — Nessa altura, o apóstolo retorna ao pensamento do versículo 3, de que os fracos não devem *julgar* os fortes, nem os fortes *desprezar* os fracos. Mas a diferença na maneira de falar adiciona força à acusação contra os respectivos erros. No versículo 3, temos uma ordem que nos recomenda evitar ambas as atitudes. Agora temos a forma interrogativa (cf. v. 4a), que denuncia a arrogância de julgar ou de desprezar um irmão na fé. A ênfase poderia ter sido expressa nestas palavras: "Quem és *tu*, para julgares teu irmão? Ou quem és *tu*, para desprezares teu irmão?" A censura deriva seu motivo tanto do que a antecede (Cristo é o Senhor) quanto daquilo que a sucede (haveremos de comparecer perante o tribunal de Deus). Por conseguinte, em cada caso, o pecado encontra-se na suposição de possuirmos, nós mesmos, a prerrogativa que, com exclusividade, pertence a Cristo e a Deus.

A atitude do apóstolo em mencionar o tribunal de Deus, no fim do versículo, outorga força particular às reprimendas do versículo 10.[82] Não devemos supor que a menção do juízo divino tenha relevância como reprimenda somente à atitude de "julgar", da parte dos fracos, ou que isto se refiria mais a eles. O erro dos crentes fortes também é incompatível com a restrição exigida pelo juízo vindouro. O fato de que todos nós compareceremos diante do tribunal de Deus oferece o mais severo tipo de reprimenda contra a impiedade de julgarmos os outros, quer na forma de reprovação censuradora, quer na forma de desprezo altivo.

---

82 A forma textual θεοῦ é de tal maneira apoiada pelos manuscritos unciais, que a outra forma, Χριστοῦ, dificilmente poderia ser adotada. É provável que Χριστοῦ, em 2 Co 5.10, tenha influenciado o texto de Romanos 14.10; e este seria outro motivo para considerarmos θεοῦ como a variante correta neste último texto.

A universalidade do juízo final para justos e injustos era algo que o apóstolo já havia apresentado nesta carta (cf. Rm 2.5-16). No presente texto, ele estava se dirigindo aos crentes e, portanto, acerca destes afirmou que "todos compareceremos perante o tribunal de Deus". Em 2 Coríntios 5.10 foi igualmente aos crentes que ele falou, ao escrever: "Porque importa que todos nós compareçamos perante o tribunal de Cristo". Portanto, estes dois textos estabelecem, de maneira inquestionável, a certeza do futuro julgamento dos crentes. Somente através do afastar-se dos padrões bíblicos de pensamento, pode alguém nutrir dúvidas ou a consciência do crente deixar de ser condicionada por tal julgamento. Além disso, este juízo não é meramente a respeito de pessoas. Paulo estava falando sobre a conduta dos crentes e citou o futuro juízo divino tendo em vista a correção do comportamento errado. A conduta há de ser julgada. A outra passagem estabelece isso com toda certeza; cada um receberá "segundo o bem ou o mal que tiver feito por meio do corpo" (2 Co 5.10; cf. 1 Co 3.8-15; 4.5; Ec 12.14). O juízo incluirá não apenas todas as pessoas, mas também todos os atos.

Paulo utilizou Isaías 45.23 para confirmar a doutrina do juízo futuro. Na parte citada deste versículo, a única mudança significativa, do hebraico para o grego, é que, ao invés de usar a fórmula "por mim mesmo tenho jurado", o apóstolo empregou outra fórmula, do Antigo Testamento, que tem o mesmo significado: "Por minha vida, diz o Senhor" (cf. Nm 14.28; Dt 32.40; Is 49.18; Ez 33.11). O restante do texto citado corresponde à versão grega, excetuando levíssima alteração na ordem das palavras. O refrão deste capítulo de Isaías é que o Senhor é Deus e não existe outro (cf. Is 45.5-7,14,18,21-22). Isto está diretamente vinculado ao fato do juízo. Visto que Deus é Deus e não existe outro, ele fará ressurgir à sua presença todo o panorama da História, para seu veredito final. Tudo será julgado com equidade — o Senhor "julgará o mundo com justiça e os povos, consoante a sua fidelidade" (Sl 96.13; cf. 98.9).

A relutância em aceitar a realidade deste juízo universal e totalmente inclusivo surge da preocupação com aquilo que é concebido como o consolo e a alegria dos crentes, na vinda de Cristo, e não da preocupação com os interesses e requisitos da glória de Deus. Esta sempre deveria ocupar lugar de proeminência na perspectiva do crente. E não devemos esquecer que, embora Deus trará a juízo tanto o mal quanto o bem, não haverá abatimento na alegria do crente, porquanto na perspectiva desse total desvendamento se manifestará plenamente a vindicação da glória de Deus, na salvação do crente. É somente à luz dessa manifestação que a alegria do crente será completa. O julgamento envolve severidade, e o crente sempre deveria ser impulsionado por esta consideração em sua vida de fé. Mas o julgamento também é preenchido com magnificência, e certa magnificência é indispensável à consumação da redenção e de todas as coisas.[83]

O versículo 12 completa o apelo à realidade do juízo através do lembrete de que, implícito nele, acha-se a prestação de contas que cada indivíduo fará de si mesmo a Deus. Cada um prestará contas a Deus, e não aos homens. Cada indivíduo prestará contas a respeito de si mesmo, e não a respeito de outros. Portanto, a ideia se centraliza sobre a necessidade de *julgarmos a nós mesmos agora*, à luz daquela prestação de contas que finalmente teremos diante de Deus.[84] Cumpre-nos julgar a nós mesmos e não realizar julgamentos a respeito de outros.

14.13-23

13 Não nos julguemos mais uns aos outros; pelo contrário, tomai o propósito de não pordes tropeço ou escândalo ao vosso irmão.

14 Eu sei e estou persuadido, no Senhor Jesus, de que nenhuma coisa é de si mesma impura, salvo para aquele que assim a considera; para esse é impura.

15 Se, por causa de comida, o teu irmão se entristece, já não andas segundo o amor fraternal. Por causa da tua comida, não faças perecer aquele a favor de quem Cristo morreu.

16 Não seja, pois, vituperado o vosso bem.

---

83   Cf. Fp 2.10-11, quanto a outro caso da citação de Isaías 45.23.
84   Não há bons motivos para a omissão de τῷ θεῷ, no final do verso 12.

17 Porque o reino de Deus não é comida nem bebida, mas justiça, e paz, e alegria no Espírito Santo.
18 Aquele que deste modo serve a Cristo é agradável a Deus e aprovado pelos homens.
19 Assim, pois, seguimos as coisas da paz e também as da edificação de uns para com os outros.
20 Não destruas a obra de Deus por causa da comida. Todas as coisas, na verdade, são limpas, mas é mau para o homem o comer com escândalo.
21 É bom não comer carne, nem beber vinho, nem fazer qualquer outra coisa com que teu irmão venha a tropeçar [ou se ofender ou se enfraquecer].
22 A fé que tens, tem-na para ti mesmo perante Deus. Bem-aventurado é aquele que não se condena naquilo que aprova.
23 Mas aquele que tem dúvidas é condenado se comer, porque o que faz não provém de fé; e tudo o que não provém de fé é pecado.

Esta seção é dirigida principalmente aos crentes fortes, recomendando-lhes o tipo de atitude exigida pelo amor aos fracos. Nesta parte da carta, já observamos, o apóstolo dá grande ênfase ao amor (cf. 12.9; 13.8-10). A necessidade de andarmos em consonância com o amor (v. 15) é aplicada, nesta seção, ao comportamento a que a consideração pelo bem-estar dos irmãos mais fracos deve constranger os fortes.

13-14 — Não é possível, em uma simples tradução, destacar a força dos dois sentidos distintos em que o verbo krivnw (julgar) é empregado no versículo 13, nem o efeito dos tempos verbais diferentes. No primeiro caso, "krivnw" é usado no sentido de juízo censurador; no segundo, é empregado com o bom sentido de "deliberar" (cf. 2 Co 2.1). Há uma distinção similar nos versículos 4 e 5. Assim, temos aqui outro exemplo do modo como o apóstolo pode usar o mesmo vocábulo com diferentes significados, em cláusulas sucessivas. O efeito dos diferentes tempos verbais pode ser expresso assim: "Não continueis a julgar uns aos outros; pelo contrário, determinai isto". A vinda do julgamento correto é contrastada com o juízo errôneo que existia naquela ocasião.⁸⁵

Visto que o juízo censurador era o erro dos crentes fracos (cf. vv. 3,4,10), poder-se-ia imaginar que esta exortação lhes foi dirigida. Neste caso, a parte final do versículo 13 precisaria ser aplicada aos crentes fracos e interpretada com o sentido de que poderiam colocar uma pedra de tropeço no caminho dos fortes. Não é impossível pensarmos sobre tal eventualidade. Um crente fraco, ao insistir em suas reivindicações em prol da abstinência, pode fazer surgirem dúvidas na mente dos fortes, que, deste modo, serão enfraquecidos em sua fé e levados a tropeçar. Dúvidas surgirão onde não deveriam existir, e a perplexidade resultante será um impedimento e não uma ajuda.

Entretanto, é impossível transferir esta interpretação aos versículos 14 e 15. Nestes, a pessoa fraca é apresentada como quem tropeçou e, portanto, se entristeceu. Os versículos 14 e 15 encontram-se tão intimamente relacionados ao versículo 13, que a última parte deste precisa ser considerada como uma referência ao tropeço dos crentes fracos; por conseguinte, a exortação deve ser entendida como tendo sido dirigida aos fortes. Devemos lembrar que os versículos 10 a 12 contemplam ambos os grupos, e o erro de ambos consiste em tomarem para si a prerrogativa que pertence exclusivamente a Deus, ou seja, a de julgar. Neste caso, até o erro dos fortes é considerado como um "julgar". Em face desta implicação mais ampla, nos versículos 10 a 12, é apropriado aplicar aos fortes as exortações do versículo 13, considerando-os como os únicos a quem o apóstolo endereçou tais palavras. Não seria incoerente considerar a parte proibitiva do versículo 13 como que dirigida a ambos os grupos. Mas a cláusula positiva deve ser aplicada aos fortes, e, visto que as porções negativa e positiva são interdependentes, é melhor pensarmos que o todo consiste em exortações dirigidas aos fortes.⁸⁶ Não devem eles colocar um "tropeço" ou "escândalo" no caminho dos fracos.

---

85 Sobre a distinção entre o subjuntivo presente, com força de imperativo, em κρίνωμεν, e o imperativo aoristo, κρίνατε, cf. Blass e Debrunner, *op. cit.*, pp. 172,173.
86 É possível que a primeira exortação do versículo 13 seja dirigida a ambos os grupos e que, depois, haja uma restrição aos fortes, na segunda cláusula. Mas, pelas razões apresentadas, parece mais razoável considerar ambas as cláusulas como dotadas da mesma referência.

Um tropeço é um empecilho em que um indivíduo pode esbarrar, ao andar no caminho. Um escândalo se refere, literalmente, a um ardil. Aqui esses termos são empregados em sentido metafórico, transmitindo a mesma ideia, ou seja, aquilo que se torna motivo de cair no pecado. No sentido mais grave, um motivo de queda é colocado diante do indivíduo, quando o intuito é a sedução; há o intuito deliberado de que o indivíduo seja levado a cair. Neste caso, não devemos supor que os fortes são concebidos como pessoas impelidas por tal intuito. Mas isso tão somente acentua o cuidado que os crentes fortes devem manifestar quanto à circunstância de fraqueza, por parte dos irmãos mais fracos. Os fortes são considerados como quem coloca uma pedra de tropeço, quando não desistem daquilo que pode tornar-se ocasião de tropeço para o irmão mais fraco. O apóstolo condena a falta de consideração que despreza os interesses dos irmãos fracos.

A convicção a respeito da abstinência de certos alimentos e bebidas consistia em que estas coisas eram intrinsecamente más e que o uso delas para estes propósitos era contaminador e contrário à moral que deveria governar os crentes. O apóstolo estipula o princípio bíblico de que nada é impuro por si mesmo, porquanto, conforme ele diz em outra carta, "tudo que Deus criou é bom, e, recebido com ações de graça, nada é recusável" (1 Tm 4.4). Trata-se da mesma verdade ensinada por nosso Senhor (cf. Mc 7.15). O que é significativo a respeito da afirmação paulina deste princípio é a maneira como ele o expressa: "Eu sei e estou persuadido, no Senhor Jesus Cristo". Nenhuma conjunção de palavras poderia expressar mais plenamente a certeza da convicção de Paulo do que "eu sei e estou persuadido"; e nenhuma outra expressão confirmatória poderia certificar a retidão de sua convicção mais do que o adjunto "no Senhor Jesus". Esta fórmula não deve ser considerada como um mero apelo ao ensino de Cristo, nos dias de sua carne (cf. Mc 7.19), embora este ensino seja relevante. Paulo refere-se aqui à união e companherismo com Cristo; e as palavras "no Senhor Jesus" significam que esta convicção resulta de nossa união com Cristo, é consistente e sancionada por ela; esta união, para o apóstolo, era a maneira mais característica de definir seu próprio relacionamenteo com o Salvador.

A palavra "impura" originalmente significava "comum"; e posteriormente veio a significar *contaminado* ou *impuro* (cf. Mc 7.2,5; At 10.14; Hb 10.29; Ap 21.27). "Nenhuma coisa é de si mesma impura" é a justificativa da crença nutrida pelos fortes, a crença de que eles podiam comer de tudo (v. 2); também é a razão por que a abstinência, por parte de alguns, se devia à fraqueza de sua fé. Este princípio é a refutação de todo o proibicionismo que lança a responsabilidade pelo erro sobre as coisas externas, e não sobre o coração do homem. O erro elementar desta ética é que ela torna Deus, nosso Criador, o responsável, além de ser uma blasfêmia e uma tentativa de amenizar a responsabilidade humana pelo erro. Era necessário que o apóstolo prefaciasse o seu apelo aos fortes com a insistência de que, por si mesmo, nada é impuro. De outra maneira, tal apelo perderia o seu caráter, como algo alicerçado inteiramente na preocupação com os interesses religiosos dos crentes fracos. Se certas coisas fossem intrinsecamente más, então, seria exigido que os fortes se abstivessem delas, não levando em conta os seus próprios interesses religiosos.

Embora coisa alguma seja impura por si mesma, não se deve concluir que tudo é puro para todos. Este é o significado da parte final do versículo 14. A convicção de cada pessoa deve ser levada em conta. A circunstância com a qual Paulo estava lidando nesta passagem é semelhante àquela abordada por ele em 1 Coríntios 8.4 e 7. Ali, Paulo afirmou: "Sabemos que o ídolo, de si mesmo, nada é no mundo e que não há senão um só Deus". Sem dúvida, deve-se levar em consideração o fato de que "não há esse conhecimento em todos". Portanto, em nosso presente texto, "nenhuma coisa é de si mesma impura", mas nem todos os crentes possuem esse conhecimento ou convicção. É evidente que existe a distinção entre o que é objetivamente verdadeiro e aquilo que é reconhecido como subjetivamente verdadeiro.

A conjunção traduzida por "salvo" não anuncia uma exceção àquilo que fora asseverado na primeira parte do versículo. Apenas introduz um raciocínio peculiar à circunstância. "Nenhuma coisa é de si mesma impura"; esta é uma proposição absoluta e universalmente verdadeira, não havendo qualquer exceção. Mas também é verdade que nem todos possuem fé suficiente para reconhecer isso.[87]

---

87 Cf. os comentários em 13.8, quanto a este uso de εἰ μή.

15 — Conforme já observamos, o apelo dirigido aos crentes fortes não estava fundamentado na consideração dos seus próprios interesses religiosos, e sim no respeito aos interesses religiosos dos fracos. Os fortes não devem colocar tropeço no caminho dos irmãos fracos; e estes são fracos exatamente por pensarem que certas coisas são impuras em si mesmas. Estas considerações explicam a palavra "se", que inicia este versículo. Esta palavra nos faz retroceder aos versículos 13 e 14, introduzindo a razão pela qual os crentes fortes deveriam abster-se, em determinadas circunstâncias, do uso de certos alimentos. Pois, se não levarem em conta os escrúpulos dos fracos, nem demonstrarem consideração pelos interesses religiosos destes, os fortes estarão violando os ditames do amor.

A questão principal, na primeira parte deste versículo, é o significado de "o teu irmão se entristece". Pareceria que essa tristeza consiste em dor de contrariedade e desprazer experimentados quando tal irmão vê algum crente mais forte participar de alimentos que ele, o irmão fraco, julga proibidos. Ele se ofende ante a liberdade exercida pelo crente mais forte. Esta interpretação parece ser respaldada por Romanos 15.1-2: "Ora, nós que somos fortes devemos suportar as debilidades dos fracos e não agradar-nos a nós mesmos. Portanto, cada um de nós agrade ao próximo no que é bom para edificação". E o apóstolo teria dito: "Evitai o que é desagradável aos outros; condescendei com seus desejos e prazeres". É necessário admitir que os crentes fracos realmente experimentam forte tristeza, quando observam outros exercerem liberdades que, no julgamento deles, são impróprias; e um crente forte, compelido pelo amor, procurará evitar essa dor aos seus irmãos na fé. No entanto, há bons motivos para rejeitarmos tal ponto de vista a respeito dessa tristeza.

(1) Esta interpretação não satisfaz o que está envolvido nos vocábulos "tropeço" e "escândalo" (v. 13). Estes subentendem que os crentes fracos podem cair em pecado. Se a tristeza consistisse apenas em um pesaroso desprazer, na mente do crente fraco, isto não poderia ser entendido como uma queda. É verdade que seu desprazer se origina do juízo censurador que ele cultiva, um juízo errôneo, condenado por Paulo (vv. 3,4,10). Porém, no versículo 13, ao utilizar os vocábulos "tropeço" e "escândalo", o apóstolo introduziu algo novo

na conduta que o crente fraco está sujeito a adotar, algo sobre o que Paulo nada falara nos versículos anteriores. Este novo ingrediente não é levado em conta pela mera noção do desprazer. O pecado por parte dos fracos, implícito na queda que o "tropeço" ocasiona, é a violação da consciência dos crentes fracos, quando são induzidos, pelo exemplo dos fortes, a fazer aquilo que consideram errado. Os crentes fracos violam seus escrúpulos religiosos; nisto consistem o tropeço e a queda contemplados no versículo 13.

(2) O versículo 15 indica a gravidade do que está envolvido na tristeza em foco, uma gravidade que não poderia ser aplicada ao simples entristecimento por causa da conduta dos fortes. A advertência "por causa da tua comida, não faças perecer aquele a favor de quem Cristo morreu" subentende que a tristeza experimentada pelos crentes fracos é moral e religiosamente destruidora. Portanto, o pecado cometido pelos crentes fortes possui um caráter aflitivo, e a tristeza não pode ser nada menos do que o vexame de consciência que aflige um crente, quando ele transgride sua própria consciência e faz aquilo que considera uma deslealdade para com Cristo.

(3) Os versículos 20 a 23 confirmam esta mesma conclusão. Ali, novamente, a ideia de tropeçar é introduzida, sendo claramente indicada como o ato de comer ou beber algo não com fé, mas com dúvida. "Tudo o que não provém da fé é pecado" (v. 23).[88]

Assim um crente fraco se "entristece" ao violar suas convicções religiosas, e se aflige com o vexame de consciência que está envolvido no consequente sentimento de culpa. Esse trágico resultado, no caso dos crentes fracos, tem de ser levado em conta pelos fortes. Quando o exercício da liberdade destes encoraja os fracos a agirem contra sua própria consciência, então, por motivo de respeito aos interesses religiosos dos fracos, os fortes devem refrear-se de praticar aquilo que é seu por direito intrínseco. Nenhuma outra incumbência poderia ser equilibrada com um apelo mais pungente do que: "Por causa da tua comida, não faças perecer aquele a favor de quem Cristo morreu" (cf. 1 Co 8.11).

---

88 Quanto mais acentuado for o juízo adverso a respeito do crente forte, por parte do crente fraco, tanto mais excluída será a possibilidade de tropeço; quanto maior for a tristeza diante da conduta do crente forte, tanto menor será a probabilidade do crente fraco seguir o seu exemplo. Cf. as pertinentes observações de Philippi, *op. cit., ad loc.*

Quando o apóstolo fundamenta seu apelo na morte vicária de Cristo, está relembrando aos crentes fortes duas coisas: (1) a extensão do amor de Cristo pelos crentes mais fracos; (2) a morte de Cristo como laço de comunhão entre os crentes. Se Cristo amou os crentes fracos, a ponto de dar sua própria vida pela salvação deles, quão estranha aos requisitos desse amor é a recusa, por parte dos crentes fortes, de suspender o uso de certos alimentos, quando estão em perigo os interesses religiosos de uma pessoa em favor da qual Cristo morreu! O contraste entre o que foi exemplificado pelo extremo sacrifício de Cristo e a desprezível exigência imposta sobre nós acentua a maldade de nossa atitude, quando desconsideramos os interesses de um irmão mais fraco. E, posto que a morte de Cristo, como preço da redenção em prol de todos os crentes, é o vínculo que os une em comunhão, quão contraditória a isso é qualquer conduta que não tenha por modelo o amor demonstrado pela morte de Cristo! "Se, por causa de comida, o teu irmão se entristece, já não andas segundo o amor fraternal."

O imperativo "não faças perecer" implica em graves consequências para os crentes fracos, quando estes são encorajados a transgredir sua própria consciência. A ênfase recai, entretanto, sobre a responsabilidade dos crentes fortes, por causa do detrimento sofrido pelos fracos. Na eventualidade de um crente forte não se refrear de colocar um tropeço diante de seus irmãos mais fracos, ele se torna culpado dessa ofensa. "Faças perecer" é uma expressão forte (cf. Mt 10.28; 18.14; Lc 9.25; 13.3; Jo 3.16; 10.28; Rm 2.12; 1 Co 8.11; 15.18; 2 Co 4.3; 2 Pe 3.9) e reforça a responsabilidade dos crentes fortes, bem como a seriedade da ofensa que envolve tanto a eles mesmos como a seus irmãos mais fracos, por causa de seu erro em não respeitarem a fraqueza dos mais fracos. O apóstolo não afirma que o crente forte perece. Em consonância com a ênfase da passagem, o seu pecado consiste inteiramente na violação dos requisitos do amor para com seu irmão, bem como em não entreter e demonstrar respeito ao bem-estar espiritual dele. O crente forte não tem amado o seu próximo como a si mesmo (cf. Rm 13.8). Por conseguinte, tanto a censura contra os mais fortes (v. 15a) quanto o imperativo (v. 15b) mostram quão cuidadosamente devem ser observados os requisitos do amor, mesmo no âmbito daquilo que tem sido denominado de *adiaphora* ou, de maneira mais apropriada, no uso daquelas coisas que são intrinsecamente corretas e boas.

A força das palavras "faças perecer" destaca a natureza séria do escândalo que prejudica os irmãos fracos. Devemos supor que estes são vistos como quem perecerá eternamente? Por mais grave que seja o pecado cometido por eles, não haveria qualquer motivo para considerarmos isso equivalente à apostasia. A ordem "não faças perecer" é dirigida aos crentes fortes. Em situação análoga, a pessoa fraca é apresentada como quem perece (ver 1 Co 8.11). Mas aqui, por igual modo, não há base para pensarmos em apostasia.[89] Além disso, o perecer contemplado como algo que atinge os fracos não deve ser interpretado como a perdição eterna. Todo pecado tem caráter destrutivo, e o pecado dos crentes fracos, nesta instância, é uma séria quebra de fidelidade; e esta, se não for reparada, fatalmente conduzirá à perdição. A ênfase recai sobre o caráter do pecado e suas consequências, a fim de impressionar os fortes quanto à gravidade de sua ofensa, em se tornarem motivo de tropeço. Supor que um crente fraco, por causa de tal pecado, se torna herdeiro da perdição eterna sobrecarregaria a advertência com implicações que ultrapassam todo o intuito do apóstolo. No entanto, o conselho aos crentes fortes é que lhes convém considerar a natureza e a tendência do pecado, não se refugiando na doutrina da eterna segurança dos crentes e da perseverança final dos santos.

16-17 — O problema do versículo 16 é a referência ao "vosso bem". Várias opiniões têm sido defendidas a este respeito — o evangelho, a profissão cristã, o reino de Deus. Porém, nenhum ponto de vista se adapta ao contexto melhor do que o da liberdade que desfrutam os crentes fortes no que concerne a comer e beber. Tem-se objetado que esta opinião é por demais restritiva, porquanto, neste caso, seria propriedade exclusiva dos crentes fortes. Porém, tal objeção não tem validade. Neste contexto, o apóstolo se dirige aos crentes fortes (vv. 13,15,19-21), e não há necessidade de ampliarmos a aplicação. Por qual motivo os crentes fortes não deveriam ser exortados a evitar as consequências de um indevido exercício de sua liberdade? Em outro contexto, o apóstolo protesta: "Por que hei de ser vituperado por causa daquilo por que dou graças?" (1 Co l0.30). Aquilo pelo que um crente forte agradece (cf. v.

---

89 Cf., expressando opinião contrária, Philippi (*ibid.*), o qual diz que isto é "um *dictum probans* quanto a possibilidade de apostasia".

6) pode ser corretamente reputado como o seu "bem"; isto se refere à sua liberdade em Cristo de usufruir aquilo que Deus criou para ser recebido com ação de graças. Entretanto, quando resulta em dano aos crentes fracos (o que é mencionado no versículo 15), esta liberdade passa a ser ignominiosa; este é o mal que a exortação do versículo 16 procura evitar.

O versículo 17 apresenta um motivo para que os crentes fortes pratiquem o exercício de refrearem-se. Nenhuma outra consideração poderia ter mais relevância ou força do que a de sermos lembrados, negativa e positivamente, em que consiste o reino de Deus. O reino de Deus é o domínio ao qual pertencem os crentes. Nada define mais caracteristicamente a identidade deles do que o fato de serem membros do reino (cf. Jo 3.3-8; 1 Ts 2.12). Devemos lembrar que a ênfase é colocada sobre o governo de Deus. O reino de Deus é a esfera onde a soberania dele é reconhecida e sua vontade é suprema. Assim, a menção ao reino de Deus sempre deveria exercer o efeito de convocar os crentes a possuírem aquela atitude mental que os tornará submissos à exigência máxima de seu chamamento, a vontade de Deus.

É sob esta perspectiva que a negação aparece em sua verdadeira luz — este reino não consiste de "comida nem bebida".[90] E, quando assuntos relacionados a alimentos e bebidas se tornam nossa preocupação fundamental, isto evidencia o quão distantes estamos dos interesses do reino de Deus em nossa maneira de pensar e em nossa conduta (cf. Mt 6.31-33).[91]

Há divergências, entre os expositores, quanto ao significado das palavras "justiça e paz". Alguns afirmam que esses termos possuem sentido forense: justiça se refere à justiça da justificação (cf. Rm 1.17; 3.21-22; 10.3,6), enquanto paz, à paz com Deus (cf. Rm 5.1).[92] Outros asseveram que esses vocábulos devem ser entendidos em sentido ético e que, por esse motivo, significam a justiça consumada e a paz fomentada e preservada pelos crentes.[93] Apesar de ser verdade que toda retidão e concórdia observadas entre os crentes fundamentam-se na justificação e na paz com Deus, há muito mais a ser dito em favor do segundo ponto de vista:

---

90 Notar βρῶσις e πόσις, e não βρῶμα e πόμα.
91 Cf. 1 Co 8.8, que é o próprio comentário de Paulo sobre a negativa do presente texto.
92 Cf. Calvino, Philippi, Hodge, *op. cit., ad loc*.
93 Cf. Meyer, Godet, Sanday e Headlam, Barrett, *op. cit., ad loc*.

(1) "Alegria no Espírito Santo" é algo subjetivo; é a alegria que impera no coração do crente. Visto que essa alegria é coordenada à justiça e à paz, podemos esperar que estas duas virtudes pertençam à mesma categoria daquela.

(2) "Deste modo", no versículo 18, está vinculado ao versículo 17, falando a respeito dos elementos ali especificados. Com esses elementos, Paulo afirma que o crente serve a Cristo, é agradável a Deus e aprovado pelos homens. Servir a Cristo, sem dúvida, é uma incumbência cuja realização nos torna agradáveis a Deus. Estas ideias não se adequam à justiça e a paz forenses.

(3) Por semelhante modo, no versículo 19, temos vocábulos exortativos dirigidos à nossa responsabilidade. A cláusula "seguimos as coisas da paz" reveste-se de particular relevância. Isto nos encarrega de promover a concórdia na igreja, sendo um indicativo do significado de "paz", no versículo 17.

Além disso, a exigência de seguirmos as coisas que contribuem para a edificação aponta na mesma direção. Por esses motivos, "justiça" e "paz" devem ser entendidas como a retidão e a harmonia que devem governar a atitude e a conduta dos crentes, na comunhão da igreja. Contudo, há certo paralelo entre o que ocorre na esfera das atitudes subjetivas e da conduta e aquilo que se realiza na esfera do que é forense. Isto pode ser averiguado mediante a comparação de Romanos 5.1-2 com 14.17. Justificação, paz com Deus e alegria na esperança da glória de Deus correspondem à justiça, paz e alegria no Espírito Santo. O atribuir a Deus toda graça que se manifesta em nós também é evidente. É a alegria no *Espírito Santo*; e a vontade de Deus é a norma pela qual se norteia a retidão e se cultiva a paz.

18 — Aqui, novamente, o apóstolo afirma o princípio demonstrado nos versículos 6 a 8, bem como o mesmo princípio normativo da vida do crente apresentado em Romanos 12.2. "Aprovado pelos homens" é o contrário do vitupério referido no versículo 16. Não podemos restringir a aprovação em vista exclusivamente àqueles que pertencem à família da fé. O dano que sobrevém à igreja mediante a conduta irrefletida dos crentes fortes tem suas consequências no juízo feito por aqueles que são de fora; e o bom nome da igreja, na qualidade de comunidade de amor e concórdia, deve ser mantido, a fim de que os adversários não tenham oportunidade de falar injúrias (cf. Rm 2.24; 1 Tm 3.7;6.1).

19 — Os versículos anteriores esclarecem o sentido desta exortação. Os crentes fortes estão sendo exortados, assim como nos versículos 20 a 22 e nos anteriores.

20 — O versículo 20a tem o mesmo significado do 15b. "Destruas" é o oposto do ato de edificar envolvido na palavra "edificação", no versículo 19. "A obra de Deus" poderia ser mais apropriadamente entendida como referência aos crentes fracos que, embora nesse estado, continuam sendo obra de Deus (cf. Ef 2.10). Deus está edificando. A prática insensível da liberdade destrói. Quão antitético! O versículo 20b, em forma mais sumária, é uma reiteração do versículo 14. É mais provável que "o homem" que come com "escândalo" seja o crente fraco. Este tropeça ao comer, porque não o faz com fé e consciência limpa. Isto corresponde ao versículo 14b, e a menção expressa ao irmão que tropeça, no versículo 21, apoia esse ponto de vista.[94] Ele come com escândalo porque transgride a própria consciência, ao fazer isso.

21 — As palavras deste versículo também são dirigidas aos fortes. Pela primeira vez, somos informados que a ingestão de vinho estava envolvida nos escrúpulos dos crentes fracos.[95]

22 — O versículo 22a é outra exortação aos fortes, significando que não lhes compete demonstrar e reclamar seus direitos e liberdades em detrimento dos crentes fracos, cujo resultado serão as más consequências delineadas nos versículos anteriores. As palavras "a fé que tens, tem-na para ti mesmo perante Deus" constituem outra maneira de justificar os crentes fortes em possuírem e estarem convictos de sua liberdade (cf. vv. 14a e 20b). Eles possuem esta convicção na presença de Deus e não devem abandoná-la. Todavia, não de-

---

94 διὰ προσκόμματος é genitivo de circunstância acompanhante, assim como διὰ γράμματος καὶ περιτομῆς em Rm 2.27.
95 κρέα é carne fresca, sendo mais específica do que βρῶμα, no v. 20. Naturalmente, uma dieta vegetariana é expressamente mencionada no v. 2. Há variantes textuais no v. 21. No final deste, os manuscritos B, D, G, a maioria dos cursivos e algumas versões acrescentam ἢ σκανδαλίζεται ἢ ἀσθενεῖ. Ver também o Apêndice I, quanto à aplicação do princípio aqui enunciado.

vem praticá-la tendo em vista a destruição de outros. O versículo 22b é outra forma de confirmar aquilo que está implícito na cláusula anterior, conforme acabamos de notar. É uma maneira particularmente vigorosa de elogiar a fé inteligente e madura, mediante a qual um crente não fomenta escrúpulos acerca de comidas e bebidas. Não se refere a uma bem-aventurança futura, e sim, conforme diz Gifford, "à bem-aventurança presente de uma consciência limpa e sem dúvidas".[96] Ao dizer que os crentes fortes são "bem-aventurados", de forma alguma Paulo quis abrandar o apelo central da passagem. Pelo contrário, é a bem-aventurança desse estado de espírito e de consciência que ressalta a necessidade de exercermos a restrição à qual a debilidade espiritual de outros nos constrange.

23 — Este versículo preocupa-se com os crentes fracos; e "o perigo do irmão fraco é agora colocado em admirável contraste com a feliz condição daquele que é forte na fé, suprindo deste modo outro motivo para a amável restrição da liberdade".[97] Não devemos amenizar o sentimento de culpa a que o crente fraco está sujeito, quando come destituído de consciência tranquila. Não se trata meramente da culpa em sua própria consciência, e sim da culpa diante de Deus. Isso está comprovado pela última cláusula — "E tudo o que não provém de fé é pecado". Assim como o crente forte entretém sua convicção de liberdade perante Deus (v. 22a), sendo bem-aventurado diante dele (v. 22b), assim também o crente fraco sente-se culpado diante de Deus, quando transgride suas próprias convicções (cf. vv. 14b-15). A última cláusula deve ser entendida como aplicável ao tema abordado. É verdade que sem fé é impossível agradar a Deus (cf. Rm 8.7-8; Hb 11.6); por esse motivo, os incrédulos nada podem fazer que seja agradável a Deus, em termos dos critérios de santidade e retidão. Porém, não convém pensar que o apóstolo estava declarando este princípio geral nesta ocasião, e sim que ele reafirmava estar um crente pecando, ao praticar algo que não é aprovado em sua convicção e fé.[98]

---

96 *Op. cit., ad loc.*, μακάριος é um termo particularmente elogioso, tendo sua base no princípio declarado no v.14a.
97 Gifford, *op. cit., ad loc.*
98 Quanto à ocorrência da doxologia encontrada em alguns manuscritos, no final deste capítulo, ver a discussão no Apêndice F.

F. O Exemplo de Cristo (15.1-6)

15.1-6

1 Ora, nós que somos fortes devemos suportar as debilidades dos fracos e não agradar-nos a nós mesmos.
2 Portanto, cada um de nós agrade ao próximo no que é bom para edificação.
3 Porque também Cristo não se agradou a si mesmo; antes, como está escrito: As injúrias dos que te ultrajavam caíram sobre mim.
4 Pois tudo quanto, outrora, foi escrito para o nosso ensino foi escrito, a fim de que, pela paciência e pela consolação das Escrituras, tenhamos esperança.
5 Ora, o Deus da paciência e da consolação vos conceda o mesmo sentir de uns para com os outros, segundo Cristo Jesus,
6 para que concordemente e a uma voz glorifiqueis ao Deus e Pai de nosso Senhor Jesus Cristo.

1-2 — Prosseguindo no mesmo assunto do capítulo 14, os deveres dos crentes mais fortes em relação aos fracos são desenvolvidos mais ainda. Esta é a única instância em que o termo traduzido por "fortes" aparece no sentido restrito aplicável nesta passagem, embora o sentido geral seja o mesmo em outros textos (cf. 2 Co 12.10; 13.9). "Suportar" não deve ser entendido no sentido de "tolerar", frequente em nosso linguajar comum, mas no sentido de "sustentar" ou "levar" (cf. Rm 11.18; Gl 5.10; 6.2,5).[99] Os fortes devem ajudar os fracos, promovendo o que é bom para edificá-los (v. 2). Além disso, os fracos são apresentados como pessoas que possuem "debilidades", e a exortação de Gálatas 6.2 por certo se aplica neste caso. "Cada um de nós agrade ao próximo" e "não agradar-nos a nós mesmos" não devem ser interpretadas no sentido de que sempre devemos ceder aos caprichos e desejos alheios, embora sejam estes de irmãos na fé. Agradar os homens não é um princípio da vida do crente (cf. Gl 1.10). Paulo nos fornece um exemplo do agrado que ele tinha em mente

---

[99] Em Ap 2.2, βαστάζω tem o mesmo sentido de "tolerar". É duvidoso que tenha tal significado em qualquer outra parte do Novo Testamento.

(ver 1 Co 10.33), e, nesta passagem de Romanos, isso deve ser limitado à situação abordada pelo apóstolo. Os crentes fortes não devem satisfazer suas próprias liberdades, de modo a tornarem-se motivo de escândalo para os crentes fracos, conduzindo-os à tristeza e, neste sentido, ao entristecimento referido em Romanos 14.15. Esse agradar manterá nos crentes fracos a paz de consciência que seria perturbada e destruída pela conduta dos mais fortes (Cf. também 1 Co 8.12). O alvo especificado neste agradar os fracos — "no que é bom para edificação" — indica as considerações que devem governar os crentes fortes.[100] O desrespeito aos escrúpulos dos fracos transtorna a obra de Deus (cf. Rm 14.15,20), sendo algo repleto de consequências *malignas*. O respeito, em contraste com isso, promove o que é *bom* e edifica não somente os próprios fracos, mas toda a comunidade da igreja (cf. Rm 14.19).

3 — Aqui, o apóstolo evoca o exemplo supremo, para reforçar o dever recomendado nos versículos anteriores. É digno de nota a maneira como o apóstolo menciona o exemplo de Cristo, em suas realizações mais transcendentais, a fim de recomendar os deveres mais práticos (cf. 2 Co 8.9; Fp 2.5-8). Neste caso, o pensamento focaliza-se no altruísmo de Cristo. Ele não buscou seus próprios interesses, e sim os de outros. Ele se identificou com os interesses sublimes daqueles a quem viera salvar, levando sobre si mesmo o máximo de opróbrio e vergonha, ao dedicar-se a esta finalidade, em cumprimento da vontade do Pai. A citação de Salmos 69.9 especifica o aspecto particular do fato de que Cristo não agradou a si mesmo, o que o apóstolo considerou muitíssimo relevante ao dever recomedado. Esta passagem bíblica foi por ele considerada como um prenúncio da auto-humilhação de Cristo. A frequência com que este salmo é referido no Novo Testamento, e seus detalhes são expostos como consumados em Cristo, assinala-o como um salmo distintamente messiânico.[101] A parte citada deve ser entendida à luz do que imediatamente a antecede, no salmo: "Pois o zelo da tua casa me consumiu". Não é o nosso opróbrio que está em foco,

---

100 A distinção feita por Gifford, *op. cit., ad loc.*, entre ἐις, marcando a finalidade, e πρός, o padrão de juízo, é uma distinção que dificilmente pode ser mantida.
101 Cf. a lista e comparação de passagens, em Liddon, *op. cit.*, p. 274.

e sim o opróbrio de desonra lançado contra Deus.¹⁰² As injúrias dirigidas a Deus, por parte dos ímpios, caíram sobre Cristo. Isto significa que toda a inimizade dos homens contra Deus foi direcionada a Cristo; ele foi a vítima dessas investidas. Paulo recorre a este fato como algo que exemplifica a afirmativa de que Cristo "não... agradou a si mesmo". Por conseguinte, podemos indagar: de que modo essa característica da humilhação de nosso Senhor influencia o nosso dever de agradar ao próximo, na situação que Paulo tinha em vista? A aparente diferença salienta a força do exemplo de Jesus. Há uma profunda discrepância entre o que Cristo fez e aquilo que os crentes fortes são exortados a praticar. Ele deixou de agradar a si mesmo até ao incomparável ponto de levar sobre si mesmo a inimizade dos homens contra Deus, assumindo sobre si mesmo este opróbrio, por ter se mostrado zeloso pela honra de Deus. Ele não procurou esquivar-se de qualquer golpe mediante a hesitação. Insistiríamos nós, os fortes, em agradar a nós mesmos, no que concerne a alimentos e bebidas, em detrimento dos santos de Deus e da edificação do corpo de Cristo? É o completo contraste entre a situação de Cristo e a nossa própria que ressalta a força deste apelo.¹⁰³ O mesmo se aplica a todas as passagens em que o exemplo de Cristo é evocado, com a particularidade relevante em cada caso.

4 — A palavra "pois", no início o versículo, subentende o motivo para a conveniência do apoio buscado nas Escrituras. Paulo justifica sua utilização de Salmos 69.9, no versículo 3, asseverando o propósito que Deus tencionou para as Escrituras: "Tudo quanto, outrora, foi escrito para o nosso ensino foi escrito" (cf. 1 Co 10.6,10; 2 Tm 3.16). A frequência com que Paulo recorreu às Escrituras, nesta epístola, evidencia o alcance em que seu pensamento era governado por esta verdade. A afirmativa do apóstolo, aqui e na passagem citada, mostra que, em seu conceito, as Escrituras, em todas as suas partes, visam

---

102 Cf., apresentando opinião contrária, Sanday e Headlam, *op. cit., ad loc.*
103 É possível que as injúrias lançadas pelos fracos contra os fortes esteja em foco, o que parece indicar algum paralelismo entre Cristo e os crentes mais fortes. Entretanto, tal ideia parece remota do pensamento central, neste ponto. Porém, mesmo que a admitamos, o contraste entre Cristo e os crentes mais fortes não será eliminado. Quão incomparavelmente mais vergonhosas foram as injúrias lançadas sobre Cristo!

à nossa instrução; demonstra que o Antigo Testamento tinha o propósito de fornecer-nos, nestes últimos dias, a instrução necessária para o cumprimento de nossa vocação até ao fim. A afirmativa de Paulo também revela que o Antigo Testamento, na qualidade de Escritura, promove esse propósito. O ensino conferido pelas Escrituras tem por finalidade dar-nos paciência e consolo. Paciência consiste em perseverança e constância. Tanto a persistência quanto o consolo[104] são derivados das Escrituras e, portanto, dependem e extraem delas seu caráter e valor. Paciência e consolo são gerados pelas Escrituras e têm sua qualidade por elas determinada. No entanto, o apóstolo assevera que a paciência e o consolo são os meios para atingirmos um alvo mais final, ou seja, a esperança. Neste caso, a esperança deve ser entendida como algo que o crente cultiva. Não pode haver o exercício da esperança, a menos que esta seja dirigida a um objeto, aquilo que se espera. Porém, "ter esperança" significa viver na prática da esperança (cf. At 24.15; Ef 2.12; 1 Ts 4.13; 1 Jo 3.3). No presente texto, a instrução, a perseverança e o consolo derivados das Escrituras são apresentados como elementos que contribuem para este exercício da esperança, demonstrando assim para o crente e para a comunhão dos santos a importância do alcance implícito na esperança (cf. Rm 8.23-25).

5-6 — Estes versículos não foram categoricamente escritos na forma de uma oração a Deus. Eles constituem um desejo endereçado aos homens, a fim de que Deus cumpra neles a exortação implícita; esta é uma eloquente maneira de realizar duas coisas ao mesmo tempo: a exortação aos homens e a súplica a Deus. Sem a graça capacitadora da parte de Deus, a exortação não produzirá fruto. Por isso, o apóstolo combinou as duas coisas. Quando nos dirigimos aos homens, nenhuma forma de exortação é mais eficaz do que esta. As seguintes considerações, a respeito destes versículos, devem ser observadas: (1) o título "Deus da paciência e da consolação" está vinculado aos vocábulos "paciência e consolação", no versículo 4; significa que Deus é a origem e o autor dessas virtudes (cf. 2 Co 1.3).[105] Deus é

---

104 παράκλησις significa consolo, não sendo necessário adotar o sentido de "exortação".
105 Cf. "Deus da paz" (Rm 15.33; l6.20; 2 Co 13.11; Fp 4.9; 1 Ts 5.23; Hb 13.20) e "Deus da esperança" (Rm 15.13).

caracterizado e reconhecido pela graça que ele nos proporciona, na vida e comunhão da fé. (2) O relacionamento íntimo entre Deus e as Escrituras é claramente indicado. Paciência e consolação derivam-se das Escrituras (v. 4), mas também procedem de Deus. Não há qualquer disjunção. As Escrituras são a permanente Palavra de Deus e, por conseguinte, a Palavra viva. Por intermédio delas, Deus concede a paciência e o consolo que lhe pertencem. Paulo tencionava afirmar que as Escrituras mantêm para com Deus aquele permanente relacionamento de serem elas mesmas a Palavra dele (cf. Rm 3.l,2). (3) "Vos conceda o mesmo sentir de uns para com os outros" (cf. Fp 2.2,5)[106] é um apelo em favor da estima e da tolerância mútua, um apelo dirigido aos crentes fortes e aos fracos, um apelo que constituía o conselho de Paulo desde o começo desta parte da epístola (ver 14.1). "Segundo Cristo Jesus" poderia significar "em consonância com a vontade de Cristo". Neste caso, a harmonia recomendada é qualificada como algo que se conforma à vontade revelada de Cristo, não sendo uma harmonia que desrespeita tal conformidade. Em face do apelo ao exemplo de Cristo, no versículo 3, é mais provável que o significado seja "de acordo com o exemplo de Cristo", embora de maneira alguma limite a ideia à circunstância específica mencionada no versículo 3 (cf. Fp 2.5). Porém, mesmo neste caso, as implicações do outro significado estariam presentes. O que está de acordo com o exemplo de Cristo sempre deve estar em harmonia com a sua vontade. (4) A finalidade a que se dirige tal harmonia é a característica distintiva destes versículos. Nessa harmonia e unidade, os crentes devem glorificar a Deus, o Pai. O termo "concordemente e a uma voz" (cf. At 1.14; 2.46) expressa a unidade com que, interna e externamente, deve ocorrer a glorificação a Deus. Glorificar a Deus significa expressar seu louvor e sua honra. Na circunstância aqui envolvida, está oculta a ideia do prejuízo causado à finalidade a ser promovida pela igreja, quando a comunidade dos santos é maculada por suspeitas e dissensões e, neste caso particular, pela arrogância dos crentes fortes e o tropeço dos fracos. Nenhum outro argumento poderia reforçar tão vigorosamente a exortação quanto o sermos lembrados de que a glória

---

106 O grego diz ἐν ἀλλήλοις.

de Deus é o propósito controlador de todas as nossas atitudes e ações. A forma do título pelo qual o Pai é designado poderia ser traduzida por "Deus, ou seja, o Pai de nosso senhor Jesus Cristo" ou "Deus e Pai de nosso senhor Jesus Cristo". Não há motivo suficiente para falarmos com insistência sobre essa tradução. O Pai não é apresentado somente como o *Pai* de Cristo, mas também como o *Deus* de nosso Senhor Jesus Cristo (cf. Mt 27.46; Jo 20.17; Ef 1.17; Hb 1.9).[107] Portanto, a maneira como o título foi traduzido está de acordo com o modelo de pensamento do Novo Testamento, e sua exatidão não deve ser contestada. Em qualquer caso, o apóstolo atrai nossa atenção àquilo que é o aspecto final de nosso glorificar a Deus, a glória de Deus Pai.[108]

G. Judeus e Gentios, um só Povo (15.7-13)

15.7-13

7 *Portanto, acolhei-vos uns aos outros, como também Cristo nos acolheu para a glória de Deus.*

8 *Digo, pois, que Cristo foi constituído ministro da circuncisão, em prol da verdade de Deus, para confirmar as promessas feitas aos nossos pais;*

9 *e para que os gentios glorifiquem a Deus por causa da sua misericórdia, como está escrito: Por isso, eu te glorificarei entre os gentios e cantarei louvores ao teu nome.*

10 *E também diz: Alegrai-vos, ó gentios, com o seu povo.*

11 *E ainda: Louvai ao Senhor, vós todos os gentios, e todos os povos o louvem.*

12 *Também Isaías diz: Haverá a raiz de Jessé, aquele que se levanta para governar os gentios; nele os gentios esperarão.*

13 *E o Deus da esperança vos encha de todo o gozo e paz no vosso crer, para que sejais ricos de esperança no poder do Espírito Santo.*

---

107 Cf., em defesa desta tradução, Sanday e Headlam, *op. cit., ad loc.*
108 Este aspecto final é exemplificado em outros casos, como por exemplo, no amor de Deus. O amor do Pai é a fonte e a finalidade (cf. Jo 3.16; Rm 5.8; 8.29; Ef 1.4,5; 1 Jo 4.9,10).

7 — Assim como os versículos 5 e 6, este também focaliza os crentes fracos e os fortes. Em Romanos 14.1, esta mesma exortação é dirigida aos fortes, em referência aos fracos, mas agora ambos são exortados a se acolherem mutuamente, em confiança e amor. A necessidade é ressaltada por aquilo que Cristo fez. Se ele nos acolheu,[109] haveremos de rejeitar a comunhão com aqueles que Cristo recebeu? Se impusermos limites à nossa aceitação dos crentes, estaremos violando o exemplo daquele ato redentor sobre o qual fundamenta-se toda a comunhão da igreja. Em 14.3, o fato de que Deus recebeu os crentes fortes é apresentado como motivo pelo qual os fracos devem acolhê-los. O recebimento de todos por parte de Cristo é o alicerce sobre o qual deve haver comunhão irrestrita. "Para a glória de Deus" deve ser entendido juntamente com a ação de Cristo em nos receber. Nos versículos 8 e 9, são mencionados dois aspectos nos quais a glória de Deus é demonstrada no fato de Cristo ter sido feito ministro da circuncisão. Porém, não devemos limitar a glória de Deus no versículo 7. Existe íntima conexão entre "para a glória de Deus" (v. 7) e o glorificar o Pai (v. 6). A harmonia recomendada visa à glória de Deus Pai. O acolher, assim como a harmonia, é realizado segundo o exemplo de Cristo; nosso recebimento por parte de Cristo visa à glória de Deus. E nenhuma outra consideração poderia reforçar a necessidade de amor e confiança mútuos tanto como a consideração de que o fato de haver Cristo recebido a todos — fracos e fortes — não somente estava em perfeita harmonia com a glória de Deus, mas também estava especificamente direcionado a essa finalidade. O alvo final da ação de Cristo, por semelhante modo, era a glória do Pai (cf. Jo 17.4). Isto nos faz lembrar a combinação da suprema graça divina, a nós demonstrada, com a promoção da glória de Deus (cf. Ef 1.14; Fp 2.11).

8-9a — Estes dois versículos não parecem constituir uma prova de que Cristo acolheu a todos sem distinção, e sim um argumento adicional em apoio à incumbência de vivermos em harmonia e companheirismo,

---

109 ὑμᾶς e não ἡμᾶς é a variante mais fortemente atestada. A primeira recebe o apoio dos manuscritos ℵ, A, C, G, da maioria dos cursivos e várias versões. Em face dos padrões textuais que aparecem nesta epístola, é difícil defender ἡμᾶς. A evidência interna, pois, neste caso não serve de fator.

conforme somos recomendados nos versículos anteriores. Neste ponto, o apóstolo introduz uma distinção que não é francamente mencionada nesta parte da carta — a distinção entre judeus e gentios. Não podemos inferir que os fracos eram judeus e os fortes, gentios.[110] Os respectivos grupos podem ter sido extraídos de ambas as raças. Mas esta referência a judeus e gentios por certo sugere, se não mesmo demonstra, que a advertência à aceitação mútua tinha em vista a necessidade de vencer todos os preconceitos e discriminações raciais na comunidade dos santos em Roma.

A ênfase colocada sobre os gentios, nos versículos posteriores, torna evidente a relevância que o apóstolo achou necessário atribuir ao propósito universal da redenção consumada por Cristo, em sua própria capacidade de "ministro da circuncisão". Qualquer tendência por limitar a Israel a relevância desse ministério está claramente excluída. Devemos notar as seguintes considerações:

(1) A "circuncisão" representa os circuncisos, ou seja, o Israel segundo a carne (cf. Rm 3.1,30; 4.12; Gl 2.7-9). A referência aos "pais" (v. 8) e aos "gentios" (v. 9), sob a forma de distinção, demonstra isso. O fato de que Cristo foi constituído[111] ministro da circuncisão acentua, novamente, o modo como Israel se enquadra no escopo da missão de Cristo (cf. Mt 15.24; Jo 4.22).

(2) Entretanto, é mister encontrarmos no vocábulo "circuncisão" uma referência mais significativa. A circuncisão foi o sinal e o selo da aliança estabelecida com Abraão (Gn 17.1-21; cf. Rm 4.11). Portanto, Cristo é o ministro da aliança cujo selo era a circuncisão; e, para consumar essa aliança, ele veio e cumpriu o ofício aqui mencionado (cf. Gl 3.16).

(3) O desígnio de ter sido ele feito ministro da circuncisão era confirmar as promessas feitas aos pais.[112] O sentido do vocábulo "confirmar" é "estabelecer e levar à realização". Isto equivale a levar as pessoas a desfrutarem da aliança selada mediante a circuncisão. Pois a aliança é uma confirmação da promessa, e cumprir a aliança significa consumar suas promessas. É sob essa luz que devemos compreender a expressão "em prol

---

110 Cf., em contrário, Gifford, *op. cit., ad loc.*
111 O tempo verbal perfeito deve ser notado — γεγενῆσθαι.
112 As palavras τῶν πατέρων transmitem a ideia de promessas que pertencem aos patriarcas e devem ser devidamente compreendidas como as promessas outorgadas a eles.

da verdade de Deus". As promessas confirmadas por meio de juramento são divinas; e a verdade de Deus está empenhada em cumpri-las. A fidelidade de Deus não pode falhar, e, por conseguinte, Cristo veio ao mundo para vindicar e executar esta fidelidade (cf. Mt 26.54).

(4) A relação entre os versículos 8 e 9 diz respeito à seguinte pergunta: no caso dos gentios, qual foi o desígnio do ofício de Cristo como ministro da circuncisão? Poderíamos supor que o ministério dele aos gentios é independente, seguindo um curso diferente, embora análogo. Tal interpretação seria contrária a tudo quanto o apóstolo argumentara nos capítulos anteriores (cf. 4.11,12,16,17,23-25; 11.11-32). Além disso, a sintaxe destes versículos é eloquente quanto ao fato de que a misericórdia para com os gentios foi, por igual modo, o desígnio de ter Cristo sido constituído ministro da circuncisão. Isto visava não somente que ele confirmasse as promessas, mas também que "os gentios glorifiquem a Deus por causa da sua misericórdia". Fica subentendido que os gentios são participantes da misericórdia divina. No entanto, para harmonizar-se à ênfase colocada sobre o glorificar a Deus, nos versículos 6 e 7, para fornecer um correspondente mais apropriado ao vocábulo "confirmar", na cláusula anterior, e para destacar o resultado beneficente, o apóstolo expressou tal pensamento dizendo: "Glorifiquem a Deus por causa da sua misericórdia". Em seguida, Paulo demonstra esse fato mediante uma série de citações do Antigo Testamento.

9b-12 — A primeira citação deriva-se de 2 Samuel 22.50 e Salmos 18.49, sendo, à parte da omissão do vocativo "Senhor", uma citação literal da versão grega de Salmos 18.49 (no hebraico, 18.50; na Septuaginta, 17.50), que, por sua vez, aproxima-se muito do texto hebraico. O versículo 10 foi extraído de Deuteronômio 32.43, seguindo mais o texto hebraico do que a versão grega; o versículo 11, de Salmos 117.1, e a variação do hebraico para o grego consiste somente na mudança da pessoa, na segunda cláusula; o versículo 12 cita Isaías 11.10 e, com leve resumo, segue a versão grega. Na forma transcrita pelo apóstolo, a referência aos gentios é comum a todas estas citações. Conforme transparece do versículo 9, este foi o interesse que guiou a escolha destas passagens. Todas elas foram citadas em apoio à afirmativa de que a salvação dos gentios era um dos desígnios pelos quais Cristo foi constituído ministro da circuncisão. Elas demonstram o alcance em que, na opinião do apóstolo, o Antigo Testamento contemplava, para todas as nações, aquela bem-aventurança que se encontrava no centro da aliança abraâmica.

Os textos citados por Paulo, além de numerosos outros, todos testemunham do modo como o panorama do Antigo Testamento havia sido orientado e inspirado pelas promessas feitas a Abraão (cf. Gn 12.3; 22.18). Embora as primeiras três citações não asseverem, de maneira evidente, que os gentios responderiam favoravelmente ao testemunho prestado (v. 9) ou aos imperativos a eles dirigidos (vv. 10,11), elas devem ser interpretadas como que subentendendo a sujeição à raiz de Jessé, indicada na última citação (v. 12).[113] Mesmo que esta inferência não tivesse sido apresentada, estas citações envolveriam, por parte dos escritores inspirados e no conceito de Paulo, a relevância para os gentios da obrigação de louvarem ao Senhor e regozijarem-se nele; e isto somente o relacionamento da aliança poderia garantir.

13 — Este versículo pode ser considerado como um elemento que leva ao ponto final esta seção da epístola. De acordo com a última palavra citada (v. 12), a ênfase claramente recai sobre a esperança. A cláusula à qual todas as demais estão subordinadas é a última — "para que sejais ricos de esperança no poder do Espírito Santo". A forma é a mesma do versículo 5 — é uma oração indireta a Deus, combinando súplica e exortação.

"Deus da esperança" deve ser interpretado de conformidade com o mesmo padrão dos títulos apresentados no versículo 5 e do título "o Deus da paz" (v. 33; cf. 1 Ts 5.23; Hb 13.20). Deus é o Deus da esperança, porquanto ele produz em nós a esperança. Entretanto, é difícil suprimir, nesta instância, a ideia de que esse título também apresenta Deus como o objeto de nossa esperança. O próprio Deus é a esperança final de seu povo, visto ser ele mesmo a porção da herança e a habitação deste povo (cf. Sl 73.24-26; 90.1; Ap 21.3).

---

113 Isto é particularmente verdadeiro no v.10, em face do modo como é traduzido o hebraico de Deuteronômio 32.43.

A plenitude de alegria e paz, que o apóstolo invoca em favor de seus leitores, fundamenta-se no que está implícito no título "Deus da esperança". Somente a esperança criada por Deus assegura alegria e paz; e, quando esta esperança se encontra presente, a alegria e a paz devem ser abundantes. A alegria consiste de alegria no Senhor (cf. Gl 5.22; Fp 4.4; 1 Jo 1.4), e a paz é a paz de Deus (cf. Fp 4.7).[114] Assim como a alegria e a paz estão condicionadas pela esperança, assim também são produzidas pela fé e promovem a esperança. A plenitude de alegria e paz invocada tem a finalidade de que a esperança aumente mais e mais nos corações daqueles que a possuem.

As graças em exercício nos crentes jamais atingem o ponto de plenitude em que nada mais pode ser acrescentado. A alegria e a paz emanam da esperança e contribuem para que esta se torne abundante. O objetivo contemplado na esperança transcende em muito à concepção humana; e a discrepância entre aquilo que os crentes são agora e o que virão a ser (cf. 1 Jo 3.2) torna o cultivar a esperança uma presunção, exceto quando a esperança é produzida e selada pelo Espírito Santo. Este é o significado das palavras finais da invocação — "no poder do Espírito Santo". A oração começa e termina ressaltando a agência e os recursos divinos. Somente no âmbito dos recursos divinos pode ser contemplada a grandiosidade da esperança, e nestes recursos a esperança possui a certeza que o penhor do Espírito lhe confere (cf. Ef 1.13,14).

---

114 Não se trata da paz com Deus (Rm 5.1). Não poderíamos conceber que estamos cheios de paz com Deus; e, além disso, a paz está coordenada à alegria.

CAPÍTULO XIX
Ministério, Projetos e Plano de Ação de Paulo Quanto aos Gentios (15.14-33)

15.14-21

14 E certo estou, meus irmãos, sim, eu mesmo, a vosso respeito, de que estais possuídos de bondade, cheios de todo o conhecimento, aptos para vos admoestardes uns aos outros.

15 Entretanto, vos escrevi em parte mais ousadamente, como para vos trazer isto de novo à memória, por causa da graça que me foi outorgada por Deus,

16 para que eu seja ministro de Cristo Jesus entre os gentios, no sagrado encargo de anunciar o evangelho de Deus, de modo que a oferta deles seja aceitável, uma vez santificada pelo Espírito Santo.

17 Tenho, pois, motivo de gloriar-me em Cristo Jesus nas coisas concernentes a Deus.

18 Porque não ousarei discorrer sobre coisa alguma, senão sobre aquelas que Cristo fez por meu intermédio, para conduzir os gentios à obediência, por palavra e por obras,

19 por força de sinais e prodígios, pelo poder do Espírito Santo; de maneira que, desde Jerusalém e circunvizinhanças até ao Ilírico, tenho divulgado o evangelho de Cristo,

20 esforçando-me, deste modo, por pregar o evangelho, não onde Cristo já fora anunciado, para não edificar sobre fundamento alheio;

21 antes, como está escrito:
Hão de vê-lo aqueles que não tiveram notícia dele, e compreendê-lo os que nada tinham ouvido a seu respeito.

14 — Nesta altura, começa a parte final da carta, dedicada ao encorajamento, a explanação, às saudações e à doxologia. Nos capítulos anteriores, com frequência se manifesta a severidade de reprimenda, de correção e de advertência. Mas o apóstolo não desejava que esta característica fosse interpretada como um elemento que implicava em uma baixa apreciação das realizações da igreja de Roma. No início da epístola, Paulo elogiara os crentes de Roma por causa de sua fé e do encorajamento que lhe dariam, quando ele concretizasse seu desejo de visitá-los (cf. 1.8,12).

Agora, novamente, Paulo faz uma avaliação, em termos mais fortes, das virtudes deles. O laço de comunhão é expresso na forma de tratamento "meus irmãos"; e dificilmente o apóstolo poderia ter pensado em uma combinação de palavras que lhes transmitissem mais eficazmente a sua convicção pessoal do fruto do evangelho entre eles: "E certo estou, meus irmãos, sim, eu mesmo, a vosso respeito".[1] Paulo acreditava que os crentes de Roma estavam "possuídos de bondade", "cheios de todo o conhecimento". Esta complementação e a plenitude em cada caso demonstram a maturidade que caracterizava a comunidade dos crentes romanos.

"Bondade" (cf. Gl 5.22; Ef 5.9; 2 Ts 1.11) é aquela virtude oposta a tudo quanto é vil e maligno; também inclui a retidão, a gentileza e a beneficência de coração e vida. "Conhecimento" significa a compreensão da fé cristã, estando particularmente relacionado à capacidade de instruir refletida na

---

1 Existe a suposição de que outros possuíam esta mesma estimativa; e, neste aspecto, Paulo não estava atrasado em relação a outros.

próxima cláusula. Talvez não seja estranho sugerir que a referência a estas duas qualidades, em particular, tenha sido ditada pela sua relevância ao tema abordado na seção anterior (14.1-15.13). Bondade é a virtude que constrangeria os crentes fortes a se absterem daquilo que prejudicaria os fracos; e conhecimento é aquela realização que corrigiria as debilidades da fé. Abordar as diferenças, em Romanos 14.1-15.13, não foi hipotético; houve alguma circunstância que o exigiu. No entanto, não devemos ser exagerados a respeito da circunstância; os membros da igreja de Roma estavam "possuídos de bondade, cheios de todo o conhecimento". Por conseguinte, estavam capacitados a instruírem-se e aconselharem-se mutuamente.

15 — Tendo apresentado seus elogios no versículo 14, o apóstolo passa a explicar a ousadia com que escrevera. Todavia, ele teve o cuidado de afirmar a verdadeira medida desta ousadia. Ele não disse "ousadamente", e sim "mais ousadamente"; e modificou ainda mais sua declaração ao dizer: "em parte".[2] Tudo isso indica sua preocupação em favor de que os crentes avaliassem devidamente o grau de ousadia que ele demonstrara. O motivo era fazê-los lembrar certos fatos; e, neste ponto, uma vez mais, há um abrandamento apropriado à bondade e ao conhecimento que lhes fora creditado. É muitíssimo importante observar que a primeira apologia reside na próxima cláusula, bem como nas afirmativas do versículo 16. Somente por causa da graça de Deus outorgada a Paulo, ele ousou escrever desta maneira. Isto é característico de Paulo. Ele realizava seu ministério em cumprimento da comissão divina e na capacitação da graça peculiar a esta incumbência (cf. 1 Co 9.16; Ef 3.7-9).

16 — Somos agora informados a respeito do ofício abordado na última cláusula do versículo 15. Paulo recebera graça para ser ministro de Cristo aos gentios. Por diversas vezes, ele havia se referido a este ofício (cf. 1.5; 11.13; 12.3). Neste versículo, entretanto, existem características distintivas que devem ser observadas:

---

2 ἀπὸ μέρους certamente significa "em parte". Mas entendê-la como uma referência às "partes" da epístola dificilmente pode ser comprovado, embora seja verdade que a ousadia do apóstolo se evidenciou em certas partes, nas quais ele escreveu com tom de severidade.

(1) Quando ele se denomina "ministro" de Cristo, emprega um vocábulo que, em suas diversas formas, com frequência traz consigo a ideia da santidade pertinente à adoração (cf. At 13.2; 2 Co 9.12; Fp 2.17; Hb 1.7,14; 8.2,6; 9.21; 10.11). Este vocábulo deve ser entendido juntamente com estas associações, porque está de acordo com e antecipa as ideias expressas adiante, a respeito do caráter de seu ministério.

(2) Quando Paulo define seu ministério como "sagrado encargo de anunciar o evangelho", ele utiliza um vocábulo que não ocorre em qualquer outra passagem do Novo Testamento e que poderia ser traduzido adequadamente por "atuar como sacerdote". Portanto, o ministério do evangelho é concebido de conformidade com o padrão das ofertas sacerdotais. Não se deve supor que o próprio evangelho seja reputado como uma oferta. Esta é especificada na cláusula seguinte. Entretanto, a dignidade pertencente ao ofício de pregar o evangelho é ressaltada; e Paulo demonstra que o tipo de atuação sacerdotal realizada no exercício do ministério apostólico possui um caráter totalmente diverso do sacerdócio levítico e, também, do sacerdócio do próprio Cristo.

(3) A expressão "a oferta deles [dos gentios]" não tem correspondente exato no Novo Testamento. No entanto, ela é correlata a Isaías 66.20: "Trarão todos os vossos irmãos, dentre todas as nações, por oferta ao Senhor".[3] Talvez Paulo tenha extraído este conceito da passagem de Isaías, que aparece em um contexto de bem-aventurança para todas as nações e idiomas (cf. Is 66.18). Esta, pois, é a oferta que Paulo, na qualidade de apóstolo dos gentios, oferece a Deus, no exercício de atividades sacerdotais. Os gentios convertidos à fé pregada pelo evangelho são considerados uma oferta apresentada de modo santificado a Deus. Novamente vemos quão estranho ao padrão levítico é o ofício sacerdotal exercido pelos ministros da nova aliança.

(4) Ampliando as ideias associadas à atividade sacerdotal, Paulo acrescenta o termo "aceitável" (cf. 1 Pe 2.5). Para ser aceitável a Deus, uma oferta deve estar de acordo com as condições de pureza, o que ocorre neste caso. As condições de santidade são produzidas pelo Espírito Santo. Por isso, temos

---

3 O hebraico é מנחה, e a Septuaginta o traduz por δῶρον. Mas o vocábulo usado por Paulo, προσφορά, é o mais apropriado.

a cláusula "uma vez santificada pelo Espírito Santo", que está em oposição a "aceitável". O apóstolo pensava em seu ofício como o ministrar aquele evangelho que é eficaz através da graça outorgada pelo Espírito Santo. Deste modo, os gentios se tornaram uma oferta aceitável a Deus. Esta foi a apologia de Paulo a fim de justificar a ousadia que ele demonstrou, em trazer seus leitores a recordarem certos fatos. Ele já havia dito o bastante para justificar a epístola e remover qualquer acusação que sua severidade poderia causar.

17-19a — O resultado especificado no versículo anterior, a oferta aceitável dos gentios e a ministração do evangelho, que pela graça de Deus contribui para aquela finalidade, deram ao apóstolo motivo abundante para gloriar-se; e ele disse: "Tenho, pois, motivo de gloriar-me".[4] Ele se referia ao *ato* de gloriar-se. A base disso está implícita no vocábulo "pois", que vincula o pensamento aos vv. 15b e 16. Contudo, o apóstolo teve a cautela de acrescentar "em Cristo Jesus". Toda jactância está excluída, a menos que seja realizada no Senhor (cf. 1 Co 1.29-31; 2 Co 10.17).

E Paulo acrescenta mais uma qualificação; ele se gloriava "nas coisas concernentes a Deus". Não devemos entender esse termo no sentido de seu relacionamento pessoal com Deus; mas, conforme é indicado pelo versículo anterior e, em particular, no versículo seguinte, ele falava sobre realidades pertencentes ao evangelho e ao reino de Deus. Nada existe de egoísmo neste gloriar-se; consistia no gloriar-se na graça de Deus. E, quando está assim condicionado, jamais poderá mostrar-se demasiadamente exuberante.

O versículo 18 demonstra que, no versículo 17, Paulo estava pensando sobre os triunfos do evangelho (cf. 2 Co 2.14), realizados mediante sua instrumentalidade; pois, neste versículo, ele protesta que ousaria discorrer somente a respeito das coisas que Cristo fizera por seu intermédio. Todavia, ele realmente ousou falar acerca de tais coisas. Ele não disse: "As coisas que fiz por intermédio de Cristo". Antes, trata-se da atividade de Cristo, por meio do apóstolo, e essa atividade se concretizou "por palavra e por obras".

---

4 No grego, não há pronome correspondente ao "me". A forma textual é τὴν καύχησιν, e o artigo é omitido nos manuscritos P⁴⁶, ℵ, A, e na maioria dos cursivos. O sentido não é substancialmente afetado pela omissão ou acréscimo do artigo, em face da especificação distinta apresentada nas palavras seguintes.

Entretanto, as coisas a respeito das quais ele ousou falar, em seu gloriar-se, diziam respeito somente àquelas que haviam sido feitas através dele mesmo e não através de outros. C. K. Barrett expressou ambos os pensamentos, de modo sucinto: "(1) Eu não ousaria falar a este respeito, se não fora a obra de Cristo (em vez da minha própria); (2) eu não ousaria falar sobre isto, se não fora a obra de Cristo realizada por meu intermédio (em vez de por intermédio de qualquer outra pessoa)".[5]

"Por palavra e por obras" deve ser interpretado juntamente com "Cristo fez por meu intermédio", e não com "obediência". Esta conjunção serve de eloquente testemunho da harmonia entre palavras e obras, naquilo que Cristo faz desde sua glória exaltada. A mesma conjunção se aplica *àquilo* que se realizou nos dias de sua existência terrena e nos comprova que, por trás das palavras e ações de Paulo, havia a atividade e a autoridade de Cristo.

O versículo 19a é uma especificação das coisas que Cristo fizera através de Paulo e, como é óbvio, esclarece a ideia de "por palavra e por obras", no versículo anterior. Isto pode ser entendido como um elemento que especifica a maneira como Cristo ministrou através do apóstolo, na concretização das coisas mencionadas no versículo 18; Cristo as realizou através do poder de sinais e prodígios. Porém, é preferível considerar esta afirmativa como uma particularização adicional das coisas realizadas por Cristo através do apóstolo; e, neste caso, não devemos equiparar sinais e prodígios às "obras" (v. 18). Sinais e prodígios eram obras, mas nem todas as obras enquadram-se nessa categoria. O vocábulo "força", nesta instância, é reputado pelos comentadores como o poder derivado dos sinais e prodígios. O "poder do Espírito Santo" com certeza se refere ao poder que procede do Espírito Santo, sendo mais exatamente expresso como o poder *exercido* pelo Espírito Santo. Porém, não seria incorreto sugerir que "força", na primeira instância, seja o poder *exemplificado* por meio de sinais e maravilhas.

Os três vocábulos geralmente usados para significar milagres, no Novo Testamento, são: poderes, sinais e prodígios. Apenas dois são empregados

---

5   No grego, não há pronome correspondente ao "me". A forma textual é τὴν καύχησιν, e o artigo é omitido nos manuscritos P⁴⁶, ℵ, A, e na maioria dos cursivos. O sentido não é substancialmente afetado pela omissão ou acréscimo do artigo, em face da especificação distinta apresentada nas palavras seguintes.

aqui; a palavra "força" é usada juntamente com sinais e prodígios pela razão já indicada. Sinais e prodígios não significam dois tipos diferentes de eventos. Referem-se aos mesmos acontecimentos, considerados por ângulos diferentes. Um milagre é tanto um sinal quanto um prodígio. Na qualidade de sinal, aponta para o instrumento mediante o qual ele ocorre e, deste modo, possui caráter de confirmação; na qualidade de prodígio, enfatiza o aspecto admirável do evento. Pelo registro histórico, poderíamos imaginar que o ministério de Paulo não foi notavelmente caracterizado por milagres. Esta passagem corrige tal conceito errôneo (cf. 2 Co 12.12, onde ocorrem os três vocábulos; cf. também Gl 3.5 e a aplicação geral em Hb 2.4).

"Pelo poder do Espírito Santo" poderia ser entendido como outra definição do poder ("força") mencionado no início do versículo, porquanto a força dos sinais e prodígios não pode ser abstraída do poder do Espírito Santo. Porém, o ensinamento do apóstolo, de maneira geral, milita contra essa interpretação restritiva. De conformidade com o apóstolo, o poder do Espírito é a eficiência através da qual o evangelho se torna eficaz, em todos os seus aspectos. Portanto, a analogia de seu ensino, em outras epístolas, indica que ele se referia à agência inclusiva do Espírito Santo, em virtude da qual todas as fases de seu ministério tinham sido coroadas com sucesso, acerca do qual ele ousava falar (cf. 1 Co 2.4; 1 Ts l.5,6; 2.13). Paulo tinha a característica de subentender sua dependência do Espírito Santo, sempre que se referia aos efeitos salvíficos do evangelho. E também lhe era peculiar não estabelecer qualquer disjunção entre as atividades do Espírito Santo e as de Cristo (cf. Rm 8.9-11; 2 Co 3.6,17,18).

É importante observar como, nos vv. 16-19a, Paulo entretece seu ensinamento em torno do distinto relacionamento e função das três pessoas da Deidade. Isto demonstra como o pensamento de Paulo estava condicionado à doutrina da Trindade e, mais particularmente, às propriedades e prerrogativas que distinguem as três pessoas divinas, na economia da salvação. O apóstolo não estava falando de maneira artificial a respeito destas pessoas, em sua exposição; pelo contrário, sua consciência se encontrava tão moldada de acordo com a fé no Deus triuno, que ele não podia deixar de expressar-se nesses termos (cf. v. 30 e Ef 4.3-6).

19b-21 — Nestes versículos, o apóstolo apresenta o resultado do compromisso e do ofício abordado no contexto anterior; ele fala sobre isso em termos da extensão de seus labores como ministro de Cristo aos gentios. Talvez esperássemos que o ponto inicial de seus itinerários fosse a cidade de Antioquia, na Síria (cf. At 13.1-4). Todavia, é provável que ele não estava pensando exatamente no *ponto inicial*, ao mencionar Jerusalém, e sim no limite sudeste de sua atividade missionária. Além disso, teria sido muitíssimo estranho se, ao mencionar os limites de suas ministrações, ele tivesse omitido Jerusalém. Ele realmente pregara o evangelho naquela cidade (cf. At 9.26-30); e, visto que o evangelho foi propagado a partir de Jerusalém, não era somente adequado, mas também necessário, que ele afirmasse "desde Jerusalém".

O outro limite é o Ilírico. Este era o limite noroeste de seu campo de atividades. A Ilíria ficava na costa oriental do mar Adriático, compreendendo aproximadamente as terras que agora constituem a antiga Iugoslávia e a Albânia e, por conseguinte, o noroeste da Macedônia e da Acaia; este foi o cenário de labores intensos por parte de Paulo. É incerto se as palavras "até ao Ilírico" significam que ele penetrou esta região ou se apenas atingiu suas fronteiras. Talvez ele tenha pregado na Ilíria, durante a viagem mencionada em Atos 20.1-2, ou esteve naquele território para anunciar o evangelho, durante os dias de sua permanência em Corinto (cf. At 18.1,18; 20.3). Entretanto, não podemos ter certeza disso. As fronteiras da Ilíria satisfazem a expressão "até ao Ilírico". "Circunvizinhanças" não deve ser entendido como se indicasse as cercanias de Jerusalém. Não há quaisquer evidências de que Paulo tenha realizado trabalhos missionários nos arredores de Jerusalém, em um alcance que fundamentaria esse tipo de referência. Além disso, visto que Paulo estava falando de seu ministério aos gentios, nos territórios que se estendiam de Jerusalém à Ilíria, restringir "circunvizinhanças" aos arredores de Jerusalém não se harmoniza com a maneira como os trabalhos do apóstolo foram realizados nas "circunvizinhanças" de toda esta área.[6]

---

6 Somente aqui, em todo o Novo Testamento, ocorre κύκλῳ juntamente com μέχρι, e isto precisa ser levado em conta. Uma tradução mais correta seria: "*Ao redor até* ao Ilírico", e não "desde Jerusalém e circunvizinhanças até ao Ilírico". É verdade que Paulo havia pregado, conforme seu próprio testemunho, "por toda a região da Judéia" (At 26.20), e isto poderia ser interpretado como "Jerusalém e circunvizinhanças". Porém, devido às razões já expostas e, também, ao fato de que o ministério de Paulo

Paulo afirmou que havia "divulgado o evangelho". Isto significa que ele "cumprira" a pregação do evangelho (cf. Cl 1.25), não expressando a plenitude com que ele expunha a sua mensagem (cf. At 20.20,27). O apóstolo havia desempenhado sua missão e concretizado o desígnio de seu ministério nesta ampla área especificada. "Divulgado o evangelho", por igual modo, não subentende que ele pregara o evangelho em cada localidade ou a todo indivíduo daqueles territórios. "O seu conceito dos deveres de um apóstolo era que ele deveria fundar igrejas e deixar outros edificarem sobre o fundamento lançado (1 Co 3.7,10)".[7] E, a respeito daquilo que considerava como sua função, ele prossegue dizendo (v. 23) que já não tinha "campo de atividade nestas regiões".

Nos versículos 20 e 21, somos informados sobre as normas que guiavam o apóstolo em conduzir seu ministério. Por um lado, ele elucida para nós o escopo; por outro, os limites de suas reivindicações no versículo anterior. Seu bem definido e planejado modo de proceder consistia em não edificar sobre fundamento lançado por outrem (cf. 1 Co 3.10). Isto indica o sentido em que devemos entender a cláusula "não onde Cristo já fora anunciado". Paulo utilizou o vocábulo "anunciado" não com a vaga ideia de conhecido ou divulgado, mas no sentido de reconhecido e confessado (cf. 1 Co 5.11; Ef 3.15; 2 Tm 2.19).

Quando o fundamento era lançado, o apóstolo entendia que a igreja local passava a existir; e, em tais cidades, sua norma era não realizar ali trabalhos missionários. Seria uma aplicação irracional desta norma supor que Paulo evitava visitar alguma igreja estabelecida pelos labores de outrem ou se refreava de todo o testemunho e atividade apostólica nesses lugares. Ele visitara Jerusalém em diversas oportunidades, testemunhando o evangelho. Naquela mesma ocasião, ele estava às vésperas de partir para Jerusalém, a fim de levar a contribuição das igrejas da Macedônia e da Acaia e fortalecer os laços de comunhão entre as igrejas gentílicas e as constituídas de judeus, em Jerusalém. Ele estava decidido a visitar Roma. Não existe contradição alguma.

---

na Judeia dificilmente pode ter sido extenso, interpretar "circunvizinhanças" como uma referência às suas atividades missionárias por toda a área especificada está mais de acordo com a expressão e com os fatos conhecidos.

7 Sanday e Headlam, *op. cit.*, p. 409. Dever-se-ia observar todo esse parágrafo.

Paulo tinha em mente, no versículo 20, que sua atividade apostólica fosse direcionada a fundar igrejas e edificar as estabelecidas por seu intermédio, não visando edificar igrejas que eram frutos dos labores de outrem.

No versículo 21, o apóstolo buscou apoio em Isaías 52.15. A citação varia superficialmente em relação ao texto hebraico; porém, com a mudança na ordem de uma única palavra, é idêntica ao texto da versão grega. Isaías 52.15 encontra-se em um contexto que focaliza os efeitos universais do sacrifício do Messias, tornando evidente a conveniência de sua aplicação ao ministério do apóstolo dos gentios. Paulo concebia a sua própria obra, na qualidade de ministro de Cristo, como algo que devia ser conduzido de acordo com esta profecia e, por conseguinte, algo que não apenas estava em harmonia com o desígnio de Deus, mas também especificamente exigido pelas Escrituras.[8]

15.22-29

22 *Essa foi a razão por que também, muitas vezes, me senti impedido de visitar-vos.*

23 *Mas, agora, não tendo já campo de atividade nestas regiões e desejando há muito visitar-vos,*

24 *penso em fazê-lo quando em viagem para a Espanha,[9] pois espero que, de passagem, estarei convosco e que para lá seja por vós encaminhado, depois de haver primeiro desfrutado um pouco a vossa companhia.*

25 *Mas, agora, estou de partida para Jerusalém, a serviço dos santos.*

26 *Porque aprouve à Macedônia e à Acaia levantar uma coleta em benefício dos pobres dentre os santos que vivem em Jerusalém.*

27 *Isto lhes pareceu bem, e mesmo lhes são devedores; porque, se os gentios têm sido participantes dos valores espirituais dos judeus, devem também servi-los com bens materiais.*

28 *Tendo, pois, concluído isto e havendo-lhes consignado este fruto, passando por vós, irei à Espanha.*

29 *E bem sei que, ao visitar-vos, irei na plenitude da bênção de Cristo.*

---

8 Quanto às objeções aos vv. 19-21, cf. o excelente estudo de Sanday e Headlam, *op. cit.*, pp. 408-410.

9 A adição de ἐλεύσομαι πρὸς ὑμᾶς, após Σπανίαν (no v. 24), não tem o respaldo de autoridade suficiente.

22-24 — No versículo 22, encontramos uma repetição do que Paulo dissera em 1.13. A diferença significativa é que agora ele declara o motivo pelo qual, diversas vezes, fora impedido de cumprir seu propósito de ir a Roma. Esta é a força das palavras "esta foi a razão". O apóstolo fora impedido pela necessidade de cumprir o seu ministério nas regiões mais adjacentes. Ele não partiria enquanto não houvesse divulgado o evangelho nos territórios onde, até aquele momento, vinha labutando.

"Mas, agora" (v. 23), o caso era diferente. Tendo divulgado o evangelho, não havia mais lugar para essa atividade nas regiões que se estendiam de Jerusalém ao Ilírico. Por conseguinte, a apóstolo sentia-se em liberdade para volver seus olhares missionários para horizontes mais remotos. No entanto, de acordo com as normas estabelecidas nos versículos 20 e 21, ele não estava pensando em Roma como palco de seus labores futuros. É importantíssimo, em face do plano declarado nos versículos 20 e 21, observarmos como Roma se relacionava ao alcance projetado para seus labores apostólicos. Eram as regiões muitíssimo adiante de Roma que estavam em suas ambições, e, conforme será demonstrado por considerações posteriores, Roma foi por ele concebida somente como lugar de descanso, no meio do caminho.

"Quando em viagem para a Espanha" — este era o objetivo de Paulo, sendo evidente que este objetivo estava vinculado aos princípios anunciados nos versículos 20 e 21. Se o apóstolo atingiu ou não a Espanha é algo problemático.[10] Todavia, não há dúvida de que ele nutriu esse desejo e esperança, havendo indicações, nas cláusulas seguintes, de que era seu intuito, logo que houvesse consumado sua missão em Jerusalém, partir nessa viagem para os lugares mais ocidentais da Europa.

---

10 Provavelmente o argumento mais forte em favor da suposição de que Paulo realizou seu desejo de ir à Espanha seja aquele dado pela epístola que Clemente escreveu à Igreja de Corinto, na qual ele afirma a respeito de Paulo: δικαιοσύνην διδάξας ὅλον τὸν κόσμον καὶ ἐπὶ τὸ τέρμα τῆς δύσεως ἐλθών (V). Com base na expressão τὸ τέρμα τῆς δύσεως, J.B. Lightfoot conclui: "Pela linguagem de Clemente neste ponto, parece que essa intenção (Rm 15.24) foi consumada". Ligthfoot advoga que a expressão indica a extremidade ocidental da Espanha. "Não é improvável que essa viagem ocidental de Paulo tenha incluído uma visita à Gália (2 Tm 4.10; ver *Galatians*, p. 31)." (J.B. Lightfoot, *The Apostolic Fathers*, Londres, 1890, parte I, vol. II, p. 30.) A outra antiga referência à visita de Paulo à Espanha está no Fragmento Muratoriano. O latim atroz do manuscrito é emendado por Lightfoot, para que diga: "Sed et profectionem Pauli ab urbe ad Spaniam proficiscentis" (*ibid*). Quanto a uma interpretação mais cautelosa dessas referências, cf. Sanday e Headlam, *op. cit. ad loc.*

No versículo 24, Paulo revelou o tipo de visita que planejara fazer à cidade de Roma. Nesta visita, ele não tinha o propósito de desempenhar um ministério apostólico semelhante ao que realizara em Corinto ou Éfeso. "Pois espero que, de passagem, estarei convosco", isto é, quando estivesse de viagem para a Espanha. De acordo com o desígnio de Paulo, seria uma visita de passagem,[11] embora de maneira alguma tão breve ou casual, que ele não pudesse compartilhar algo aos crentes de Roma ou receber deles aquilo que mencionara em 1.11-13.

Neste versículo, Paulo expressa o benefício que esperava receber de sua visita, como alguém que ficaria satisfeito por haver desfrutado um pouco a companhia daqueles crentes. A frase modificadora "um pouco" provavelmente não visava diminuir o senso de aprazimento que ele antecipava, como se estivesse ponderando sobre as limitações impostas a uma satisfação derivada de fonte meramente humana. Pelo contrário, com gentileza, o apóstolo estava novamente lembrando a seus leitores que não lhe seria possível desfrutar a plena medida de satisfação, porquanto sua visita seria apenas passageira.[12]

Talvez o mais significativo elemento deste versículo seja a cláusula "e que para lá seja por vós encaminhado". "Para lá", é claro, refere-se à Espanha. O apóstolo esperava que a igreja de Roma o enviasse com recomendações e bênçãos comparáveis àquelas antes experimentadas de outras igrejas (cf. At 13.1-4; 14.26; 15.40). Quão íntimos eram os laços de comunhão entre as igrejas e Paulo no desempenho de sua comissão apostólica!

25-26 — Estes versículos esclarecem a razão por que a viagem a Roma fora adiada e o propósito de Paulo em se dirigir a Jerusalém. Ele iria a Jerusalém para realizar um ministério de misericórdia. Poderíamos ficar surpresos devido ao fato de que Paulo interrompera sua principal função apostólica (cf. v. 16) em favor daquilo que era aparentemente secundário e se referia a coisas materiais. Pensamos deste modo somente quando esquecemos a dignidade das obras de misericórdia. Somos relembrados desse fato naquele incidente que talvez, mais do que qualquer outro, revela a diplomacia do apóstolo na obra missionária

---

11 διαπορευόμενος tem este significado.
12 Cf. Meyer, Gifford, *op. cit. ad loc.*

mundial (Gl 2.7-9). E precisamos ler a conclusão: "Recomendando-nos somente que nos lembrássemos dos pobres, o que também me esforcei por fazer" (Gl 2.10). No tocante a isso, Paulo não se mostrou negligente. Por conseguinte, ele escreveu: "Estou de partida para Jerusalém, a serviço dos santos". Existe outro motivo subentendido que Paulo comentará mais adiante (Rm 15.3l).

A contribuição que o apóstolo levaria a Jerusalém provinha dos crentes da Macedônia e da Acaia. A natureza voluntária da coleta está implícita nas palavras "porque aprouve" (cf. 2 Co 8.l-5; 9.1-5). A palavra "coleta" é a mesma que, em outras passagens, foi traduzida pelo termo "comunhão".[13] Alguns têm sugerido que "levantar uma coleta" deveria ser traduzido por "estabelecer certa comunhão", em harmonia com o significado mais usual do vocábulo em questão. No entanto, parece haver boas razões para o sentido de "coleta" ou "contribuição". Assim, a versão em português pode ser mantida. Todavia, é difícil suprimir a ideia de comunhão como um elemento que, nesta instância, flui para o conceito de contribuição. Foram os laços de comunhão existentes entre os santos que os constrangeram à oferta, que tinha o objetivo de promover e fortalecer aquela comunhão.

27 — No original grego, este versículo começa com os mesmos vocábulos que encontramos no versículo anterior, reiterando o caráter voluntário da coleta. Isto não é incompatível com a dívida sobre a qual o apóstolo passa a falar. A caridade é uma obrigação e, neste caso, específica. Não pertence à mesma categoria de uma dívida comercial que contraímos e nos coloca sob a obrigação contratual de ser paga. Mas está em foco a dívida que se origina dos benefícios recebidos, quando reconhecemos nossa de gratidão para com um grande benfeitor.

Os gentios eram participantes das realidades espirituais provenientes dos judeus e de Jerusalém, e essas realidades espirituais possuíam o mais elevado caráter concebível. O apóstolo estava enunciando aquilo que caracteriza a filosofia da graça redentora da parte de Deus. "Porque de Sião

---

13 κοινωνία significa "participação" e "companheirismo"; portanto, a cláusula em questão já foi traduzida assim: "Eles se comprometeram em estabelecer uma relação bastante íntima com os pobres" (Arndt e Gingrich, *op. cit.*, *ad* κοινωνία, 1; mas cf. também *idem*, 3). Cf. TWNT, III, p. 809.

sairá a lei, e a palavra do Senhor, de Jerusalém" (Is 2.3b; cf. vv. 2,3a). "O Senhor dos Exércitos dará neste monte a todos os povos um banquete de coisas gordurosas" (Is 25.6). O Servo do Senhor, "do tronco de Jessé", é quem "promulgará o direito para os gentios" (Is 11.1; 42.1). Sobre Sião resplandece a glória do Senhor, e "as nações se encaminham para a tua luz, e os reis, para o resplendor que te nasceu" (Is 60.3). "A salvação vem dos judeus" (Jo 4.22).

Com frequência, nesta epístola, Paulo havia se referido a este relacionamento (cf. 3.2; 4.16,17; 9.5; 11.17-24). Portanto, agora ele aplica esta verdade de maneira concreta e prática. Os crentes gentios deveriam ministrar aos judeus as coisas materiais. "Materiais", nesta instância, não deve receber qualquer conotação má; pois o vocábulo foi usado em referência ao que é tangível, as possessões materiais. E a este serviço, mediante o vocábulo empregado, o apóstolo conferiu santidade de adoração.[14]

28-29 — Paulo retorna ao seu propósito de visitar Roma, em sua viagem à Espanha. No versículo 28, há certa nota de urgência. "Tendo, pois, concluído isto e havendo-lhes consignado este fruto, passando por vós, irei à Espanha".[15] A coleta é chamada de "este fruto". Era o fruto da fé e do amor dos crentes da Macedônia e da Acaia, bem como um sinal do vínculo de comunhão entre aqueles crentes e os santos de Jerusalém. Entretanto, em face do versículo 27, é provável que este fruto fosse reputado como fruto resultante de "coisas espirituais" procedentes de Jerusalém. O evangelho viera dos judeus e se propagara por todo o mundo.

Um exemplo do fruto produzido em lugares distantes seria trazido a Jerusalém, a fim de suprir as necessidades dos santos pobres que ali residiam, uma indicação da íntima relação entre "os valores espirituais" e os "bens materiais". É mais difícil entendermos o que Paulo tencionava dizer na cláusula "havendo-lhes *consignado* este fruto". Visto que o apóstolo se apresentou como quem consignaria o fruto, a ideia preferível é que a coleta, uma vez entregue em Jerusalém, confirmaria aos santos dali o fruto proveniente do evangelho e certificaria o amor cristão que os havia constrangido àquelas contribuições.

---

14 λειτουργῆσαι; cf. v. 16.
15 Uma expressiva tradução deste trecho é a de Barret: "Partirei para a Espanha".

No versículo 29, temos a nota de certeza. Entretanto, não podemos afirmar que esta certeza se aplica à chegada de Paulo em Roma. Existem as indicações já antes observadas (cf. 1.10), que serão consideradas mais adiante (cf. 15.32), de que Paulo reconhecia plenamente a soberania de Deus nesta questão e de que ele não sabia o que Deus havia reservado (cf. At 20.22-24). Ele tinha planos bem definidos e a firme esperança de que, finalmente, chegaria a Roma. Mas a *certeza* relacionava-se à bênção com que ele iria, se Deus assim o quisesse — "na plenitude da bênção de Cristo".[16] Esta é a bênção que Cristo proporciona, e Paulo estava convencido de que a sua presença em Roma seria acompanhada pela *plenitude* desta bênção. Nenhum outro vocábulo poderia expressar mais apropriadamente a plena medida da bênção antecipada. Inclinamo-nos a pensar sobre a rica bênção que *acompanharia* seu ministério. Sem dúvida, ele tinha isso em mente. Todavia, não devemos restringir desse modo o pensamento.

Os termos indicam que ele chegaria em Roma possuindo a plenitude da bênção de Cristo. Isto demonstra a confiança da presença habitadora de Cristo, na plenitude de sua graça e poder. E constitui, igualmente, a chave para a ousadia com que Paulo planejara a sua viagem até à capital do império e aos seus limites mais ocidentais. Embora não devamos forçar os termos da sentença, a fim de transmitirem este significado, não podemos excluir de todo o pensamento de Paulo (cf. 1.12; 15.24) a certeza de que a plenitude da bênção de Cristo seria proporcionada aos crentes de Roma.

15.30-33

30 Rogo-vos, pois, irmãos, por nosso Senhor Jesus Cristo e também pelo amor do Espírito, que luteis juntamente comigo nas orações a Deus a meu favor,

31 para que eu me veja livre dos rebeldes que vivem na Judéia, e que este meu serviço em Jerusalém seja bem aceito pelos santos;

32 a fim de que, ao visitar-vos, pela vontade de Deus, chegue à vossa presença com alegria e possa recrear-me convosco.

33 E o Deus da paz seja com todos vós. Amém!

---

16 A adição de τοῦ εὐαγγελίου τοῦ, após εὐλογίας, nos manuscritos ℵ^c, L, na maioria dos cursivos e em algumas versões, não deve ser adotada.

30-32 — A estimativa sobre a maturidade dos crentes de Roma (v.14) e o refrigério que Paulo esperava receber da parte deles, em sua visita (cf. 1.12; 15.32) serviram de motivo adicional para o apóstolo rogar as orações daqueles crentes em seu favor. Paulo tinha o costume de solicitar as orações dos santos (cf. 2 Co 1.11; Fp 1.19; Cl 4.3; 1 Ts 5.25; 2 Ts 3.1). Por isso, ele fez tal pedido àqueles crentes. "Por nosso Senhor Jesus Cristo" pode referir-se à mediação através da qual o apóstolo lhes dirigiu seu pedido; ele nem ao menos podia apresentar uma súplica a seus irmãos à parte da mediação de Cristo. Porém, esta não parece ser a ideia. Pelo contrário, a ideia é que ele utilizou o Senhor Jesus como fundamento de seu apelo para que os crentes aquiescessem ao seu pedido (cf. 12.1; 2 Co 10.1). O título completo, "nosso Senhor Jesus Cristo", acrescenta força ao apelo.

"O amor do Espírito" está coordenado e deve ser interpretado com o mesmo objetivo. Os expositores habitualmente consideram este amor como aquele que o Espírito Santo produz em nós, o fruto do Espírito (cf. Gl 5.22).[17] Entretanto, nenhum bom motivo há para que não seja entendido como o amor que o Espírito tem pelos crentes.[18] Além disso, visto que "amor do Espírito" está coordenado a "nosso Senhor Jesus Cristo", há boas razões, se não mesmo decisivas razões, em favor do ponto de vista de que o amor do Espírito por nós está em foco. Assim como o pedido de oração foi apresentado com base naquilo que Cristo é e, por implicação, naquilo que ele faz, assim também Paulo focalizou sua atenção naquilo que é verdadeiro a respeito do próprio Espírito Santo. Isto proporciona uma ênfase notável. No que concerne ao Espírito Santo, que outra atitude poderia reforçar melhor a solicitação de Paulo, além de serem os crentes lembrados do amor do Espírito por eles? Assim como o amor de Deus inspira e valida a esperança (cf. 5.5), assim também o amor do Espírito deve compelir-nos à oração.

O pedido de Paulo foi este: "Luteis juntamente comigo nas orações a Deus a meu favor, para que eu me veja livre dos rebeldes que vivem na

---

17 Cf., mais recentemente, Bruce, *op. cit., ad loc.*: "O amor que o Espírito Santo proporciona e mantém".
18 Cf. Barrett, *op. cit., ad loc.*: "O genitivo não pode ser objetivo, e o indício deste entendimento é dado pelo v. 5". Não devemos esquecer que o amor de Deus, derramado em nossos corações (cf. 5.5), é o amor de Deus para conosco e que o genitivo é subjetivo.

Judéia". O termo "luteis juntamente comigo" sugere a intensa luta envolvida na oração; precisa ser persistente e intensa. Verdadeiramente, conforme têm observado os comentadores, isto é necessário por causa da resistência que o mundo, a carne e o diabo oferecem à oração perseverante. Todavia, há algo mais adequado à natureza da oração indicado pelos termos "luteis juntamente comigo" — a oração intensa e consagrada será persistente e se dedicará à luta. A oração é um dos meios determinados por Deus para a concretização de seus desígnios graciosos, sendo também resultado da fé e da esperança.

O ser alvo de orações foi particularizado em dois objetivos. Primeiro, tinha o propósito de que Paulo fosse livre das mãos dos rebeldes da Judeia. Estes eram judeus incrédulos. Os acontecimentos posteriores mostraram que havia boa justificativa para o pressentimento do apóstolo (cf. At 20.22,23; 21.27-36). Embora Paulo tenha sido capaz de garantir que não considerava sua vida preciosa para si mesmo (At 20.24), que estava "pronto não só para ser preso, mas até para morrer em Jerusalém pelo nome do Senhor Jesus" (At 21.13), e, portanto, que jamais comprometeria o evangelho, a fim de salvar sua própria vida (cf. Mt 16.25; Jo 12.25), ele não anelava pelo martírio.

Além disso, no interesse de promover o evangelho, ele desejava ser livre das ciladas assassinas dos incrédulos; e teria sido contrário a todos os princípios cristãos entregar-se de maneira fatalística aos ímpios desígnios dos homens. Isto explica seu diligente pedido de oração aos crentes de Roma. Paulo não foi capaz de antecipar o curso exato dos acontecimentos, porém, não podemos deixar de perceber a resposta às suas próprias orações, bem como às súplicas dos crentes de Roma, nos eventos que foram se realizando (cf. At 21.31-33; 23.12-35).

A segunda particularidade em seu pedido de oração consistia em que seu serviço se tornasse aceitável aos santos. Isto é surpreendente. Uma dádiva para suprir a necessidade dos santos poderia ser inaceitável? O apóstolo já tinha ampla evidência das suspeitas com que era encarado seu ministério entre os gentios, e provavelmente já ouvira falar sobre as falsas notícias que circulavam em Jerusalém a seu respeito (cf. At 21.20,21). Portanto, havia motivo para temer que o fruto de seu ministério na Macedônia e na Acaia não fosse bem recebido. Na opinião dos judeus crentes que ainda eram "zelosos da lei" e, em particular, da circuncisão, esta oferta estaria caracterizada por um ministério prejudicial àquilo que eles reputavam precioso. Esta foi a circunstância que Paulo antecipou. Facilmente podemos sentir sua preocupação e, por conseguinte, a necessidade de oração fervorosa a Deus, para que a oferta fosse aceitável. Que afronta à *comunhão* teria sido causada por rejeitá-la! Que tragédia resultaria da atitude dos judeus em rejeitarem o fruto do evangelho que saíra de Jerusalém, o fruto da fé e do amor, a prova dos laços de comunhão entre crentes, uma oferta cujo o alvo era fortalecer laços de amor e satisfazer as necessidades dos santos! Os maus efeitos que o apóstolo temia eram as repercussões para a causa do evangelho e para a comunhão da qual a redenção comum era vínculo. Existem bons motivos para crermos que esta oração também foi respondida (cf. At 21.17-20).

Estas orações deveriam ser apresentadas a Deus com um desígnio adicional (v. 32) — que Paulo chegasse a Roma com alegria e se recreasse juntamente com os crentes daquela cidade. Vários fatores contribuiriam para a alegria de sua chegada em Roma: a realização de seus planos e esperanças de muitos anos, o ser livre de seus adversários em Jerusalém, o sucesso de sua visita àqueles irmãos, com a grata aceitação da coleta, a comunhão com os crentes de Roma e a possibilidade de continuar em seus labores apostólicos nas regiões mais além. O descanso que ele esperava desfrutar não tinha em vista o lazer, e sim o refrigério e o encorajamento que essa nova comunhão haveria de outorgar-lhe. Muitíssimo significativa é a expressão "pela vontade de Deus". O vocábulo grego aqui traduzido "vontade" com frequência se refere, no Novo Testamento, à vontade preceptiva de Deus, a vontade que ele nos revela para regulamentar nossa vida e conduta (cf. Mt 6.10; l2.50; Jo 7.17; Rm 2.18; 12.2; Ef 5.17; 6.6; 1 Ts 4.3). No entanto, também se refere à vontade de propósito resoluto de Deus, a sua vontade decretiva realizada por meio de sua providência (cf. Mt 18.14; Jo 1.13; Rm 1.10; Gl 1.4; Ef 1.5,11; 1 Pe 3.17; 2 Pe 1.21; Ap 4.11). Neste último sentido, o vocábulo foi usado no versículo que estamos considerando.

Há duas verdades que precisam ser observadas: (1) nas orações em favor das particularidades mencionadas, especialmente a que se referia à viagem a Roma, existe o evidente desejo expresso de que estas particularidades estivessem de acordo com a vontade determinativa de Deus. Existe a súplica de que Deus atendesse tais pedidos e, portanto, de que fossem sua vontade determinativa manifestada em sua providência. (2) Por igual modo, nas orações encontramos o reconhecimento de que Deus é soberano e de que a realização desses eventos dependia de sua vontade suprema. Nessa atitude, o apóstolo reflete sua resignação diante da vontade e da sabedoria de Deus. Não fazia parte da vontade revelada de Deus que Paulo fosse a Roma. Este é o motivo por que percebemos, nesta passagem, a prudência do apóstolo em submeter-se ao que Deus determinaria para ele em sua providência.

Paulo, realmente, foi à capital do império, mas sob circunstâncias e demoras que ele jamais teria previsto. Deus respondeu aquelas orações, não conforme Paulo havia esperado e antecipado. As lições que podemos extrair destes versículos (vv. 30-32) são inumeráveis.

33 — Deus é chamado de "o Deus da paz", por ser ele o autor da paz (cf. vv. 5,13). Em face da ênfase colocada sobre a paz com Deus (cf. 5.1; 16.20; Ef 2.14,15,17; 1 Ts 5.23; Hb 13.20), devemos inferir que a paz com Deus é prioritária; contudo, não devemos excluir aquilo que é a consequência, ou seja, a paz de Deus (cf. Fp 4.7; Cl 3.15), a paz de coração e mente, em confiança e tranquilidade inabaláveis. É digno de nota a frequência com que o apóstolo em suas bênçãos empregava o título "Deus da paz" ou invocava sobre seus leitores a paz proveniente dele (cf. 1.7; 15.13; 1 Co 1.3; 2 Co 1.2; 13.11; Gl 1.3; Ef 1.2; Fp 1.2; 4.9; Cl 1.2; 1 Ts 1.1; 2 Ts 1.2; 3.16; 1 Tm 1.2; Tt 1.4; Fm 3). Por conseguinte, na bênção que finaliza esta parte da epístola, nenhuma outra forma de súplica, dentre as que Paulo costumava utilizar, poderia mostrar-se mais rica. Na oração em favor de que o Deus da paz estivesse com os crentes de Roma, estão incluídas todas as bênçãos asseguradas pela presença do Deus da paz.[19]

---

19 Sobre a questão crítica acerca da bênção invocada neste versículo, ver Apêndice J.

Capítulo XX
Saudações e Doxologia Final (16.1-27)

A. Saudações do Próprio Paulo (16.1-16)

16. 1-16

1 Recomendo-vos a nossa irmã Febe, que está servindo à igreja de Cencreia,
2 para que a recebais no Senhor como convém aos santos e a ajudeis em tudo que de vós vier a precisar; porque tem sido protetora de muitos e de mim inclusive.
3 Saudai Priscila e Áquila, meus cooperadores em Cristo Jesus,
4 os quais pela minha vida arriscaram a sua própria cabeça; e isto lhes agradeço, não somente eu, mas também todas as igrejas dos gentios;
5 saudai igualmente a igreja que se reúne na casa deles. Saudai meu querido Epêneto, primícias da Ásia para Cristo.
6 Saudai Maria, que muito trabalhou por vós.
7 Saudai Andrônico e Júnias, meus parentes e companheiros de prisão, os quais são notáveis entre os apóstolos e estavam em Cristo antes de mim.

8 Saudai Amplíato, meu dileto amigo no Senhor.
9 Saudai Urbano, que é nosso cooperador em Cristo, e também meu amado Estáquis.
10 Saudai Apeles, aprovado em Cristo. Saudai os da casa de Aristóbulo.
11 Saudai meu parente Herodião. Saudai os da casa de Narciso, que estão no Senhor.
12 Saudai Trifena e Trifosa, as quais trabalhavam no Senhor. Saudai a estimada Pérside, que também muito trabalhou no Senhor.
13 Saudai Rufo, eleito no Senhor, e igualmente a sua mãe, que também tem sido mãe para mim.
14 Saudai Asíncrito, Flegonte, Hermes, Pátrobas, Hermas e os irmãos que se reúnem com eles.
15 Saudai Filólogo, Júlia, Nereu e sua irmã, Olimpas e todos os santos que se reúnem com eles.
16 Saudai-vos uns aos outros com ósculo santo. Todas as igrejas de Cristo vos saúdam.

1-2 — É muitíssimo provável que Febe tenha sido a portadora da carta à igreja de Roma. Cartas de recomendação eram uma necessidade, quando um crente viajava de uma cidade para outra, sendo ele desconhecido aos santos da outra localidade. Porém, se Febe entregou pessoalmente a carta, houve um motivo adicional para a apresentação. Além disso, conforme se tornará evidente, Febe era uma mulher que realizara eminentes serviços à igreja, e a recomendação tinha de ser proporcional ao seu caráter e devoção. Cencreia era um dos portos que serviam à cidade de Corinto. Em Cencreia, havia uma igreja local, e Febe servia nesta igreja.

É comum atribuir-se a Febe o título de "diaconisa", considerando-a como alguém que desempenhava na igreja um ofício correspondente àquele que pertencia aos homens que exercem o diaconato (Fp 1.1; 1 Tm 3.8-13). Embora a palavra traduzida por "está servindo" seja a mesma empregada para se referir aos diáconos, nos textos citados, ela também foi usada para denotar uma pessoa que realizava qualquer tipo de ministério. Se Febe ministrava aos santos, o que se evidencia no versículo 2, então, ela deveria ser serva da igreja, não havendo necessidade nem base para supormos que ela ocupava ou exercia o equivalente a um ofício eclesiástico comparável ao de diácono.

Os serviços prestados eram semelhantes aos realizados pelos diáconos. O ministério destes consistia em atos de misericórdia para com os pobres, os enfermos e os desamparados. Esta é uma área em que mulheres crentes, por igual modo, exercem suas funções e graças. Porém, não há razões para atribuirmos a Febe um *ofício* maior do que o das viúvas que, antes de passarem a receber sustento da igreja, deviam possuir as características mencionadas em 1 Timóteo 5.9-10.

Os crentes de Roma foram exortados a recebê-la "no Senhor como convém aos santos". Receber no Senhor significa aceitá-la como uma pessoa que estava ligada a eles pelos laços de companheirismo e união com Cristo. "Como convém aos santos" poderia significar "como um irmão na fé deve ser acolhido". No entanto, é mais provável que o significado seja "assim como é conveniente aos santos receberem um crente"; a ação do verbo "convir" recai sobre eles e não sobre ela. A especial recomendação de Febe é que ela auxiliara muitos, incluindo o próprio apóstolo.[1] Esta especificação de virtude, sem dúvida, foi mencionada como a característica proeminente do serviço que Febe prestava à igreja, indicando o motivo por que reputavam-na serva

---

1   Fundamenta-se em evidência insuficiente a contenção de Russel C. Prohl, afirmando que προστά- ΄τις significa "alguém que preside" e deve ser entendida no sentido do verbo προίστημι (cf. 12.8), do qual, conforme ele defende, deriva-se o termo προστάτις. É verdade que o masculino προστάτης pode significar "governante", "líder", "presidente", e que os verbos correspondentes, προστατεύω e προστατέω, têm significado semelhante. Mas, προστάτης também pode significar "protetor" ou "ajudador". A forma feminina, προστάτις, pode ter o mesmo significado. Outrossim, o sentido de "presidente" não satisfaz à cláusula em questão. Paulo declarou: "Febe tem sido προστάτις de muitos e de mim inclusive". Devemos supor que ela exercia domínio sobre o apóstolo? No que concerne ao apóstolo, ela possuía o mesmo tipo de relacionamento que demonstrava para com outros, sendo para ele o mesmo que para os outros. A tradução adotada por Prohl, "ela foi constituída superintendente de muitos, por mim mesmo", é totalmente destituída de fundamento. Além disso, os crentes de Roma foram exortados a "ajudá-la" (παραστῆτε αὐτῇ); e a última cláusula do versículo 2 é apresentada como o motivo que reforça esta exortação — "Porque tem sido protetora de muitos e de mim inclusive". Há uma exata correspondência entre o serviço que a igreja deveria prestar a Febe e o que ela mesma realizava em favor de outros. A ideia de presidência é inteiramente estranha nessa analogia. Ver Russel C. Prohl, *Woman in the Church* (Grand Rapids, 1957), pp. 70-71.

da igreja. Porém, esta virtude também é mencionada para reforçar a exortação de que a esta irmã fosse prestada a assistência em tudo que ela necessitasse.

O tipo de proteção realizada por Febe não é esclarecido. Talvez ela fosse mulher abastada e dotada de influência social e, por isso mesmo, agiu como protetora. Os serviços dela podem ter sido de outra categoria, como a ajuda a aflitos e necessitados. Não sabemos sob quais circunstâncias ela fora protetora do apóstolo. Porém, a ajuda prestada por ela ao apóstolo pode ter sido semelhante àquela ministrada por Lídia, em Filipos (ver At 16.15). Em qualquer caso, Febe é uma das mulheres crentes imortalizadas no Novo Testamento, por causa de seu serviço ao evangelho, cuja honra não foi maculada pela atitude de ser esta irmã elevada a cargos e ofícios incoerentes com a posição que as mulheres ocupam na economia dos relacionamentos humanos.

3-4 — Priscila, que em 2 Timóteo 4.19 também é chamada Prisca, e Áquila conheceram Paulo em Corinto (At 18.2). Haviam chegado recentemente da Itália, devido ao motivo já mencionado. O casal hospedara o apóstolo em Corinto (At 18.3). Mais tarde, acompanharam-no até Éfeso, onde permaneceram (At 18.18,19). Ali instruíram a Apolo, fornecendo-lhe uma compreensão mais exata do evangelho (At 18.26). Foram mencionados nas saudações de duas outras cartas de Paulo (1 Co 16.19; 2 Tm 4.19). Na época em que Paulo escreveu a carta aos crentes de Roma, eles já haviam regressado à Itália. Isto não deveria surpreender-nos. O imperador Cláudio falecera, e o seu decreto (At 18.2), por essa ou alguma outra razão, não estava mais em vigor. Áquila e Priscila eram itinerantes, como demonstram as passagens citadas, não havendo motivo por que não teriam retornado a Roma, quando a restrição mencionada foi anulada ou amenizada.

Conforme o demonstra o incidente registrado em Atos 18.26, eram bem versados na fé cristã; e Paulo os descreveu, em Romanos 16, como "meus cooperadores em Cristo Jesus". Visto que até as atividades seculares dos crentes realizam-se em Cristo Jesus, não seria impróprio o apóstolo conferir-lhes essa dignidade quanto a uma sociedade na fabricação de tendas (At 18.3). Porém, em face dos versículos 9 e 21, devemos considerar tal cooperação como alusiva a um labor conjunto no evangelho, nos laços de união e companheirismo em Cristo. Temos aqui outro exemplo da contribuição de uma mulher (Priscila) na obra do evangelho e da igreja (cf. vv. 6,12), dentro dos limites prescritos pelo apóstolo em outras de suas cartas (cf. 1 Co 11.3-16; 14.33b-36; 1 Tm 2.8-15).

Nada sabemos a respeito de quando Áquila e Priscila arriscaram a própria vida por causa de Paulo. Pode ter sido em Corinto, Éfeso ou qualquer outro lugar. E as circunstâncias envolvidas neste fato são desconhecidas. "Expuseram seus próprios pescoços" seria a tradução mais literal. Porém, isso também pode ser uma linguagem figurada para asseverar o perigo extremo às mãos de perseguidores, aos quais se sujeitaram para salvar a vida de Paulo. É possível que este incidente tenha sido tão notável, a ponto de chegar ao conhecimento de todas as igrejas dos gentios e suscitar a gratidão das igrejas, por esse ato de autossacrifício, aludida na parte final do versículo 4. Entretanto, de qualquer maneira, a fama de Priscila e Áquila se tornara tão divulgada, que não somente Paulo lhes era agradecido, mas também "todas as igrejas dos gentios". Os informes já mencionados em Atos 18 indicam a mobilidade deste casal, bem como a sua devoção. O fato de haverem regressado a Roma harmoniza-se com tudo que sabemos acerca do caráter e conduta deles.

5 — Esta referência à igreja que se reunia na casa de alguém, juntamente com outras passagens bíblicas (l Co 16.19; Cl 4.15; Fm 2), não deve ser restringida à família do casal (cf. At 10.2; 11.14; 16.15,31; 18.18; 1 Co 1.16; 1 Tm 3.4; 2 Tm 1.16). Nos tempos apostólicos, era necessário e apropriado, assim como em algumas ocasiões da atualidade, que os crentes tornassem suas casas disponíveis à congregação dos santos. É significativo o fato de que, em nossa circunstância moderna, totalmente diversa, a prática de igrejas que se reúnem em casas está sendo restaurada e reconhecida como indispensável à pregação do evangelho. Em cidades semelhantes a Éfeso ou Roma (cf. 1 Co 16.19), sem dúvida haveria mais do que uma destas congregações. O fato de ter sido particularmente mencionada, nesta lista de saudações, a igreja que se reunia na casa de Áquila e Priscila demonstra que esta congregação não constituía toda a igreja de Roma. Por conseguinte, havia outras *igrejas*, e seria correto falarmos sobre as igrejas de Roma.

Epêneto é chamado de "querido", assim como Ampliato (v. 8), Estáquis (v. 9) e Pérside (v. 12). Não havia qualquer ofensa discriminativa em Paulo chamá-los de amado, querido, etc. e não fazer o mesmo em relação a outros. Existia um vínculo particular de afeição entre Paulo e estas pessoas; tal vínculo o apóstolo pressupôs ser reconhecido prontamente pelos outros. Isto pode ser detectado no caso de Epêneto; ele era as primícias da Ásia,[2] ou seja, o primeiro a converter-se para Cristo. Torna-se evidente o peculiar laço de afeição.

6 — Maria é outro exemplo de uma mulher que trabalhou em favor da igreja. Não há validade na objeção de que Paulo não possuía um conhecimento tão íntimo dos fatos que se passavam na igreja de Roma,[3] que o tornava capaz de particularizá-los deste modo. Ele deve ter recebido muitas informações da parte de Áquila e Priscila, que eram recém-chegados de Roma, quando Paulo esteve pela primeira vez em Corinto. As palavras "muito trabalhou" sugerem que Maria foi um dos primeiros membros da igreja de Roma e que a organização daquela igreja pode ter ocorrido devido à sua influência.

7 — Andrônico e Júnias eram parentes do apóstolo. Não podemos demonstrar que tal afirmativa significa mais do que o fato de serem eles judeus (cf. 9.3). No entanto, talvez fossem pessoas mais achegadas ao apóstolo, assim como Herodião (v. 11), Lúcio, Jason e Sosípatro (v. 21). Visto que há outros judeus mencionados sem a designação "parentes" (cf. v. 3), aqueles que são chamados "parentes" sem dúvida mantinham um relacionamento mais íntimo com o apóstolo. Não precisamos supor que todos eles fossem membros da *família* do apóstolo. Não sabemos dizer quando Andrônico e Júnias estiveram presos juntamente com Paulo. O apóstolo era encarcerado com frequência (cf. 2 Co 6.5; 11.23), e, pelo menos em uma ocasião, eles compartilharam dessa honra.

"Os quais são notáveis entre os apóstolos" pode significar que eles mesmos eram apóstolos. Neste caso, a palavra "apóstolos" estaria sendo utilizada em sentido

---

2 Ἀχαΐας não é a forma textual correta. Ἀσίας é a forma apoiada pelos manuscritos P46, ℵ, A, B, D*, G e por várias versões. Cf. 1 Co 16.15, quanto a Ἀχαΐας.
3 εἰς ὑμᾶς é a forma preferível, com evidências externas e internas.

mais geral, isto é, "mensageiros" (cf. 2 Co 8.23; Fp 2.25). Entretanto, visto que nos escritos de Paulo tal vocábulo usualmente possui um significado mais estrito, é mais provável a cláusula significar que aquelas duas pessoas eram bem conhecidas entre os apóstolos, distinguindo-se por sua fé e serviço. A explicação é fácil de ser encontrada: eles se tornaram cristãos antes de Paulo e, sem dúvida, estavam associados ao círculo dos apóstolos na Judeia, se não mesmo em Jerusalém. Deste modo, há quatro motivos pelos quais foram escolhidos entre os que receberam saudações.

8 — Amplíato era "dileto amigo *no Senhor*", assim como o eram todos os outros qualificados com os termos "amado", "querido", etc.; mas não foi necessário ampliar a apreciação em cada caso. "No Senhor" ressalta aquele relacionamento com Cristo que sozinho estabelece o vínculo de amor envolvido no vocábulo "dileto", no sentido cristão.

9 — A derivação do nome Urbano parece sugerir que ele era romano de nascimento. Paulo o designou como *"nosso* cooperador", significando, pois, que ele não era companheiro do apóstolo, assim como Áquila e Priscila (v. 3) e Timóteo (v. 21), que também foram chamados de cooperadores do próprio apóstolo. Estáquis é identificado simplesmente como "meu amado"; e, à semelhança de Amplíato, não recebe qualquer outro qualificativo.

10 — Apeles é distinguido como alguém "aprovado em Cristo". Ele recebeu tal distinção por causa de provações e tentações peculiares, às quais resistiu com perseverança, sendo, por isso mesmo, aprovado. Aristóbulo é mencionado somente porque havia crentes em sua casa. À semelhança de Narciso (v. 11), ele deve ter sido um homem que ocupava boa posição em Roma. J. B. Lightfoot afirma que ele era neto de Herodes, o Grande, e irmão de Agripa, mais velho do que Aristóbolo, e de Herodes (rei de Cálcis), sendo pessoa íntima do imperador Cláudio.[4] Os de sua casa necessariamente eram mais do que servos ou escravos. Ainda que as pessoas da família de Narciso foram saudadas como "no Senhor", não precisamos inferir que a ausência

---

4 *Saint Paul's Epistle to the Philippians* (Londres, 1908), pp. 174-175. Cf. também F. F. Bruce, "Herod", em *The New Bible Dictionary* (Londres, 1962), pp. 521-523.

desse qualificativo, na presente instância, significa que todos os familiares de Aristóbolo não eram cristãos. Sem dúvida, o idêntico qualificativo se aplica a ambos os casos, embora mencionados em apenas um dos casos.

11 — O nome de Herodião e o contexto onde aparece a referência ao seu nome sugerem que ele pertencia à casa ou à família de Herodes. Ele era um dos parentes do apóstolo, sendo, portanto, judeu; e, conforme já sugerimos, provavelmente estava de alguma maneira relacionado ao apóstolo. Lightfoot assevera que Narciso foi o poderoso liberto que possuía este mesmo nome e foi executado imediatamente após a subida de Nero ao trono e, por conseguinte, alguns anos antes de Paulo escrever esta carta.[5] Embora já falecido, seus familiares continuavam sendo conhecidos como família de Narciso, o que provavelmente também acontecia no caso dos parentes de Aristóbolo.

12 — Supõe-se que Trifena e Trifosa eram irmãs. Pérside também era uma mulher. Paulo declarou que as três haviam trabalhado no Senhor. O apóstolo qualificou Pérside como "estimada" e afirmou que ela *muito* trabalhara. Nesses dois aspectos, Paulo atribuiu-lhe uma eminência não outorgada a Trifena e Trifosa, mas, quando escreveu a carta, não foi capaz de dizer que ela continuava fazendo isso. Talvez a idade avançada ou a enfermidade tivessem-na dominado, e ela já não se mostrava tão ativa quanto antes. Epêneto, Amplíato e Estáquis receberam adjetivos especiais: "meu querido", "meu dileto" e "meu amado". Mas seria uma indelicadeza chamar Pérside de "*minha* estimada Pérside".

13 — É possível que Rufo seja a mesma pessoa mencionada em Marcos 15.21, filho de Simão, o cireneu. Se isto é verdade, houve um bom motivo para Marcos ter citado o nome de Rufo em seu evangelho. "Eleito no Senhor" não se refere à eleição em Cristo (cf. Ef 1.4) para a salvação. Isto seria aplicável a todos os santos mencionados neste capítulo. Significa "escolha", destacando alguma eminência peculiar a Rufo. A mãe de Rufo não era, *literalmente*, a mãe de Paulo. O apóstolo quis dizer que desempenhara o papel de mãe para ele. Quando ou onde, não o sabemos.

---

5 *Ibid.*, p. 175.

14 — Os nomes alistados neste versículo e os "irmãos que se reúnem com eles" indicam certa comunidade de crentes em um lugar particular ou de uma profissão específica, sendo todos do sexo masculino.

15 — Mui provavelmente "Júlia" era uma mulher[6] e pode ter sido esposa de Filólogo. Não temos certeza de ter sido ela a irmã de Nereu, mencionada na saudação posterior. As cinco pessoas mencionadas neste versículo e os santos que se reuniam com elas formavam uma comunidade; e talvez encontramos aqui outro exemplo de uma igreja local, assim como no versículo 5. Isto é mais provável nesta instância do que no versículo 14, por causa da cláusula "todos os santos que se reúnem com eles" e do fato de que ambos os sexos estavam envolvidos. A falta de referência a uma igreja ou à igreja que se reunia em uma casa não milita contra esta suposição. O fato de que talvez não houvesse outro lar que tivesse oferecido qualquer hospitalidade, e a eminência de Priscila e Áquila, nesta particularidade, podem ter sido a razão para a menção da casa deles, no versículo 5.

16 — O ósculo santo é recomendado não somente nesta carta, como também em diversas outras (1 Co 16.20; 2 Co 13.12; 1 Ts 5.26). Pedro faz idêntica recomendação, mas dá-lhe o nome de "ósculo de amor" (2 Pe 5.14). Na reprimenda de Jesus a Simão, o fariseu: "Não me deste ósculo" (Lc 7.45), somos informados a respeito do costume das pessoas saudarem-se amigavelmente mediante um beijo. Sem dúvida, o ósculo era praticado como sinal de amor cristão. A designação acrescentada por Pedro esclarece isso. Ora, um beijo é, por si mesmo, sinal de amor, e a hipocrisia de Judas Iscariotes foi desmascarada mediante a pergunta: "Judas, com um beijo trais o Filho do Homem?" (Lc 22.48) Paulo caracterizou tal ósculo como "santo", distinguindo-o assim de todo beijo erótico e sensual. A ausência do ósculo santo na igreja ocidental evidencia uma reserva desnecessária e, talvez, a perda da intensidade do primeiro amor. A saudação final, "todas as igrejas de Cristo vos saúdam", pareceria mais conveniente se estivesse nos versículos 21 a 23,

---

6 "Um nome comum, encontrado mesmo entre as escravas da família imperial" (Ardnt e Gingrich, *op. cit., ad loc.*). Cf. Lightfoot, *ibid.*, p. 177.

porquanto abordam saudações enviadas por outros irmãos e não pelo próprio apóstolo. Porém, quando a examinamos mais de perto, podemos ver a importância de sua inclusão nesta altura. Paulo estava tão identificado com todas as igrejas, particularmente as igrejas dos gentios, por ser ele apóstolo dos gentios, que não podia deixar de apresentar as saudações de todas as igrejas. Sua solidariedade com a igreja universal governava sua consciência, e, na qualidade de apóstolo dos gentios, ele representou todas as igrejas gentílicas, ao transmitir sua própria saudação.

Outro fato digno de observarmos é o plural "igrejas". Não podemos diminuir a importância da unidade da igreja. Esta ideia é reiteradamente expressa nos escritos de Paulo (cf. 11.16-24; Ef 2.16,18-22; 4.2-16). Mas ele também se mostrou zeloso em afirmar que, em cada instância que os crentes se reúnem, em nome de Cristo, de conformidade com a sua instituição, ali está a Igreja de Cristo (cf. v. 5).

Finalmente, conforme observa F. F. Bruce, esta saudação "é um poderoso argumento em favor de um destinatário romano para estas saudações. Por que o apóstolo enviaria, da parte de *todas* as igrejas, saudações a outra igreja para a qual ele estava escrevendo uma carta habitual? Entretanto, num período em que importantíssima fase de seu ministério estava finalizando, ele poderia enviar saudações de todas as igrejas associadas a ele, naquela fase de seu ministério, a uma igreja que não somente ocupava posição singular no mundo... mas também que, nas intenções de Paulo, desempenharia papel importante no início de uma nova fase de seu ministério".[77]

B. Advertências Contra os Enganadores (16.17-20)

16.17-20

17 Rogo-vos, irmãos, que noteis bem aqueles que provocam divisões e escândalos, em desacordo com a doutrina que aprendestes; afastai-vos deles,

---

7 *Romans*, conforme citado, p. 276.

18 *porque esses tais não servem a Cristo, nosso Senhor, e sim a seu próprio ventre; e, com suaves palavras e lisonjas, enganam o coração dos incautos.*

19 *Pois a vossa obediência é conhecida por todos; por isso, me alegro a vosso respeito; e quero que sejais sábios para o bem e símplices para o mal.*

20 *E o Deus da paz, em breve, esmagará debaixo dos vossos pés a Satanás. A graça de nosso Senhor Jesus seja convosco.*

Embora esta passagem, em conteúdo e tom, seja diferente do restante da carta, não devemos exagerar a diferença. Severidade de atitude e expressão transparece em várias partes da carta (cf. 2.1-5; 3.8; 6.1-3; 9.19-20; 11.20; 14.15,16). A nota de advertência é vista por toda parte. Conforme mui apropriadamente observam Sanday e Headlam, esta "veemente explosão... é normal. Contra erros como estes, desde o início o apóstolo Paulo estivera de modo indireto advertindo seus leitores, ajudando-os a se guardarem de tais erros, ao expor amplos princípios de vida e conduta; agora, pouco antes de terminar a carta, ele faz uma sincera e definida advertência contra os falsos ensinadores".[8] Não precisamos imaginar que esses agitadores e falsos mestres houvessem, na realidade, penetrado na igreja de Roma. Provavelmente eles não o fizeram. Se isto houvesse ocorrido, devíamos esperar um confronto direto com eles, no conteúdo da carta, assim como em Gálatas e Colossenses.[9] No entanto, Paulo se mostrava consciente da existência desses hereges; e, se a propaganda deles ainda não chegara a Roma, havia motivos para temer que o perigo era iminente.[10] Com facilidade percebemos a semelhança entre estas advertências e as de Filipenses 3.2,18-19. Além disso, Colossenses 2.16-23 aborda este mesmo perigo, ou, pelo menos, algo bastante similar.

---

8   *Op. cit.*, p. 429; cf. também F. A. Hort, *Prolegomena to St. Paul's Epistle to the Romans and Ephesians* (Londres, 1895), pp. 53-55.
9   Cf. Hort, *ibid.*, pp. 53-54, o qual diz: "É concebível que, quando Paulo estava prestes a terminar ou a enviar a sua epístola, chegaram-lhe notícias recentes, sobre perturbações doutrinárias em Roma".
10   Contra a suposição de que os hereges ainda não haviam chegado a Roma, cf. Dodd, *op. cit.*, p. 242, o qual diz: "Ele [Paulo] sabia, ou tinha motivos para temer, que o tipo de indivíduos que haviam perturbado a paz em suas próprias igrejas estavam atuando em Roma. Ele evitou cuidadosamente fazer alusões controvertidas a respeito deles, no corpo da epístola; porém, ao chegar à admoestação final, não foi capaz de conter-se de fazer um apelo aos crentes romanos para que se acautelassem a respeito deles".

17-18 — Conforme pensam alguns, os perturbadores eram os dissolutos antinomianos; mas, na opinião de outros, eram os zelosos judaizantes. Estes dois pontos de vista, embora aparentemente antagônicos, na realidade e, em última análise, estão intimamente relacionados. As pessoas que se mostram zelosas em defender o que Deus não ordenou logo passam a guiar-se mais por suas próprias ordenanças do que pelas de Deus. Poderíamos afirmar que o versículo 18 favorece a ideia de que os perturbadores eram epicureus. Sobre eles foi dito que serviam "a seu próprio ventre". Contudo, esta caracterização não precisa referir-se à preocupação com apetites sensuais. Pode expressar a ideia de servir a si mesmo, em contraste com o serviço prestado ao Senhor Jesus Cristo (cf. Jd 19), sendo equivalente ao que é terreno e sensual. Os indivíduos censurados em Colossenses 2.20-23, cujo lema era "não manuseies isto, não proves aquilo, não toques aquiloutro" (Cl 2.21), poderiam também ser colocados sob esta mesma acusação (cf. Fp 3.19). Com base nessa interpretação do versículo 18, os falsos ensinadores poderiam ser zelosos judaizantes. Estes foram os adversários de Paulo em muitas instâncias e satisfaziam a descrição: "Que provocam divisões e escândalos, em desacordo com a doutrina que aprendestes".[11] A palavra traduzida por "escândalos" é a mesma que, no singular, ocorre em Romanos 14.13. Não parece que Paulo tinha em mente a mesma circunstância.[12] Em Romanos 14.13, um crente forte torna-se motivo de escândalo para um crente fraco, incorrendo em grave falta quanto ao amor.

Não há qualquer sugestão a respeito da gravidade contemplada nesta passagem. Aqui o apóstolo se referia aos mestres e seus propagandistas. Estes não são citados no capítulo 14. Portanto, o escândalo abordado é aquele causado pelas falsas doutrinas e se enquadra na categoria do erro anatematizado em Gálatas. As exortações estão em harmonia com um erro desse caráter: os crentes romanos tinham de notar bem os proponentes

---

11 É possível que os hereges fossem da variedade gnóstica e similares àqueles combatidos na epístola aos Colossenses (cf. especialmente Cl 2.4,8 e Rm 16.18). "Podem ter estado associados a especulações semignósticas... como aquelas que haveriam de medrar pouco mais tarde em Colossos" (Dodd, *op. cit*, p. 243).
12 Cf., *expressando opinião contrária*, Barrett, o qual diz que "talvez a divisão entre os fracos e fortes ainda estivesse em sua mente" (*op. cit., ad loc.*).

dessas falsas doutrinas, a fim de evitá-los; e deviam também afastar-se "deles". Nenhuma exortação desse tipo é apropriada no capítulo 14.

Estes ensinadores eram habilidosos nos artifício de "suaves palavras e lisonjas", característica comum àqueles que corrompem a pureza e simplicidade do evangelho. O engano é o principal perigo — "enganam os corações dos incautos". O vocábulo "incauto" significa "ingênuo", falando a respeito de pessoas que não praticam os ardis do engano e da esperteza e, por conseguinte, não suspeitam disso nos outros. O "incauto" é a pessoa que de nada suspeita e, por isso mesmo, com facilidade se deixa levar pelas aparências. Em outras passagens, Paulo se refere aos estratagemas do engano (cf. 2 Co 4.2; Ef 4.14). Em face do versículo 20, é difícil suprimir a alusão ao engano da serpente (Gn 3.1-6; cf. 2 Co 11.3; 1 Tm 2.14).

19-20 — O versículo 18 começa com "porque" e fornece o motivo para as exortações anteriores. O versículo 19 inicia com "pois", embora a conexão não seja a mesma que a do versículo 18. O apóstolo estava preocupado com o fato de que os crentes de Roma não tivessem suas mentes corrompidas, perdendo a simplicidade devida a Cristo. A elevada estima nutrida a respeito da maturidade e da devoção da igreja de Roma (cf. 15.14) somente intensificou seu zelo em favor da continuação dessa fidelidade. A fama, da comunidade cristã de Roma se espalhara entre todas as igrejas. O apóstolo falou sobre essa fama, mencionando a notícia sobre a "obediência" daqueles crentes, um termo característico desta carta e adaptado ao assunto que agora Paulo abordava (cf. Rm 1.5; 6.16; 15.18; 16.26). A reputação da igreja e o lugar crucial que ela ocupava agravariam, de maneira correspondente, a tragédia da corrupção. Este foi o grande motivo para as insistentes advertências e exortações do versículo 17. Existe outra conexão entre o versículo 19 e aquilo que o antecede. Paulo teve o cuidado de não insinuar que a falsa doutrina já havia penetrado na igreja. Ele reiterou a sua certeza a respeito da fidelidade dos crentes de Roma e se regozijou por causa deles. Por esses motivos, eles precisavam estar atentos; Paulo os exortou a possuírem esta atitude — "Quero que sejais sábios para o bem e símplices para o mal." Embora este apelo tenha semelhanças em outros trechos bíblicos (cf. Jr 4.22; Mt 10.16;

1 Co l4.20; Fp 2.15), e o pensamento, de modo geral, seja bastante claro, é difícil determinar o significado exato em relação ao que o antecede. É óbvio que bem e mal, sábio e simples são virtudes contrastadas. Se tivermos de propor uma preferência, diríamos que o apelo tinha o significado de que os crentes fossem sábios, escolhendo o que é bom, e se mostrassem imunes às solicitações do mal; e que o imperativo implícito tem o mesmo significado da exortação "retende o que é bom; abstende-vos de toda forma de mal" (1 Ts 5.21,22). Os vocábulos "sábios" e "símplices" são utilizados para enfatizar a necessidade de vigilância e discernimento no que concerne às astúcias dos falsos ensinadores (cf. v. 18a).

No versículo 20a temos alusão a Gênesis 3.15.[13] Talvez Paulo tenha utilizado a designação "Deus da paz" (cf. Rm 15.33; 2 Co 13.11; Fp 4.9; 1 Ts 5.23; 2 Ts 3.16; Hb 13.20) não apenas pelas mesmas razões que ele a empregou em outras passagens, mas também por causa de sua relevância particular quanto ao esmagamento de Satanás. Esta última ideia visava ao conflito que resultará na derrota de Satanás. Os versículos anteriores têm em vista as divisões causadas pelos instrumentos de Satanás (cf. 2 Co 11.12-15). Deus é quem esmaga Satanás e estabelece a paz, em contraste com o conflito, a discórdia e as divisões. Por conseguinte, ele é o Deus da Paz. A certeza dada neste versículo é o encorajamento para que prestemos atenção a estas advertências. Cada elemento é significativo. Deus *esmagará* Satanás, *debaixo dos pés* dos crentes, *em breve*. A promessa de um resultado vitorioso acompanha o combate da fé. A subjugação final de todos os adversários está no horizonte desta promessa (cf. 1 Co 15.25-28). Porém, não devemos excluir as conquistas que são as antecipações, no presente, da vitória final (cf. 1 Jo 2.14; 4.4).

O versículo 20b é outro exemplo de bênção inserida no término de uma subdivisão desta carta (cf. 15.33). É similar a outras doxologias finais de várias cartas (cf. 1 Co 16.23; Gl 6.18; Fp 4.23; 1 Ts 5.28; 2 Ts 3.18; 2 Tm 4.22; Fm 25). Porém, conforme observamos em outra parte desta obra,[14] há numerosas instâncias de bênçãos em uma carta, e a ocorrência desta, aqui, não seria anormal.

---

13   Seguindo o texto hebraico, mas não a tradução da Septuaginta.
14   Ver Apêndice J.

C. Saudações de Amigos (16.21-23)

16.21-23
21 Saúda-vos Timóteo, meu cooperador, e Lúcio, Jasom e Sosípatro, meus parentes.
22 Eu, Tércio, que escrevi esta epístola, vos saúdo no Senhor.
23 Saúda-vos Gaio, meu hospedeiro e de toda a igreja. Saúda-vos Erasto, tesoureiro da cidade, e o irmão Quarto.

21-23 — Estes versículos apresentam as saudações de outros crentes, associados ao apóstolo. O nome de Timóteo não precisa ser comentado. Lúcio, Jasom e Sosípatro são designados parentes do apóstolo (cf. vv. 7,11). Ao todo, encontramos neste capítulo os nomes de seis pessoas chamadas parentes, um número muito grande para a hipótese de que estavam relacionados a Paulo por parentesco, e não apenas por pertencerem à raça judaica. No caso de Tércio, há uma saudação direta.[15] Ele foi o amanuense do apóstolo. É notável que esta saudação tenha sido inserida nesta altura; Paulo se dirigiu a seus leitores tanto nas palavras anteriores quanto nas seguintes. Não sabemos por que a saudação pessoal de Tércio aparece neste ponto, em vez de no final desta seção. O costume de Paulo utilizar amanuense é confirmado em outras cartas (cf. 1 Co 16.21; Gl 6.11; Cl 4.18; 2 Ts 3.17). Sem dúvida, Gaio é o mesmo que Paulo batizara em Corinto (1 Co 1.14); e temos boa razão para crer que ele seja o mesmo indivíduo chamado "Tício Justo", em Atos 18.7, em cuja casa Paulo entrou. Gaio foi não somente o hospedeiro de Paulo, mas o de toda a igreja local. Se Gaio tem de ser identificado com "Tício Justo", então, o fato de que ele era o hospedeiro de toda a igreja provavelmente significava que a sua casa servia de local para os cultos dos crentes que moravam em Corinto (cf. v. 5),[16] mas também poderia significar que ela estava

---

15 "Neste breve detalhe, temos um exemplo da cortesia característica de Paulo e, ao mesmo tempo, uma forte prova da genuinidade da passagem; pois qual forjador teria pensado em introduzir tal incidente?" (Gifford, *op. cit., ad loc.*).
16 Se Gaio tem de ser identificado com o "Justo" de Atos 18.7, então, a forma Tício é preferível a Tito, nesta última passagem. Gaio Tício Justo seriam, respectivamente, o *praenomen*, o *nomen gentile* e o *cognomen* de um cidadão romano.

aberta para todos os cristãos que visitassem Corinto. Neste caso, ele seria um notável exemplo da virtude da hospitalidade (cf. 12.13). Não existem motivos suficientes para identificarmos este Gaio com o indivíduo que possuía o mesmo nome e foi mencionado em outras instâncias (cf. At 19.29; 20.4; 3 Jo 1). Erasto ocupava uma posição de influência na cidade. Assim como no caso de Crispo, principal da sinagoga (cf. At 18.8), isso demonstra que a igreja de Corinto era constituída por homens de boa posição social. Não existem evidências suficientes para identificarmos este Erasto com aquele mencionado em outros textos bíblicos (cf. At 19.22; 2 Tm 4.20). Quarto é chamado de "irmão". O mais provável é que isto significa irmão em Cristo, e não irmão de Erasto, ou mesmo de Tércio. O fato de que ele é distinguido como "o irmão", quando todos os outros são irmãos em Cristo, não requer o uso habitual do termo "irmão"; assim como o acréscimo de "no Senhor" (cf. v. 8), no caso de Amplíato, não significa que os outros mencionados como amados não eram amados no Senhor. Paulo citou todas as demais pessoas nestas saudações (vv. 21-23) não somente mencionando seus nomes, mas também identificando-as por meio de algum outro acréscimo. Estilisticamente falando, terminar a carta apenas com o nome de Quarto seria, pelo menos, abrupto.[17]

D. DOXOLOGIA (16.25-27)

16.25-27

25 *Ora, àquele que é poderoso para vos confirmar segundo o meu evangelho e a pregação de Jesus Cristo, conforme a revelação do mistério guardado em silêncio nos tempos eternos,*

---

17 A virtual reiteração da bênção (v. 24) encontrada no versículo 20, conforme aparece no texto dos manuscritos D, G, na maioria dos cursivos e em algumas versões, não deve ser considerada como impossível do ponto de vista da evidência interna. A bênção, no versículo 20, encerraria a seção dedicada às saudações e advertências de Paulo (16.1-20). A repetição da bênção, nesta altura, finalizaria a seção devotada às saudações de outros, transmitidas através do apóstolo (vv. 21-23); e, em seguida, haveria a doxologia final (vv. 25-27). Se tão grande proximidade parece estranha, basta-nos compará-la com 2 Tessalonicenses 3.16 e 18. A questão textual depende da evidência externa. Esta bênção está ausente nos manuscritos P[46], ℵ, A, B, C, na Vulgata Latina e em algumas outras versões. Nesta instância, todavia, dificilmente podemos abafar a supeita de que uma noção equivocada de incompatibilidade com a bênção próxima, no versículo 20, pode ter exercido alguma influência sobre a omissão.

26 e que, agora, se tornou manifesto e foi dado a conhecer por meio das Escrituras proféticas, segundo o mandamento do Deus eterno, para a obediência por fé, entre todas as nações,
27 ao Deus único e sábio seja dada glória, por meio de Jesus Cristo, pelos séculos dos séculos. Amém!

25-27 — Esta doxologia final é mais longa do que as encontradas nas outras cartas de Paulo. Porém, há textos bem semelhantes a ela em Hebreus 13.20-21 e Judas 24-25. No começo desta carta, Paulo havia declarado seu desejo de visitar Roma e compartilhar algum dom espiritual, a fim de que os crentes fossem confirmados. Existe uma conexão apropriada a este objetivo e às palavras iniciais da presente doxologia — Deus é poderoso para estabelecer e confirmar os santos. Paulo relembra esta verdade a si mesmo e a seus leitores. No entanto, existe uma conexão mais próxima demonstrando a relevância das palavras que introduzem a doxologia. Nos versículos 17 a 20, o apóstolo advertira contra as seduções dos enganadores; e havia suprema necessidade de que os crentes fossem de tal modo confirmados, que não se tornassem vítimas das astúcias de Satanás. Nossa confiança deve ser colocada exclusivamente em Deus. A confirmação outorgada por Deus, conforme disse o apóstolo, aconteceria "segundo o meu evangelho e a pregação de Jesus Cristo". Quando Paulo afirmou "meu evangelho" (cf. 2.16; 1 Ts 1.5; 2 Tm 2.8), ele estava se referindo ao evangelho que lhe fora confiado e que ele pregava (cf. 1 Co 15.1; Gl 1.11; 2.2,7; Ef 3.6,7; 1 Ts 2.4; 1 Tm 1.11).

"A pregação de Jesus Cristo" pode significar a pregação ministrada por Cristo, mediante a instrumentalidade do apóstolo (cf. 15.18). Todavia, é mais provável que Paulo se referia à mensagem concernente a Jesus Cristo. O evangelho, essencialmente, consiste na mensagem cujo tema é Jesus Cristo; o apóstolo pregava a Cristo (cf. 1 Co 1.23; 2 Co 4.5). Portanto, o ato de confirmar os crentes deve ocorrer em harmonia com o evangelho de Jesus Cristo, a quem Paulo pregava; e não havia qualquer discordância entre o evangelho de Paulo e a pregação de Cristo. O vocábulo "pregação" não deve ser entendido como uma referência somente ao ato de pregar. Focaliza a *mensagem* anunciada, e, deste modo, "a pregação de Jesus Cristo" é, na verdade, o evangelho cujo tema é Jesus Cristo.

É difícil termos certeza se as palavras "conforme a revelação do mistério" tencionavam especificar outra norma, coordenada a "meu evangelho" e à "pregação de Jesus Cristo", ou se tinham por objetivo afimar que o "evangelho" e a "pregação" estão de acordo com a revelação do mistério. A última alternativa é preferível. O evangelho que Paulo anunciava harmonizava-se com o mistério revelado. Neste caso, o vocábulo "mistério" foi utilizado para incluir muito mais do que ele denota em 11.25. Nesta passagem, "mistério" referia-se a um aspecto restrito do conselho revelado de Deus (cf. 1 Co 15.51); mas agora, em 16.25, diz respeito à mensagem do evangelho inclusivamente considerada. No entanto, o vocábulo "mistério" possui a mesma conotação que lhe é atribuída em Romanos 11.25.[18] Neste versículo (Rm 16.25), aparece expressamente a ênfase sobre a revelação e, também, sobre o correlativo desta, ou seja, que ela estivera oculta desde os tempos eternos. Se "tempos eternos" deve ser entendido como alusivo às eras anteriores da história deste mundo[19], no versículo 26 temos duas considerações que se referem à revelação do Antigo Testamento, por um lado, e à do Novo Testamento, por outro. (1) A cláusula "agora se tornou manifesto", quando interpretada juntamente com a ênfase dos termos "silêncio" e "revelação" (cf. v. 25), poderia criar a impressão de que nas Escrituras do Antigo Testamento não houvera qualquer revelação deste mistério. Contudo, esta impressão fica decisivamente excluída ou é corrigida pelas palavras "por meio das Escrituras

---

18   Cf. comentários em 11.25.
19   Admite-se que é dificílimo determinar a referência exata em χρόνοις αἰωνίοις. Em 2 Timóteo 1.9 e Tito 1.2, πρὸ χρόνων αἰωνίων bem poderia significar "antes do mundo haver começado"; por conseguinte, "tempos eternos" seria entendido como alusivo às eras da história deste mundo. Neste caso, "tempos eternos" poderia designar as eras desde a Criação até à vinda de Cristo. Mas não há tanta certeza a respeito disso. A expressão poderia significar, usando as palavras de Lagrange: "A eternidade de Deus". Lagrange recorreu a πρὸ τῶν αἰώνων, em 1 Co 2.7, e a ἀπὸ τῶν αἰώνων, em Ef 3.9; este é um sentido que, conforme ele afirmou, é "indicado pelo uso de αἰώνιος ao referir-se a Deus, no versículo 26" (*op. cit., ad loc.*). Se este é o significado que Paulo desejava transmitir, a ideia é que o desígnio estava oculto nos eternos conselhos de Deus, ficando subentendida a verdade de que esta graça fora designada por Deus desde a eternidade. Assim como o mistério da eleição é realçado pelo fato de ter ocorrido em Cristo, antes da fundação do mundo (Ef 1.4), assim também a glória deste mistério se revela pelo fato de que, embora oculto, não estava oculto para Deus, e sim eternamente incluso em seus desígnios. Se as palavras χρόνοις αἰωνίοις têm este significado, então, nesta passagem o apóstolo não estava falando abertamente sobre o ocultamento relativo durante as épocas do Antigo Testamento. Entretanto, a relativa expansão e plenitude da revelação do Novo Testamento estaria implícita no versículo 26.

proféticas". Estas foram as Escrituras às quais Paulo recorreu, diversas vezes, nesta carta, para confirmar o evangelho que ele pregava (nesta conexão, cf. especialmente 1.2; 3.21; 11.25,26). Portanto, o Antigo Testamento falou a respeito deste mistério; ele foi o instrumento de revelação sobre este assunto.

(2) Também devemos levar em conta o significado da cláusula "agora se tornou manifesto". Paulo não estava suprimindo a ênfase sobre a revelação do Novo Testamento em relação ao "silêncio nos tempos eternos" (cf. Tt 1.2,3). O contraste não é absoluto, e sim *relativo*, e não deve ser desprezado. Novamente, cumpre-nos apreciar o pleno significado do vocábulo "revelação" (cf. 1.17). O Antigo Testamento havia predito o ajuntamento de todas as nações. Isto foi prometido a Abraão (cf. Gn 12.3; 22.18) e se desdobrou progressivamente. Esta promessa constitui um refrão nos livros de Salmos e Isaías. Mas foi somente com a vinda de Cristo e a derribada da parede de separação que a promessa se realizou e suas implicações tornaram-se evidentes. Assim, a promessa é revelada como algo que se cumpre e está em operação. Todas as características da história da revelação atinentes ao "mistério" são fornecidas nos vocábulos aqui empregados pelo apóstolo.[20]

A afirmativa "foi dado a conhecer... entre todas as nações" evidencia o que acabara de ser dito a respeito do cumprimento trazido pelo Novo Testamento. As Escrituras proféticas não se tornaram propriedade de todas as nações, enquanto o evangelho não foi propagado por todo o mundo, de acordo com a ordem de Cristo e no poder do Pentecostes (cf. Mt 28.18-20; At 1.4-8). Com esta proclamação mundial, as Escrituras tornaram-se propriedade de todos, sem distinção, e, deste modo, *por seu intermédio*, o mistério se tornou conhecido a todas as nações.

A grande mudança no ministério do evangelho e da revelação que se referia a ele (cf. At 17.30) ocorreu "segundo o mandamento do Deus eterno" (cf. 1 Tm l.1; Tt l.3). Isto ressalta não somente a autoridade conferida pelo mandato divino a respeito da proclamação universal do evangelho, mas também a comissão com a qual o próprio apóstolo foi investido. Além disso, possui nuanças da graça, e as ofertas da graça chegam a todos os homens pelo *mandamento* de Deus, alcançando-os com a autoridade implícita na ordem

---

20 Cf. os comentários de Calvino, *op. cit.*, p. 328; Philippi, *op. cit., ad* 16.25; Bruce, *op. cit., ad* 16.26.

divina. O mistério tem como alvo a "obediência por fé"(cf. 1.5). Embora o mais apropriado é não interpretar "obediência por fé" como equivalente a "obediência por fé para todas as nações", com o sentido direto de que todas as nações têm sido convocadas à obediência da fé; este pensamento está implícito no fato de que o mistério se tornou conhecido a todas as nações. Onde quer que o evangelho seja proclamado, os homens estão sendo chamados a exercer fé nele.[21]

"Ao Deus único e sábio" dá prosseguimento à declaração que iniciou a doxologia — "Ora, àquele que é poderoso" (v. 25). Nesta, o pensamento é focalizado no *poder* de Deus, por ser especialmente relevante ao firme estabelecimento dos crentes contra todo o engano e transigência. Agora, na parte final da doxologia, a *sabedoria* de Deus é ressaltada (cf. 11.33; Ef 3.10). Talvez o motivo para isso seja que o "mistério", abordado nos vv. 25b e 26, atrai nossa atenção e requer adoração à sabedoria de Deus (cf. 1 Co 2.6-13). Portanto, a designação adequada, neste ponto, é "ao Deus único e sábio". Ele é o único Deus, e somente a ele podemos atribuir a sabedoria manifestada no desdobramento do mistério de sua vontade.

"Por meio de Jesus Cristo" pode ser entendido, mais apropriadamente, como indicação da pessoa por intermédio de quem a glória é atribuída a Deus e através de quem a glória de Deus se torna conhecida e exaltada.

---

21 Exceto estes versículos, nenhuma outra passagem das epístolas de Paulo ressalta com tanta clareza a distinção entre mistério como algo esotérico, pertencente apenas a uma elite de iniciados, por um lado, e a concepção paulina, por outro. As características deste mistério, conforme ele foi revelado, estabelecem esta distinção com traços vigorosos: (1) foi dado a conhecer a todas as nações; (2) foi dado a conhecer por intermédio das Escrituras, que são propriedade de todos; (3) tornou-se conhecido de todos por mandamento de Deus; (4) foi revelado com a finalidade de conduzir todos à obediência por meio da fé.

APÊNDICE A
Justificação

צדק

O Antigo Testamento

I. Uso

Segundo o vocabulário do Antigo Testamento, a raiz com que nos devemos preocupar mais é צדק, em suas várias formas como substantivo, adjetivo e verbo. Na qualidade de substantivo, esta raiz é usada com frequência, no Antigo Testamento, para denotar a qualidade de retidão ou justiça, preeminentemente atribuída a Deus. No que se aplica a Deus, refere-se ao seu atributo de retidão ou justiça. Mas também é predicada aos homens, descrevendo seu caráter, sua conduta, ou mesmo ambos, como justos ou retos. No presente estudo, porém, estamos particularmente interessados em sua forma verbal, em seus diversos radicais e desinências.

A evidência demonstrará que o verbo possui uma variedade de significados.

1. Estativo. Com isto, pretende-se dizer que está em foco um estado de ser. Quando, na utilização do "qal", lemos que Judá disse acerca de Tamar: "Mais justa é ela do que eu" (Gn 38.26), ou quando lemos em

Jó 4.17: "Seria, porventura, o mortal justo diante de Deus?", esta força estativa é evidente (cf. também Jó 9.15; 33.12; 34.5; Sl 19.10 e Ez 16.52). É possível que se enquadrem nesta categoria certas ocorrências da raiz no Antigo Testamento, as quais geralmente são traduzidas no sentido forense de alguém ser declarado justo. Em Salmos 143.2, por exemplo, a cláusula "à tua vista não há justo nenhum vivente" poderia ser traduzida por "à tua vista nenhum homem vivente será justificado" (cf. Ez 16.52). Este uso estativo reflete caráter ou conduta e não aborda a questão de como esta condição chegou a existir, quando atribuída a seres humanos.

2. Causativo. O pensamento, neste caso, é o de fazer que alguém se torne justo ou tornar justo. Em Daniel 8.14, onde é empregado o imperfeito "niphal", acerca do Lugar Santo, seria difícil sustentar a tradução "e o santuário será justificado", ao passo que "o santuário será tornado justo", no sentido de purificado, seria a tradução apropriada. E, se existir qualquer dúvida quanto a Daniel 8.14, o mesmo não ocorre acerca de Daniel 12.3. Ali temos o particípio "hiphil", e a tradução literal deveria ser "e os que a muitos tornam justos". A ideia é que as pessoas focalizadas são os instrumentos para trazerem muitos à justiça. Neste sentido, tornam-nas justas. Ainda que Daniel 12.3 fosse o único exemplo do sentido causativo, isto seria evidência de que צדק pode ser usada neste sentido. Não há um bom motivo pelo qual, quando se tem em vista a ação de Deus sobre os homens, o "hiphil" não deveria ser usado com alusão à ação de Deus, operante e interna, em tornar os homens justos. Este é o uso que deveríamos sempre esperar, pois a raiz em sua forma nominal e adjetiva, ou no "qal" do verbo, é frequentemente utilizada para denotar a retidão de caráter e conduta. No entanto, é admirável o fato de que frequentemente não ocorre aquilo que deveríamos esperar. Exceto Daniel 8.14, onde encontramos o "niphal", Daniel 12.3 é o único caso evidente deste sentido causativo de "tornar justo". De fato, é possível que este sentido apareça em Isaías 50.8 e 53.11, onde estão em foco, respectivamente, Deus e o Servo Justo. Os contextos, porém, indicam que, nestes dois exemplos, aplica-se outro significado. A razão para a infrequência deste significado causativo talvez proceda de considerações que, eventualmente, serão mencionadas.

3. Demonstrativo. O significado, neste caso, é mostrar-se justo. Ezequiel 16.51,52 fornece um interessante exemplo deste uso do "piel". Em reprimenda às abominações de Jerusalém, o profeta afirmou que ela justificara suas irmãs, Sodoma e Samaria. O pensamento é que Jerusalém as ultrapassara em iniquidade e, neste sentido, comparativamente falando, colocara suas irmãs em situação mais favorável. Por isso foi dito que ela as justificara — uma maneira retórica de expressar os graves pecados de Jerusalém. Este sentido, contudo, não se assemelha ao sentido forense. A verdade não é que Jerusalém havia declarado Samaria e Sodoma cidades justas, e sim que ela fizera suas irmãs parecerem mais justas — mostrara que Samaria e Sodoma eram justas, por demonstrarem mais justiça do que ela. Jeremias 3.11 tem significado idêntico. O "piel" é novamente usado, e, se o termo "justificar" fosse adotado como tradução, esta diria: "Já a pérfida Israel se justificou mais do que a falsa Judá". Entretanto, uma tradução mais feliz seria: "A rebelde Israel se mostrou mais justa do que a falsa Judá". O significado demonstrativo é óbvio.

Este significado tem afinidade íntima com o *forense*. Neste caso, a força do significado é inconfundivelmente distinta do *estativo* e do *causativo*, aproxima-se tanto do *forense*, que o termo "justificar" poderia ser usado para transmitir a ideia.

4. Forense. Este sentido corresponde ao de nossa palavra "justificar". E a força declarativa aparece em contraste com a causativa. No "hiphil", isto é explícito nos trechos de Êx 23.7, Dt 25.1, 1 Rs 8.32, 2 Cr 6.23, Jó 27.5, Pv 17.15 e Is 5.23. No "piel", este significado é evidente em Jó 32.2 e 33.32; e, no "hithpael", o trecho de Gênesis 44.16 pode não ser essencialmente diferente. Os exemplos no "hiphil" e no "piel" são tão claros, que não há necessidade de discuti-los; nenhuma outra conotação seria possível. Embora, conforme observamos antes, Isaías 50.8 e 53.11 possam apresentar, de maneira abstrata, o significado *causativo*, os contextos decisivamente favorecem o sentido *forense*. Os protestos de Isaías 50.8 manifestam, sem dúvida alguma, que a situação contemplada é a de um processo e de uma vindicação judicial. "Quem contenderá comigo?... quem é o meu adversário?... quem há que me condene?" (vv. 8 e 9). Esses termos expressam desafio confiante, e a premissa desta confiança é a afirmativa "perto está o que me justifica". Nenhuma outra tradução se ajusta tão adequadamente ao pensamento do contexto. E, mesmo que emprestemos ao vocábulo "justificar" uma força vindicatória, é no sentido *forense* que cabe tal noção, devendo ser traduzido por "declarar justo". O caráter expiatório do contexto de Isaías 53.11 parece conduzir-nos, de maneira definitiva, na mesma direção. E poderemos observar, mais adiante, que a significação forense do "hiphil" e do "piel" é tão abrangente, que nenhum outro significado poderia ser sugerido, a menos que houvesse alguma consideração óbvia em contrário.

No "qal", há diversos exemplos, conforme já observamos, onde está presente a significação *estativa*. Há algumas instâncias onde é muito difícil nos mostrarmos decisivos quanto ao significado, que podem ser *forense* ou *estativo* — Jó 13.18; 25.4(6); Salmos 51.4; 143.2 e Isaías 45.25. No entanto, em Jó 40.8 o contraste com o vocábulo "condenarás" torna mais natural entendermos o "qal" imperfeito em seu sentido forense de "justificar"; é assim também que devemos compreender Jó 9.20. Em Isaías 43.9,26, qualquer outra significação, além da *forense,* é imprópria. O contexto do versículo 26 demonstra prontamente que tal sentido é exigido. Se encontrarmos esta noção forense em algumas poucas instâncias do "qal" imperfeito, isto produzirá certa presunção a favor desta noção em outros exemplos, onde o contexto não é decisivo, mas apresenta bases, embora tênues, para esta preferência, como, por exemplo, em Jó 9.20, Salmos 51.4(6), 143.2 e Isaías 45.25.

Vemos, pois, que há um uso abrangente da significação forense da raiz צרק no "qal", "hiphil" e "piel"; e a única instância no "hithpael" (Gn 44.16) não é essencialmente diversa. No que diz respeito ao "hiphil" e ao "piel", a utilização desta raiz é de tal ordem, que nenhum outro significado poderia ser sugerido, a menos que houvesse algumas considerações óbvias que exigissem outro sentido.

A maneira como esta raiz aparece na Septuaginta é importante, pois esta antiga versão é o elo de ligação entre o vocabulário do Antigo Testamento hebraico e o do Novo Testamento. Nas referências citadas anteriormente, onde o sentido forense do "hiphil" é o explícito, a Septuaginta utiliza o verbo δικαιόω, exceto em Jó 27.5 e Pv 17.15; e, nesta última passagem, a tradução (δίκαιος χρίνειν) torna igualmente manifesta a ideia forense. No "piel", onde estimamos que o sentido não é menos evidente, Jó 32.2 é traduzido por ἀπέφηνεν ἑαυτὸν δίκαιος, que tem força declarativa; e em Jó 33.32 temos δικαιόω. E o único exemplo no "hithpael" (Gn 44.16) é traduzido por δικαιόω. É significativo que algumas instâncias do "qal" imperfeito que aparecem em nossa discussão (Sl 51.4(6); 143.2; Is 45.25 e Ez 16.52; cf. também Is 43.9,26) são traduzidos por δικαιόω, e, por semelhante modo, Isaías 50.8 e 53.11. Também é interessante que em Daniel 8.14 e 12.3, onde aparece o sentido causativo, a Septuaginta tenha evitado o uso de δικαιόω. Em Salmos 73.13, onde, no hebraico, temos o "piel" de זכה, a Septuaginta (72.13) traduz a cláusula em questão por ματαίως ἐδικαίωσα τὴν καρδίαν μου. O sentido causativo de δικαιόω é distintamente possível neste caso. Todavia, não podemos insistir quanto a isso. O sentido pode ser o de "inocentar-se". A cláusula que vem em seguida, "lavei as mãos na inocência", não parece significar que ele tivesse lavado da poluição as suas mãos, mas, antes, que ele lavara as mãos no testemunho de sua inocência. Assim, pois, o ato de justificar seu coração bem pode ser o de inocentar-se da culpa, e não o de purificar o seu coração da impureza. Deste modo, nem mesmo Salmos 73.13 (na Septuaginta, 72.13) pode ser utilizado como uma ocorrência de δικαιόω no sentido causativo. Reveste-se igualmente de interesse o fato de que, em alguns casos, onde poderíamos estar em dúvida se no hebraico estão em foco o sentido *estativo* ou o *forense*, a Septuaginta usa δικαιόω (cf. Salmos 51.4 e 143.2). Além disso, em Ezequiel 16.51,52 e Jeremias 3.11, onde figura certa nuança de pensamento demonstrativo, δικαιόω é o vocábulo empregado em ambos os casos.

Encontramos reiteradas instâncias do uso estativo de צדק, no hebraico, particularmente no "qal". Em certos casos, este uso é traduzido pelo verbo δικαιόω, na Septuaginta. No entanto, não temos muita certeza de que os tradutores pretenderam expressar a ideia estativa. A razão para a dúvida é que, em numerosas outras instâncias, onde aparece a ideia estativa no hebraico, com a utilização do "qal" perfeito ou imperfeito, a Septuaginta não usa δικαιόω, e sim εἶναι δίκαιος, ou εἶναι καθαρός, ou δίκαιος ἀναφαίνομαι (Jó 4.17; 9.2,15,20; 10.15; 11.2; 13.18; 15.14; 25.4; 34.5;

35.7 e 40.8). Isso demonstra que δικαιόω não era considerado um vocábulo apropriado nestes casos. Todavia, o uso do passivo perfeito, em Gênesis 38.26 e Salmos 19.10, pode indicar que o pensamento expresso pelo tempo perfeito era adequado para comunicar a ideia estativa. Este mesmo fenômeno pode estar presente no Novo Testamento, conforme verificaremos adiante.

II. A Justificação do Homem por Deus

Em 1 Reis 8.32, lemos que Deus justifica o justo, e em Êxodo 23.7 nega-se que ele justificará os ímpios. Quando a Bíblia afirma que Deus justifica o justo, esse ato de juízo é uma declaração daquilo que é concebido como a verdadeira situação, tanto no passado como no presente. O indivíduo possui caráter e conduta retos, e o ato de justificação é meramente um juízo em consonância com os fatos antecedentes. Esse uso do termo "justificar", no que concerne a Deus, é o mesmo que se aplica aos homens, em Deuteronômio 25.1, onde é exigido dos juízes que julguem "justificando ao justo e condenando ao culpado". E, por implicação, também encontramos este conceito de justificar em Provérbios 17.15, onde lemos: "O que justifica o perverso e o que condena o justo abomináveis são para o Senhor, tanto um como o outro". Em ambos os casos, ressalta-se a necessidade de juízo equitativo; e, visto que o juízo de Deus sempre é de acordo com a verdade, ele justificará o justo, mas não o ímpio. Uma vez que o juízo de Deus tem essa natureza, precisamos reconhecer que, na linguagem do Antigo Testamento, existe uma retidão concebida como predicável aos homens dos quais o próprio Deus exige contas, com base na qual se afirma que ele os justifica, ou seja, ele declara e pronuncia aquilo que eles são. No que diz respeito à pessoa de Deus, com preeminência, ele pronuncia julgamento de acordo com os fatos, conforme estes são.

Imediatamente isto suscita a questão provocada pelo protesto que aparece, de varias maneiras, no Antigo Testamento, que, aos olhos de Deus, nenhum homem é justificado. "Como pode o homem ser justo para com Deus?", indagou Jó; e Bildade reiterou esta pergunta (Jó 9.2; 25.4). O salmista declara, de maneira decisiva, essa questão: "Não entres em juízo com o teu servo, porque à tua vista não há justo nenhum vivente" (Sl 143.2). E, novamente: "Se observares, SENHOR, iniquidades, quem, Senhor, subsistirá?" (Sl 130.3.) Também é evidente que a pergunta de Jó, assim como a de Bildade, subentende uma resposta negativa, pois Jó prosseguiu: "Se quiser contender com ele, nem a uma de mil coisas lhe poderá responder" (Jó 9.3); e Bildade retruca: "Como, pois, seria justo o homem perante Deus, e como seria puro aquele que nasce de mulher?" (Jó 25.4.) Talvez a acusação mais abrangente de todas seja que "não há quem faça o bem, não há nem um sequer" (Sl 14.3 e 53.3).

Quando encontramos no Antigo Testamento reivindicações de integridade por parte dos fiéis, não devemos necessariamente considerá-las protestos de justiça própria contraditórios ao reconhecimento da total pecaminosidade e da incapacidade de apelar diante de Deus. No próprio livro de Jó, achamos reiteradas afirmações neste sentido (cf. Jó 6.29; 12.4; 13.18; 16.19-21; 17.9; 27.5,6; 29.14 e 31.1-40). Um homem justo com razão pode asseverar sua integridade contra falsas acusações tanto de amigos quanto de inimigos. Em Jó 9.2, focaliza-se a incapacidade do homem expressar-se diante de Deus, quando pesado na balança do imaculado juízo do Senhor. A ideia é semelhante à que se acha em Salmos 143.2, afirmando que aos olhos de Deus não há justo nenhum vivente; ou à de Salmos 130.3: "Se observares, SENHOR, iniquidades, quem, Senhor, subsistirá?" Trata-se do mesmo juízo que encontra expressão mais profunda no próprio caso de Jó: "Sou indigno; que te responderia eu? Ponho a mão na minha boca. Uma vez falei e não replicarei, aliás, duas vezes, porém não prosseguirei" (Jó 40.4,5); "Eu te conhecia só de ouvir, mas agora os meus olhos te veem. Por isso, me abomino e me arrependo no pó e na cinza" (Jó 42.5,6). Aparentemente, o erro de Bildade e de seus amigos (cf. Jó 25.4) foi que eles recorreram a esta verdade em alusão às reivindicações de Jó afirmando sua integridade contra falsas acusações. O fato de que nenhum homem pode ser justificado na balança do julgamento absoluto e final de Deus não é incompatível com a autodefesa e a autovindicação contra alegações injustas da parte dos homens. Isto é o que também encontramos nas palavras do salmista. "Faze-me justiça, SENHOR, pois tenho andado na minha integridade" (Sl 26.1) não são palavras contraditórias a Salmos 130.3 e 143.2. Não devemos entender que o primeiro salmo (26.1) manifesta uma linguagem jactanciosa e justiça própria, ao passo que os outros dois, por contraste, expressam humilde contradição. Ambas as atitudes são apropriadas em seus respectivos pontos de vista.

A verdade de que aos olhos de Deus não há justo nenhum homem, nem sequer um, uma verdade profundamente arraigada na piedade do Antigo Testamento, serve de alicerce para duas outras características que permeiam a piedade expressa no Antigo Testamento — o apelo por misericórdia e a súplica por perdão (cf. Sl 32.1,2; 51.1,2; 130.4; Dn 9.9,18,19). O apelo por misericórdia pode ser válido somente quando o indivíduo reconhece que não pode rogar com base na justiça própria. E a súplica por perdão é característico da pessoa condenada e embebida no sentimento de condenação. A confiança no perdão divino ocupa seu lugar central na piedade do Antigo Testamento: isto é demonstrado pela centralidade da promessa de perdão nos pactos da graça (cf. Êx 34.6,7; Is 43.25; 44.22; Mq 7.18,19).

Portanto, todas estas considerações demonstram que impregnada no Antigo Testamento encontra-se a verdade de que, diante do tribunal de Deus, nenhum homem pode permanecer e apelar às reivindicações de sua justiça própria a favor de sua justificação. Não há homem justo, nem um sequer.

No entanto, isto nos conduz a outra linha de ensino veterotestamentário. E esta afirma que Deus realmente justifica aqueles sobre os quais se diz que, aos olhos dele, não estavam justificados. Isto parece uma contradição. De conformidade com os critérios e padrões existentes entre os homens, esses informes são contraditórios. Entre os homens, justificar o ímpio é uma abominação ao Senhor. Mas é exatamente isso que Deus faz. Por isso, lemos: "Apresenta as tuas razões, para que possas justificar-te" (Is 43.26); "Mas no SENHOR será justificada toda a descendência de Israel e nele se gloriará" (45.25); "Com o seu conhecimento, justificará a muitos, porque as iniquidades deles levará sobre si" (53.11).

Em conexão com esse ato justificador da parte de Deus, importa-nos levar em consideração a possibilidade de que o ato justificador, embora seja estritamente forense, possa também se referir a uma retidão de caráter e de conduta atribuída aos indivíduos justificados, de acordo com a analogia de 1 Reis 8.32. Cumpre-nos relembrar que o ato declaratório, por si mesmo, denotado pelo vocábulo "justificar", não perde seu significado forense, quando a retidão contemplada como base é a de caráter e conduta subjetivos. Neste caso, o que ocorre é o seguinte: todos os homens são pecaminosamente corruptos, estão sob a condenação divina; mas Deus, em sua graça, os renova e lhes propicia novo caráter e conduta. Com base nessa mudança, ele pronuncia o juízo correspondente, declarando que o indivíduo é aquilo que chegou a ser pela graça transformadora. O processo que supre o fundamento para o ato justificador é operativo ou causativo, mas o ato justificador, propriamente dito, é estrita e exclusivamente forense. A pergunta inevitável é: o ensino do Antigo Testamento segue este padrão?

Ao respondermos esta pergunta, não podemos esquecer a primeira referência explícita à justificação decretada por Deus, na história da revelação — Gênesis 15.6: Abraão "... creu no Senhor, e isso lhe foi imputado para justiça". Não ocorre ali o vocábulo "justificar", mas é indiscutível que esta passagem aborda o assunto; o texto se refere ao juízo divino na questão da justiça. Precisamos fazer quatro considerações:

1. No que concerne a Abraão, a fé é a característica decisiva ressaltada nesta passagem, a fé na qualidade de dependência e confiança no Senhor. A fé focaliza sua atenção sobre o caráter de Deus e, neste caso, especificamente sobre o seu poder e fidelidade.

2. O juízo divino, atinente a Abraão, consistiu em lançar algo em sua conta; foi uma imputação.

3. O que foi imputado a Abraão foi a justiça.

4. A fé exercida por Abraão lhe foi imputada como justiça. Nesta instância, não foi lançada em sua conta a sua retidão de caráter ou de comportamento, e sim algo que derivou toda a sua significação e eficácia do caráter de Deus.

Não extraímos destas considerações qualquer presunção em favor da noção de que em Gênesis 15.6 encontramos um ato justificador da parte de Deus alicerçado sobre o reconhecimento do caráter e da conduta justa de Abraão. Pelo contrário, nossa atenção é conduzida na direção oposta, mediante a ênfase colocada sobre o fato de que a fé lhe foi imputada como justiça, uma fé que engrandeceu o poder e a veracidade de

Deus, sendo, por isso mesmo, uma fé contrastante com as realizações pessoais, na esfera da conduta. Em outras palavras, encontramos aqui um complexo de ideias bastante diverso daquele que se reflete em 1 Reis 8.32. Nesta passagem, Deus justifica os retos e lhes retribui de acordo com sua justiça. Em Gênesis 15.6, é o contraste com este procedimento que nos chama a atenção.

Com esta orientação, fornecida por Gênesis 15.6, temos agora de nos volver para outra evidência vinculada à questão da justificação que é atribuída levando em conta o estado de condenação. Esta evidência se preocupa com a mais notável das características do Antigo Testamento — o povo de Deus é justificado no Senhor. Há, pelo menos, três aspectos distintos mediante os quais esta verdade é expressa: (1) o povo de Israel é justificado no Senhor; (2) a justiça deles reside no Senhor; (3) o próprio Senhor é a justiça de seu povo. Particularmente nos livros de Isaías, Jeremias e Salmos, esta verdade encontra expressão.

Em Isaías 45.25, lemos: "Mas no SENHOR será justificada toda a descendência de Israel e nele se gloriará". Não fará qualquer diferença ao nosso assunto, se o verbo for traduzido de modo estativo ou forense, isto é, "ser justo" ou "ser justificado". O ponto de interesse é o fato de que, em ambos os casos, trata-se de algo realizado "no SENHOR". É mais correto adotar a tradução "no SENHOR" do que "pelo SENHOR". No versículo anterior, a mesma expressão por certo significa "no SENHOR", e essa tradução é ostensivamente mais adequada para a forma verbal "se gloriará" do que o seria a tradução "pelo SENHOR". O versículo anterior (45.24) declara o outro aspecto mediante o qual esta verdade é expressada, ou seja, é no Senhor que reside a justiça: "Tão somente no SENHOR há justiça e força". A ideia de "justiça", neste caso, é reforçada pelo uso do plural, o plural de magnitude ou plenitude. Não podemos duvidar que Israel é apresentado como justo ou justificado no Senhor, porquanto a justiça que reside no Senhor é atribuída a Israel. E, se porventura for exigida confirmação, esta é apresentada em Isaías 54.17: "Toda arma forjada contra ti não prosperará; toda língua que ousar contra ti em juízo, tu a condenarás; esta é a herança dos servos do SENHOR e o seu direito que de mim procede, diz o

SENHOR". As observações extraídas destes dois textos bíblicos devem ser coordenadas com uma série de outros nos quais a justiça do SENHOR é apresentada como prestes a vir ou ser revelada, tendo em vista a salvação de seu povo (Is 46.13; 51.5,6,8; 56.1; 61.10,11 e 62.1). O paralelismo entre a salvação e a justiça a ser revelada, entre o cobrir com as vestes de salvação e o envolver com a vestimenta da justiça, entre a justiça como próxima e a salvação como revelada indica que a justiça contemplada é aquela que visa à salvação, é a justiça correlacionada à salvação e, por conseguinte, a justiça atribuída aos filhos dos homens. Trata-se da justiça que age tendo em vista aquele veredito que a justiça evoca, um veredito de justificação. É a justiça do próprio Deus, que deste modo se revela em ação salvífica. Portanto, vemos como poderia ter sido afirmado que, na justiça do Senhor, Israel é justificado, e como a justiça de Israel está em Deus (cf. Sl 24.5; 89.16(17); 103.17; Is 32.17 e 63.1).

Sem dúvida, Jeremias 23.6 constitui uma profecia messiânica. No versículo 5, isto se torna evidente: "Eis que vêm dias, diz o SENHOR, em que levantarei a Davi um Renovo justo; e, rei que é, reinará, e agirá sabiamente, e executará o juízo e a justiça na terra". A característica do versículo 6 que agora, particularmente, nos interessa é o nome pelo qual é designado o "Renovo justo". Qualquer que seja a tradução correta das cláusulas deste versículo, o nome indica a identidade específica da pessoa em foco. Há duas traduções possíveis: "Este será o seu nome, com que o Senhor o chamará: Justiça Nossa"; ou: "Este será o seu nome, com que será chamado (alguém o chamará): O Senhor, Justiça Nossa". Na primeira alternativa, está evidente que somos informados de possuirmos a justiça dele — ele é nossa justiça. Na qualidade de Renovo Justo, ele é colocado em relação tal para conosco, que sua justiça, de uma maneira ou de outra, é a nossa justiça. Isso nos leva definidamente à conclusão de que, pelo menos em um aspecto, a justiça atribuída aos contemplados não é deles mesmos, e sim uma justiça que possuem no Renovo Justo. Essa tradução, por si mesma, não diz que o Senhor é a justiça do seu povo. Mas, quando é coordenada com os outros dois aspectos anteriormente estabelecidos: Israel é justificado no Senhor e a justiça deles reside no

Senhor, somos compelidos, para dizer o mínimo, a identificar o Renovo Justo com o Senhor; e, neste caso, o Renovo Justo seria o Senhor em que Israel é justificado, e a justiça que reside no Senhor seria a justiça do Renovo Justo.

No entanto, existem considerações que podem ser pleiteadas em favor da outra construção sintática, na qual "o SENHOR" é vinculado à "Justiça Nossa", como o nome pelo qual será chamado o "Renovo Justo". (1) A interpontuação massorética, sem dúvida, indica que esta era a interpretação dos massoretas. (2) Há outras passagens, no Antigo Testamento, onde o tetragrama YHWH (SENHOR) deve ser vinculado àquilo que o segue. É óbvio que estas passagens não são exatamente paralelas; não admitem qualquer outra construção gramatical. Apesar disso, criam uma presunção em prol de seguirmos a sintaxe que, no caso de Jeremias 23.6, é tão evidente nas outras passagens. Isto equivale a dizer que a vinculação encontrada nos outros trechos bíblicos fornece um padrão para interpretarmos Jeremias 23.6. Os outros trechos são Gênesis 22.14, Êxodo 17.15, Juízes 6.24 e Ezequiel 48.35. (3) Embora seja francamente admitido que o tetragrama poderia ser o sujeito de "será chamado" (cf. Gn 26.18), se o tetragrama é o sujeito, deveríamos esperar uma construção sintática diferente, de acordo com o modelo de numerosas passagens do Antigo Testamento. Ou seja, deveríamos esperar, antes de tudo, o verbo "será chamado" seguido pelo tetragrama YHWH, como sujeito, vindo depois as palavras "seu nome", como objeto, juntamente com "Justiça Nossa", em aposição a "seu nome" (cf. Gn 3.20; 4.25; 5.3; 16.11; 19.22; 25.30; 29.34; 35.18; Js 7.26; 1 Cr 4.9; Is 7.14; Jr 11.16 e 20.3). (4) O trecho de Jeremias 33.16 é um paralelo bem próximo de Jeremias 23.6; o mesmo nome ocorre com a idêntica construção gramatical. Referindo-se neste caso, a Jerusalém, lemos: "Ela será chamada: SENHOR, Justiça Nossa". Fundamentados em bases exegéticas, devemos rejeitar, como insustentável, a tradução "isto é o que o Senhor a chamará: Justiça Nossa". A razão é evidente. Nem a analogia do ensino veterotestamentário, nem o bom senso permitiriam que Jerusalém fosse retratada, em qualquer sentido, como a justiça de Israel. Em consequência, devemos vincular o tetragrama às palavras "Justiça Nossa", interpretando, neste caso, a cláusula com o significado de que Jerusalém será identificada pelo moto: "O Senhor, Justiça Nossa". O padrão fornecido por Jeremias 33.16 é perfeitamente conclusivo, para compreendermos, de maneira semelhante, a sintaxe de Jeremias 23.6. Quando todas estas considerações são levadas em conta, elas preponderam em favor da vinculação do tetragrama às palavras "Justiça Nossa", como o nome pelo qual o Messias é chamado.

Ainda permanece a indagação se o pensamento é que o Renovo Justo é "o Senhor, Justiça Nossa", ou se o seu nome é "o Senhor é a nossa justiça". No primeiro caso, ele seria chamado de "o Senhor"; e, no último, isto não seria necessariamente assim. Em Jeremias 33.16, o título conferido à Jerusalém não pode ser entendido como se identificasse Jerusalém com o Senhor; e, neste caso, o sentido do título seria "o Senhor é a nossa justiça". Nas demais instâncias (Gn 22.14; Ex 17.15; Jz 6.24 e Ez 48.35), teríamos de adotar a mesma tradução. Esses fatos atribuem tal natureza ao caso, que não podemos ser dogmáticos quanto à tradução "o Senhor, Justiça Nossa", em Jeremias 23.6. Em outras palavras, tudo em que podemos insistir é: "o Senhor é nossa justiça". Mas isso estabelece com clareza a tese de que, no conceito do Antigo Testamento, chegamos ao ponto onde o próprio Senhor é revelado como a justiça de seu povo. Por conseguinte, temos o tríplice aspecto no qual a justificação dos homens está alicerçada e validada — é no Senhor que os homens são justificados; é no Senhor que reside a justiça deles; o próprio Senhor é a justiça deles. Esta é a resposta à indagação: "Como pode o homem ser justo diante de Deus?" E traz solução ao dilema da contradição que há entre a condenação e a justificação. Aqui encontramos o ponto culminante da revelação do Antigo Testamento sobre este assunto. E à luz do Novo Testamento podemos compreender como o próprio Senhor é a nossa justiça. Mas também é verdade que devemos entender o clímax da revelação neotestamentária levando em conta todos os aspectos desse testemunho do Antigo Testamento. A doutrina paulina da justiça de Deus, manifestada de fé em fé (cf. Rm 1.17; 3.21,22; 10.3; 2 Co 5.21; Fl 3.9), só pode ser compreendida à luz de seu antítipo (análogo, equivalente) no Antigo Testamento.

O Novo Testamento

I. Os Vocábulos

Nas páginas do Novo Testamento, δικαιόω é o termo que, mais do que qualquer outro, expressa o conceito de justificação. Surge a questão: podemos encontrar na utilização deste vocábulo, no Novo Testamento, os vários significados (estativo, causativo, demonstrativo e forense) que encontramos na utilização da raiz hebraica correspondente, no Antigo Testamento?

Um exame nas ocorrências de δικαιόω demonstra, com bastante clareza, que este termo jamais tem força estativa, na voz ativa. δικαιόω é um verbo de ação, e não denota um estado. Lucas 7.29 mostra quão evidente é a força *ativa* — "Todo o povo que o ouviu e até os publicanos... justificaram a Deus" (ARC). O mesmo acontece em Lucas 16.15, quando Jesus falou sobre intérpretes da lei: "Vós sois os que vos justificais a vós mesmos diante dos homens"; e Lucas 10.29: "Ele, porém, querendo justificar-se..." (cf. também Rm 3.26,30; 4.5; 8.30,33; Gl 3.8). Na maioria dos casos, este verbo recebe um objeto direto, mas isso não se mostra uniforme. Esse fato parece criar a convicção de que a voz passiva significaria "estar sujeito à ação denotada pela voz ativa". Existe a possibilidade de que, assim como na Septuaginta (Gn 38.26 e Sl 19.10), o perfeito passivo possa ser usado no sentido estativo. No que concerne ao publicano, em Lucas 18.14, a cláusula em questão poderia ser traduzida: "Este desceu justificado para sua casa"; isto equivaleria a dizer: "Em estado de justo". Embora o perfeito passivo sirva mais adequadamente para transmitir este significado (cf. 1 Co 4.4), outros tempos verbais poderiam envolver significado similar. Em Atos 13.39, a cláusula relevante, com o presente passivo, poderia ser "e, por meio dele, todo o que crê é justificado". Em Romanos 3.4, assim como no hebraico, a cláusula poderia ser traduzida: "Para seres justificado nas tuas palavras", embora o tempo verbal seja o aoristo. Em Romanos 2.13 e 3.20, o futuro passivo poderia ser interpretado desta maneira, bem como o presente passivo em Rm 3.28, Gl 2.16, 3.11, 5.4 e Tg 2.24.

Não obstante, existem razões que favorecem o sentido estritamente passivo.

1. Em várias destas passagens, onde o sentido estativo é possível, a tradução na voz passiva é mais natural; há certo elemento de aspereza na tradução estativa (cf. Rm 3.20 e 1 Co 4.4), sobretudo quando relacionada ao contexto imediato.

2. Não parece haver um só versículo em que a força e tradução estativa seja exigida e, portanto, comprovada.

3. Visto que δικαιόω é um verbo de ação, seria necessário a mais forte evidência para mostrar que a força natural do passivo não está em foco. Esta evidência não se encontra disponível.

4. O aoristo passivo que aparece em muitos versículos não se encaixa bem com a ideia estativa.

5. Em muitas passagens, a força estativa é eliminada (cf. Mt 11.19; 12.37; Lc 7.35; Rm 3.24; 6.7; 1 Co 6.11 e 1 Tm 3.16). Não precisamos de qualquer argumento para verificar este fato nestes versículos.

Por essas razões, não podemos reconhecer a existência do uso estativo de δικαιόω no Novo Testamento, exceto, conforme observaremos mais adiante, onde existe uma ideia estativa que se aproxima da noção forense.

Com referência ao sentido causativo, vimos que a Septuaginta evita utilizar o vocábulo διχαιόω naqueles casos onde a raiz hebraica foi empregada neste sentido (Dn 8.14 e 12.3). Somente em Salmos 73.13 (na Septuaginta, 72.13) pode aparecer o sentido causativo, e mesmo ali é duvidoso que esta seja a significação correta. Este pano de fundo da Septuaginta produz forte convicção contra o interpretar em sentido causativo qualquer ocorrências de δικαιόω, no Novo Testamento, a menos que haja razões compulsórias para fazê-lo. A questão, portanto é: encontramos no Novo Testamento quaisquer instâncias em que aparece o sentido causativo de tornar justo e puro, ou seja, o sentido de "purificar"? Não devemos julgar antecipadamente a questão com base naquele que é o sentido preponderante. Nas páginas do Novo Testamento, os termos são flexíveis em sua conotação exata, e somente o contexto determinará em que sentidos alternativos um vocábulo é empregado. Isto pode ser verificado nas epístolas de Paulo, onde aparece o maior número de ocorrências de δικαιόω. Há um único caso em que se tem argumentado que ἐδικαιώθητε, devido ao contexto, significa "vós vos tornastes puros"

(1 Co 6.11). Esta é a opinião de Walter Bauer (*Griechisch-Deutsches Wörterbuch, ad* δικαιόω; cf. também Arndt e Gingrich, *op. cit., ad. loc.*) e de alguns comentadores. O contexto, neste caso, aborda a purificação — "Mas vós vos lavastes, mas fostes santificados" — e a cláusula em questão é uma extensão das anteriores. Portanto, há certa persuasão em prol da interpretação deste vocábulo como pertencente à mesma categoria de lavar e santificar. Outrossim, a expressão do final do versículo — "no Espírito do nosso Deus", quer entendida, quer não, juntamente com todos os verbos anteriores, não pode ser dissociada de ἐδικαιώθητε.

Se tivermos de interpretar este vocábulo em sentido forense, referindo-se à justificação, então, será difícil descobrir qualquer analogia, no ensino paulino, para a ideia de que o Espírito Santo é o agente na justificação, ou seja, a pessoa "em quem" somos justificados. Entretanto, há importantes considerações em favor da interpretação não forense neste caso. Contudo, existe a ressalva de que este não é o único caso, pelas seguintes razões: (1) em Tito 3.5-7, δικαιόω (novamente no aoristo passivo) ocorre em íntima conjunção com termos que se enquadram na mesma categoria daqueles de 1 Coríntios 6.11 — "Mas segundo sua misericórdia, ele nos salvou mediante o lavar regenerador e renovador do Espírito Santo, que ele derramou sobre nós ricamente, por meio de Jesus Cristo, nosso Salvador, a fim de que, justificados por graça, nos tornemos seus herdeiros, segundo a esperança da vida eterna". É verdade que nesta passagem não en-contramos a mesma coordenação que temos em 1 Coríntios 6.11. Porém existe uma correlação suficientemente íntima e uma subordinação que nos acautelam contra a fácil suposição concernente ao efeito da coordenação em 1 Coríntios 6.11. (2) Não há nenhuma boa razão pela qual δικαιόω, em Tito 3.7, não possa ser entendido em sentido forense. As palavras com as quais este vocábulo está relacionado, "por graça", e a expressão à qual δικαιόω se dirige, "nos tornemos seus herdeiros, segundo a esperança da vida eterna", se encontra associada à justificação, no ensino de Paulo, expresso em outras passagens. Nossa conclusão tem de ser que em 1 Coríntios 6.11 podemos encontrar uma ocorrência do sentido causativo, embora isso não possa ser estabelecido como incontestável. No entanto, se o sentido de ser purificado realmente se manifesta neste versículo, a infrequência desta significação somente comprova quão excepcional ela é, e encontramos, no Novo Testamento, uma situação praticamente idêntica à que verificamos na Septuaginta.

No Novo Testamento, há outras instâncias em que o sentido causativo não causaria um absurdo — é abstratamente possível. Por outro lado, existem muitas passagens onde o sentido causativo está fora de cogitação. Existem também muitas outras considerações, provenientes de expressões correlatas e antitéticas, indicando um significado forense e oriundas da conveniência do significado forense naquelas passagens onde há uma possibilidade abstrata do sentido causativo. Portanto, impor uma possibilidade abstrata, contrária ao emprego generalizado no Novo Testamento, em tais passagens, seria algo arbitrário e indefensável.

Com a possível exceção de 1 Coríntios 6.11, no sentido causativo, e com a exceção de um sentido estativo que se assemelha ao forense, somos restringidos aos significados demonstrativo e forense. No tocante à distinção entre esses dois significados, é bastante evidente que "mostrar ser justo" deve ser distinguido de "declarar justo". Contudo, quando examinamos as ocorrências de διχαιόω no Novo Testamento, onde o sentido demonstrativo pode ser considerado como aquele que transmite a mais exata nuança de significado, devemos admitir que a conveniência de mantermos este sentido demonstrativo pode ser contestada. Em Mateus 11.19 e Lucas 7.35, afirma-se que a sabedoria é justificada por suas obras ou por seus filhos, parece haver alguma razão para interpretarmos isto como se pretendesse afirmar que a sabedoria é manifestada como justa ou vindicada por meio de suas obras e seus filhos. Pelo menos parece que o vocábulo "justificar" assume mais a força demonstrativa do que a força declarativa. Em Lucas 16.15, provavelmente a ideia é "vós sois os que vos mostrais justos diante dos homens"; e pode não ter a ideia de que eles "declaravam-se" a si mesmos justos. Em Romanos 3.4, este sentido expressa bem aquilo que pode ser concebido a respeito de Deus — ele é justificado em seus juízos. Este mesmo conceito pode estar presente em 1 Coríntios 4.4 e 1 Timóteo 3.16. E, se o entendermos como um significado correto, será possível interpretarmos desta maneira Tiago

2.21,24,25, e a aparente discrepância entre os ensinamentos de Paulo e os de Tiago seriam consideravelmente amenizados. De qualquer maneira, se admitirmos que, em alguns casos, a ênfase recai sobre a noção demonstrativa, em distinção à noção judicialmente declarativa, teremos progredido bastante em solucionar o que pareceria, à primeira vista, uma franca contradição. Porquanto, em Tiago, a ênfase estaria sobre o caráter *comprobatório* das boas obras, ao passo que na argumentação de Paulo, sem a menor dúvida, estaria sobre o aspecto judicialmente constitutivo e declarativo.

Por conseguinte, com poucas exceções, os únicos significados que aparecem no Novo Testamento são o demonstrativo e o forense. E estas nuanças de pensamento se mostram tão íntimas entre si mesmas, que, em algumas instâncias, a vantagem em favor do significado demonstrativo é tão insignificante, que dificilmente podemos insistir sobre ele, em distinção ao sentido forense. A evidência que apoia a significação distintamente forense é tão abundante, que não precisamos mencioná-la em detalhes. A prevalência deste sentido, na Septuaginta, por si mesma é um dos informes mais determinantes para a compreensão de δικαιόω nas páginas do Novo Testamento. Em Lucas 7.29, somente o sentido de "declarar justo" poderia ser adequado, e qualquer ideia causativa, significando "tornar justo", fica totalmente excluída. No tocante à argumentação de Paulo em favor da justificação pela fé, o contraste que vemos em Romanos 8.33, entre "intentar acusação" e "justificar", estabelece o sentido forense deste último. Isto fixa o significado deste mesmo vocábulo no versículo 30. E, se esta é a ideia na passagem em que a justificação aparece entre os elementos centrais na cadeia da salvação, este mesmo significado deverá ser aplicado a toda a parte inicial da epístola, onde a justificação é seu tema. A expressão equivalente, utilizada tantas vezes em Romanos 4 — a fé foi atribuída como justiça a Abraão (cf. 4.3,5,6,11,22,23) — confirma isso. Quaisquer que sejam as dificuldades provenientes desta expressão, derivada de Gênesis 15.6, ela indica claramente um significado imputativo, não tendo qualquer afinidade com a ideia subjetiva de obras, subentendida na significação causativa. Atribuir justiça à nossa conta, evidentemente enquadra-se no sentido forense.

Apesar de ser claro que o sentido forense governa o uso neotestamentário, não inferimos disso que nossos termos "declarar justo" ou "proclamar justo" sejam inteiramente adequados para expressar tudo quanto está envolvido na conotação forense. Devemos suspeitar que, em algumas instâncias, está envolvido muito mais do que estas expressões são capazes de transmitir. Em Lucas 18.14 — "Este desceu justificado para sua casa" — podemos sentir com razão que "declarado justo" é uma expressão por demais atenuada para transmitir o pensamento. Não podemos, de maneira alguma, remover o conceito judicial ou forense. Mas, por certo, nesta passagem reflete o estado constituído, bem como o estado declarado — o publicano voltou para sua casa em um estado de justo. E o termo "justificado" indica o estado de "justo" *resultante*, bem como o estado de justo *declarado*. Se o sentido forense for devidamente mantido, então, o pensamento pode ser expresso dizendo-se que ele desceu para sua casa como "justo". Neste caso, a ideia estativa, se não é assimilada, aproxima-se do sentido forense. Por semelhante modo, em Romanos 3.24 — "Sendo justificados gratuitamente por sua graça" — logo podemos perceber que a mera noção de pronunciar ou declarar não se equipara à riqueza envolvida no ato justificador. Em outras palavras, existe certa ação de Deus, implícita na justificação dos ímpios, que não é plenamente expressa pela fórmula declarativa. A outra fórmula que Paulo emprega ajuda-nos a descobrir qual é este ingrediente adicional — consiste em creditar a justiça na conta de uma pessoa. Sem julgarmos de antemão, neste estágio, o que significa exatamente essa fórmula, pelo menos torna-se evidente que, no ato da justificação, há um ato *imputativo*, assim como um ato declarativo. Se o desejarmos, poderemos dizer que se trata de um ato declarativo, de certo modo, que também é imputativo. Esta noção imputativa preenche a deficiência que, com toda razão, podemos sentir na expressão "declarar justo". E o fato de que esta ação mais positiva está envolvida ainda é destacado pela expressão "se tornarão justos" (Rm 5.19), que, no contexto, deve ter a mesma força do vocábulo "justificação". O ato justificador é constitutivo. Porém, visto que isso não pode negar o sentido forense, deve ser na esfera deste significado que o ato justificador é constitutivo. Portanto, poderíamos fazer um sumário dizendo que a justificação dos ímpios é declarativa em sentido constitutivo e imputativo.

II. A Justiça Contemplada

Se pensamos na justificação, de maneira declarativa, como um ato que designa ou pronuncia alguém justo, o estado ou o relacionamento de justo deve ser contemplado como existente ou, pelo menos, como algo que veio a existir mediante tal declaração. Se focalizarmos nosso pensamento sobre a significação forense, o juízo concebido e pronunciado deve ter em vista a justiça como base de julgamento. Se pensarmos em termos do ato constitutivo, conforme o padrão de Romanos 5.19, fica pressuposta a justiça pela qual esse *status* é constituído. E, finalmente, se a noção imputativa for colocada em primeiro plano, a justiça estará explicitamente sendo contemplada como a coisa imputada, porquanto a fórmula expressa é: "Deus atribui justiça" (Rm 4.6). Portanto, a questão é: em que consiste a justiça pela qual Deus justifica os ímpios?

A expressão derivada de Gênesis 15.6 tende por demonstrar que a fé foi imputada como justiça (Rm 4.3,5,9,10,22,23; Gl 3.6 e Tg 2.23). Parece que isto significa que a própria fé é a justiça imputada. Se a própria fé é a justiça contemplada, sendo *a causa por que* Deus justifica o ímpio, a questão assume a seguinte forma: como pode isto ser reconciliado com a verdade que é o âmago do ensino do Novo Testamento nesta conexão, ou seja, que a redenção que há em Cristo, a propiciação e a reconciliação, por intermédio do seu sangue, e sua obediência até à morte constituem o motivo pelo qual os pecadores são justificados? Se a fé é a própria justiça, como a obra redentora do Cristo entra em relação direta com a nossa justificação, conforme é indicado em particular no ensino de Paulo? Várias tentativas têm sido feitas, na história da teologia, para resolver essa dificuldade. Em muitas instâncias, as soluções propostas têm sido que, em Gênesis 15.6 e nas passagens correspondentes no Novo Testamento, a própria fé não deve ser entendida como a justiça mencionada nestas passagens. Se tivéssemos de recorrer a esse tipo de solução, provavelmente, a interpretação mais aceitável seria que a expressão "imputar como justiça" é apenas um sinônimo, derivado do Antigo Testamento, para o verbo "justificar". E, assim, toda a frase "a fé é imputada como justiça" significa, meramente, que "a fé justifica" ou, de preferência, que uma pessoa "é justificada pela fé". Entretanto, a fim de não sujeitarmos a frase a uma interpretação arbitrária, é mais exeqüível considerá-la com o significado de que a fé exercida por Abraão lhe foi atribuída como justiça. Esta significação tem correspondente em Salmos 106.31, embora nesta passagem haja uma leve variação nos termos. O pensamento, pois, seria que Deus atribuiu a Abraão a fé que este exerceu, sendo-lhe reputada como justiça. A fé é agradável a Deus e, neste aspecto, é imputada ou atribuída exatamente por aquilo que ela mesma é.

Se adotarmos esta interpretação, há duas considerações que parecem respaldar a tese de que a fé, por si mesma, é a justiça que leva à justificação. (1) A frase "a fé é imputada como justiça" é contrastada com a justificação pelas obras da lei (cf. Rm 4.2-6,13,14,16; Gl 3.5, 6; cf. Rm 10.5,6). No caso da justificação pelas obras, é claro que as próprias obras seriam a base sobre a qual repousaria a justificação (cf. Rm 2.13). Sendo contrastada com as obras, devemos esperar que a fé ocupe a posição equivalente às obras, na justificação pelas obras. (2) A expressão "justiça da fé" (cf. Rm 4.11,13) poderia ser interpretada no sentido de que se trata da justiça que consiste de fé, e esta seria um genitivo aposicional ou determinante.

Se interpretarmos a expressão "a fé é imputada como justiça" conforme já indicamos, poderíamos, deste modo, findar nosso assunto e dizer que a fé é a justiça contemplada na justificação, tornando desnecessária qualquer posterior exposição dos informes bíblicos? Existem diversas razões para uma negativa resoluta. Por mais significativa que esta expressão seja, em si mesma, não podemos permitir que sozinha ela determine toda a nossa doutrina sobre o fundamento da justificação.

1. No contexto em que Paulo utiliza constantemente esta expressão, suspeitamos que alguma coisa mais, além da imputação da fé, esteja envolvida na imputação da justiça. Em Romanos 4.6-8, Paulo recorre a Davi e, de maneira específica, a Salmos 32.1-2, interpretando a bem-aventurança sobre a qual Davi fala — "Bem-aventurado o homem a quem Deus atribui justiça, independentemente de obras" (vs. 6). Por conseguinte, não pode haver dúvida de que o apóstolo tinha em mente a atribuição da justiça referida no texto de Gênesis 15.6, que ele cita por diversas vezes nesse contexto. Consequentemente, a citação de Salmos 32.1-2 lança alguma luz sobre o que Paulo considerava

estar envolvido na imputação da justiça. É significativo que Davi havia falado apenas sobre o perdão das iniquidades, o cobrir os pecados e a não imputação do pecado. Estas afirmativas são negativas em sua forma, porquanto Davi não se manifestou de maneira positiva em termos da imputação da justiça. No entanto, Paulo falou positivamente e tinha de conceber a imputação da justiça como algo que envolve a não imputação e o perdão do pecado. Do ponto de vista exegético, neste ponto talvez não estejamos corretos ao importar para o conceito de imputação da justiça algo além da não imputação e do perdão. Porém, é bastante evidente que, se na estimativa de Paulo a justiça imputada consistia apenas de fé, incluir a não imputação e o perdão dos pecados não seria compatível com um conceito tão restrito. Assim, do contexto onde Paulo faz uso mais intenso de Gênesis 15.6, extraímos pelo menos uma consideração que outorga à justiça imputada uma conotação mais ampla do que a própria fé poderia indicar; e somos levados a procurar, no próprio ensino paulino, algo correlato à não imputação do pecado, algo que supre o complemento positivo que parece ser requerido pela expressão "atribuir justiça".

2. Em Romanos 10.10, encontramos a expressão "se crê para justiça". Nesta passagem, a justiça não pode ser outra, senão "a justiça da fé", mencionada no versículo 6, a qual, por sua vez, deve ser identificada com "a justiça de Deus", aludida no versículo 3. Qualquer indicação dada no versículo 10 sobre o caráter dessa justiça tem de ser levada em conta em nossa interpretação do versículo 6. E qualquer coisa derivada do versículo 10, relevante à relação entre a fé e esta justiça, estará vinculada à expressão "a justiça da fé", no versículo 6. Devemos observar que a cláusula do versículo 10 é paralela à outra cláusula do mesmo versículo — "se confessa a respeito da salvação". E esta última nos ajuda a entender a relação entre o crer e a justiça, na cláusula anterior. Assim como a salvação não consiste em confissão, nem pode ser definida em termos de confissão, assim também a justiça não consiste em fé, nem pode ser definida em termos da própria fé. A conclusão tem de ser que a fé visa à justiça, pelo que a expressão existente no versículo 6, "a justiça da fé", não pode significar a justiça que consiste na fé; mas as palavras "da fé" devem receber a força instrumental que, com frequência, aparece em outros trechos do Novo Testamento.

Além disso, em conexão com esta mesma passagem, a expressão do versículo 3, "não se sujeitaram à [justiça] que vem de Deus", produziria, para dizermos o mínimo, uma ideia estranha, se a justiça contemplada fosse a própria fé. A fé é o instrumento mediante o qual nos sujeitamos à justiça de Deus; portanto, não pode ser aquilo a que nos sujeitamos.

3. Não podemos duvidar que, no ensino de Paulo, a justiça contemplada na justificação é "a justiça de Deus". Romanos 1.17 afirma isso de maneira inquestionável, porquanto ali é ela denominada "a justiça de Deus" que se revela no evangelho, de fé em fé. E, sem importar qual seja a significação da "justiça de Deus", nesta conexão, ou a da expressão "de fé em fé", o que está em foco deve ser aquilo que o apóstolo, em outras passagens, chama de "a justiça da fé" (Rm 4.11,13; 9.30 e 10.6), a justiça que, levando-se em conta todos os fatores, é contemplada na justificação. Logo, a expressão "a justiça de Deus", em Romanos 1.17 e em outras passagens (cf. 3.21,22; 10.3; 2 Co 5.21; Fp 3.9; cf. 2 Pe 1.1), deve ser a justiça que agora estamos abordando. Entretanto, se a própria fé constitui é a justiça, como poderia ela ser chamada de a "justiça de Deus", quando, conforme veremos adiante, ela é uma justiça dotada de propriedade divina, uma "justiça de Deus", distinta da justiça humana? Não sabemos dizer por qual esforço de imaginação a fé poderia ser designada de "a justiça de Deus".

Além disso, Paulo afirma que a justiça de Deus é revelada ou manifestada (Rm 1.17 e 3.21). Neste aspecto, ela constitui a mensagem do evangelho — trata-se da provisão da graça divina no evangelho, revelado por Deus e proclamado por homens. Porém, é impossível concebermos a própria fé como algo que satisfaz esta descrição ou como algo que preenche tais condições.

4. As Escrituras declaram que o próprio Cristo tornou-se nossa justiça e que fomos feitos justiça de Deus nele (cf. 1 Co 1.30 e 2 Co 5.21). A suposição proveniente destas passagens é que o próprio Cristo é a justiça e que, mediante a união com ele ou através de alguma forma de relacionamento que chegamos a manter com ele, temos parte na justiça que ele mesmo é. Esta justiça é expressamente chamada, segundo o exemplo destas passagens,

a justiça de Deus. Como poderia a nossa fé ser equiparada à justiça que o próprio Cristo é e que nos tornamos nele?

5. A justiça que visa à justificação é um dom gratuito, recebido por nós (Rm 5.17). É verdade que a fé é um dom de Deus, mas apenas no sentido de ser gerada no coração através da graça de Deus. Romanos 5.17 utiliza uma linguagem de outorga objetiva e não de renovação subjetiva.

6. Da maneira mais expressa possível, a obediência de Cristo é ressaltada como o instrumento pelo qual somos justificados (Rm 5.19). "Se tornarão justos", nesta conexão, deve ter o mesmo significado de "justificados"; e, sem dúvida alguma, a justiça constituída é a obediência a Cristo.

7. A maneira como a fé é relacionada à justiça justificadora está longe de indicar que a própria fé seja a justiça. Em Romanos 3.22, a justiça de Deus manifestada é definida como "justiça de Deus mediante a fé em Jesus Cristo, para todos [e sobre todos] os que creem". "Mediante a fé em Jesus Cristo" indica os meios por intermédio dos quais esta justiça é atribuída a nós, e não existe qualquer sugestão de que esta expressão seja uma definição da própria justiça. Entretanto, a dificuldade tornar-se-ia insuperável, se tomássemos em consideração a cláusula concludente. Porque, se a fé constitui a justiça, então, teríamos de pensar que a "fé" é para todos os que creem; e isto é um conceito impossível. Novamente, em Filipenses 3.9, lemos que a justiça é descrita como "a justiça que procede de Deus, baseada na fé", e a construção da frase não se ajusta à qualquer noção como a que estamos controvertendo. Outrossim, se a fé é a justiça, teríamos de esperar a construção "por causa da fé" (διὰ πίστιν), que jamais ocorre no Novo Testamento.

8. A justiça contemplada na justificação é apresentada em outros trechos bíblicos em conexões tais, que é impossível substituirmos "fé" por "justiça", nestas instâncias. Em Romanos 5.21, encontramos o sumário do argumento de Paulo, baseado no versículo 12. E, quando indagamos: em que consiste a justiça mediante a qual a graça reina para a vida eterna?, a resposta deve ser que é a justiça conferida como um dom gratuito (v. 17), o único ato de justiça (v. 18) e a obediência de um só (v. 19); nenhuma destas ideias pode ser equiparada à fé. Em 2 Coríntios 3.9, "o ministério da justiça", a respeito do qual falou o apóstolo, não pode ser outra coisa, exceto a justiça que é o

assunto central do evangelho da justificação, e dificilmente podemos equipará-lo com o ministério da fé. Ou, considerando outro exemplo, Hebreus 11.7 menciona Noé como quem se tornara herdeiro da justiça que vem pela fé (κατὰ πίστιν). Nesta passagem, fala-se de uma herança que é definida como "justiça". Ora, a fé não pode ser reputada como uma herança. Além disso, a justiça é caracterizada como "justiça que vem da fé". Esta caracterização define bem a relação entre a fé e a herança, mas não pode definir a própria herança.

9. As preposições usadas em conexão com a justificação — διά e ἐκ, com o genitivo; ἐπί e ἐν, com o dativo; κατά e εἰς, com o acusativo — estão muito distantes de indicar qualquer ponto de vista semelhante a esse, a respeito do significado da fé. E, mesmo nas expressões "a justiça decorrente da fé" (Rm 10.6), "a justificação... que decorre da fé" (Rm 9.30) e a "justiça que vem da fé" (Hb 11.7), as frases preposicionais indicam de maneira evidente que a fé não é a justiça, mas permanece em certo relacionamento instrumental para com ela.

Por essas razões, somos compelidos a dizer que, no ensino do Novo Testamento, a justiça contemplada no justificação não é a própria fé, e sim algo que se torna nosso pela fé. Ainda persiste a indagação: por que, nas palavras de Gênesis 15.6, citadas pelo apóstolo, a fé é apresentada como imputada para justiça? Talvez não sejamos capazes de responder com firmeza esta pergunta. Porém, a consideração que parece ser mais relevante é esta: a justiça contemplada na justificação é aquela que vem pela fé, em contraste com a justiça que vem pelas obras. E a ênfase recai sobre o fato de que, embora se trata de uma justiça divina, também é, com idêntica ênfase, uma justiça de fé. Na realidade, estas duas características são correlativas: é a justiça de Deus atribuída a nós, visto ser pela fé; e mediante a fé nos tornamos beneficiários dessa justiça, visto ser uma justiça divina. Tão indispensável é essa complementação na justificação dos ímpios, que a justiça pode ser chamada de "a justiça de Deus" ou "a justiça mediante a fé", sem que isso subentenda, no mínimo, que a fé mantém a mesma relação para com essa justiça, assim como Deus o faz. Por semelhante modo, nas palavras de Gênesis 15.6, a fé pode ser reputada como aquilo que é atribuído para justiça, sem que isso subentenda que, assim como a justiça de Deus, a fé mantém a mesma relação para com a justificação. A justiça é uma justiça de Deus e uma justiça de fé. No entanto, é de Deus por ser de propriedade divina; é uma justiça de fé por ser atribuída a nós *mediante a fé*. Quando Paulo declara que a fé é imputada como justiça, esta mudança de expressão é garantida pela correlação entre a justiça e a fé; e expressão deve ser interpretada em termos dessa correlação, não em termos de equiparação.

A doutrina de Paulo concernente à natureza da justiça pela qual Deus justifica o ímpio é suficientemente abordada na exposição paulina, de maneira particular em Romanos 1.17; 3.21-26; 4.25; 5.12-21. Portanto, não precisamos continuar expandindo o tema, em maiores detalhes, neste apêndice.

A Doutrina Romana da Justificação

A doutrina romana está afirmada nos cânones e decretos do Concílio de Trento (Sessão VI, "Decreto Concernente à Justificação"), sendo resumida nos capítulos VI e VII. A doutrina é afirmada em termos das várias *causas*. A causa *final* é a glória de Deus e de Cristo; a causa *eficiente* é o Deus misericordioso, que lava e santifica; a causa *meritória* é o Senhor Jesus Cristo, que mereceu a justificação por intermédio de sua paixão e satisfez o Pai em nosso lugar; a causa *instrumental* é o sacramento do batismo; a causa *formal* é a justiça de Deus, mediante a qual somos tornados justos e que consiste na infusão da graça santificadora. Embora os cânones não falem expressamente sobre a causa *predisponente* ou *preparatória*, o ensino dos dois capítulos mencionados implica em tal causa, definindo-a em termos de fé, temor, esperança, amor e contrição.

A respeito do que é chamado de causa *meritória*, Roma insiste em que Cristo, por seus méritos e por sua satisfação, obteve para nós a graça da justificação. Todavia, isto não deve ser interpretado no sentido de que somos justificados através da justiça e obediência de Cristo. O cânon 10, por um lado, insiste em que Cristo, por meio de sua justiça, mereceu para nós a justificação; por outro lado, profere sua anátema contra todos quantos disserem que nos tornamos formalmente justificados mediante essa justiça. Essa distinção torna-se clara, quando temos em mente que, para Roma, a justificação não é um ato forense ou declarativo, e sim um ato que consiste na santificação e na renovação do homem interior. Negativamente considerada, a justificação consiste na remissão de pecados; e, positivamente, na renovação da alma. No entanto, a relação causal entre esses dois elementos, na justificação, é que, mediante a renovação da alma, ou seja, mediante a regeneração, "os pecados de um homem são apagados, e ele se torna verdadeiramente justo" (Joseph Pohle, ed. Arthur Preuss, *Dogmatic Theology*, VII, St. Louis, 1934, p. 303).

A polêmica de Roma gira em torno da doutrina da justificação como se esta consistisse de santificação e renovação, ou seja, a infusão da justiça e da graça santificadora. É preeminentemente neste ponto que a argumentação entre as posições romana e evangélica deve ser abordada. Pelo estudo do emprego, tanto no Antigo quanto no Novo Testamento, da ideia da justificação, demonstramos que a justificação é um termo de significação forense, referindo-se ao juízo concebido e manifestado em relação ao *status* judicial. É estranho que Roma tenha se mostrado tão relutante em reconhecer isso. Porque, se a igreja romana admitisse que a justificação é forense, no que concerne à sua *natureza*, ainda reteria o que pertence à essência de sua posição doutrinária, ou seja, que a base sobre a qual este juízo divino repousa não é a justiça e a obediência de Cristo, e sim a justiça infundida no íntimo da pessoa e manifestada nas obras que são o fruto da *fides formata* — a fé moldada pela caridade. Esta admissão, naturalmente, reorientaria os termos da polêmica romana, bem como da polêmica protestante antirromana. Não obstante, o ponto crucial da controvérsia continua sendo o problema da justiça infundida versus a justiça vicária e imputada de Cristo. Entretanto, Roma se mostra inflexível em sua insistência no fato de que a justificação deve ser definida como algo que *consiste* de santificação e renovação, a infusão da graça, de acordo com o padrão dos decretos do Concílio de Trento. Portanto, é mister discutirmos a opinião de Roma a respeito de ambas as questões: a *natureza* e o *fundamento* da justificação.

A polêmica de Roma se dirige mais vigorosamente contra o ensino de que somos justificados exclusivamente pela fé. Isto se torna necessário devido à concepção romana sobre a natureza da justificação e, mais particularmente, devido ao seu ponto de vista sobre o caráter progressivo da justificação e dos méritos atribuídos do indivíduo, por causa das obras de fé. Neste ponto, novamente, torna-se bastante evidente a divergência entre os evangélicos e Roma, com base no testemunho permanente das Escrituras, no sentido de que somos justificados pela fé, independentemente das obras. No comentário e nas páginas anteriores deste apêndice, deixamos evidente, dentre os assuntos abordados, que a "fé" ocupa o papel de agência instrumental em conexão com a justificação. A incompatibilidade que existe entre a ênfase contínua sobre a fé e a ênfase da igreja romana sobre as obras e o mérito proveniente destas é o melhor instrumento para desmascarar a falácia da doutrina romana. O fato de o batismo ser concebido como a causa instrumental é uma indicação da total discrepância entre a posição da igreja romana e o ensino das Escrituras. Roma atribui ao batismo a eficácia que as Escrituras atribuem à fé. Podemos suspeitar desta formulação da igreja de Roma a respeito da doutrina da justificação, mediante a seguinte pergunta: "Em que passagem bíblica o batismo é encontrado em uma relação de instrumentalidade para com o ato de Deus denotado pelo vocábulo *justificar*?"

A igreja romana comete o erro de reconhecer o caráter exato da justificação como um ato de Deus, na esfera do julgamento atributivo e declarativo. Neste sentido, a doutrina da igreja de Roma é diretamente contrária ao constante significado do vocábulo "justificar" e seus cognatos, nas Escrituras. Deste modo, a justificação é confundida com a regeneração, a renovação e a santificação. O efeito disso é que se elimina do evangelho o caráter distintivo da grandiosa doutrina da justificação pela graça, mediante a fé. Devido a esta falha em não reconhecer a justificação, em seu caráter verdadeiro e distintivo, surge uma série de divergências e distorções. A justiça da obediência de Cristo, na doutrina romana, não pode manter para com a justificação qualquer outra relação, exceto a que mantém para com a regeneração e a santificação — não é a justiça mediante a qual somos justificados. Isto é uma negação que colide diretamente com o ensino de

Paulo em Romanos 5.17-19, 2 Coríntios 5.21, Filipenses 3.9 e outros relevantes informes bíblicos. Novamente, a fé é deslocada da posição exigida pelo amplo testemunho das Escrituras, o qual assevera: somente a fé, em razão de seu caráter específico, em distinção das obras, bem com de todas as demais graças do Espírito, ocupa relação instrumental quanto à justificação. Outrossim, a ênfase dada pelas Escrituras ao caráter totalmente gratuito da justificação torna-se nula na concepção da igreja romana, porquanto o lugar conferido à satisfação e ao mérito humanos ofende o conceito da graça. E, finalmente, o caráter definitivo da justificação é repelido em favor da justificação como um processo intrínseco, em virtude do qual, conforme enunciado pelo Concílio de Trento, o justificado cresce na justiça recebida na justificação e continua a ser mais e mais justificado (Capítulo X). Assim, torna-se evidente como os diversos aspectos da doutrina romana se ajustam entre si e como o erro fundamental de não reconhecer o caráter distintivo e a graça da justificação tem feito com que não somente seja possível, mas também necessário, à igreja de Roma contradizer o ensino claro das Escrituras.

APÊNDICE B
DE FÉ EM FÉ

Gabriel Herbert, em um artigo intitulado "Faithfulness and Faith" ("Fidelidade e Fé"), em *Theology* (Vol. LVIII, nº 424, outubro de 1955, pp. 373-379), advogou que, de acordo com o significado de *'emunah*, no Antigo Testamento, πίστις deveria ser entendida, em várias de suas ocorrências no Novo Testamento, como uma referência não à nossa fé, e sim à fidelidade de Deus e de Cristo. Por conseguinte, em Romanos 1.17, as palavras "de fé em fé" devem ser interpretadas como se quisessem dizer "da fidelidade de Deus para a fé do homem". Por igual modo, em Romanos 3.22, a expressão "mediante a fé em Jesus Cristo" deveria ser interpretada como uma alusão à fidelidade de Jesus Cristo. Hebert aplica a mesma interpretação a passagens tais como Romanos 3.26; Gálatas 2.16; 3.22; Efésios 3.12; Filipenses 3.9 e Colossenses 2.12.

Thomas F. Torrance, com base em um estudo mais abrangente sobre os vocábulos do Antigo Testamento, propôs a mesma tese e aplicou esta mesma interpretação a passagens como Romanos 1.17; 3.22; Gálatas 2.16, 20; 3.22; Filipenses 3.9 (*The Expository Times*, Vol. LXVIII, nº 4, janeiro de 1957, pp. 111-114, sob o título "One Aspect of the Biblical Conception of Faith").

Entretanto, Torrance mantém que, "na maioria destas passagens, *pistis Iesou Christou* não se refere apenas à fidelidade de Cristo ou à correspondente fidelidade no homem, mas é, essencialmente, uma expressão polarizada que denota a fidelidade de Cristo como seu principal ingrediente e que envolve, ou pelo menos sugere, a fidelidade correspondente no homem" (p. 113).

Estes são artigos estimulantes. A crítica oferecida nas páginas seguintes não deve ser interpretada como algo motivado por qualquer falta de apreciação do significado do vocabulário do Antigo Testamento referente àquelas palavras que estão intimamente vinculadas ao significado da fé em ambos os Testamentos. Tanto Hebert quanto Torrance ressaltam considerações importantíssimas. As conclusões aqui apresentadas são apenas aquelas que, em nossa estimativa, resultam da avaliação das evidências. Quanto à questão central, a que diz respeito a passagens como Rm 1.17; 3.22,26; Gl 2.16,20; Fp 3.9, a tese proposta por Hebert e Torrance não parece extrair apoio das passagens envolvidas, nem de outros relevantes informes neotestamentários. O estudo que segue visa, acima de tudo, combater a apresentação feita por Torrance. E a acusação de confundir uma situação polarizada com uma "expressão polarizada" não se aplica a Hebert — ele não emprega esta expressão; também não existe muita certeza de que ele teria endossado o seu emprego, embora, em certo parágrafo, ele poderia ter em mente este mesmo pensamento (cf. p. 378).

É verdade que πίστις é usada para denotar a fidelidade de Deus. Acontece que existe apenas uma passagem, em todo o Novo Testamento, onde isto é evidente (Rm 3.3); mas este é um caso muito evidente. E o termo πιστός é usado tão constantemente em referência a Deus (1 Co 1.9; 10.13; 2 Co 1.18; 1 Ts 5.24; 2 Tm 2.13; Hb 10.23; 1 Pe 4.19; 1 Jo 1.9), que não há razão alguma pela qual πίστις não pode designar a fidelidade de Deus em outras passagens onde essa denotação não é tão clara quanto em Romanos 3.3, mas onde considerações de contexto favoreceriam essa interpretação. Por semelhante modo, embora πίστις não denote expressamente, em passagem alguma, a fidelidade de Cristo, πιστός, com muita frequência, é predicada a Cristo (2 Ts 3.3; Hb 2.17; 3.2; Ap 1.5; 3.14 e 19.11), não havendo razão por que "a fé que pertence a Jesus" não seja uma menção à sua fidelidade.

Outrossim, não há dúvida de que a fidelidade de Deus e de Cristo estão vinculadas à nossa justificação, existindo vários aspectos em que isto poderia ser concebido como verdadeiro e relevante. Por exemplo, se Deus é fiel e justo para perdoar-nos os pecados (cf. 1 Jo 1.9), certamente o mesmo pode ser dito a respeito de nossa justificação. E, se a obediência de Cristo é a nossa justificação (Rm 5.19), ela não pode ser divorciada da fidelidade dele à comissão e ao mandamento do Pai. Portanto, se, em Romanos 1.17, ἐκ πίστεως for tomado como referência à fidelidade de Deus, nada haveria contrário ao ensino de Paulo em tal interpretação. Ou, se, em Romanos 3.22, διὰ πίστεως for entendido como indicação da fidelidade de Jesus Cristo, perceberíamos imediatamente que isto é coerente com o ensino geral de Paulo no tocante ao lugar que a obediência ou retidão de Cristo ocupa em nossa justificação. Além disso, se, em ambas as passagens, considerássemos o vocábulo "fé" como alusão à nossa fé em Cristo, esta interpretação resolveria a dificuldade da dupla utilização ("de fé em fé") aparentemente desnecessária, uma dificuldade que tem causado tanto problema aos comentadores e a respeito da qual tem surgido tão grande variedade de interpretações.

Não precisa haver qualquer dúvida, visto que a correlação entre a fidelidade de Deus e a nossa "fidelidade correspondente", usando a expressão de Torrance, prevalece no assunto da justificação. E, se πίστις, em alguma ocasião, fosse uma "expressão polarizada", denotando ambos os ingredientes, nada haveria de intrinsecamente objetável em tal suposição. Nossa fé, na verdade, é nossa resposta à fidelidade de Deus e à de Cristo.

A questão não é se nestas passagens, às quais recorremos, o ponto de vista de que πίστις se refere à fidelidade de Deus ou à de Cristo seria incompatível com a doutrina bíblica ou com a doutrina do apóstolo em particular. Pelo contrário, a questão é se esta descoberta encontra apoio pertinente nos informes do Novo Testamento. Agora devemos voltar nossa atenção para este assunto. Devido à natureza do caso, teremos de ocupar-nos principalmente com os escritos de Paulo.

I. Em primeiro lugar, precisamos levar em conta aquelas passagens em que πίστις representa *claramente* a fé de nossa parte, não podendo significar a fidelidade divina. Romanos 1.8 deixa evidente que nesta epístola

Paulo tinha em vista a fé dos crentes. E o mesmo também deve acontecer nas seguintes passagens: Rm 14.1,22,23; 1 Co 2.5; 12.9; 13.2,13; 15.14,17; 2 Co 1.24; 10.15; Gl 5.6,22; Ef 6.23; Fp 2.17; 1Ts 1.3,8; 3.2, 5-7,10; 2 Ts 1.3,4; 3.2; I Tm 1.5,19: 2.15; 4.12; 6.11; 2 Tm 1.5; 2.18,22; Tt 2.10; Fm 5,6; Hb 4.2; 6.1; 11.1; 3-5, ss.; Tg 1.3,6; 2.5, ss.; 1 Pe 1.7; 2 Pe 1.1,5; 1 Jo 5.4; Ap 2.19 e 13.10. Esta não é uma lista exaustiva, nem inclui outras passagens com as quais nos ocuparemos agora, onde aparece o mesmo significado. Entretanto, estas passagens foram selecionadas para demonstrar a frequência com que πίστις aparece no sentido daquele exercício de coração e de mente, da nossa parte, direcionado a Deus e a Cristo; e são textos aos quais não podemos vincular a noção da fidelidade de Deus, como um ingrediente do próprio vocábulo.

II. A próxima classificação é a dos casos em que πίστις, por causa de considerações contextuais, em particular aquelas que expressam contraste com as obras, deixa evidente que a atividade por parte do sujeito humano está especificamente em foco. Uma das passagens mais significativas desse grupo é Romanos 4, onde Paulo recorre a Gênesis 15.6 para de comprovar a justificação pela fé, em contraste com a justificação pelas obras. Os versículos 3 e 4 contêm o ponto crucial do argumento de Paulo. "Abraão creu em Deus, e isso lhe foi imputado para justiça" (v. 3). A *crença* de Abraão em Deus é ressaltada como demonstração da justificação pela graça, em contraste com uma justificação por dívida, com base nas obras do indivíduo (cf. v. 4). A fé (πίστις) que está em foco, do princípio ao fim (vv. 5,9,11-14,16,20), é, portanto, a fé que Abraão depositou em Deus. Isto poderia ser confirmado, se exigisse confirmação, por meio do constante intercâmbio, nesta passagem, do verbo "crer" pelo substantivo "fé". "Mas, ao que não trabalha, porém crê naquele que justifica o ímpio, a sua fé lhe é atribuída como justiça" (v. 5; cf. também os vv. 3,11,17,18,24). Ora, não é necessário demonstrar que esse ato de crer referia-se, exclusivamente, à fé exercida por Abraão, bem como por aqueles que andam nas pisadas dele. Por conseguinte, πίστις, nesta passagem, não pode ser entendida como se incluísse, nessa conotação, a fidelidade de Deus, embora a fé exercida por Abraão se dirigisse, acima de tudo, à fidelidade e ao poder de Deus. Incluir, na definição deste ato de crer, aquilo do que o próprio Deus, especificamente, é o agente seria contrário não somente ao contínuo apelo à fé exercida por Abraão, mas também à natureza de sua fé. As mesmas considerações influenciam a interpretação de πίστις em Gálatas 3.2-14.

Se, nestas passagens, o contraste com as obras e a ênfase colocada sobre a atividade do crente estabelecem para nós o sentido exato de πίστις, quando usado os mesmos contextos, então, esta conclusão exerce influência, pelo menos nesses contextos, sobre a significação da expressão ἐκ πίστεως. A contenção de Torrance se preocupa, em considerável extensão, com o significado de ἐκ πίστεως. Nesses contextos, todavia, ἐκ πίστεως não pode refletir qualquer outra coisa, exceto a fé que Abraão exerceu e a daqueles que seguem as suas pisadas. Concretamente falando, isto significa que esta expressão, em Romanos 4.16 e Gálatas 3.7-9,11-12, deve ter a mesma referência, exata e restrita, que πίστις e πιστεύω têm nesses mesmos contextos. E, em Romanos 5.1, ἐκ πίστεως não pode ser interpretada de outra maneira, em face do contexto anterior.

Em Romanos 10.3-12, Paulo aborda novamente o contraste entre a justiça que decorre das obras da lei e aquela que resulta da fé. O seu argumento assume a forma de uma acusação contra a nação de Israel, no sentido de que eles, "desconhecendo a justiça de Deus e procurando estabelecer a sua própria, não se sujeitaram à que vem de Deus" (v. 3); e, em seguida, acrescenta: "O fim da lei é Cristo, para justiça de todo aquele que crê" (v. 4). E "de todo aquele que crê" é significativo para nosso presente interesse, porque, juntamente com o reiterado uso do vocábulo "crê" nos versículos 9, 10, 11, e 14, indica o sentido em que nos cumpre entender o termo "fé" (πίστις) nesse contexto. Na expressão "a justiça decorrente da fé" (v. 6), a fé deve ser compreendida em termos do exercício da fé, de nossa parte, e neste versículo, novamente, temos ἐκ πίστεως. A fidelidade de Deus não pode, por razões idênticas àquelas já mencionadas, ser incluída em nossa definição do vocábulo "fé". Esta mesma consideração deve ser verdade quanto a este vocábulo em Romanos 9.30,32, devido à continuidade do argumento de Paulo nestes pontos.

Talvez não seja irrelevante observar que Paulo tinha uma distinta preferência pela expressão ἐκ πίστεως — ela ocorre com maior frequência do que qualquer outra forma de locução preposicional, particularmente em conexão com a justificação. Somos compelidos a levar em conta o escopo exato que se vincula ao seu uso nos contextos anteriores; e criamos uma forte convicção em favor desta significação, em todas as epístolas paulinas. Também é digno de nota que em Gálatas 3.14 encontramos διὰ τῆς πίστεως, e, nesse contexto, pelas razões já apresentadas, "fé", nesta expressão, também deve possuir igual sentido — é a fé da *nossa crença* em Deus.

III. Existem algumas passagens nas quais se diz que a fé é demonstrada *em relação a* Cristo Jesus. "Pois todos vós sois filhos de Deus mediante a fé em Cristo Jesus" (Gl 3.26). "Tendo ouvido a fé que há entre vós no Senhor Jesus... não cesso de dar graças por vós" (Ef 1.15,16; cf. Cl 1.4). Os diáconos que servirem bem adquirirão para si mesmos "muita intrepidez na fé em Cristo Jesus" (1 Tm 3.13; cf. 2 Tm 1.13). As Escrituras são capazes de tornar o crente "sábio para a salvação pela fé em Cristo Jesus" (2 Tm 3.15). Em cada uma destas instâncias, Paulo utilizou a preposição ἐν. Em Colossenses 2.5, onde o apóstolo fala da "firmeza da vossa fé em Cristo", ele usou a preposição εἰς; e não podemos duvidar que a fé em foco nesta passagem é aquela dirigida à pessoa de Cristo, por parte dos crentes. Cristo é o objeto, e não o sujeito, da fé que se tinha em vista. Nessas outras passagens, entretanto, é possível que a preposição não indique a pessoa *a quem* se dirige a fé, e sim a pessoa *em quem* a fé tem sua esfera de operação; a fé seria exercida em união com Cristo. Em qualquer dos casos, o que está em foco é a fé exercida pelos crentes. Com a exceção de 1 Timóteo 3.13, onde não estaria inteiramente fora do assunto pensar sobre a fidelidade de Cristo, πίστις, nestas instâncias, não pode ser definida em termos da fidelidade de Cristo; tampouco a fidelidade de Cristo pode ser considerada um ingrediente do significado de πίστις. Quando levamos em conta a analogia de Colossenses 2.5 e quando a utilização do verbo πιστεύω, em conexões similares, é devidamente avaliada (cf. Mt 18.6; Jo 2.11; 3.15,16,18 – onde ἐν αὐτῷ, no v. 15, deve ter a mesma força de εἰς αὐτόν, nos vv. 16 e 18, no que diz respeito ao nosso interesse; cf. também Jo 4.39; 6.29,35,40; 7.5,31,38,39; 8.30,31; 14.1;

16.9; At 9.42; 10.43; 11.17; 16.31; 18.8; Rm 4.24; 9.33; 10.11,14; Gl 2.16; Fp 1.29; 1 Tm 1.16; 2 Tm 1.12; 1 Pe 2.6; 1 Jo 5.10,13), há boas razões para pensarmos que, nestas passagens, Cristo é visto como aquele a quem nossa fé se dirige. Além disso, esta é a interpretação mais natural desses contextos (cf. especialmente Gl 3.26; Ef 1.15; Cl 1.4; 2 Tm 3.15).

IV. Consideremos agora aquelas passagens que oferecem maior plausibilidade à contenção de que πίστις reflete a fidelidade de Cristo ou de Deus, incluindo-a em sua conotação. Estas passagens são aquelas em que πίστις ocorre em construção sintática com o genitivo "de Jesus Cristo" (Rm 3.22,26; Gl 2.16,20; 3.22; Ef 3.12 e Fp 3.9). Torrance recorre à maioria destas passagens como ilustrações de sua tese. E a questão é se o genitivo, nestes casos, é de sujeito ou de objeto. Admite-se, naturalmente, que poderia ser um genitivo de sujeito, assim como a expressão "a fidelidade de Deus" em Romanos 3.3, que, conforme já verificamos, é um caso de genitivo de sujeito. Além disso, não deve haver qualquer hesitação quanto ao fato de que a fidelidade de Cristo é eminentemente relevante ao assunto da justificação. A única indagação é se esta interpretação recebe apoio da evidência diretamente pertinente à questão. As considerações abaixo devem ser levadas em conta.

1. Há diversas instâncias, no Novo Testamento, onde πίστις ocorre na construção genitiva e onde esta obviamente representa o genitivo de objeto. Em Marcos 11.22, temos a recomendação de Cristo a seus discípulos, ἔκετε πίστιν θεοῦ – "Tende fé em Deus". É óbvio que estas palavras se referem à fé que tem Deus como seu objeto. Talvez a expressão poderia ser genitivo de origem, a fé que procede da parte de Deus. Todavia, esta ideia seria artificial nesse contexto; além disso, não seria genitivo de sujeito. Novamente, em Atos 3.16 — "Pela fé em o nome de Jesus" — a fé deve ser "fé em seu nome". Em Tiago 2.1 — "Não tenhais a fé em nosso Senhor Jesus Cristo, Senhor da glória, em acepção de pessoas" — o genitivo, de maneira tão evidente quanto em Marcos 11.22, não é genitivo do sujeito. Estas passagens focalizam a fé que exercitamos. Em Apocalipse 2.13 — "não negaste a minha fé" — o genitivo poderia ser concebido como genitivo de sujeito — "não negaste a minha fidelidade". Todavia, essa tradução é artificial, nada havendo que lhe dê respaldo. É mais provável que "fé" seja utilizada aqui no sentido

objetivo da palavra de fé, a verdade do evangelho, conforme frequentemente vemos no Novo Testamento. Se o termo fé está sendo usado no sentido de fé em exercício, então, na realidade, o genitivo será de objeto, e a cláusula significará "não te mostraste infiel à fé em mim". Mas, em qualquer caso, não há motivo para pensarmos que neste versículo temos o genitivo de sujeito. Em Apocalipse 14.12 — "os que guardam os mandamentos de Deus e a fé em Jesus" — "fé", sem dúvida, é utilizada novamente no sentido de alguém crer no evangelho, a mensagem concernente a Jesus. Se "fé" é o exercício subjetivo, no termo "a fé em Jesus" temos o genitivo do objeto. Mas, de qualquer maneira, a interpretação "a fidelidade de Jesus" não se harmoniza com sentido do versículo – nós não guardamos a fidelidade de Jesus. Ou mantemos fé em Jesus ou guardamos a fé (cf. 2 Tm 4.7). Esta última é a alternativa mais coerente neste caso. Deste modo, vemos que, em nenhuma destas passagens, o genitivo de sujeito está evidente. Em uma única instância é possível tal genitivo, mas mesmo neste caso seria artificial e arbitrário. Entretanto, tal possibilidade não é confirmada por qualquer outro versículo, sendo positivamente eliminada em todas as instâncias, exceto em uma. Além disso, estes outros versículos (Rm 3.22,26; Gl 2.16,20; 3.22; Ef 3.12; Fp 3.9) são os textos correlatos mais próximos das passagens do Novo Testamento que estamos considerando. Se os correlatos mais próximos não oferecem nenhum apoio ao ponto de vista em questão, isto é, que o genitivo é genitivo de sujeito, tornam-se necessárias duas observações. (1) A analogia não cria qualquer opinião em favor da interpretação em foco. (2) A analogia provê o mais forte apoio possível à opinião de que o genitivo é de objeto, ou seja, "a fé que pertence a Jesus Cristo" é a fé nele. No mínimo, todas as evidências são favoráveis a esta interpretação em Romanos 3.22,26, etc.

2. Em seu artigo, Torrance não recorre a Efésios 3.12. Neste versículo, entretanto, temos uma construção sintática idêntica à de outras passagens — "pelo qual temos ousadia e acesso com confiança, mediante a fé nele" (Cristo Jesus, nosso Senhor). Se a fidelidade de Cristo é refletida nas demais passagens, seria razoável supor que o mesmo ocorre neste versículo. E, aparentemente, pensar na fidelidade de Cristo, neste caso, não está fora do assunto. No entanto, existem razões exegéticas para considerarmos o

genitivo de Efésios 3.12 como genitivo de objeto, ou seja, a fé em Cristo. A consideração mais forte é aquela da passagem correlata, Romanos 5.2. Nesta, referindo-se a Jesus Cristo, Paulo afirma: "Por intermédio de quem obtivemos igualmente acesso, pela fé, a esta graça na qual estamos firmes". Sem dúvida, a fé aqui mencionada é a fé em Cristo. Em Efésios 3.12, devemos esperar que a fé mencionada seja a mesma que vemos em Romanos 5.2. Novamente, a ênfase que recai sobre a ousadia, o acesso e a confiança, em Efésios 3.12, exigiria uma alusão, em termos dos pensamentos de Paulo, à fé em Jesus que, de maneira abundante, é ressaltada em outros trechos. E, quando encontramos o vocábulo "fé" expressamente mencionado, toda consideração nos levam à conclusão de que a fé indispensável à confiança e ao acesso é precisamente aquela que fora tencionada. Portanto, em Efésios 3.12, a harmonia das considerações favorece o genitivo de objeto; esta passagem também não oferece qualquer apoio para a interpretação com a qual nos ocupamos.

3. Quando analisamos as passagens mencionadas, não descobrimos no contexto evidências que apoiam a suposição de que o apóstolo almejava falar sobre a fidelidade de Cristo. Pelo contrário, existem considerações que favorecem a interpretação mais geralmente aceita. Em Romanos 3.22,26, que tipo de "fé" estava sendo abordada no contexto? Em toda esta passagem (vv. 21-31), à parte das duas ocorrências nos versículos 22 e 26, a fé é mencionada seis vezes. Basta-nos apelar ao versículo 28 ("Concluímos, pois, que o homem é justificado pela fé, independentemente das obras da lei"), para mostrar que a fé, neste particular, é a nossa fé contrastada com as obras. E, com certeza, este sentido, somente este, aparece nas outras cinco instâncias — nenhum argumento é necessário para comprová-lo. Por qual motivo podemos insistir em que, nos versículos 22 e 26, a palavra "fé" indica a "fidelidade de Jesus"? Outrossim, o apelo contínuo, no capítulo seguinte, à fé exercida por Abraão, em apoio à justificação pela *fé*, em contraste com as *obras*, estabelece a definição de "fé", com a qual tanto se preocupa todo o argumento do apóstolo, de Romanos 3.21 a 5.11. Também descobrimos que as passagens onde o mesmo tipo de construção textual aparece (Mc 11.22; At 3.16; Tg 2.1; Ap 2.13; 14.12), ao invés de exigirem uma interpre-

tação em termos de um genitivo do sujeito, apontam definitivamente na direção oposta. Então, se a analogia não apoia um genitivo de sujeito, e sim de objeto, e se o contexto de Romanos 3.22,26 tem claramente em vista a fé dirigida a Deus ou a Cristo, o caso é tal, que não resta qualquer evidência para comprovar outro ponto de vista sobre a "fé" mencionada nestes dois versículos, nem existe qualquer evidência para supormos que a "fidelidade" de Cristo é um ingrediente que pertence à definição da "fé" que o apóstolo tinha em mente.

Ao examinarmos Gálatas 2.16, encontramos as mesmas considerações que, como já vimos, influenciam diretamente a interpretação das duas expressões que ocorrem neste versículo, isto é, "fé em Cristo Jesus" e "fé em Cristo". Basta lembrar que, nesse contexto imediato, o apóstolo estava novamente argumentando acerca da antítese entre a justificação por obras e a justificação pela fé — "Sabendo, contudo, que o homem não é justificado por obras da lei, e sim mediante a fé em Cristo Jesus, também temos crido em Cristo Jesus, para que fôssemos justificados pela fé em Cristo e não por obras da lei". A verdade de Romanos 4, por certo, também se manifesta em Gálatas 2, ou seja, é a fé no Senhor, conforme o padrão da fé exercida por Abraão, que provê a antítese da justificação pelas obras. Além disso, quando Paulo afirma: "Também temos crido em Cristo Jesus", não temos nenhum motivo para supor que qualquer outra fé, exceto a fé definida nesses termos, está em foco nas outras duas referências à fé. E, sob hipótese alguma, foi supérfluo o apóstolo dizer: "Também temos crido em Cristo Jesus, para que fôssemos justificados pela fé em Cristo". Esta declaração não é desnecessária, porque nesta passagem Paulo insistia no fato de que cremos em Cristo por causa da razão específica, ou relevante, de sermos justificados. E para incutir em nossa mente a sua ênfase, era necessário, por causa da completa exclusão das obras, que ele dissesse dizer não somente que "temos crido em Cristo Jesus, para que fôssemos justificados", mas também "para que fôssemos justificados pela fé". Isto equivale a asseverar que temos confiado em Cristo pela razão de que por meio de tal fé somos justificados. Portanto, em Gálatas 2.16, bem como em Romanos 3.22 e 26, descobrimos que a linguagem possui natureza tal, que não existe qualquer evidência em favor da interpretação "a fidelidade de Cristo"; considerações éticas militam contra tal opinião e demonstram o ponto de vista que em Gálatas 2.16, por semelhante modo, temos um genitivo de objeto.

Não precisamos abordar especificamente outros versículos (Gl 2.20; 3.22 e Fp 3.9), visto que considerações similares às que foram apresentadas em conexão com Romanos 3.22,26 e Gálatas 2.16 podem ser citadas nestes outros versículos. Uma verificação rápida em Filipenses 3.9 demonstrará que este é o caso. E, no tocante a Gálatas 2.20, a expressão bastante incomum, "pela fé no Filho de Deus", não oferece qualquer evidência em apoio à tese em questão. Se, conforme averiguamos, essa construção genitiva, em outras passagens, não favorece esse ponto de vista, mas, pelo contrário, é um genitivo de objeto; e, se em 1 Timóteo 3.13 e 2 Timóteo 3.15 a expressão "fé em Cristo Jesus" pode aludir à fé da qual Cristo é o objeto, então, há excelentes razões para interpretarmos Gálatas 2.20 como referência à fé dirigida ao Filho de Deus.

V. No tocante a Romanos 1.17 e à expressão "de fé em fé", deve ser evidente que, se as conclusões anteriores são válidas, não há boas razões para advogarmos que, neste caso, ἐκ πίστεως deve reportar-se à fidelidade divina. Temos verificado que ἐκ πίστεως é uma expressão favorita de Paulo, denotando a fé do crente dirigida à pessoa de Deus ou a Cristo. Logo, esta expressão, por si mesma, não fornece qualquer convicção a favor do significado "a fidelidade de Deus". Pelo contrário, o uso habitual favorece a alusão à fé exercida pelo crente. Nossas descobertas atinentes a Romanos 3.22 são particularmente relevantes ao entendimento de Romanos 1.17. Conforme demonstramos na exposição destes versículos, temos bons motivos para pensar que em Romanos 3.22 Paulo utilizou a fórmula "mediante a fé em Jesus Cristo, para todos [e sobre todos] os que creem", a fim de ressaltar ambos os aspectos da verdade: é pela fé que somos justificados; a justificação ocorre onde quer que se manifeste a fé. Por semelhante modo, é apropriado que esta mesma ênfase apareça em Romanos 1.17. Trata-se apenas da reiteração do que está implícito em Romanos 1.16, ou seja, que o evangelho é o poder de Deus para salvação *"de todo aquele que crê,* primeiro do judeu e também do grego".

VI. Poder-se-ia objetar que o argumento detalhado anteriormente é irrelevante, porquanto, sendo controvertida a tese, ela não está interessada em negar que πίστις, nas passagens envolvidas, reflete a fé do crente. Seu interesse é tão somente asseverar que πίστις é uma "expressão polarizada" que envolve ambos os elementos, a fidelidade de Cristo e a fé correspondente, por parte do crente. Por conseguinte, demonstrar esta última ideia é irrelevante, visto sua existência não está sendo negada. Como resposta, algumas observações são suficientes.

1. Admite-se plenamente que, onde existe a fé, também existe a fidelidade de Deus e de Cristo, em direção à qual se dirige a fé e da qual esta se origina. Em outras palavras, a fé sempre envolve esta *situação polarizada*. Portanto, isto não faz parte da questão em debate.

2. A averiguação das evidências tem demonstrado, acredito, que a fé dirigida a Cristo é refletida nas passagens concernentes, se pudermos usar a expressão πίστις εις Χριστόν ou ἐν Χριστῷ. Ora, a fé dirigida a Cristo não pode *consistir*, em sentido algum, da fidelidade do próprio Cristo. *Essa* fidelidade reside inteiramente em Cristo, aquele a quem a fé se dirige. E resulta em confusão a tentativa de injetar, na própria fé, a fidelidade que pertence à Pessoa a quem a fé se dirige e sobre quem esta repousa. Portanto, uma vez demonstrado que a fé do crente está refletida nas passagens concernentes, isto significa que a fidelidade de Cristo não está *incluída* na fé refletida. Em outras palavras, uma coisa é dizer que a nossa fé sempre envolve uma *situação polarizada*; outra coisa, inteiramente diversa, é afirmar que a *fé* é uma *expressão* polarizada. Esta é a confusão que o presente argumento tem procurado esclarecer.

3. Se a fé, nestas instâncias, é uma "expressão polarizada", como poderia isto ser verdadeiro em versículos como Romanos 1.17 e 3.22? Porquanto, nas premissas, certamente ἐκ πίστεως, no primeiro caso, alude à fidelidade de Deus, e εἰς πίστιν, à fé dos homens. Mas, no último caso, διὰ πίστεως refere-se à fidelidade de Cristo, e εἰς πάντας τοὺς πιστεύοντας, à fé dos homens. A situação polarizada poderia, efetivamente, ser coberta pelas respectivas fórmulas. Entretanto, em nenhuma passagem o termo πίστις, por si mesmo, seria uma *expressão* polarizada. Em alguns casos, referir-se-ia

à fidelidade de Deus ou à de Cristo e, em outros, à fé dos homens; porém, em nenhum versículo haveria menção a ambas as coisas, ao mesmo tempo.

Por conseguinte, podemos tão somente concluir que a tese em questão não é confirmada pelas evidências. E, ao invés de contribuir para uma melhor compreensão do significado de πίστις, a tese confunde uma situação polarizada (na qual πίστις é um dos fatores) com uma expressão polarizada.

APÊNDICE C
ISAÍAS 53.11

"O meu Servo, o Justo, com o seu conhecimento, justificará a muitos" (ברעתו יעריק עברי לרבים) é a cláusula na qual estamos particularmente interessados. Supondo, pelas razões já subentendidas no Apêndice A, que o "hiphil" עריק precisa ser interpretado em sentido forense, a questão é se ברעתו tem de ser interpretado como o conhecimento por parte do Servo ou o conhecimento do servo por parte dos justificados.

I. Não pode haver dúvida de que o sufixo, na expressão ברעתו, refere-se ao Servo Justo, quer seja o conhecimento que ele possui, quer seja o conhecimento que outros possuem a respeito *dele*.

II. O רעת envolvido poderia ser um substantivo ou um infinitivo sintético "qal", isto é, conhecimento ou conhecer. Menções claras deste último caso se acham em Gênesis 38.26, Deuteronômio 9.24, Isaías 7.15 e, mais provavelmente do que outro caso, Jó 9.24 e Isaías 48.4. Ocorrências de רעת como um substantivo são Provérbios 3.20, 22.17; Isaías 44.25 e 47.10. É provável que Jó 13.2 esteja nesta mesma categoria, mas o infinitivo sintético também é possível. Seria mais natural compreendermos רעת, em Isaías 53.11, como um substantivo; nada existe que possa sugerir a outra alternativa; e "por seu conhecimento" é a tradução comum e natural.

III. A pergunta, então, é: como devemos entender o sufixo? O conhecimento é subjetivo ou objetivo em relação à pessoa mencionada? Trata-se do conhecimento possuído pelo Servo, o seu próprio conhecimento (subjetivo), ou trata-se do conhecimento que outros possuem a respeito dele (objetivo)? Alguns comentadores usam os termos ativo e passivo para denotar esses dois sentidos, respectivamente: o "ativo" dá a entender que o conhecimento é aquele que envolve a atividade por parte do Servo; e o "passivo" significa que o conhecimento é aquele do qual ele é o objeto e os outros são os agentes.

Ao falarmos sobre esta questão, vale a pena examinar o uso veterotestamentário de sufixos combinados com o infinitivo sintético ou com o substantivo.

Em Gênesis 38.26, é obvio que o sufixo tem significado objetivo, no sentido que já definimos. Não está em foco o conhecimento que a pessoa denotada pelo sufixo possuía a respeito de Judá, e sim o conhecer por parte de Judá — "E nunca mais a [Tamar] possuiu". Porquanto Tamar é a pessoa denotada pelo sufixo, a palavra refere-se ao conhecimento do qual ela é o objeto. Em Deuteronômio 9.24, Moisés é o interlocutor, sendo também a pessoa denotada pelo sufixo – "Rebeldes fostes contra o SENHOR, desde o dia em que vos conheci". Aqui é subjetivo; não se reporta ao conhecimento que possuíam acerca de Moisés, mas ao conhecimento que este desfrutava a respeito deles. Em Jó 10.7, a pessoa referida no sufixo é Deus. Jó era aquele que estava falando: "Bem sabes tu que eu não sou culpado". Novamente, o significado é subjetivo — o conhecimento que Deus tinha consigo a respeito de Jó. Em Jó 13.2, é claro, que encontramos uma ocorrência do subjetivo, quer רעה seja um substantivo, quer seja um infinitivo sintético. Em Isaías 7.15 é a criança que está em foco no sufixo – "Quando souber desprezar o mal e escolher o bem". Evidentemente, o versículo reflete o conhecimento da própria criança, e o pensamento é subjetivo. Em Isaías 48.4 – "Porque eu sabia que eras obstinado" – temos uma referência ao conhecimento do próprio interlocutor, e a força subjetiva é indubitável. Dentre estas instâncias, onde está presente o infinitivo sintético, prevalece o conhecimento subjetivo.

Nos casos onde encontramos o uso substantivo de דעת, o sentido subjetivo é, novamente, preponderante. Deus é a pessoa aludida no sufixo em Provérbios 3.20 – "Pelo seu conhecimento os abismos se rompem"; e o subjetivo é óbvio. No tocante a Provérbios 22.17 — "Aplica o coração ao meu conhecimento" — esta instância poderia ser subjetiva. Neste caso, refletiria a necessidade de darmos atenção ao que Deus sabe, em vez de ao que nós sabemos, isto é, ao entendimento e ao juízo de Deus, e não ao nosso próprio. No entanto, pareceria mais natural entender objetivamente esta declaração, aludindo ao nosso conhecimento sobre Deus; e o pensamento seria que devemos aplicar nossas corações àquele conhecimento que nos compete ter a respeito de Deus. Precisamos dar ouvidos, a fim de conhecê-lo. Em Isaías 44.25 e 47.10, achamos claros exemplos do subjetivo.

Portanto, a conclusão é que, ao encontrarmos דעת com um sufixo, não importando se דעת é verbal ou nominal, a evidência claramente estabelece a preponderância do sentido subjetivo. Isto significa que a passagem focaliza o conhecimento possuído ou exercido por parte da pessoa denotada pelo sufixo. Por conseguinte, em Isaías 53.11, a linguagem habitual em outros versículos demonstra que o conhecimento ou o conhecer aludido por ברעתו bem pode ser o conhecimento possuído pelo próprio Servo Justo; também revela que, por intermédio desse conhecimento a ele predicado, ele justificaria a muitos. Naturalmente, também é possível que Isaías 53.11 saliente o significado objetivo — o conhecimento que os justificados possuem a respeito dele. O propósito de apelarmos a outras passagens é apenas demonstrar que a linguagem habitual não favorece o sentido objetivo. E, no que diz respeito ao uso habitual, o subjetivo é perfeitamente possível. Da própria expressão, nada podemos extrair que seja determinante em relação a um ou ao outro significado.

IV. Alguns dos mais hábeis comentadores tomam a expressão em foco no sentido objetivo; por exemplo, Hengstenberg, Alexander e Barnes. Franz Delitzsch adota o subjetivo.

E.W. Hengstenberg disse: "O conhecimento não pertence ao Servo de Deus, como que habitando nele, mas é o conhecimento a respeito dele... Portanto, 'por seu conhecimento' é equivalente a 'pelo conhecimento que tiverem dele, pela familiaridade que tiverem com ele'. Este conhecimento do Servo de Deus, de conformidade com sua principal obra (o ofício medianeiro), descrita nos versículos antecedentes, ou a *fé* é a condição subjetiva da justificação. Na qualidade de sua causa eficiente, o sofrimento vicário do Servo de Deus foi representado no contexto anterior... Em toda a profecia, o Servo de Deus não aparece como o Mestre, mas como o Redentor; e a relação entre עריק e העריק demonstra que nesta passagem, igualmente, ele é reputado como tal" (*Christology of the Old Testament*, E. T., Edimburgo, 1861, vol. II, p. 304). De fato, precisamos admitir que neste contexto o Servo Justo figura como Redentor. Porém, um ponto de vista empobrecido a respeito das capacidades necessárias para a realização de sua obra messiânica como o Redentor é aquele que não reconhece o lugar do conhecimento e compreensão por parte do próprio Servo Justo. Não existe fundamento na suposição de que o conhecimento, por parte do Servo, não é relevante à sua função redentora. Outrossim, conforme veremos adiante, o contexto reflete a sabedoria dele, e, neste caso, por que não refletiria o conhecimento dele. O argumento de Hengstenberg possui bem pouca relevância.

Joseph Addison Alexander mostra-se dogmático e sucinto: "A única forma gramatical satisfatória é a voz passiva, que transmite à frase o significado de *pelo conhecimento dele*, por parte de outros; e isto é determinado por toda a conexão, indicando um conhecimento experimental prático, envolvendo a fé e a autoapropriação da retidão do Messias, cujo efeito é expresso nas palavras seguintes" (*The Later Prophecies of Isaiah*, Nova Iorque, 1847, p. 273).

Albert Barnes é igualmente decisivo em sua opinião: "*Por seu conhecimento*, isto é, pelo conhecimento a respeito dele. A ideia é: tornando-se alguém plenamente familiarizado com ele e com seu plano de salvação. A palavra *conhecimento*, neste versículo, é evidentemente empregada em um sentido mais amplo para denotar *tudo* quanto constitui a familiaridade com ele" (*Notes: Critical, Explanatory, and Practical on the Book of the Prophet Isaiah*, Boston, 1840, vol. III, pp. 455, 456).

Edward J. Young disse a respeito do ponto de vista de o conhecimento ser aquele que o próprio Servo possui: "Tal noção... parece ser inteiramente estranha ao contexto. A justificação de muitos é realizada, conforme este versículo, não por meio do conhecimento que o Servo possui, e sim por ter ele levado as iniquidades deles... Por conseguinte, trata-se não do conhecimento que ele mesmo possui, e sim do conhecimento possuído por aqueles que ele justificaria... Trata-se de um conhecimento pessoal, íntimo, tal como o que uma pessoa tem de outra. Envolve fé, confiança, apreensão intelectual e crença" (*Isaiah Fifty-Three*, Grand Rapids, 1953, p. 74).

Por outro lado, apesar de reconhecer que o ponto de vista anterior — que considera o sufixo como objetivo — fornece "um significado que se mostra fiel aos fatos reais", Franz Delitzsch prefere, juntamente com Cheyne, Bredenkamp e Orelli, tomar o sufixo subjetivamente, assim como em Provérbios 22.17, e assevera que esta opinião é favorecida por Malaquias 2.7, Daniel 12.3, 11.2, Mateus 11.27 (*Biblical Commentary on the Prophecies of Isaiah*, E.T. Edinburgo, vol. II, pp. 309,310).

V. Esta não é uma questão que afeta radicalmente a interpretação de Isaías 53, nem o ensino veterotestamentário sobre o tema da justificação. Por isso, talvez não haja prejuízo à exposição e à doutrina, se apresentarmos as razões pelas quais pensamos nada existir contrário ao contexto ou à analogia das Escrituras, no ponto de vista de que o conhecimento em foco é o conhecimento possuído pelo próprio Servo, conhecimento esse vinculado à sua função justificadora.

Há numerosos aspectos em que o conhecimento poderia ser encarado como uma das capacidades essenciais do Servo Justo na realização da obra expiatória, que é o assunto central desta passagem. Poderia ser o conhecimento de sua comissão, o conhecimento das implicações de sua comissão, visto que elas exerciam influência sobre o desempenho da ação denotada pelo verbo "justificar", que aparece logo em seguida. Poderia ser o conhecimento do propósito a ser alcançado por sua realização, bem como do resultado bem-sucedido desta. Ou poderia estar refletindo o entendimento pelo qual ele foi capacitado a cumprir sua comissão. De qualquer ângulo que encaremos a tarefa que lhe foi designada e que por ele foi aperfeiçoada, na qualidade de Servo do Senhor, o conhecimento é um ingrediente indispensável na obediência subentendida em sua natureza de Servo. Porque a obediência sem o conhecimento não possui qualquer das virtudes que são peculiares à sua singular e transcendental realização da vontade do Senhor. Para que ele demonstrasse obediência desta qualidade, tinha de ser a obediência de uma vontade *inteligente*. Se a justificação em foco abrange a aplicação da redenção, então, o conhecimento, por semelhante modo, é necessário para essa contínua atividade por parte do Servo. Portanto, seu próprio conhecimento pode ser concebido não somente como relevante à ação justificadora do Servo, mas também como indispensável à realização da ação justificadora, quer esta ação se refira à obra expiatória consumada de uma vez por todas, ou à sua obra permanente, como o Senhor exaltado.

VI. Não podemos esquecer o fato de que, nesta profecia, em outros capítulos e, mais particularmente, nesta mesma passagem, existe uma ênfase distinta sobre o conhecimento possuído pelo Messias. Em Isaías 11.2, nossa atenção é atraída para o fato de que o Espírito de conhecimento repousaria sobre ele, bem como o Espírito de sabedoria e de entendimento. Em Isaías 50.4, não estaríamos corretos em atribuir as palavras deste versículo ao Servo: "O Senhor Deus me deu língua de erudito, para que eu saiba dizer boa palavra ao cansado"? Em Isaías 52.13, quando o Servo é apresentado, em sua realização especificamente expiatória, há uma menção expressa à sabedoria e ao entendimento do Servo: "Eis que o meu Servo procederá com prudência". Citando Edward J. Young: "Em sua significação primária, isto apenas nos diz que ele agiria com compreensão ou inteligência. Entretanto, posto que tal ação inteligente usualmente resulta em bom êxito, o verbo também inclui a ideia de ação eficaz. Portanto, convém entendermos que o Servo haveria de agir com tanta sabedoria, que um abundante fruto haveria de coroar seus esforços" (*op. cit.*, p. 10). Certamente é apropriado que o conhecimento, por semelhante modo, esteja associado à ação justificadora da parte do Servo, de maneira que condicione seu exercício e assegure sua eficácia. Outrossim, em Isaías 53.3, a expressão traduzida por "e que sabe o que é padecer" (וירוע חלי) significa, literalmente, que ele era "conhecedor de padecimentos", refletindo até que ponto ele experimentaria sofrimentos, e acentua a profundidade do conhecimento que ele tinha dos padecimentos. O

Servo estava em perfeita harmonia com os sofrimentos; e estes, por sua vez, se sentiam completamente à vontade com ele. O fato de que nesta passagem encontramos esta reflexão sobre a experiência do Servo indica um modo como o seu conhecimento experimental influenciou a sua obra expiatória; ou indica como a sua realização expiatória tornou necessária a sua familiaridade experimental com os sofrimentos. Não é verdade que ele era "conhecedor" das tentações e que aprendeu a obedecer, mediante as coisas que sofreu, integralmente, até à concretização da expiação e mediante a experiência com as nossas debilidades, em favor das quais ele continua a ser um sumo sacerdote misericordioso e fiel? E, finalmente, no contexto imediato há uma reflexão sobre atividades psicológicas por parte do Servo, como resultado do labor de sua alma – "Ele verá... e ficará satisfeito".

Logo, podemos concluir que, em toda esta passagem, a ênfase sobre as experiências da alma, envolvidas na obra do Servo, tornaria significativamente apropriado que o estado de cognição experimental, envolvido nessas experiências e delas resultantes, fosse colocado em eficaz operação na atividade justificadora do Servo e que, de fato, se mostrasse ativo na justificação de muitos. E precisamos levar isto em consideração, quer a ação justificadora contemplada seja a expiação do pecado, consumada uma vez por todas, quer seja a contínua atividade na justificação. Esta não pode ser concebida à parte do conhecimento que ele possui, na capacidade em que ele exerce esta prerrogativa. Além disso, precisamos incluir o abundante significado tão frequentemente associado ao conhecimento, na linguagem do Antigo Testamento (ver a exposição de Romanos 8.29). Este conceito, em tais casos, não é meramente cognitivo; tem seus ingredientes emotivos e volitivos. E nenhuma razão existe pela qual não devemos pensar que a noção, nesta instância, não envolva a atividade cognitiva, volitiva e emocional que subjaz e está vinculada à ação justificadora da parte do Servo, o conhecimento caracterizado por interesse e decisão amorosos. Isso talvez seja, no Antigo Testamento, o equivalente de Hebreus 10.10: "Nessa vontade é que temos sido santificados, mediante a oferta do corpo de Jesus Cristo, uma vez por todas". Quando encarada à luz de todas essas considerações, não parece haver qualquer boa razão para rejeitarmos sumariamente a interpretação que advoga o significado subjetivo, o conhecimento possuído pelo próprio Servo, no mais amplo sentido de sua referência, no que diz respeito à obra do Servo como aquele que levou sobre si mesmo os nossos pecados, aquele que serviu de oferta para transgressão e também como Sumo Sacerdote que se ofereceu a si mesmo.

VII. Se a justificação aludida é aquela que se encontra na esfera da realização objetiva, consumada de uma vez por todas, e, deste modo, é sinônimo da expiação, tal conhecimento não poderia ser outro, senão o conhecimento possuído pelo próprio Servo. Porquanto, como é óbvio, o nosso conhecimento dele não poderia exercer qualquer instrumentalidade em sua ação expiatória. A possibilidade desta significação do vocábulo "justificar" não deve ser eliminada, porquanto há considerações importantes a seu favor.

1. É evidente que este capítulo aborda particularmente a obra expiatória do Servo. O contexto imediato possui alusões distintamente expiatórias – "Quando der ele a sua alma como oferta pelo pecado" (v. 10); "As iniquidades deles levará sobre si" (v. 11). Há razão para pensarmos que a cláusula em questão tem significado semelhante, particularmente quando considerada em conjunção com a cláusula que a segue. Se estas duas cláusulas forem entendidas como expressões de ideias coordenadas (o que é possível), então, ambas terão significação expiatória, visto que a segunda, sem dúvida alguma, tem natureza expiatória. Não estamos argumentando que a cláusula em questão deve referir-se ao aspecto expiatório da obra do Servo. Outras cláusulas, no contexto imediato, contêm referências ao resultado de sua obra expiatória. E esta cláusula, também. Tudo quanto estamos afirmando é que o contexto torna distintamente exequível a interpretação expiatória, se, de fato, não chega mesmo a criar uma forte probabilidade em seu favor.

2. Se a expressão "com seu conhecimento" for entendida em sentido objetivo, estamos diante de uma maneira inconveniente de expressar a verdade focalizada. Pois, neste caso, a passagem estava falando a respeito da justificação, e não da ação expiatória; e, no que concerne à justificação, esta seria uma forma estranha e, provavelmente, sem igual de declarar a relação entre a fé e a justificação. Tal estranheza transparecerá se parafrasearmos o

suposto sentido dessa interpretação, que diria: "Pela fé em Cristo, Cristo justificará a muitos". Não parece haver qualquer texto correlato a esse tipo de afirmação. Porém, se o conhecimento for o conhecimento da parte dos justificados, encontraremos em Isaías 53:15 um daqueles padrões que teria de ser pressuposto, a fim de expressar o pensamento tencionado.

3. Na linguagem das Escrituras, a fé é colocada em relação à justificação. No Antigo Testamento, Gênesis 15.6 ressalta este fato, e esta passagem ocupa lugar central na doutrina do apóstolo Paulo. É verdade que a fé implica em conhecimento e, especialmente, no conhecimento de Cristo — nas palavras de Alexander: "O conhecimento prático e experimental que envolve fé e autoapropriação da justiça do Messias" (*op. cit., ad loc.*). No entanto, colocar a fé em lugar da palavra "conhecimento", no lidar com o instrumento da justificação, é algo sem fundamento na analogia das Escrituras. Este desvio do uso habitual das Escrituras, em outras passagens, poderia ser admitido como a interpretação necessária somente se houvesse algum motivo compelidor para o adotarmos. Pelas razões já apresentadas, esse motivo compelidor não existe. E, quando conservamos em mente as razões por que a fé é posta em relação instrumental com a justificação (especialmente porque a fé possui a qualidade específica que a torna apropriada à justificação graciosa), é difícil adotarmos o ponto de vista de que houve um afastamento da ênfase sustentada por toda a Bíblia.

4. Devido às razões já apresentadas, é somente em referência à justificação que se aplica a interpretação objetiva. Aqueles que adotam tal opinião pressupõem esse fato. Todavia, não é sem relevância para esta questão, considerada à luz da analogia bíblica, o fato de que a justificação não é apresentada como a ação específica de Cristo, e sim do Pai, em distinção ao Filho; e, em consonância com essa analogia, esperaríamos que a justificação fosse a ação do Senhor (cf. v. 1,6,10), em distinção ao Servo. Se adotarmos a interpretação subjetiva, poderemos aplicar a justificação envolvida à obra expiatória do Servo e, neste caso, nada diferente da analogia das Escrituras ficaria subentendido; a expiação é uma obra específica do Messias.

Em conclusão, seria necessário que elaborássemos as mais vigorosas considerações, se tivéssemos de sustentar que o padrão do uso bíblico não é seguido nesta passagem de Isaías. Tais considerações não podem ser evocadas; há numerosos aspectos em que o conhecimento, da parte do Servo, pode ser tido como contributivo e indispensável à sua ação justificadora, quer esta se enquadre na categoria da expiação, quer na categoria de sua aplicação. Existem algumas considerações importantes que militam contra a interpretação objetiva e favorecem a subjetiva. Logo, a preponderância está no ponto de vista de que Isaías 53.11 refere-se ao conhecimento possuído pelo Servo.

Apêndice D
Karl Barth e Romanos 5

Sob o título *Christus und Adam nach Röm. 5*, publicado em 1952 como o Tomo 35 de *Theologische Studien*, Karl Barth proveu-nos em desafiador e estimulante estudo sobre Romanos 5. T. A. Smail editou uma tradução inglesa desse estudo, que foi publicado por Harper & Brothers Publishers (Nova Iorque, 1957), sob o título *Christ and Adam: Man and Humanity in Romans 5*. Na presente avaliação da opinião de Barth, as citações são extraídas da edição de Smail. Ao escrever este apêndice, reproduzi, em grande parte, aquilo que foi publicado, em forma de revista, em *The Westminster Theological Journal*, maio de 1958 (vol. XX, n° 2, pp. 198, ss).

Os assuntos abordados nas páginas seguintes são aqueles que, em minha estimativa, constituem o âmago da exegese de Barth a respeito de Romanos 5 e ilustram os elementos essenciais do pensamento de Barth quanto à antropologia e à soteriologia. A crítica adversa que apresentamos é exegeticamente orientada. Isto é exigido pela natureza do próprio estudo de Barth, bem como pelo caráter do presente volume.

Logo no início, Barth reconhece devidamente que o tema principal da primeira parte da epístola aos Romanos é a revelação da justiça de Deus.

Isto ele define como "a justa e final decisão de Deus, a qual, para todos quantos a reconhecem pela fé, é o poder de Deus para a salvação" (p. 20). Esta definição, em termos de decisão justa (*Rochtsentscheidung*), é mantida do princípio ao fim da obra e determina aquilo que Barth pensava a respeito do que foi realizado pelo sangue de Cristo e a respeito da natureza da justificação. Esta definição indica que, para Barth, a justificação é algo que ocorre no julgamento de Deus, antes do evento da fé, pois a fé é apenas a apreensão ou o reconhecimento desse julgamento, que, pela fé, se tornaria conhecido dos crentes. "Ao crerem, eles estão apenas se conformando à decisão acerca deles, feita nele" (p. 24). E que isto se aplica à justificação se torna bastante claro nas seguintes palavras: "Em soberana antecipação de nossa fé, Deus justificou-nos através do sangue sacrificial de Cristo" (p. 22).

Há pelo menos dois aspectos em que esta interpretação não consegue expor corretamente o ensino paulino. De acordo com Paulo, somos justificados pela fé; e aplicar os termos relativos à justificação, sem discriminá-los de qualquer outra coisa correlata à fé e, portanto, coincidente com ela, é desviar-se radicalmente da contínua ênfase do apóstolo. É verdade que no sangue de Cristo existe a realização "de uma vez por todas", antecedente à fé. Paulo chama isto de propiciação, reconciliação e redenção. Mas o uso total, não uniforme, do termo "justificação" e seu equivalente visa designar o juízo de Deus do qual a fé é o instrumento. Esse ato de fé não se dirige ao fato de havermos sido justificados, e sim a Cristo, a fim de sermos justificados (cf. Gl. 2.16). Não devemos imaginar que na epístola aos Romanos os termos δικαιοσύνη, δικαίωσις e δικαίωμα sejam usados como sinônimos, conforme a aparente suposição de Barth (cf. p. 20). Em Romanos 5.16, δικαίωμα e, em 5.18, δικαίωσις referem-se ao ato justificador de Deus. Entretanto, a exegese não requer nem permite a identificação desse ato com a expressão δικαιοσύνη θεοῦ, em Romanos 1.17; 3.21,22 e 10.3; que significa a justiça justificadora, mas deve ser distinguida do ato justificador. A interpretação de Barth implica em universalismo, não somente no tocante à expiação, mas também à justificação. Parte integral de sua interpretação sobre a relação entre Cristo e Adão é a opinião de que Cristo, no que se refere ao seu ofício salvífico, deve manter, para com a humanidade, uma relação tão inclusiva quanto a que Adão mantém para com os homens. As implicações a este respeito veremos adiante.

Barth se ocupa principalmente com Romanos 5.12-21 e com a analogia entre Adão e Cristo. Devemos entender que, para Barth, Adão não foi visto como um personagem histórico singular, que, *como tal*, no começo da história humana cometeu um pecado particular, excepcional em suas relações e efeitos — aquela transgressão única em que todos os demais membros estão envolvidos e, portanto, relacionados a ela, de uma maneira que não o faz qualquer outro pecado. Barth deixa explícito que Adão é o homem típico e que os outros homens compartilham do seu pecado, porquanto o pecado dele é *repetido* nos outros homens: estes pecam à semelhança de Adão. Os pecados de todos os outros homens "foram antecipados" no pecado de Adão, e "as vidas de todos os outros homens, depois de Adão, têm sido apenas a repetição e a variação de sua vida, de seu começo e de seu fim, de seu pecado e de sua morte" (p. 29). "No versículo 12, Paulo havia deixado claro que 'todos pecaram', ou seja, que todos repetiram o ato pecaminoso de Adão" (p. 62). Portanto, Barth considerava Adão como o homem representativo, motivo pelo qual pôde falar dele como o "representante responsável" da humanidade. No entanto, Barth falava desta maneira não porque aceitava a historicidade de Gênesis 2 e 3 ou porque reputava o pecado de Adão, no Éden, como um pecado singular, por causa de suas implicações e relações, mas simplesmente porque o pecado de Adão se repetira na raça humana e porque Adão, em seu pecado e morte, como *primus inter pares*, era o homem representativo (cf. pp. 92,93). "Somos aquilo que Adão foi, e assim o são todos os seres humanos. E o único Adão é aquilo que nós e todos os homens somos. O homem é, ao mesmo tempo, um indivíduo, somente um indivíduo, e, sem perder em sentido algum a sua individualidade, é o representante responsável de todos os homens" (pp. 90,91). Portanto, a individualidade *singular* de Adão e a especialidade de seu pecado, por causa das relações distintivas que ele sustentava para com os demais homens e do envolvimento distinguidor dos outros homens no seu pecado, são eliminados. Todos nós somos Adão.

Podemos dizer com clareza que, se adotarmos essa interpretação de Romanos 5.12-19, teremos de abandonar a exegese. Paulo enfatizou que, mediante a transgressão única de um único homem, Adão, muitos foram considerados pecadores e a morte passou a exercer seu domínio sobre todos. A contínua ênfase de Paulo sobre aquela única transgressão de um único homem, a transgressão de um só, é oposta à ideia de *repetição*, sobre a qual está centralizada a interpretação de Barth. A única exegese compatível com a reiterada ênfase de Paulo, sobre a transgressão única, é a solidariedade de todos os homens nessa transgressão, de um modo que não pode ser equiparado com os envolvimentos no pecado que aparece em nossos outros relacionamentos solidários. Barth elimina este caráter singular de Adão e este envolvimento singular em sua transgressão. Para Barth, conforme ele também explica em sua obra *Church Dogmatics*, trata-se de um caso "do indivíduo e de muitos, cada qual com a sua própria responsabilidade, cada qual com sua forma particular de orgulho, cada qual com sua própria queda, cada qual à sua maneira específica e distinta" (IV, 1, E. T., p. 504).

A mais notável característica da interpretação de Barth aparece em conexão com seu ponto de vista da identidade do princípio normativo (*Ordnung*) que está subentendido na analogia instituída entre Adão e Cristo. Visto ser Adão o *tipo* daquele que viria, Barth mostra-se insistente em afirmar que a relação entre Adão e todos nós não somente havia sido ordenada, a fim de corresponder à relação entre Cristo e nós, mas que esta última relação é a verdade antropológica primária e o princípio normativo. "Portanto, a natureza essencial e original do homem pode ser achada, não em Adão, mas em Cristo... Por conseguinte, Adão pode ser interpretado somente à luz de Cristo, e não ao contrário" (p. 29). Deste modo, "a existência humana, quando constituída por nosso relacionamento com Adão... não possui realidade ou *status* independente, nem importância própria"; e o relacionamento entre Adão e nós é "aquele que, original e essencialmente, existe entre Cristo e nós" (p. 30). Esta interpretação, a respeito da analogia e do princípio normativo sobre o qual se alicerça tal analogia, ocupa um lugar prioritário na antropologia e na soteriologia do sistema barthiano; por isso, torna-se mister focalizarmos sobre ela a nossa atenção.

(1) Conforme já indicamos, isto subentende que a relação entre Cristo e os homens é tão inclusiva quanto a relação entre Adão e os homens, pelo

que também a "decisão justa" passa a todos os homens, assim como a condenação passou a todos os homens, por intermédio de Adão. "Na existência de um só homem, Cristo, o resultado para todos os homens é a soberania da graça exercida na justa decisão divina e na promessa da vida eterna" (p. 32). As reiteradas expressões de Barth, em termos tão universais (cf. pp. 26,31,32,46,48,49,51,53,72,84,88 e 89), subentendem a universalidade; além disso, a prioridade que Barth estabelece em favor do relacionamento entre Cristo e os homens, sem o qual o nosso relacionamento adâmico não teria validade ou significado, requer esta relação universal entre Cristo e os homens, no que concerne àquilo que ele (Cristo) mais caracteristicamente é, como representante e revelador (cf. p. 31). E, a menos que a exegese de Paulo seja totalmente rejeitada, em seus pontos mais vitais, isto significa que todos os homens, sem exceção, serão finalmente beneficiários daquela graça que reina por meio da justiça, para a vida eterna (5.21). Barth não pode advogar a ideia do universalismo em um ponto de nosso relacionamento com Cristo, sem a implicação da salvação final de todos os homens. Pois, se há um universalismo distributivo nas apódoses dos versículos 18 e 19, assim como a interpretação de Barth exige, também deve havê-lo na apódose do versículo 21; e o reinado da graça, mediante a justiça, para a vida eterna, tem de envolver todos os homens, sem exceção. Ora, não é este o ensino de Paulo (cf. 2 Ts 1:9; 2.10-14). Argumentar que os termos universalistas de Romanos 5.18b demandam a salvação final de todos os homens é falhar em aplicar a este versículo as normas da exegese que obviamente se aplicam à interpretação de incontáveis expressões universalistas.

(2) Não podemos duvidar que Adão é tipo de Cristo (v. 14). Sem dúvida, há certa similaridade de relacionamento, e não há objeção alguma contra o falarmos sobre a identidade do princípio normativo. Nosso relacionamento para com Adão, no tocante ao pecado, condenação e morte, segue o padrão de nosso relacionamento com Cristo, no tocante à justiça, justificação e vida. E cumpre-nos reconhecer que isto foi designado por Deus. A soteriologia é edificada sobre o mesmo tipo de relacionamento exemplificado em nosso pecado e perda. E o princípio normativo pelo qual o pecado, a condenação e a morte vieram a dominar a humanidade exigiu que o princípio normativo

da justiça salvadora fosse do mesmo tipo ou padrão. Porém, o ensino de Paulo, nesta passagem, não estabelece a primazia ou a prioridade que Barth reivindica para o relacionamento com Cristo. Adão poderia ser tipo de Cristo, conforme Paulo disse, sem que isto implicasse em todas as inferências, extraídas por Barth, deste mesmo relacionamento. E tudo quanto poderia ser razoavelmente extraído dos informes tipológicos, mencionados no versículo 14 e aplicados expressamente nos versículos seguintes, é apenas que existe certa analogia entre nosso relacionamento com Adão, na esfera do pecado e da morte, e a nossa relação para com Cristo, na esfera da justiça e da vida. Na ausência de informes adicionais, é apenas uma importação, adotada por nossa própria responsabilidade, inferir mais do que isso. E o próprio ensino de Paulo, em 1 Coríntios 15.45-49, no sentido de que Adão foi o primeiro homem e que Cristo foi o segundo e último Adão, ensino esse que é o mais pertinente possível a este assunto, deveria acautelar-nos contra uma interpretação, em termos de prioridade e primazia, que milita contra a própria fórmula expressa por Paulo, nesta última passagem. A própria maneira como Barth explica 1 Coríntios 15.45-49 não alivia, de maneira alguma, a discrepância entre ele mesmo e Paulo. É verdade que, de acordo com o ensino de Paulo, "Cristo está em cima; Adão está em baixo. Adão é verdadeiro homem somente porque está em baixo, e não em cima" (p.34). Porém, ao lidar com a ordem que Paulo estabelece em relação a Adão, como o primeiro, e a Cristo, como o segundo e último, não há qualquer vantagem em Barth declarar que "a reivindicação de Adão ser o 'primeiro homem' é apenas aparente" (*idem*). Além disso, a questão não se refere à "reivindicação de Adão ser nosso cabeça, tornando-nos membros de seu corpo" (*idem*), e sim ao relacionamento a respeito da ordem estabelecida pelas declarações de Paulo.

(3) O argumento de Barth, baseado nas palavras πολλῷ μᾶλλον, nos versículos 15 e 17, ilustra o método exegético pelo qual ele apoia a sua tese. Em Romanos 5.9 e 10, esta mesma expressão ocorre no argumento *a fortiori* de Paulo, abordando desde a reconciliação até à salvação escatológica. E Barth interpreta isso corretamente, afirmando: "Porque estamos certos de que Cristo realizou a nossa reconciliação, podemos estar 'muito mais' de que ele também realizou a nossa salvação" (p. 45). Ele aplica a mesma linha de

pensamento às palavras πολλῷ μᾶλλον, nos versículos 15 e 17, concluindo que "o mesmo Jesus Cristo está envolvido na verdade em Adão"; que "Jesus Cristo sofreu e morreu pelo pecado de Adão e de todos os homens" e que, por meio da cruz, "Adão e todos os homens são reconciliados e perdoados" (pp. 47,48; cf. pp. 43-49). Ora, é perfeitamente claro que πολλῷ μᾶλλον, nos versículos 9 e 10, subentendem que, *por* havermos sido reconciliados, seremos finalmente salvos — esta verdade origina-se necessariamente da anterior. No entanto, isto nos permite concluir que πολλῷ μᾶλλον, nos versículos 15 e 17, devem ter o mesmo significado e estabelecer o mesmo tipo de relacionamento causal entre os dois elementos da comparação? O versículo 15 indica que, por haverem morrido muitos devido à transgressão de um só, *consequentemente* a graça de Deus abundará sobre muitos? Ou o versículo 17 indica que, *por* haver a morte reinado mediante a transgressão de um, *consequentemente* muitos reinarão em vida por meio de Jesus Cristo? De início, seria ilógico insistirmos em que πολλῷ μᾶλλον tem de transmitir sempre o mesmo significado que encontramos nos versículos 9 e 10. A linguagem não é tão invariável que exija esta norma, particularmente no uso habitual do apóstolo Paulo. O que ele por certo está enfatizando, nestes versículos (15 e 17), é a superabundância da graça. Na verdade, existe aqui a similitude do *modus operandi*. E também é verdade que, se, em termos deste *modus operandi*, os muitos vieram a morrer pela transgressão de um só, então, quando a graça entra em operação e segue o mesmo padrão deste *modus operandi*, quanto mais reinarão em vida os muitos! Entretanto, não temos o direito de inferir, deste argumento *a fortiori*, que "Jesus Cristo está envolvido na verdade de Adão" e que "Adão e todos os homens estão reconciliados e perdoados". A identidade do *princípio normativo*, ou, conforme preferiríamos dizer, do *modus operandi*, não envolve estas inferências; e o argumento *a fortiori*, nesta instância, de modo algum estabelece a conexão que achamos nos versículos 9 e 10. Se fomos reconciliados pela morte de Cristo, segue-se, necessariamente, que seremos salvos pela sua vida — uma coisa garante a outra. Mas o fato de que, pela transgressão de um só, muitos morreram não envolve a garantia de que, pela graça, muitos reinarão em vida. O pensamento central do apóstolo, nos versículos 15 e 17, é a superabundante liberalidade e gratuidade da graça divina, em contraste com o processo de juízo punitivo. E a magnitude e a eficácia da graça — a graça aplicada a inúmeras transgressões, para outorgar o perdão, a justificação e a vida — é demonstrada na implacável lógica com que o juízo, divino sobre o reino da morte procede de uma só transgressão. O argumento *a fortiori* é basicamente diferente do que encontramos nos versículos 9 e 10, pois, neste último, tanto a prótase quanto a apódose estão no âmbito da graça, da graça somente. E a força do argumento *a fortiori*, nos versículos 15 e 17, não exerce qualquer influência no sentido de que o juízo penal para a morte, mediante a transgressão de Adão, assegura o juízo salvífico para a vida, mediante a justiça de Cristo. Garante apenas isto: uma vez que o mesmo *modus operandi* aplica-se à nossa justificação, conforme exemplificado em nossa condenação, então, muito mais ainda, em face da natureza da graça divina, este mesmo princípio normativo tem de mostrar-se eficaz quanto à justificação e à vida. O que Romanos 5 enfatiza é a incomparável plenitude e a eficácia da graça, e não qualquer inferência a ser extraída do fato de que o julgamento produz a necessidade de manifestação da graça. O tipo de conexão que Barth encontra nas palavras πολλῷ μᾶλλον é, ao mesmo tempo, estranho e alheio à ênfase desta passagem.

APÊNDICE E
ROMANOS 9.5

A maneira como interpretamos as duas cláusulas finais deste versículo pode ser discutida, antes de tudo, em termos de pontuação. Três alternativas têm sido propostas:

(1) Colocar um ponto ou dois pontos após σάρκα, considerando as palavras seguintes, até ao final do versículo, como uma referência não a Cristo, e sim a Deus, na forma de uma doxologia.

(2) Considerar que ὁ ὤν tem Χριστός como seu antecedente e interpretar todas as afirmativas seguintes como se tivessem aplicação a Cristo, traduzindo-as, em seguida, assim como em nossa versão: "O qual é sobre todos, Deus bendito para todo o sempre. Amém!"

(3) Um terceiro ponto de vista foi proposto por Erasmo: interpretar ὁ ὤν ἐπὶ πάντων juntamente com Χριστός, e o restante, Θεὸς εὐλογητὸς εἰς τοὺς αἰῶνας, como uma doxologia atribuída a Deus.

Poderíamos dizer em favor das alternativas 1 e 3 que habitualmente Paulo aplicava suas doxologias a Deus, em distinção a Cristo (2 Co 1.3; Ef 1.3; cf. 1 Pe 1.3). É possível entendermos a última parte do versículo como uma adoração dirigida a Deus, de modo que, neste versículo, o título Θεός não seria atribuído a Cristo. No entanto, devemos fazer as seguintes observações:

(1) A forma de doxologia na Septuaginta e no Novo Testamento não segue o padrão que encontramos em Romanos 9.5.[1] Pelo contrário, a forma da doxologia é εὐλογητὸς ὁ Θεός, que, na Septuaginta é muito frequente e assume a forma εὐλογητὸς κύριος ὁ Θεός. Em Salmos 67.19 (68.19), encontramos κύριος ὁ Θεὸς εὐλογητός. Porém, não temos motivo suficiente para considerar que isso tencionava constituir uma doxologia. Não há nenhuma cláusula correspondente no hebraico. Na cláusula seguinte (67.20), temos uma doxologia na forma habitual — εὐλογητὸς κύριος ἡμέραν καθ' ἡμέραν, que corresponde ao hebraico (68.20) ברוך־ ארני יום יום. Por conseguinte, a suposição é que Salmos 67.19b, na Septuaginta, não é uma doxologia, e sim uma afirmação. Em Salmos 112.2 (113.2), na Septuaginta, encontramos εἴη τὸ ὄνομα κυρίου εὐλογημένον; em 3 Reis 10.9, γένοιτο κύριος ὁ Θεός σου εὐλογημένος; em 2 Crônicas 9.8, ἔστω κύριος ὁ Θεός σου εὐλογημένος; e em Jó 1.21, εἴη τὸ ὄνομα κυρίου εὐλογημένον. Porém, estas passagens não manifestam exceções quanto ao padrão apresentado anteriormente; o optativo ou o imperativo desses outros verbos ocorre em primeiro lugar, estando vinculado a εὐλογημένος. No Novo Testamento, cláusulas semelhante a estas são menos frequentes do que na Septuaginta; contudo, a mesma ordem é seguida, ou com εὐλογητός, ou com εὐλογημένος (Mt 21.9; 23.39; Mc 11.9,10; Lc 1.42,68; 13.35; 19.38; Jo 12.13; 2 Co 1.3; Ef 1.3; 1 Pe 1.3). Romanos 1.25 e 2 Coríntios 11.31 não constituem doxologias, apenas afirmam que Deus é bendito para sempre.

Este preponderante uso de ambos os Testamentos é um poderoso argumento contra a suposição de que Romanos 9.5b deve ser considerado uma doxologia a Deus, quer a pontuação correta seja a da alternativa 1, quer seja a da alternativa 3. As razões necessárias para apoiar a tese de que Paulo, nesta passagem, se desviou do emprego habitual desta cláusula, se não mesmo do seu emprego uniforme, como fórmula de doxologia, têm de ser conclusivas. Conforme veremos, estas razões não existem.

---

1 C.K. Barret reconheceu isso, com exatidão, ao dizer: "Se Paulo desejava asseverar: 'Bendito seja Deus', ele deveria ter colocado a palavra "bendito" (εὐλογvτός) em primeiro lugar na sentença, mas não o fez" (op. cit., p. 179).

(2) Se entendermos as cláusulas em questão no sentido de que o apóstolo estava bendizendo a Deus, conforme a analogia de Romanos 1.25 e 2 Coríntios 11.31, então, esperaríamos que o substantivo Θεός, ou outro que lhe fosse equivalente, as antecedesse, assim como nas passagens citadas. Em outras palavras, de acordo com esse padrão, ὁ ὢν teria ὅς ἐστιν como seu antecedente, em Romanos 1.25, e ὁ ὢν em 2 Coríntios 11.31 teria seu antecedente na pessoa especificada no contexto anterior. Porém, a única pessoa especificada em Romanos 9.5 é ὁ Χριστός. Neste caso, o argumento não é que ὁ ὢν não poderia introduzir um novo sujeito (cf. Jo 3.31; Rm 8.5,8),[2] mas somente que, nesta instância, tal construção gramatical seria incomum, abrupta e contrária à analogia destas outras passagens escritas pelo apóstolo. Do ponto de vista gramatical ou sintático, há razão para entendermos as cláusulas em foco como uma referência exclusiva à pessoa de Cristo.

(3) A interpretação que aplica estas cláusulas a Cristo satisfaz o contexto. Nas palavras de Sanday e Headlam: "Paulo estava enumerando os privilégios de Israel, e, na qualidade de mais sublime e último privilégio, ele relembra aos seus leitores ter sido dos patriarcas de Israel que, afinal de contas, viera o Cristo, em sua natureza humana; e, com o intuito de ressaltar este fato, ele se demora sobre o caráter exaltado daquele que, segundo a carne, veio como o Messias dos judeus".[3] Se não houvesse algum predicativo expressando a dignidade transcendental de Jesus, faltaria algo naquilo que esperaríamos nesta conclusão.

(4) No tocante ao principal argumento que apoia a ideia de que estas cláusulas são doxologias ou atribuições de bênçãos ao Pai, ou seja, que Paulo nunca atribuiu Θεός à pessoa de Cristo,[4] devemos observar as seguintes considerações:

(a) Não podemos supor que Paulo jamais tenha atribuído a Cristo o título Θεός. Em 2 Tessalonicenses 1.12, para dizermos o mínimo, é distintamente possível que τοῦ Θεοῦ ἡμῶν esteja se referindo a Cristo e que Θεοῦ mantém para com Ἰησοῦ Χριστοῦ a mesma relação que o termo κυρίου

---

2 Ver Sanday e Headlam, *op. cit.*, p. 235, aos quais devo estas referências.
3 *Op. cit.*, p. 236.
4 Cf. Dodd, *op. cit.*, p. 152, o qual reconhece que Paulo "atribuiu a Cristo funções e dignidades coerentes apenas com a própria Deidade".

mantém. Por igual modo, em Tito 2.13, a mesma coisa pode ser dita a respeito de τοῦ μελάλου Θεοῦ. Neste caso, há mais para ser afirmado em prol desta forma textual do que a favor da que encontramos em 2 Tessalonicenses 1.12 (cf. também 2 Pe 1.1). Não podemos asseverar dogmaticamente que Paulo nunca utilizou o vocábulo Θεός como um predicado acerca de Cristo. (b) Paulo empregou diversas expressões que atribuem a Jesus a plenitude da Divindade. Filipenses 2.6 talvez seja a mais notável destas passagens — ἐν μορφῇ Θεοῦ ὑπάρχων. O termo μορφή significa o caráter específico e, nesta instância, é mais eloquente do que o simples Θεός, porque enfatiza a realidade e a plenitude da Divindade. Não aplicar Θεός como predicativo referente a Cristo, quando Paulo mesmo disse que, originalmente, ele era e continuava existindo "na forma de Deus", jamais poderia ter surgido de qualquer hesitação, da parte de Paulo, a respeito de ser apropriado ou não o emprego deste predicativo. Portanto, se ocasionalmente Paulo se referiu a Cristo como Θεός, isto é o que poderíamos esperar em Romanos 9.5.

Igualmente significativo é Colossenses 2.9, onde o apóstolo declara que πᾶν τὸ πλήρωμα τῆς Θεότητος habita em Cristo. Isto significa "a plenitude da Divindade", e nenhuma outra expressão poderia enunciar, de maneira mais eficaz, a plenitude da deidade de Jesus Cristo. Além disso, em Filipenses 2.6, os termos τὸ εἶναι ἴσα Θεῷ se referem à dignidade da posição de Cristo, visto que os termos antecedentes falam sobre a dignidade da essência de sua Pessoa, atribuindo-lhe aquela igualdade que não poderia pertencer a nenhum outro, exceto àquele que, em si mesmo, também era Deus. Poderíamos citar outras expressões do apóstolo Paulo, as quais, sem dúvida alguma asseveram, em termos do próprio ensino de Paulo, a conveniência do predicativo Θεός, aplicado a Jesus, segundo o padrão de João 1.1 e 20.28.

(c) Ainda que descartássemos a possibilidade de 2 Tessalonicenses 1.12 e Tito 2.13 e considerássemos Romanos 9.5 como a única instância em que Θεός expressamente é aplicado a Cristo, isto não deveria ser reputado como um obstáculo para o que, segundo todas as indicações, é a interpretação natural das cláusulas em questão. Pois acabamos de descobrir que, no ensino de Paulo, tudo quanto está envolvido no predicativo Θεός refere-se a Cristo. O fato de que usualmente o apóstolo se refreou de utilizar Θεός em referência a Jesus pode ser adequadamente explicado pela maneira característica como Paulo utilizou o título ὁ Θεός, frequentemente utilizado como o nome pessoal do Pai, e ὁ Κύριος, o nome pessoal de Cristo. Porém, não deve nos surpreender o fato de que em pelo menos uma instância (suposta neste ponto), ele tenha usado expressamente Θεός em referência a Cristo, em face daquilo que o conceito paulino a respeito de Cristo não somente permitia, mas também exigia. Em 2 Coríntios 3.17, Paulo disse ὁ δὲ Κύριος τὸ Πνεῦμά ἐστιν. Isto é incomum, e, se não conhecêssemos a teologia do apóstolo, ficaríamos perplexos e dispostos a questionar a conveniência deste predicativo. Paulo estava aplicando, nesta passagem, seu conceito das relações entre Cristo e o Espírito Santo, e não seu uso característico dos títulos. O mesmo ocorre em Romanos 9.5.

(d) A cláusula ὁ ὢν ἐπὶ πάντων, sendo uma asseveração do senhorio de Cristo, está em consonância com o ensino de Paulo (cf. Rm 1.4; 14.9; Ef 1.20-23; Fp 2.9-11; Cl 1.18,19; quanto a textos correspondentes, cf. Mt 28.18; Jo 3.35; At 2.36; Hb 1.2-4;8.1 e 1 Pe 3.22). Toda consideração demonstraria a relevância do apelo à soberania de Cristo, nesta altura. Os argumentos já mencionados contra a suposição de que ambas as cláusulas concludentes se referem ao Pai, por semelhante modo, militam contra a proposta de aplicarmos ὁ ὢν ἐπὶ πάντων a Cristo e Θεός εὐλογητός ao Pai. Por conseguinte, a tradução mais natural seria "o qual é sobre todos, Deus bendito para todo o sempre", em que "Deus bendito para todo o sempre" é um aposto do que o antecede.

Podemos concluir que não há bons motivos para nos afastarmos da interpretação e da construção gramatical tradicionais deste versículo, e, por outro lado, há razões preponderantes para a adotarmos.

APÊNDICE F
LEVÍTICO 18.5

Não há dúvida de que Paulo, em Romanos 10.5, citou Levítico 18.5, de forma mais direta do que qualquer outro trecho do Antigo Testamento. Ele coloca o princípio declarado em Levítico 18.5 em oposição à justiça que vem pela fé, chamando-o de "a justiça decorrente da lei". O problema que se origina do uso desta passagem do Antigo Testamento é que ela não aparece em um contexto que aborda a justiça legal em oposição à justiça da fé. Levítico 18.5 se acha em um contexto onde as reivindicações de Deus, quanto a seu povo redimido e separado pela aliança, estão sendo afirmadas e impostas a Israel.

Neste aspecto, Levítico 18.1-5 corresponde a Êxodo 20.1-17 e Deuteronômio 5.6-21. O prefácio diz: "Eu sou o Senhor, vosso Deus" (Lv 18.2) e corresponde ao dos Dez Mandamentos (Êx 20.2; Dt 5.6). A passagem inteira não apresenta um caráter mais "legalista" do que os Dez Mandamentos. Portanto, as palavras "cumprindo-os, o homem viverá por eles" (v. 5) referem-se não a uma vida resultante de práticas realizadas em um ambiente legalista, e sim à bênção que acompanha a obediência em um relacionamento de remissão e aliança com Deus. Neste sentido, Levítico 18.1-5 tem muitos textos correspondentes no Pentateuco e em outros livros do Antigo Testamento (cf.

Dt 4.6; 5.32,33; 11.13-15,26-28; 28.1-14; Ez 20.11,13). Trata-se do mesmo princípio expressamente enunciado no Quinto Mandamento (cf. Êx 20.12: Ef 6.2,3). Assim, a pergunta é: o apóstolo poderia ter convenientemente evocado Levítico 18.5 como ilustração da justiça decorrente das obras, em oposição à justiça da fé? A fim de respondermos esta pergunta, é necessário abordarmos três relacionamentos distintos nos quais tem relevância o princípio "o homem que cumpri-los viverá por eles".

(1) Este princípio possui a mais estrita relevância e aplicação em um estado de perfeita integridade. Trata-se do princípio de equidade no governo de Deus. Sempre que houver justiça na plena extensão das exigências divinas, deverá existir a correspondente justificação e vida. É o princípio em torno do qual gira o argumento do apóstolo, na parte inicial da epístola. Assim como pecado-condenação-morte constitui uma invariável combinação no juízo de Deus, assim também ocorre no caso da justiça-justificação-vida. Não poderia ser de outra maneira. O juízo divino sempre está em conformidade com a verdade. A justiça perfeita tem de evocar o favor ou a complacência de Deus; e, juntamente com esse favor, aparece a vida, que é proporcional ao favor. Isso teria acontecido a Adão, houvesse ele mantido sua integridade impecável, à parte de qualquer constituição especial contemplada pela graça especial.

Este relacionamento não poderia ser aplicado à humanidade após a Queda. Jamais poderá estar em operação, a fim de proporcionar a aceitação do homem diante de Deus e a vida que acompanha tal aceitação. O único sistema operante agora, em termos de simples equidade, é pecado-condenação-morte.

(2) O princípio "o homem que os pratica viverá" deve ser reputado como totalmente inoperante na esfera do pecado. Esta verdade fundamenta toda a polêmica de Paulo sobre a justificação dos ímpios e da justiça que a constitui. Justificação pelas *obras* é uma contradição da justificação pela fé. As obras têm como alvo a justiça humana; e a única justiça que pode tornar-se operante em nossa situação pecaminosa é a justiça de Deus revelada no evangelho (cf. Rm 1.17; 3.21,22; 10.3). Este é o contraste estabelecido por Paulo em Romanos 10.5-6. Ao referir-se a Levítico 18.5, nesta altura, ele emprega a fórmula "o homem que praticar a justiça decorrente da lei viverá por ela" como uma expressão apropriada, *em si mesma*, do princípio da

justiça pelas obras, em contraste com aquela que procede da fé. Não temos a prerrogativa de contestar o direito do apóstolo em utilizar os termos de Levítico 18.5 para esta finalidade, visto que esses termos descrevem aquilo que é verdade quando a justiça da lei opera visando à justificação e à vida, além de expressar o conceito entretido pelo indivíduo que adota essa justiça como meio de aceitação diante de Deus (cf. também Gl 3.12).

(3) Devemos compreender, portanto, que o princípio "faze isto e viverás" não possui validade em nosso estado pecaminoso, como instrumento de justificação e aceitação diante de Deus. Afirmar que ele possui equivale a negar a realidade de nosso pecado e a provisão necessária do evangelho. No entanto, não precisamos supor que praticar os mandamentos deixou de ter qualquer validade ou aplicação. Imaginar tal coisa seria um equívoco tão capital quanto propor que o caminho da justificação é o da justiça das obras. Devemos lembrar que justiça e vida jamais podem ser separadas.

No âmbito da justificação pela graça, por meio da fé, não existe apenas aceitação diante de Deus, em que o indivíduo é reputado justo na justiça de Cristo, mas também aquela nova vida que o crente manifesta. Paulo havia explicado a necessidade e o caráter dessa nova vida nos capítulos 6 a 8. A nova vida é caracterizada pela retidão na obediência aos mandamentos de Deus (cf. Rm 6.13,14,16,17,22; 8.4). Resumindo, é uma vida de obediência (cf. Rm 13.8-10). Portanto, o apóstolo pôde dizer nos termos mais absolutos: "Porque, se viverdes segundo a carne, caminhais para a morte; mas, se, pelo Espírito, mortificardes os feitos do corpo, certamente vivereis" (Rm 8.13). No âmbito da graça, a obediência é o caminho da vida. Aquele que pratica os mandamentos de Deus viverá por eles. Não poderia ser de outro modo. O fruto do Espírito é agradável a Deus; este fruto do Espírito consiste em obediência. Na renovada esfera da graça que salva e santifica, retornamos à combinação justiça-aprovação-vida. Todo o conteúdo das Escrituras está permeado com o testemunho sobre a necessidade e a realidade desta combinação na vida de remissão e aliança dos crentes. Este é o princípio que aparece em Levítico 18.5, bem como nas demais passagens citadas do Antigo Testamento. "Teme ao SENHOR e aparta-te do mal; será isto saúde para o teu corpo e refrigério, para os teus ossos" (Pv 3.7,8).

APÊNDICE G
AS AUTORIDADES DE ROMANOS 13

Oscar Cullmann defende a ideia de que "o antigo ensino judaico concernente aos anjos... dos povos" integra o sólido conteúdo da fé do Novo Testamento"[1] e de que, com base nesta fé, "os poderes políticos existentes na terra pertencem ao domínio de tais poderes angelicais".[2] Em Romanos 13.1, ele afirma que ἐξουσίαι deve ser entendida, em harmonia com a linguagem de Paulo, como "*os poderes angelicais invisíveis que se encontram por trás dos governos das nações*". "Portanto, para o apóstolo o vocábulo tinha duplo sentido, o qual, neste caso, corresponde exatamente ao seu conteúdo, visto que, de fato, o Estado é o agente executivo de poderes invisíveis".[3]

Dentre os ensinos do apóstolo Paulo, Cullmann recorre a 1 Coríntios 2.8 e 6.3, em particular. No primeiro texto, ele afirma, a analogia é completa, porque "é perfeitamente claro que ἄρχοντες τοῦ αἰῶνος τούτου significam tanto os invisíveis 'governantes deste século' quanto os visíveis, Pilatos

---

[1] *Christ and Time* (E. T. Filadélfia, 1950), p. 192. Cf. também sua edição revisada (Londres, 1962). Nesta, as citações e os números das páginas são os mesmos.
[2] *Ibid.*, p. 193.
[3] *Ibid.*, p. 195.

e Herodes".⁴ O segundo texto, ele assegura, "prova que, de acordo com o ponto de vista dos cristãos primitivos, esses poderes angelicais invisíveis se acham por trás dos governantes terrenos".⁵

Devemos entender que o argumento de Cullmann está inteiramente alicerçado na forma plural e no uso pluralístico do singular, e não sobre o uso do singular.⁶ Além disso, Cullmann não considera que os anjos bons sejam os seres angelicais invisíveis que se encontram por trás dos agentes humanos; pelo contrário, ele acha que os anjos maus ocupam esta posição e, "por terem sido sujeitados debaixo de Cristo... perderam seu caráter maligno e... agora permanecem sob e dentro do senhorio de Cristo".⁷ "A respeito deles pode ser dito, nos termos mais positivos, que, embora anteriormente tivessem sido inimigos, agora tornaram-se 'espíritos ministradores, enviados para serviço' (Hb 1.14)".⁸

Ao abordarmos esta tese é conveniente, antes de tudo, levar em conta aquelas características da linguagem de Paulo que poderiam apoiar essa interpretação sobre ἐξουσίαι, em Romanos 13.1. É verdade que, em diversas ocasiões, esse termo é empregado para indicar seres angelicais, algumas vezes vistos como bons e outras, como maus (Ef 3.10; 6.12; Cl 1.16; 2.15; cf. 1 Pe 3.22). No uso do singular, encontramos referência à autoridade satânica em Efésios 2.2 e Colossenses 1.13 (cf. At 26.18). Naqueles trechos que se reportam ao senhorio exaltado de Cristo, certamente o apóstolo falava de agentes sobrenaturais (Ef 1.21; Cl 2.10; cf. Fp 2.9-11). Em 1 Coríntios 15.24, onde está em foco a subjugação final de todos os inimigos, também há menção de autoridades sobrenaturais. Por igual modo, devemos observar que, nestas conexões, o vocábulo "autoridade" está coordenado ao termo "principado" (ἀρχή — Ef 1.21; 6.12; Cl 1.16; 2.10,15). Em Tito 3.1, que é um texto correlativo de Romanos 13.1, Paulo usa tanto "principados" (em português, "os que governam") quanto "autoridades", ao designar os magistrados.

---

4   Ibid.
5   Ibid., p. 193.
6   Ibid., pp. 194-195; cf. também pp. 209-210.
7   Ibid., p. 196.
8   Ibid., p. 198. Cf., também escrito por Cullmann, *The State in the New Testament* (Nova Iorque, 1956), p. 66, e o "Excursus", no mesmo volume, pp. 95-114.

Em segundo lugar, apesar de ser admitido que o vocábulo ἐξουσίαι ou o uso pluralístico do singular manifesta referência a criaturas sobrenaturais em várias instâncias, a tese de Cullmann não é confirmada pelas evidências. Na crítica a esta tese, podemos evocar as seguintes considerações:

(1) Cullmann alicerça seu argumento sobre o uso do plural.[9] Porém, a utilização do singular não é totalmente irrelevante quanto ao assunto em foco. O argumento precisa levar em conta a diversidade que se aplica à maneira como o apóstolo empregou o singular. Este, com frequência, foi utilizado sem qualquer alusão a agentes sobrenaturais.[10] Para dizermos o mínimo, por que o plural também não seria usado sem qualquer referência a seres angelicais invisíveis? É necessário iniciar com essa cautela o nosso exame das evidências.

(2) Cullmann estava confiante de que 1 Coríntios 6.3 fala a respeito de poderes angelicais invisíveis. "Pois, somente com base nesta suposição, há qualquer sentido na atitude de Paulo justificar sua admoestação à igreja — para que esta evitasse os tribunais civis em litígios entre os cristãos — referindo-se ao fato de que os membros da igreja julgarão aos 'anjos', no fim dos tempos".[11] Esta suposição fundamenta-se sobre uma exegese muitíssimo precária. O apelo ao fato de que os santos julgarão aos anjos é explicado de forma adequada, se não mesmo completa, pelo que se encontra no próprio contexto. Trata-se, realmente, de um argumento *a fortiori*. Se os santos têm de julgar aos anjos, quanto mais competentes eles devem ser para solucionar disputas pertinentes a coisas desta vida! Isso tão somente exemplifica a arbitrariedade do que Cullmann propôs como prova.

(3) 1 Coríntios 2.6-8, ao qual Cullmann também apela com tanta confiança, não oferece o apoio exigido. Os poderosos desta época, que estão sendo reduzidos a nada (v. 6) e que crucificaram o Senhor da glória (v. 8), de acordo com o Novo Testamento, não podem ser interpretados como os poderes angelicais. Em passagem alguma, o Novo Testamento atribui a *crucificação* a seres angelicais. Mas os homens e, particularmente, os governantes são ali acusados desse crime (At 2.23; 3.17; 4.26-28; 13.27). É

---

9   Ver as citações na consideração nº 6.
10 Cf. Mt 8.9; 10.1; Mc 13.34; Lc 19.17; 23.7; Jo 1.12; 1 Co 7.37; 8.9; 9.4; 11.10; 2 Ts 3.9.
11 *Christ and Time*, p. 193.

significativo que o mesmo termo utilizado para indicar os governantes (At 3.17; 4.26; 13.27) também foi empregado em 1 Coríntios 2.6-8. A evidência relevante, portanto, identifica os poderosos desta época com os potentados humanos que foram os agentes da crucificação. Embora o apóstolo Paulo, em Efésios 2.2, tenha usado o termo "potestade" (ἄρχων) com referência a Satanás (cf. Jo 12.31; 14.30; 16.11), ele não empregou esse vocábulo em mais nenhuma outra instância, exceto no texto mencionado (1 Co 2.6-8) e em Romanos 13.3. Nos evangelhos, ἄρχων é utilizado com frequência para indicar autoridades humanas (cf. Mt 9.18; 20.25; Lc 12.58; 23.13; 24.20; Jo 3.1;7.26,48; 12.42). Por conseguinte, a linguagem do Novo Testamento não indica que os poderosos desta época, em 1 Coríntios 2.6-8, são concebidos como potestades invisíveis; tal linguagem indica o contrário. Novamente, demonstramos que um dos principais sustentáculos do argumento de Cullmann está destituído da prova que ele reivindica possuir.

(4) Ainda que Cristo triunfou sobre os principados e potestades (Cl 2.15) e decretou juízo contra o príncipe deste mundo (Jo 12.31; Hb 2.14), no ensino de Paulo, Satanás e os poderes demoníacos mostram-se extraordinariamente ativos em sua oposição ao reino de Deus (cf. 2 Co 4.4; Ef 6.12). De acordo com o ensino do apóstolo, em Romanos 13.1-7, as autoridades civis são apresentadas como ministros de Deus para promoverem o bem e restringirem o mal, agindo, por isso mesmo, contra as influências satânicas e demoníacas.[12] Os poderes malignos são expostos como subjugados, mas em parte alguma o fazer o bem lhes é creditado. Além disso, se as "autoridades" são seres angelicais que antes eram malignos mas agora foram subjugados por Cristo e se tornaram ministros de Deus, que possível critério de diferenciação seria aplicado a essa ordem de criaturas, mediante o qual esse papel duplo e antitético pode ser atribuído à mesma ordem de principados? Não existe tal diferenciação nos escritos de Paulo. Nas palavras de Franz J. Leenhardt: "Estes poderes demoníacos sempre são apresentados pelo apóstolo Paulo como maus e prejudiciais". Cristo lutou contra eles e os venceu; ele não os pôs a seu serviço, mas retirou-lhes o poder de prejudicar os eleitos, os quais, apesar de tudo, têm ainda de combatê-los, na força suprida por Cristo, o Vi-

---

12 Cf. Barret, *op. cit.*, p. 249.

torioso. Como poderíamos conceber tais poderes como sendo convertidos e transformados em servos do bem? Como poderiam os crentes ser exortados a obedecer os poderes contra os quais ainda têm de pelejar? E como pôde o apóstolo, que os mencionara (capítulo 8) como poderes que buscam separar o crente de seu Senhor, considerá-los o fundamento de uma autoridade útil, digna de obediência consciente por parte do crente?"[13]

Se as "autoridades" fossem reputadas como anjos não caídos, haveria maior plausibilidade para a tese que estamos abordando. Mas esta não é a posição de Cullmann. Ele advoga que 1 Coríntios 2.6-8 focaliza "seres demoníacos", que, na época anterior à vinda de Cristo, "estavam destinados a ser subjugados por Jesus Cristo"[14] e agora lhe estão sujeitos, "elevados à mais sublime dignidade pela função atribuída a eles nesta passagem" (Rm 13.1-7).[15]

(5) 1 Pedro 2.13-17 é um texto bem correspondente a Romanos 13.1-7.[16] No entanto, Pedro designou a magistratura civil como "instituição humana" ($\dot{\alpha}\nu\theta\rho\omega\pi\acute{\iota}\nu\eta$ $\kappa\tau\acute{\iota}\sigma\iota\varsigma$). Esta caracterização, porém, milita contra a tese de Cullmann. Pois, embora ela reconheça que existe o Estado, por trás do qual se encontram os poderes angelicais, esta designação de Pedro se opõe a qualquer suposição de referir-se a anjos.

(6) Em Lucas 12.11, os termos "governadores" ($\dot{\alpha}\rho\chi\alpha\acute{\iota}$) e "autoridades" ($\dot{\epsilon}\xi o u\sigma\acute{\iota}\alpha\iota$) reportam-se a dirigentes humanos. Esta claríssima ocorrência dos termos indica que o plural de ambos pode ser utilizado para indicar autoridades humanas. Seria necessária a mais conclusiva evidência para sustentar a tese de que estes mesmos vocábulos, ao serem usados em alusão a autoridades políticas (como em Romanos 13.1 e Tito 3.1), estavam falando não apenas de agentes humanos, mas também de poderes angelicais invisíveis. Os argumentos apresentados por Cullmann são insuficientes para estabelecer sua tese.

É significativo que, a despeito do vigor de seus argumentos, as palavras conclusivas de seu "Excursus" afirmam que esta proposição "é uma hipótese,

---

13 *Op. cit.*, p.329.
14 *Christ and Time*, p. 209.
15 *Ibid.*, p. 202.
16 Cullmann chama-o de "primeira exegese desta passagem paulina" (*ibid.*, p. 197).

e, naturalmente, jamais poderemos dizer, com certeza final, que Paulo tinha em mente não apenas a ideia secular da palavra ἐξουσίαι, mas também o significado que ele mesmo atribui a ela em todas as outras passagens. Entretanto, posso desejar que todas as outras hipóteses necessariamente usadas no campo da ciência do Novo Testamento sejam tão bem fundamentadas quanto esta".[17]

---

17 *The State in the New Testament*, p. 114.

APÊNDICE H
ROMANOS 14.5 E O DESCANSO SEMANAL

A questão é se o descanso semanal enquadra-se no escopo da distinção atinente a dias, que o apóstolo aborda em Romanos 14.5. Caso isto seja verdade, precisamos levar em conta as seguintes implicações:

(1) Isto significaria que o mandamento relativo ao sábado, no Decálogo, não continua a impor qualquer obrigação de obediência aos crentes, na economia do Novo Testamento. A observância de um dia em cada sete, reputando-o santo e investido da santidade enunciada no Quarto Mandamento, teria sido abrogada e encontrar-se-ia na mesma categoria da *observância* dos ritos cerimoniais da instituição mosaica. Com base nesta suposição, a insistência sobre a santidade permanente de cada sétimo dia seria algo tão judaizante quanto a exigência de que se perpetuem as festas levíticas.

(2) O primeiro dia da semana não teria nenhuma significação religiosa. Não seria distinguido de qualquer outro dia como memorial da ressurreição de Cristo; tampouco poderia ser devidamente considerado como dia do Senhor, em distinção ao modo que cada dia tem de ser vivido em devoção e serviço ao Senhor Jesus Cristo. Nem poderia qualquer outro dia, semana ou período ser considerado com esta significação religiosa.

(3) A observância de um sábado semanal ou de um dia que comemora a ressurreição de nosso Senhor seria característica de uma pessoa fraca na fé; e, neste caso, ela estaria nesta situação por não haver atingido aquele entendimento de que, na instituição cristã, todos os dias possuem o mesmo caráter. Assim como um crente fraco deixa de reconhecer que todos os tipos de alimentos são puros, assim também outro crente, ou talvez o mesmo, não reputaria todos os dias como iguais.

Estas implicações da tese que estamos abordando são inevitáveis. Podemos agora examiná-las à luz das considerações que todas as Escrituras nos fornecem.

(1) A instituição do sábado é uma ordenança vinda desde a criação. Não começou a vigorar no Sinai, quando os Dez Mandamentos foram dados a Moisés (cf. Gn 2.2-3; Êx 16.21-23). No entanto, o sábado foi incorporado à lei promulgada no Sinai, e isto deveríamos esperar, em face de sua significação e propósito, enunciados em Gênesis 2.2-3. E o sábado está tão embebido nesta lei da aliança, que considerá-lo dotado de caráter diferente do seu contexto, no tocante à sua relevância permanente, milita contra a unidade e a significação básica do que foi inscrito nas tábuas da lei. Nosso Senhor falou-nos do propósito deste mandamento e reivindicou-o para o seu senhorio como Messias (Mc 2.28).

A tese que estamos considerando teria de admitir que o padrão fornecido por Deus mesmo (Gn 2.2-3), em sua obra de criação (cf. também Êx 20.11; 31.17), não tem mais qualquer relevância para regulamentar a vida do homem na terra; precisaria reconhecer que somente nove dentre os Dez Mandamentos possuem autoridade para os cristãos; haveria de aceitar que o desígnio beneficente contemplado na instituição original (Mc 2.28) não tem aplicação sob a economia do evangelho e que o senhorio de Cristo, exercido sobre o sábado, teve o propósito de aboli-lo como uma instituição a ser observada. Estas são as conclusões que necessariamente extraímos da tese em questão. Não há nenhuma evidência amparando qualquer destas conclusões; e, quando combinamos e avaliamos francamente a força cumulativa destas conclusões, verificamos que esta tese põe em contradição toda a analogia das Escrituras.

(2) O primeiro dia da semana, visto ter sido o dia em que o Senhor Jesus ressurgiu dentre os mortos (cf. Mt 28.1; Mc 16.2,9; Lc 24.1; Jo 20.1,19), foi reconhecido no Novo Testamento como o dia que possui uma significação especial derivada do fato da ressurreição de Jesus (cf. At 20.7; 1 Co 16.2); esta é a razão pela qual João o chamou "dia do Senhor" (Ap 1.10). Este é o dia da semana ao qual pertence esse distintivo significado espiritual. E, posto que ele ocorre a cada sete dias, trata-se de um memorial de repetição perpétua, com intuito e caráter religioso proporcional ao lugar ocupado pela ressurreição de Jesus na obra da redenção. Os dois acontecimentos centrais nesta obra são a morte e a ressurreição de Cristo; e as duas ordenanças memoriais instituídas no Novo Testamento são a Ceia e o dia do Senhor; a primeira comemora a morte de Jesus e, a outra, a sua ressurreição. Se Paulo, em Romanos 14.5, deixou subentendido que todas as distinções entre dias haviam sido canceladas, não existe lugar para a distintiva significação do primeiro dia da semana como dia do Senhor. As evidências em apoio ao caráter memorial do primeiro dia da semana não devem ser controvertidas; e, em consequência disso, também não podemos entreter a tese de que todas as distinções religiosas entre dias foram totalmente abrogadas na economia cristã.

(3) Em harmonia com a analogia das Escrituras, e, particularmente, com o ensino de Paulo, Romanos 14.5 pode ser devidamente considerado como alusivo aos dias santos e cerimoniais da instituição levítica. O dever de observar esses dias é claramente revogado no Novo Testamento. Não possuem mais relevância nem sanção, e a circunstância descrita em Romanos 14.5 concorda perfeitamente com o que Paulo diria a respeito dos escrúpulos religiosos ou da ausência de tais escrúpulos acerca desses dias. Paulo não se mostrou insistente sobre o fato de que não mais há necessidade de serem observados os ritos das ordenanças levíticas, visto que tais observâncias eram apenas um costume religioso e não comprometeriam o evangelho (cf. At 18.18,21; 21.20-27). Ele mesmo ordenou que Timóteo fosse circuncidado, devido a considerações de expediência. No entanto, em uma situação diferente, ele pôde escrever: "Eu, Paulo, vos digo que, se vos deixardes circuncidar, Cristo de nada vos aproveitará" (Gl 5.2).

Os dias de festas cerimoniais se enquadram na categoria a respeito da qual o apóstolo disse: "Um faz diferença entre dia e dia; outro julga *iguais* todos os dias". Muitos judeus ainda não haviam compreendido todas as implicações do evangelho e ainda possuíam escrúpulos no tocante a essas ordenanças mosaicas. Sabemos que Paulo se mostrou completamente tolerante para com tais escrúpulos; e estes se adaptam aos termos exatos do texto em questão. Não há necessidade de admitirmos coisa alguma que vá além dessas observâncias. Colocar o dia do Senhor e o sábado, ou descanso semanal, em uma mesma categoria não somente ultrapassa os requisitos exegéticos, como também nos põe em conflito com princípios inseridos em todo o testemunho das Escrituras. Uma interpretação que envolve tal contradição jamais poderá ser adotada. Por conseguinte, não podemos afirmar que Romanos 14.5, de qualquer maneira, anula a santidade permanente de cada sétimo dia, como memorial do descanso de Deus, na Criação, e memorial da exaltação de Cristo, em sua ressurreição.

APÊNDICE I
O IRMÃO FRACO

Tornou-se comum, em nosso contexto moderno, aplicar o ensino de Paulo, em Romanos 14, à situação que se origina do excesso no uso de certas coisas, especialmente o excesso de bebidas alcoólicas. A pessoa viciada nestes excessos é chamada de "irmão fraco", e os não viciados são exortados a se absterem dessas bebidas, em deferência à fraqueza dos intemperantes. Alega-se que os moderados são culpados de colocar pedra de tropeço no caminho dos viciados, pois, devido ao uso que fazem da bebida, praticam algo que induz e serve de tentação para o irmão fraco se entregar ao seu vício.

Logo se tornará evidente que esta aplicação é uma completa mudança do ensino de Paulo, constituindo um exemplo do relaxamento com o qual as Escrituras são interpretadas e aplicadas.

(1) Paulo não estava falando a respeito do assunto de excesso no uso de certas qualidades de alimentos e bebidas. Esse tipo de abuso não se enquadra na abrangência do assunto abordado pelo apóstolo nesta ou em outras passagens, tal como 1 Coríntios. Os crentes fracos, mencionados em Romanos 14, não eram aqueles que se davam a excessos, mas o oposto. Eram pessoas

que se abstinham de certos tipos de alimentos. Os "fracos" acostumados ao excesso não se abstêm; consomem em demasia.

(2) A "fraqueza" daqueles que se entregam a excessos pertence a uma categoria inteiramente diferente daquela abordada por Paulo nesta instância. A "fraqueza" que consiste em excessos é iniquidade; e a respeito dos que são culpados deste pecado Paulo fala em termos completamente diversos. Os beberrões, por exemplo, jamais herdarão o reino de Deus (1 Co 6.10); e Paulo exorta os crentes a que não mantenham companhia, nem mesmo comam juntamente, com alguém que, declarando-se irmão, costuma dar-se à bebida (1 Co 5.11). Isto é muitíssimo diferente da exortação de Romanos 14.1 — "Acolhei ao que é débil na fé". Não se torna evidente o prejuízo causado à interpretação das Escrituras e ao critério pelo qual a pureza e a unidade da igreja devem ser mantidos, quando os "fracos" em Romanos 14 são confundidos com os intemperantes e alcoólatras?

(3) Mesmo quando consideramos o caso de alguém que se converteu de uma vida de excessos e continua afligido pela tentação de seu antigo vício, não temos uma situação correspondente à de Romanos 14. É verdade que, às vezes, para tal pessoa o custo da sobriedade é a abstinência completa. Os crentes fortes devem manifestar todo o respeito e cautela apropriados, a fim de apoiar e fortalecer tal pessoa em sua luta contra a tentação diante da qual ela tende a sucumbir. Sua "fraqueza", entretanto, não se assemelha à dos crentes fracos, nas circunstâncias abordadas pelo apóstolo. Estes demonstram a fraqueza dos escrúpulos de consciência; aqueles manifestam a fraqueza da tendência ao excesso; e os escrúpulos religiosos de consciência não descrevem ou definem a sua situação.

(4) Imaginemos o caso de alguém que se converteu de algum tipo particular de excesso. Ocasionalmente, acontece que tal pessoa vem a entreter certo escrúpulo religioso contra o uso daquele tipo de excesso, que antes lhe servira de motivo de vício e, talvez, devassidão. Assim, por motivos religiosos, ela pratica a abstinência completa. Tal pessoa fez um juízo errôneo, tendo falhado em analisar de maneira apropriada a responsabilidade por seus anteriores excessos. No entanto, permanece o fato de que, alicerçado em escrúpulos religiosos, ela se abstém do uso daquela coisa em particular.

É um crente fraco na fé e, deste modo, enquadra-se na categoria dos crentes fracos mencionados em Romanos 14. Por conseguinte, as exortações dirigidas aos crentes fortes aplicam-se nesta instância. Entretanto, os excessos anteriores penetram nesta situação somente como elemento que esclarece seus escrúpulos religiosos. Não existe motivo para imaginarmos que a origem dos escrúpulos entretidos pelos crentes fracos de Roma possuía esta natureza. Mas, na ilustração oferecida, a fraqueza continua sendo a de escrúpulos nutridos de maneira errônea. Os fortes devem levar em conta esse escrúpulo religioso, em seu relacionamento com tal pessoa, e não suas tendências ao excesso, sob hipótese alguma. Pois, no caso abordado pelo apóstolo não há qualquer tendência ao excesso.

É óbvio, por conseguinte, que o ensino de Paulo neste capítulo refere-se a escrúpulos originados de convicções religiosas. Este é o princípio sobre o qual repousa a interpretação do trecho e em termos do qual a aplicação se torna relevante. Aplicar os ensinos de Paulo a situações em que tal escrúpulo religioso está ausente é ampliar as exortações além de sua referência e intenção, constituindo, portanto, uma distorção do ensino a respeito desta fraqueza.

APÊNDICE J
A Integridade da Epístola

O assunto concernente à integridade envolve quase inteiramente os capítulos 15 e 16 da epístola. As hipóteses que divergem do ponto de vista tradicional, que afirma pertencerem estes capítulos à epístola de Paulo endereçada aos crentes de Roma, nem sempre estiveram fundamentadas em informes apresentados pelo texto grego. Porém, à medida que as discussões prosseguiram, as hipóteses e opiniões recentes se tornaram, em grande medida, relacionadas a variantes textuais. Os informes mais importantes poderiam ser resumidos, para focalizarmos as diversas questões relacionadas às evidências relevantes.

(1) Em Romanos 1.7, as palavras ἐν Ῥώμῃ são omitidas por G, um manuscrito greco-latino do século X. As notas marginais dos minúsculos 1739 e 1908 indicam que "em Roma" não aparecia no texto e comentário de Orígenes. Também há evidências, em outros textos latinos, de que "em Roma" havia sido restaurada, a fim de constituir o texto corrompido representado pelo manuscrito G, resultando em que uma combinação de ambos foi produzida.

(2) Em Romanos 1.15, o manuscrito G, novamente, omite τοῖς ἐν Ῥώμῃ; e o que T. W. Manson chama de "remendo", em D,[1] um manuscrito bilíngue do século VI, pode demonstrar, conforme Manson e outros autores sugerem, que o ancestral dos manuscritos D e G omitiam a referência a Roma, em 1.7 e 15.[2]

(3) Evidência preponderante apoia o versículo 23 como o final do capítulo 14. Mas, no manuscrito L, um uncial do século VIII, nos minúsculos 104, 1175 e nos manuscritos conhecidos por Orígenes, a doxologia de Romanos 16.25-27 aparece neste ponto, após o versículo 23.

(4) Nos unciais A e P e nos minúsculos 5 e 33, a doxologia se encontra após 14.23 e no final da epístola (16.25-27).

(5) No manuscrito G, a doxologia não aparece; mas após 14.23 há um espaço que provavelmente indicava que o escriba estava cônscio de existir uma doxologia, havendo deixado espaço suficiente para sua inserção. O texto de Márciom também omitia a doxologia, terminando em 14.23.

(6) Em P[46], um papiro do século III, a doxologia de Romanos 16.25-27 encontra-se após 15.33, em vez de no final da epístola. Este é o único testemunho de uma inserção feita neste ponto. Mas a data remota de P[46] tem levado alguns estudiosos a atribuírem considerável valor a esta forma textual.

(7) Há alguma evidência de que revisões críticas da epístola colocavam seu ponto final na doxologia após 14.23. Particularmente significativo é o códex Amiatinus da Vulgata. Este códex, de acordo com suas divisões em capítulos e sumários, indica que o capítulo final, número 51, compreendia a doxologia, que seguia imediatamente o assunto abordado em 14.13-23 (no códex, capítulo 50).

Não é necessário revermos um grande número das teorias que têm sido propostas. Por exemplo, a teoria de E. Renan, segundo a qual haveria uma epístola constituída de quatro partes. Com base nisso, ele alegava existir quatro finais distintos (15.33; 16.20; 16.24; 16.25-27). Essa teoria e seus principais argumentos foram, de tal modo analisadas, e tão eficazmente refutadas por J. B. Lightfoot (cf. *Biblical Essays* [Londres, 1893], pp. 293-311), que seria desperdício de tempo e espaço repeti-los aqui. Precisamos

---

1 T. W. Manson, *Studies in the Gospels and Epistles*, Manchester, 1962, p. 229.
2 Cf. F. F. Bruce, *Romans*, p. 26.

apenas dizer que o excelente estudo de Lightfoot sobre os informes relevantes sempre deve ser levado em conta, ao abordarmos a questão em foco.

Inicialmente, convém afirmar que, nas evidências textuais envolvidas, não existe fundamento algum para contendermos sobre a genuinidade do texto "em Roma" (1.7), "que estão em Roma"(1.15) e da doxologia (16.25-27). As únicas questões que ainda exigem ser discutidas são aquelas causadas pela omissão da referência a Roma, em 1.7 e 15, nos escritos de algumas autoridades, e pelas diferentes posições que a doxologia ocupa nas tradições anteriormente referidas. Embora a doxologia não apareça no manuscrito G e o texto de Márciom a tenha omitido, isto não nos fornece motivo algum para atacarmos a sua genuinidade como texto escrito pelo apóstolo Paulo.

Não é difícil descobrirmos por que Márciom revisou o texto, excluindo tudo quanto vem depois de 14.23. É evidente que Romanos 15.1-13 continua o assunto de 14.1-23. Mas nenhum outro texto, entre os escritos de Paulo, é mais contrário às depreciações do Antigo Testamento, por parte de Márciom, do que Romanos 15.4,8,9. Isso também se aplica a 16.26.[3]

As evidências realmente demonstram que circulava entre as igrejas uma revisão mais abreviada da epístola. O códex Amiatinus, conforme já citamos, é um exemplo desse tipo de texto. Além disso, Cipriano, em seu *Testimonia*, onde ele apresenta "um arsenal de textos que comprovam vários dogmas",[4] não se referiu, de maneira evidente, a textos extraídos de Romanos 15 e 16, embora alguns destes sejam diretamente pertinentes a vários dos assuntos principais da obra de Cipriano.[5] Por igual modo, Tertuliano, em seus livros *Contra Márciom*, não apresentou qualquer citação destes dois capítulos de Romanos, apesar de, conforme observa F. F. Bruce, estarem "repletos de munição anti marcionita";[6] e, após citar Romanos 14.10, Tertuliano também afirma que isto aparece na parte final da epístola.[7] Esse tipo de evidência favorece o ponto de vista de que o texto revisado mais breve terminava em 14.23, com ou sem a doxologia de 16.25-27. Surge a pergunta: como poderíamos explicar esse texto revisado mais breve?

---

3 Cf. Manson, *op. cit.*, p. 230.
4 Kirsopp Lake, *The Earlier Epistles of St. Paul*, Londres, 1927, p. 337.
5 Cf. Lake, *ibid.*, pp. 337,338.
6 *Op. cit.*, p. 27.
7 Cf. Lake, *op. cit.*, pp. 338-339.

Os estudiosos de grande reputação, sem discutir a genuinidade dos capítulos 15 e 16, como escritos por Paulo, têm assumido a posição de que o próprio apóstolo foi responsável pela discrepância entre as formas mais longa e mais breve em que esta epístola circulava. J. B. Lightfoot advogava que o apóstolo, a princípio, escreveu a epístola em sua forma mais ampla, incluindo os capítulos 15 e 16, tendo-a endereçado à igreja de Roma. Mas "a epístola, embora em si mesma não fosse uma epístola circular, manifestava o caráter geral e abrangente que se poderia esperar de uma obra dessa natureza", e, portanto, "assemelha-se mais a um tratado do que a uma carta".[8] O próprio Paulo a tornou disponível na qualidade de carta geral ou circular, tendo omitido os dois últimos capítulos, a fim de despojá-la de todos os assuntos pessoais, transformando-a em uma carta adequada às igrejas em geral. Esta epístola circular, teorizou Lighfoot, omitia a referência a Roma, em 1.7 e 15, e acrescentava a doxologia agora encontrada na maioria dos manuscritos e versões, no final da epístola, embora, conforme ele pensava, não pertencesse à epístola original endereçada a Roma.

Aceitar esta hipótese não seria prejudicial à autoria paulina do *Texto Recebido* da epístola. Porém, a respeito das premissas admitidas por Lightfoot, existe uma objeção formidável, se não mesmo intransponível, contra a hipótese dele. Esta objeção tem sido apresentada por diversos críticos competentes, no sentido de que os trechos de 14.1-23 e 15.1-13 constituem uma unidade, e seria extremamente incomum ao apóstolo dividir sua própria obra em 14.23. Nas palavras de Sanday e Headlam, "nada existe nos treze versículos seguintes [15.1-13] que os tornava inadequados à circulação geral. De fato, são mais apropriados a uma epístola encíclica do que o capítulo 14. Para nós, é inconcebível que Paulo tivesse mutilado o seu próprio argumento, removendo a sua conclusão".[9]

Em face da unidade de Romanos 14.1-23 e 15.1-13, mais razoável seria a hipótese de que o texto revisado mais breve, terminando em 14.23 e omitindo a referência a Roma em 1.7 e 15, era a forma original de uma epístola geral. Quando os dois outros capítulos foram acrescentados, e todo o conjunto

---

8   *Op. cit.*, p. 315.
9   *Op. cit.*, p. xcv; cf. também F. J. A. Hort em sua detalhada análise da teoria de Lightfoot, em *Biblical Essays*, pp. 321-351.

endereçado a Roma, a inserção da palavra "Roma", em 1.7 e 15, poderia ser facilmente entendida; e o trecho de 15.1-13 poderia ser reputado como uma expansão necessária e apropriada do assunto abordado em 14.1-23, especialmente em 14.13-23.[10] Contra essa hipótese também existe a decisiva objeção de que eliminar a referência a Roma, em 1.7 e 15, não remove a clareza do destinatário envolvido em 1.8-15. Uma epístola geral ou circular incluiria igrejas que Paulo visitara; é evidente que estes versículos se referem a uma comunidade que ele ainda não havia visitado. O fato é simplesmente que a omissão de Roma, em 1.7 e 15, não remove os informes em 1.8-15 que militam contra a hipótese de um texto revisado e escrito pelo apóstolo, a fim de constituir uma epístola circular.[11]

Visto que a evidência indica ter existido um texto finalizado em Romanos 14.23 no século III, como poderíamos explicar esta edição abreviada da epístola? Pelos motivos expostos anteriormente e de acordo com as palavras de T. W. Manson: "Tal epístola abreviada não pode ter sido obra do autor".[12] Certamente, nenhuma outra hipótese tem mais argumentos a seu favor do que a de ter sido obra de Márciom a circulação desse texto mutilado. Temos a declaração de Orígenes que Márciom excluiu da epístola tudo que aparece após Romanos 14.23.[13] E não há motivos para duvidarmos que o texto mutilado por Márciom pode ter exercido suficiente influência para explicar a forma textual em que a epístola circulou em determinados lugares. Talvez esse foi o texto que chegou às mãos de Tertuliano. No entanto, podemos imaginar que Tertuliano estivesse familiarizado com o texto mais longo e evitou recorrer a citações dos capítulos 15 e 16 da epístola, em seus livros contra Márciom, porque este não incluía tais capítulos no *corpus* das epístolas paulinas.

Existe ainda outra hipótese referente aos dois últimos capítulos da epístola aos Romanos, particularmente no que concerne à doxologia e ao capítulo 16. Há

---

10   Cf. Lake, *op. cit.*, pp. 362-365.
11   Cf. Hort, *op. cit.*, pp. 347-350, quanto a seu sumário do argumento contra a ideia de existir dois textos revisados por Paulo.
12   *Op. cit.*, p. 233.
13   Cf. Bruce, *op. cit.*, p. 27; Manson, *op. cit.*, p. 233; e, quanto a uma argumentação mais completa, Sanday e Headlam, *op. cit.*, pp. XCVI - XCVIII.

mais de cem anos os estudiosos têm contendido a respeito de Romanos 16.1-23 não ter sido endereçado à igreja de Roma, e sim à de Éfeso. Esta foi a tese advogada por E. Renan. Todavia, este ponto de vista não foi criado por ele.[14] A descoberta do papiro P^{46} outorgou maior impulso à hipótese, porquanto, conforme já observamos, P^{46} acrescenta a doxologia de Romanos 16.25-27 ao final do capítulo 15, constituindo, deste modo, a única testemunha quanto a esta posição da doxologia. Fundamentado nisso, T. W. Manson concluiu que "devemos reputar P^{46} como um manuscrito que apresenta, nos capítulos 1 a 15, a forma em que a epístola fora recebida em Roma; e, o que talvez seja ainda mais importante, seu texto deve ser reputado como proveniente do texto romano pré-marcionita da epístola".[15] Mas, conforme disse Frederick Kenyon, "seria perigoso adotar essa conjuntura sem confirmação; é possível que a posição variável (da doxologia) se deva ao fato de ter sido ela considerada a doxologia de um hino, lida no final dos capítulos 14 ou 15 e omitida no capítulo 16, que consiste principalmente em uma lista de nomes".[16]

É necessário prestarmos atenção à hipótese de que Romanos 16.1-23 era uma epístola ou parte de uma epístola dirigida a Éfeso. Vários argumentos têm sido evocados em apoio a Éfeso como destinatário. Estes argumentos foram bem sumariados por F. F. Bruce, embora ele mesmo não estivesse defendendo a hipótese.[17] J. B. Lightfoot sujeitou a tese de E. Renan a uma análise completa e provavelmente expôs, de maneira mais ampla e competente do que fizera qualquer outro, os argumentos em prol de Roma ter sido o destinatário.[18] Mas,

---

14   Cf. Manson, *op. cit.*, pp. 231 e 234, quanto a referências a R. Schumacher e David Schulz.
15   *Op. cit.*, p. 236. Conforme esta opinião, Márciom teria excluído somente o capítulo 15 da epístola, e as referências a Roma, em 1.7 e 15. Desconsiderando a atitude de Márciom, o problema central seria explicar os dois tipos de textos: o romano, constituído de 15 capítulos, e o que Manson denomina de egípcio, possuindo 16 capítulos (cf. *ibid.*, p. 237).
16   *Our Bible and the Ancient Manuscripts*, revisado por A. W. Adams, Londres, 1958, p. 189.
17   *Op. cit.*, pp. 266-267.
18   *Op. cit.*, pp. 294-306; cf. também Lightfoot, *St. Paul's Epistle to the Philippians*, Londres, 1908, pp. 171-178. Embora Lake pense que seja comparativamente frágil o argumento em favor da hipótese de Roma como destinatário, excetuando a tradição, ele acrescenta: "Sempre permanecerá o fato de que Romanos 14.1-23 faz parte integral de todos os manuscritos da epístola que agora existem. Por conseguinte, a tradição mais remota que possuímos vincula a epístola à cidade de Roma, e não a Éfeso. Isto não é tudo, mas é o bastante. Provavelmente, o suficiente para impedir, com razão, a aceitação unânime da hipótese de que Éfeso era o destinatário, pois isto jamais poderá ser plenamente comprovado" (*op. cit.*, 334).

no que diz respeito à concisão e à persuasão, nenhuma asseveração em favor de Roma, como destinatário da epístola, ultrapassa a de F. F. Bruce.[19]

O argumento mais plausível em prol de Éfeso é aquele concernente à menção de Áquila e Priscila, bem como à igreja que se reunia na casa deles (cf. Rm 16.3,5). Paulo havia conhecido Priscila e Áquila em Corinto. O casal chegara recentemente da cidade de Roma, por causa do decreto de Cláudio (At 18.2). Quando Paulo partiu de Corinto, após dezoito meses (At 18.11), ou talvez mais tempo ainda (At 18.18), foi acompanhado por Áquila e Priscila, e, quando chegou a Éfeso, deixou-os ali (At 18.18,19). Ao escrever 1 Coríntios, estando Paulo em Éfeso (1 Co 16.8), Priscila e Áquila continuavam ali, e, novamente, Paulo se referiu à igreja que se reunia na casa deles (1 Co 16.19). Quando 2 Timóteo foi escrita, o casal encontrava-se de novo em Éfeso (2 Tm 4.19); pelo menos não estavam em Roma. O argumento favorável à residência do casal em Éfeso, quando Romanos 16.3 e 5 foi escrito, fundamenta-se no intervalo relativamente curto entre a data de 1 Coríntios e a de Romanos.

Com base em determinados cálculos, é possível que o tempo entre a redação destas epístolas tenha sido breve demais, para permitir uma viagem de regresso a Roma e o estabelecimento do tipo de residência pressuposta em Romanos 16.3 e 5. No entanto, é compatível com os fatos conhecidos interpor um tempo de aproximadamente um ano, e, se levarmos em conta outros cômputos, mais do que um ano. Áquila era natural do Ponto. Priscila e Áquila deixaram a cidade de Roma após o edito do imperador Cláudio. Partiram de Corinto em companhia de Paulo e fixaram residência em Éfeso. Essas migrações, por si mesmas, indicam a mobilidade daquele casal, não existindo motivos para supormos que não haviam retornado a Roma. Em face de terem eles vindo de Roma e de trabalharem como fazedores de tendas, ter-lhes-ia sido fácil estabelecerem ali, novamente, residência e negócio. De fato, seu negócio em Roma talvez lhes exigiu o regresso. Nas palavras de F. F. Bruce: "Negociantes, como Áquila e Priscila, viviam de maneira extremamente móvel naqueles dias, e nada existe de improvável ou anormal a respeito de terem viajado de um lugar para outro, deste modo, entre Roma, Corinto e Éfeso".[20]

---

19 *Op. cit.*, pp. 267-270.
20 *Ibid.*, p. 268.

Os argumentos em favor da integridade desta epístola, na qualidade de uma carta endereçada por Paulo à igreja de Roma, podem ser resumidos nas seguintes observações:

(1) As evidências confirmam nitidamente a autoria paulina dos capítulos 15 e 16, incluindo a doxologia de Romanos 16.25-27.

(2) A autoria paulina da doxologia não deveria ser questionada, mesmo que fosse colocada após 15.33. Ela seria uma conclusão apropriada nesta altura. Em tal circunstância, o capítulo 16 constituiria um apêndice dedicado principalmente a saudações.

(3) A única autoridade que favorece esta localização da doxologia é o manuscrito P[46]. Mas isto não é suficiente para nos colocarmos em oposição às evidências preponderantes em favor de Romanos 16.25-27. Além disso, seria contrário ao padrão literário uniforme do apóstolo encerrar uma epístola sem invocar uma bênção em favor dos crentes. Visto que não existe apoio suficiente para tal bênção em 16.24, Paulo teria manifestado completo afastamento de seu costume, se houvesse terminado a epístola em 16.23. De fato, a doxologia não está de acordo com o padrão habitual do apóstolo, por ser uma doxologia e não uma bênção. No entanto, sua harmonia com todo o conteúdo da epístola, com o caráter distintivo da própria epístola e com a analogia de 11.33-36, na qualidade de conclusão de um segmento bem definido da epístola, bem como a ocorrência de bênçãos em 15.13,33 e 16.20, são considerações que se combinam, a fim de mostrar quão apropriada foi esta longa doxologia no final da epístola, ao invés da breve e costumeira bênção.

(4) Se a doxologia estivesse após 15.33, isso constituiria um argumento adicional em prol da genuinidade de 16.24, removendo a anomalia de a epístola ser concluída sem qualquer bênção. Mas a evidência em favor da doxologia em um ponto anterior não basta para isso.

(5) Não existem bons motivos para assegurarmos que Éfeso foi o destinatário de Romanos 16.1-23. Por conseguinte, podemos concluir que temos de continuar aceitando a opinião tradicional dos estudiosos, apoiada pelas evidências preponderantes.

FIEL
MINISTÉRIO

O Ministério Fiel visa apoiar a igreja de Deus, fornecendo conteúdo fiel às Escrituras através de conferências, cursos teológicos, literatura, Ministério Apoie um Pastor e conteúdo online gratuito.

Disponibilizamos em nosso site centenas de recursos, como vídeos de pregações e conferências, artigos, e-books, audiolivros, blog e muito mais. Lá também é possível assinar nosso informativo e se tornar parte da comunidade Fiel, recebendo acesso a esses e outros materiais, além de promoções exclusivas.

Visite nosso site

www.ministeriofiel.com.br

Esta obra foi composta em Arno Pro Regular 12, e impressa
na Promove Artes Gráficas sobre o papel Apergaminhado 70g/m²,
para Editora Fiel, em Maio de 2025.